卞孝萱 唐文权 编

民国人物碑传集

Minguo Renwu Beizhuanji

凤凰出版社

图书在版编目（CIP）数据

民国人物碑传集 / 卞孝萱，唐文权编著. -- 南京 ：凤凰出版社，2011.9
ISBN 978-7-5506-0839-9

Ⅰ. ①民… Ⅱ. ①卞… ②唐… Ⅲ. ①历史人物—列传—中国—民国 Ⅳ. ①K820.6

中国版本图书馆CIP数据核字(2011)第189678号

书　　名　民国人物碑传集
编　　著　卞孝萱　唐文权
责任编辑　卞　岐　李艳丽
出版发行　凤凰出版传媒集团
　　　　　凤凰出版传媒股份有限公司
　　　　　凤凰出版社(原江苏古籍出版社)
　　　　　发行部电话025-83223462
集团地址　南京市湖南路1号A楼，邮编：210009
集团网址　http://www.ppm.cn
出版社地址　南京市中央路165号，邮编：210009
经　　销　凤凰出版传媒股份有限公司
照　　排　江苏凤凰制版有限公司
印　　刷　江苏凤凰通达印刷有限公司
　　　　　南京市六合区冶山镇，邮编：211523
开　　本　718×1005毫米　1/16
印　　张　54.5
字　　数　785千字
版　　次　2011年9月第1版　2011年9月第1次印刷
标准书号　ISBN 978-7-5506-0839-9
定　　价　190.00元
（本书凡印装错误可向承印厂调换，电话：025-57572508）

新版说明

2011年是辛亥革命100周年纪念，值此时机，《辛亥人物碑传集》、《民国人物碑传集》二书得以新版，在此衷心感谢凤凰出版社姜小青社长的大力支持，感谢凤凰出版社的大力支持！

光阴荏苒，岁月如梭。《辛亥人物碑传集》初次出版是在1991年，其时正逢辛亥革命80周年。后来，《民国人物碑传集》也于1995年正式出版了。《辛亥人物碑传集》、《民国人物碑传集》二书收录的近代人物碑传资料，大都来自我父亲卞孝萱先生数十年的搜访。这些资料，有的是碑拓，有的是印刷品，有的是手抄件。特别是手抄件，因为这些资料的原件，虽在搜访中见到却无法求得，只有自己动手抄写，由此可见搜访的辛苦。因教学、科研方向转为古代文史，为使该资料发挥作用，父亲于1989年将所搜访资料全部无偿赠送华中师范大学历史研究所。华中师范大学历史研究所是实力很强的科研单位，以中华民国史研究为主，在章开沅先生的主持领导下，人才辈出，硕果累累。章先生极有远见地看到这些碑传资料的价值，认为应该加以整理出版，并委派该所唐文权先生协助父亲做整理工作。资料的整理、出版过程，一波三折，遇到很多困难，但经卞、唐二人辛苦努力，《辛亥人物碑传集》终于在1991年出版。不久之后，唐文权先生于1993年11月因病逝世。1995年出版的《民国人物碑传集》，其后期的整理、出版等工作，主要由我父亲完成。遗憾的是，唐文权先生没有能见到第二本碑传集。

《辛亥人物碑传集》、《民国人物碑传集》两本碑传集，汇集收录近代人物碑传资料500多件。这500多件资料，并不是父亲多年所搜访资料的全部。这两本碑传集，既要不与此前的“碑传集”重复，又要在字数上符合出版社的要求，因此在编纂过程中不得已舍弃了不少资料。另一方面，《辛亥人物碑传集》、《民国人物碑传集》二书出版以后，近代人物的碑传资料也有不少新发现。鉴于上述原因，父亲曾计划将两书增补重编。当此计划开始着手进行、并与出版社协商联系之时，父亲于2009年9月突发心脏病逝世，故而该项工作停止。

因卞、唐两位先生均已逝世，原来的增补重编计划不得不放弃。此次新版，基本保持原貌，仅做了一些必要的修订。修订工作主要在以下方面：一、原书在资料标题上，正文中用的是资料原题，而在目录中用的是编者所拟的简题。这样处理，不符合目前出版物的规范要求。因此，新版时采取目录、正文一律用资料原题的方法处理，使目录与正文对应。二、新版增加了“所收人物人名索引”和“作者人名索引”。由于历史人物除了本名以外，还有字、号等等，在括号内加以注明，检索更加方便。三、原稿中1949年以后的纪年统一使用公元纪年。四、对原书中出现的一些疏误，加以改正。

卞　岐　2011年2月于南京

序　言

汤志钧

《民国人物碑传集》在《辛亥人物碑传集》出版不久，也已编校成册、刊行在即了。两书的出版，是学术界的大事，也是中国近代史、民国史研究者期望已久的资料书。

我国史学源远流长，品类繁多，从传记而言，“正史”之外，私家撰述又有碑（墓碑、碑记、神道碑、墓志铭等）、传（行述、家传、事略、传略等）。这些碑传，不但可补“正史”之不足，其中生卒、仕履、里第，且可纠正“正史”的失误。从史料价值而言，它比“正史”更为原始、直接。

我对碑传史料价值的认识，也是从切身经历中逐渐加深的。五十年代，我撰写《戊戌变法人物传稿》，感到《清史稿》错误较多，于每一人物的仕履生平、甚至里第、生卒，每多舛误，从而注意碑传，因为它比《清史稿》更原始、直接。后来，参加《辞海》修订，每一人物要注明生卒，这就只有从碑传中搜寻考核。例如魏源的生卒，就是根据魏耆《邵阳魏府君事略》订定的。过去年月都用旧历，如今要注明公元，如果生于旧历岁尾，已是公元次年，这就需考明月日，才能正确。例如章太炎生于同治七年十一月三十日，见《太炎先生自定年谱》，当 1869 年 1 月 12 日，而不是 1868 年。后来，又参加“二十四史”中《宋史》标校，也从杜大珪《名臣碑传琬琰集》以至宋人文集中的碑传，订正了《宋史》的失误。这样，对碑传的价值，又增加了一些认识。

当时，还有“左”的干扰，有人认为这是“细微末节”，甚至有斥为“繁琐考证”的。我总存有疑虑。记得当时有一部“人物年里碑传”的工具书，以陈化成卒于“1843 年”，以张荫桓为“南汇”人。查陈化成是鸦片战争时吴淞抗战时牺牲的，1842 年 8 月“南京条约”也签订了，陈化成怎会“卒”于“南京条约”签订以后的一年呢？张荫桓与康有为同乡，是广东南海人，怎能移到江苏“南汇”？历史人物的生卒年月，后人须作为周年纪念的参考；历史人物的里第，后人也须作为拟撰“地方志”的参考，如果以 1943 年来“纪念”陈化成的逝世“一百周年”，以张荫桓编入“南汇县志”，那就“谬以千里”了。历史研究贵在实事求是，也只有在详细占有资料的基础上，加以分析考核，才能得出正确的结论，又怎能说是“细微末节”呢？

碑传的价值既如上述，但要搜集整理，却非易事。因为一则碑传印数本来不多，有的至今迄未印行，再则碑传很多不是公开发行，图书馆既乏专藏，私人保存也多散失，即家属也有以内多“表彰”，不敢多言于世。这样传世本少、散失尤多的碑传，如果再不及时搜集、整理，恐怕年深日久，更难查阅了。《辛亥人物碑传集》、《民国人物碑传集》及时推出，真是学术界的一大福音。

《民国人物碑传集》(以下简称《民国碑传》)的编校整理，也是经过深思熟虑，独具匠心的。

《民国碑传》共选辑碑传二百六十余件，分为政治(上、下)、军事、经济、文教、学术(上、下)、科技、文艺(上、中、下)、宗教等卷，凡闵尔昌《碑传集补》、汪兆镛《碑传集三编》以及前编《辛亥人物碑传集》已经收录者，概不选入；中国共产党人物亦不在辑录范围之内。所辑以碑、铭、表诔、行状、行述等为主，从近百种书刊以及大量手稿中辑出，搜集范围较《辛亥人物碑传集》更为广泛，注目于文教、学术、文艺等他人注目较少的碑传，提供了不少这方面有价值的资料。如教育方面的严修、沈恩孚、张伯苓、袁希涛、蒋维乔，新闻出版方面的高凤谦、庄俞、黄远庸，学术方面有整治经史训诂音韵的马其昶、王式通、王闿运、王先谦、叶德辉、刘复、柯劭忞、柳诒徵、黄节、辜鸿铭、曾广钧、廖平等，文艺方面也辑录了著名书画家、音乐家和戏剧界著名人物如吴俊卿、齐璜、张泽、张爰、陈衡恪、黄宾虹、唐驼、溥儒、毓厚、郑觐文、陈铬以及文学名家柳亚子、吴梅、周树人、金天羽、曾朴、姚光、樊增祥等。其中不少人物，为其它书籍所失载，本书却能补充它们的不足。

至于政治人物，则不论新旧，只要有史料价值，即行编入，如顾维钧、王宠惠、戴传贤等均予收入。且不以人废言，如汪兆铭的廖仲恺传。本书搜集之勤，选录之广，与《辛亥人物碑传集》同具特色。其中还有一些碑传，迄今未曾刊行，都有较高史料价值。

辛亥以来，随着社会的变迁，史学方法也有演变，就碑传而言，也受西方史学的影响，出现了不少自述自传，这里也予采录。兼收并蓄，新旧不拘，自成体系。过去陈三立说："风气不同，文体亦异，旧从其旧，新从其新。"本书确能做到这点。读者除能翻阅有关资料外，还可看到近代史学的发展、演变。

本书的特点，当然不只是上述几点。

卞孝萱同志数十年来，搜访汇集了近代人物大批碑传，并以之捐赠武汉华中师范大学。在唐文权同志的协助下，将这些碑传标校整理，编为《辛亥人物碑传集》和《民国人物碑传集》。1991 年 10 月，我在武汉参加辛亥革命八十周年学术讨论会，听到两书整理出版的消息，也看到了卞孝萱同志的捐赠原件，深盼两书能早日出版。此后，我到台湾和日本讲学，也把两书整理出版的消息告诉了台湾和日本的史学界同行，他们听了既对卞公的辛勤搜访表示钦佩，也盼两书能早日出版。如今，《民国人物碑传集》继《辛亥人物碑传集》整理出版，欣喜之余，略志数言以为之序。

汤志钧于上海

1993 年 3 月 12 日

编辑说明

卞孝萱

一、本集选辑民国人物碑、志、传、状260余件，分为十三卷。第一、二卷为政界，第三卷为军界，第四卷为经济界，第五卷为文教界，第六、七卷为学术界，第八卷为科技界，第九、十、十一卷为文艺界，第十二卷为宗教界，第十三卷为其他人物(如慈善家、清朝遗老等)。一人而涉及两界或两界以上者，酌情编入其中一界，不互见。

二、已出版的中国共产党人物传记，甚为完备，故本集不选辑中共人物，以免重复。

三、凡已为闵尔昌《碑传集补》、汪兆镛《碑传集三编》以及拙编《辛亥人物碑传集》所辑录者，本集不再选用。

四、本集资料，辑自百种以上书刊以及大量手稿、拓片和单行的木刻、石印、铅印原件。每篇均标明作者及资料来源。

五、凡一人多传者，酌择其一。

六、各卷排列，均按碑、传主之姓氏笔划为序。

七、本集标题，分为繁简两种：正文部分，用原件较繁之标题，以存本貌；目录部分，用编者所拟之简题，以便检阅。碑、传原标题多系尊称，本集目录所列之碑、传主，一律用本名。

八、原件中之繁体字、异体字，一律改为通行之简体字。对于某些人名、地名以及有特殊涵义之繁体字，简化后易混淆者，保留不改。

九、各篇碑、传均由编者分段、标点、校勘。作者原注用(　)标明；错别字用〔　〕标出正字；脱字用〈　〉补足；衍字用【　】剔除；缺字用□标出。

目　　录

民国人物碑传集　卷二

民国人物碑传集　卷三

民国人物碑传集　卷四

民国人物碑传集　卷五

民国人物碑传集　卷六

民国人物碑传集　卷七

民国人物碑传集　卷八

民国人物碑传集　卷九

民国人物碑传集　卷十

民国人物碑传集　卷十一

民国人物碑传集 卷十二

民国人物碑传集　卷十三

民国人物碑传集

卷　一

悼丁佛言先生

张季鸾

方民国肇建，海内才智有志之士，一时颇集中于国会，虽其后多沉溺政潮，颓废以终，然其志行皎然，二十年一日，学问气节，足为次代青年范者，不无其人焉，黄县丁佛言先生其一也。

丁君于国会初期属进步党，才气奔放，世以策士目之，然君实有大志大节之文人。君于政治，始终主张联邦论，其在国会，专致力于促成宪法，反对专制，恶军阀如蛇蝎。癸丑变起，君与国、进两党之在京而不屈于袁者，共组民宪党，自是不参国、进之党争。民国五年，国会复活，君再入都，兼为总统府秘书长，其一年间，君因反对北洋军权政治，为府院风潮中心人物之一，然君之志，实专在促成地方分权之宪法，他弗重也。国会既散，君乃走东南，各省制宪议起，君颇注意之。十年，国会再集会于北京，君入京之日，即致书黎总统曰："吾此来专为列席宪法会议，不问其他。"盖君为人刚正而孤介，目睹横流，厌鄙政争，其耿耿在念者，惟其夙昔信仰之联邦宪法论。十年之入京，为其政治生涯之最后，迨见宪法必不成，则决然辞议员职以去矣。

君自此以往，不复为政治圈内之人，归乡隐居，而专致力于古文字学，成篆书大家。君在北京，有与乡人合办之小米肆，十三年，君来北京，视其肆，而为曹锟所囚，几濒于危，国民军入京之日释之，然君坚辞征聘，即日还乡，掉头不顾焉。

张宗昌督鲁，鲁之地方名士，非趋赴其门，即虑不测之祸，君乃至济南为中学国文教师，示无意政治韬晦自全，其后复归乡。迨国民革命军克山东，张宗昌走黄县，往谒其家，君惧为所胁也，乃避乱大连，再徙北平。故里多匪乱，不得归。居平年余，鬻字为生。今年十二月一日，竟以病殁于平寓，七日移柩义园，家人未讣报，海内友好，尚少知者。

呜呼，中国历代多奇才异行之人，其修养原则，先贵有守，有守而后能有为，然自现代功利之说盛，风气堕落，受高等教育者往往不知廉耻为何物，便佞模棱以游泳术从政者遍天下，故丁君之耿介，诫〔诚〕足为当世风。而山东为文明宗邦，近世则不振，三十年来，山东产军阀最多，掇拾富贵者，率多钞胥弁卒之流，而教育不兴，寒畯无出头地，老成凋零，人才衰谢，若丁君者，其足为鲁之灵光乎。近年国内盛宣传廉洁政治，实则去万里遥，若丁君未尝自炫其廉洁，而一介不苟，行之甚安，自入政界，除薪俸外无所入，每月生活，数十元耳，此固士人之常行，而即在今日革命党治下，亦属难能可贵。君近年来不口头谈革命，不作政治运动，惟其忧时愤世之心，实炽热如火。其于最近政治，以其心无所私，故对于一切进步之倾向，及有一端可取之人物，皆示以同情，而于凌乱污秽之现象，则疾之殊甚，君之毁损健康亦以此。

呜呼，自国会末期，议员为世所诟病，政客之名词与军阀官僚同受厌恶，然其中实亦不乏坚贞卓越之士，正不可一概论，丁君其尤著者也。国会之亡，由于贿选，然如丁君者，于选举问题发表以前，早已决然辞职，非惟不贿选，且无暇参加反贿选，自此七八年间，惟于断碑残籍中求其文字学之出路，岂不远哉，而今者悄然离世矣。夫全国青年，积极方面，应各求能力之锻炼，事业之奋斗，不必法丁君，消极方面，则如丁君之气节襟度，诚足为一代之范，斯人不寿，可胜悼哉，悲夫。（十九年十二月十日）

据《季鸾文存》上

王云五先生墓志铭

金耀基

王云五先生，号岫庐，原籍广东香山。民国前二十四年阴历六月初一，生于上海，一九七九年八月十四日，卒于台北。在此九十二年生命中，正值一非常之时代，云五先生在人间，作了一次极不平凡的壮游，他在文化教育学术政治各方面重大之贡献，在世上留下深刻的迹印。

先生出身寒素，少时尝为五金店学徒，所受学校教育，不满五载，然自十五岁起，半工半读，亦工亦读，至老不休，曾谓宁一日不食，不肯一日不读书，先生学问，皆来自苦读勤修。十九岁任中国公学教员时购《大英百科全书》一部，穷三年光阴，通读一遍，其兴趣之广，毅力之坚，可见一斑。先生于学，无所不窥，乃罕有之通人。一九五四年，讲学政治大学政治研究所，十三年间，博士、硕士出其门下者百余人，国人尊之为博士之父。先生一生未进大学，无一纸文凭，而得此称号，可谓杏坛奇事。

民国十年，先生经其中国公学学生胡适之推荐，出任商务印书馆编译所所长。自是与商务结不解缘，自壮至老，凡四十年心血尽注商务。先生掌馆时，实行科学管理，开拓文化疆域，发扬国故，输入新知，网罗全国学术精英，编印《四部丛刊》、《大学丛书》、《万有文库》等书，气魄宏伟，识见深远，领导书界，与新教育连成一气。出书之多与精，为全国冠。中国读书人，鲜有未读商务书者。商务曾四度毁于国难，而先生四度使之复兴，故言商务，必言先生，先生诚商务之伟大斗士与化身也。先生不止为大出版家，其论著多至百千万言，而中外图书统一分类法之设计，更属创举，四角号码检字法尤戛戛独造。晚年主持中山与嘉新二文化基金会，皆为吾国前未曾有，允为文化事业之新猷。至于兴办私人图书馆之志，民十三年东方图书馆已创其绪，一九七二年以所藏书及房产，设立云五图书馆，殆遂其素愿耳。

先生一介书生，无党无派，不竞选，不应考，不求官，惟于国是，则言其所当言，行其所当行，卓见宏识，英年早发。宣统三年，先生二十三岁，以一席议论，受国父中山先生赏识，邀其担任临时大总统府秘书。民国成立，蔡元培首任教育总长，先生与之无一面缘，以提改革建议，蔡先生即驰书请其到部协助，终成莫逆。抗战军兴，国家多难，先生以在野之身，翼赞中枢，谠论庙议，风动四方。民卅五年以还，为报先总统蒋公知遇，历任经济及财政部长，行政、考试两院副院长，行政改革委员会主任委员等职，或应付时艰，或调和鼎鼐，或张立制度，或举考人才，义之所在，全力以赴，毁誉无所萦于怀。做第一等事，先生固当仁不让；做第一等官，则进退有度，不矫情，不恋栈。一九六三年谢政，还其初服，重返商务。无论为官为商，始终不脱书生本色，若先生者真第一等人也。

先生家庭美满，德配徐夫人净圃、馥圃，生有七男一女，皆有成就。孙、曾孙辈数十人，各在海内外发展。先生重亲情，但所遗子、女者，仅少许心爱字画，其余一切，悉献社会。

云五先生自谓人生斯世，好像一次的壮游，而今先生伟大之壮游已止，惟先生人间的遗爱无止尽。

据《王云五先生年谱初稿》第四册

王公志庵先生传

孙　宣

公王氏，讳式通，原讳仪通，清宣统初，辟御名改焉，字志庵，号书衡，又号邠庐，先世浙江山阴人，后著籍山西汾阳。其系家先德，宣尝为公考蕴斋府君、妣施太夫人传矣。施太夫人生二子，公其次也。自少好学，博览经史百家兵刑农田水利，以逮浮图老子之说，多所贯综，尤练国典，以文辞名当世。光绪辛卯，举顺天乡试，候补内阁中书。戊戌成进士，用主事签分刑部，主稿云南司，参稽律例，随事指擿，所平决靡不厌服。壬寅，管学大臣张公百熙奏充编书局纂修提调京师大学堂，兼办学务处，举经济特科，不就。癸卯，补刑部山东司主事，充修订法律馆纂修。当是时，变法议兴，诏开馆损益律令，以沈公家本、伍公廷芳领馆事，二公皆雅故，必引公自助。公亦以律令烦多，事类溷错，于时非便，乃参中外之制度礼俗宜否，更定新律，其章奏条教悉出公手。丙午，擢刑部安徽司员外郎，提调法律学堂。学部初立，大臣奏荐公考察日本学务，修订法律馆奏请调查法典。公周咨博访，为札记数十万言，还，条上之。于是大理院、邮传部交章论荐，或以私问，曰："吾尝治律学，大理固其职耳。"丁未，就补大理院推事，用御史记名，总办法律馆，充礼部礼学馆顾问官。戊申，擢推丞，充学部谘议官。宣统辛亥，署总检察厅丞，擢大理院少卿。公在大理久，因益推明律意，务从宽恕。而势利之求，无所关与，门庭寂整，意泊如也。

民国建立，强起公为司法次长，权部务。甲寅，国务院改政事堂，任机要局长。丙辰，复置国务院，迁秘书长，寻调水利局副总裁。公为人简静，少嗜欲，居官慎密，克勤厥职，凡所撰拟，家无留稿。接宾客僚属，谦冲自抑，常氏首拱手行步，言气款款，而志量湛深，识虑恂达。事利害、人贤不肖，默察潜计，不肯轻用其言，及众论事，间见一二言，辄出众意表。故人之知公者，望颜色上下为可否，其不知者，或夸谈逸口，忘失终始，公固笑而不膺也。故公所居虽嶷然出同列上，而人与之处，未尝悔望有彼此言者，逮其去，而后常爱思也。公性至孝，事亲左右和愉，比丧二亲，年五十余矣，而哀慕过礼。庚申秋，遂谢病去官，寓京师，结社唱酬为娱。知友往还，皆一时名素，清谈极日，每不罢散。尤喜延纳后进，因材质为训诱，片长一善，称誉之不容口。晚岁勤于著述，尝预修《国史》、《清史》、《四库书目》，又从徐公世昌撰辑《清儒学案》、《清诗汇》等，其已刊行者世多有。自著《志庵诗文稿》，写藏于家。公以辛未八月二十二日卒，享年六十有八。配汪夫人。子二：荫泰、荫霖。荫泰游学日本、德意志，精法家言，历官外交总长、司法总长。

赞曰：始宣弱冠游京师，从公问学，谆谆讲论，于凡修身理人治乱得失兴坏之致尤详。盖公平生雅不欲以文自名，而所表见大氐皆文事，世遂徒知推重其文，而其志之所存，因有不得尽施也。然公之有不得尽施，而有以遗于嗣人者，抑亦盛矣。公之卒也，宣即事丧所，公子等泣述顾言，命宣编校遗稿，并次为传。乃谨叙历官行实，而于论议之详，不复尽载焉。然观所已载者，亦足以知公矣。宣不肖，受教门下，十有余年，学不少进，顾乃辱公垂绝之言，斯尤所为执笔泫然流涕也。乌呼，悕矣！

据《志庵文稿》卷首

司法院院长王公宠惠墓表

张　群

公讳宠惠，字亮畴，广东东莞人。祖元琛，父煜初，两世侨居香港。公生于清光绪七年，幼就学香港圣保罗书院及皇仁书院。光绪二十五年入北洋大学法律系。毕业后任教南洋公学。逾年赴日本司法院，旋留学欧美，膺美国耶鲁大学法学博士学位，并被选为比较法学会会员。留学时即参加同盟会，献身革命，不避艰危，为国父所倚任。辛亥初秋返国，未几武昌起义，清廷逊位，公被推为广东代表，与各省代表集于南京，选国父为临时大总统，公任临时政府外交总长，时年三十一。

民国元年，袁世凯就任大总统，公入阁任司法总长，数月，鉴于袁氏之不可与，辞职赴上海。受中华书局之聘，任英文编辑部主任。袁氏怙权自恣，潜畜异图，其党徒组织筹安会，谋复帝制，使英人安得逊赴沪，以重金高位为诱，欲得公言论之支持，为公所峻拒。袁世凯既死，军阀盘据中枢，毁法乱纪，国事日棼，国父遂发护法之师于南方，然携贰横生，大谋难集。而北京政府为国际所承认，其措施犹足以助长内乱，削弱国权。自民国七年以后，公承国父之意旨，参加北京政府，内以将护南方之革命力量，外以抗拒强邻之政治侵略，其事迹之彰著者，如：民国十年代表我国出席太平洋会议，提出废止二十一条之要求，终迫使日本放弃其在东三省之特权。十一年在国务总理任内，力沮北方对李厚基之援，使国父得取全闽以为基地。其他或潜运于无形，或尽力而未果，公既为而不有，遂为诹访之所难详。昔王猛相前秦，终其身使苻坚兵不南犯，临死诫坚毋以晋为图，今古相望，则公当时之心迹，尤逾前贤矣。

十七年国民政府奠都南京，公任司法院长，实肇建司法制度之规模。对日战时，任外交部长及国防最高委员会秘书长。战后两年，宪政实施，复任司法院院长。一九四九年，政府播迁，时公方养疴香港，力疾入台，共力艰虞，犹多靖献。而神伤世变，身瘁沉疴，于一九五八年三月十五日逝于台湾大学附属医院，时年七十有八。元配杨夫人，早故。继室朱夫人。子大闳，业建筑师。

综察公之生平，博极群书，而欿然若不自足，久赞庙谟，而淡然不居其功。智虑绝人，英华内敛，回翔台阁四十余年，两任国际法庭法官，历参重要国际会议。其才识足以决大计，谋断足以息群疑，誉望足以动坛坫，用能当艰不却，处变如夷。其对国家之建树，岂言诠之所能尽乎。政府崇报勋德，轸念瘁劳，明令褒扬，特派张群、俞鸿钧、张厉生、马超俊、谢冠生治丧，用隆饰终之典，其事迹宣付国史馆立传。以公早年任教东吴大学，一九五一年东吴在台湾复校，公膺选董事长，政府应东吴董事会之请，于一九五八年六月五日权葬公于士林镇外双溪东吴大学校园。生死荣哀，于斯为极矣。谨陈崖略，泐之贞珉。一九五八年六月张群敬撰并书。

据《王宠惠先生文集》附录

王故中央执行委员监察使
陆一先生神道碑

叶楚伧

国民革命军兴以来，前后数十年，大小数百战，殳矛之士，节钺之帅，崛起踵接于其间，彪炳赫奕，声绩烂然，虽垂百世，宜铭弗谖。而文章著述，则若顾步未骋，逡巡而弗能应焉。三原王陆一先生，慨然若有感于是，其才气豪放，涉览宏博，复又克赴其志，是故将绍汉、唐之成辙，振阊阖之天声者。惜在盛年，遂伤永逝，则濡笔勒石，将所以怀往迹而诏来兹者，又曷能已耶。

先生讳肇巽，一名天士，籍陕西三原。父仁山公，母罗氏。生而颖异，八九岁即能诗。家贫日或一食，而研读不辍。其治学也，博综群籍，而稽其核要。文史经术，秀举坛坫间。为诗词缠绵邃邈，竞仰士流。奉安国父孙公之哀词，尤为圭臬之选。其于人也，屏阿谀，绝骄吝，表里朗澈，容止轩畅。语能解颐，胸无留滓。其为党，则妙掌笔札，深体民隐，累以候补执行委员兼任书记长。而民众运动，而民众训练，所至得心应手，若网在纲。其为政，则整风纪，明黜陟，扶曲直之至当，衡义理以立中，佐誓师于关内，赍大义于南州。及受监察秦、晋之命，力疾遄征，宵旰罔息，忧勤劳瘁，遂殒其生。呜呼！生有尽而文不泯，功未竟而天不祚。方今寇氛将熸，民困将苏，江淮湖海之间，钟鼓旗常之会，如水就地，如日中天，得如先生其人者，相与发扬蹈厉于其间，以予抚循，以理经纬，岂非人间之大快。而先生则已逝，是岂特先生目所不能瞑，且亦国人所深思永志而莫释者矣。先生元配于先卒，继配周，女芷来。先生卒于三十二年十月二十日，葬于三十三年十二月十八日。既封，余乃缅述其生平，而铭诸墓道之碑。铭曰：

举措有则，文章有神。克济克美，以牖斯民。临兹时会，无屈无伸。而君奄忽，遽返其真。真不可掩，寿不必生。若冈与陵，若星与辰。炳耀峻峙，忆息可亲。式兹懋德，长享明禋。

据《国民日报》1944 年 6 月 30 日

刘大白先生小传

陈伯君

先生名靖裔，以字行。浙江绍兴县人。生于清光绪六年十月二日，卒于民国二十一年二月十三日，享年五十二岁。

先生幼承庭训，习举子业，举拔贡，历任绍兴师范学堂及山会小学堂教员。课余研习算学，著有《未见书室算稿》数种。间或考释算学名词，颇多精核，因致力于小学。

先生早怀革命思想，光绪三十一年，作词赠其友陈伯平赴日本，宣统二年至北平，作《我有匕首行》，内蕴外发，情感激越。辛亥光复，主《绍兴公报》。民国二年，国民党二次革命失败，先生偕友去居日本。四年，日本对我要求二十一条，袁世凯将书诺矣，举国骇愤，先生与旅居国人亦奋起抗争，卒被逐，赴南洋考察，受华侨学校之聘，授国文。五年，自南洋归国，充浙江省议会秘书长。旋至《杭州报》。宗文安定中学及第一师范学校皆延致讲席。

文学革命之说甫兴，先生喜惬于怀，相与倡导甚力。创作新诗，先后出版者，有《旧梦》、《邮吻》、《卖布谣》、《丁宁》、《秋之泪》、《再造》六种。别有《白屋说诗》，为其论诗之作，《旧诗新话》，则选辑前人诗之近于白话者也。十三年，受聘复旦大学中国文学科主任教授，所著《中国文学史》已梓行，《中国文字学》亦完稿，皆有独见。复辑杂论文学诸篇为《白屋文话》，谓文言文为“古话文”“鬼话文”，谓白话文为“今话文”“人话文”，笔锋犀利。十六年，任浙江大学区秘书长，翌年，兼任文理学院中国文学系主任教授。浙江大学区成立之始，即通令禁小学校授古话文，禁初中入学试题用古话文，为全国倡，十七年全国教育会议，此议卒得通过。

十八年，先生受命为教育部常务次长，迁政务次长。十九年冬，教育部长蒋梦麟辞职，先生凡代理部务二月。二十年，任中央政治会议教育组特务秘书。

先生夙有肺疾，十六年以后，治事繁剧，仍讲学著书不辍，病乃加甚，久不得愈。尝赴上海就医，闻尚可活十年，即喜购书归，从事著作如故，盖先生离死前数日，犹未尝一日释卷也。

据《文艺茶话》第二卷第九期“纪念刘大白先生特刊”

许世英祭文

许加等

台湾许姓宗亲会会长许加，代表本会全体会员，谨择一九六四年十月十九日，许故本会名誉会长世英宗伯告别典礼佳辰，敬吊于灵前曰：呜呼！巨星一坠，云翻天空。荒凉人地，暗淡无光。惟我宗长，年耆望重，硕宿名高，前清拔贡，北洋总理，历任高官。奉派国外，国际会议，考察司法，归国承调，提法布政。辛亥革命，直隶秘书。民国成立，长大理院，司法总长，福建巡使，奉天、安徽，政院、赈务，各任长官。中日战争，驻日大使。抗战胜后，追随政府。光复台湾，现任资政。六十余年，为国争光。就任本会，名誉会长。兴建祖庙，出钱出力，率先示范，睦族敦亲，其功不少，禄位恒存，正期康健，胡为一疾，与世永辞。族亲闻悉，无不悲伤，哲人其萎，感慨人天。窃思宗长，心存恬淡，植品忠温，弗辞周恤，不慕荣华，辛劳党国，克苦终身，一身清廉。幸蒙鼎赐，身后哀荣。料必莞尔，含笑天堂。加忝宗谊，敬吊于堂。魂兮不昧，惠鉴微衷。呜呼哀哉！伏维尚飨。

据《许世英先生纪念集》

伍梯云先生行状

陶履谦

民国二十有三年一月二日，伍公梯云病殁香港，朝野奔走相告，无论识与不识，莫不咨嗟太息，惜公未竟其用。于是公之挚友孙哲生、叶誉虎先生等，乃为公发起追悼会于申江，属履谦草公行状，以告吊者。履谦辱公知二十载，虽质陋无文，其何敢辞。

公讳朝枢，字梯云，世居广东新会。考讳廷芳，字秩庸，以精研法学，娴习外交，有声于时。公生十一年，即随秩庸先生赴美，先后就学于美京科士学校，美京西区高等学校及大西洋城高等学校，试辄首列。年十九归国，居故都，治国学。既而赴英伦入伦敦大学专习法律。三年考校，以第一人卒业，受法学士学位。寻入林肯法律研究院，又卒业，应英京大律师试，复冠其曹。荣名佳誉，洋溢彼都，吾国学者，求学异域以来，未尝有也。

民国肇兴，公始任湖北外交司长，旋卸职，赴北京充外交部条约委员会会长。二年，膺选为众议院议员。时国体变更已逾岁，而各国迟疑观望莫肯先承认，公乃援引国际公法，列举先例，为长文登诸伦敦《泰晤士报》。公固邃于英文学，而伦敦《泰晤士报》，又为世界所推重，以故环球视听，为之转移，卒相率通牒承认，公所为文，殆有以启之。四年，公任国务院参议兼外交部参事，适筹安会成立，主其事者，夙耳公名，亟思罗致。其时袁世凯权势方张，生杀予夺惟所欲，公素为袁所礼重，处境尤危，然卒不顾一切，呈辞本兼职。袁知公终不为用，顾又不欲公他适，乃给三月假，令不得出都门。公自此闭户家居，深自韬晦，至袁死始复出任事。六年，对德宣战议起，时段芝泉先生当国，秩庸先生长外交，主持最力，公从旁翊赞，大计遂定。未几武人乱政，解散国会，卒酿复辟之变。公闻讯，立呈国务院及外交部请辞职，即日挈眷离北京，随秩庸先生南下，开西南护法之局。公官北京数年，于权贵无所下，对外力持大体，不为苟同，而出处之际，尤极矜重。帝制复辟二役，履谦与公同官外交部，故深知其详。世或疑公当时逼于环境，未能自拔，闻此其亦可释然矣。

七年，广州军政府成立，公任外交次长，兼军政府总务厅长。越半载，欧洲罢战，开和议于巴黎，公奉命为全权特使，偕北方诸代表，折冲尊俎，拒签凡尔塞和约，事竣返国。九年，孙中山先生就非常总统，公仍任外交次长。翌年六月，秩庸先生殁，公居丧尽礼，徙居沪滨。十二年，旋粤，再随中山先生致力革命，任大本营外交部长。十三年，国民党改组，公被推为中央党部商民部部长，中央执行委员、政治会议委员兼秘书长。十四年七月，国民政府开府广州，公任国民政府委员，司法委员会主席，兼领广州市市政委员长。适承沙基惨案之后，粤、港罢工，亘十七月，公苦心调护，措置悉当，规划市政，纲举目张，声闻益著。

越二年，革命军克复南京，公出任外交部长。时新都初建，国基未巩，对内则宁、汉分裂，形同对峙；对外则所谓宁案，犹悬而未决。公丁兹时会，负此重责，因应倍难。任事之初，即筹所以取得各国承认之途径，冀增进国际地位。而列强藉口宁案，挟持万端，甚且表示以接纳彼方要求为承认之条件，公熟虑深思，权衡轻重，以为吾国对外根本政策，既决定以废除不平等条约为原则，则凡外人根据条约权利所酿成之案件，必不能率尔让步，况彼既以小惠为饵，急则转为所乘，毋宁静以俟之。故公长外交凡七月，而宁案始终未决者以此。公对外宣言中，略谓：国民政府必依照普通国际公法，尽其能力保护外人之生命财产，须知中国人民所愤恨者，非外人个人，乃其所享之制度；所反对者，非外人之在中国，乃其所居之特殊地位。盖外人既自愿来此居住贸易，则应与本国人民受同等之待遇也。根据法律，措词警切，读者叹服，即外人亦无以难也。嗣于使美任内，奉派出席海牙国际法编纂会议，讨论国家对于外人赔偿责任时，乃力申此义，虽诸强国以为不便，未克通过，而发言拥护者，实繁有徒，其主张且渐为国际法学家所援引矣。此外如因广州之变，而撤销对于苏俄领事之承认；因中国与西班牙条约满期，而自动宣告失效，皆足以表示吾国坚决果敢之精神，一扫从前阘茸卑逊之习。

十七年春，公辞职远游欧、亚，道出新加坡，遇刺未中，旋奉驻美全权代表之命，与美国政府讨论条约事宜。是年冬，改任驻美公使，屡辞不获，乃于翌年三月视事。计驻美三年，先后向美外部磋议关税自主及撤废领事裁判权诸要案，无虑数十次，往复商讨，缜密周至，即一字一句之微，亦必审订再三，求其至当。厥后关税自主，幸获收回。而撤废领事裁判权，则终成悬案，此则国家多故，有以使然，公恒引以为憾者也。

十八年九月，国际联盟第十届大会，在日内瓦举行，公以我国首席全权代表当选大会副会长，遂根据盟约第十九条于大会中正式提出修改不适用条约之建议。当时欧洲诸国，虑因此牵动凡尔塞条约，横加非难，公据理陈词，不为所屈。各国不得已，卒于大会中承认中国请求修正不平等条约之主张为正当。虽实现之期，不能无待于将来之努力，而无形中之所获固已多矣。十九年九月，公再被命为我国首席全权代表，出席国联第十一届大会，力争我国在国联行政院当选理事之资格。而国联秘书厅之负责者，谋以大会会长饵公，公辞谢，盖理事为久任职，平时可藉以联络，临时可资以操纵，会长虽有荣名，临时职耳，无实权，故公终不以彼易此。

二十年夏，宁、粤参商，公弃官归国，既抵粤，被命为广东省政府主席兼琼崖特别区行政长官。旋被推为六代表之一，赴沪参加和议，其谋国之忠，任事之勇，一如十六年调和宁、汉纠纷时。和局既成，被选任为司法院院长、国民政府委员，辞不就。既而并广东省政府主席亦坚决谢去，独于琼崖特别区长官一职，则欣然受命，急于成行。盖公夙昔主张，以为吾国幅员辽阔，施治綦难，中央提纲挈领，中外具瞻，职责固极繁重，而地方行政设施，与中央相辅而行，亦有不容忽视者。故必中央与地方同时并进，始克收内外相维之效，而不致有畸形发展之虞。又以为吾党同志，海内贤才，宜注重县市乡镇，深入民间，为之规画指导，俾确立民治之基础，不宜以全体精神才力，悉萃都会，而置遐陬僻壤于不问。故于十三年供职大本营时，即建开发琼崖之议，中山先生手谕奖许，谓与做大事不做大官之旨相合，力赞其成，以事会牵掣未果。至是始偿夙愿，乃思竭全力以赴之。于是组织琼崖实业调查团，以罗君清生主其事，先赴琼为具体之考察，一面呈请画分省区权限，规定公署组织，发给开办经费，均获报可。自公长琼命下，全国党部机关团体，以至海外华侨，琼崖民众，函电分驰，勖勉备至，公亦毅然引为己任，筹画屡月，规模粗具。行有日矣，忽有所谓琼崖旅省同乡会者函公，以危词相恫吓，复有所谓琼崖各县市党委者，呈请西南政务委员会，取消特区，措词荒诞，不可究诘。公以事出意外，而政委会又适有琼区行政事宜，仍由省政府暂为整理之令，乃呈政委会请进止。政委会答以琼区匪患方炽，俟秩序恢复，再行商榷。公于是呈辞西南政委会常委职，浩然引去。由港而沪而平，以至绥远，考察九一八后北方状况。二十二年春，复遍游湘、鄂、蜀名山大川以归，为履谦道沿途所经名胜，及峨嵋幽险奇绝处，神采奕奕，吐词如贯珠。并为言近治坤舆之学，将远适黔、滇，采问风俗。孰知别未半载，凶讯忽承，年仅四十有七。呜呼！痛已。

公尝以民国以来，人民往往遭非法逮捕，身体自由，失所保障，力主于宪法内，规定身体出庭状制度，使被逮者有要求法庭以身体出庭状，向逮捕机关，于二十四小时内提审之权。任众议院议员时，即倡此义。二十二年，受立法院宪法起草委员会顾问之聘，又为孙哲生先生详言之。公任中央执行委员近十载，多所建白，而十九年二十一年，所提缩小省区、设立民意机关及抗日各案，尤为人所称道。自美返国后，颇厌谈外交，尝言得百里而治之，郅治可期也。幼从沈凤楼先生治国学，具有根底，英文造诣犹深，简洁〈遒〉劲，无费词，无赘语。著有英文《革命过程》一书，欧、美学者至称之为中国之勃肯赫。勃肯赫者，英国之长于政治法律，而尤以文学著称者也，其为外人所推重如此。生平治身有纪，待人以信。学必求其致用，不希藉藉之务。事必求其可行，不为过高之论。虽志存匡济，而行藏之节不踰，通显早跻，而读书曾不少辍。惜天靳其年，所施未竟，即其半身所历，亦或若阨之，未尝得发抒意气，一展蕴蓄，为可悲也。母何太夫人，生母叶太夫人，均健在，公终身孝养无阙。配何夫人，子三人：竞仁、庆培、继先，皆幼。女五人，长艳庄适何，次砺琼适马，次砺瑜、砺瑛、砺琨，未字。晚近吾国与欧、美各国订约，使者于约端署名，恒书英、法文，惟公与美签订公断条约，署名用国文。又辞职，必具理由，从不称病，皆有以异于流俗之所为，虽小节，有足称者。

据《伍梯云博士哀思录》

吴敬恒祭文

蒋梦麟等

稚晖先生:您去世了,全国上下,顿失师表,真是哀悼徬徨!您是提倡科学的先知先觉,是中国科学运动的巨人。没有您,中国科学界是不是有今天这点点成绩,很是难说。失了您,如果大家不努力推进科学,未来中国科学界的危机如何,更是难于想像。世界科学的突飞猛进,真是日新月异,原子时代,正待展开,科学已面临了整个科学大革命的前夕,全国上下,尤其是我们同仁,自然更应该遵照国父"迎头赶上"的遗教,和总统昭示的"科学的道理",秉承您遗留下来的精神,共力以赴,把您过去提倡科学的方式,和推进科学的努力,发扬光大,以期迎接这个科学革命的大时代,完成我们革命建国的大业。谨以同人共同的努力,和必然的成功,安慰您在天之灵;栽培科学之鲜花,收获科学之硕果,来完成您毕生提倡科学的宏愿。馨香薄酒,聊表同仁哀悼的微忱。楮墨寸衷,必获先生的鉴格。稚晖先生!科学永存,精神不死。尚飨!

据《吴稚晖先生纪念集》

陈训正行述

陈建风　陈建斗　陈建尾

府君讳训正，字屺怀，别署玄婴，晚号晚山人，寓避免日寇之意也。曾祖考武占公，妣氏叶；祖考克介公，妣氏李，继妣氏叶；考儒珍公，妣氏顾。三世潜德，代植忠厚，至于府君，益光于前。吾陈氏始祖忠定公，随宋高宗南渡，以忤秦桧，弃官居奉化。明洪武初，山西大同县知县冲宇公始迁居慈溪西乡之官桥，遂为慈溪人。六百年来，子孙蕃衍，浸成大族。先曾祖考克介公生三子，先祖考居长；次为振家公，早卒，无后；三为依仁公。先祖考仅生府君一人。

府君生而岐嶷，聪明天授。九岁，先祖考即世，居丧有礼，无殊成人。时曾祖考犹在堂，先祖妣顾太夫人青年失偶，抚孤守节，府君仰承色笑，能尽其道。曾祖考素究心格致数算之学，怜府君髫年失怙，倍见宠爱，课读之余，常亲为教授，府君过目不忘，识其大要，终身几研，蔚有成就。曾祖考以贸茶起家，欲府君世其业，议令入宁波某钱肆为徒，已成约矣，而曾祖考又弃养，某肆遽爽前约。时先三叔祖考依仁公甫弱冠，府君才十三龄耳。地多无赖，戚族失援，叔侄茕茕，相依为命。依仁公卒以家事琐屑自任，而命府君专心读书。自此以往，迄乎依仁公之卒，三十余年，府君得壹意治学，献身党国，无内顾之忧者，胥依仁公之赐也。

岁癸巳，入邑庠，先妣魏太夫人来归。甲午，生不肖建风；庚子，生亡弟建雷；甲辰，生三弟建斗；辛亥，生妹汲青；丙辰，生四弟建尾。中光绪辛丑壬寅恩正并科举人，文采斐然，声誉渐起。顾举业非其所好，遂绝意进取，与同邑陈镜堂、冯君木诸先生结为剡社，讲究文章经济之学。适先总理方倡导革命，有志之士，相率景从。府君年少豪隽，放论时事，无稍顾虑，忌者中之，指为叛党，诇者在门，逃而始免。由是东渡日本，遂得追随先总理暨诸先烈之后，加入同盟会，睹日人农桑之利，及事解返国，以改进农桑为务。二次东渡，购选良种，归而辟地以试，数年之间，期有成矣，卒以资绌而罢。复与董子咸、子宜、钱吟莆、吟苇诸先生设通社于上海，移译外籍，为全国先声，译本一时风行，乃又不戒于火，毁失殆尽。宁、绍两属，有所为堕民者，相传为明初元降将之裔，男女自为婚姻，不齿齐民，止服贱役，禁其读书。府君谋之卢鸿沧先生，捐资创立育德小学校，择其秀者，导之入学，舆论哗然，群尼其事，府君不为动。而宁波知府萍乡喻公庶三，独左右之，为请于朝，废除堕民之禁。成立至今，且四十年，卒业是校而蜚声于世者，不乏其人。旋任宁波府教育会会长，先后成立宁波府中学堂、宁波府师范学校、宁波府女学校、慈溪县中学堂、中等工业学校、效实中学校，喻公方升任宁绍台道，始终信任，言听计从，故得伸其志，独行已意，风声所树，黉舍林立，论者以为皆府君倡导之功。洎清廷于各省设立谘议局，为君主立宪之基础，罗致群彦，商略省政，府君被举为谘议局议员。时议长为山阴汤公蛰仙，与府君交契尤深，筹资创办《天铎报》，俾府君董其事，今考试院院长戴公季陶，实主笔政，鼓吹革命，惟力自视。戴公文笔犀利，读者风靡，创刊未久，不胫而走。辛亥起义，民国成立，《天铎》与有力焉。

宁波光复，返甬，任军政府财政部长。旋奉先总理之命，创办平民共济会，谋以群力，协济军饷，同时刊行《生活》杂志，借箸握笔，萃于一身，尤著翊赞之劳。厥后息影甬之后乐园者，凡五年所，复被举为省自治会议及九九宪法会议代表。及李公徵五创刊《商报》，筹备经营，府君实专其成，以编辑之责，委之吾二叔布雷先生，而潘公展先生，又二叔之佐也。今主席蒋公誓师北伐，《商报》激励民气，宏扬主义，著论立说，尽宣导之能事，是以义师所指，箪壶争迎，蒋公善之。十六年，苏、浙底定，被命任浙江省政府委员兼常务委员，代理主席。旋又兼任杭州市市长，两度代理民政厅厅长，先后凡两年，改授国府文官处参事，已而又任西湖博物馆馆长。性故恬退，不胜吏事，虽置闲散，而乐居湖上，日以著述自娱。及张公义痴来主省政，甫下车，不暇问他事，独屏车骑，访府君于湖寓，立谈之顷，相见恨晚，府君感其意，再出任杭州市市长。又一年，张公去浙，府君自以年老，亦谢职归。北伐成功，寰区统一，武德彪炳，震烁古今，宜有所述，以昭来兹。府君夙与主席蒋公同郡相善，遂以编纂相属。乃搜集掌故，广求遗佚，较核定正，埋首著作，凡三年，成《北伐战史》若干卷，文笔简洁，辞义严整，论者比之王湘绮先生之《湘军志》云。

抗战军兴，省会南迁，府君亦避地永康，于城郊凤山之麓，筑岁寒寮以居，歌咏自若，有终焉之志。未几，被选任为浙江省临时参议会副议长。去年五月，敌寇南侵，金华、永康，相继沦陷，府君弃家，随省府移于云和。比松丽不守，浙南震动，会垣再迁，府君亦西入福建，憩于南平。八月，寇氛稍靖，省府重驻云和，府君以大会期届，亟返主持。参议会改选，被选任为议长，献替省政，代表民意，苟利于国，不害于民，謇谔自矢，訚訚如也。素尚廉介，屏斥豪华，自奉寒俭，即在窘乡，处之晏然。服官清勤，务在绥抚，不急近功，久而见思。

少居乡僻，学无师承，冥心孤搜，惟古是式，文宗秦、汉，诗学杜、韩，两宋以下，不欲观也，故所作茂实高洁，卓尔不群。中年以后，与临桂况蕙风、归安朱古微诸先生游，效其所为，喜治倚声，迭相唱酬，裒然成帙，则又清新俊逸，见赏时贤。著有《论语时训》、《孟子学说》、《读礼籀记》、《玄婴文籀》、《玄婴诗辑》、《岁寒胜录》、《映来集》、《甬谚籀记》、《天婴室集》及《劫余集》、《伣言》、《伣林》、《庸言》、《岁寒述学》、《人学》、《性天论》、《原情》、《因故论》、《晚山人集》各若干卷，均以世乱，未能全部刊行。尝以友人之介，游于登莱之间，成《掖县志》若干卷。定海集群岛而治，为鱼盐之乡，通商以后，海运频繁，隐为重镇，顾县志简略，芜秽不称，邑人亟谋兴修，请主其事。府君独具别裁，订为新例，成《定海县志》若干卷，图表厘然，读者称便。鄞县自董志以后，年久失修，主者又以相属。府君乃删烦最要，广采博访，凡三年，成《鄞县志》若干卷。盖方志之学，昔人所难，非擅三长，不堪其任，章氏而后，继起者希，府君三志，世无间言，方之实斋，斯无愧色。

先祖考盛年谢世，府君亲茹无父之痛，故于孤儿多所矜恤。尝纠约诸山长老，创立宁波佛教孤儿院，躬任院长，经营缔构，筚路蓝缕，垂三十年。时有不足，则卖文以给，院基以固，全孤无算。府君以无兄弟，而友于群从，无异手足，诸季敬之，亦若长兄，一门以内，怡怡如也。吾长姑母所适匪人，归宁母家，府君始终恩遇，老而弥笃。于其卒，丧葬如礼。府君状貌端严，望之可畏，性实和易，即之而温。恕以御下，恩以慈幼，呵叱之声，不闻于庭，则又光风霁月，不副其表。秉赋强健，未尝大病。自遘丧乱，亲罹艰屯，家国沦胥，骨肉离散，以古稀之年，仓皇避地，再度播迁，千里闽峤，往返跋涉，山城荒僻，营养失常，创心劳体，遽呈衰象。亡弟建雷，夙所钟爱，不幸廿九年秋，惨遭灭顶，孤嫠嗷嗷，时萦于怀。去年永康之役，只身南走，子孙东西，不知消息。先妣久抱痼疾，需人扶持，失所依赖，迫返故里，间关困顿，至于大浙，家园在望，中道殂落，府君闻讣，以白首伴侣，未获一诀，临风恸哭，不能自已。去秋猝中恶疟，虽幸占勿药，而元气已亏，弥觉不支，今年入夏以来，时发高热，屡至昏迷，精神日就委顿，不孝等虽心焉忧之，犹不虞其有他也。十月十五日，又发高热，至十七日晨，热微退，稍进饮食，乃未几，热度骤增，昏迷不复言语，医者针药迭进，均未奏效，延至十九日晨一时，遂弃不孝等而长逝矣。享寿七十有二。呜呼哀哉！

不孝无似，不知长进，行年五十，罔识忧患，日在顾复之中，忘其仰事之道，使耄年慈父，仆仆道途，糊口四方，不得优游颐养，乐其余岁，有腆面目，胡颜为人，不孝之罪，万死犹轻，天乎痛哉。大树零落，弱草失荫，罔极未报，百身莫赎。而今而后，竟为无父无母之人矣。念府君一生，政事勋业，道德文章，昭昭在人耳目，不孝追记所知，未尽万一，所冀党国贤达，海内硕彦，哀而矜之，锡以铭诔，庶几藻饰身后，光宠泉壤，则不孝等世世子孙，衔感大德所不敢忘者也。卅二年十一月，不孝男建风偕弟建斗、建尾泣血谨述。世愚弟余绍宋填讳。

据《浙江日报》1994 年 2 月 18 日

陈树人事略

冯自由

陈树人，笔名猛进，广东番禺人。少聪颖好学，工诗古文辞，性好画，稍长，从游于名画家〈古〉泉居廉之门，与高仑同砚，善画红棉，有青出于蓝之誉。居廉有女公子曰若明，亦好绘事，因于群弟子中择婿，以树人最笃实，遂以若明妻之。粤剧中有闺留学广一齣，故事为同门师兄妹缔姻喜剧，时人多以此艳称之。

癸卯、甲辰间（民国前八、九年），革命思潮风起云涌，树人在粤浏览香港《中国日报》及各革命书报，渐倾向革命排满之说，闻《中国日报》记者郑贯公之名，特往访之，一见如故。时贯公方计画另创《广东日报》，约树人同任撰述，树人慨然应之。是报于乙巳春始出版，树人笔名猛进，亦自兹始。时贯公亦以驻日本通信事委托中国报访冯自由，故陈冯笔墨往还亦在此时。《广东日报》出版后半载以资金不继停刊，贯公复与树人合创《有所谓小日报》，于乙巳年秋出版，号唯一趣报，庄谐并茂，风行一时，香港华侨之倾向革命以是年为最盛。是岁八月，冯自由奉孙总理命返国组织香港、广州、澳门等处同盟会，树人以郑贯公之介，率先订盟，深资得力。是岁其长女美魂在广州出世，树人即在《有所谓报》论文题名曰美魂女士，以作纪念。适有友陈垣过访（陈垣即现北平辅仁大学校长），叩以谁为美魂女士，树人曰："君欲余介绍之乎？"旋命使婢抱一分娩数月之女婴出见，曰："此即美魂女士也。"相与大笑不已。丙午（民国前六年）夏，贯公以疫卒，《有所谓报》因而停刊。树人乃与刘思复、谢英伯等另创《东方日报》，重张旗鼓，销路不减于前，发刊数月，亦以事歇业。于是东渡留学，专心研究东方美术，而其绘业乃益进步，深博日本画家之赞美。辛亥春夏间，广州革命报纸缤纷并起，同志潘达微、邓慕韩等发刊《平民日报》，附以画报，树人在日亦担任该报通信事务，时假该报作政治革命及艺术革命之枢纽，为报界上放一异彩。

民国成立后，树人绝意仕进，特挈眷留日，孳孳向学如故。民三，中华革命党在东京成立，时树人适肄业基督教所设立教大学，于学业外，日至灵南坂九号孙总理寓所服务，并兼任横滨华侨学校教育，藉以自给。民四冬，冯自由以漫游美洲各埠募款讨袁，无暇兼理旧金山《民口》杂志编辑事务，乃以编辑及印刷两事付托树人在日代理，树人慨然应之，于是招集留东志士之能文者各任撰述，使《民口》月刊在全球各地销场日盛，而成为三次革命军之木铎，其中撰述人有署名葭外者，即树人笔名也。加拿大全土之国民党党势，自冯自由、夏重民等先后莅临，异常发达，所募集讨袁军饷，殆与美国党员相伯仲。

民五，袁洪宪自毙，驻美洲各特派员冯自由、谢英伯、夏重民、林森等先后返国，加拿大各分部群请孙总理派人赴加办理党务，总理以人选困难，踌躇者再，冯自由曰："此职必以能久任数年而无在国内政治上活动之野心者为合选，树人近方毕业立教大学，试征其同意。"树人慨然请行，总理深为嘉许。树人遂于民六挈眷赴加，以特派员名义兼任加支部长，并遥领维多利埠《新民国报》编辑，而加属各埠党务为之一振。民七年九月，忽有爱国华侨理发匠王昌闻汤化龙奉北方军阀命，赴美磋商七国借款，以全国地丁作抵押品，道过维多利埠，大愤，遂枪杀之于叙馨酒楼，以为卖国者戒，得手后，以身隶国民党籍，恐牵涉党务，从容自戕。讵加政府不察，仍妄指国民党为暗杀团体，遽将加属数十国民党分部下令封禁，树人乃延律师力与抗辩，涉讼年余，卒获得直。是为渠毕生最艰困时期，孙总理因之特电慰劳，奖誉有加。国民党既解禁，中外人士耳目为之改观，树人乘机倡设加拿大《晨报》于温高华，复募款建筑高大党所，年余均告成立。惟以干事某等浪费过度，致惹起一部老党员之非议，《晨报》因之停刊，党所建筑费用途不明之质问书，且纷见于国内外党部，树人以是大为灰心，是亦可见处理党务困难之一斑。

民十一冬，树人挈眷归国，孙总理命在沪助理常务。翌年春，胡汉民辞广东省长职，总理令徐绍桢承乏，徐以政务厅长难于人选，特请总理提人，总理曰："有一好人，但从未做过任何官吏，君盍试用之乎？"即以树人对。徐遂偕树人联袂赴粤，即任以政务厅长一职。就职后，一扫买卖县长恶习，仕途一清。旋荐黄晦闻任教育厅长，持总理聘函亲赴北平劝驾。时冯自由在平任参议院议员，树人偕其侄翰誉访之，冯是日飨之于正阳楼羊肉馆，并赠句曰："千古骚人无此福，正阳楼上食羊锅。"盖树人在加拿大时初乘飞机过洛矶山时，有"千古骚人无此福，飞机高坐浪吟诗"之句，冯即以此戏之也。晦闻时任北京大学教授，卒未应召赴粤。翰誉为军事专家，时肄业陆军大学。民十三年，树人荐任黄埔陆军学校教官，以为俄人鲍罗廷所排，不安其位，后数年见杀于陈济棠。民十四、五年间，国民党左派极盛，各中委多遣子赴莫斯科留学，树人亦使其长子复至苏攻读。未几，接其子来书，勉以切勿思想落伍等语，树人得书遍以示人。数载后，复学成归国，不久即以党共嫌疑，为粤军阀所杀，是其生平一大憾事。

民二十一，汪兆铭任行政院长，树人以改组派关系，受任侨务委员会委员长。俗例各机关长官私宅仆役及用具多由公费开销，殆成习惯，独树人廉介自持，不许其部属以私害公，知者咸称其廉。又各机关向财部预领经费，每月盈余，均移作其他报销之用，侨会所领某项经费，有一次盈余二万余元，树人即令属吏解回财部据实报销，财部中人莫不啧啧称异，谓各机关预领经费，只有补领，未闻有将盈余解回者，有之自树人始。民二十九，汪兆铭率改组派陈公博等变节降日，树人羞与为伍，且赋诗以见志。时敌机群逐日轰炸重庆，树人日夕恒携其夫人至防空壕避灾，每次均有诗记事，积得诗千余首。宣传部长王世杰谓其诗足以鼓舞士气，特拨公费印刷，此盖树人前著《专爱集》以外之单行本也。

民三十年，冯自由养疴渝之北温泉，与树人唱和不绝，时有诗赠树人曰："吾友禺山陈树人，悬知摩诘是前身。诗情画意称双绝，举案鸿光那及君！"树人于民二十三、四间以其鬻画所得万余元营一画室于南京陵园，谓退休后即可在此终老。民二十六年日寇陷京，画室亦付一炬。民三十四年克敌还都，树人不欲效他人向政院要索住宅，仅向华侨谢某假得陋室一椽以栖。及本年政府改组，树人得解侨会职务，如释重负，惟谢某亦索还房屋甚力，树人因是迁居上海其戚萧某公馆，藉总统府国策顾问俸廉以自给，终以寄人篱下，实非所愿，乃谋在敌军毁坏之广州市东山故宅地区，重建一室以作终老之计。惟预算建筑费至少需四五万金圆，而频年鬻画所得仅剩一万余元，故费数月之精神，日夕作画以供香港展览会之需，亦冀得多资以为建筑费之预备。不图竟因是精神过耗，在离沪前，据医言其血压已高至二百四十以上，竟于十月四日以胃出血在穗逝世，殆亦高血压使然耳。

据《国史馆馆刊》第一卷第四号

李根源简历

李根源

李根源，字印泉，一字雪生，年四十五岁，云南腾冲县人。永昌府学增生，日本陆军士官学校步兵科毕业，早稻田大学政治经济科修业。宣统元年，任云南讲武堂监督、总办督练处副参议官。二年，奉云贵总督李公经羲命，筹办片马边防交涉事宜，侨装深入小江，亲历险塞，得悉茶山、里麻及㹮㺐各地情势，制成图说百二十六幅。辛亥光复之役，与蔡故都督锷，同谋举义，任云南军政总长，兼参议院议长，改任陆军第二师师长，迤西总司令，兼辖迤西文武官吏。元年十月初十日，补授陆军中将。十二月，被选众议院议员。二年，赣宁之役事败，亡命日本，入早稻田大学修业二载。五年，洪宪之变，岑公春煊组织军务院于肇庆，任军务院副都参谋，滇粤桂联合军部参谋，凡军院大计，多归擘画。六月六日，袁世凯死，共和恢复，黎公元洪依法继位。七月二十九日，特任陕西省长。十月十日，授勋三位、二等大绶嘉禾章，又令监督陕西司法行政及财政事务。六年六月，督军团叛变，在陕西省长任内抗议守法，死不署名，被拘留西安者七阅月。七年一月，出陕赴粤，任驻粤滇军总司令，兼摄滇军第四师师长，督办粤赣湘边防军务。八年一月，兼摄南韶连镇守使、滇军第三师师长，军政府令加陆军上将衔、一等文虎章。九年一月，改任督办广东海疆防务事宜，兼摄琼崖镇守使。十一年夏，黎公复总统职，电邀入京。九月二十六日，特任航空督办。十月十日，给予二等文虎章。十九日，特任云威将军。十一月二十九日，汪大燮内阁特任署农商总长。十二月十日，汪大燮辞职，大总统命代阁，辞，改王正廷代理。二十五日，特派兼全国教育基金委员会委员。三十一日，晋给一等大绶嘉禾章。十二年一月四日，改组，张绍曾内阁特任署农商总长。一月二十五日，国会投票同意，特任为农商总长，修定商标法、公司条例、公司注册条例、工厂通则、农会章程、矿业保安规程等数十种，已公布施行。又阁议提案有遵守约法，坚持和平，不借外债、不发公债、国用从俭，整饬学风，严绳不法军人，通令各边省详确考察边地情形、准予特设机关垦殖，分令川、滇、黔、桂四省考察土司情形、酌准改土设流，创设国立编译馆等。派兼全国国货展览会总裁。六月十三日，特任兼署国务总理，副署裁撤巡阅使、督军，废厘金，讨曹锟诸命令。在北京不能自由行使职权，扈大总统黎公来天津。中华民国十二年六月，农商部秘书临川周兆麟笔录于天津黎邸。

据《雪生年录》附录

龙游余君墓志铭

林志钧

君讳绍宋，字越园，姓余氏。上世居龙游之柳村，后移居城中后高山七果园。曾祖讳恩鑅，广东连州知州。祖讳福溥，江西特用知府。父讳庆椿，龙游凤梧书院山长。连州公解组归，以龙游故宅毁于兵燹，移寓衢州，遂奠居焉。君年十三，遭父丧，哀戚如成人。年十六，为诸生。又三年，食廪饩，旋留学日本，毕业法政大学。归国，以法政科举人授外务部主事，时为清宣统二年。

洎国体变易，君南归。民国元年，就浙江法政专门学校教务主任，兼教习。二年，北上充众议院秘书，旋任司法部佥事，兼署参事。三年，任参事。予宣统间识君北京，至是同任职司法部参事，日相接，踪迹益密。公余商讨古今学术流别，旁及艺事。君擅书法，善用奇局，而沉厚茂密，行间有遒健深博之气。时武进汤定之先生游京师，嗜书，多见名迹，以家学通六法。君与予获交定之，同时萧厔泉、贺履之、陈师曾诸先生，皆精绘事，亦常相过从，月一二会，多集君西砖胡同寓斋。君之学画，自此始。民国四年，帝制议起，予辞部事，授课国立法政学校，任教务长。君于时亦兼校课。八年，予任司法部民事司司长。翌年，君代理司法次长，十年三月，迁司法次长，十二月辞职，任法律馆顾问。十四年，与予同充善后会议法制专门委员，君又充宪法起草委员会委员。十五年三月，再任司法次长。金佛郎案起，君去官以表抗议，示不挠，世多称之。十六年，司法储材馆成立，任予学长，未遑就，推君，果称职。十七年，君亦辞学长职，南归居杭州。予时授课北大、清华两校，留北京，自是与君南北暌隔，盖无时不相念。每南行，必过杭州，视君寒柯堂，相与握手倾谈为乐。别时，君辄写山水或竹石小帧以赠。二十六年，任国立中央大学教授。是年八月，抗日战事起，君奉母返里，旋移居龙游南乡之沐尘山中。时予困处津沽，友好音讯殆绝。君独从沐尘辗转探悉予所在，远道缄札相存问，又辄写山水或竹石小帧寄赠。迹雅而情温，意长而谊笃，此岂可求之于寻常朋辈间哉。君向不甚为诗，至是避寇山居，乃有所作。诗多感时伤乱愤世语，而苍莽雄直时近杜陵，固君才气高举使然，亦身所遭历有以致之也。诗成，积数十首，即作小行书录寄予，属为论次。如是数年不辍，积若干篇，今所刻《寒柯堂诗集》是已。

二十七年，被选为浙江省第一届临时参议会参议员。三十一年，由龙游迁云和，被选为浙江省第二届临时参议会副议长。三十二年，浙江通志馆成立，聘君为馆长，设馆云和，僻壤荒陬，人才载籍两乏，其筚路蓝缕，草创擘划之劳，十百倍于常时，而浙省通志，自清雍正时续编以来，一百余年文献湮缺。民国初年，设局重修，既又中辍。君受任，奋然不顾事势之艰，为之草定体例纲要，不循旧志轨辙，区为二十九编，都五百零四章。其编曰记者二，曰考者十二，曰略者十二，曰谱者二，曰表传者一。编章之下，详分节目。此不独浙江各旧志，即各省新旧志书，亦罕见兹例。更折衷实斋章氏及近贤诸说，别为《浙江文征》一书附焉，造端宏大，可谓观止。

寇既败退，通志馆迁杭州，君亦返杭，与馆中诸贤分功协力，志事益精进。三十七年，予南下游杭，留宿君家三日。君戊寅寄予诗："逃死光阴垂老日，今生重见恐无时。"乱离久阔，竟获再聚，予年逾七十，正不知能复几面，乍晤把两臂，为之怅慰交集。而聆君谈转徙衢、处间，困顿孤苦之余，通志馆重负，竭心力未尝稍婴退，则为之倾服且喜。顾是时馆事以绌于费，薪米且不继，既成之稿，印资无所出，仅由市府以征粮调查需参考，给款抽印志稿《财务略》之田赋一章，已累然巨帙。斯志不仅以繁富称，君盖参用史裁，兼尚科学。如旧志仍星野之说，君则商诸竺君可桢，根据天文学，决弃此说不用，其一例也。又如《地理考》中之地质气候，《民族考》中之民族特质，及其分布方言风俗，与夫特殊少数民族，《社会考》中之社会衍变及解剖，革命运动，学术文化运动，社会事业，

《物产考》中之动、植、工、矿诸物，及其特产，他若交通、水利、政治、经济、财政、法律、教育诸大端，又如工人、农民生活状况，劳资问题，团体组织，合作事业等等，皆论列及之。君尝谓："今日修志，当切合时代，不宜依傍前人，惮于改制。"越园讲旧学，而其为言如此，其识解有过人者。浙为东南学术汇萃之区，斯志凡浙人著述，自汉、唐以下，迨于民国，又省外、国外人有关浙省著作，咸登于录，而关于存佚及待访各书，皆有统计，其为例亦至善。今年春，通志馆卒停办。君与予书，深恨不能竟其事。予曾去书，问《著述考》、《金石考》两种已成书否。君来函："同仁所编《著述考》，各书皆有提要，凡一百余万言，《金石考》十八万余言，皆已成。其他部门成者尚四百余万言。今举束高阁耳。"予复书宽慰之，而私亦为慨叹不已。

岂知越数月，君且弃吾辈以去。天乎！老来丧朋友，若丧性命。四十载肺腑之交，闻君丧，直不知吾身之犹在人世不也。回忆君在北京，编成空前名作之《龙游县志》，又《书画书录解题》、《画法要录》诸书，时予旦夕相与，上下议论，君恒虚受，不以为厌，是诸作予又皆见其成，引以为至乐。今乃见通志之忽然以断，复闻君之丧，呜乎！今昔之感，生死之际，独安能无痛哉！君为人，倜傥有大志，长身岳立，目光炯炯照人，豪饮未尝见其醉。作书画，则虽酒后，必精严有法度。其画别出机轴，圣处几自名一家。居官不随俗俯仰，勤而慎，案无留牍，而措施裕如。其政绩，世所共见，不具述。所著书，尚有《补新旧唐书艺文志》及《画学师承记》、《佛教艺术》，垂成，皆因乱散失。

君事太夫人至孝，归衢州定省，岁数往返，不知倦。太夫人今年八十又八岁。君既逝，家人不敢以闻。呜呼！君万万不可死，而竟死，此又何说哉！君生于清光绪九年癸未十月初六日，卒于民国三十八年六月三十日，寿六十又七。室曹氏，侧室周氏。子三：翼、献、遂。孙男二：子安、力生。孙女二：孟嘉、怀仲。将于某年月日，卜葬于杭州某地。铭曰：

学与位俱显，才与艺兼长。胡光仪之遽泯，岂时命之相妨。亭亭寒柯，天其雨霜。归形兹壤，纳铭永藏。（一九四九年）

据《北云集·文集》

杨铨传略

唐钺

君名铨,江西清江县人,杏佛其字也。父永昌,字景周,曾官徽州。母刘氏。君以清光绪十九年生于江西玉山县,行五。六岁即读书私塾。性好动,酷爱玩具小刀小枪小人马之属,常向父母索资购置,得则一一拆散,复自拚合再造。十三岁,值父赋闲居,艰于生计,家中百事,均赖母氏躬亲自苦;于是感念,不复嬉戏,昼则苦读,夕归必代母操作,故父母甚爱之。喜读《申报》,恒以时事告弟妹为谈助,而其关心社会事业,亦自此始。

稍长,入上海中国公学肄业,时清政窳败,君即从事革命运动,入同盟会为会员。辛亥光复,君与其役。南京政府肇建,任总统府秘书。民国二年,以赞助革命有功,由稽勋局派赴美国入康乃耳大学习机械工程学。留美时,月必节省所得官费寄家,为两亲甘旨之奉。君以吾国不振,实由国人乏科学修养,乃与同志胡明复辈十数人组织中国科学社,以促进国内科学工作为事,尽力社务二十年未尝少闲。君毕业康乃耳后,复入哈佛大学研究工商管理法。于民国七年归国,入汉冶萍煤铁公司负改进会计制度之责。嗣任南京高等师范学校教授兼商科主任,旋改任工科教授及工厂管理之职。师范学校改东南大学后,仍任工科教授。在校每持正论,不畏强御,因主张改派校长事去职。贿选政府崩溃后,君随总理北上,任秘书。总理逝世后,为总理葬事筹备处总干事。斯时江南一隅,尚在军阀势力之下,君虽筹画陵墓事,仍努力于秘密革命工作,北伐军所以在上海成功如彼其速者,君之预备工作,与有力焉。

国民政府成立后，君任上海政治分会委员。当是时各有〔方〕势力冲突无宁日，赖君调停其间，革命之基础卒得巩固。君寻任清理招商局之职，一切出以大公。十六年，任大学院教育行政处主任，旋改副院长。十七年，中央研究院成立，蔡孑民先生为院长，君任总干事。六年之中，君为院事竭智尽忠，备尝艰苦，研究院之得有今日者，蔡先生之功，亦君之力也。二十一年春，十九路军抗日于淞沪。君发起技术合作委员会，辅军队准备后方工作，又创伤兵医院，于战事协助甚力。近与孙夫人宋庆龄女士组织中国民权保障大同盟，以保障人民之生命自由为职志，且从事拯救被逮之政治犯。二十二年六月十八日清晨，方僭〔偕〕长子出游，遇暴徒数人狙击于中央研究院国际出版品交换处门前，枪中要害，旋即弃世，享年四十有一。

君赋性豪爽，待人诚挚；平生尚气节，愤嫉阿世取容之辈，避之如蛇蝎；素强毅，志之所在，不辞艰险；不苟取，死后家无余财。君健谈，善演说，庄谐杂出，至使受斥者亦为解颐；能诗词，虽案牍劳形，终不废吟咏。于经世之学尤多心得。有《杏佛文存》及《杨杏佛讲演集》行世，诗词及其他文字，多未刊。

据《第一次中国教育年鉴》戊编第九

闵尔昌自述

闵尔昌

尔昌赋性戆拙，寡过未能，学识迂疏，于世无补。舟车南北，阅人已多，初终知心，不过数子。间尝自赞云：“笃旧者以我为新，骛新者以我为旧，此其所以落落难合也。”行年六十有四，蹉跎衰老，常恐溘先朝露，平生志事，不复见谅于人，爰仿昔人自序、自传之例，聊一述之云尔。

闵尔昌，字葆之，先世歙县人。曾祖韶九公，祖希白公，清嘉、道中，以经商至盐城之伍祐场。父小白公，同治中，客署安徽巡抚新建吴公坤修幕，援例盐运司知事，分发两淮，以画名江淮间。光绪丁丑，卒。尔昌甫六岁，贫不能归，遂留扬州。母江恭人，支拄辛苦，以教以养。稍长，知读书作文，业师甘泉石先生际云，引之入甘泉籍应试，知县光州李先生孟康，录取第一。壬辰八月，补诸生，年二十一矣。迨入民国，甘泉复并归江都，遂为江都人也。乙未，娶闽县郑氏（东台知县讳仁昌字乐山女孙，两淮盐运司知事讳贻泰字辅民之女）。丁酉，长子孙奭生。己亥，女孙昭生。既屡赴省闱不中式，客游江南北，为人司笔札，丐菽水之养。辛丑，李先生知高邮，往就之。壬寅，移家淮安。甲辰，次子孙侨生。江阴何君彦升，简登莱青胶道，招往烟台。先是，江宁相君国治，尝称道尔昌于商城张君孝谦，张主北洋官报，欲延致焉，以道远不果往。是秋，张君复函约编辑学报，始至天津。北洋大臣、直隶总督项城袁公长公子克定，亦因相君知尔昌，先来访晤。明年五月，袁公召置幕府。秋，陆军大操，随节赴河间。丙午，盛京将军调袁长公子出关，袁公令尔昌偕往。四月下旬，得淮安电告母病，遄归省视，甫半月，遽弃养，享年七十有六。

劬劳未报，抱恨终天，哀哉！八月返葬扬州，祔先考墓。大事毕，北行，袁长公子先已旋津，尔昌仍回北洋幕。明年，袁长公子授农工商部右参议，复邀同入都。戊申，袁公入为军机大臣、外务部尚书。十二月，罢官回籍。宣统己酉正月，招尔昌至卫辉。五月，彰德洹上村新宅落成，袁公始定居焉。宅东偏为养寿园，凿池种树，野趣天然。袁公偶同宾客拈韵赋诗，二公子克文，录为一册，题曰《圭塘倡和诗》。

辛亥八月武昌革命军起，清廷起袁公为钦差大臣、湖广总督，电辞不允，乃分调旧日将吏及军队，部署一切，于九月初九日专车南下，尔昌及浙江陈君燕昌、会稽沈君祖宪等随行。十一日，抵孝感之萧家港，袁公驻节站长室，陈、沈管函牍，赁居民屋，尔昌司电文，即留住车中。袁长公子自京来省亲，相晤谈时，广东蔡君廷干在坐，佥以迩年亲贵用事，政治窳敝，民军突起，志不在小，今四方响应已多，恐非兵力所能底定，吾侪汉人，亦应有以自处，相与惋叹而罢。寻袁公复拜内阁总理大臣之命。旧制，总督缺，应由布政使护理。袁公拟循例奏请，尔昌进言，今民军方以排满为号召，某藩司既满人，又弃职出走，为鄂人所鄙，似宜更审酌。袁公韪之，乃改以它人上闻。是月二十三日，袁公抵京，住锡拉胡同邸中。十月，清廷命唐绍怡、杨士琦等赴上海议和，袁公以全权主其事，乃迁居石大人胡同外务部之迎宾馆，设交涉、军事、新政三参议处。交涉处专司外交，及与上海各省商榷事件，派梁士诒、阮忠枢、蔡绍基（蔡君来处两、三次，即返天津，不复来）、蔡廷干及尔昌五人为参议。蔡君廷干管西文，常往来东交民巷。梁、阮则频繁游说于满、蒙王公之门。终日伏案握管者，仍尔昌而已。河南人相谓，项城幕中，有一革命党，江苏人，盖指目余，当时固不之觉也。和议既多周折，磋磨往返，积数十日，乃底于成。十二月二十五日，清廷逊位诏下，是为中华民国元年二月十二日。

南北统一，南京参议院选举袁公为临时大总统，尔昌等被派为秘书。二十九日夕（壬子正月十二日），军队忽哗变，焚掠达四城。次日，府僚多未入值，袁公见谓："今日仍余二人，一室相对耳。"（自袁公被命督师，以迄共和成立，凡电文多经余手。后虽设三处，军事电仍交交涉处。夙兴夜寐，不宁息。沈君谓余："君亦太劳顿，幸年力方强，乃能胜此，以吾当之者，惫矣。”）四月，府秘书厅改组，任命梁士诒为秘书长，尔昌等为秘书。（此次任命秘书，约十余人。袁公治事，每径以某事交某人拟稿，后亦即呈上，不经由秘书长。秘书长以对外接洽为多，即梁君亦目吾辈为纸片学问也。）六月，总统府迁铁狮子胡同陆军部。七月，挈眷属至京。二年，总统府迁三海。（袁公先后在怀仁堂、遐瞩楼、春耦斋、居仁堂治事，秘书厅设怀仁堂东厢、遐瞩楼东厢、及菊香书屋等处。）十月，国会选举袁公为大总统，十日就职。三年五月，府秘书厅改为内史监，任命阮忠枢为内史长，夏寿田、尔昌、沈祖宪、郑沅等为内史（内史监设听鸿楼。此次任命，自内史长外，夏实居首。居仁日览职名先沈君者，盖阮君以旧资序之。）一日，袁长公子谓尔昌：“君乡人谋举余督苏，君以为何如？”答曰：“甚善。吾人备员府中，实不应问外事也。”（袁长公子自元年在彰德坠马伤脑后，屡经疗治，复赴柏林就医，迄未全愈。嗣由南海移居团城，与余两年不往来。迨袁公薨逝，于丧次始见之。）四年，杨度、孙毓筠等六人，发起筹安会，诸内史见报纸，相顾骇愕，以此非常事，若不予制止，祸机将不可测。阮君至，亦云：“六君明达，何为出此！”夏独嘿然不语，洋洋自若。已而攀附入会者愈众，人心骚然，尔昌谓夏君及诸内史曰：“府主手造共和，功在天下，国内外方以东方华盛顿称之，今兹浮议纷起，傥竟为佥壬所惑，改弦易辙，岂非自隳令名！况即为袁氏一家计，公等与诸公子习，孰与仆若，晋八王、唐建成元吉之事，读史者尚为寒心，忍令吾侪它日亲见之乎！”未几而有沈君之狱。（沈君自袁公在小站时，即入幕，素谨愿，且老矣，忽为江朝宗告密，袁公命交执法处处长雷君震春，推鞫数日，悉其诬，乃白于府，释之。时传闻别有一单，首张君一麐，次即余者，卒亦无事。又袁公病时，江宁吴君廷燮入谒，晤三公子克良，询“迩日晤葆之否”。答曰：“渠固与仲仁同志者，久未之见矣。”此吴君告余者。）北洋旧人，咸自危惧，家人亦以呶呶无益，劝请缄口保身矣。五年三月二十二日，撤销承认帝位案，政事堂仍改为国务院。府、院皆复设秘书厅，袁公命内史监以名单进，手圈沈祖宪、尔昌、吴闿生、吕钰四人，组织府秘书厅，且语夏君曰：“伊等此际应乐于从事矣。”（此丹徒尹君炎武闻之夏君，以告余者。）

六月六日（丙辰五月初六日），袁公薨逝，黄陂黎公继任大总统，内史留为府秘书者若干人，进谒时，黎公谓诸人曰："凡不附和帝制者，皆吾友也。"厥后，河间冯公，天津徐公，相继为大总统，黎公复职，天津曹公为大总统，合肥段公为执政，皆被留为秘书。十五年四月，段公去职。五月，病黄疸，经番禺屈君永秋医治，两月始愈。十六年，大元帅府建，旧秘书留者仅四人，尔昌与焉，兼派在第一科。（先是，徐、曹二公尝派余第一科，均经请改它科，盖久不欲预闻机要矣。）以病体衰孱，不胜剧要，坚辞不就。或有以藐抗命令，恐咎戾，来相劝勉者，不之顾也。十七年一月二十九日（戊辰正月七日），长子孙奭病殇，感悼伤情，由是持斋诵经，一心归佛。六月，南军入京兆。九月，税务专门学校校长易人，教务长南海黄君季弼，先来延聘教师，因鹤山王君文藻，请任国文教授，再三至，勉应之。闲语诸生："汝等西文及他学科，具有师承，以余腐朽，第能以旧道德旧文学相与研证耳。"迄今七学年矣。

自维孤生贫贱，禀慈庭之训，受儒先之书，旅食四方，立身行事，不敢不兢业自持。少年未尝无绮语，然不二色，断欲且二十年。生平以文字为人役幕而不官（清季尝保至道员用分省知府，实未到省。民国府秘书，既无官制，亦不见公报，仍一幕宾耳），薪修而外，绝无私入。友人有劝保寿险，买卖公债者，以其近赌博，常婉谢之。早年为学，偏尚词章。继值海宇多故，乃讲求经济时务，颇思效用于世。（清河吴君涑尝赠句云："文章学古能经世，事业而今不贵儒。"此类文字，皆空言无实，不足存也。）四十以后，有志于清代学术掌故，泛览诸家箸述，先后成《碑传集补》、《疑年录校补》（初名《五续疑年录》，已锓木，后又补两汉迄近代若干人，更名《疑年录校补》）、《高邮王氏父子、江子屏、焦理堂四先生年谱》，都若干卷。又尝从友人假观《清史稿》，见其中纰漏实多，先就《儒林》、《文苑》两传，取他书互校之，订讹正误，得若干条。又拟撰《扬州学记》，并未定稿。十八年，徐公修《清儒学案》，不弃弇陋，命偕诸旧僚，从事纂辑，商量体例，不无异同，亦尚未蒇事。年六十，患血压高，医属省思虑，少作文字，与西方教旨，隐有合焉。俗缘终浅，觉岸非遥，惟有益坚其祈向而已。

辛亥一役，民国肇兴，光复汉土，北方倾向共和，良不乏人，尔昌亦尝妄陪末议，譬诸构成大厦，既助以邪许之声，固愿其栋宇坚贞，永无圮毁。二十载以来，变乱相寻，斯世殊未得蒙受福祉，水深火热，尤可痛心。窃以民主政治，基于道德，有领导斯民之责者，果能整躬率物，幡然日新风俗，绝放辟邪侈之萌，臻康乐和亲之盛，庶几董生所云天下之人，人有士君子之行，斯诚太平之世矣。苦持一孔之见，谬谓民治不适于国情，遂欲重返于独裁专制，又奚可哉！来日大难，危亡是惧，将贤愚之同尽，何是非之可言，慨念前尘，书其大略，所幸当时共事诸人，尚多存在，当能证吾言之不妄也。二十四年四月四日。

据作者手稿

常熟言公墓碑

吴闿生

曩者先公牧冀州，与所属五县贤大夫，殚思竭精，淬摩吏治，时常熟言应千先生实令新河，与先公交最笃。先公去官，主讲莲池书院，好学之士，四面而至，其尤材贤者数十人，日相过从，莫不以经营当世自任，如南宫李刚已大令、江安傅沅叔学使、定县谷九峰部长、任邱籍亮侪议员，皆其著者也，而言先生之子謇博、仲远两君，于时亦皆显闻。謇博豪气纵横，倾倒四坐，文章倚马万言，尤为通州范伯子所激赏；仲远简重缜密，遇事综核有条理。二君虽通介不同，识者皆知其为大器焉。及闿生东游日本，闻先公弃养，匆遽而归，衰麻省母于保定，时謇博已筮仕大梁，焯焯有声，仲远则以材见知于项城袁公，膺军事重任，怜我孤羸，抚循甚至。已而国步聿更，仲远勋业日光，虽久不相见，而彼此拳拳之情，未之有改。岁癸亥，公夫人丁氏卒，邮书闿生，属为铭幽之文，会以病，久未报。又五年，公自营生圹，复属兄子雍然来请铭，闿生曰："此非今日所有事，他年后死，当为公成之。"逾二年，而公果卒，诸子以碑铭来请，闿生之于公，曷可以不文辞。

公讳敦源，字仲远，先贤言子八十一世孙，世居江苏常熟。言氏于武进、山阴、湘乡，皆有枝系，独常熟为大宗云。曾祖忠杰。祖良钤，代理鄞县知县。考家驹，直隶井陉知县，即应千先生也。公生而蚤慧，十岁能诵九经，稍长，益发愤为学，事亲服劳罔懈，平居不谈人过，唯手一卷弗释。以监生应顺天试，录科第一，翁文恭公见而嘉之，载所为日记中，然六应秋闱，辄不售，于是绝意科举，讲求有用之学，橐笔游公卿间。

袁公方练兵小站，闻而辟之。袁公巡抚山东，以公偕。八国联军入侵，京师不守，山东当南北冲，形势岌岌，袁公使宿将提督龚元友戍德州，公以武卫军右翼参赞为之佐。元友卒，公代领其军，调护诸将，保民固圉，境以无事，时年甫三十也。德意志兵来犯，侦知有备，遂不入。明年，提调胶济铁路会勘事宜，德国工匠，桀骜不驯，舌人乘间舞弊，皆重惩之。已而从袁公至直隶，擢道员、兵备处总办，规画井井，楷模以立。河间大操，公任综理处，纲举目张，外国客来观者，皆称善。署大名镇总兵，兼统领练军，以文员任总兵，当时之异数也。大名，畿南重镇，盗风甚炽，而军备懈弛。公至，补军乘，申纪律，每单骑行部，从者三数人，迹知盗薮所在，归而授计捕之，十不失一。开州与河南滑县邻，剧盗王六已成禽谳服矣，滑县役与盗通，为之杀人报仇，县不敢问。公以为除恶务尽，不可画畛域自限，上书河南帅林文直公绍年，请究治，文直公大善之。立大名随营学堂、巡警学堂，及传习所，大、顺、广三郡警材，多出其中。己酉，丁父忧，屏居天津，总督贵阳陈公夔龙强起之，总办保定军械局。调热河练军统领，爬搔积弊，风气一新。辛亥，调德州制造局总办。会革命事起，舆情震骇，公绥辑群工，持以镇静，游勇伏寇，帖然无扰。旋简授直隶巡警道。未三月，擢长芦盐运使。

民国元年，授为内务次长。明年，代理总长。旋谢病去。公始以书生从戎，有声绩，受袁公知遇甚深，远近延颈举踵，以胥大用，乃非其意所乐为，甫登清显，遽嘿罢去。既谢病居天津，年未及艾，当道以阁员及文武疆吏见委，一谢不应。甲子冬，当轴以舆论求举清望者为江苏省长，聘使填门，坚拒弗纳，客至失欢而去，公不顾也。于是隐身阛阓，致力于实业之事，旋复弃去。平居自奉俭约，而周恤贫匮如不及，有旧交早没，孤嫠无恃，出万金资之。民国二十一年八月五日卒，年六十四。翌年五月，与公夫人丁氏，合葬于常熟南乡大滨河之原。子四人：雍时、雍陶、雍梁、雍临。女三人：长适吴兴赵世榕，次适秋浦周明泰，次待字。

呜呼！天下事非一端而已。士方其读书讲学，辄慨然有经世之志，睥睨天下，若不足为者，及夫偃蹇困厄而无所遇，然后叹世变之纷纭，非手无斧柯者所得与也。然而事势所趋，千紾万变，即使风云会合，庸讵能恣吾意之所欲为乎！中古以降，得君之专者，莫如王安石、张居正，权势烜赫，可谓极一时之盛矣，叱咤㧑诃，无不如志，终其所成就为何如，况运会日新，迥非宋、明之时所可并乎！公以寒士劬学，蹭蹬乡闱，父兄皆名德达材，屈于下僚，论者莫不扼腕太息，及公遭逢偶合，名位骎骎盛矣，而临事逡巡，未久遽卷怀而退，虽众望谆勤，终不复出，知好尤深惜之。然使公径情直往以自赴其所志，事机所值，果能尽副所夙期耶？则不幸而艰难颠折，至于战斗风霆，震眩耳目，头焦额烂，卒不获尺寸自效，国艰民瘼，无补分毫，而身名且随之以俱殉，将欲求一日之从容偃仰，啸咏优游以自肆，安可得耶！寻常急名喜事之徒，盖有沈溺而不悔者矣，乃知公见机而作，淡泊恬退之高怀，为不可及也。余夙荷知厚于公，乃本其所见，扬榷而言之。铭曰：

维大贤言子八十一世裔孙，归神于此。远矣灵宗，绍之者公。名在景钟，身在隆中。德业以崇，物望以从。碑勒穹窿，敬告鸿濛。

据《粃庄存稿》附录

书张勋复辟事

钱海岳

清署两江总督张勋，既溃围出金陵，屡拜袁世凯命，督苏皖，巡长江，开府徐州。部伍逾二万人，铠甲斗具犀利，自号定武军，皆蓄发结辫，别为制，威名棱棱称重镇。于是，康有为外为主师，万绳栻内为谋士，遗臣从之如归。当天下郊劲兵处，斩然有复辟志。

先，宣统让政，退居内宫，沿用清家衣冠正朔，与民国钧礼。帝冲龀，宫中事一秉于瑾、瑜二太妃。勋岁时朝谒，贡奉惟谨，常潜奏曰：愿上忍须臾，时有变，臣必起而报清。

岁丙辰，世凯死，西南自主。徐世昌、段祺瑞等密会勋彰德，谋复辟。无何，黎元洪代立，祺瑞入阁，积忤，祺瑞被黜，列帅携贰。勋喜曰：时可矣。遂以意普风列帅，皆曰：可。冬，大会徐州。冯国璋、倪嗣冲、张怀芝、曹锟等莅止。勋为长，起而曰：袁氏窃玺，鼎命中沦，函夏沸腾，生灵涂炭，钧天历数，仍钟有清。四海颙颙，悬心象魏，今诚能光复旧物，投天人会，此桓文事也。诸公意云何，勋意决矣。列帅合曰：诚所愿也。唯公命是从。乃要约：渝者共伐之。操般以次歃者，一十三省，约成。于是皖奉鲁豫直晋腾檄离元洪而自立矣。

明年，连兵屯天津，内外益水火。李经羲入阁，元洪、世昌召勋平列帅事。于夏四月，乘驲诣京，绳栻同行，帐下从者四千人。勋日与元洪计议，间谒帝养心殿，陈时局。二太妃召见赐筵。旋列帅弭自立，先后归命，而西南仍自主，且出兵靖难，岭海骚然。会有为至京，谓勋事及热疑无功。

五月十二日向晦，勋与有为、世续、陈宝琛，从醇亲王及诸王贝子贝勒，叩宫门白太妃，具陈状。内侍启，外有急奏，宫中惊愕失色。太妃乃御便殿见勋等，奏数行，太妃瞿然曰：皇极反正，神器重耀，匡复之功，家国蒙赖。惟日者孝定太后深维天禄有归，故举天下让贤能，上法尧舜，功德诚巍巍也。上春秋富，太后登遐，特以顾命老身。今幸笙钟不改响，宗庙仍血味，但长得衣租食税于县官，足矣。卿曹计大，宜更重详。勋奏曰：天子复位，天人合契。上纵逡巡，其如社稷何？太妃曰：比人情若何？勋因出列帅约进，慷慨曰：即有小反侧，慑惮皇威，如汤雪耳。太妃沈吟久而曰：老身伶弱妇人，生长深宫，不知大势，深恐万一蹉跌，见禾黍生宫阙，霜露沾衣裳也，奈何？则卿曹此举误皇上，更贻先帝后忧，罪大矣。勋等更请曰：臣等筹策周，太妃无过虑。如面欺便负先帝后。太妃曰：诚然。国偾而中振，卿曹迹侔伊周，其善扶皇帝。因流涕不获已，可其奏。

勋等退，会议朝堂，草复位诏，仍称宣统九年，普蠲辛亥后所加赋，大赦天下，与民更始，班下四方。以张勋、王士珍、陈宝琛、梁敦彦、刘廷琛、袁大化、张镇芳等为内阁议政大臣，徐世昌、康有为对掌弼德院，勋兼直隶总督、北洋大臣，爵忠勇亲王，黎元洪爵一等公，并授瞿鸿禨、升允大学士，张人骏、周馥协办大学士，冯国璋、陆荣廷总督，及各部院疆臣各有差，皆有为笔也。

勋入宫，陈复辟事苍黄，外无知者。出宫即戒严，使梁鼎芬晓元洪归政，元洪跳日本营。时正丙夜，勋召王士珍、江朝宗等邸许大言于众曰：天下事仍归清有，抗者血染张勋刀。众皆唯唯。刻令李进才、陈光远师及帐下兵入城。于翌日丁巳年五月十三日，即民国六年七月一日，日见沬，帝临朝听政，升中和殿，胪传执戟传警，群公卿士百辟夹列丹陛下，次弟奉贺中兴，欢呼万岁。命亲王以一元大武告庙，一时龙旗飞扬，蟒玉雀翎赫奕，都街百姓聚观，故老欷歔曰：不图今日再见旧国威仪。

勋既复辟，总录朝政，百官总己以听，天子垂拱南面而已，公卿辐辏，门如沸汤，每入直决事，天暑，勋袒身盘辫，握刀在朝房。求进者环请，勋曰：而不有仪同邪？复不散。予以除拜乃去。百官章服错杂，或仍燕居服不敢御，识者以是知其不终。

勋等方纷纭，论定国典朝章大封拜未已，而段祺瑞天津反勋之檄至。初，勋入京，以列帅纵臾约先倡而响应，故锐意行。洎复位诏下，惟朱家宝、孟恩远表贺。勋以材官蹶张，积阅为帅，祺瑞、国璋等与相抗权推而心不服。世昌尤害擅翊戴功，闻勋居三事，叱曰：我不能为署纸尾。列帅则志保富贵，迨形势布转相狙，伺成败为去就，首施莫敢动。祺瑞急再起，托承元洪指，密款段芝贵、曹锟师，合众六万人，于十六日起马厂。勋闻祺瑞兵飚起，乃征列帅及速留徐兵入援。世昌在津，诏以太傅大学士辅政，讲祺瑞兵。世昌已输诚祺瑞，谢不应。外援亦不至，勋大骂曰：我起而曹同盟，今顾中变，儿卖乃公邪。然我既为之，我死之，江西男子不为降将军也。遂浚池峭垒为城守。勋将四千人入卫京师，戎储空匮不任战，人民负担立，号令不出国门。既而，祺瑞兵三面围合。勋逆之于廊房。十八日，廊房失。明日，丰台失。二十四日，祺瑞兵苦战入外城，夺天坛。勋退内城，登正阳门死守，飞车投炮石，锋镝满五凤楼可拾，犹按剑厉声督阵。左右劝出避，引令升车，不肯，泫然曰：余攻坚陷险四十年，今竟为儿辈卖，天也。此地张勋死所也，避复何之？未几，其南河沿邸宅毁于炮石，事急，左右强之行，遂收泪登车，去东交民巷荷兰使臣馆。祺瑞兵入内城，勋师漼然弛仗解。国璋竟代元洪立，祺瑞得入阁，帝仍回内宫，有为等微服走天津，复辟凡十二日而事败。

国璋等见勋败，曰：绍轩吾友也，今亡命，当容之。亦为故同盟，不穷竟。而勋留徐师得北援信，为怀芝梗阻，嗣冲更劫其精票士而有之，讫未能出一兵。故勋败不旋踵，列帅又以除勋为大功，益富贵矣。

自清廷让政，陕甘总督升允及勋愤愤志复清。勋在徐，尤隐若一敌国。复辟败后，旋去天津。勋亦衰惫，无复当年志矣。顷之卒，谥忠武。

癸亥夏，余至京师，见长沙章太史华，尝述勋复辟事如此。太史于时直内阁者也，其言可信，因著其语于篇。太史又言：勋言音楚，举止多鄙拙，不识字，倩人为书记，俚解便佳。然喜谈忠义事。壬子，山左议士欲售圣林树肥家，勋以兵防护，犯者杀无赦，浮言乃息。镇徐日，命幕客讲说史书，辄慨然曰：上下二十四史，未见有民国字。而武夫粗强，不及远感，一往意气，无有贰心，几危清祀。列帅既为之筑冢勋名且世目逆案。夫功全则誉显，业谢则衅生，盖自古然矣。

据《海岳文编》

二兄（张人杰）行述

张久香

家兄静江先生行二。吾家昆季七人，大兄弁群早故，五兄让之于去年辞世，三兄澹如养疴香岛，四兄墨耕、七弟镜芙皆不及离沪，惟久香得及时迁台。前闻二兄长逝，痛何可言。谨按二兄幼时，性殊顽劣，而智异常童。成年即患骨痛症及目疾，虽不良于行，仍精骑术，每于故乡南浔狭巷小街驰骋自如，见者无不惊叹，以为奇技。嗣后骨病益剧，改研书画，书法李（北海）、赵（孟頫），画仿董（其昌）、王（鉴），造诣甚深，得其寸楮，莫不珍赏。对于我国古董，尤精鉴别，中岁赴法，经营古玩，一因兴趣所在，一以爱国热忱，盖其时海外古玩业为日人所垄断，故自经营以示抵制耳。又在法英组设通运公司，有所盈余，辄献党国。民八至十三年，久香就学北美，书问致疏，期内事功，未能覙缕。北伐功成，兄任建设委员会主席及浙江省主席，其所建树彰彰在人耳目，纪之另有专篇，兹不赘述。

二兄好弈，于燕寝之余，围棋解闷，兄弟相与抵掌论列是非。二兄虽未受新式之教育，而于科学之原理，发明之途径，莫不头头是道，如数家珍，虽专家无不叹服其见解之透彻与所闻见之渊博也。况其思想高超，不囿于故常，倘能假以时日，听其设施，则其成就当十数倍其已成之事功也。二兄以入世之人，而有出世之志，当"一·二八"沪变之发生，日人无故进攻，屠杀无辜，二兄闻讯，正举箸食肉，投箸而起，顿悟戒杀之道，以为弱肉强食，我之以待畜类，日人即以之待我人，遂决心戒腥茹素，以身作则，十数年如一日焉。中日战争之前一年，印光法师来沪，二兄晤谒。印师与兄耳语移时,兄遽感悟大哭,同座者不知印师之作何语而能感兄如是也。从此二兄抱引退让贤之念,滞栖海外,尽其余年。当此归真之日,其真能悟去来因缘而有先知者耶?

据《中央日报》1950 年 9 月 16 日

河南省长张公墓志铭

王树楠

公姓张氏，讳凤台，字鸣岐，世居河南之南阳。曾祖讳怀芳，祖讳毓秀，家贫务农。至考训导公讳廷献，始读书，以儒显。三代皆以公贵，封赠如其官。公幼濡庭训，好学能文，年未冠，与兄并入邑庠。继游大梁，肄业致用精舍，受知于学使廖公寿恒。河北道陈公宝箴、许公振祎皆待以国士，公既闻其绪论，而武冈邓保之、武陟王少白两先生主讲席，复授以四部有用之书，学益大进。光绪十一年，举于乡。越十年，乙未成进士，以知县分直隶，历权元城、吴桥知县，补束鹿。项城特疏荐，檄入都参议官制。局中皆达官贵人，公以一县令，参会其间，时人荣之。既天津徐公总督奉天三省，疏荐公治行，调署吉林长春知府。寻以母忧去官。时徐公议建治长白山，强公出总其事，增设安图、抚松二县，辟荒凿空，建衙开埠，至今徼外屹然成一大都会，公之力也。

宣统二年，锡良来督东省，檄充行政公署参议。服阕，补兴京知府。锡公再疏荐之，天子嘉奖，将不次擢用，而民国改造，士民争言自治。河南议会吁恳总统袁公调公回豫，兴京人闻之，遮留不使去，乃擢公长河南财政司，既改内务司长官，阶远出知府上，始获南归。二年，除河南民政长。三年，调京充政治讨论会会员，给二等嘉禾章。四年，命为参政院参政，特授少卿，寻充临时参议院议员。七年，复选为国会议员。九年，出为河南省长。在位四年，以疾告归，卒于里第。公性慈良，听讼不事敲扑，而严于治盗，一不稍姑息。束鹿故多盗，公莅任犁巢剔薮，疏捕无遗。时当轴厉行新政，公改境内祠庙不著祀典者，建学二百余校，并撰《辨正录》躬赴乡塾讲导之。又手订《巡警章条》，当道下之合属，以为模式。长春府向多无名费，人恒视为利薮，公至一一裁罢，不名一钱。长春为东方一大商埠，中外杂居，交涉事烦重。公一是结以诚坦，不隐不欺，外人交口推为钜人长德。其经营长白山也，时朝鲜已归日属，公详考鸭绿、图们两江源委，与日领事从容划分国界，全我领土千余里。更条上十事，皆守边要策。守兴京时，人患鼠疫。自检疫之令下，往往掘地发屋，若治巫蛊，甚则非疫而指为疫，幽闭牢禁，无病而死者，相望于途。公愤其惨无人道也，上书痛陈，并言兴京无疫，而阖境卒亦无一死于疫者。

公为政，持大体，以诚信获上知。故封疆大吏皆信其为守，相为倚重。束鹿、长春皆谚所称优缺者也，惟公无分寸私，而公亏且累巨万。上游稔其廉，辄为代偿，可以知其所操矣。当分长豫省也，值岁旱饥，揫民蜂起，啸众劫粮，以图不轨。公下车，即捕其首祸者严惩之，乃移正阳之粟，封道口粮船，贱出以廪饿人。又倡捐巨訾，驰函中外，鸠集五百余万，民不病饥。壬戌之岁，郑州兵变，骄卒骍将，露刃叫呼。公从容开谕，晓以大义，莫不弭耳低首，听公指挥，廛市不变。冯公玉祥继督大梁，夙仰公学行，旦夕来受经义。公因事纳规，地方阴受其赐焉。河南自白匪窜扰，善后之策，以择吏安民为本，以培固元气为治国要图。京师建议设清丈局，公以縻费扰民，谏止之。汜水魏星五倡减漕之议，公力赞之，并请财政部豁除漕耗，河南岁减二十余万，刊有专书行世。

平生以兴学育才为当务之急，民国二年有罢公私学堂之令，公密与维持，事遂中辍。直皖之战，保存正志学校，使不夺于势人。总统徐公开四存学校以端士习，其校章，则公所订也。尝痛学风不谷，邪说横行，毅然以拒诐息淫为己任。其在豫省，立官书局，刊先贤遗著，并撰《孝经大义》、《宪法遵孟》诸书，以诏后学。公故孝友，出于天性。守长春，闻母病，不告而归。事兄槐亭，终身怡怡，无间言，尺币斗粟，必受成于兄，丝毫不入私室。配孙夫人，生丈夫子三：长孝曾，次孝钦，皆先公殁，三孝彝，五等嘉禾章简任职。孙男四：友龄，荐任职，友良、友载、友韶尚幼。公以乙丑年七月二十三日卒，春秋六十有九。卜以十月十二日，与孙夫人合葬于某县某原。孝彝来乞铭，乃为铭曰：

始我识公，逅于啧室。我步我趋，唯公我昵。公昔作吏，民相与尸。植弱钼暴，删刓荒疵。继长大梁，千里赤土。弃食与民，母翼儿哺。兵祸猝作，群凶险诐。柔其强桀，赤子龙蛇。公曰今世，道裂文丧。承先待来，当之不让。昊天不吊，一老不遗。铭此玄石，以写我悲。

据《陶庐文集》卷十四

张伯苓传

胡 适

“我既无天才，又无特长，我终身努力小小的成就，无非因为我对于教育有信仰有兴趣而已。”这句话是张伯苓的自述。他还常常喜欢引用一位朝鲜朋友的评语：“张伯苓是一个极其简单的人，不能跟同时代的杰出人物争一日之长短，但是他脚踏实地的苦干，在他的工作范围里，成就非凡。”

他二十岁就从事于教育，第一期学生不过五个人。一九一七年，他四十一岁，南开中学已有一千个学生。到了一九三六年，他六十大寿的时候，南开大中小学共有学生三千名。一九三七年，天津校舍被毁于日军，其时他早已在重庆设立南渝中学，不到几年，学生增至一千多人，又成为全国首屈一指的中学。

严修的学生

张伯苓以一八七六年四月五日生于天津。其父博学多能，爱好音乐，尤善琵琶和骑马射箭，惜以沉溺于逸乐，以致家产荡然，续弦生伯苓时，已甚穷困，授徒以自给，深痛自己的不能振作，乃决计令伯苓受良好教育，严格的修身。

伯苓年十三，以家学渊源考入北洋海军学校，该校系严修、伍光建等三五留英学生主持，伯苓每届考试必列前茅。该校教师中有苏格兰人麦克礼者，讲解透澈，更佐以日常人格的薰陶，受业诸生获益匪浅，其于伯苓亦留下深刻难忘的印象。伯苓于一八九四年以第一名毕业，时年还不过十八岁。

威海卫的刺激

是年，中国海军于第一次中日战争中大败，几于全军覆没，甚至于不留一舰可供海军学校毕业生实习之用。伯苓于是不得不回家静候一年，然后得入海军实习舰通济号内见习军官三年。伯苓即在该舰遭遇他终身不忘的国耻，决心脱离海军，从事教育救国事业。

缘自中国败于日本之后，欧洲帝国主义者，在中国竞相争夺势力范围，伯苓即于其时在威海卫亲身经历到中国所受耻辱的深刻，威海卫原为中国海军军港，中日之战失败后，即被日军占领，旋三国干涉交还中国，转租于英。通济号系奉命开往威海卫自日军方面接收，然后于翌日移交英军，伯苓目击心伤，喟然叹曰："我在那里亲眼目睹两日之间三次易帜，取下太阳旗，挂起黄龙旗，第二次，我又看见取了黄龙旗，挂起米字旗。当时说不出的悲愤交集，乃深深觉得，我国欲在现代世界求生存，全靠新式教育，创造一代新人，我乃决计献身于教育救国事业。"

南开的滥觞

张氏此种觉悟，此种决心，足以反映当时普及全国的革新运动，戊戌政变就是这种运动的高潮，可惜这种新运动不敌慈禧太后的反动势力而失败了。伯苓时年廿二岁，欣然应严修之聘，在其天津住宅设私塾教授西学。严氏私塾名"严馆"，学童为严修之子等五人，此为张氏一生从事教育事业的开端。

伯苓结识严修，于后来南开的开办与发展的影响很大。严修字范孙，为此方学术界重镇，竭诚提倡新思潮新学说，不遗余力，而且德高望重，极受津人的景仰，伯苓得其臂助，为南开奠定巩固的始基。伯苓当时的教授法已极新颖，堪称为现代教育而无愧色，所授课程且有英文、数学，和自然科学的基本学识，尤注重学生的体育。伯苓且与学生混在一起共同作户外运动，如骑脚踏车、跳高、跳远和足球之类。同时注重科学和体育，师生共同学习，共同游戏，张氏于此实为中国现代教育的鼻祖之一。

一九〇三年，张氏和严修赴日考察大中学校教育制度，带回许多教育和科学的仪器。张、严两氏咸以日本教育发达，深受感动，回国后，即以严氏一部分房屋，将私塾改为正式中学，名曰第一私立中学，一九〇四年开学，学生七十三人，每月经费纹银二百两，由严、张两家平均负担。一九〇六年，某富友捐赠天津近郊基地名“南开”者作新校校址。从此南开与张伯苓两个名字，在中国教育史上永占光荣的一页。

七十三到三千

南开在此后三十年中，进步一日千里，其发展和进步且是有计划的。一九二〇年，江苏督军李纯，原籍天津，自杀身死，留下遗嘱，指定他一部分财产，计值五十万元，捐助南开经费，中美文教基金委员会和中英庚子赔款基金委员会，也以英、美退还赔款一部分拨捐南开。纽约洛克斐尔基金委员会更捐助大宗款项，建造南开大学校舍及其他设备，并资助该校的经济研究所。

南开开办之初，基地不过两亩，不到几年，即在附近添购一百亩以上，以供扩充。南开大学系于一九一九年正式开学，设文、理、商三科，翌年增设矿科。经济研究所则系于一九三一年设立，下一年又增设化学研究所，南开中学女子部则系于一九二三年设立，并于一九二八年设立实验小学，到了一九三二年，南开已完成了五个部门，即大学部、研究院、男子中学、女子中学，及小学。在毁于日军的前几年，学生总数已达三千人。

欠债办学新理论

南开之有此成绩，须归功于张伯苓先生之领导，这是尽人皆知的事实。他常对友人说，一个教育机关应当常常欠债。任何学校的经费，如在年终，在银行里还有存款，那就是守财奴，失去了用钱做事的机会。他开办学校可说是白手起家，他不怕支出超过预算。他常是不息的筹谋发展的新计划，不因缺少经费而阻断他谋发展的美梦。他对前途常是乐观的。他说：“我有方法自骗自。”其实即所谓船到桥头自然直。结果呢，确是常常有人帮助他实行新计划。

张氏在他的自传里说:“南开学校诞生于国难,所以当以改革旧习惯,教导青年救国为宗旨。”他还说中国的弱点有五:即一、体弱多病,二、迷信,缺乏科学知识,三、贫穷,四、不能团结,五、自私自利。

张氏为改良中国的弱点,因而提出五项教育改革方针。他主张新教育第一必须改善个人的体格,使宜于作事。第二必须以现代科学的结果和方法训练青年。第三必须使学生能组织起来,积极参加各种团体生活,共同合作。第四必须有活泼的道德修养。第五,必须感化每一个人都有为国宣劳的精神。

由今日视之,这些不免是老生常谈,然而张氏使这些精神贯注于其学校的生活,成为不可分离的部分,实在是张氏办教育的极大成就。

校长先生演话剧

此外,除教会学校之外,南开在中国人自办的学校中间,以体育最出名最有成绩,无论在全国运动会或远东运动会,南开的运动选手成绩都很好,自一九一〇年来,张氏在迭次全国运动会中被聘为裁判长。这些都得力于他终身提倡体育及在各种运动比赛中着重运动道德的缘故。南开还以训练团体生活共同合作著称。南开最有名的学生活动,就是他的新剧社。早在一九〇九年,张氏即已鼓励学生演剧了。他还亲自为他们写作剧本。指导他们表演。他还以校长身份不惜担任剧中主要角色,使外界观之惊骇不置,认为有失体统。后来,他的胞弟张彭春先生在哥伦比亚大学研究文学和戏剧归国,接受他的衣钵,导演几本新剧,公演成绩非常可观。易卜生的《傀儡家庭》和《人民的公敌》,由张氏导演,极得一般的好评。

受洗为基督徒

关于张氏教育方针中的着重道德修养和爱国观念,张氏以身作则,收效甚宏,尤其是开办最初数年,学生人数较少,耳濡目染,人格薰陶之功甚大。他在每星期三下午必召集全校学生,共同讨论人生问题,国家大事和国际关系,他差不多对于每一个学生都叫得出他的名字,不殚烦地亲身对他们讲解。

一九〇八年，他首次访问英、美考察教育。他自己对于道德修养的热忱，与他长时期和基督徒的交往，最后根据他亲自在英、美两国社会生活的阅历，使他深信基督教实为劝人为善的伟大力量，于是他就在英、美考察归国的一年（一九〇九年）正式受洗礼为基督徒。其时他年卅三岁。

张氏为一热心爱国的人，他以教育救国为终身事业，他的教育学说归纳为“公能”两字，他就以此为南开校训。张氏既以教育救国为职志，对于日本在东北的野心，常常觉得忧惧，一九二九年，他亲自到东北去调查，回来后即在南开大学组织东北问题研究会，并且还派遣教授数人赴东北考察。

九一八事变果然爆发，七七事变后，平、津相随沦陷，南开大学、中学也就因为平常爱国抗日的缘故，于一九三九年七月廿九、卅两日给日军以轰炸机炸毁。其时张校长在南京，蒋委员长闻讯，即安慰他说：“南开为国家牺牲了，有中国即有南开。”

爱子为国捐躯

南开被毁不久，他的爱子锡祜即在空军中驾驶轰炸机赴前线作战，不幸在江西山中失事殒命，锡祜系于三年前毕业于航空学校，在行毕业礼的时候，张氏曾代表空军毕业生家长发表激励的演说，当他听到爱子噩耗，静默一分钟后，就说：“我把这个儿子为国牺牲，他已经尽了他的责任了。”

炸不毁的南开

南开的遭遇日军炸毁，在张氏及其同僚原属意料中事，一九三五年，张氏早已到川西各地查勘适宜的地址，俾作迁校之计，数个月后，他又派南开中学校务长到华西去考察是否有设立华西分校的可能，不久决定在重庆近郊兴建校舍，一九三六年的九月新校开学，名南渝中学，一九三八年，应南开同学会的建议，改称南开重庆分校，南开大学则从教育部建议，兴〔与〕清华大学和北京大学合并，在长沙开学，校名联合大学。迄至一九三七年，长沙被敌机轰炸，联大奉命迁往昆明，校名改称为国立西南联合大学。

当其时，张氏大部份时间留在重庆分校，经济研究所亦于一九三九年在重庆恢复，南开小学亦于一九四〇年在渝开学，南开新校舍又被日机轰炸，一九四〇年八月，南开新校舍落下巨型炸弹卅枚，但是被毁校舍旋即修复，弦歌始终未曾中辍。

张氏爱国，对于国家政治的发展自然极为注意，惟政府屡欲畀以要职，且曾邀其出任教育部长及天津市长，均被婉辞谢绝，以便有机会以全副精神实现南开的教育理想，及至战时，国家处于危急存亡之秋，乃投身政治，一九三八年，国民参政会成立，张氏当选副议长，迭次出席会议，不常发表议论，其力量则在驻会委员会发挥之，张氏希望教他每个学生都有政治的觉醒，虽则不一定人人参加政府。

爱国，爱校，南开梦

八年抗战期内，南开大学虽受政府津贴，但是南开中学始终保持私立性质，今后亦然，战时联大的三个主体，清华大学、北京大学，和南开大学均已复校，仍由政府资助，但张氏始终主张教育应由私人办理，今后将继续为此努力。南开重庆分校今后亦继续办理，以保持其战时成绩。

张伯苓先生今年七十岁，白发老翁，新近自美国疗养归来，仍将大做其“南开梦”。某日，张氏对南开教职员及同学会说：“回顾南开以往的战斗史，展望未来复校的艰巨事功，我见前途充满光明的希望。南开的工作无止境，南开的发展无穷无尽，愿以同样勇气，同样坚韧，共同前进，俾使南开在复兴国家的时期占一更重要地位。”

据《民族报》1951 年 4 月 5 日至 9 日

（昂若译）

张寿镛先生传略

吕思勉

张寿镛字伯颂，一字咏霓，号约园，浙江鄞县人，生于清光绪二年。尊翁张嘉禄，于光绪三年登丁丑科进士，授翰林院编修、兵科掌印给事中。寿镛先生光绪二十九年登癸卯科举人，任江苏淞沪捐厘总局提调。宣统二年，江苏整理财政，改任度支公所科长。旋返鄞，就宁波法政学堂监督，转任杭州关监督。民国后，历任浙江、湖北、江苏、山东四省财政厅长。十三年，任江苏沪海道尹。

民十六年，国民政府奠都南京。四月，先生与钮永建等十六人被任为江苏省政府委员。五月，兼财政厅长及上海中央银行副行长，并于财政部长及次长到任前代理部务。九月，国民政府改组，孙科长财政，以郑洪年及先生分任次长。先生辞之再三，不可，十月中甫就职，并兼江苏省财政厅长。十七年，宋子文接长财政，先生于十月晋政务次长，仍兼江苏省财政厅长。十九年三月免兼职。二十一年一月，行政院改组，先生辞职，同月底，复任原职，七月再辞。

先生理财自地方历练出身，深洞其中利弊。历经古应苏、孙科、宋子文三任财长，均获信畀。尤以北伐持续，军费浩繁，先生身兼中央及地方两职，中央则筹划发行海关二五附税，卷烟税等国库券八千六百万元于先，以其与上海金融界渊源之深，故又负劝销认购之责于后，地方则当时东南初定，各省经费自顾不暇，而中央经费几全赖江、浙两省筹措。先生整顿江苏财政，清偿旧有省债，并每月解款七十万元协助中央，为各省之冠。

民十四年，上海发生“五卅惨案”，圣约翰大学师生五百余人愤慨离校。家长王丰镐及先生等奔走自建大学，定名光华大学，推先生为校长。当年九月先行开学，相继设文、理、商、工、法等科。十八年，教育部核准立案，正式设文、理、商三学院及附属中学。抗战中，光华校舍被焚，乃在上海租界中赁屋上课，并在四川成都成立分校。太平洋战事后，上海部分停办，改为诚正文学社及格致理商学社，继续上课；附中亦托名为壬午补习社。数年中，先生亲自授课不辍，讲稿辑成《约园演讲集》（一九四一年）、《经学大纲》（一九四三年）、《史学大纲》（一九四三年）等书。先生担任光华校长垂二十年，三十四年七月因病逝世，年七十。

先生素好藏书，收罗近十万册，民国二十一年手编《约园善本藏书志》一六卷，以其宁波乡贤著述为多，除据以辑成《四明经籍志》外，自二十年起，复就所藏刊刻《四明丛书》以广流传。至二十九年刊成七集，凡一六〇种，一〇八一卷。第八集未成而卒。其子继志续刻，于三十九年发行，计十八种，九十六卷。先生于抗战中与郑振铎、何炳松等接受政府委托，籍文献保存同志会名义，在沪秘密搜购古籍，先后收得善本四八六〇部，普通本一万一千余部。

除前述各书外，先生于光绪二十八年辑刻《皇朝掌故汇编》一百卷。二十五年及三十一年，分别刊行《约园杂著》及续编。三十年撰刊《诗史初稿》十七卷等。

据《光华校友通讯》第八辑

前总统府高等顾问汪君墓志铭

章炳麟

项城袁公既尸大总统四年，与群下议帝号，始有筹安会，吏民矍牾，佞辞百端，府高等顾问元和汪君移筹安会，称七不可。方属稿，以示诸子，诸子皆跽曰："是悬诸日月不刊之论也。虽然，恐不免虎口。"君不应。明日复问，曰："已发矣，虽死市曹，吾分也。"书出，袁公以君辞直，不能罪。而朝野始知有大法。其冬，云南兵起，以讨伪主为名。明年夏，袁公以惭忿终，君亦竟无恙。

君讳凤瀛，字荃台。清光绪初，从定海黄先生学，通群经大义，以选拔贡国子监得州判，入粟得中书舍人。从仲兄侍读君使日本还，客湖北。光绪末，八国联军入宛平，东南戒严。总督张之洞闻君达治体，召置莫府。之洞卧起无几式，午夜或有所召命，虽监司必擸衣奔赴之。而君于参佐尤亲，治奏牍，论文史，几无寐时，当是时，督府权重，参佐任事者或俾睨诸大吏，君顾敕慎，不以骄人也。以知府累署汉阳武昌事，真知常德府，最后知长沙府。直岁饥，民群起略米，巡抚以下皆被谴，君亦得降级留任。会遭父忧，因去官。逾二年，清亡。君外和而内噩正，解官时，年几六十矣。诸子或已显名及仕宦，里居优养，殊不欲役王事，而袁公以高材召之，细事未尝有所建白。竟以沮帝制，义声动天下。

至民国十四年冬一月乃终。配张夫人，前卒。侧室蔡。子荣宝，驻日本公使。乐宝，前大理院书记官。东宝，桐乡县知事。楚宝、桢宝、椿宝、松宝、相宝。女子子二，长适义宁陈衡恪，前卒。次适南陵何元瀚。是年三月，葬于吴县西乡陆墓山之麓。炳麟与君先后直总统府充顾问，帝制议起，炳麟方以牾被囚，得无罥絓。闻君移书，必义之，然未尝一识君。少尝与荣宝游，而东宝又吾弟子也，故知君事稍详，以为无道如矢，史鱼之直也。乳鸡搏狸，仇牧之勇也。卷怀以去，蘧瑗之卓也。其大节宜在民国史。而君未尝自伐。惧岁久湮没，故次其事，书于幽宫，且为铭曰：

有曲如钩兮，侯印亦褫。有直如弦兮，卒为元耆。览天网之纮覆兮，岂寥廓而无知？要离墓兮伯鸾壁，君参兹兮吴之师。

据《太炎文录续编》卷五下

严重行状

贺有年

先生名重，字立三，晚以字行。麻城严氏。父宜焕，绩学植品，言笑不苟。以军功膺职，需次江西，久历臬司文案，治狱精审多平反，为迭任倚重。晚摄安徽颍州府事，廉正有惠声。教先生甚严，进退言动，必中矩范，不少宽假。先生清明在躬，读书穷理如夙悟。甫成童，即立志以圣贤自期。一日师与言，偶及利，先生怫然曰：君子喻于义，小人喻于利，今师不察此，则小子何述焉！年十六，入安徽陆军小学。始一二年，专力于各学科，必熟习贯通而后已。其基既植，即治文哲，谨修持。恒与友讲究求心之法，与律身之道。尝订立十二条，笔之于册，注其尾曰：有犯此者，以磁针刺无名指，涂血于册为记。明日，册血殷然。又明日，血益阔。自是遂不复犯，而先生行日修，学日进，文日茂。父谓之曰：用兵之道，奇正相生，权诈百出，非尔所长也。参议得失，论辩是非，从事于文墨之场，尔庶能之。先生对曰：机谋变诈，固非儿所长。然居己以恭，行事以敬，抚众以义，对敌以诚，此儿所愿学也。诈而成功者固有之，诚而偾事者亦未之见也。

时清政不纲，外侮日亟。先生懔国亡之无日，每以时事语家人戚党，冀诱启国家民族观念。尝告祖母曰：报国救民，孙唯一死而已。母斥其妄。先生陈大义以慰之。辛亥武昌举义，先生适以事至鄂，投充某营部司书。上书统领，条陈却敌进取及宣导军民之方法。统领称善，调司令部办事，辞未赴。本营升为书记，亦不就。迨清帝退位，即离去。游淮徐，登泰山，至曲阜谒孔子庙，轩然激发，益坚向道之志。民国元年八月回皖复学，以第一名毕业。三年，入北京清河陆军第一预备学校。五年，入保定军官学校。先生颖悟纯一，术学各科，声入心通，无事复习。课外孜孜于修己安民，践形立命之旨。佛老耶回及诸子百家，靡不力穷其奥。禅宫道院教堂，时涉足其中，请益老宿，以求博考而会通。渐于吾国固有道术之全，特立之点，灼然有见。结同志为学会，每休假日，集合讲论，多由先生主讲。以讲学重在批判，辄牖启辩争，而为之归纳。同学闻风，多致钦慕，先生深自敛抑，不敢少涉标榜，致损闇然慎独之功。

七年，保定军校毕业时，先生学术规模已立，有左右逢原之乐，后之教人治军从政悉资之。初，分发边防军见习。以军阀相残，从之为助恶，非救国本旨，弃去。考入北京无线电传习所，期满为所服务，旋升所长。所得薪资，悉购书籍研读。日至北京大学旁听，无或间。十年，返籍挈眷赴宁，将执教于某职业学校。寻应粤中友人电约，就粤军第一师副营长，旋升中校团附，兼营长。迭与战役，声誉以彰。十三年，筹办黄埔军官学校，悉心擘画。由教官迁总队长及训练部主任。视学生如家人，视教育如生命，以身作则，以严见惮，以诚相感，全校翕然。十五年，北伐军兴，任第廿一师师长。先生曾再返宁，假设书店以宣扬党义，并密测沪宁地图及雨花台炮位，为北伐准备，遇险者屡。既率师北进，由韶关、赣州、南昌至衢州集中出击。经严州、桐庐、新登、富阳、嘉兴以趋吴江、苏州，所向披靡。先生临阵周度地势，洞察敌友，审而后发。抚厉士卒，严饬纪律，发即迅厉无前。一地既下，必妥谋善后，或躬诣耆宿商安辑，不使地方感兵革之苦。十六年三月，以任务终止辞职，寓杭州僧寺，日与徒友论学，揽湖山之胜以自适，并以其暇指示阵亡将士墓地工程。同年九月，任军事委员会军政厅长。无何，以父丧回鄂解职。

十七年，任湖北民政厅长。时张难先长财政，石瑛长建设，一时有贤人政府之目。先生就职时，宣布用人公开，以考试及甄审行之，屏谢荐托，内外僚属称得人。以民政目的在推行自治，欲推行自治，当先伸张官治，以训练人民。迨训练成功，自治建立，然后收回官治。因划县为若干区，设立训政讲习班，考选英俊，躬亲指导，施以军事管理。期满及格者，以区长任用。届期，其计划未能实施，先生脱然解职，并辞去武汉政治分会委员。孑身上匡庐，筑室太乙峰下，颜曰“劬园”。自统太乙劬丁，种菜折薪，引泉执爨，悉以自任。芒鞋草帽，一筇独往，幽壑绝巘，足迹殆遍。邻曲素心，晨夕过存，涵泳道虚，钻研古籍。一室之内，俯仰翱翔，不自知其独处。会国内多故，与旧好通问，辄以御侮救亡致惓惓。二十五年秋冬间，以倭氛益帝陵，转宁吊友人墓，沿途栖宿野店，与秽贱杂处，洒然不以为苦也。

二十六年十月，今国民政府主席蒋公致电先生，以抗战关系民族存亡，责以大义，促赴危难。先生慨然入京晋见，面陈方略，受命再以湖北省政府委员兼民政厅长。二十二七年七月改组，先生仍长民政，并代行主席职务。时寇入已深，武汉事急。先生于机关学校之迁移，公物器材之转运，都市民众之疏散，外来难民之安置，以及地方官吏战时应变之方案，端绪纷纭，一一规划，分别施行。又乘间出巡各县，视察驭众制敌之布置，指示临事因变之机宜。遭致空袭，屡濒危殆，不顾也。至武汉沦陷前一日，始乘轮西上。省属各机关已先迁宜昌，先生至，命复迁恩施。已则留驻宜昌，镇抚流亡，收拾残破，于抢救青年，拯济难民，保存图书仪器，尤不遗余力。二十八年，辞卸厅职，以委员代理省政，仍驻宜昌办公。更番巡视鄂中鄂北，期以解决当地问题，加强军民联系，而抢运鄂中粮棉各产，更视力所能及以赴。夙夜焦思，不遑启处。

二十九年，宜昌继陷，先生忧伤劳瘁，益感体力不给，恳辞本代各职，移寓宣恩山中，扶助垦民，整理旧著，有劳人息肩心颜顿豁之致。三十一年，膺选国民参政会第三届参政员，对政治建设为有系统之建议，于成立县各级民意机关，尤剀切言之。休会后，游川西。以会议时有提议请政府选定经书列为学校必读之科者，赞成反对，辩论热烈，终不得确解，乃发愤于旅行中写成《礼记大学篇考释》十余万言，以略示涂辙。三十二年十月，返宣恩。以三十三年已六十，随寓宣恩。弟公威，黄埔军校毕业，历任军职。妹一，适王云章。同气怡怡，友于良笃。配杨夫人，贞静茹贫，克赞清德。子善明，年十五，肄业中学，能读父书。遗命火葬，以无此设备，将暂厝恩施龙洞某山。

先生一生，以治学为第一事，造次颠沛，莫之或违。其学术纲领，为原一,合二,贯三。通变之谓道,偏执之谓方,离方术亦无道术,离道术则方术尚何所存。故彻内彻外,彻始彻终,默识心通,莫容拟议,乃名言之究极,学述之本宗。此之谓原一。道存乎人,人成乎事。自天人以至于民理,由物养以溯于精神,内外精粗,本末一致。圣功王道,体用不离。此之谓合二。道术之科目有三:曰玄,曰性,曰礼。玄宗无名,性宗尽己,礼宗从宜。三者虽殊,其义一贯。吾人为学立身,践礼为实,尽性为功,通玄为极。应物存心,忘心入妙,审美择善而归真,穷理尽性以至于命。此之谓贯三。吾先哲一脉相传,皆主性宗求仁之旨。尽己推己,人我一体,心物两忘。上以贯乎玄,则与化为体。下以贯乎礼,则时措之宜。必性宗之学明,相率于强恕存诚,成己成物,庶足以自立而进于大同之化。其论中国历史之演进,分君后王官师儒庶民四期。历为道统王权,是一非二。道在君后,即政在君后,如神农轩辕,神明首出,制作教民是也。道在王官,即政在王官,如夏商以后,官世其学,政出公卿是也。周室东迁,官失学散,道在师儒。孔子修订六经,垂为宪典,为二千余年时主所不敢叛,则政亦在师儒矣。今则学期普及,道在庶民,政由群主。继周百世之运已终,万代太平之基重启,故吾国一部历史,为道统承继史,即王权进化史,亦即知识思想范围扩大史。唯故制不改道,制可因时而立,道则亘古常新。故以明道革命救国救世为己任。于三民主义,从学术与历史有深至之印契。而以孔子为师儒时代受命立治之王,国父为庶民时代受命立法之祖。故宣劳党国,艰贞独绝,历久不渝。

自谓平生出处可分三期:辛亥参加起义,推翻帝制,为第一期。任教黄埔军校,参加北伐,驱除北洋军阀,为第二期。出任省政,参加民族抗战,为第三期。今不复能为力,唯犹欲有所明,以靖献于天下后世耳。家故贫匮,颖州君清介自持,家人习于刻苦。先生体气素弱,营养复乏,自求学执教,至专阃服官,患病时多。固不以病废事,故人不之觉。力学敏事,唯日不足,逾夜分始寝为常。与人言,必从根本启发,反复叮咛,不能自已,至忘寝食。以是积亏暗损而不自知。病笃谓尚有理想工作未完,责任未尽,宁自意其遂不起耶!所著有《道学会宣言》、《庄子天下篇绪论之杂谈》、《大学辩宗》及《礼记大学篇考释》。尝自撰属草之旨趣曰：末俗哗众，素所深恨，尤而效之，口所敢为。又曰：道在人心，万古一日。论与不论，何减何增，亦各求其心之所安而已。可以睹先生之心矣！中华民国三十三年五月十二日贺有年谨状。

据《会声月报》第三卷第九期

罗文干记

马叙伦

三十年十月十八日，报载罗钧任没于广东乐昌县。钧任名文干，留学英国，治法律学。建国初，任京师总检察厅检察长，检举袁世凯叛国称帝，大得称誉，其胆识固可服也。十年，王亮畴宠惠组阁，钧任长财政，力任整顿。而陆长张绍曾谋取王以自代，与众院议长吴景濂等以奥款事，白总统黎元洪，将钧任迳交法院看管，然莫须有之狱终白，而钧任之廉洁转为世信。其后任国民政府外交部长，特别费用余而不入私囊，则殆自来所未有。钧任与亮畴同乡同学，同得时誉，然亮畴之骨气远逊钧任也。亮畴阁既为绍曾等所毁，钧任被逮，亮畴不能以去就争，而犹思恋栈。时余佐汤尔和为教育次长，亮畴辞职之前夕，与外长顾少川维钧等集尔和家，亮畴不欲因钧任事而去职，谓尔和曰："你是医生，当知医生以救人生命为务。余今日当以救国为先。"尔和曰："人正要打杀你。"卒以尔和力持，遂辞职而绍曾代理国务总理矣。

总长外交者为黄膺白郛，时膺白正寓绍曾家，人谓膺白实与其事也。膺白就任外长后，第一件公事即签定金法郎案，膺白曾语余曰："我当时拿笔，手为之抖。"盖虑步钧任之后尘也。钧任之狱，非财部科长徐曙岑行恭挺身力证，几不免于缧绁。而亮畴去职后，亦未尝为钧任力也，彼时尔和颇谋脱钧任，故钧任与尔和交遂密。其后相偕入吴佩孚幕，又同赴奉天，为张学良客。此后乃分道矣。

钧任平日喜语，语不避人，然率直出肺腑。抗战之始，桂军欲效兵谏，胡适之致谴于桂军领袖李宗仁、白崇禧，钧任亦斥适之，语严而隽。钧任故与适之善，然不阿友也。今闻其丧，失一良友，而不得临抚其棺，怆何如也。

据《石屋余渖》

罗志希先生行述

失　名

先生姓罗氏，讳家伦，字志希，浙江绍兴人。先生原籍浙江上虞，清雍正年间，有祖讳汉文者懋迁山阴，始著籍绍兴。五传至禄厚公，习名律，有子曰传珍，字沛卿，又号钝庵，绍父业，游幕江西，勤慎明恕，上峰器重，乃以知县筮仕赣垣，历署进贤、万年、都昌、奉新诸县事，所至有声。复工书画、精篆刻，著有《咬菜根斋诗文》、《诗话》、《联语》多种。原配周夫人，生志希，其长也。

先生以民元前十五年十二月二十一日生于绍兴，随侍入赣，幼承庭训，好学能文。民国三年就读上海复旦公学，始与余井塘、黄季陆先生缔交。民国六年北上，考入北京大学，肄习文科，受知于蔡孑民、胡适之两先生，文艺思想境界一新，慨然以革新文学为己任。复与诸同好创为《新潮》月刊，为士林所推重。先生毕生精力尽瘁于文化教育事业，实基于此。民国八年五月四日为反对巴黎和约，主张拒绝签字，提出“内除国贼，外抗强权”之口号，与当时热心同志多人领导游行请愿，风动全国，卒收拒签之效，收回山东利权，为外交史上开一胜利新纪元，即世所称之“五四运动”也。而先生行踪遂为北洋军阀所注视。以北京学生联合会代表，赴沪晋谒国父于莫利爱路，国父对学生爱国运动勖勉有加。民国九年，毕业北京大学，远游欧美，历在美国普林斯顿大学研究院、哥伦比亚大学研究院，及伦敦、巴黎、柏林三大学研究院继续深造，先后七年，见闻益广，博通世界学术思想之源流，而一以革命救国为鹄的。

民国十五年先生学成返国，参加北伐，奉总司令蒋公委聘，任职总司令部参议，编辑委员会委员长，暨战地政务委员会兼教育处长等职。是为先生参加实际革命工作之始。自此追随领袖，尽瘁党国，至死不渝矣。十七年间北伐进行极顺之时，乃有日军进犯济南之举，先生正在前方，随侍总司令出入火线，并数度冒险侦察敌情，生死置之度外。

十八年，先生出席中国国民党第三次全国代表大会，当选为中央候补执行委员。自第五次全国代表大会后，当选为中央执行委员，历任党史史料编纂委员会副主任委员、宣传委员会副主任委员、中央政治会议委员、外交委员会委员、教育委员会委员等职，然其旨趣，常集中于教育、文化、学术工作。曾任国立东南大学、国立北京大学、国立武汉大学等校教授。

先是，国民政府定都南京，中央决办中央党务学校，先生为教务处副主任，旋任主任，曾兼代教育长，为该校筹备创始者之一。十七年八月，国民政府议决北平清华学校改为国立清华大学，直辖国府，先生首任校长，建立该校规模。

二十一年八月，先生任国立中央大学校长，校务臻于安定。七七事变后，即将该校全部迁至重庆，图书仪器，毫无损失，该校得以迅速复校。先生周详策划，辛勤建树，于时沙坪坝俨成国家学术文化中心。

在抗战期间，先生历任滇黔党政考察团团长，西北建设考察团团长，遍历西南西北各省，尤注意边疆问题。

三十二年八月，先生首任新疆监察使，努力促进新疆内附工作，其处境艰危不顾也。

二次大战结束后，先生任联合国教育科学文化组织筹备会议代表。印度独立，中央特任先生为驻印度大使，为各国驻印外交团团长。嗣又奉派为庆贺锡兰独立特使。

三十五年，先生任制宪国民大会代表。三十七年，教育界推选为第一届国民大会代表。一九五〇年自印度回台湾，任“总统府”国策顾问、“中国国民党中央评议”委员、“党史史料编纂委员会”主任委员，并兼任“中国笔会”会长，出席世界笔会，致力国际宣传，护持“国家荣誉”。一九五二年，选任“考试院”副院长。一九五七年，改任“国史馆”馆长，编纂《中华民国开国五十年文献》、《国父百年纪念丛书》及《革命文献》诸巨著。一九六九年因病辞职。

先生学识渊博，于从政执教之余，并致力著述。中文著作有：《新人生观》、《新民族观》、《文化教育与青年》、《科学与玄学》、《中山先生伦敦蒙难史料考订》、《黑云暴雨到明霞》、《疾风》、《耕罢集》、《心影游踪集》、《逝者如斯集》。译著有《思想自由史》、《近代独幕名剧选》等。其中《新人生观》一书，已印至三十余版。此外所撰中英文学术论文，散见于国内及各国学术刊物甚多，先生于史学造诣特深，为国际学术界所称誉，曾被选为美、法、德各国历史学会会员。

先生初患脑疾，入中心诊所诊治，嗣改荣民医院治疗，服药颇有起色，终以肺炎及血管硬化症并发，回生乏术，于一九六九年十二月二十五日不治逝世。享年七十三岁。

德配张维桢夫人，上海张钧丞先生之女，沪江大学政治系毕业，美国密希根大学硕士。历任中央宣传部国际宣传科总干事，三民主义青年团中央团部女青年处处长，国民参政员，立法委员等职。夫人贤淑恭俭，治家有则。先生尽心国事，发扬学说，能无内顾之忧者，夫人之助实多。长女久芳，次女久华，均毕业澳洲雪梨大学，美国密西根大学硕士。长婿张桂生，河南安阳人，中央大学毕业，美国密西根大学硕士、博士，现任华盛顿大学地理系副教授。次婿艾普夏，美国维琴尼亚人，耶鲁大学毕业，密希根大学硕士，现任美国密希根大学英语中心研究员。

据《革命人物志》第十三集

经颐渊先生传

柳亚子

先生姓经氏，讳亨颐，字子渊，晚岁欲统一名号，故自署曰颐渊，浙江上虞人也。

少游沪上，居其世父莲珊翁元善所。值胡清末造，牝后那拉氏既兴戊戌党狱，杀谭嗣同等六士，复欲废弑其君载湉，海内外哗震。莲珊翁首率东南士庶，驰电声讨，而先生亦列名简末。寻相偕亡命澳门，至庚子后，始获归。遂留学日本，入中国同盟会。既返国，尽瘁教育有年。其长浙江第一师范也，值五四运动，顺应新潮，学风丕振。因为当地官吏所忌，百端齮龁之，先生岸然不为所屈服焉。

中国国民党改组，主持宁波市党务，旋被举为中央执行委员，航海入粤。国民革命军出师北伐，间关从征，止于武汉。已而国共分裂，先生心甚非之，顾力不足以匡正，抚膺太息而已。

十六年夏，予游南都，始识先生。会玄黄水火，棋局鼎沸，先生栖迟南溯，予槁卧申江。二十一年秋，始复相见。时廖仲恺夫人何香凝女士方养疴于先生白马湖私邸，余渡海往诣，与先生偕行，下榻长松草堂三昼夜，酒酣以往，抵掌高谈，未能忘情于天下事也。

先生嗣移家海上，复迁南都。二十六年夏，以病返白马湖，而“八一三”事起矣，二十七年春，再来海上，欲奔赴行都。顾肺疾旋作，九月二十一日殁于广慈医院，年六十有三。著《颐渊金石诗书画合集》，已印行。

柳亚子曰：先生弗娴欧文，与余同憾。顾思想颇前进，清党后恒郁伊不自得。二十五年冬，孙夫人首创全国团结，实行总理三大政策，具文书上中央会议，先生亦附署焉。抗战军兴，朝议丕变，先生独恨其犹未能尽善，虽在病榻中，每为余言之。自先生之殁，忽忽再易岁，益深佩其卓识，爰举所见为，论列之如右云。

据《大风》第八十五期

郑沅传

王啸苏

郑沅，字叔进，长沙人。父业敩，以诸生佐戎幕，保道员，分直隶，权霸昌道。沅于光绪甲午成进士，以一甲第三人授编修，典山西乡试，寻直南书房，督四川学政，晋侍讲。湘人督学四川有声者，前推罗典、何绍基，沅时较后，足与媲美。民国初建，以久官京朝，仍得为总统府秘书。迨袁世凯称帝，改内史，授少卿，遂拂衣去，沅性和易，其大节不可夺乃如此。未几，帝制倾覆，世凯自毙，沅仍寓北京。逮国民革命军起，移寓上海，鬻书为生。郑氏多翰林，高祖敦允及族弟家溉，皆馆选，又以书名；而渊雅恬穆，论者恒以推沅。尝从王闿运问诗，甚称其能。于经喜《公羊》，于子喜《老》、《庄》，晚尤耽佛典，若有宿悟。居京时，喜共缁流往来，而意度旷逸，吐词隽远，方外或不能及。金石其家学，尝手录父著《独笑轩题跋》，分贻交好，人共珍之。赋性高澹，一洗巍科名宿之气，与人交，不随俗为高下，又喜推奖，虽微才薄技，称誉不去口。晚于沪赁西人居，又病痿痹，几废，仍以左手作书，供朝夕，历数年卒，年七十有几。时中倭已兴戎矣，丧乱穷乏，遂戕其生，人以是重悲之！

据《(湖南)省志初稿·人物志》

民国人物碑传集

卷　二

范源濂传略

失　名

范源濂为晚近之教育家，字静生，湖南湘阴县人，少孤，从舅读书清泉。戊戌维新，考入长沙时务学堂。时务学堂停办后，东渡，受学于东京大同学校，旋转学于东亚商业学校。时赴东留学者日众，因国内学校初创，学科设备不全，大抵程度参差，无相当学校可入，源濂因仿日本维新时成规，在东京创办速成法政、师范诸科，法政以一年半毕业，师范则半年毕业，俾略具法政、教育常识以应时需。聘译员为之译述讲义，不必学习日语。不及二年，全国闻风来学者，至二万余人，跻空前未有之盛况。甲辰，复回湘倡议送女生赴日习师范。奔走月余，得十二人，率之东渡，送入东京实践女学校，开女生留学之先河。乙巳，学部议设法政学堂于北京，聘日人主教，而任源濂为学部主事佐之。丙午，纠合同志创设殖边学堂，招学生百余人，授以蒙、藏语言及垦殖诸科目。又筹办优级师范学堂、清华学校。己酉冬，发起尚志学会，购置会所于北京化石桥，并筹集基金，附设医院及学校，编译关于文化及科学书籍。尝谓"尚志学会规模虽小，无异中国社会事业之一苗圃"，可以见其志望也。庚戌冬，任学部参事，规定学制及学校章程，以期全国学堂悉统制于部章之下，然后徐图教育之普及。嗣后屡有增改，然大体仍多因旧旨也。

辛亥冬，民国成立，任教育次长，旋任教育总长，刻意筹画，多所建树。在职半年，以政见不符引退，就中华书局编辑部长。五年七月，再任教育总长。七年春，与严修同赴美国，遍历各省，于其教育实况，多所研求。九年八月，三就教育总长；次夏辞职，从事于生物学之研究。十一年春，再游美国，考究乡村教育。翌年赴英，与彼邦人士讨论退还庚子赔款事，主张设各种学术研究院、图书馆，补助留学经费，并在外国大学设中国学术讲座，以宣扬中国文化。十三年九月，任中国教育文化基金董事会董事，旋被推为干事长，其所主张，多见定议。十七年十二月二十三日殁于津寓，年五十二。

据《第一次中国教育年鉴》戊编第九

林璧予先生传略

失　名

民国二十四年六月，铨叙部部长林公璧予殁于位，于是考试院院长戴公上其劳勚于国民政府，赠恤有加，礼同官以公宣付国史，例必有副，属余以传略。余辱公知久，义弗敢辞。

公讳翔，闽之侯官人。清太子太傅、历官总督谥文忠者，公之曾祖也。浙江按察使杭嘉湖道讳聪彝者，公之祖也。江苏直隶州州判讳庆祺者，公之考也。公幼劬学，补博士弟子员，顾弗自喜，则负笈东游日本，入明治大学治法律。于时日俄战后，吾国国势日益阽危，有志之士矢救国者，咸集于日本，而总理孙公为之魁，胡公展堂、汪公精卫创《民报》，衍孙公三说，公读而善之，学成归国，与今主席林公交最厚。辛亥之役，林公任九江政府民政长，辟公任司法。军政未分，司法有所轻重，皆足为民害，公佐林公一引之于当道，所保全独多。然公掌司法，其岳岳不阿，确然有以自立者，是莫难于在广州时。先是广州主政者议弛赌禁，令已下矣，广州赌风之烈由于剥下以益上，数百年来旋禁旋弛，其所藉口，皆以裕收入为言。公时为地方检察长，则抗章力争，历举其为民害，主政者无以难，而不肯自反汗，于是调停者乃以留番摊，罢其余诸赌为转圜，然公意则未尽慊也。九年，粤军自漳州回，陈炯明势张甚，即于司法，亦无所不干涉。公适调升总检察厅总检察长，兼平政院评事法官。某怙炯明势谋不利于民党，有控之者，令下调犯及原谳，某抗不奉令，展转遏抑，系狱者瘐毙。公廉其实，自督逻卒侦而获之。炯明屡为言，屹不为动，卒置诸法。十三年，香山县盗案起，失入者众，公赴鞫白其冤，立出五十余人于系。而台山县亦获盗数十，杨省长庶堪移公理，公细查无可疑，严绳不少贷。粤故健讼，每以巨金为市，公麾去不顾。或有夤缘权贵请托者，则以去就争之。孙公、胡公皆以是重公。故终公之世，莫敢以私干者，舆论翕然。迨炯明之以广州叛也，人咸岌岌不自保，公以停疑决狱首重簿书，从容率属裒简牍，无巨细皆有簿记，以移于广州高等审判厅。知者叹公镇静不乱。

首都建立，公任军法处长，监察委员，升最高法院院长。综理司法凡六次，处理疑狱不可胜计。二十二年，任考试院铨叙部部长，时湖州戴公掌院事，以为吾国铨政发源最古，今国体虽更，而士宜应官，官宜应职，则为不易之理。每立条教，公献可替否，推行尽当，三年之间，立任用法以为用人之准，立考绩法以严黜陟之律，又厘俸给，慎注选，补教育，更拟推建分会于各省，凡于边远各地，尤不欲以严法相绳。至其对僚属，则尽去崖岸，不轻易一人，亦不妄举一事，每谓儒学主静，静则可以知人，可以处世，故曹司咸推以为雅量。然至执行制度有以非法越轨乱铨政者，则确然自守，不易其执法之精神焉。

公性慈祥而勇于为义，居恒以中国之积弱，实肇于鸦片流毒之深且广，痛先德文忠公未竟之志，语辄恸哭，乃捐廉刊布文忠公禁烟奏牍，及所著信及录等书，传之全国。又尝条陈枢府，厉行禁令，比来烟禁渐著成效者，公之力为多也。曩以殷太师比干为林氏所自出，慨祠墓芜秽不治，遂倡议修葺一新，俾国人有所矜式焉。生平见人有困急者，推解不吝，族姻戚党待以举火者数十家。而自奉则俭甚，尝诏公子辈曰：吾虽无多财畀汝，但终不作业以累汝。是可观公之居心矣。夫人沈氏，同邑文肃公侄孙女，能以才德佐公，侧室陈氏、张氏，子长景文交通大学毕业生，次志文、肇文、洪文、骥文、衡文，女三。

论曰：公晚岁治佛学，深知心佛众生，本无差别，故其视人，惟恐有伤；其视流俗之变诈刻核，则惟恐或浼；然此固非高言寂灭遗弃一切者之所为也。余尝观其事长官、处朋友，悃悃不苟，且至于共患难，同进退，从不以权势易节。盖所得于静者深，即其所谓定也。然则佛之理，其通于大学之道也欤。

据《革命人物志》第三集

林长民传略

郭公木

公讳长民，字宗孟，福建闽侯人也，留学日本十余年，得早稻田大学政学士。前清末叶，伪宪蒙民，公适归国，慨然于国民程度之低劣，决从事政治教育以为根本之图。乃却四方之聘，就闽官立法政学堂教务长，厘订学则，革除积习，成绩卓然，顾以少年锐进，为当事者所不喜，疑忌者更从而谗构之，公遂去职。时各省有谘议局之设，九府二州贤俊毕集闽垣。愤公之热心致败，而官校腐败，不足以有为也，乃相与创设私立法政专门学校及附属中学校，推公为校长。一时闻风来学者，达数百人，苦心擘画，惨淡经营，不数月而一切规程悉具。

未几，国政鼎革，公被选为众议院议员，兼任秘书长。自后常留北京，奔走国事。然校中大事，仍遥决焉，且年筹巨费，以资维持。同时各省私立法政学校之成立者，不下十数，然皆不一二年，或三四年，相率闭歇。惟兹校至今犹存，现且升格为福建学院，而日在发展中，皆公之力也。民国十四年，公游历欧、美归，欲以视察研究所得，改造学校，乃谋扩充为福建大学。计划甫有端倪，而公竟徇新民屯之难，弃学校而长逝矣。校中学生及卒业生，不下数千人，闻耗，莫不痛悼流涕，以为失所瞻依。而伟业未就，为公惜，更为教育界前途惜也。公既殁，其家属仰体遗意，以所藏双括庐图书万有余册，捐赠本校乌山图书馆，为馆中最有价值最有历史之部分焉。当公之在北京也，效力国事之余，尤注意教育文化事业。曾任中国大学校长，创办亚洲文明协会，又常以言论指导青年，极为时论所推许云。

据《第一次中国教育年鉴》戊编第九

林庚白家传

柳亚子

亡友庚白殉义九龙后一年又四月，其俪侣北丽女士始来桂林，乞余为家传，余弗忍辞。传曰：

庚白初讳学衡，字浚南，别署众难，晚乃以庚白行，福建闽侯人也。闽多林氏，而族系不相联，各以文章事业，轩轩然争雄于数百里间。少穆尽瘁以后，如暾谷之殉燕市，广尘、靖庵、意洞之殉广州，宗孟之殉辽沈，咸与国运有关。庚白死后，乃为太平洋战争之牺牲者，亦何惭于黄花三杰哉！庚白簪缨奕世，而少失怙恃，独姊氏抚育之，赋性颖悟，七岁读书，能为断句，负神童之目。八岁游燕都，始入学校。十四岁肄学太学，与同舍生姚锡钧、汪国垣、王易、周公阜、胡先骕相酬唱，又与锡钧合刊《太学二子集》行世。

明年辛亥，义师起武昌，虏廷用袁世凯，为以华制华计。庚白偕同舍生梁漱溟等创京津同盟会，谋西联吴禄贞于石庄，东援白雅雨于滦州，而奇才剑客复从中而起，则宛平可唾手得也。吴、白既殒，和议遂成。庚白始南下，复与某巨公暨亡友陈子范创黄花碧血社于沪上。时彭寿松以同盟会健者专闽政，世凯惎之，则起岑春萱镇抚福建，以驱彭氏，盖闽定而后湘、粤、赣、皖可以次第觊觎已。庚白与子范谋，将遣刺客，邀春萱于沪而殛之；会子范制爆裂弹失慎自炸死，遂不果。逾稔而长江战事作矣。时庚白已被推为众议院议员，既失职，浮沈自晦，犹居燕观变。筹安之役，力言祖龙当以明岁死，盖假京房、郭璞之术，阴以歆动当世，扇扬民气，其用心至苦，愿〔顾〕卒以是负谤于流俗，迄身后犹腾诟不置，悲夫！张勋复辟，北平方巷战，炮弹落所居里巷间，几殆，事定，段祺瑞乃自以为功，再度解散国会。国父孙总理即令程璧光率海军南下广州，奠护法之基；而庚白方任众议院秘书长，亦受命尽携院中枢密文件，问〔间〕关入粤。国会非常会议于以告成，举国父为军政府海陆军大元帅，命刘建藩率师北伐。是役也，论者辄谓庚白之功，不在璧光下云。旋奉国父命入滇，游说唐继尧，唐一见倾倒，礼为上宾。顾形势牵掣，滇师卒不能尽出；而岑春萱、陆荣廷复勾结议僚中不肖者，谋倾国父。民国七年戊午五月一日，国父辞大元帅职，退居七总裁之一。

庚白知事未可为，拂衣走海上，始治欧美社会主义之学，旁逮其文艺。复发箧尽读中国古诗人之诗，上溯葩经屈骚，下逮曹植、阮籍、陶潜、谢朓、杜甫、韩愈、白居易、李贺、李商隐、韩偓、王安石、黄庭坚、陈无己、苏轼、欧阳修、梅圣俞、陆游、杨万里、刘克庄等十九家，晨夕讽诵，如是者可十稔。迄十七年戊辰，庚白年三十二，而其诗始大成，盖镕经铸史，兼擅魏、晋、唐、宋之长矣。顾未能忘情世事，国民政府奠鼎南都，颇参枢要。倭夷陷辽沈，旋寇淞沪，国府召开国难会议于洛阳，庚白主战最力。还都后任立法院立法委员有年。二十六年丁丑，讨倭军兴。庚白方居沪上，毅然入都门，与当道共患难。著《抗日罪言》若干言，言极剀切，世未能尽用。南都既陷，仓皇走武汉，复刊布小册子，名曰《国民党站起来》，所以为党国谋者，盖如是其忠且挚焉。居渝都数载，未有所展希〔布〕，而诗益遒上。尝谓："十年前论今人诗，郑孝胥第一，余居第二；顷则尚论古今人，余居第一，杜甫第二，孝胥卑卑不足道矣。"又谓："余胜杜甫，非必以才凌铄之；盖余之处境，杜甫所无，时与世皆为余所独擅，杜甫不可得而见也。"其自信如此。顾庚白诗自佳，与其政论之文，实为双璧；皆足推倒一世智勇，开拓万古心胸，如陈亮所言者。尝上书常〔当〕道，谓今日之局，所虑者为三无、七害、十二贼，而不可不救之以六事。文长千余言，惜其稿残缺不尽传。世多夸毗小夫，或惊怖其政见，以为河汉；或又言庚白从政不得志，乃寄其牢骚于论诗，谓当目笑存之，皆非知庚白者也。

卅年十二月一日，自渝乘飞机赴香岛，欲与清流硕望共检讨家国事。时太平洋战机已逼，盖亦冒万险而为之者，岂复计其个人之安危否耶？抵港甫一周，战事遂作。是月十二日夜，倭陷九龙，误传庚白为国民党中央委员，索之甚亟，至以焚巢相恫吓。庚白方居今巴利道月仙楼友人家，不欲株累其里邻，急谋觅室迁避。十九日下午，偕北丽行抵天文台道中，邂逅倭之巡逻者，遂被执。倭不识庚白，徒见其出自月仙楼，遽胁诱为向导，使觅林某。庚白亦伪为不知者，与语良久，倭即释之矣，复执以归。如是者再，庚白脱险亟行，倭举枪拟之。时北丽在后，为他倭所阻，禁不与庚白近。既见事迫，趋向前，则枪弹已发，洞北丽右臂复出，中庚白背，遂并仆。倭本无杀人意，见已肇祸，遽逸去。北丽先起，欲引度庚白归，而力弗胜。庚白促北丽返屋，以人来援。北丽入屋复出，呼同居者与俱。行未数步，创发不能支，急复归屋，第乞同居者援庚白。其人已慨诺矣，乃竟背约，弃庚白弗顾。迨北丽昏蹶三小时复苏，始更以人觅庚白，则流血过多，已弗可救，而囊金且尽丧云。呜呼，黄鸟歼良，百身莫赎；夫己氏之肉，讵足食哉！庚白生中华民国纪元前十五年丁西〔酉〕旧历闰三月二十日，殁三十年辛巳国历十二月十九日，春秋四十有五。遗骸藁葬天文台道菜园中，仓促求棺木弗得，仅以朱衾殓体，倘马援所谓大丈夫当以马革裹尸者欤！

遗诗刊布最早者，为《太学二子集》，次为《急就集》，为《舟车集》，今皆不可觅。十七年以后，往来秣陵沪渎间，有《藕丝集》、《燹余集》，已毁于"一·二八"之役；《过江集》与《空前词》，藏浏阳黄淑仪许，未得见。二十五年起，为《水上集》三卷，为《吞日集》八卷，为《角声集》四卷，为《虎尾前、后集》各一卷，今存。曾辑《今诗选》，自林文起，至严既澄止，得百余家，稿未完成，仅有什一，别附郑孝胥、汪兆铭、梁鸿志三逆诗，盖寓衮钺之义于诗史者；今拟写定之为《今诗选残稿》一卷，与《丽白楼文剩》一卷、《词剩》一卷、《语体诗剩》一卷、《诗话》二卷、《虎穴余生记》一卷，并附《水上》、《吞日》、《角声》、《虎尾》诸集后，合为《丽白楼遗集》行世。顾《今诗选》中，自选独多，其取材又不限于《吞日》、《角声》两集，则拟辑为《丽白楼自选诗》一卷别行云。当港、九沦陷时，全稿落倭夷手，几与车尘马足同尽；桐城章曼实任侠好义，以奇计出之，始归赵璧，其功有弗可灭者。梓行有日，编纂校订之役，余与北丽尸之。而临桂朱生荫龙、陈生迩冬辈，亦踊跃执简以从。庚白地下有知，庶几无憾欤？

庚白少孤露，以母视女兄。女兄适同邑许氏，因其以〔以其〕小姑为庚白妇，结缡时庚白年甫十七耳。顾性情颇不相中，民国十八年庚白自居秣陵，昵某女士，遂与许解缡。某女士旋负庚白，庚白旁皇无所归；如是垂十稔，始与北丽遇。北丽亦闽侯林氏，与庚白非一宗。父亮奇先生，讳昶，更名景行，别字寒碧，丰姿俊美，博学能文，尤嗜吾家子厚诗。初习法政于樱岛，归国后与桃源宋教仁相友善，尝辟为僚佐；教仁既遇害，发愤走关外，谓如管幼安之依公孙度也。讨袁军起，始返沪上，主《时事新报》，新会梁启超倚之如左右手。一夕，自报社出，诣启超许，行马霍路中，为英人克明汽车所轹，死之。时北丽生甫十八日耳。太夫人崇德徐氏，名蕴华，字小淑，别署双韵，为鉴湖秋侠弟子。其女兄忏慧词人徐自华，则与鉴湖订刎颈交，轩亭流血，营冢西泠，遭清御史常徽弹射，几罹不测，后创〈竞〉雄女校沪上，为秋侠纪念，与妹氏并称浙西二徐者是也。北丽濡染家学，秀外慧中，使气矜才，不可一世，顾独重庚白。其结缡南都，盖在二十六年丁丑抗战军兴后大轰炸中。时庚白春秋已四十一，北丽则问年二十二云。

余识庚白，在民元壬子，作介者陈子范暨其邑人林之夏，遂入南社，每共唱酬。亮奇小淑伉俪，则亦南社社友也。民国二十年，余在沪上，复晤庚白，恒偕安化谢冰莹女士过余寓庐，则其诗已能开辟户牖，非复民元时代比矣。三十年岛上仅获再面，遂成永诀，悲夫！庚白初在渝都，书来每以不能罄衷曲为恨，谓国家大计，世界形势，胸中森然俱在，会当抵掌尽言之。南游匆促，犹未倾谈，不意广陵散从此绝也。顾自北丽来桂林，余与从容谈论，质以所见，颇不谓谬。盖余与庚白，政治文学，自信见解略同；所不同者，或其琐碎处耳。庚白已矣，余犹健在，谓当与北丽左提右挈，戮力中原；则北丽所以慰庚白于九原者，亦庶几其在是矣。至于料量遗稿，刊布流传，后死之责，所不敢辞。庚白子女共九人：应震、应颐、应升、应乾、应咸、应庚，许出；应抗、应胜、应同，北丽出。同为遗腹，盖庚白殉义后九阅月，始产于香港广华医院云。

柳亚子曰：庚白少余十稔，当不自意先余死；香岛之役，余亦在笼城中，幸赖友生之力得脱，更不意庚白之遽殉也，悲夫！庚白自渝来港，拟创诗人协会，及著《民国史》，欲为中国诗、史两途开一新壁垒，此诚未竟之业；当今之世，舍我其谁，愿与北丽交勉之耳！

据《丽白楼自选诗》卷首

武进赵公椿年暨元配吕夫人合葬墓志铭

夏仁虎

宋自建炎南渡后宗室族姓散处江淮间，有魏王十一世孙、高邮州录事参军孟堙者，始自杭迁常州，与子固、松雪为从兄弟行，遂著籍于武进。六传而至敔，明景泰间进士，以翰林巡按河南、江西、山西，有《竹崖集》行世。更九传而至瓯北先生翼，以清乾隆甲戌一甲三名进士，官贵州贵西道。翼生廷伟，廷伟生忠弼，忠弼生曾逵，曾逵生谅诒，字元直。仍世清德，甲第蝉嫣，门业鼎盛。吾友赵君剑秋，元直先生子，而瓯北先生五世孙也。

君讳椿年，字剑秋，一字春木，晚以毗陵故宫去东坡遗宅不数十武，别署曰坡邻。君幼而徇齐颖悟强记，若夙成。母刘太夫人，太保文定公纶五世孙女，申受先生逢禄曾孙女也。世传经学，在襁抱中，太夫人口授以诗，辄能举其大意。六岁入家塾，三年而毕五经，十三肄业常州龙城书院，为文惊其长老，咸目为圣童。十六补县学生员，学使瑞安黄侍郎体芳激赏之。岁试冠军，食廪饩，调取肄业于南菁书院。院为瑞安创设，网罗陶铸，皆吴会英俊，因得遍交当世名士。

光绪戊子中式举人，己丑礼部试报罢，留都过夏。乡先辈潘文勤、翁文恭两公争罗致之。旋考取内阁中书，历充委署侍读、本衙门撰文、国史馆校对、玉牒馆分校，兼管中书科诰敕房事务。甲午，奏调随办五城团防，玉牒告成，得旨俟截取同知。后以知府分省补用，并加盐运使衔。时瑞安黄公方为清流襟领，君既其入室弟子，恒与清议。然洞观大局，不为偏激之论，自求速化，而益研心于经世之学。戊戌会试，中式进士。君既夙工书，又为诸钜公所器重，咸期以趾美瓯北，更登甲第。君念国势阽危，祸患方亟，非躬历仕途，通习时政，无以应兹世变。乃决意乞外，呈请以知府分发江西。赣抚长白松中丞夙重君，延入幕，俾综揽机要。庚子之变，宵人在要地，矫为祖拳密诏至赣，松以谘君。君曰："曷姑秘之，此局恐非久也。"未几，而联军入京，两宫西幸，前诏遂寝。继任柯中丞逢时，尤倚重若左右手。君方感于知遇，为之精心擘画，以故赣之财政吏治为当时冠。辛丑以后，复行新政，赣省一切政令条教章制，皆君具草。时张文襄方督鄂，闻各省推行新政莫善于赣，特取其草令，两湖仿行焉。赣故擅竹木陶漆之利，税局一差为膏腴地，君任牙厘局提调三载，总揽大纲，激扬厘剔，仕路为之澄清。俄权瑞州府事。壬寅商部初设，太仓唐侍郎文治佐部事，特疏奏调君，函电交促，君亦冀时事或可为，越岁始应诏北上，改官商部郎中，派参议上行走。宣统纪元，被推为资政院议员，凡所筹议建策，鲜能见诸施行。君知大局迁化，非人力可挽，私忧窃叹而已。

辛亥革命，君已无用世意。泗州杨侍郎士琦充赴沪议和代表，力挽同行。君谢之，侍郎曰："吾辈徙薪曲突，既无所成，今为救民计，不得不焦头烂额矣。"强而后往，议成北旋，口不言功。民国元年，任农商部参事。二年，简任财政次长。五年，丁外艰，俄起，复任税务处会办，再任财政次长。六年，任崇文门税务总监督。此职昔为亲贵集菀之地，奸猾窟宅，宿弊甚深。君莅事，爬罗剔抉，无所挠惜，商怀吏畏，而长官亦处脂不润矣。八年，任审计院副院长，旋代行院长职务。十七年，政局复变，遂谢职事，得以余暇复理素业，刊所著《覃研斋石鼓十种考释》一卷，《诗存》三卷，生平所为金石题跋，亦渐次整葺。君虽致政，犹居旧京，当道重其德望，咸致优礼，时时有所谘访。君亦贞不绝俗，隐不忘世，凡民生国计之大者，顾问所及，多所献替。

天怀澹泊，夙禀甚厚。七十以后，望之恒若中岁。自夫人吕氏之逝，盡然神伤，始稍稍具衰态矣。夫人同邑吕氏，有才女名，工篆书，兼擅绘事；尤工词，有《清声阁词》四卷行世，为倚声家所推服，称桐花夫人，闺房唱和之作，咸拟诸松雪、仲姬，先君九年卒。君生于同治戊辰二月五日，卒于民国三十一年，岁在壬午二月七日，春秋七十有五。子二：长维伯，浙江大学工科毕业生，筹堵黄河中牟决口委员会技正；次璧孙，中国大学毕业生。孙二：祖藩、祖绛。维伯等将以今年十一月八日，卜葬于北京香山之万安公墓，请志于虎。回念少年读书南菁，君为都讲，先腾达去，洎官商曹，始朝夕相过从。四十年同官同游，先后复同佐司农，掌邦计，同致政留京师，文酒之会无三数日不同座席。君性㧑谦，有所作，必先以草相商而后出，文章之蹊境志趣亦同。君之殁也，余视含殓焉。铭幽之文，奚可以辞。乃为铭曰：

君之德，温以栗。君之学，缜以密。观世事，透坚壁。投艰巨，不夷慑。处脂膏，润弗及。覃研汉、宋及金石，绸缪国计兼治术。生平所学与私淑，北翁北平南常熟。退闲晚岁恋京邑，崆峒访道高轩集。闺中唱和若松雪，岁寒老友有近局。无疾而逝归其宅，泐铭幽圹后之责。

据拓片

柳亚子五十七岁自传

柳亚子

柳亚子，名弃疾，以字行，江苏吴江人，生于一八八七年五月二十八日。

十七岁，偕蔡冶民、陶亚魂、任侠入上海爱国学社，从章炳麟、邹容、蔡元培、吴敬恒诸人游，始言革命。

十八岁，入金天翮所办自治学社。

十九岁，偕冯沼清发起苏苏女学于苏州。

二十岁，再至上海，以高天梅、朱少屏、陈陶怡之介，加入中国同盟会。时蔡元培已先介绍入光复会矣。主讲健行公学，并办《复报》，始谒国父孙总理于轮舶中。旋遭端方名捕，遁归故乡，与夫人郑佩宜结婚。

二十三岁，偕陈去病、高天梅发起南社，以文学提倡革命，与同盟会相犄角。先后主持十余年，刊集至二十册，社友达一千一百余人，多海内知名之士。若黄克强、宋遁初、陈蜕庵、宁太一、陈勒生、陈英士、苏曼殊、吴又陵、张溥泉、于右任、居觉生、戴季陶、叶楚伧、邵力子、狄君武等，皆其尤著者也。

二十五岁，武昌革命起，中华民国成立。

二十六岁，以雷铁崖之介，任南京临时大总统府秘书，不三日，谢去。历主上海《天铎》、《民声》、《太平洋》诸报笔政，以敢言称。在《天铎》著文，署名“青兕”，尤锋利无匹。寻丁父忧归。

二十七岁，识剧人冯春航、陆子美，始为评骘新旧剧曲之文。辑春航、子美两集。不数年，子美夭逝，春航亦脱离鞠部，以鬻书自给，论者高之。嗣后沉酣典籍，几及十年。辑《吴江县志》、《分湖全志》、《分湖诗文词证》、《松陵女子诗补编》，均未成。尝网罗吴江人所著书达一千余种，价值在万金以外。其他挥霍亦称是，家计遂中落矣。

三十七岁，偕叶楚伧、胡朴安、余十眉、邵力子、陈望道、曹聚仁、陈德徵等，始创新南社。一时俊彦云集，如廖仲恺、何香凝、朱季恂、侯墨樵、周水平、叶天底、杨杏佛、沈玄庐、刘大白、邵元冲、田寿昌、徐蔚南、毛啸岑等皆为中坚分子。

三十八岁，中国国民党改组，始加入为党员，旋组织吴江县党部，被推为执行委员会常务委员。

三十九岁，江苏省党部成立，与朱季恂、侯墨樵、宛希俨、张应春、黄竞西、刘仲明、张曙时等当选执行委员。寻被推任常务委员兼宣传部部长。

四十岁，第二届全国代表大会开幕广州，复当选为中央监察委员，仍驻上海办事。旋出席广州二中全会，忽有所感触，拂衣竟归，隐居不出。阅数月，以孙传芳名捕，变姓名为唐隐芝，隐居沪上，始编辑《曼殊全集》。

四十一岁，国民革命军底定东南，武汉中央任命为江苏省政府委员兼教育厅长；南昌总司令部亦以江苏省政务委员兼财务委员相属，均谢不应。是岁五月，东渡嵎夷，僦居东京井之头公园旁之"乐天庐"。

四十二岁，归国。出席南京五中全会。与何香凝女士及王乐平、王法勤、经子渊、潘云超、刘守中、柏烈武、朱霁青、郭春涛、陈树人诸人，称沆瀣一气。旋居沪上，《曼殊全集》告成。

四十三岁，江苏省通志编纂委员会成立，与庄思缄、陶小沚、张蔚西、金蘅意、柳翼谋、刘季平、陈去病、朱贡三辈并被推为编纂委员。

四十五岁，"九一八"事起，何香凝女士自巴黎归国，发起救济国难书画展览会，募款得万余金。复创办国难妇女救护训练班，赞襄甚力。其后淞沪之役，何女士组织红十字会妇女救护第七支队，赴前线工作，先后救护伤兵二千余人，设立伤兵医院，用款无算；复以余资救济抗日罢工工人，亦得力于斯会者居多。宁粤合作，复被推为第四届中央监察委员。值时代诗人林庚白自南都来上海，女作家谢冰莹亦自日本归，过从甚密。

四十六岁，“一·二八”难作，驰电政府，为十九路军乞援，辞意激迫，复电不得要领，书空咄咄而已。牛兰夫妇绝食，偕鲁迅、茅盾、丁玲、田汉、洪深、姚蓬子、郁达夫、陈望道等三十二人，发电营救，主张人道，与国母孙夫人宋庆龄女士为桴鼓之应。热河事亟，何香凝女士创办国难救护队，出关工作，被推为后方理事会副主席。上海市通志馆成立，复被聘任馆长。

四十七岁，始识廖徵霏女士。北游平津，遂至济南青岛，未登泰山而返。

四十八岁，南游马尼拉，□以同为刊《南游集》一卷。

四十九岁，南社纪念会成立，举行第一次聚餐。

五十岁，二月七日复举行第二次聚餐于上海同兴楼，集者一百五十七人。旋偕秦效鲁、储南强、朱少屏游宜兴之善卷、张公两洞，归患神经衰弱病。

五十一岁，讨倭军兴，神经衰弱病仍弗瘥。是冬，京沪沦陷，益杜门谢客，自谥曰“活埋庵主人”，如是者三年。

五十四岁，始与钱杏邨研治晚明史籍，慨然有修南明史之意。十二月，南巡香岛，赁居于九龙之柯士甸道，颜其居曰“羿楼”。

五十五岁，参加新文字学会，偕许地山、张仲仁、马季明、罗翼群、冯裕芳、陈君葆、释了如、张英、孙源等时共商榷。尝登宋皇台凭眺。求钱士升南宋书，不获。与萧红女士订交。十二月七日，太平洋战争爆发，倭陷九龙，事先渡海居西摩道，寻迁罗便臣道，再迁皇后大道公主行难民所。二十五日，香港亦陷，还居罗便臣道，复移云咸街，伪姓名为林某。

五十六岁，脱险归国，自海陆丰逾兴宁老隆以入曲江，旋抵桂林，则六月七日矣。僦居丽泽门外信义路，与茅盾、胡风、田汉、孟超、于伶、张英、宋云彬、傅彬然、熊佛西、王羽仪、欧阳予倩、端木蕻良等以文酒相征逐。

五十七岁，元旦，移居丽君路兴益道上。先是，萧红病逝岛上，林庚白殉义九龙，北丽女士亦自曲江来桂林，为将护甚瘁。会庚白遗稿以章曼实之力得完璧来归，将谋刊行，并举行追悼会云。五月二十八日生辰，朋辈公宴于嘉陵川菜馆，集者百余人，极一时之盛。熊佛西促撰自传，名曰《五十七年》，已脱稿一部分。拟偕朱荫龙修南明史，尚在计划中。

平生著述，旧诗数千首，文言文数百首，语体文亦百余首；除《乘桴》、《南游》两集外，悉未梓行。□印书籍及刊物，有《复报》十一册、《南社诗文词集》二十册、周实丹烈士遗集、阮梦桃烈士遗集、《陈烈士勒生遗集》、《孙烈士竹丹遗事》、邹亚云《流霞书屋遗集》、《陈蜕庵诗文词集》、宁太一遗书、《庞檗子遗集》、《春航集》、《子美集》、《迷楼集》、《乐国吟》、《迷楼续集》、《吴根越角集》、《新南社社刊》、《新黎里半月刊》、《曼殊全集》、《曼殊余集》、《曼殊遗迹》、《张秋石女士遗文》、《女弟侠侬遗文》、《女弟英侬遗诗》、陈去病《百尺楼丛书》、林庚白《丽白楼遗集》等，凡二十余种。

夫人郑佩宜女士，吴江人，生于一八八八年九月二十五日。子无忌，生于一九〇七年七月二十二日，耶鲁大学哲学博士，著有《苏曼殊年谱》、《少年歌德》等书。媳高蔼鸿女士，生于一九〇五年十二月二十日，毕业梦花利亚女子大学。长女无非，生于一九一一年三月一日，修业司密斯女子大学。次女无垢，生于一九一四年十二月七日，毕业劳伦司大学，与无忌、无非合著《菩提珠散文集》行世。孙女光南，孙男光辽。

据《大千》第三期

钮惕生先生家传

杨恺龄

公钮姓，讳永建，字惕生，一字孝直，亦号天心，江苏上海县人也。钮氏得姓之始，无可稽考。汉有关内侯钮馥，而钮冲、钮充皆以牧守袭爵。后汉有钮绰，荆、兖、青三州刺史；钮衡，九真太守；钮详，富春侯；钮淑，吴尚书令、临水侯；钮玚，晋察孝廉，复封临水侯；钮胤，中散大夫、新昌太守、东迁侯。迨吴景帝有钮后。陈武宣章后本亦姓钮，父钮景明，追封广德侯，族兄钮洽，官至中散大夫。其为著姓久矣。公始祖为东晋吴兴孝廉、松阳县令钮滔，以浙江吴兴东南华林为故居，世代繁衍，历晋、宋、齐、梁、陈、赵宋以迄于逊清中叶，始迁上海马桥镇之俞塘。俞塘西与华亭接壤，南临近歇浦，洪波浩淼，鱼龙曼衍，帆影轮声，前后相接，沿浦丛篁古木，间以疏柳，夏日蝉鸣其间，尤具逸响，饶稻米丝蚕水族之利，民间富裕，谦让有礼，皞皞如也。公祖考元燕公字晓园，博涉群书，工汉隶，不屑屑科名，而以学授其子世章，即公考。世章公字如今，号味三，幼通经史，长能文，通达时务。同治三年举于乡，尝与从父翰、弟世慎等，先后浚俞塘沙岗诸河，创建吴会书院，购校舍置良田，虽艰阻不少衰。光绪初，畿辅旱饥，苏省鸠资助赈，世章公亦偕与航海往，事蒇，大府嘉之，保知县加同知衔，分省直隶，返里半载以积劳遽卒，著有《琴韵楼诗文集》，县续志有传。

公生于同治九年二月初八日，五岁启蒙，即岐嶷异常童。十六岁初应院试不售，愤而咯血，益发奋苦学。至光绪十五年二十岁再试，以案首入泮，调江阴南菁书院肄业三年。二十四岁，应癸巳恩科乡试，中式举人。翌年值朝鲜内乱，清廷派兵援之，而中日开衅，节节败退，马关贻羞，举国震惊。公遂毅然弃文习武，投考湖北武备学堂，以第一名录取，接受德国军事教育四年，以成绩优异，为番禺梁鼎芬激赏，得保送日本，专习军事。庚子拳匪作乱，八国联军陷平津，国势阽危，公益激昂愤慨，奋志革命，遄赴横滨，谒国父长谈甚欢，乃订交焉。其时各省咸筹设武备学堂，以培植青年，捍卫外侮，两广总督陶模特延公之粤，筹备广东武备学堂，既招生蒇事，仍返东京。愤俄罗斯之侵凌我国东北，联合同志千余人组织拒俄义勇队，创立军国民教育会，以谋声讨，事为日警尼阻，遂买舟旋沪，策动反俄，并在乡训练当地青年新式兵操，暨灌输革命思想，俾为后日张本也。公三十岁，应广西省兵备道庄公蕴宽之邀，赴龙州任边防大营总文案，兼设教导团训练学生，旋又筹创广西陆军小学，并延约留日士官学生数十人督教二年，培植下级军官达数百人，成立广西新军，谋为革命基础。顾事泄，变服走香港，远赴德意志考察军事。

迨夫广州革命失败，公亟束装归国，值武昌起义，公在沪率众突破江南制造局，以谋响应，不得已乃转道松江，成立松江军政府，宣布独立。革命军代表伍廷芳延为参赞，在上海与清廷代表唐绍仪举行和议，清廷逊位，国父就任临时大总统，任公为参谋本部参谋副长，参谋总长黄兴未到职前代理部务。逾月又派与蔡总长元培等为迎袁专使，同抵北京，越四日而畿辅兵变，公并遭劫掠，饱受虚惊。国父既解大总统任，公亦辞职，随行至北京，参加国民党成立大会。

民国二年三月，宋教仁被刺殒命，各方震悼。不二月，袁氏下令拘捕国民党人，于是国民党人乃有二次革命讨袁之举。赣、宁、沪相继发难，公以总参谋长指挥围攻上海制造局，昼夜袭击亘七日之久。北军坚守沟垒，而海军舰队复相率助逆，公卒以众寡悬殊，节节退守吴淞炮台要塞。迨讨袁军事全局溃败，吴淞亦势成穷途，援绝粮尽，不得已解散部队，远赴日本；且拚〔摒〕挡远游美、欧各国，宣扬北廷辱国腐败，不遗余力。

民国六年，国父护法抵粤，就任大元帅职，公又奉派为师长，旋调参谋次长兼兵工厂厂长，才半载，途中忽遭凶徒狙刺，赖营救得力，亟送医院取出弹丸，俟疮口平后即辞职旋沪休养，执教基督教学校中西女塾，俾掩护革命活动焉。其后数年，驰骛南北，或潜策反正，或密勿大计。迨蒋总司令在粤誓师北伐，公任总司令部总参谋驻沪特派员，设机关于上海法兰西租界环龙路，负责敌后工作，以谋联络策应，运筹帷幄，夙夜匪懈，频觉雕镌肝肾，心力况瘁，盖公已年近花甲矣。

国民革命军既底定京沪，公复受命为江苏政务委员兼军事主任，国府〔民〕政府奠都南京，公为首任秘书长，兼中央政治会议委员及秘书长。值宁汉分裂，蒋总司令辞职下野，一时南京顿形空虚，而孙传芳部偷渡长江，进袭龙潭，京畿震撼，群情惶恐，公独主持大政，彻夜巡哨，使中枢不紊，居民镇定，不旋踵而顽敌尽歼，孙军败北，首都亦转危为安，实赖公指挥若定，作中流之砥柱也。翌年岁初，蒋总司令复职，继续领导北伐，公受命调任江苏省政务委员会主席，旋改江苏省政府委员兼主席，擘划江苏省会迁治镇江，主政三载，百废俱举，勤慎清严，治绩卓著，甘棠遗爱，士庶讴歌勿替。又前后调任内政部部长，考试院铨叙部部长者三年，复选任为考试院副院长达十年之久，又特迁国民政府委员，兼政务官惩戒委员会委员长。政府行宪，膺聘为总统府资政，复选任为考试院副院长，并代理院长，互〔亘〕两截有余，至一九五二年春，公年八十三始卸任，仅任中国国民党中央评议委员，私立中原理工学院董事长，私立强恕中学董事长而已。

公虽享高年，犹矍铄康强，娓娓健谈如少壮，笃守基督教义，自律俭朴，数十年如一日。惟时患摄护腺炎，曾两度飞美割治，屡欲返国，已不胜长途跋涉之劳，终于一九六五年十一月，以年高气衰，转为肺炎，延至十二月二十三日申刻，竟赍志捐馆，春秋九十有六，政府明令褒扬。

元配徐夫人惠容，长公二岁，婉静贤淑，早卒于民国元年五月十二日，享年四十有五。继配黄夫人梅仙，贤德多助，勤俭治家，毕生虔奉基督教，恪力宣道，一九七〇年三月十二日，病逝美国，享年八十有七，与公俱殡厝纽约市郊，以俟归葬故里。子三：曰长毅，曰长敬，均徐夫人出，早殇；曰长德，黄夫人出，卒业美国伊利诺大学，服务美国西屋电机公司工程师，娶湖南尹德仪女士，留学美国，才德并茂。女四：曰婷华，适嘉兴陆君，早殇；曰纤华，毕业上海中西女塾，现留居美国，适沈奎侯博士，民国二十年病逝南京；曰珉华，美国爱我华大学硕士，适梅宗庆君，曾任中央建设委员会技正，亦病逝美国；曰幼华，卒业金陵大学及美国伊利诺大学，服务联合国秘书处有年，适李鲁贻博士，在美行医。孙男二人，孙女三人，均在美国幼读。

论曰：清季腐乱，变法未成，因内政而致外侮交迫，终至危殆。公以书生奋发为雄，弃文习武，开国讨袁诸役，均曾亲冒矢石，身先士卒，炳然开济之勋，国父倚为心膂。平生以天下为己任，忍辱负重，秉节不渝。耆龄炳政仍勤植〔慎〕朴实，克尽厥职，不以清贫而异其志趣，古之所谓大人长德，此其选欤。

据《上海钮惕生先生年谱》附录

胡适先生略传

毛子水

胡先生，名适，字适之。世居安徽绩溪。父传，字铁花，清岁贡生，仕至台东直隶州知州。母冯顺弟。先生于民国纪元前廿一年十二月十七日出生于上海大东门外。民前十九年二月，随母来台住铁花先生任所。民前十七年春，偕母离台返绩溪，从塾师读铁花先生所撰的《学为人诗》。这年八月，铁花先生病殁厦门。

民前八年春，先生赴上海求学。民前二年七月，考取清华学堂庚款留美官费生。九月，进入美国康乃尔大学农学院。民前一年五月，写《诗三百篇言字解》。

民国元年春，先生改入文学院。二年二月，得学士学位。四年九月，进哥伦比亚大学哲学系，系主任为杜威。在这年里，先生向几个朋友提出“文学革命”的问题。六年一月，发表《文学改良刍议》。四月，发表《诸子不出于王官论》。五月，在哥大通过博士学位的最后考试。

六年七月，先生返国任北京大学教授，主要的科目为“中国哲学史”。十二月，与江冬秀女士结婚。七月四日，发表《建设的文学革命论》，提出“国语的文学、文学的国语”的主张。十一月，母冯太夫人病殁。

民国八年二月，《中国哲学史大纲》上卷出版。这是一本划时代的著作。它启示学者以较稳妥的做学问的方法，使他们得有更锐利的眼光和更缜密的心思。当“五四运动”发生时，先生适在上海迎接来华讲学的杜威。六月，发表《多研究些问题，少谈些主义》一文。八月，开始写《清代学者的治学方法》一文,后来他写结论时说:“他们用的方法,总括起来,只是两点:一、大胆的假设;二、小心的求证。”

民国九年二月,《尝试集》出版。十年十一月,《胡适文存》第一集出版。第二集于十三年出版,第三集于十九年出版,第四集于二十四年出版。

民国十二年一月,草《国学季刊发刊宣言》一文。十二月,开始写《戴东原的哲学》,这书于十六年出版。

先生于民国十五年,由北平移家上海。十七至十九年,任中国公学校长。十七年十二月,《白话文学史》出版。十九年十一月返北平,就北京大学文学院院长职。廿年,《淮南王书》出版。

廿六年七月十二日,先生离北平赴庐山。九月,离南京飞美。廿七年九月,政府特任先生为中华民国驻美利坚合众国特命全权大使。先生于十月五日抵华盛顿就职。

先生任驻美大使后,一循书生本色,但先生对于所负使命的负责感极大。他在民国卅一年上半年五六个月里边,在美国和加拿大各处旅行了三万五千英里,演讲了百余次。他以至诚动人,所以他的说话力量很大。

先生于民国卅一年九月离开驻美大使的职务后,留美养病。卅二年,担任美国国会图书馆东方部名誉顾问。十月,在哈佛大学作了六次演讲。先生的研究赵、戴关于《水经注》的公案,亦在这年开始。卅三年秋至卅四年春,在哈佛讲中国思想史。四月廿五日,中华民国代表团出席旧金山联合国会议,通过联合国宪章,先生是这个代表团团员之一。八月四日,先生电劝毛泽东放弃武力,为中国建立一个不用武力的第二政党。十一月,中华民国代表团出席联合国教育科学文化组织,制定了这个组织的宪章,先生是这个代表团的首席代表。

卅五年六月,离美返国。九月,到北平就北大校长职。十一月十一日,在南京出席制宪国民大会。卅七年三月廿五日,当选为中央研究院院士。三月廿九日,在南京出席第一届国民大会第一次会议。十二月十五日,由北平飞抵南京。卅八年四月六日,从上海乘船赴美。一九五〇年九月,接受普林斯顿大学聘书以专任教授身份担任大学图书馆研究员和东方图书馆主持人,为期两年。后来期满时仍由这个大学聘先生为葛里德图书馆荣誉主持人。

一九五二年十月十九日，应台湾大学及师范学院之聘来台讲学。十二月，曾到台南、台东访幼时故居，植树纪念。一九五三年一月离台赴美。一九五四年二月由美飞台。廿九日，出席第一届"国民大会"第二次会议。四月五日，离台赴美。一九五六年九月，在加州大学讲学四个月，题目为"中国文化"。

一九五七年十一月，先生当选为中央研究院院长候选人，十一月四日，政府任命先生为中央研究院院长。一九五八年四月二日，离美回国，十日，就中央研究院院长职。五月，拟就《国家发展科学五年计划的纲领草案》。十一月二日，新校定《敦煌写本神会和尚遗著两种》脱稿。一九五九年二月，"中央研究院"与"教育部"举行联席会议，通过《国家长期发展科学委员会组织章程》，并宣布这个委员会的正式成立。七月九日，接受夏威夷大学人文学荣誉博士学位，这是先生一生所受到的卅五个荣誉学位的最后一个。

一九六〇年七月九日，离台飞往美国西雅图，参加"中美学术合作会议"。十月廿二日返国。

一九六二年二月廿四日上午，在南港"中央研究"院蔡元培馆主持第五次院士会议。下午六时，在欢迎新院士酒会结束时，因心脏病猝发去世。十月十五日，葬于旧庄墓园。

先生有二子一女。长子祖望，现在驻美大使馆任职。女素斐，早殇。次子思杜，陷大陆。孙复，随父母在美。

先生去世时留下没有出版的手稿，已由纪念馆影印行世；中古思想史长编，亦将影印出版。

一九六二年十月十八日，"中央研究院"院务会议决议，以先生生前住所作为"胡适纪念馆"，并成立管理委员会。一九六四年八月，美国美亚保险公司负责人史带先生捐赠美金二万五千元为本馆基金。本会于基金内提出五千元建造这座陈列室。

一九七〇年二月二十四日

胡适纪念馆管理委员会立石

据《传记文学》第十六卷第四期

胡瑛传

张难先

胡瑛，原名宗琬，字经武，浙江绍兴人。父某，以知县候补湖南，瑛随侍，昆仲四，瑛其季也。长兄亦以佐杂听鼓长沙。不久，父兄尽没，依其兄盟友曾竹岩于桃源，故多有谓瑛为桃源人者。少颖异，年十六，黄克强与胡元倓办经正学校，瑛肄业于其间，闻克强绪余，矢志革命。大吏将捕之，克强介避于武昌吴禄贞许，识难先，商组革命机关于多宝寺街，名曰科学补习所。同入工程营运动军队，联合湘省，准备十月清那拉后寿期举义。推所长吕大森与康建唐回施南联合会党，宋教仁回湘接洽黄克强，胡瑛、王汉购运枪械。经费则由曹亚伯、时功璧、黄克强等统筹。不料期前湘事泄，得悉鄂中秘密，湘抚飞章报总督按治。本所同日亦得湘电，于是通知各同志亡匿，焚毁所中文件。至夜，督署派队围所，不获一人，逮房主严鞫，开除文普通学堂所员欧阳瑞骅、宋教仁等学籍寝事。后党人稍稍集，闻铁良南下，瑛、王汉预备阻击于汉口大智门车站，比至，铁车已开，追至河南彰德及之，汉连击数枪不中，投井死。瑛遂赴日。未几，日政府颁布取缔中国留学生规则，学生大哗，瑛愤甚，赴各校演讲，主全体回国，自办学校。学生大感动，推为会长，偕姚宠业、田桐、秋瑾等回国筹备中国公学。旋同盟会成立，被推为评议员赴日，常与杨笃生等研究制造炸弹，从事暗杀。

丙午秋，萍醴举义师，总理派瑛、朱子龙、梁钟汉回鄂，抵日知会谋响应。瑛等至汉，诣刘静庵计事，群虑经费无着。座中有无赖郭尧阶，在倭与瑛、教仁识，自言我有办法，湖南六合锑矿公司经理刘小霖已运动成熟，自承以十万金佐吾辈革命。瑛寓汉口名利栈，约于次日在栈洗尘以决之。届时小霖至，甚款洽，酒数行，则武士多人入，传瑛以去，始知为其所卖也。逮至武昌巡警道署，与难先分系署内两房中，各有守兵十余，以铁索锁其手，另一端连锁一兵以防其逸，一弁一典史门焉，森严万状。提讯时，瑛曾受酷刑，以瑛声誉张甚，故特别注意也。十二月二十六日，见守者频作耳语，知有异，草诗一首托禁卒示难先曰："昆仑紫气郁青苍，种祸无端竞白黄。仗剑十年悲祖国，横刀一笑即仙乡。河山寂寂人何在，岁月悠悠恨更长。我自乘风归去也，众生前途苦茫茫。"系绝命词也。

维官厅逮瑛时未搜得丝毫左证，张督赏格中亦无瑛名，虽逼之甚，瑛茹刑不承。复欲迫难先以科学补习所旧案而株连之，难先自承革命，求一死以绝官厅之欲，而不涉谁何，故狱不决。后得吴禄贞、程家柽等奔走，肃邸电张督对此案和平办理，而狱始缓。除夕，分禁九人于各监，始脱缧绁，能通信会客矣。次年五月，判瑛以无期徒刑。瑛之在狱也，手腕敏锐，禁卒囚徒，悉在笼络中，等于僮仆，故见客谈话，极自由。党人多探候者，问及党务，故以后每一机关之组织，瑛皆与谋。庚戌、辛亥两年，文学社、共进会相继成立，声势甚盛。辛亥春，同盟会香港统筹部派谭人凤来鄂考察，颇不满于文学社，经武屏左右语曰："子无误，湖北党人，自成风气，类皆埋头苦干，不以外观相夸耀者也。"谭始默契，对共进、文学两团体不加轩轾。两派由是联合，声势更张。

八月十九日武昌光复，张鹏程、李济臣等带队至府监迎瑛出狱。时都督黎黄陂尚犹豫，经武危之，约詹大悲往汉口组织军政分府，人心始定。军府以外交重要，任瑛为部长，与汉口各领事交涉，因得认为政治团体，严守中立。旅〔旋〕奉派为都督代表赴沪，复推为议和代表。适山东事急，孙大总统命瑛为山东都督。民元二月，派兵舰护送，就职于烟台行署，至袁氏当国辞职。二十二年病故南京，经纪其丧葬者，老同志覃振也。

论曰：吾自见经武后，即不敢论天下事，盖震于经武之言论丰采，而自惭木讷也。后察其纯用机智，虑其成就不大，频勖以学，然卒如凿之入枘。辛亥武昌光复，经武出圜室一跃而长外部，瑕疵稍稍见矣。予忠告辞去，不通闻问者二十年。迨予主政两浙，经武狼狈来游，款洽数日，约游西湖，经武赧然谢之，盖耻筹安之无以对国人也。世之执德不弘，徒恃其仪表以快一时者，可以鉴矣。

据《湖北革命知之录》

顾维钧先生事略

失　名

先生讳维钧，字少川，江苏省嘉定县人。民国前二十三年一月廿九日出生于上海。美国哥伦比亚大学国际法及外交学士、硕士、哲学博士；耶鲁、哥伦比亚、圣约翰、亚伯汀、伯明罕、曼彻斯特及迈亚米等大学荣誉法学博士，罗林斯学院荣誉古典文学博士，民国三十七年获亚历山大汉弥顿奖。学贯中西，尤长于外交，为时贤所推重。

民国元年，先生自美学成归国，即为政府罗致，出任大总统机要秘书，是为先生从政之始。民国四年，任驻墨西哥特命全权公使，旋改任驻美特命全权公使。九年，调任驻英特命全权公使。十一年，返国出任外交总长。十三年，代理国务总理。十五年，改任财政总长，兼关税委员会主任委员，未几改任国务总理兼外交总长。十七年，任海牙常设仲裁法院法官，国际联盟满洲问题调查委员会鉴定官。二十年，任外交部部长。二十一年，任我驻法特命全权公使。二十五年，改任驻法特命全权大使。三十年，调任驻英特命全权大使。三十五年，调任驻美特命全权大使。一九五六年，出任"总统府"资政。一九五七年至一九六七年，任海牙国际法院法官，并于一九六四年至一九六七年间担任副院长。

先生博学雄辩，反应机敏，具强烈爱国意识，深获当局赏识，曾先后多次奉派出席重要国际会议，维护及争取我国权益不遗余力。民国七年至八年间，先生以三十之龄，担任我国出席巴黎和会全权代表，为我国山东权益据理力争，光芒四射，使和会主席法国总理大感惊服，是为先生于国际坛坫崭露头角之始。八年至九年，担任我出席巴黎和会代表团团长。九年至十一年,任出席国际联盟大会我国代表团首席代表及出席国联理事会代表。二十二年,任出席世界货币与经济会议代表,出席裁减及限制军备会议代表团团长。二十二年、二十五年、二十七年,任我国出席国联大会首席代表。二十六年,任出席关于远东问题之布鲁塞尔会议首席代表。三十三年,出席战罪委员会代表及出席顿巴敦橡园会议首席代表。三十四年,任我国出席旧金山会议代理代表团团长,起草联合国宪章,并首先在该宪章签署。三十五年至三十七年,担任出席联合国第一届及第二届大会第二部分会议代表团团长。折冲樽俎,勋绩卓著。

综先生一生,才华横溢,治学精勤。及其从政,则忧时爱国,竭智尽忠,先生献身外交工作五十余年,贡献卓著,举世所钦。今(一九八五年)以九九〔七〕高龄,无疾而终。哲人其萎,闻者莫不痛惜,同申哀悼与崇敬。

据《国史馆现藏民国人物传记史料汇编》第一辑

郭故校长秉文先生行状

高　明

前国立南京高等师范学校及国立东南大学校长郭鸿声先生秉文：今年寿九十，门弟子之集于台员者，咸欲称觞为祝，而以序属余。余方欲执笔，而先生之讣闻至，同窗诸子因复以行状相属。呜呼！余本欲以载颂载祷之辞，敬祝先生之晋于期颐者，今竟以载歌载泣之心情，敬述先生生平之行实，是岂始料之所及哉！

先生，江苏江浦人也，江浦与南京仅一江之隔，朝发而夕至。南京自三国吴定都以来，置学官，立五经博士，至南朝宋雷次宗弘教于此，而国学之规模大备。自兹以降，凡千五百余年，相沿不替，遂蔚为东南文化之中心。先生少而岐嶷，抱志不凡，居既近于南京，耳目所接，其钦慕雷次宗者，盖已久矣。

时值清末，国事败坏，先生思有以革之者，乃担簦负笈，游学于美。初入沪斯特大学，习自然科学，得理学士；继入哥伦比亚大学，习教育，得硕士及哲学博士。先生盖以为非振兴科学，无以救亡图存；而培养人才，则有赖于教育，故所习如此。

民国三年，国内筹设高等师范学校于南京，以国学名宿江易园先生谦为校长，聘先生主教务，先生乃遍游欧美，考察教育，访求名师以归。民国四年，南京高等师范学校成立，融贯中外，汇通古今，学风淳笃，名师如林，皆先生擘画之功也。民国八年，先生继长校务，正犹曩日南雍之司业而迁于祭酒，先生乃真成今日之雷次宗矣。民国十年，南京高等师范学校改制为国立东南大学，仍以先生为之长。民国十四年春，先生去国,蒋竹庄先生维乔代理校事。逮国民政府定都南京,改为国立中央大学,先生始实卸其职。然国立中央大学之基础,实奠定于南高、东大之时;而南高、东大之规模,实建立于先生之手。凡我同窗,霖恩沾化,固无不仰望先生,如泰山,如北斗也。

先兄孟起高超尝卒业于南高,亲承謦欬者有年,屡为余道先生之业积(绩),感叹倾服,怀之甚久。民国十年,余至南京,入钟英中学,震于东南大学之盛誉,即立志欲从先生游。顾余于民国十四年夏入东南大学,而先生已远引,竟不获聆先生之教诲.其怅惘于邑之情,诚非言语所能罄也!然先生之宏猷,具在校史,可目击而知;先生之懿行,腾于人口,可耳闻而得,故余犹有得而述焉。

方"科学……科学……"之声,高唱入云之时,先生默默,未尝有言也。夫科学之事,唯耕耘者有所获,非喧嚶者能为功。先生知其然也,故罗致人才,不重虚声,唯视实学,维时创中国科学社者有任鸿隽,治心理者有陆志韦,治物理者有胡刚复,治地理者有竺可桢,治数学者有熊庆来,治化学者有孙洪芳,治动物者有秉志,治植物者有胡先骕,治农学者有邹秉文,治工学者有茅以升,皆一时之选,而为先生所礼聘者也。故南高、东大之科学成就,甲于全国,盛极一时。先生又知科学之贵乎实验也,乃于口字房设实验室,惨淡经营,规模粗具,而不慎于火,先生睹之,为之晕蹶。卒得洛氏基金会之助,重建科学馆,而规模益宏伟,设备益充实,并时大学殆无可与匹者。先生之遇挫不馁,因艰益奋,其献身于科学,可谓殚心竭力矣。此一也。

时倡科学与民主者,欲取固有文化一举而毁灭之,先生不以为然也。夫欲枝叶之茂者,必固其根;欲流衍之远者,必浚其源。岂有拔其根而移接之枝可以活,塞其源而横溢之水得所归者哉?固有文化则国家民族之根与源也,其不可以毁弃,固彰彰明甚。先生于是与诸学人梅光迪、吴宓、汤用彤等,创《学衡》杂志,阐发斯义也甚详且切,然后国人始知南高、东大实为维护中国固有文化之堡垒。维时国学大师亦云集于斯校,就余所从学者言,姚孟埙先生明辉以经学鸣,柳翼谋先生诒徵以史学鸣,陈斠玄先生钟凡以子学鸣.蒋竹庄先生维乔以佛学鸣,顾惕生先生实以小学鸣,李审言先生详以骈文鸣,姚仲实先生永朴以古文鸣，王伯前〈沆〉先生愈〈滏〉以诗及理学鸣，吴瞿安先生梅以词曲鸣，亦皆一时之选，而为先生所礼聘者也。于是学子向风，钧陶日众，中国固有文化之幸而不坠，继继绳绳，以至于今者，先生之功也。此二也。

教育贵乎薰习，风气赖于浸染。刘伯明先生经庶者，出身于教会，寝馈于哲学，尝从章太炎先生炳麟游，习群经诸子，复留学美国，泛览乎西哲之书，融会有得，卓然能自树立；而其言中规，行中矩，朴质无华，勤敏好学，实以经师而兼人师者也。先生引为副贰，校内事一以付之。薰习所及，浸染渐深，遂成为南高、东大朴质勤敏之学风。非先生之知人善任，曷克臻此耶？先生又知教育之改革，非可一蹴而几之，必须研之有素，始能动而无悔。于是陶行知之乡村教育、陈鹤琴之小学教育、廖世承之中学教育、郑宗海之教育心理、孟宪承之教育哲学，咸能出其探研之所得，而震烁于一时。先生之倡导盖与有力焉。此三也。他如创男女同校，开风气之先；建黉舍宏模，立科系之制……其鸿图硕画，盖不胜枚举也。

民国十五年，先生在美，创华美协进社，藉以宣扬中华文化，团结留美学生，任社长达五年之久。民国二十年返国，任工商部国际贸易局局长；抗战期间，任财政部次长，派驻英伦，并任中英贸易协会主任，所以纾国用之困也。二次大战结束，任联合国救济总署副署长兼秘书长，则仁者救贫济难之用心也。民国三十六年退休，息影于美京华盛顿。一九五四年教育部在美教育文化事业顾问委员会成立于纽约，先生任为委员之一，嗣继梅月涵先生贻琦出任主任委员，以迄于今。一九五七年又在华府创立中美文化协会，现任会长。先生虽在暮年，犹致力于中美文化之交流，未尝以优游林泉，而自寻暇逸也。盖己立立人，己达达人之心，有不容自已者。

数载前，余讲学香岛，学长吴士选先生俊升为余言，于华府谒候先生，先生八十许人，望之如五十许，视听言动，均较士选为矫健，叹羡以为人瑞，必可寿晋于期颐。不图先生竟以九十之年而溘逝也！虽然，以先生之才之德，表率群伦，已足以凌驾雷次宗而上之，先生其不朽矣！则吾人又何悲乎！谨状。

据《郭秉文先生纪念集》

云阳程公纪念之碑

张　謇

呜乎！夫惟至诚，然后有大勇，若我前都督云阳程公，非其人舆？公在逊清以能官，旧于牧令，龙骧凤举，为时隆栋，所至皆能绥义其人民，而福我苏尤大。辛亥光复，举国绎骚，公顺民欲，候朝旨，督苏视师，呴摩创痍，收拾残烬，休养建设，急务并先，国体虽更，民安如堵。凡诸荦荦，久流遐迩。当是时义师初起，客军分集，饷匮而索嚣，或议援他省例，由江苏银行行纸币济急难，公执弗可而寝。曾不数年，若湘，若赣，若粤，民苦滥币充塞，千百不直一二，嗷然若骨丧其家，而物亦腾贵逾常倍，于是贫富皆蹙蹙不可终日，而苏之人晏然，若别一世，计法至今举而可理，然后知苏民食公赐甚大。他政可称类是者，不胜举。夫以是非百端之间，安危举手之际，断出一言，强义不舍，非天下之大勇，不能也。及袁氏帝制说起，国事愈抢攘不可问，公决然谢复，摆落尘网，刬割爱缘，丈室贝经，萧然独得，密意深义，超证辩才，见之者感若古德，非天下之大勇，不能也。然而接公言貌，煦煦然肫肫然一动乎诚。传公曩官黑龙江，值庚子联军之后，俄军内犯，公奋身炮阵，悬命毡车，不屈不挠，卒寒敌胆，至诚而勇，先后一节。宋参寥有言，三世诸佛，皆血性男子。睨衡近世，微公谁归？今公筑屋数楹寒山寺之旁，生圹在焉。盖其抚字我苏之民久，虽谢政而不能忘情于苏如此，则夫涵濡周浃，久而愈思，苏人之于公可知矣。述民所被与公成德达道之实，昭示来祀，邦人士之责也，不谀不诞，傥公所许，并系铭曰：

巑巑蜀山，混混江源，异人自出，智周百官。始起县令，乘障圉边，裂眦叱敌，身危城完。身危当炮，城完信天，民书其功，帝嘉而迁。抚军江表，清鼎忽焉。舜禹其事，帝畀民权。公保我吴，危而复安。字生救死，乐后忧先。困难再发，公举而骞。禅池澈底，道树参巅。舍宅作寺，耘彼福田。见月一指，写经数千。阖门奉佛，是土是莲。何出世人，何大乘诠，曰惟大勇，至诚所宣。寒山寺旁，花木檀栾，毗离耶室，维摩诘坛。云阳之藏，千龄磐磐。

据《张季子九录·文录》卷十五《碑传类》

大兄(袁克定)传

袁克文

大兄名克定,字云台,号蝶庵,先嫡母所出也。幼时羸孱,呕血几殆,然好学不倦,未尝以病偶辍。始攻帖括,下第后,顿悟时文不足为世用也。类集其书,一炬毁之,乃博求经世之术,及经史群籍。余事读兵法,学英德法日诸国方言文字,延宏博之士,闭户讲论,十年而学识孟晋。先公督直时,为大兄纳粟为候选道。初,大兄焚书时,迂执之徒争诟病于先公前。先公辄笑颔之。及诏罢科举,始服大兄之有远识焉。盛京将军赵尔巽,锐树新政,改制军旅,闻大兄勤奋,招入幕参军事。未几,清廷遣载泽、端方等五大臣,使欧美诸国,考察政治,以大兄从往。先嫡母原不欲大兄远涉,会刺客吴樾投弹徂〔狙〕击,大兄几罹祸,先嫡母益惧,力阻其行,遂罢征役。越岁,清廷改工部为农公〔工〕商部,以载振为尚书。载振请简大兄为右参议,后迁右丞,署左丞。辛亥革命军起,据武汉,先公再起,拜诏督师。大兄弃官,随侍军次,冯国璋等迫清廷逊政,大兄与有力焉。惟以建言策政,先公多不纳,必辄郁郁。壬子二月,克定奉慈母,自洹上北迁。大兄侍嫡母独留。车发之日,大兄临送。车既行,克文犹望见大兄缓缓策骑归村。不期已入村矣,而马忽前蹶,大兄下坠,伤首,昏绝,举室惶骇,绝者三日,始苏,手足言语,历数载差灵舒,然亦危矣。娶吴县吴大澂女,生女一曰家棣。妾马氏,生子一,曰家融,女一,曰家金。

据《洹上私乘》

湘潭袁君墓志铭

李国松

君讳思亮，字伯夔，别自号蘉庵，湘潭袁氏。考讳树勋，历官至山东巡抚，署两广总督，有子六人，君其长也，其世次，义宁陈先生所为总督公碑文具矣。君弱冠补学官弟子，光绪癸卯举于乡，一试礼部不第，而朝廷罢科举，乃援例为道员候选。寻以斥赀兴学，赐冠服一品。农工商部立，奏调除郎中、丞参上行走，监督农事试验场。亲贵某掌部，尝使人微讽君，即有所馈，当得迁擢，君义不可，逊辞拒之。

国体既更，其乡人有柄政者，颇收集时彦自助，强起君为印铸局长。已而筹安会兴，诵言帝制，君曰："吾岂能更事二姓哉！"即弃官归奉母唐太夫〈人〉侨上海，遂终其〈身〉不复出。

自少笃志文学，服膺儒先，博观约守，壹衷义理，亦尝研讨古今中外政法，期有所效用当世，既审于时之浊乱不可为，退而家居，则以事亲读书为务，益抗希古人不朽之业，悉其心力，以奋发于文章。当是时，海内耆宿，暨方闻笃雅之士，类辟地沪壖，暇辄相与谈艺联吟，为文酒之会。君多接胜流，用自辅益，而师事义宁陈先生尤谨，相从余二十年，尽传其学。为文雄骏以肆，才思尤敏赡绝人，求者踵至，走笔应之，数百千言，不待顷而具，同门诸子，鲜能及也。著有文集四卷，附诗词各二卷。

君为人，笃棐而伉爽，亮直天挺，与人交，开衷写诚，无所隐伏。内行敕备，事亲勤勤致孝，老依母侧，如孩孺然。待异母弟，友爱臻至，推而至于宗亲故旧，勤任恤振艰穷，缩己赢人，壹从其厚。太夫人殁，君年五十四矣，居丧，毁瘁甚，丧除，哀慕勿弭，言及母，必流涕哽咽。体故丰硕，食兼人，至是衰羸，常被疾病，以己卯岁十二月十日卒，年六十有一。乌呼！其可谓文行兼茂，卓尔树立之君子者矣。

夫人歙县徐氏，故四川雅州府知府、署成绵龙茂道景轼之女，前卒，所生两女，皆殇，无丈夫子，以仲弟子荣栋嗣。始君葬太夫人上海虹桥公墓，徐夫人祔焉。君卒之明年，荣栋卜以其冬十二月廿七日葬君徐夫人墓左，与其兄荣法，驰书请铭。国松与君，同师义宁，为交最笃以久，其可辞，铭曰：

有儒一人，孝友烝烝。大本斯植，摅为玮文。弥天硕师，笔传君手。奔奏万灵，持以慰母。蚤还初服，永谢束帛。海滨抔土，终古亲侧。君文震世，庸行孰奇，根源攸系，揭励来兹。

据《蘉庵文集》卷首

夏太史墓铭

高毓浵

君讳寿田，字午诒，湖南桂阳县人。陕西巡抚夏公菽轩之冢嗣也。天挺异慧，年十三，以神童游庠食饩。十九中乡举亚魁，光绪戊戌捷南宫，廷试以第二人及第，入词林。侍父节署，不亟进取。既终养事，入都供职清禁。君故王湘绮高弟，学行炳然，为众仰瞩，夙抱经世之才，遭时多变，屡起屡踬，郁郁不得伸其志。晚来海上，老矣，抚膺慷慨，谈言奇中，已乃敛其豪气，归依佛法，洞悟去来，自号直心居士。乙亥七月三十日卒，年六十六。配某氏，子三，孙二。君没之翌年某月某日，卜葬于真如佛教第一公墓之阡。铭曰：

生有自来，不尽其才，吁嗟可哀。

据作者手稿

徐世昌小传

沃丘仲子

世昌深沈，过于世凯，而机智不逮，亦锐近之才士也。字菊人，天津之世族。祖官南河河工通判，因居于汴，及昌，家已中落。逾冠，即奔走大河南北，为诸牧会司记室，月俸不逾十金也。已而举于乡，朋辈燕集，酒余各言志，至世昌，谓“苟捷春官，当以知县指汴，若除杞县、太康，必以俸钱多致宾客”。其志盖如此。戊戌，成进士，选庶吉士。己丑，留馆，授编修。素俭于学，所习唯小楷试律。时京师主文事者，为翁同龢、潘祖荫，皆尚淹博，故久之不获一差。乡人王文锦，欲援入南书房，亦不得。当时编检有“八红”“八黑”之目，世昌则“八黑”之一也。丁戌间，共世凯入保国会，附康有为议新法。政变，世凯骤贵，乃援之绾新建军营务。其先居汴时，以少年好骑猎，二人已结昆弟交，袁暴纵，徐恒诫之，虽不尽从，而交以益笃。及拳乱作，世凯首荐其贤，张之洞纵之。回銮，乃召入对，拉后见仪表端凝，奏事明晰，大喜，退告左右曰：“若世昌者，足继李鸿章矣。”自是邀心简。少迁国子监司业。商部成立，晋右丞，兼领北洋驻京营务处如故，遂加副都统衔。偶赴乡馆宴，赤顶狮补，同官皆笑之。嗣晋兵部侍郎，为练兵大臣，奉派出洋考察宪政。未及行，共荣庆、铁良，入值军机处，擢巡警部尚书。

丙午，更官制，谢机务，专理民政。偕载振使奉天，察办事件，知奉帑藏丰，适次大更东省官制，即自请行，拉后嘉之，立授钦差大臣、东三省总督，兼管三省将军事务，准破格调用人材，拨镑余二千万，供行新政。然所为一摹世凯之于直隶，精神且逊之。外交任之陶大均，用人任之钱能训，实业任之黄开文。唯能训差明干，大均、开文冗阘无才。时权贵子弟戚旧南中游士，麇集奉天，科员、助理员，至千余人，倡寮戏园，游客若鲫，倾库藏及镑余以供行政费，实业初未兴举，越二年，而资已罄，仅造成宏丽之公署一，他唯电灯、马路之类。时世凯已逐，载泽阴秉国钧，知东事不可复任，遂蕲奕劻营内调，竟得邮传部尚书，京官第一朊仕也。既莅事，专听梁士诒，多取羡余，以贻亲贵。适载涛自欧洲归，经奉天，见廨宇壮丽，军乐嘹亮，盛夸世昌敷行新政之力，奕劻、那桐交称之，遂以协办大学士，授军机大臣。未几，晋大学士。世昌以编修，四年而跻尚书，终清之世，汉大臣一人而已。

辛亥，汉上起义，力主起袁，内阁解散，改任军谘大臣。后授让帝太保。袁就总统，乃去之青岛，凡二年，还任国务卿，称相国。丙辰，帝制议起，频谏袁氏，弗从，克定谮之，不自安，辞去。洪宪僭号，封入嵩山四友。俄而西南起义，再出为国卿，力荐段祺瑞组内阁，既成，再辞去，还居河南辉县。辉富山水，其自东三省归，已买田营室其地，至是告人将终老林下已。袁病危，招之至，托以家事，治丧竟，仍还辉。及孙洪伊、徐树铮哄，元洪蕲出解纷，至京师日，倾城迎迓。议定，遂免树铮兼职，而逐洪伊去。自是就津门居，复辟后，一度至京师，维持清室优待条件。时世昌虽在野，而北洋武人，奉若师长，咸秉教诫，故或者谓徐州、天津会议，复辟计画，皆所主张，而不知其已先事规戒张勋矣。迨冯、段交恶，吴、冯中变，知北洋派且破裂，自愿登台收拾，而梁士诒方谋复起，亦耸世昌任总统，北军人并主拥戴，新议员预议一致推徐，遂当选为第三任总统。就职后，即主停战，南北构和，且欲裁兵节财，固顺世界潮流为措施，其愿或终可偿。

世昌身中，貌清整，鬓眉秀发，目光射人，对客语言爽实，而不欲以才气自见，笃于故旧，然好用私人，行小惠，欲其激浊扬清，诚不可得，用公家财奢，而用己财俭。一妻二妾，无子。兄世光，仕清为登莱青道，入民国，曾为河工督办，嗜好颇深。世昌生平，值小事颇戒惧，而大难当前，则不避危疑，殆亦当小敌怯、大敌勇之流亚与。

据《当代名人小传》卷上《元首》

记徐寄尘女士

秋宗章

西湖秋社常务委员徐寄尘女士，于本年七月十二日酉刻长逝。革命同志又弱一个。识与不识，同此悲伤。女士为两次营葬先大姊璇卿首事之人，又于光绪戊申首先创议组织秋社。几经颠沛，矢志不渝。比年颓景渐侵，养疴湖上。甫逾下寿，遽谢尘寰。薄海兴嗟，岂惟私恸！爰为选言录行，笔之于书。文不足传，聊代哀诔云尔。

女士名自华，字寄尘，号忏慧。浙江崇德县（今桐乡县崇福镇）人。生于同治癸酉岁。幼颖慧，从其舅马彝卿先生读，十岁即解吟咏，稍长，博通经史，为诗文词特工。光绪壬辰，大父亚陶公官安徽庐州府知府，女士随宦，每代阅童生试卷，品评等第，罔不惬当，亚陶公尝叹曰："是女倘投身作男儿，必木天中人也！"时女年才二十云。忏慧词有《巢湖舟中守风》调寄《菩萨蛮》云："连朝怒吼东风急，推蓬倚处愁如织。两岸苇萧萧，乡关望眼遥。石尤何太苦，抵死留人住。更有助凄清，江洲寒雁声。"又《连日守风，寄书乏便》调寄《城头月》云："浣花笺写簪花字，欲把离愁寄。可奈迢迢，东流不断，一碧庐江水。无由觅个传书鲤，又是黄昏矣。几许乡心，满怀诗思，笛声吹起。"虽为少作，其才情已可见一斑。越二年，于归南浔梅氏。生男子子一，曰馨；女子子一，曰蓉。梅于南浔为巨室，阶籍门荫，席丰履厚。梅君才不及女士，嫁后，不无天壤王郎之感。顾闺房静好，琴瑟犹未异趣。婚七载，不幸梅君捐馆，寡鹄孤雏，形影相吊，因作悼亡诗如干首，以抒其怨。又有《满江红》词，题为《雪夜课儿，感从中来，爰赋长调》，词云："大地茫茫，看白战终宵未歇。帘卷处，彤云密布，朔风凛冽。世界三千都变玉，霜闺一色空凝月。唤娇儿且读旧楹传，柔肠裂。熊丸课，期望切，三迁教，惭难及。叹凄凉身世，那堪重说。旧事已随流水去，新愁只付鹃啼血。剩寒宵百感上心头，乾坤窄。”盖把玦不开，剔目见志，人生之厄，亘古难俦。言为心声，每于不自觉中流露也。

女士天性纯挚，尤服膺旧礼教，躬行实践，不稍缅越。君舅疾笃，尝刲股和药以进，浔人竞颂其贤。寻以尊人杏伯先生晚岁多病，母夫人又早衰，终鲜兄弟，温凊有亏，由是归宁，奉亲守节。光绪丙午春，浔绅张弁群等创为浔溪女学，聘女士主校务，时先大姊璇卿方归自东瀛，道出沪江，以嘉兴褚慧僧先生之介，往执教鞭。女士一见如旧相识，同事两月，雅相怜爱。尝读先大姊诗稿，有“如何谢道韫，不配鲍参军”，戏旨其恉，姊太息不语，女士亦为怃然，亟命酒共酌。女士量窄，不能胜蕉叶。醉后姊歌，女士和之。缅怀身世，弥怜同病。自此遂订生死交，亦加入革命同盟会。《忏慧词》有《感怀用岳武穆韵》一阕，调寄《满江红》云：“岁月如流，秋又去，壮心未歇。难收拾这般危局，风潮猛烈。把酒痛谈身后事，举杯试问当头月。奈吴侬身世太悲凉，伤心切。亡国恨，终当雪，奴隶性，行看灭。叹江山已是，金瓯碎缺。蒿目苍生挥热泪，感怀时事喷心血。愿吾侪炼石效娲皇，补天阙。”慷慨悲凉，不亚武穆原唱。出诸闺阁中人，盖尤为仅见也。

是岁秋，先大姊与女士游杭，同泛西湖，因结埋骨西泠之约，后死者任其役。当时第为戏言，亦不计及后此之践诺否也。女士有从弟景卿，于杭垣大井巷口开设悦记衣庄，女士至杭，即下榻于此。先大姊尝往访晤，酒酣耳热之际，议论飙发，辄惊四座，庄中执事伙友，习闻革命之说，渐亦倾向排满，会女士丁外艰，仓卒返崇。先大姊则去沪，创办《中国女报》，原拟筹集万金，自办印机，以期永久。讵事与愿违，款难猝集。女士闻之，慨捐千金。其女弟蕴华，为先大姊执教浔溪女学及门弟子，亦出私蓄二百金为助。《忏慧词》有《送秋璇卿妹之沪，时将赴扬州》调寄《金缕曲》云：“送子春申去。好无聊做愁天气，风风雨雨。萍梗江湖成浪迹，十事九同意忤。谁解得用心良苦。仆仆尘劳嗟不已，问今宵别后何时聚。君去也，留难住。”

光绪丁未春间，先大姊为光复军事，奔走甚劳。又以运动金处府属之秘密会党加盟，业已成熟，与徐伯荪先生约皖、浙两地，克期大举。布置就绪，而费用无出。且以孤注一掷，未易逆睹。苔岭之契，不可不作最后之诀。爰迂道至崇德女士家，小作勾留。谈次深以饷绌为虑，女士私倾奁中饰物，得黄金三十两，悉以持赠，姊感甚。濒行，脱玉条脱一双，留为纪念，慨然曰："此别茫茫，良觌无日。脱令事败，必以身殉。倘逢枫林月黑之时，姊其为我赋大招乎！"女士闻言，为之惨然。顾义不能留，相与握手珍重而别。事详女士所撰《返钏记》，予以采入《六六私乘》矣。

是岁夏正五月二十六日，徐伯荪先生发难皖江，事败死之。虏酋电伪浙抚张曾扬，转饬伪绍兴府知府贵福，查抄徐氏所设绸庄，又拘禁伯荪先生尊人梅生先生于会稽县廨。绍兴劣绅某某为虎作伥，上书告密，遂有围搜大通之祸。先大姊被逮，于六月六日昧爽，就义于轩亭口。先是，寄尘女士应女友之约，避暑西湖，贻书于先大姊，促即至杭晤言。书发而噩耗踵至，女士恸哭致疾，为文祭告，结尾数语，最为沉痛，如云："子固先逝，我定长存？何敢不达，涕泪纵横。惟其文字之契，相知之沉，感念平昔，不能忘情。子生明敏，死必英灵。魂兮归来，以慰余心。"全文曾刊沪报。此外又有《明月生南浦》词一阕，系以小序云："中元之夕，独坐望月。家妹既病，又闻侠耗，怆然感怀。回忆前游，恍若梦寐，即寄巢南。"词云："莲衣初褪秋光早，云破长空，又见蟾光皎。别后益怜相聚好，西湖放棹烟波渺。黄昏庭院忧心悄，剩得而今，独自伤怀抱，回首前游如梦杳，画屏倚看疏星晓。"

先大姊既被难，遗骸由善堂草草收殓，藁葬于卧龙山麓。三尺桐棺，凄凉野祭，鬼雄不灭，毅魄难安。先兄徕绩伤之，以重金雇夫役数人，潜移厝于常禧门外严家潭丙舍。初意稍稽时日，即当卜穴祖茔之侧，永固佳城。事未果行，女士忽于暮冬之月，风雪渡江，枉过寒舍，具言已约桐城吴芝瑛女士，购地西泠桥畔，为营兆域，漆灯留待，坏土以书，庶几赵氏冬青，勿伤暴露。先兄诺之，克日遂发。女士与余家初无渊源，即与先大姊谊同骨肉，家人亦茫然不知。今兹冲寒跋涉，孜孜焉惟夙诺是践，凡有人心，自无不怆感。予时年才十二龄，忆女士来越，一主一婢，间关西度，勾留三日，一轲〔舸〕赴杭，当时情景，犹历历在目也。

芝瑛女士宿疾未痊，淹留上海。营葬事者，除予兄及寄尘女士外，芝瑛女士稿砧无锡廉惠卿先生，实始终甚役。女甥王灿芝辑《秋侠遗集》，附印先大姊灵柩停厝时摄影，圹前左立第一人为惠卿，次即先兄徕绩，右立三人，则已忘之。墓成，寄尘女士撰表，芝瑛女士书丹，今树立秋祠左壁，犹完好如此。墓碑亦芝瑛女士所书，初题为“山阴女士秋瑾之墓”，延刻石名手蒋品三镌镂贞珉，既成，弃置费用，别书“呜乎鉴湖女侠秋瑾之墓”，立诸墓门。此事最触满奴之忌，不一年而祸作矣。

光绪戊申正月，女士创议组织秋社，被举为社长。尝假西湖凤林寺开会，杭州驻防闻人贵翰香闻讯，亦往参加，起立演说，对于先大姊颇有微辞，女士抗辩甚烈，不欢而散，六月六日，为先大姊成仁周年，女士拟集同志二十余人私祭，事泄未果。是岁夏奇热，女士与同怀女弟蕴华，从弟景卿，赁西湖刘果敏公祠（即今秋社）临湖小楼避暑。大通同人竺酌先、王季高（即王金发）、姚勇忱诸君，尝往晤谈。先兄徕绩，则别赁孤山民居下榻。相距咫尺，踪迹尤密。讵因此谣诼纷起，为官中所侧目。浙抚密遣差弁数人，佯为游客，至祠侦察。适竺、王诸人俱未来，景卿旧有烟霞之癖，高据一榻，吞吐自如。侦者睹状，语其同侪曰：“误矣，岂有革命党而腐败若此者乎？”回院复命，事遂获解。翌日，朱介人来，笑谓女士曰：“昨日大险，君等知未？”女士愕然。请曰：“子言胡指？”介人因俱言颠末，盖彼有友供差抚院，与闻其事，故知之甚悉也。越三月，遂有满御史常徽奏请平墓之事，并下通缉吴、徐之令。女士得讯较早，避地海上，密遣女弟蕴华返杭，晤同志朱介人，收藏秋墓之碑。而先大姊灵榇，先由吾兄迁越，既而湘潭王氏，专丁运湘，与姊婿廷钧合葬。初以为埋骨西泠，将成虚愿矣。洎辛亥武昌起义，浙省相继光复，王季高任绍兴军政分府都督。十二月中旬，女士与吴江陈去病至绍，假大善寺开追悼会，素车白马，备极荣哀。去病登坛演说，对于丁未告密之劣绅某某等数人，大肆讥弹。闻者鼓掌和之。女士濒行，访季高及军政分府总务科长黄介卿，搜集旧府廨之档案，所有大通全卷四宗，俱携归秋社保存。中有先大姊手书《光复军军制军规》、《革命论说》，尤堪宝贵，今犹什袭珍藏。翌年，民国纪元仲春之月，秋社同人会于湖上，陈英士先生首创重营秋墓之议，女士力赞其成，询谋佥同。遂委托家二姊珮卿赴湘迎榇。西湖凤林寺僧自愿捐地亩许为茔城。平墓旧址，则构风雨亭，藉供凭吊。

会浙江临时省议会议决，抗拒太平军之满清功臣刘典专祠，应没收充公。由浙江都督蒋伯器先生核准，改为"鉴湖女侠祠"，屋宇废旧，拨公帑千余金，鸠工庀材，量加修葺，其临湖小楼五楹，改为"秋心楼"。秋社即附设于是。民国二年，先总理与陈英士先生来杭，躬亲莅临致祭，题赠"巾帼英雄"匾额，并面允担任秋社名誉社长，嗣又撰题楹联，属胡汉民先生书之，现在秋祠悬挂。

是冬，女士赴沪，创办竞雄女学，为先大姊留永久纪念。所聘教师，如胡朴安、叶楚伧、庞檗子、陈匪石、陈去病、满更生诸先生，皆一时胜流。癸丑，二次革命失败，诸同志亡命海外，资斧无出，女士量力倾助，虽脱簪珥不恤。姚勇忱先生为浙督朱介人所害，陈尸市曹，无敢收殓。女士遣许君去杭，经纪其丧。其任侠好义类如此。民国五年，洪宪僭号，滇黔起义，浙省亦为变相之独立，惟苏督冯国璋则首鼠两端，犹奉伪朔。民党同人极为愤慨，群聚竞雄女学集义，图占苏州，以胁金陵，女士与陈去病实为谋主。辟室苏台旅馆，发纵指示。苏州警察厅长某，事前已有默契，既又悔之，知会军警，围苏台旅馆数匝，将加逮捕。去病籍吴江，能作吴语，乔装遁去。女士几不免，赖有急智，藏图记旗帜于亵服，自侧而出，亦获免脱。以受惊过度，后此遂成怔忡之疾，终身不瘥。

民国九年，先总理复返广州，膺非常国会选举为大总统。女士与去病亦谐同赴粤，旋奉总理之命回杭，为苏曼殊大师营葬孤山，其墓地即由女士捐赠。时秋祠已为刘典子侄所管，官僚军阀狼狈为奸，女士虽太息痛恨于先烈不祀，顾力勿能敌，但能隐以竣事。积忧多痗，抑郁寡欢，坐是气体亦稍稍衰矣。

民国十六年春，国民革命军底定东南。女士亟集社员，联名呈请恢复秋祠。当经浙江政务委员会令行杭州市政府查明发还，由公安局派员于六月六日会同接收。此事原可定局，讵刘氏犹未折服，一再渎呈政府，为万一之想。其呈文措词不检，诬女士为霸占。官中以某种原因，亦有为左袒者。女士愤曰："青天白日之下，脱令先烈祠宇，弗克保存，则革命之谓何?”因尝询问社友:“最高当局有无来杭确讯,届时当负秋侠栗主,晋谒层宪,为先烈请命。必得当乃已,不则宁与祠共存亡。任听若辈所为,拚以颈血溅阶石,庶足对故人于地下。年逾六十,死不为夭,更有何事,不能勘破乎!”闻者或婉词慰藉,而女士义愤填膺,终非口舌所能解。初拟力疾晋京,以孱躯不支而罢。复遣亲信为代表,伏枕上书,致行政院长汪精卫、中委叶楚伧两先生,请予主持公道。会今浙省府黄主席视事,遍查档案,衡情酌理,于刘氏所请严予驳斥,秋祠幸得保全。予得讯较早,亟飞函相告。时女士已病榻支离,犹强起展读,为之开颜。自是日渐沉笃,药石无灵。延至七月十二日,遂至大渐。是日气候甚热,上午犹命侍儿扶挈,倚卧藤榻纳凉;午后忽剧变,至酉刻而长逝,享寿六十三岁。临终神志清朗如常,嘱咐身后未了之事,条理井然。兹录其亲笔遗嘱如次:

“生圹于民国四年做在孤山之麓,近复修理,早已舒齐。自民十八年省府议决,此地为禁葬之处,发生重大问题矣。虽云已做者不迁,但究不知余柩能葬否?此事务祈秋社诸社友,联名电行政院力争,或上呈文,并信致叶楚伧、柳亚子两君,务恳鼎力帮忙。能达到目的,始慰余魂于地下。否则无钱再营坟墓,只有火化余棺在生圹前,此坟作为衣冠墓矣。

“墓碑上可写‘忏慧词人徐自华之墓’。墓志铭已面恳柳亚子先生椽笔,柳君已面允。并亲奉三羊开泰端砚一方,贻为润笔也。如柳君文迟迟未来,可着亨利催之。

“余之墓志铭已请定柳亚子大笔,但半生历史惟吾妹小淑知之独详,请其亲撰行述,并由妹氏出名。

“余之诗稿,归小淑收去整理,寄与柳亚子收藏。诗稿下边有九成宫帖一部,赠与马达生侄作纪念。”

女士文稿无专集,散见南社丛刊。就中以《鉴湖女侠墓表》、《祭秋女士瑾文》最为脍炙人口。《听竹楼诗稿》已见遗嘱。惟其女弟所裒集者,俱为女士三十七岁以前旧作,近三十年所为诗文,殆已随手散弃,无法搜寻。又有《忏慧词》一卷,光绪戊申避祸海上时,由吴江陈去病校订付梓,刊入《百尺楼丛书》中,综其一生心血,所留仅此而已。

西湖秋社之成立，远在清季光绪戊申。惟以专制政体，禁止集会，秘密组织，知者甚稀。自入民国，始公开进行。女士身任社长二十余年，辛苦经营，心力交瘁。今年夏间，女士自念年力就衰，不欲独任其难，爰提议改组为委员制，于六月六日召集社员大会，推选执行委员、监察委员各若干人，又互推常务委员五人，女士亦与其列。两次执监联合会议，虽弗能扶病出席，然仍亲笔签到，会后询问决议各案。迩来秋社预定计划，拟筹集巨款，创办女子图书馆。女士闻之，极为赞同，犹遗书留致王孚川、褚慧僧、姜心白诸先生，首先助款，以促其成。清季平墓故址，于民国初年营建风雨亭，年久为白蚁所蚀，致遭倾圮及瘐莩。数年前女士发起募捐重建，以款难猝集，迟未兴工。女士已独立募得三百余金，专款存贮，留以有待。自上年冬间，秋祠发生纠纷，函电交驰，派遣代表，舟车邮电，耗费不资，不得已暂挪此款济急，原拟事定别筹抵补。讵自入春以来，女士病日益亟，此事随成虚愿。虽以公济公，情有可原，而女士则自谓三十年来，经手秋社之事，一无瓜葛，留此痕迹，人纵不我责，于心终不无耿耿。故弥留前数日，犹举以语舍侄壬林云。

女士同怀姊妹凡二人，俱颖慧能诗，有木栉进士之誉。其尊人杏伯先生，风流蕴藉，有名士气。尝于所居月到楼中，援〔授〕女士以昆曲，杏伯先生挟笛，女士与义妹吕韵清合谱“赏秋”等阕，丝竹达旦，不亚霓裳风景。女士从姊兰湘，为从父蓉史先生季女，长女士一岁，从妹学诗，互相酬唱，年二十一而亡。遗集《度针楼诗稿》，经女士手订，附《忏慧词》后行世。女弟蕴华，有《双韵轩诗草》，亦清丽可诵。适闽侯林寒碧，婚无几时，寒碧在沪江马霍路为汽车所撞，伤重殒命。姊妹身世，如同一辙。岂红颜薄命已成公例，抑清才如许，丰兹啬彼，理弗能双欤？问天不语，此恨绵绵。言为心声，诗以言志。故《忏慧词》、《双韵轩诗草》，所以多苦语，而出于自觉也！尤不幸者，其爱女蓉，智慧早殇，女士哭之恸，晚年犹未忘情。哲嗣馨，供差无锡县政府。虽隔衣带水，交通颇便，而老年念子綦切，不忍远离，犹冀就近获一枝栖，俾便定省。数以此意浼中委某公道地，诺之而久未报命，及女士疾笃，哲嗣先期假旋，送死大事无缺，意者此即所以弥补缺憾欤？

综其一生遭遇，在在拂逆，几非恒人所能堪。幸天性旷达，不欲效寻常儿女子态，用能参加革命，奔走国事，苏台旅馆一役，尤卓卓可传。爰为诠次如右，以备异时史官之采择焉。

据抄件

徐宗汉女士事略

冯自由

徐宗汉女士，原名佩萱，广东香山县人，上海招商轮船总局买办徐雨之之侄女也。幼随父在沪读书家塾，有兄弟姊妹多人，年十八，适惠州海丰县人李庆春之次子某。庆春孰谙英语，充两广总督署洋务委员，与武弁杨植生相善，同称政界红员，有大厦在省河南跃龙里，长子娶宗汉长姊佩兰为室，次子则娶宗汉，盖兄弟二人分娶徐家二姊妹，即世所谓亲上加亲者也。宗汉之夫晋一少与兴中会员陈少白同习英文，故亦颇具新思想。得子、女各一，子名应强，女名若鸿。结缡数年即以病去世。宗汉教养遗孤，辛勤备至，亲友咸称誉之。

辛丑、壬寅间(民国前十年至十一年)，广州市有女医师张竹君者，毕业于美国教会所设夏葛女医学堂后，即出而悬壶济世。医所内附设福音堂，每值星期六晚及星期日，恒聚众宣扬耶教福音，或议论时政，鼓吹新学。一时两粤志士如胡衍鸿、程子仪、宋通孺、马君武、俞伯杨、周自齐、庄炳汉、王亦鹤、卢少岐、桂廷銮、梁新武、张嵩云诸人多奔走其门，隐然执新学界之牛耳。宗汉与竹君为手帕交，尝由竹君介绍洗礼入教，信仰弥笃，其子、女咸称竹君为谊父(竹君持不嫁主义，故喜人称之为谊父)。由是竹君每有兴创，宗汉辄悉力助之。竹君先后向富家募资创办禔福医院于西关荔枝湾，及南福医院于河南漱珠桥侧，继设育贤女学校为全粤女学之先声，宗汉常鬻珍饰以助，无吝色，而昔年所蓄妆奁为之一空。故竹君在粤数年所经营之社会事业，皆与李二少奶有最密切之关系，此在当年粤中志士无不知之者。

丁未、戊申间(民国前四、五年),宗汉次姊佩瑶设教于南洋槟榔屿华侨某学校,函邀宗汉往助,宗汉因是有南洋之游。时槟榔屿初设同盟分会,革命志士日往宣讲光复大义者颇不乏人,宗汉闻而善之,亟投身为会员。时助吴世荣、黄金庆、陈新政等扩张党务,深资得力。戊申(民国前四年)秋归粤,访冯自由于香港《中国日报》,即介绍其亲友数人入党。时距云南河口革命军失败未远,香港同盟会渐取开放主义,遂委任宗汉在粤与高剑父、潘达微等组织分机关,以发展党务。宗汉因与剑父、达微及何辑民、胡少翰、朱述唐等创设守真阁裱画店,以传达各方消息。女医士梁焕真、练瑞云、罗道膺、杜药汉等数人入会,即宗汉所介绍者也。己酉(民国前三年)秋、冬间,同盟会将有事于广州,派宗汉及陈淑子、李自平三女士密携炸药子弹入粤,所携行囊二具满贮危险品,皆置船舱后女客室旁,陈、李二女士均提心吊胆,坐卧不宁,独宗汉态度安闲,怡然入睡,事后人咸称其镇定不置。

庚戌(民国前二年)正月初旬,广州新军反正之役,宗汉于一月前偕其侄李应生等奉南方支部命,设机关于羊城高第街宜安里,拟于举兵时分头纵火,以乱清吏耳目,及初二日倪映典率新军发难,宜安里机关于纵火后旋即扑灭。宗汉于事后探悉机关内所藏内缝青天白日旗之被褥为警吏移至警署,乃托其女友庄汉翘赴警署领回原物,警吏谓须物主亲到方可发还。宗汉至是始知事机破露,乃偕汉翘逃往香港。是亦可知其处事镇定之一斑。又是役党人与绿林同志李福林接洽者,除宋执信、胡毅生、李海云等外,宗汉亦为传达消息之一人,故河南大塘乡时有宗汉之足迹。

辛亥三月黄花岗一役之前,宗汉率其亲属为党军秘密输运枪械弹药,自香港至广州,异常尽力。并在香港摆花街设置机关,制造炸弹,及发难期近,则移至省河南溪峡,担任分发弹械于选锋同志,其门外贴大红对联,伪饰喜事,故人不之疑。是月二十九日晚,黄克强率众焚攻督署后,脱险至河南,寻至溪峡机关,宗汉为裹指伤。至四月初一始为克强改装,亲送至哈德安夜轮,相偕赴港。抵港后,以指伤过剧,乃入雅丽氏医院割治,照例割症须有亲族签名负责,宗汉遂从权以妻室名义行之。未几伤愈出院,而夫妇虚名竟成事实,洵可谓患难奇缘也。

是岁八月初间，克强迭接鄂、沪同志居正、吕志伊等函，谓鄂事发动在即，敦促赴沪转鄂主持一切。正摒档行事，而武汉捷音已至，遂偕宗汉兼程首途。既抵沪，以沿江各口岸清吏搜查严密，稍事犹豫。时张竹君方在沪开设医院，宗汉乃向之求助，竹君即托辞组织红十字救伤队赴武汉战地服务，使克强变服溷迹其间，宗汉亦身充看护妇偕行。是役克强之得以驰赴汉阳督师拒敌者，竹君及宗汉二人之力也。民元南京政府成立，宗汉两弟同任陆军部副官，两兄亦分任各官署要职，两姊佩兰、佩瑶于黄花岗一役亦具有相当劳绩。以宗汉一人身入革命党，而弟兄姊妹子侄相率随之，非血诚感人，当不致此。独其家翁庆春一人浸染官邪，无法拔脱耳。

民二秋，赣宁讨袁军败挫后，次年克强渡美洲，宗汉偕行。先后得二子，号一美，一球。及民五克强逝世，宗汉抚养遗孤，至于成人。民十七国民政府定都南京，遂接办南京贫民教养院，从事贫儿教育工作。对于革命先烈遗裔，尤热心爱护，成绩斐然。继复创设农场于苏、皖二省，试种各种农产品，日以振兴垦殖为务。抗战后移居重庆，以年高多病，于民国三十三年三月八日逝世，享年六十有八。

据《革命逸史》第三集

江都凌先生传

陈懋森

先生江都凌氏，讳鸿寿，字仁山，晚号钝叟，世居仙女庙镇。年十三，补诸生。十五，以经古合属第一，食廪饩，以此才名倾一时。而屡应乡举不售，或濒得而失，年几四十，始以例贡太学，注训训导。又十余年，而入资为通判，分发广东，讫未之官，而先生老矣。清末，朝命设谘议局，乡人以先生应选。

改国后，复被举为国会议员，隶众议院，尝一之广东，再之京师，又尝代理议长。方曹锟谋为总统，闻先生于议员中齿最长，因遣人之旅邸，密致意，寿以万金。时先生方患贫，宜可为晚计，乃峻拒不受，人多怪之。迨其后国势一变，而名以贿败者，凡若干人，然后知先生权乎轻重，断之于心之为无悔也。

先生家本素封，以性慷慨，时缓急人，遂罄所有。中岁以后，乃不得不义取于人，然所得随手辄散，未尝少留。归自京师，年七十许矣，尝望外得巨金，先生于所识穷乏，裁取为赠，不两月而尽，遂仍无以卒岁。先生虽家于乡，而一岁之中，城居者太半，其踪迹常在逆旅中。时具酒食，召故旧为乐，皤然老翁，伛偻周旋，唯恐礼之不恭，情之不至也。接物以和，与人言常呴呴，虽至贩夫走卒，不忍伤之。独于吾乡为富不仁者，语及辄奋髯抵几，痛斥其非，盖先生以长者之心，慨然于穷民之无告，而非有憾于其人也。以夏正壬申十月卒，春秋八十。

先生尝命余生为作传，余谢以豫凶非礼。今先生往矣，因就所闻见次之，非徒以报先生，亦使乡之后生小子有所观感焉。

据《休庵集》卷下

曹经沅小传

黄稚荃

曹经沅，字纕蘅，绵竹人。生于一八九二年（清光绪十八年），幼有神童之目。宣统元年，被选拔为拔贡，入京廷试，分发内务部工作。经沅学有根底，入京后，从陈宝琛、陈石遗诸遗老游，学以日进，喜交游，声华藉甚。为诗文，下笔立就，诗学江西派，而不事苦吟。其《九月中原露台登高》诗有句云："留得闲身甘蠖屈，更无苦语学虫号。"自注云："余不喜苦吟。"惟其不喜苦吟，故其诗无钩章棘句之病。于国内诗坛，声气甚广。曾主编天津《国闻周报》之《采风录》，所载皆各省名诗人之作，高格雅言，选辑至精，每一刊出，艺林争阅。

经沅以书生从政，勤慎敬事，案无留牍。入民国曾任安徽政务厅长、安徽省府秘书长、贵州省民政厅长。政事之外，尤重视文化事业，在贵州省时，以遵义在晚清曾有郑珍、莫友之、黎庶昌三位学者，于我国经学、小学、佚书皆极有贡献，遂发起刊《遵义三先生集》，并重修其墓道。

经沅早年诗，多禊饮酬酢之作；抗日战争中，始转变为激发国家意识、民族精神之作品。一九三九年（民国廿八年），蒙藏委员会委员长吴忠信入西藏，主持第十四辈达赖坐床典礼，取道缅甸、印度，经沅以顾问同行，画有《云轺万里图》，得诗甚多，诗境益奇。雅善书，书法亦仿宋人，在涪翁、东坡之间，俊迈有致。寻常书札，皆为人所重，榜书尤佳，惜不常作。

抗战中，任立法院委员，胜利后，还南京，一九四六年十月，以脑溢血卒，葬于栖霞山。

门人曾小鲁，纂辑经沅平生所为诗，题曰《借槐庐诗》，惜未付梓，小鲁又逝。今经沅之诗，散见于《采风录》、《国文杂志》、《南社诗选》中。

台湾周开庆所撰《诗人曹经沅》记事甚详，而谓曹君生于光绪十六年（一八九〇），然曹君家人及友朋皆记曹卒年为五十四岁，曹夫人谓曹选拔贡为十八岁。以二者推之，则曹君应生于一八九二年。

据《杜邻存稿》

傅所长传略

芮逸夫

先生讳斯年，字孟真，山东聊城人也。其先世于明成化间由江西吉水迁聊。七世祖以渐公，字于磐，号星岩，清顺治间进士第一，官至大学士。祖父讳淦，字笠泉，清拔贡。祖母陈氏，潍县人。父讳旭安，字晓麓，清举人。母李氏，同邑之贺家海村人。民国纪元前十六年三月二十六日（清光绪二十二年二月十三日），先生生于邑之北城内祖宅。天赋异资，幼承家学，凡所读书，悉能成诵，有神童之目。年十一，已毕《十三经》。十三岁，有文名。东平侯延爽（雪舫）进士奇之。延爽，晓麓公之高足弟子，及第后，归拜老师，则晓麓公已病故，毅然以抚养并教育先生昆仲为己任。于民元前四年（清光绪三十四年）冬，携先生至天津。翌年春，考入天津府立中学堂。民国二年，先生年十八，考入国立北京大学预科。三年后，升入文本科国文门。其时，胡适先生在《新青年》发表《文学改良刍议》等文，提倡白话文学；先生尝著《文学革新申议》等文响应之。七年夏，与同学罗家伦、毛准等组织新潮社；其年冬，编印《新潮》月刊（创刊号于八年一月一日出版），宣扬新文学，提倡新思潮。八年夏卒业后，考取山东省官费留学。其年冬，先生赴英，先至爱丁堡，嗣入伦敦大学，研究实验心理及生理，兼治数学。十二年夏，由英赴德，入柏林大学哲学院研究。十五年冬，应国立中山大学朱副校长之聘归国。翌年春，就任该校教授，兼国文、历史两学系主任，嗣更兼文学院长。其年夏，在该校创立语言历史学研究所。十七年春，国立中央研究院蔡故院长聘先生筹设历史语言研究所。同年十一月九日，国民政府公布国立中央研究院组织法，历史语言研究所旋告成立。先生以专任研究员兼任所长，时年三十有三；以迄于三十九年十二月二十夜先生之逝，年仅五十有五。

先生之于历史语言研究所，自筹备、创立、以至成长，始终主持其事者，凡二十有三年。在担任所长期间，虽曾兼任国立北京大学教授、社会科学研究所所长、国立中央博物院筹备主任、国民参政会参政员、国立中央研究院总干事、政治协商会议会员、国立北京大学代理校长及国立台湾大学校长等职；三十七年春，复当选国立中央研究院院士及立法委员；然其毕生心力，则大部尽瘁于研究所。二十三年来，先生为研究所征聘及造就研究人才，而先后在所研究历史、语言、考古、人类诸学之学人近百，刊行专书七十余种，发表论文五百余篇。先生为研究所充实及扩张研究设备，而中外图书入藏者达四十余万册，语音实验、古物发掘、人体测量及民族调查之仪器达百余种，皆先生领导及擘划之功也。

先生办历史语言研究所之旨趣，在倡导直接研究材料，扩张研究之材料与工具，主张“上穷碧落下黄泉，动手动脚找东西”，使历史学、语言学成为与生物学、地质学同样之科学。先生心目中历史与语言研究之范围至广，前者包括文籍考订、史料征集、考古、人类、民物及比较艺术，后者包括汉语、西南语、中央亚细亚语及语言学。此种远大研究计划之实行，在先生之遗著中，在研究所同仁之著述中，已多所表现。其影响所及，更见之于二十年来一般文史学者之著述中。

先生不仅在历史语言研究所建立其不朽之业绩，其于中央研究院，则襄赞蔡故院长筹划院务，尤不遗余力。凡院内一切制度之确立，各种规章之订定，先生亦多所贡献。二十九年秋，朱家骅先生继蔡故院长之职，先生任总干事；虽在职不久，然其后院务之发展与扩充，以及院士制度之成功，先生襄赞之力实多。

先生之任大学教授，则对青年学子，谆谆善诱，多所启发。先生之筹备中央博物院，则对院务悉心规划，树立初基。先生之任国民参政员、政协会员及立法委员，则为民之喉舌，对政府纠举时弊。先生之办大学，则对校务之整顿，学风之淬砺，不遗余力。而于主持台湾大学将近两载之体验中，尤深感我国今日学校制度之不可不改革，时下风气之不可不转变。此在先生最后遗著《中国学校制度之批评》一文中，已慨乎言之矣。

先生之于学问，由于记忆力之强，了解力之深，判断力之高，故其范围甚广，“博大精深”四字，实可当之无愧。所著已刊行专书者有《东北史纲》第一卷及《性命古训辨证》三卷，稿本则有《古代中国与民族》及《古代文学史》等。论文百余篇，其在研究所发表者，别详著述表。其余则早期发表者，见于《新青年》、《新潮》、《独立评论》等期刊中，近十余年来发表者，则散见于各种杂志报章中。

先生早年尝著《人生问题发端》一文，刊于《新潮》创刊号，以为“人生之观念，应当是：为公众谋福利，自由发展个人”。此种观念，先生不仅言之，且亦身体而力行之，三十年如一日。惟其主张“自由发展个人”也，故其行则特立，言多谠论。惟其主张“为公众谋福利”也，故其一生最乐于成人之美，尤乐于指导青年，提携后进。此在研究所同仁中，在研究院同仁中，在北大同仁中，在台大同仁中，以及在先生其他友朋中，无不知之。先生之待人处事，恳挚公正，一言一动，辄能感人至深。而性情爽直，疾恶如仇；有不当其意者，每直斥其人之非，不稍宽容。故人多爱之而又畏之。

先生于二十三年八月五日在北平与夫人俞大綵女士结婚。夫人具美德，长于文学，尤擅英语。今在台湾大学任教。子仁轨，性颖悟，在美国西寺学校攻读。一九五〇年二月二十八日，先生逝世后七十日，芮逸夫敬述。

据《革命人物志》第十三集

蒋梦麟先生传略

罗家伦

蒋梦麟先生逝世，使我感受到很深的悲痛。治丧委员会命令我写一篇短型的传略，我又何敢推辞。若是我按平常传略的写法，依照年次，填入事略，那也只能将其较为重要的事项分列在某一年份中，稍加按语；像这样一篇纪录，恐怕也难表现逝者的重要学术主张和功业成就。为此我以沉重的心情，略变时例，尽就先生生平的重要学术主张和功业成就，简单分为数项，作重点的叙述，以表现其思想的渊源，事功的推进，对近代文化演进的认识，与临危不屈、临难不苟的精神，亦可以供读者的参考。此篇还是用语体文字写成，惟恐先生英灵暗笑这五四时代的北大老学生没有长进！

对大学和一般教育的崇高理想

梦麟先生在民国八年七月二十三日五四运动后，受蔡孑民先生的付托，代表他于危难之中处理北京大学校务。他在这次北大学生欢迎会中发表的演说，也就是他开始办大学的第一篇演说，并且我认为这是他生平最重要的一篇演说。在这简短演说里，他叙述蔡先生的学问人格，具备了中西文化里三种最好的精神："① 温良恭俭让，是中国最好的精神；② 重美感，是希腊最好的精神；③ 平民生活及在他的眼中个个都是好人，是希伯来最好的精神。"凡国家民族的地位，均系累世文化积聚而成，非旦夕所能致。"故救国之要道，在从事增进文化的基础工作，而以自己的学问功夫为立脚点。"这种博大精深的见解，是蔡先生毕生学术救国的理想，也就是梦麟先生以后在各种不同的教育岗位上所遵守的办学方针。

为生民立命而注重科学研究与推广

梦麟先生虽然受过西方高深的教育，为期很长，但是他也曾受过中国农村的薰陶。两种的耳濡目染，在他下意识里自然而然的发生一种化合，何况他从实验主义的名师杜威博士受教多年。他在美国时期也为侨报撰文，深知侨胞为缺乏科学知识而不能得到高等职业的痛苦。我国学人动辄要“为天地立心，为生民立命”。为天地立心的问题太大，暂且不论，但为生民立命，则生民的衣食常常要成问题，又何从为他们“立命”。为了解决这迫切的难关，所以他再度主持北大以后，费了很大的力量，发展理学院，希望从基本自然科学为骨干，进而发展其他有关部门。

他自己到了台湾和若干专家作环岛考察以后，发现民间的疾苦太多了！如衣不足暖，食不够饱，灌溉的水量不足，动植物病虫害的到处传染，家庭愈穷而生育愈多，生育愈多，而贫穷愈甚，婴儿死亡率愈大。这种悲惨的情况，断非丰衣足食、子孙满堂的封翁太君们所能想像的。中国自古就有“生之者众，食之者寡；为之者疾，用之者舒，则财恒足矣”的古训。梦麟先生由农复会来提倡节育，也不过是根据这个原则行事。可是农民家庭生活，已显著的改进，许多农民因农复会而感觉到所受实惠良多。

为强寇威武所不能屈的精神

自从“九一八”日军侵占沈阳以后，东北与华北也被他们有计划的侵入，并且分区制造汉奸的傀儡政权，做日军帐下的走卒。爱国的民众和青年常被绑架失踪。日制项下的“自治运动”伪政权，纷纷沿长城线内外地区出现。平、津一带的汉奸及残余军阀，自然也为日阀所利用，可能随时变生肘腋。此时梦麟先生与胡适之、傅孟真及平、津各校诸先生，在公开场合中，对于任何敌伪企图，莫不尽情打击，毫不计自身安危。惟其敢于如此，才愈足以坚定守土将领的信心，和激发军民的敌忾，继续在华北拚命挣扎一个时期。

因此北大更被日本军方认为抗日中心，梦麟先生既然是北大校长，当然也就是教育界抗日的首脑。于是日军驻防北平的高桥大佐派兵将他“请”到东交民巷。梦麟先生对于这件不平凡的事，有以下这段不平凡的记载，这是值得任何一位研究他生平事迹的朋友们浏览一过的：

我把这件事(按即高桥大佐派宪兵来“请”事)通知家里和几位朋友之后，在天黑以前单独往东交民巷日本兵营。我走进河边将军的办公室以后，听到门锁咔嚓一声，显然门已下了锁。一位日本大佐站起来对我说：“请坐。”我坐下时，用眼角扫了旁边一眼发现一位士兵拔出手枪站在门口。

“我们司令请你到这里来，希望知道你为什么要进行大规模的反日宣传。”他一边说，一边递过一支香烟来。

“你说什么？我进行反日宣传？绝无其事！”我回答说，同时接过他的烟。

“那末，你有没有在那个反对自治运动的宣言上签字？”

“是的，我签了名的。那是我们的内政问题，与反日运动毫无关系。”

“你写过一本攻击日本的书。”

“拿这本书出来给我看看！”

“那末你是日本的朋友吗？”

“这话不一定对。我是日本人民的朋友，但是也是日本军国主义的敌人，正像我是中国军国主义的敌人一样。”

“呃，你知道，关东军对这件事有点小误会。你愿不愿意到大连去与板垣将军谈谈？”这时电话铃响了，大佐接了电话以后转身对我说：“已经给你准备好专车，你愿意今晚去大连吗？”

“我不去。”

“不要怕，日本宪兵要陪你去的，他们可以保护你。”

“我不是怕，如果我真的怕，我也不会单独到这里来了。如果你们要强迫我去，那就请便吧！我已经在你们掌握之中了。不过我劝你们不要强迫我。如果全世界人士，包括东京在内，知道日本军队绑架了北京大学的校长，那你们可就要成为笑柄了。”

他的脸色变了，好像我忽然成一个棘手的问题。“你不要怕呀！”他心不在焉地说。

“怕吗？不，不。中国圣人说过，要我们临难毋苟免，我相信你也一定知道这句话。你是相信武士道的，武士道决不会损害一个毫无抵抗能力的人。”我抽着烟，很平静的对他说。

电话又响了，他再度转身对我说：“好了，蒋校长，司令要我谢谢你这次的光临。你或许愿意改天再去大连——你愿意什么时候去都行。谢谢你。再见！”门锁又是咔嚓一响。大佐帮着我穿好大衣，陪我到汽车旁边，还替我打开汽车门。这时夜色已经四合了。我的独自到日本兵营，也有朋友说我不应该去的，听日本人来捕好了。他们敢么？

第二天下午，宋哲元将军派了一位少将来劝我离开北平，因为他怕自己无力保护我。

我向他的代表致谢，不过告诉他，我将继续留在北平负起我的责任。

在这般威吓的情况之下，他仍能态度从容，而且指点敌人的愚蠢及其后果。唐郭子仪冕〔免〕胄见回纥的情况，也不见得能超过这位文人！

我认为梦麟先生的性格是外柔和而内刚劲，但对人则“柔亦不茹，刚亦不吐”，还是根据道理可以说服他。他用人也专，待人也恕，不以察察为明，所以许多人乐为所用。他不长于演说，谈话时也不作长篇大论，然其简短的词句，常能扼要，而且带点幽默感。他有很多外国朋友，彼此间能建立互信，所以他提出的主张，也容易得到赞助。这种情况，在台湾期间于商讨农复会及石门水库建设有关等计划时，尤其使人感觉。

读梦麟先生的《西潮》等遗著，好比读白香山的诗，使读者有平易近人的感觉。至于他不曾写完成的《新潮》和正拟着笔的《中国近代思想史》两书稿，竟无法让他将若干正在结晶的智慧加入后再放射出来，更是学术界一件很大的损失！

据《中央日报》1964 年 6 月 23 日

廖仲恺先生传略

汪兆铭

先生姓廖氏，讳恩煦，字仲恺，以字行，广东惠阳县鸭仔步村人也。父竹宾，商于美，虽去祖国，其教子女，辄以国学为先。先生以中华民国纪元前三十四年三月十三日生，生十七年始归国，于国学已明彻，而西学亦涉其藩篱矣。由是益致力，学亦益进。年二十二，娶夫人何氏香凝，伉俪至笃。其时中国积弱，外侮至，士多发愤求学于外国。先生有志于此，而费无所出，夫人慨然出私蓄，资之行，遂留学日本。越年，夫人亦至，相与砥砺学问。先生初入早稻田大学经济预科，继入中央大学政治经济科，其生平长于经济理财，导源于此也。

日俄战起，中国危殆，益不可终日。乙巳之岁，孙先生文至东京，集十七省革命同志，组织中国同盟会本部。先生夫妇先后与盟，其尽瘁于国民革命自此始。旋奉孙先生命，潜赴天津，有所谋画。其时学未成，弃去无所顾惜，及谋画不就，乃复回东京，卒所业，始归国，居前清吉林巡抚陈昭常幕中。

辛亥八月，武昌革命军起，各省响应。九月，广东光复，先生遂归广州，司财政。鼎革之际，财政棼如乱丝。先生从容整理，不数月，收支适合，迄于去官之日，库有余财焉。癸丑革命军败，孙先生亡命日本，先生从。中华革命党成立，以先生善理财，使与张君人杰同掌财政。五年，袁世凯死，从孙先生回国，居上海。六年，督军团谋为变，毁约法，解散国会。孙先生集海军将士议讨之，遂率第一舰队至广州，开大元帅府，以护法为天下倡。而西南群帅，各持异端，龁龁之无所不至。七年，孙先生遂解职，还居上海，始从事《建国方略》之著作。先生感于孙先生频年不获行其志，由国人理喻者寡，始肆力于宣传，乃与诸同志创《建设》杂志，出所学以质当世。其所译《全民政治》最有名，孙先生于《民权主义》讲义中，曾称道之。

九年，粤军自漳州回师，复广州，迎孙先生归。十年五月，孙先生被举大总统。先生以广东省财政厅长兼财政部次长，旋为陈炯明所忌，辞厅长职，专理财政部事。陈炯明叛志渐萌，先生觉之。值桂管新定，先生乃力赞孙先生出兵北伐，而锐以转饷自任。孙先生自是年十月至十一年四月统大军，驻桂林，无匮乏之忧，先生力也。然以是益为陈炯明所忌，所以窘先生者万端，欲扼北伐军，俾不得成行。四月杪，孙先生遂自桂林回师，免陈炯明职，复以先生兼财政厅长。不旬日，发币三百万，遂出师江西，战连捷，定赣州，垂克吉安。而陈炯明以六月十六日举兵反，先一日遣使绐先生至石龙，囚之，六十二日始释。先生遂复至上海，从孙先生。先是孙先生深念民国以来，祸乱无宁日，虽军阀肆虐，而帝国主义实操纵之，顾帝国主义方宰割世界，无能抗者。及俄国革命起，则大慰，以为得良友。十一年冬，俄国专使越飞至上海，谒孙先生，议论相契合。孙先生遂命先生偕越飞赴日本，越飞养疴热海，先生昕夕与相聚，议论上下古今。自是先生始决意力赞孙先生结连世界革命者与以〔以与〕帝国主义抗矣。

十二年春，杨希闵、刘震寰以兵自白马东下，假孙先生名义，讨陈炯明，走之，遣使至上海，迎孙先生莅广州。然杨希闵、刘震寰实无意革命。凡孙先生教令，悉阳奉阴违，日惟为暴于民，以敛财自肥。孙先生意佛甚，念帝国主义与军阀势既益猖獗，而广州号革命根据地，乃名实相反若是，非举中国国民党改弦更张之，不足以振颓靡之气，非创党军，不足以扫去障碍，使党之主张，得以实施。乃于十二年冬，布教令，改组中国国民党，先生赞襄最力。十三年春，既被命为中央执行委员，兼工人部长，遂辞广东省长职，悉其力以从事。复与蒋君中正同被命筹备党军，设陆军军官学校于黄埔，蒋君任校长，而先生任党代表，殚精焦思，以期有成。艰难百折非所恤，蜚语万端非所顾，迄于陆军教导团成立，中国国民党始得一能奉行党义之军队，而国民革命始有进行之机倪矣。

是年夏间，先生复任广东省长。秋，广州商团谋为乱，先生欲先发制之，格于事势，不得行，遂去职。商团旋叛，讨平之。其时北方战事已作，孙先生亲率诸军北讨曹锟、吴佩孚，以先生为财政部长，兼广东省财政厅长、军需总监。盖欲以后方转输之任相许也。先生鉴于武人专横，财政割裂，积成愤，至是，乃发表所主张统一军政财政之计画，其言至切直，远近传诵，而格于杨希闵、刘震寰等，不得行。先生遂不就职。

会曹锟、吴佩孚已战败，孙先生辍北伐之师，以开国民会议及废除不平等条约号召天下，躬自北上，促其实行。将启行，以各军暨各军新设学校党代表之任，属之先生。其时陈炯明聚兵惠、潮、梅，乘孙先生北上，谋来犯。先生乃与蒋君中正激励党军，务以一战解广东人民之疾苦，雪吾党之耻辱。十四年春正月杪，孙先生在北京疾笃，陈炯明率师攻石龙，党军合粤军迎击，大破之。进至平山三多祝，所向皆克，遂复海丰，定汕头，群贼披靡，东江悉平。孙先生卒于三月十二日，卒之前犹及闻党军捷报也。当东江群贼未败时，杨希闵、刘震寰潜与通，谋自全。及贼势熸，意不自安，乃结唐继尧，使率师东下，谋以广州为内应。六月，党军暨粤军自东江回师，合湘滇军讨平之。盖自是而假藉革命名义盘据广州之元恶大憝始扫除以去，广州始得为革命之根据地矣。先生于此两役，运其智勇，使将士各得所展布，而农工民众亦感先生至诚，悉力为国民革命前驱，故成功之速若此。

然杨、刘之乱以六月十二日平定，而二十三日沙基惨杀案已作。帝国主义利用军阀为乱不得逞，乃直接屠杀中国人民，其势至岌岌。先生指导民众与帝国主义抗，复努力成立国民政府，以求军政财政民政之统一，以一身兼国民政府委员、军事委员、国民政府财政部长、广东省财政厅长诸职，由是骄兵悍将贪官污吏皆以先生所为不便于己私，遂勾结帝国主义，为之鹰犬，以谋不利于先生矣。八月二十日，先生偕夫人乘车赴中央执行委员会议，中途，遇监察委员陈君秋霖，载与俱，既至会，入门，将升阶，凶徒五、六人突起狙击，中要害，遽卒。陈君亦被创，后先生二日卒。

呜呼！先生为革命尽力二十余年，最近所成就，其裨益尤大。自孙先生殁，而先生更以一身系革命前途之安危。先生之死，非第中国之不幸，世界革命之不幸也。先生生平勤学，尤勇于任事，其自奉廉约，二十余年如一日。其嘉言美德，后死同志，将纂辑成篇帙，并其遗文，以饷当世，兹仅纪其荦荦大者。夫人何氏，与先生同心一德。女梦醒，子承志，亦能继志述事。先生既殁，后死同志，念先生翌赞孙先生功甚伟，议决葬先生于南京钟山孙先生墓次，复从何夫人请，暂厝于广州朱执信先生墓左隙地，以先生与执信志节同境遇亦同也。十月十四日，国民革命军既复惠州，于公园及鸭仔步村，立碑纪先生功，且以永其哀思。先生之精神，将与岩石同其不朽焉。中华民国十四年十一月六日，汪兆铭敬撰。

据《廖仲恺先生哀思录》

戴传贤墓表

贾景德

公讳传贤，字季陶，吴兴戴氏，迁至休宁，高祖入蜀，寄籍广汉，四世生公。少而英时〔特〕，初入成都客籍学堂，志锋才肆，同辈秀孝，或长以倍，逡巡倾折，为不可及。主者对学科意有偏重，力争不获，去而东海，肄业日本大学，习法律，年始十五，一时诧为终、贾。十九归国，教授江苏，抨弹君宪，侃侃触时忌。纪元前二年，主笔政于上海《中外日报》，嗣主《天铎报》，又走槟榔屿，主《光华报》。民国既建，历主《民权报》、《民国》杂志、《星期评论》，华年精力，十九殚于笔舌间，犀利警辟，竦动耳目。天仇之作，常在名捕中，世人亦啧啧称诩，不必相识知。天仇者，当时论著自署也。

遁南洋时，鼓吹革命，加盟为同盟会员。国父督办全国铁路，任机要秘书，夙受知遇，至是益亲，朝夕左右，经综密勿，南朔内外，靡役不从。于党则任中华革命党浙江支部长、中国国民党中央执行委员会政治委员，于政则任大元帅府秘书长、外交次长、大本营法制委员会委员长。随扈旧京，逮闻末命，盖未尝顷刻离。亲炙既久，认识至真，以为国父撰述规杌私〔弘〕远，皆本于国情，而达于世用，植根经术，旁采众论，前有所绍，乃后有所施。浅见者或震于瑰琦，或昧于统绪，倘不善学，几疑玉卮之无当，邪说异端，甚且乘之以窃入。乃探其为学之途径，审其方略之次第，以有《三民主义哲学基础》、《国民革命与中国国民党》二书之作。取遗教精理要义，终始条理，金声而玉振之。明为坦途大道之确可循守，国是以立，群疑渐定，其关系有至巨者。

国民政府肇建，被选为国民政府委员。十七年实施五院制，首以委员兼考试院院长。至三十七年，宪法施行，始力辞以去。久于职任，垂二十年。民元以来，所未有也。一切考选铨叙制度，无不手自订定，准古酌今，蕲宜适以得至当，官联之义，尤所究心。考铨之制，有涉其他院部者，皆就其全体，通筹并进，无使扞格，渐而不激，人和事举。试士审官，皆有法式，以弘国家树人之计。首届高等考试，躬主其事，用昭郑重。属僚计分有误，自请严议，罚俸三月，官常肃焉。嗣是登进髦彦，盖以万数，舆论推其明允，翕服无异词。轸念虚耗，爱惜帑藏，一钱之微，必于有用。试院廨宇，指授营度，庄严闳阔，称其为人。预兹所费，乃出节余，巨工以成，而司农无扰。

乐育之心，随地流露。于吴兴故里，创后林小学，嘉惠邻里；于洛阳设行都慈幼院，覆庇孤寒；与于右任、张溥泉诸先生，创农林专科学校于武功，储为开发西北之用。先后任中央政治学校、中央陆军军官学校校务委员，以中山大学委员长、校长成绩为最著，而主持中国童子军为最久，裁成规制也慎且详。于党事则连任中央执行委员，终其身无稍间。宣传、训练各部之成立，皆首任部长。于军事则任黄埔军官学校政治部长、国民革命军总司令部政治训练部主任，调护淬砺，众以大和，骏其奔走，允洽于民情，北伐成功，实茂厥功。

经略之怀，致意边徼。辛亥、癸丑，两走东北，交结贤豪，有所规画，当时或未尽遂，后乃往往得其用。筹边之方，以启迪知识，尊重信仰，保持地位，开发利益为先务。边人晋接者，推情衡理以应，各如其所愿，不稍觖望，风声远被，莫不爱慕。创新亚细亚学会，征会员，出书报，研求贯串，瓯脱斗绝者，了然指掌衽席之上，咸敦辑睦，以无隐情。二十九年，访问印度、缅甸，周知四国，博涉三藏，言论风采，见者耸异，出以恳恻，不事支离。尤善甘地，舆论缟纻之交，用能尽得诚助，倚为辅车。抗战既棘，海外转输路绝，终赖印、缅，以为储胥回旋之地，实造因于是役也。少学日本，娴习语俗，继随国父，往返再三，遍游朝野间，益洞烛其情况。十六年奉命使日，睹彼邦武人叫嚣凌厉，不可约束，知乱机已成，我且先受其祸，引为至忧。

二十年辽变作，以晓畅东事，任特种外交委员会委员长，坛坫周旋，时有以折其牙角，顾盱衡世局，逆料祸患，不止于是。二十八年后，寇侵愈烈，人或惴惧，昌言不义自毙，日本必败，唯幸胜乃尤不可狃。战后凋散，经纬万端，元气恢复，匪由蹴致，安危之机，操之在我，非人所能挠，亦非人所能助，日诏国人，加以警惕。暴敌就降，欢声雷动，闻之尽〔盡〕然，若有大戚。谓苟非有以自立，则危难可跂足而待。还都以来，时事日非，忧心日甚，独居深念，未或稍展眉头。

三十七年秋，受国史馆馆长之命，迟迟未视命。固以体瘁，亦由张前馆长殁于任，停柩尚未归葬，素交至笃，有所不忍于中也。岁暮移疾，暂驻广州，欲返蜀中，扫墓养疴，兼恤亲故。行期既成，乃以忧劳骈集，时惟三十八年二月二十二日，春秋六十。

呜呼！自昔草昧经纶之际，必有哲辅茂宰，陈谟矢训，弼成开运，翊赞鸿猷，以光伊皋一德之盛。降及晚近，学术事功，遂至不易兼具。公则早雄于文，风发澜翻，若子瞻、同甫，人惊其才。继居政地，久赞机衡，纲纪四方，论思治道，典章制作，诸大手笔，多由草创，或加润色，弘深凝重，乃若敬舆、载之，人钦其度。晚以元老，桢干邦家，即其余事，亦足掩映群流，乃不自满假，进德益猛，向学益勤，操心亦益苦，抗希古人，慨然引世道为已任。以淑身莫先于孝，经国莫大于礼，孝以立身，礼且范围一世。三十二年，主持议订礼制，成《学礼录》三卷，虽为引伸未境之作，然谓国父制作，无不本于《周礼》，其特示人以《礼运》、《大学》、《中庸》、《孝经》之义，实皆孔门习礼之书，而以近四十年，破坏礼教，集矢周、孔之谬说，遍于学林，视为大患，造端玄极，实已直达本原。居常讽及曾西讥管仲之语，即怃然无复怡颜，孤怀至虑，更邈乎不可攀跻矣。景掌铨七年，兼与议礼之役，亲接谈燕，不独职司，论政言学，滔滔穷日夕。间有开陈，每承采纳，窃不自谅，思致力于所事，小瘁微疴，辄承临榻慰问，助以俟机缓进，毋俾过劳，谆语蔼容，感心存目。

综其生平，服膺国父，能见其大。与今总统蒋公，深鍼芥之契，耿耿著直节，献替谋猷，不以表暴于世。责躬则忠以为国，推恩则仁以爱人，斯诚所谓巨人长德，举古大臣风度、儒者襟抱而兼有之者。薨之次日，适政府南迁，景自沪飞粤，敬临其丧。公子安国奉柩返蜀，将于四月三日葬于成都外西枣子巷先茔。于其行也，请为表墓之文。公有大名于海内，勋德隆重。元首明令褒扬，宣付史馆立传。行事本末，福州陈君天锡相从最久，为年谱以纪之。今所述及，则在志事，弘济多难，无忘德音，斯有待于来者。

据《革命先烈先进传》下集、《革命人物志》第八集

民国人物碑传集

卷　三

马占山祭

张增泰

今夏游庐山时，在名胜点“月照松林”摩崖上录得马占山将军诗一首，如下：“百战赋归来，喜游匡山麓。爱此嵚奇石，状如於菟伏。摩挲舒长啸，狂飙振林木。国难今方殷，国仇犹未复。禹迹遍荆榛，恐汝眠难熟。何当奋爪牙，万里飞食肉。”

今年十一月是马占山诞生一百周年（据《中华民国史资料丛稿》。《辞海》上说马占山生于一八八四年，不确），这使我想起这位走过曲折道路、值得纪念的人物。

马占山字秀芳，祖籍河北丰润，生在今吉林怀德农村。从小为地主放马，好骑射。十八岁时，因丢失一匹马，被迫逃亡，后入行伍，由哨官、哨长、连长、营长、团长，一直升到黑龙江省骑兵总指挥、黑河警备司令。

马占山之名蜚声全国，是“九一八”事变后不久驰名中外的江桥抗战。这是中国军队不顾蒋介石的不抵抗主义，奋起抗日的先声。当时日本关东军无理要求中国军队撤离江桥（嫩江铁桥），时任黑龙江省代主席的马占山明确表示，“吾奉命为一省主席，守土有责”，“一息尚存，决不敢使尺寸之地沦于异族”，坚决拒绝。日军发起猛攻，马占山下令抵抗，我方将士英勇出击，迅速打退了来犯之敌。后来日军不断调兵遣将，全线猛攻，马部伤亡严重，又无援军，不得不退出齐齐哈尔。即便如此，全国人民仍称赞他“为国家保疆土，为民族争光荣”，实为“将吏之楷模”、“国民之表率”。上海、哈尔滨等地组织了“援马抗日团”。卷烟厂还生产了“马占山牌”香烟。南京政府也正式任命他为黑龙江省政府主席。

但是马占山经不起溥仪、关东军的威逼利诱和汉奸、卖国贼的怂恿，幻想以妥协求苟安，一九三二年三月竟赴长春参加溥仪就任伪满洲国“执政”的礼典，第二天就当了伪满洲国军政部总长（兼伪黑龙江省长）。

马占山的背叛，遭到全国军民痛斥，他的部下甚至抄了他的家。他的日本主子也对他咄咄逼人，要收编他的部队。在这种情况下，经张学良派员规劝，马占山毅然反正，重揭抗日义旗。他组织了东北救国抗日联合军，与日寇伪军周旋了大半年，终因力量分散，一退再退，最后退入苏联境内。

在游历了苏、德、意等国之后，马占山在一九三三年夏经香港回上海。他向欢迎群众表示，“倘中央命令余等率军北上抗日”，定当“继续努力，死而后已”。蒋介石一面委他为军事委员会委员，一面却不理他的抗日要求。马不得不赴天津赋闲。

本文开头所录那首诗正是马占山北上前写下的。“月照松林”处的奇石作於菟状，故有“松涛虎啸”、“虎守松门”之说。诗中充分表达了马占山解国难、报国仇的壮志。后来他还形象地说过：“日本侵略中国，好比老鼠吃牛，像是很难的。但是这个牛若是像死牛一样不动弹，早晚也有被老鼠吃完的一天。”他还抱怨东北军参加剿共是“无期徒刑，卖命换饭吃”。这就成了他后来参与张、杨领导的“西安事变”的思想基础。

在解放战争中，马占山开始时为蒋介石卖命，死守大同；后来将两个骑兵旅交傅作义指挥，自己长期避居北平，不去长春任国民党政府委派的松北挺进军司令；最后在我北平地下党的引导下，他响应号召，与傅作义、邓宝珊等宣布起义，为北平和平解放立了功。

新中国成立后，马占山寓居北京。一九五〇年十一月二十九日因肺癌不治谢世。（一九八五年）

据作者手稿

马元良督赣始末记

李法章

武昌举义，九江踞下游，首先响应。五十三标统带马公元良为都督，设军政分府，筑隍堡，修炮台，屡截萨镇冰军舰，武昌由是无东顾忧。马公名毓宝，皖人。毕业北洋军官学堂，与吴公复初善。吴公既去职，彭程万摄督篆，人言藉藉。马公派员至省，廉得其情，捕邹恩灏正法九江，改九江分府为军政府。由是赣州统领刘槐森、袁州统领袁坦、萍乡管带胡谦、饶州统领某，均自称军政分府，一省六都督，尾大不掉，跋扈将军，无方制驭，土匪乘机窃发，军纪日以紊乱。不得已，遂论次光复江西功，让位于马督，时十月十九日也。

马督移节南昌时，武昌南北军方停战。因革军府官制，撤销九江军政府名义，改称都督行辕，令袁、赣、萍、饶撤销分府名，谋统一。复电均报可。全省军务，严行整顿，外内肃然。招贤馆月费三千金，几成藏垢纳污所，立时裁撤。越日，谒吴公于寓，执后进礼，坚请襄助，当聘为高等顾问官，彭督副之。派胡金城赴鄂侦查战备，令交通局派轮妥送援鄂军，令商务总会筹办公债事，制光复纪念币。复铸用银质新印，文曰：中华民国军政府赣省都督印，计见方十生的三米粒，重五十八两二钱，咨照各省都督。部署略定，十一月初二日，武昌停战期满。马督赴浔，筹备战事，南昌督篆，照会吴公护理。彭以马督之位，由己仁让，今反不得相助为理，愤而去。时北军代表唐绍仪赴沪议和，继续停战七日。马公笑谓和局可成。二十一日，即中华民国元年一月九日，改九江都督行辕为卫戍司令部，委朱汉涛为司令官，自率瀛眷返省，志得意满，而身名败裂之机，亦遂伏于此。

马督少恒久心，染阿芙蓉癖。先是多顾忌，故办公不后时，见客必洗口。至是气益骄，三月不到府，督部尘封。又因颠倒昼夜，浃旬累月，无见客期，内外事遂隔阂，而不逞之徒，蠢蠢四动。清季，青红帮匪，遍布长江。江西全省，洪江会尤夥，新军之入会者，约十之八，号令不能行。马督思入会，谋统驭。讵该会资格，以入会之先后为率。马督后进，故反为所制。兵士要求恩饷，径允其请，部员狂骂督部，若置不闻，抢案叠起，由四乡而省垣，而督府左右，肆无忌惮。不利都督之谣，日甚一日。马督忧之，移机关炮四尊自卫，传二标统带方先亮、三标统带蔡森、四标统带许炳藜曰：我之来，原系公请。既诸公不负责，惟有辞职以待能者。方、蔡允维护，马督始慰。然怯弱之名传播愈远矣。

三月五日，闻驻鄂北伐总司令李烈钧，密遣欧阳武至九江，联络军界，力排朱汉涛，除马督心腹。飞电阻止，不复。马督骇甚，即日电请辞职，并会同各部厅军营及临时议会，公举继任都督。薄暮，即举定李公烈钧为继。初，武昌光复，李公由滇南驰归，九江已光复，未至省而南昌亦光复，遂留九江为参谋部长。因军书旁午，置督印于部，颇遭马督忌。李公觉之，自请携师三千收江宁，道经安庆，适朱家宝、王天培争督不决，皖事益棼，即率师登陆。天培南走，家宝北逃，各界见李公英武，推为皖省大都督。布置略定仍辞职，引兵而南。闻张勋已败去，遂改编援鄂军，返九江。马督犒劳备至，并谢为梓桑平乱。李公笑曰：我赣人也，岂能恋恋于皖事哉。刻日西向，屯武汉。值停战，更编为北伐军。彭程万至鄂，举马督近状以告，故马公去职。马公在都督任，俸给向未规定。至是有赠以四千元之说进者，马公辞。辞曰馈赆，许之。及检实数，则仅四百元耳。十九日，马公备文赍送印信令箭至临时议会，李督假高等学校为行台，当午接印。二十日，马公挈眷赴沪。

据《冷厂文存》

刘显世传

失　名

刘显世，字如周，别号经硕，邑下五屯人。性孝浑穆，年十五入邑庠，食廪饩。清光绪丁酉，广西游匪猖獗，遂弃举业，佐其父统之办理团务。辛丑，游匪滋扰罗斛（今罗平县）、贞丰诸邑，显世率团驰援，匪遁入桂。明年大举来犯。先以小股窜扰册亨及府属边境，壬寅秋九月，乘虚犯箐口。匪众我寡，殉难数百人，县城继失。时贵西道张胜严率援兵来，与战，不利，退驻顶效。安义镇总兵岑有富拥兵守府城，显世偕其从兄显潜、邑绅赵学坤等策划进剿，张军回师夹攻，卒克县城。匪仍向桂境溃退，事平，以功保知县、管带靖边正营。旋任劝学总董，选送学生出洋留学，其嘉惠地方后进者周且至。辛亥八月，武昌起义，黔抚沈瑜庆电调率部晋省，图光复。事定，任黔军第四标标统兼西路巡防军统领、枢密院军政股长。民国元年晋陆军少将，任贵州军务处处长、军务司司长兼国民军总司令。二年晋陆军中将，任贵州护军使。四年参与护国之役，任贵州都督，出师川、湘，对袁宣战，复接济蔡锷在川饷弹。袁世凯死，民国再造，卓著勋劳。五年任贵州督军兼省长。六年护法之役，再出师川、湘，任滇、黔、川、湘、鄂靖国联军副司令。九年冬，黔局政变，受代赴滇，旋膺选为军政府政务总裁。十一年，黔军总司令袁祖铭提矢定黔，旋滇军建国，道黔入桂，祖铭避让。滇军次黔被拒，复任贵州省长兼建国联军副总司令。十二年春，还自云南。明年冬，祖铭部彭汉章自川归，显世畀之黔政，息影家园。十六年冬十月十四日逝世，享年五十有八。其生平居家孝友，在官廉洁体国公忠，尤足以彰后世而励来兹。

据《兴义县志稿·人物志》

刘如渊先生事略

周农风等

公姓刘，名显潜，字如渊，号井陆，原籍湖南邵阳，先世入居黔之兴义，至公已五世矣。前清诰封武功将军铭之封翁，诰封一品夫人、旌表节孝石太夫人，即公父母也。战殁城下，追赠忠勇侯之公，诰封荣禄大夫、云南即补道统之公，诰封武功将军、安义镇左营游击、四川试用知府懋之公，即公诸父也。一门忠义，代有明德。封翁铭之遭难时，公诞生甫五月。石太夫人矢志抚孤。公幼入塾，恪遵庭训，然不喜词章，好问军旅，弱冠补县学生员，明年食廪。性豪爽，喜交游，崇孝友，敦气节，豁达大度，胆过人。丁酉乡试归来，无意闱场仕进，从绥阳雷玉峰先生游。时清政不纲，外侮频凌，割地赔款，殆无宁岁。公欲遍历大江南北，友天下士，共济时艰。甫至渝，雷先生病殂，旅榇凉，公慨然扶柩回籍，远近共称其侠义。母病乃旋里，适值黔抚邓公华熙整饬边防，檄公叔统之公于盘江创立靖边团营，公统中哨，驻防邑之泥荡，暇辄以兵法部勒乡之子弟，使人通晓军事。

壬寅秋，粤西游匪来犯，初欲渡坝达章而西，因公戒严备不得逞，乃突渡巴结河，号三千众。箐口之役，匪众我寡，全军阵没，郡兵来援失利，匪竟陷县城，更乘势四扰，焰大张，滇黔震惊。兴义为滇黔桂锁钥，匪欲久据以图大举，乃以全力围攻屹立未破之下五屯。下五屯，公家在焉。公随统之登陴督战，率众出击，血战七昼夜，匪以溃走，乘胜克服县城，远近肃清，公得保府经历，升团营管带。公锐意训练，重建演武厅以明耻教。整军之暇，以邑人无修禊地，乃就城南穿云洞，依山为阁，复于花山之渚，中分二水筑跋浪亭，至今为邑之名胜。

辛亥春，桂抚沈公幼兰调公督带广西边防军，驻古宜，责剿悍匪，历破上岩、基马、茶溪等处匪窟，功迁省防统带。秋，武昌起义，全国景从，公力劝沈抚顺时响应，于是广西兵不刃血而革命告成，公之功殆有足多者。于时，国体初更，萑苻遍野，沈公思亲心切，回籍而虑道途梗阻，公毅然走送，始还乡。先是，吾黔于九月光复，人情汹汹，朝不保夕，见公之归也，顿形安定，似有所恃而无恐者。

民国元年，公□林立，黔政益紊，云南都督蔡公松坡命唐公蓂赓率师出黔北伐，藉戡黔乱。时西路股匪动逾千人，势猖甚，人民吁请捍卫，公以义不可辞，遂编组民团成保卫四营。甫成军，而贞丰、册亨告警，公即率兵往，战于巴林、龙场，一鼓平之，盘江八属自是以安。随奉命进剿水城一带股匪，匪平，升安义镇总兵兼西防统领。三年，中央简任公为贵西道尹兼全省清乡督办，由西而北，历时数月经四十余县，诛匪首，释胁从，罔株连，护良善，盗匪以清，四民乐业。时各省士商之往来吾黔者，咸称乐土。中央以公靖地方有绩，策绶上大夫，奖二等文虎章。公之治西道也，新吏治，惩贪污，恤民艰，尚俭朴，鉴于各县属地插花之不便，绘图刊碑以厘之。察民间刑讼诉之日久未结也，片言以平之。痛鸦片之弱民害种也，谆谆晓谕而铲锄之。绩〔积〕案既清，插花以定，罂苗以绝，人民之歌颂公者，天有来暮之思。

四年，筹安会发生，国体动摇。公入省计议，以戴公循若北上，公借省亲回籍，募集旧部储为国用。是年冬，项城称帝，滇黔遂起护国之师，分道川湘讨袁，袁以贵州巡抚使给公，公佯应。时袁令曹锟、张敬尧、龙觐光率兵分川、湘、粤三路，会攻滇、黔，川、湘两路，战起月余，而粤军始来袭，滇、黔得以从容补充整军应战者，皆公缓兵计之得售也。初，粤军由桂之百色、西隆、西林，分攻滇、黔，公早驻兵黔边，黔无恙，而滇之邱北竟以失。闻后方动摇，公立派兵侧击邱北，更近窥西隆而拊其背，粤军始溃。滇黔后防之得巩固，川湘前线之得安稳，公之力也。护国一役，黔以贫瘠，耗竭独多，而盘江安谧如故，且无供亿之烦，公之爱国而不累乡，其苦心有非外人所能知者。粤军既退，梁任公微服达桂境，陆公荣廷电请先生主大计，而正战正亟，公受任护国军黔军援川总司令。

公以后顾之忧，即日率师出发，师次途而桂已响应，抵川边而川亦独立。

洪宪撤消，共和再造，黄陂依法继任，授公陆军中将一等文虎章。公以母老引退，政府复升公全省游击军总司令。盖以军事初定，人心浮动，非公威望无以镇慑。六年，邑之父老人士以石太夫人茹节抚孤，寿享期颐，而公又足以副太夫人之志，谨举太夫人事实上政府，得建坊以为世励，海内如康长素、谭祖庵诸先生亦寄题赠，坊成称觞三日，贺客日以万计。邑西江底河为南盘江别源，隔江为滇境，行旅商贾所必经，山峻湍急，覆舟而溺者岁有所闻，封翁铭之与统之公在日，曾创建桥未果。七年，公毅然以完成先志自矢，躬赴远道图案选工，凿岩取石为桥，跨于两山之间，工程浩大，凡两年而始成，耗资巨万，所募未及五分，余公独任也。桥成，滇黔人士之来观者以万计，露宿于山，山为之满。有倡议为公建生祠而崇报者，众应之无异词，不日即为祠于河畔山麓间，迄今过是桥者，靡不徘徊赞仰。

九年，黔变猝起，省中父老函电交驰，请公入省主持。时公驻防兴义，所部一万有奇，公不忍以兵祸桑梓，贻固位之讥，是非功罪自有月旦，遂决然遣散所部，奉母退滇，殆欲优游岁月，以乐天伦。黔变而后，五旅争权，匪风复炽，尤以滇、黔边地为甚。唐公蓂赓夙念德望，以民不聊生为言，促公出山督办两省边防，不获已而应命，匪患即消弭于无形。嗣滇军入黔，公虽会办军务，莫展一筹，时东、北、南三路交困，独西路安堵如常。省中各界还以大义交责，乃暂充代省政，既鉴于匡济之无成，乃进谋和平之实现。公每向父老言曰："为政之道，以民为本，贵州乃七百万人之贵州，苟有利于全黔，虽艰苦牺牲而不辞；反之则不应恋个人之权位，置民众于锋镝，且凡有才德者，皆应通力合作。今日贵州既民穷财尽，百端待理，是非内外协力同心，共同苴补不足以有为也。"公态度光明，闻者敬仰。是年冬和局造成，留黔滇军回滇，在川黔军回黔，公即通电下野。省中父老再事挽留，公笑谢曰："出处大节，岂容稍假耶？"即日还乡，旋漫游京、沪，消闲岁月。自是萧然林下，花竹自娱，含饴弄孙，不复问世矣。十九年，独力擘划以建宗祠，敬宗睦族，树楷模焉。

综公生平，慷慨好义，肝胆照人，持大体，轻小节，重然诺，躬实践，治军则军纪严明，剿匪则恩威并用，主政则勤求民隐，驭下则宽猛兼施，居乡则忠厚自持，齐家则勤俭迪教，嫉恶如仇而脏脏是弃，气节勉人而贪污是轻。其于国于民于乡党于宗族有利者，莫不尽心力而为之。赠图书以惠儒林，葺道路以便行旅，创办乡村女子师范以提倡妇女职业，清厘各乡公款以充实教育经费，要足以见公之懿行。他如地方事之应兴应革者，公亦时与乡里父老讨论及之，其余书报刊物，浏览之余，则以示青年后进。年来感国难严重，民族衰落，内争不息，大局俶扰，每掀髯抵掌，慷慨谈论，犹少壮时也。今年癸酉，寿晋古稀，邑人士咸欲为公称觞致庆，而公坚谢不许。众议为文以著公德行，庶乎远而弗忘，久而益彰，以矜式乡。农风等居同里闬，谊或戚旧，用举公之事略，敬供大雅君子鸿文之助，惟是不学寡文，述焉不详，尚祈惠而教之。

据《兴义县志稿·人物志》

兴武将军朱君墓志铭

张　謇

民国五年八月三日，兴武将军朱君卒于天津，年三十有四。海内知者咸用悼叹，惜公年不竟其才，功不尽其志。世方俶扰，而如公者，不易数觏，国难且未有已也。公讳瑞，字价人，世为浙海盐县人。父廷桢，母同县王氏，生公兄弟三人：长复初，县学廪膳生，前卒；次锡康，曾官江西金溪县知事；公其季也。三岁而孤，家毁于火，母辛苦抚育，动轨于礼，公自髫龀，举止异常儿。七岁从长兄学，质鲁志笃，弥自锐厉，读《春秋左氏传》至战事篇，苦不易熟，恒彻夜不寐，琅琅之声达户外。既母与长兄先后继卒，公年裁十有二，居丧尽哀如成人。十八肄业于秀水中学校，逾年试补县学生员。会日俄构衅，我宜亟修戎备之论偏国中，公乃投考南洋陆师学堂。乙巳，毕业还浙，任督练公所参谋处差遣，是为公致身军事之始。旋调充步队第二标执事官，遂与标统蒋尊簋创设弁目学堂，日以训练将才为务，更历三载，以明敏勇果见重于曹辈。

方是时，清政不纲，天下汹汹言改革，光复、同盟之会，起于海外，浙英髦之士多与焉，公率所部与为结合。己酉移皖，任督练公所参谋处提调，兼测绘学堂监督。庚戌回浙，任步队营管带，旋擢标统。辛亥八月武昌起义，沿江州县响应。九月十四日浙遂光复，不一月，全境底定。公始终左右厥事，为力甚勤。先是，武昌、安庆既不劳师而定，独江宁未下。迨汉阳民军失利，江上诸军，争先援鄂而后下江宁。公与浙都督汤寿潜议，长江形势，绾毂吴楚，上惟武昌，下惟江宁，为兵家所必争，今欲举吴楚之地，兴北伐之师，必速定江宁为武昌应，庶上游之师可出江汉以窥宛洛,下游之师可逾淮以取山东;若旷日以隳士气,非策。镇江为江宁门户,清驻防兵,若浙师不即出,使其怀疑思抗备而待我,尤非策。寿潜遂以浙兵八千人属公,凡步队、游击、敢死队、马、炮、工、辎、陆军、警察具备,以九月二十三日出浙。会林述庆降,下镇江。公联苏沪军定议,率部首发,进规高资下蜀。十月一日至龙潭,联军大集,浙军分道先驱,遂领乌龙山,合黎天才军进攻幕府山。孝陵卫之捷,转战连数昼夜,八日乃破天保城。十二日,突击朝阳门,而江宁始下。是役也,浙军夜袭天保城者三,队官叶仰高力战死,士气愈奋,卒以先登天保城,下瞰江宁,如几席间,命炮辄中,守兵乃不战而自走矣。公既入江宁,下令不妄杀、不得肆掠夺,以是浙军论功为联军最,而纪律之严,亦过他军。既联军北伐,公先率师渡江,情词慷慨。兵次符离集,清帝逊位,国体大定,还师江宁。时南北意见歧纷。公创议联合各军设联军参谋团,绝去畛畦,尊重中央政令,于是南北乃渐就统一。会赣军哗变,闾巷嚣然,公在军中排解而抚辑之,数日而定,宁人德焉。既陆军部改编浙军为第六师、第二十五师。公为第六师长,旋合编为第五军,擢军长,兼领第六师事。初,浙人公推汤寿潜为都督,继任者为蒋尊簋。八月,公代蒋,兼民政长。政府以公功,并授陆军上将衔、陆军中将。二年七月,赣宁兵兴,战祸及于淞沪,浙势动摇。公力持镇定,晓于众曰:"吾浙人也,安危与浙共之,不知其他。"守境戒严,廛市不扰。事平,公以病告休,不得,乃坚请免民政长,兼举内务司长屈映光继焉。盖军民分治,公素所持论然也。是年特授勋二位。三年六月,改官兴武将军、督理浙江军务。四年,国体改革之说大张,公蠹焉为忧,病因日亟。十二月,滇黔兵起,公乃与今总统河间冯公左提右挈,为保境息民之备。洎五年三月,桂粤独立,四月,浙人亦群谋应之。公慨然曰:"浙四战之地,辛亥以来,人民元气未复,而宣布独立,吾恐残民以逞,人訾其后,然遏众志而启内讧,吾不足惜,如浙何?"遂撤卫引去。既去,养疴于上海者四月,旋徙天津。病迄不起。

乌乎,国是固未易言也。方清之末,忧国者靡不主立宪。立宪则政体革命,而国体犹静,人民易循于轨。清廷不用,专务摧抑,乃有辛亥之事。命既革矣,而复动之,动则必有悔,而昧者时过而犹张之焉,起而矫之者，乃或淆以私而托于正。一彼一此，一反一覆，徒以民命供国是之争，而不恤其糜烂。是何说也，何说也！公始未尝不有所激，而终主于平，慎固持重，不因人翕翕俯仰，有足多者。浙之人或受其福而不知，而世固有以公之在浙为福者也。公卒，大总统令部照上将例优恤，外人吊者亦多惜之，是非不终有在耶？妻张氏，同县张华清之二女。子二，孪生：积勋、积櫄。公状貌英挺，意度详娴，謇尝一再遇于京师，知其异于世所谓树异之雄。惜乎功施未竟，中道而遂止也。丧归以七年四月二十日，卜葬于海盐邵湾村北木山之原。謇前尝为公书太夫人墓志，故其妻兄世桢属志公墓，而为之铭。铭曰：

天网绝纲，万目顿弛。既弛而棼，卒不可纪。智者慎焉，审时与势。势所倾向，坂丸瓴水。善者因之，而导以轨。中有天人，拂戾乃否。桓桓将军，始史而文。闵国杌陧，有陨不振。亦志革命，于野同人。既革既变，蔚义炳仁。靡诎于贰，靡撼于狺。视世得丧，若指屈伸。一病津门，卷焉远引。胡天不吊，河鼓沈隐。嗟今之人，陶于大运。蹈人之瑕，自贻之衅。挈短短长，何尺何寸。若公生平，进止度分。进不愆时，止亦有闻。纳铭幽宫，炯为世训。

据《张季子九录·文录》卷十四《碑传类》

绍兴朱子桥先生墓志铭

叶恭绰

吾人处泯棼之世，痛运会之迁流，人心之陷溺，恒思得一二大仁大勇者出当大任，以斡旋风气，挽回浩劫，藉拯生民之苦。否亦资其德望，为吾人之檄栝与准绳。顾其人恒不易得，得或未能竟厥施，徒令知人论世者追惜而深慕。如吾友朱公子桥者，其不在斯世，岂止一时一地之损失而已。

公讳庆澜，字子桥，籍浙江之绍兴。父星桥公，为山东刑幕，有阴德，晚生公，旋逝。公孤贫力学，少而果毅开敏。十九岁，为小吏于山东，继调奉天，洊擢知县。所至搏击豪强，肃清匪盗，不辞劳怨，为长官所赏，命任绥靖营统领，是为公统兵之始。尝于牛庄夜捕盗，误死美国领事，上官谓可诿罪曹属，公不从，慨以自承，因革职留任，闻者壮之。旋以剿蒙匪功开复，以道员候补，任前路防营统领，兼奉天乡镇巡警局总办，东三省营务处会办。部曲剿匪，误杀日兵，无所屈挠，获窝盗虐民之宗室洪其文，立斩之。为御史所劾，奉旨免议，声震朝野。时朝议方练新军，乃自请任军职，授第二标标统，驻锦州，锐意练兵，所部精整，为诸军冠。宣统元年，四川总督赵尔巽奏充陆军协统，旋擢第十七镇统制，广选专才置戏下，隐为西南军队桢干。

武昌起义，川军响应，公被举为四川副都督，因反对增兵，引退。北行，说冯、段诸将领翊赞共和。民国二年，任黑龙江督署参谋长，嗣转护军使兼民政长，寻除镇安右将军，兼巡按使。首营国防工事于边界，收回松花江航权，商民名其初航之船曰“庆澜”以志焉。时百废具兴，四境安谧，政府迭颁勋位勋章。俄皇东巡，亦以宝星为赠。逮洪宪事起，袁氏封公一等子爵，拒不受，遂以去职。帝制覆，两粤尚相持，公奉命长粤，说龙济光退出，乃安抚滇军，使之用命。复澄清吏治，严扫贪污，整理币制，倡建朱九江祠，为士林矜式。会陆荣廷踞粤，公约程璧光率海军南下与滇军偕对陆。陆去，乃迎国父回粤，以所部数万人听指挥，军政府之建立，实基于是。旋践粤人治粤之议，以省长印交省议会，只身北行。公自是专注意于民生大计，创设华成盐垦公司于苏北射阳河北岸，化斥卤为膏腴，附近百万居民，赖以饶给。公荷锄带笠，日与灶丁佃农伍。尝日走百里，仅一食，不以为苦。当道屡征不起。越五年，俄国革命，我国谋收回中东铁路权利，辟东省特别行政区，以公为长官，兼护路军总司令。公以其关系之大也，诺焉。至则厘收沿路俄人所占地百万亩，设广益、崇德男女两中学，及俄文学校，平息绥芬河满洲里匪患，强邻惮服焉。

旋调胶澳督办，不拜，益致力于社会事业。先后创办平、津、关外议振，移山东难民十余万至东北耕作。陕旱成灾，公又倡募三元活一命之急振。时粮运阻于内战，公乃乞车一列，循津浦铁路转洛阳入陕。公露立车首，驰行开道，军士见者，咸曰“此朱将军也”，无阻之者。至陕，所存活无算。次年，长江大水灾，公亲历灾区，四出筹振，集公私款至七千万元，标本兼治，其施工之巨，获救之众，前所未有。党国初定，征公为黄河水利委员长。暨监察院监察委员，皆未就。继任为振务委员会委员长，乃不辞。手订各救济事业之根本大计，次第实施。旋奉命出玉门关，宣慰蒙、番，并施甘、青之振于各县，设育幼所殆遍。初，奉天变起，继以上海、芦沟桥各战，公受三省民众后援会之托，援助地方军民甚力。嗣形势复变，乃专力振务，主持第五救济区事于西安扶风。先设灾童教养院，规画黄龙山垦区，安插难民，奔走指挥，惨淡经营，心力交瘁，遂咯血。心弱气喘，胫大于股，医言须节劳静摄，不顾也。既力疾赴渝，复扶病归陕，遂卒。卒前，取亲友乞书联轴，悉书之，复书遗教四幅，处分苏陕农垦及教养院事甚悉，无一语及私。呜呼！公可谓尽瘁事国，忘身殉道者矣。

公平生果决强忍，知而必行，从不计较成败利钝，不知人间有趋避事。最恶巧滑畏葸及欺饰，故所至皆以勤廉正直率所属，为众敬惮，佥壬敛迹。间亦受人之欺，然论者无不谅其心迹也。始在黑龙江，官银号例年纳大吏二十万元。公却之，以设蒙文校及女子教养院。在粤，复却借款回扣数十万元，及严禁赌税。其救灾也，闻讯即行，无间寒暑昼夜夷险通阻，躬与灾民共寝食。所至以工代振，兼施教养。所构工程，如陕之泾惠渠，豫之伊、洛、沙各河堤，皖之广成等圩堤，湘、鄂之湖堤暨长江两岸长堤，及西安大小雁塔、兴教寺，宝鸡大桥，皆坚致如法，中外翕颂焉。素服大雄教义，深达宏慈普度之旨，故勇于任事，不濉不悚，久废肉食，持戒綦严。凡弘法利生之事，无役不与，不能备举。如创兴极乐寺，印行碛砂宋藏，设立菩提学会，恢复慈恩宗、密宗各祖庭，筹办僧伽疗病院，皆其著者，可谓难能也矣。卒时为民国三十年一月十三日，世寿六十八。

元配戴夫人，继配徐夫人，皆相公致力社会，有贤称。子八：榕、桐、杞、桦、模、树、权、松。女一：德君。榕，陆军步兵少将，任军职东北，身被俘禁，去秋舰致东京，中途蹈海死。德君有才德，恒从公左右，赞襄奉侍。余诸子亦岐嶷颖发。孙男、女十四人。呜呼！以公之体魄强固，乃劳瘁过度，未享中寿，真所谓以死勤事者矣。推公舍身利群之素愿，于此固无所憾。但千万茕茕无告，及吾徒后死，致无穷之望于公者，今一旦溘然而止，得不令人痛且惜乎。其家将以今年六月葬公于西安终南山之原，从公志也。徐夫人以人乞铭墓，乃为铭曰：

道术湮阏纲维裂，阘茸腥膻百萌孽。随波餔糟丛驵猾，凌藉蚩蚩尽其血。呼天抢地无处活，惟公雄慈实人杰。誓扫氛翳谢磷涅，冰雪莹清雷电掣。一生赴义咸若热，奋起孤穷树旌节。兼资文武工断截，抚民乃若春煦接。豺狼狐鼠皆缩慑，掉头竟去意不屑。倾身尽智拯灾劫，精诚所注天为夺。百千万命救之澈，教养生聚殚施设。燠寒宵昼劳且结，愿宏力殚伤踬垤，遂以生命殉职业，虽归净土大解脱，下视尘寰定伤别。公之志谊日月揭，勋绩煌煌在方牒。敢书贞珉告来叶，禹墨之行谁比烈。中华民国三十年六月。

据影印原件

任厂六十自述

李 准

忽忽六十春，百事无一成。全恃祖德厚，侥幸博微名。高祖懋德公，清望世所矜。刘氏曾祖母，孀居目失明。苦节六十年，绕膝有孙曾。吾祖舒锦公，终身孝于亲。先德阁学公，早岁步青云。自从通籍后，实业多经营。作令来岭表，遗爱今在民。自顾我生初，辛未岁仲春。我父在金台，公车正留京。吾母王夫人，无乳育米羹。每入厨操作，襁负儿在身。上有重堂养，并须侍晨昏。既作农家妇，畦间菜蔬耘。生长田间苦，儿时目所经。长方四五岁，祖教识字丁。吾祖出观稼，牵牛复负孙。肩头教之读，寒暑二三更。戊寅春二月，吾祖目长瞑。我父奔丧返，守礼在家门。孝事先王母，兼课我弟兄。次年上学读，母促起五更。从此成习惯，到老亦相仍。吾母家法峻，教子义非轻。衣履必整洁，妄言不出唇。偶从市上食，归必遭严惩。壬午重阳后，胞妹育珍贞。吾父营实业，家业渐渐亨。丙戌春三月，离家赴北平。临行谆谆谕，勤学顺亲心。改官来粤峤，谕令先成婚。今年方十七，不解夫妇情。小试曾前列，学疏难采芹。随任到河邑（先大夫以丁丑成进士，以主事分刑部。丁艰回籍，经营实业者近十年，回京供职，资格限人，铨补无期，乃政〔改〕官知县，以为亲民之官。光绪丙戌冬，部选广东河源县），吾父更劳形。次年遭水灾，救活数万人。

我于署中读，制义教我频（先大夫每下乡勘案，马上作时文，回署念之，令抄，早晚诵读，期余成名。屡试不售，负亲甚矣）。读经兼读史，并令钞说文。己丑赴香邑，夏初令入京（戊子冬调署香山县，己丑元旦赴任，旋调补首邑南海）。不许居衙署，肄业在成均。读书兼应试，方冀宴鹿鸣。秋后落第归，长女菊荪生。自从庚寅夏，量移海阳阃。航海赴汕埠，炎天暑日蒸。吾母病几殆，凉剂伤元神。从此失康健，常有疾相侵。连年入燕市，徒自困风尘。名既未能显，又阙侍慈亲。辛卯冬除月，次女梅荪生。壬辰仲春候，揭阳再役行。吾母抱病久，力疾同赴新。七月初四日，春晖忽西倾。今生未能报，不孝辱家乘。次年扶柩归，船破几遭沉。葬母宅之右，千古此佳城。甲午三月莫，返粤侍严亲。只此一年中，一妹一弟生。吾弟方弥月，吾妹未一龄（吾庶母杨太淑人，于辛卯冬来归先大夫，弟、妹皆其出也）。我父请开缺，过班觐紫宸（先大夫以捐赈得奖过〔遇〕缺先选用道，又历保存记遇缺提奏道、遇缺简放道，至是始请开缺，并案送引）。清理交代卷，亏累十万盈。东挪复西借，交代始得清。伤哉围姓毒，十载累亲贫（先大夫历任州县皆腴缺，徒以历年捐赈及卜榜花围姓，负累十余万，多由商号借贷，交代始得清结）。例有四参案，部议格不行（先大夫十年县令，例有四参之案，部中书吏见先大夫历任优缺，今以道员送引，援例讹诈，索贿万金，先大夫不之予，部议令仍赴本任）。乙未任南海，奔走晨至昏。年终得解任，闲居亦自欣。

吾父既罢官，奕棋任升沉（先大夫以赣直触粤督谭钟麟之怒，奏劾以通判降补，日与知交以奕棋为乐）。衣食将不继，端赖余支撑。吾年已廿六，家事免亲廑。丙申奉鄂委，捐赈救灾氓。捐例本未娴，日夜考察勤。一切繁难例，皆能有主名。列表人尽识，朗若列眉成（余欲推广捐输，无如南洋港油各商家多不谙捐例，乃将各项捐例详列一表，俾人一目了然，印成一摺，千数百本，通行各埠。嗣后无论官商，无不详谙捐例者）。潮民感先德，应募筹巨金。济鄂赈十万，文襄称余能。奏保膺郡守，余独不敢膺（余先以同知分广西，自奉委总鄂赈，数月之间，集款十余万解济，鄂督张文襄专摺奏保，以知府补用）。归功先君子，都缘德在民。父应文襄召，入鄂为陈情。秋间赴津地，弟、妹挈同行（先大夫入鄂，请将南洋捐册按月专送天津，由直隶总督代咨，取其迅速换照，以广招徕）。是年夏四月，生儿庆得麟。吾父官虽降，转喜能抱孙。连年筹灾赈，踊跃不可云。解款逾百万，前后无比伦。直皖川秦晋，淮济争委承。一一都分解，博得筹赈能。奉旨解巨款，五十万两金（光绪己亥，李文忠奉旨往河南山东勘估黄河工程，奉旨命盛宣怀及余父子各筹垫五十万，交李鸿章备用。余遵旨筹垫如数，电汇天津，转解李文忠工次应用。奉上谕余父子均著先行传旨嘉奖。盛宣怀惊异，卒未如数垫解。然余从此天下闻名矣）。依限交合肥，嘉奖奉纶音。戊戌方晋引，藉省亲至津。父选沂州倅，仍以道记名（先大夫既降调，迭经各督抚交章迭荐，非得缺不能复官，乃加遇缺先花样，赴吏部投供候选，果选补山东沂州盐捕通判、过班道员，并案引见。奉旨以道员交军机处存记，遇缺请旨简放）。

辞父回粤峤，分发到桂林。委权梧州守，辞职旋羊城。奉檄绾钱局，造币钱与银。更兼善后局，出纳数如鳞。己亥天子命，吾父晋京卿。奉命充督办，矿商务大臣。敦促就蜀道，送妹至春申。相随至鄂渚，纱局驻行津。文襄殷勤意，至契王雪澄（先大夫奉命为矿务商务大臣，准其专折奏事，挈眷至申。二胞妹本相随在粤，乃送至上海，一同回川。至鄂，张文襄迎住纺纱局，日与至契王雪澄观察讨论商矿事。文襄甚以家乡事难办为忧）。月余乃上驶，送行至江陵。归棹旋岭表，文忠督粤临。委总粤厘务，官办重责成。年定四百万，咋舌惊同寅。差幸一年后，如数尚有增（广东厘金，旧为官办，年收二百余万两。刚毅来粤整理厘务，谓官不可靠，归商人包办，年定四百万两。讵一年后仅收一百卅余万两。文忠督粤，革商收回官办，仍以四百万两为定额。藩司丁慎五方伯体常不敢承，文忠垂问于余，因力陈向来中饱太多，果能厘定新章，优给薪俸，蠲陈积弊，慎选人才，必得如数，有增无减。文忠伟之，即奏派余总理其事。余仍让藩司为主体，丁方伯亦推心置腹和衷共济。一年之后，共收四百三十余万两，同寅无不咋舌，称为奇事）。庚子拳匪乱，联军不敢撄。文忠入议和，中外议沸腾。电责解赔款，如期交关秤（文忠入京议和之后，各国赔款磅价多观望，未解交上海道。庆邸电署粤督德寿，令“将应解赔款四百余万两，必如期解到。否则于和局有碍，该督能当此重咎耶”等语。于是令善、厘两局，依期筹解，为期已迫，各票号以余向不与通，乃联行不汇，以“数巨收买港纸为难”为词。余乃将各库之纹银毫洋，用兵舰运香港，交汇丰银行押仓息借五百万，电汇上海道库，尚不逾十月初八限期。事后乃在港收买港纸，交汇丰银行结算，尚比各票号承汇便宜三十余万两云）。

吾父病在蜀，情急心如焚。乘轮就蜀道，触礁在崆岭。仅以身自免，吾父受虚惊（当奉电筹解之时，又得川电，吾父病重，急请假归省。当道以余掌全省财政权，非将赔款解清，不许离省。幸筹办就绪，十月十一日乃赴沪。适有德商瑞记洋行之瑞生轮船直放重庆，余恨不能飞行回川，早见吾父，即乘此轮。四日至鄂，谒文襄及雪岑，文襄以川江初次行轮，不可恃，令沿江红船保护。又四日，而抵宜昌。冬月八日启碇，不数钟而抵崆岭险滩，触礁船沉，余仅以身免。川督得电，转告先大夫，骇极受惊，而疾更甚矣）。乘红船上驶，凄风苦雨淋。万县遵陆道，归家祭坟茔。冬月廿八日，得视我严亲。病乃血冲脑，参茸毒酿成。庸医施凉剂，病势日已深。自言事难办，徒自费苦辛。当道纵拳匪，几伤及外人。所聘各矿师，从西藏回申。殷忧正无措，忽闻圣驾惊。两宫蒙尘走，余病不能行。毁家纾国难，倡捐二万金。绅民凑十万，贡献表寸心。奉派赴南洋，舟行万里程。自愿离川省，就医赴南溟。辛丑春二月，举家赋长征。四月抵羊石，医药费酌斟。余辞各局事，免公私交萦。专管厘金局，赈捐难自屏。日亲侍汤药，公牍私寓评。衣带不解者，十月有余零。榻前席地卧，动静必先闻。饮食余自进，便溺我自承。除月嫁吾妹，霍邱裴岱云。不日父病殆，遗疏奏王廷。恩旨赠阁学，谕赐祭葬馨。抱恨终天日，罔极负深恩。义园寄殡后，守礼在门庭。厘务是专管，责成重权衡。勤肃传训谕，势必在夺情。

适当军事急，各江任统巡。仍管厘金局，兼统粤义军（余以整顿厘金之故，添设巡船，刷新水师，以防盗贼，以利商船通行。粤督陶方之年丈模，传谕整饬水师，以保商民，仍管厘金局事，并兼统粤义军，夺情视事）。巡行各江后，厘金数更增。五百余万两，历年益有盈。整饬缉捕队，水陆一色新。清乡捕盗贼，保商并安民。粤汉办铁路，奉派总工程。借款权不属，美公司合兴。广三支路竣，干路费量评。乃与郑陶斋，合电路大臣。收回国自办，权利不让人（粤汉铁路原与美国合兴公司借款兴办，大权概属之外人，办事诸多掣肘，乃会同购地局总办郑陶斋观察官应，同电路矿大臣，请收回自办，由粤筹款，还之外人。余仍总办工程局，盖事系初办，风气未开，凡开导弹压，非熟悉粤情而有兵权者，不能办。故路大臣委膺斯职)。经办赈捐局,数逾千万金。一一都结束,无暇解此纷(余办赈捐,至此已七年矣,总计收数已逾千余万两。而路事军事财政事益繁重,日不暇给,乃将捐事结束停办,俾专心经营粤事)。

广西军事急,粤督简西林(以粤西军情紧急之故,朝廷特简西林岑云阶督办两广军务)。到任不加察,参劾概无凭。官吏慄慄惧,雷厉又风行。轻听复轻发,妄杀多冤情。军饷多不继,将寻我罪名。历查经办事,无一不澈清。借端区新匪,漏网十几春。限期一月获,逾期必严惩。既悬重赏后,妥购眼线真。依限率队往,一网尽遭擒。西林迫不已,会抚据实陈。蒙恩得简放,军机处记名。号膺巴图鲁,果勇人所称。接统巡防队,中东西北营。为数七十五,也算号知兵。自问实自惭,都缘相逼成。既入武行道,整理不后人。水陆俱腐败,言之实可憎。必从新改造,始得具模型。李北海一股,扰乱东西邻。奉命往剿办,驻军在新兴。一月都消灭,干匪尽投诚。内有李耀汉,翟汪李新林,率队自拔出,此中实铮铮。海盗林瓜四,沙上扰农民。为患十余稔,大府无法平。又责余往办,整顿水师营。甲辰春耕早,匪党结成群。动辄千数百,麇集沙田塍。立堂竖旗号,龙凤堂自称。打单收行水,缓交立杀人。官兵循例往,故事都如恒。因此更猖獗,年收百万金。业户共嗟叹,环跪吁请兵。及余率队往,抗拒利器精。大小数十战,十月方肃清。群逆都授首,齐唱凯歌声。

乃请辞各职,归葬我先椿。绍基兄来粤,一同扶柩行。乙巳二月朔,长江畅行旌。旋里甫一日,朝命速晋京。复沿江东下,入朝谒至尊。时当四月望,请安在宫门。第一次召见,召对谒紫宸。霎时恩命下,提封岭表荣。先命署江北,西林强留人。此皆慈后语,一一告知闻。宣召至四次,请训出都门。过津且小驻,顺道谒项城。不日径沪上,江督派人迎。玉帅率官出,请安日近亭(既至沪上,江督周玉帅太姻丈派许岑西观察炳棒,及文巡捕郑大令洪年来迎。至南京,玉帅率官在日近亭跪请圣安,欢宴三日,乃旋申浦)。三日出申浦,遵海而南行。轮舶甫到港,省吏又出迎。到省谒岑督,谦逊不顶门。传谕慈后训,西林跪谢恩。入座语多讽,气焰真薰人。从此有意见,公私费调停。丰润张安圃,量移晋中丞。不尽依依念,难得公道人。只有勤尽职,以免祸患侵。既然任水提，仍旧兼统巡。考察水陆队，去旧乃更新。部令通行到，裁减旧绿营。地方正多事，添防营保民。裁旧本十万，新添卅万增。防营百二十，概是不教兵（光绪末，部令裁减旧绿营，以练新军。绿营饷本微薄，如裁出正饷十万，则地方空虚，必添若干防营，以保地方，每年反增三四十万，防营由七八十，逐渐添至百二三十营，欲减而反增也）。

乃仿新军制，抽调训练成。更设讲武堂，官弁与目兵，多挑粤籍者，中学毕业生。五百生齐集，分班讲战争。速成一年可，正班三年分。每年选优秀，卅名送北京。保定毕业后，分别各从军。如是者三期，一千五百人。更有要塞科，防海炮垒凭。沙角设学校，实地练习成。水师为本分，设学黄埔滨。水鱼雷电器，般般考究匀。延聘专门者，造船厂重振。广海练船大，水师练习驯。容人过千数，运兵甚觉灵。更设无线电，于是始芽萌。添聘洋教习，丹国人那森。入学练习者，尽通英文人。一年毕业后，分别各出勤。更造有公所，水师办公厅。傍设操练地，水师学兵营。枪炮兼造作，灯号旗语明。会操学生队，同与练船登。更造新军舰，大清巩固名。枪炮皆新式，无线电如林。速率多快捷，还有探海灯（无线电为军事所必要，除海口、徐闻、河口、虎门、崖门、沙角、黄埔、汕头各设电台外，省城水师公所设总台，各新式兵舰如广海、江大、江清、江巩、江固、龙骧均有无线电。以后屡经变乱，皆由信息灵通，调兵迅速之效）。巡行三江口，盗贼胆战惊。西林调任去，玉帅棨戟临（岑云帅以铁路风潮擅捕大绅黎国廉等，激动京外，绅民公愤，调任云贵总督，以江督周玉帅继任）。一切多倚任，敢不尽乃心。

其时东西路，民党运动勤。黄冈告失守，钦廉屡围城。正统军东去，西路警频闻。惠州匪猖獗，处处适当平。追匪闽边后，回师到惠城。遣将援北海，次第扫妖氛。玉帅电奏迟，开缺简西林（玉帅抵任，一切多所咨询。余尽心筹画，以报知遇。时党人屡于省会举事，失败，乃向省外边远之地发动。余先率队往东江惠州巡缉，忽得玉帅电称与闽省接壤之黄冈厅失守。余闻警立即西下，当夜即调集亲军二千人，由兵舰并雇商轮载运，次日即抵油〔汕〕头，率吴宗禹、隆世储、赵月修等营，直趋黄冈。总兵黄金福困井洲，得援拔出，释同知谢某。厅城克复。乱党窜闽之云霄、诏安。吴宗禹越界追剿，余电闽督请派兵会剿。闽督松寿即电奏,先于玉帅,奉旨开缺,重简西林督粤。时西林在都任邮传尚书,日有陈奏。庆邸忌之,藉此挤之使出也。余正由闽边回汕,而续调之赵声一标,已乘广大到汕。当令由原船开往北海,会同统领郭人漳解廉、钦之围。盖党人狡计百出,故于极东之黄冈起事,又于廉、钦极西边地扰乱,使我顾此失彼,以图一逞。黄冈事方毕,而惠州之乱起,围攻博罗县城,归善、三多祝、白花等处,啸聚数千之众。余得电,即令吴宗禹、隆世储等,原队乘原船,由海道直趋澳头,登岸,会驻军洪兆麟之队与党人战于三多祝,大败之,乘胜追击至惠城。副将赵定国率姚洪阶、钟子材等营,解博罗之围。东路之乱已平。西路廉、钦各属,已由廉钦道王雪岑观察,会郭人漳、赵声等营讨平)。余奉旨降调,北海镇总兵。会同廉钦道,善后办军情。电催秦署提,交替整归程(玉帅既开缺,西林亦迟迟不来,在京委王瑚署钦廉道,夏诩署钦州,柴维桐署廉州府,原任钦廉道王秉恩革职。余奉旨降署北海镇总兵,会同王瑚办理钦廉善后事宜,广东水陆提督,以江西臬司秦炳直署理。余电催其速来,俾交卸后退归林下,实畏岑如虎狼如蛇蝎也)。

廉钦乱再起,失守县防城。宋令全家殉,又告失东兴。余本不愿出,热中惹人嗾(余平定东西路军务,今复奉旨降调,西林之威,益不可测,不知死所,决挂冠归去。钦、廉各将领,以主帅获咎,各存疑惧,均告病不出,致党人由安南运动土匪起事。防城、东兴相继失守,钦州被围,王瑚以济军两营守城。灵山被围,以吴福昌一营守城。护督胡湘林要余出膺军事,余誓不出)。忽闻岑开缺,丰润督粤声。急电余收拾,速进兵廉钦。调集亲军队,急切如火星。次日抵北海,诸将笑盈盈。分路援各属,次第都荡平(余正拟束装归去,忽奉朝旨,西林开缺,以丰润张安圃尚书督粤,急电余速收拾廉、钦之乱。余与安帅感情素洽,且其平易近人,不予人以难堪。即日起而视事,并电钦、廉诸将领并调集夏文炳、李耀汉、邓瑶光、隆世储等营乘兵舰星夜赶赴北海。次日到埠,郭人漳、林虎、赵声、宋安枢等,皆喜形于色,愿效死救援各属。当令郭人漳赴防城、东兴,收复失地,令赵声率彭大松、隆世储、宋安枢等援灵山。余率夏文炳、李耀汉、邓瑶光抵廉州,由乌家三那三日抵钦州。王瑚闭城不出。余分遣各队,次第将各处荡平。郭营三日克复防城、东兴等失地)。

在此三月久，奉调御强秦。西江本多盗，上达至梧浔。近来屡出事，伤害及外人。各国多责备，军舰自由行(余自降调以来，不闻外事。继之者颇有更张，致西江屡出劫船之事，并伤害外人。各国责备不报，分派浅水兵舰，自由出入。遇有匪之区，不分皂白，任意开炮轰击，人民大哗。各国与外部交涉，奉旨调余回省督办西江缉捕，以秦子质接办钦、廉善后事宜)。乃与各国议，捕权我自承。分段派巡缉，违者以法绳。列国无异议，涣然如释冰。再回水提任，恩旨皆有因。粤中本多盗，炮火利器精。因之禁入口，条约订于英。戊申岁元旦，侦探报确音。奸人运军火，出口往横滨。预定元旦日，卸货在澳门。先派四兵舰，伏在海湾心。果见二辰丸，下锭在零汀。旋见杷杆起，卸货已现形。质问该船主，封关日不行。据言卸军火，海面属澳门。本系租借地，领海无明文。葡兵强卸载，岂畏彼鲸吞。乃会拱北关，押解日商轮。莲花山寄碇，日领出面争。万国公法定，船货充不存。先自起军火，步枪六千根。子弹数百万，开花炮六尊。从此交涉起，日公使出庭。外交部抗议，争惩首祸人。余同吴管带，逼令夺官勋。索赔数十万，立刻放船行。我方坚不允，彼将战祸临。舰队自日动，示威出台澎。更有美国在，舰出菲律滨。还有三舰队，远向太平伸。交涉始就范，不索赔偿金。升旗放船走，为时逾三旬。抵制日货起，民气益纵横(余自侦探确报，即派人随船往。日果未卸载而开回，计日将于元旦到九洲洋海面，当即派右翼分统林国祥，会王仁棠、宝璧管带吴敬荣、广亨管带罗凤标、安香管带李炎山等，于除夕驶往九洲洋鹅颈海湾隐藏。元旦晨，果见日商轮二辰丸入口，在九洲洋面寄锭。又见葡人以小轮拖带泊船，到此起货。吴敬荣先邀得拱北关税务司裴式凯，同上该船质问船主，在此封关之日，欲卸何货。船主直言卸军火不讳，且谓此处属葡国海面，中国不能干涉。林、吴、王均称澳门本系租借地，并无领海权。葡人强欲卸载，我方不允，势将用武。吴敬荣云：我将与蒲人开仗，不能在贵国旭日旗下打仗，乃下日旗而升黄龙旗。葡人始退，乃将二辰丸驶行至虎门内之莲花山淡水河寄碇，将船主送交日本领事官看管，一面起卸军火。日公使向我外部抗议，必惩办此次首祸之人，斥夺余与吴管带之官勋。安帅以去就力争，日方要求不遂，声言宣战。舰队吾妻等号自台湾、澎湖出动示威。

美舰队将菲律滨就近调至粤海外，并由太平洋调三大舰队来华，交涉始得就范。余率各船及绅商报界往莲花山升回日旗，敬炮廿一门，日人欢呼，我方痛哭至于失声）。

此案方终了，东沙岛案生。距汕八十米，海中有挨仑（英语称海岛曰挨仑）。俗名称东沙，久无人往巡。遂为日占据，强将领海侵。更名西泽岛，旭日旗高升。机器厂屋建，轻便铁道成。我遂下彼旗，索还我海瀛。日便称无主，版图素乏名。若欲交还我，旧图方为凭。二百年前案，有书有证盟。《海国见闻录》，古书早载明（清康熙间，高凉镇总兵陈伦炯著《海国闻见录》，有此岛名，并附有图，乃据此与之交涉）。据此与交涉，日方无词争。索偿廿五万，偿彼所经营。我索加倍数，偿我海产金。彼此都不偿，俾免枝节生。

又有西沙岛，距琼贰百程。中有洲十四，版图无主名。余率两舰至，并带测绘生。各种匠人齐，小工百余人。牲畜多称是，籽种备耕耘。粮食多丰足，淡水惜如金。先至榆林港，天然好港形。惜乎局面小，不可多停轮。在此观天象，西南风好行。更观三汊港，产盐美不胜。再入黎人峒，人民尽犹〔狘〕獉。不衣亦不履，生熟食不匀。齿颊黑如漆，周身毛森森。椰林广场下，跳舞结成婚。性情多质实，真乃上古民。畴昔剿黎匪，都缘被欺凌。方挺而走险，以图一逞能。传谕巡防队，不有剿匪名。启碇方出口，远见有山形。甲板查海图，此岛无先闻。此必沙鱼见，绕避远一程。旋即见隐没，鼓浪直前行。次早到一岛，大约数里坪。此中无猛兽，海鸟结成群。大者与人齐，腥膻气难闻。恒多与人斗，木棍随手擎。大龟多如鲫，重者六百斤。捕之诚易易，照以牛眼灯。夜间闻水响，结队上沙尘。只须灯一眼，缩头不动身。翻之腹朝上，任人宰割频。红白珊瑚树，漂泊海之滨。更有物如橘，紫色兼代青。间以珍珠点，薄如纸一层。开花蔚蓝色，其味膻而腥。阅之似植物，质乃同石磷。似此珍异物，皆目所本经。小工掘逾丈，甘泉总难寻。又移至他岛，与此同情形。再寻至三岛，大小可同论。且有鱼船二，捕玳瑁海参。此岛有淡水，即以甘泉名。再寻十一岛，大小不相伦。最大曰林肯，华里四十程。各岛多椰树，累若串珠形。高逾数十丈，采椰作点心。汁甘解热渴，各自以口承。岛中纵牲畜，令其自孳生。在此十余日，启碇必及晨。

绝岛漂流记，几作鲁滨孙。海图测绘竟，汇缄送神京（余笔记中有《西沙群岛记》，恕不再注）。

粤海多港汊，密如珠丝形。轮舶往来数，一千三百零。冒挂各国旗，自由任意行。偶然遇盗贼，领事出肩承。交涉从兹起，聚讼益纷纭。追源索祸始，海关理船厅。洋商船到验，加足汽放行。华商船到验，锅炉先击抨。限制士颠汽，彼捷我不灵。更有厘关卡，留难常十分。洋商畅无阻，沿途揽载频。因此悬洋旗，乃可与竞争。下令厘关卡，一律任畅行。收回理船厅，华洋一例衡。亲赴船商会，晓谕各商民。限期一月内，国旗一色明。讵知不逾旬，满海黄龙旌。乃设保商队，更增卫旅营。非指定码头，不许搭客人。每船分派队，一律保安宁。

又有大沙头，附近在省城。四面皆环水，百顷地坚凝。与沙面对峙，天然好地形（附省之西有似此之地曰沙面，为各国租借地）。华侨致富后，各存归国心。四乡多萑苻，每为盗所侵。轻则劫资财，重则掳其身。贪劣灭门令，敲诈巧计生。此地由官购，华侨自领承。筑堤开马路，一桥为通津。一切仿租界，官任保护人。华侨多欢悦，认股千万金。此皆安帅意，余手自经营。继者为有利，收回自建成。定价售华侨，百倍利事生。华侨闻大哗，以资资他人。

粤中本多盗，清乡数十春。逸匪具赏格，匪族自缴呈。为数逾百万，朋分者官绅。一一责提解，官局任保存。获匪审定谳，如数由局匀。无论何方面，不得动一文。各乡自招勇，名之曰老更。以邻国为壑，盗贼更充盈。此乡已如此，彼乡亦相仍。若获盗送案，攻保不相能。从此反多事，地方益纠纷。愈清匪愈众，永无一日宁。毅然裁更练，就款募成营。安勇人所信，不须自请缨。官弁由我任，饷糈绅发薪。守望多相助，统率专责成。官决不调用，力薄助官军。各乡照行后，果然见安宁。此乃民自卫，不恃官卫民。

宣统纪元后，水提乃即真。年来风潮甚，多唱改革声。朝廷虽立宪，民意总难平。莘莘向学子，革新中脑筋。海外诸亡命，运动注新军。是年除夕夜，借故与警争。元旦群出动，捣毁警区门。军警出弹压，反抗若仇人。新军整队出，一齐来攻城。协标统出走，报告军变情。炮营齐管带，劝阻一命倾。乃会增军帅，旗兵任守城。一面守各库，兵工厂增营。飞调亲军队，无线电信灵。两日调回者，已达三千人。齐队出迎击，初三正黎明。军行牛王庙，叛军整队迎。为首倪映典，四人跪地平。余本不愿战，意欲其请成。亦派四人往，劝其速回营。彼即呼同胞，非为冲突情。今日齐举义，反清尽复明。愿拥余为主，各省必响应。廿分钟答复，逾限我无情。余亦不之理，但听彼骄横。霎闻散开号，枪弹如雨零。乃下令还击，崩山倒海声。映典冲战线，立被我生擒。我军追击后，缴械五千根。时当新年际，各乡不知情。及至初四后，土匪闻风临。遣军四出击，一一都讨平。及后军谘府，谓为仇新军。余与袁海观，交部议处分。袁革职去任，余叨宽免恩。从此军心散，何敢击党人。

次年逢辛亥，滔天势已成。暗杀乘风起，孚琦先成仁（新军之变，粤督袁树勋去任，将军增祺亦告归。都统孚琦署将军，张鸣岐授粤督，励行新政，革命风潮，逾酿逾烈。三月初十，孚琦往燕塘看飞机，归途为温生才狙击殒命）。三月廿九日，党人集羊城。群起攻督署，余先已有闻。走告张坚白，怎奈不见听。只得先调队，冀将城保存。党人果发动，迎击都现成。坚白缒墙出，逃入行署门。并救其眷属，一一都得生。连日多巷战，被系二百人。击毙亦逾百，七十二烈魂。党人恨入骨，宣布余死刑。闰六月十九，要击于双门。炸伤余腰际，肋骨折三根。犹能跃屋顶，击杀放弹人（自三月二十九变后，党人恨余刺骨，主计暗杀，林冠慈、陈敬岳等于闰六月十九，乘余由水师公所入城，于双门底人丛中放弹炸余）。养伤一月后，腰屈不能伸。一再请开缺，卧病回虎门。从此一切事，坚白总其成。潜与党妥协，我亦不问闻。

九月初二日，邀余到省城。扶病即遄往。伪言无一诚。即日回虎署，旋炸凤禹门（九月初二，坚白电邀余至省。余令卫队统领吴宗禹严为戒备，及余至省，见司道，均劝余谨慎出入。晤坚白，并无要事相商，仅邀同司道一饭而别。初四日，将军凤山到粤，甫登岸，即被炸死于仓前街，余独幸而免）。及至初八夜，司道诣我营。据言竖白旗，张督极赞成。黎明得省电，取消独立旌。行为何首鼠，因克大智门（及初八黄昏司道如陈夔麟、王秉恩、秦树声、蒋式芬、陈望曾同来虎门，询知为省城已竖白旗，同人早有“龙旗则守，白旗则走”之誓言，今来与公商大计，共生死也。相向对泣坐以待旦。及黎明后，两分统来电称，已将各处白旗扯去，取消独立。盖因得电，冯国璋在汉口已攻克大智门，司道欣然色喜，余派舰送之回省，两分统李田、何品璋，刘冠雄亦来请示报告省中情状云）。司道旋省后，坚白反覆心。十三又独立，电责又不承。及至十七日，各官电请行。余乃允至省，解决大事情。电话询张督，闪灼其辞云。十八出告示，择期独立行。自治各议会，公推都督人。首推张坚白，副为龙子诚。十九送印往，坚白逃无形。子诚惟有泣，余病难担承。公推蒋伯器，都督暂摄行。余督水陆队，维持公安平。各省均独立，议迎胡汉民。余旋引疾去，香江隐蓬门。虽奉清廷谕，会同梁鼎芬，规复粤省后，总督两广荣。不闻家国事，日维学书文（十月初六，奉廷寄署两广总督，会同梁鼎芬规复粤省事宜。梁鼎芬赏给三品卿衔，会同李准规复事宜。余以大局已定，徒滋纷扰，反令生民涂炭，不报）。

壬子冬北上，乃看共和成。公府充顾问，匡救其恶行（壬子冬，应项城之召赴京聘充公府高等军事顾问）。洪宪帝制见，藉故离都门（项城有帝制之心，余藉回粤解散民军为名，回港避之。小住一年，次年回京）。香江一年住，丁巳旋燕京。黄陂为总统，授我为将军。直威贯字号，亦徒有其名。往来京津间，编剧晓世人。提倡旧道德，改良社会心。日作大小篆，钟鼎彝器临。古籀汇成编，集字万有零。分书十二卷，便于初入门。临池有剩稿，依字数编成。集之廿余载，敝帚还自珍。取自便翻阅，不敢出示人。《任庵闻见录》，十册自保存。守我固穷节，保我岁寒心。天壤虽然大，何处可容身。举世尽狂易，天翻地覆倾。仅此廿年中，民困已难伸。若徒再扰攘，同胞尽绝尘。追思前朝事，吾泪已沾襟。只此十余载，七女二男生。教养尽吾责，难期尽成人。作此长歌曲，聊表身所经。命名曰《自述》，敢希没世名。

据铅印原件

李公芳岑神道碑

齐振林

公讳景林，字芳岑，枣强李氏。性英迈，富胆略，任侠尚义，好击剑，博涉群书。清季拳匪之乱，联军犯畿辅，乘舆播迁。时公甫弱冠，慨然曰："治世用文，戡乱用武。国事如此，何佔毕为。"乃投笔从戎于保定陆军学校。毕业后，供职黑龙江第一镇。疆吏稔公才，擢军署参谋长。黑与俄邻，夙为边患。适大股蒙匪，谋结俄寇，肆扰海拉。剿抚议久不决。公奋起曰："黑为奉、吉屏藩，设匪与俄通，边事益棘手。莫若乘其未协而抚之。事成可保全省，不成仅危一身。景林不才，愿单骑往。"当道韪之。至则先以温语，帖定其心，匪意稍解，晓以大义，痛陈历代异族乱华之祸，匪皆罗拜马前，感泣就抚。由此，俄不得逞，北边之乱萌以消。己未，长边防军第一团。庚申，长东北军第七混成旅，积功升长第一师。训练卒伍，信赏必罚，甘苦与共，以战则胜，以攻则克，威震遐迩，屹然为东北长城。公驻沈久，洞悉日人叵测，经营南满，大蓄戎心。屡陈扞圉之谋，事未果行。甲子，公以东北第二军长，除热河都统。未履新，复拜督办直隶军务之命，兼署省篆。整军察吏，恢宏远猷。惟在职未久，弗获一一实行，识者惜之。

丙寅，息影沪滨，盱衡国势积弱不振，由于民族之羸懦萎靡，一旦疆场有事，与人抗争，必无胜算。我国旧有武术，最足煅练体魄，体魄强则精神旺，以精神胜物质，肉搏血溅，此仆彼兴，暴邻虽强，将畏而弗敢肆其毒。爰集同志，倡设国术馆，呈请国府，树之风声，全国勃然应之。辛未，万宝山朝鲜中村案起，政府方持慎重态度，据理以争。公知日谋畜久，一切国际条约协定，举不足束缚其吞噬之野心，独怛然引为大慼。及蒋公招谒南昌，复备陈早为预防，否恐图穷匕首见。其忠诚谋国，识在几先，为何如也。时因冒暑遄征，忧劳致痢。返济，闻辽宁沦陷，悲愤交加，竟至不起。呜呼！公之志在安内攘外，而才足以济之。傥天假之年，得所措手，当不难挫强邻而摧狂敌。乃国难方殷，赍恨以殁，是岂公一人之不幸也哉。公生于清光绪十一年二月十二日，卒于民国二十年十一月十三日，得年四十有七岁。本年一月十二日葬于枣强祖茔。

曾祖宏明，祖泰兴，考春英。曾祖妣氏刘，祖妣氏程，妣氏危。配朱夫人。子二：长书刚，北镇将校教导团毕业；次书箴，日本士官学校毕业。侧室康，生女书琴。前督署寅僚议刊石墓道，光示后人，乞余为文，乃纪其行之大者，而系以铭。铭曰：

材则砥柱，器则璠玙。定远班略，治安贾书。澄清在抱，卷怀莫舒。强邻压境，仗剑欷歔。英灵磅礴，常亘太虚。

据拓片

追赠陆军上将勋二位克威将军浙江督军杨公神道碑

袁思亮

中华民国八年某月日，浙江督军怀宁杨公薨于位，执政者相与吊于堂曰：维我雄藩，丧兹长城。文武僚吏，百官有司相与吊于庭曰：今兹吾侪，失其所丕承。将校士卒相与吊于壁门曰：畴予噢咻，畴予拊循。浙东西自缙绅以及农、工、商之民相与吊于室曰：自公来镇，德威并施，孚于有人以莫不宁继，自今理孰与臻其极，乱孰与销其萌。呜呼！自国变以来，阃帅得人之深，未有如公者也。国家酬庸饰终，追赠陆军上将，赙银万圆治丧，命史馆立传。越三年，其孤子庆澄，以状来督铭其神道之碑，思亮曰：如公者，应铭法。乃纪述徽猷，系之以铭。

公姓杨，讳善德，字树堂。其先世，自江西鄱阳，再迁安徽怀宁，遂占籍焉。历世敦笃，潜德勿耀，考讳某，妣李太夫人。自考、妣以上三世，皆以公官总兵时，赠封如其阶。兄弟四人，公其季也。生而岐嶷，少长益负奇自喜。年二十一，出游吴越间，遂至京师，慨然有功名意，乃自效于武毅军。久之，语其侪曰："外患深矣，墨守成法，终不足以御侮，吾将学焉。"会北洋设武备学堂，公肆业其中者三年，朝闻夕思，志锐才敏，出入窔颐，神明枢机。参稽韬钤，理解神会，文武通达，蔚为将才。初试旅顺台官，旋隶庆军，出防辽沛，又改隶武卫右军，在军七年，属著勋勚，而剿办畿南拳匪，声绩尤伟。自都司累迁至副将，充北洋常备军第二镇标统，晋协统领官，日集部曲，搜讨军实，纪律严肃，兵民协和。当此之时，北洋号练兵名闻国中，公亦以知兵为时所推矣，调充浙江陆军混成协统领官，既增兵成镇，任协统如故。宣统三年，以疾罢归。冬十一月，拜云南普洱镇总兵之命，未上而逊位诏下。

明年，被大总统令为陆军第四镇统制官。改师，仍以公为师长。癸丑，江宁之役，公奉檄率所部南下，事定最功，加陆军上将衔，任松江镇守使，兼上海镇守使。已而罢两镇守使，置护军使上海，即以命公。上海中外绾毂，为东南巨埠，国变后，驻兵及诸无赖，多骄悍恣睢，作气势，坏法度，遮人于市，劫财贿，往往为外人笑侮。公至，明约束，禁奸宄，党乱者不得逞，阛阓熙攘，倍于畴曩。公益以其间与外人讲信修睦，中外翕服，赞颂若出一口。用劳授勋二位，擢浙江督军，给二等大绶宝光嘉禾章。公既莅浙，问民所疾苦，前督所为不便于民者，悉蠲除之。专一兵事，抉弊节用，非所系属，不越尺寸。甬乱猝作，五日而定，指挥镇静，人以不扰。国有大事，辄持正论，无所阿附。游谈之士，数以权利干说诸将帅，公一切屏谢，不为荧惑。故宇内腾沸，号称多故，而浙独晏然，讹言不兴。宜公之薨为朝野所痛惜，而浙人慕思到今不衰也。

公性孝谨，伯兄宦游江西，仲、叔两兄皆早世，公独留侍赠公于家。及肄业武备学堂，迎养天津，虽劬于讲习，而定省无缺。先后居赠公及李太夫人丧，哀毁尽礼。朴俭耐劳苦，垂老贵盛，不渝其初，论者尤以为难云。享寿六十有三。配刘夫人。子二：长庆澄，官松江运副，次某某。以某年月日，葬某乡某原某首某趾，铭曰：

于赫杨公，弱冠振奇。学副其志，才亦其宜。遂奋裨校，跻于有师。著绩淞滨，维浙是治。豺虎纵横，魑魅奸欺。妖氛塞空，焦烂为期。钱江汤汤，吴山嶷嶷，公镇其间，淳风清夷。四方怨嗟，浙民熙熙。民之熙熙，惟公之施，灵旗翩而云胡不悲。高邱巍峨，松楸蔽亏，潜灵深刻，来者之规。

据《蘉庵文集》卷二

兴威将军黑龙江督办兼省长吴公神道碑

王树楠

民国十七年四月十七日，特授兴威将军、陆军上将、勋二位、黑龙江督办兼省长辽源吴公卒于奉天之黄姑屯车站，春秋六十有七。乌呼！何天之虐我公如是之酷耶，抑死生有命而不可逃者耶？公之初籍于军也，入伍为骑兵，以善相马，受知于营长。而躬丁叔末，遭际时艰，不宁之方，尘坌飙起，四海麻沸，潜包祸谋，公随大元帅张公，提三尺之剑，率一旅之众，南戡北伐，威武纷纭。曾不十年，遂拥专城而膺阃寄，迹其穷通枯菀反复之间，而朝暮悬殊若此，虽曰人事，岂非命哉。

公姓吴氏，讳俊升，字兴权。先世籍山东之历城，以岁饥就食奉天，再徙昌图。祖天福，父玉，皆力农。公移籍辽源，少为人牧羊。既入伍，贷子钱，市马盲一目，邻人赠以只镫，则自凿木配之以行，衣破敝至不能遮体。然公故枭勇善战，常为军先锋。奉天将军增祺、赵尔巽诸公皆倚重之。累擢至陆军上将、勋二位、兴威将军。库伦之乱，喀尔喀诸部奉哲卜尊丹巴叛而自主，而哲里木盟科尔沁右翼前旗札萨克乌泰，亦鸠合其众，乘机响应。漠北之地，糜沸云扰，萌庶流离，商旅戒途，奉江四鄙之民，一夕数惊，讫无宁枕。公率后路巡防及右路马步诸军，横戈直指，两旗之众兽骇鸟散，兵不钝锋，莫不畔敌内乡就化。癸丑之岁，库伦逆蒙扫众长驱，进蹂热河、察哈尔、绥远，数千里屠杀焚略，几无完土。而经棚、林西诸地，糜烂尤甚。公提师疾驰，歼除凶逆，金鼓一动，冰泮瓦解，犬羊残丑，跧伏沙碛，不敢南向者十余年。其功之尤钜者，则叛将郭林挟全省精锐之师，进薄新民，奉省岌岌几不保朝夕。公则潜师掩袭断其后继，首尾失势，转危为安，佥曰：微公，则关外大局不堪问矣。而丙寅南口之战，久不决，公兼程疾驱，至则拊其军背，一鼓而下，此尤其卓卓灼人耳目者。

公骁勇冠军，遇敌辄先士卒。突泉之战，左臂中弹伤骨折，医者翦碎骨十余片，旁观皆战栗不敢睨视，公颜色不变，谈笑如常时。其剿胡匪于黑龙江也，战方酣，弹中前颅，穿后脑而出，血喷涌，仆地。贼鞭马驰刃之，公跃起，连发数十弹，毙其悍酋，贼败而逸，自是不敢复窥江省。论者谓公之遇险皆获天佑，而今之所遭乃若此，天又胡为者耶？公性朴质，而机警有胆略。其督黑龙江也，争回兴安岭北之林矿为国有，筑呼海铁路以利交通。又好善乐施与，赴义如追亡。尝立江省同善堂、兴权图书馆、奉省兴权中学校、辽源昌图兴权小学，皆出私财至钜万，无吝容，可谓君子富而好行其德者矣。公原配夫人杨氏，继配傅氏，再继娶石氏。石夫人初见公，诧曰：侯相也。遂归之。子男一，曰泰勋，某官。女子一，曰彬卿。戊辰七月二十六日，卜葬公于昌图城北五龙冈之原。泰勋来征铭，铭曰：

有清末造，群枭毛起。胡骑纵横，千蹄万尾。蒙氛坛曼，流膻千里。吴公崛起，发轫之始。荷戈前驱，推锋直指。霆奋席卷，当者辄靡。江流不波，奠我边鄙。奖蹙威柄，大都坐理。天胡不吊，长城忽圮。死非其所，命也如此。作诗孔哀，以昭万祀。

据《陶庐文集》卷二十

追赠一级上将宋公明轩神道碑

丁惟汾

当七七事变之初，忍辱负重，竭其忠贞勃窣于无可奈何之境，事穷机熟，奋起抗战，为全民族先士，无论海内外，莫不知有宋哲元将军也。将军乐陵人，字明轩。初习兵事，即以谨厚用命受知于冯玉祥。复辟之变，随冯倡义廊坊，以勇略显，入陕任团长，荐升至师长。民国十三年，冯讨贿选，将军由南口率师入北平，明年被命为热河都统，始膺疆寄。十七年，任陕西省主席。十九年，改编中央二十九军任军长。值九一八变起，将军主抗战，通电国人，有"宁死不作亡国奴"语。二十二年，倭既肆志于东三省，遂突入热河，进犯长城各要隘。将军率张自忠、冯治安、刘汝明、赵登禹等部，遏之于喜峰口，急驰日百余里，至则倭已大入，据高地相持数日，将军伺敌已疲，且轻我师，乃夜遣兵，一由潘家口，一由董家口出敌后，以大刀斫敌营歼之。当是时也，主客势殊，精窳器判，孱琐末议，举谓敌不可胜，而旦暮间奏肤功若此，士气振奋，然后知倭之不足畏也。旋倭援复集，改趋罗文峪，刘汝明部御之，殊死战不少却，将军命将驰援，绕敌后突击，又克之。时黄杰、关麟征等战古北口，皆能并力以制敌，倭百计不得逞，遂罢战。

越年，倭藉口协定以华北为特殊区域，耀兵北平、天津，干涉内政，士庶岌岌不可终日。中央盱衡时势，能胜北方艰危之任者莫将军若，命为北平卫戍司令兼冀察绥靖主任，整旅故都，以资屏蔽。旋署冀察政务委员会委员长，假以便宜，使济屯否。将军折冲樽俎，不激不随，苟利党国，虽中外交毁之不加沮。最高统帅蒋公，知将军之公忠体国也，秘授方略,倚畀特殷,于是倭虽狡黠狂悍,终犹豫两年余不敢犯顺,而中央以得从容措置,足食足兵,奠定全民抗战之基础。倭既侦我严备,事缓则愈益不敢侮,乃倾全国之力,以求一逞。

二十六年七月,丰台倭营以演操为名,夜袭宛平,我军扼守芦沟桥与战,却之。既而倭悉调关东军暴至,占妙峰山,围袭南苑,我副军长佟麟阁、师长赵登禹战死,将军奉命驰赴保定,布防冀南,分饬刘汝明、张自忠诸部转战敌后,掣其长驱南下之势。嗣拜第一集团军总司令命,移师津浦线,防守马厂。值秋霖作,据河死守,皆露立水中苦战。自是以后,战区益广,将军驰驱冀、鲁、豫边区千余里间,日以劳瘁,尝至卒倒。其所部分奉中央檄调,战临沂,战台儿庄,掩护徐州大军西移,皆底丕绩。将军独力疾副第一战区司令长官程潜,督师平汉线,新乡失守,忧愤甚,疾以增剧。乃于郑州请入觐,中央许其休养,于二十七年八月解兵柄,徙居衡山,继徙阳朔,徙灌县,而至绵阳,疾益革,以二十九年四月五日卒,享年五十有六。遗孤华玉,甫十三龄,女六人。夫人常氏淑清,随侍太夫人沈犹在堂也。

国民政府悼念勋勚,明令褒扬,追赠一级上将。最高统帅蒋公,赙万金遣员治其丧,是月十七日厝灵于绵阳富乐山。其旧部张自忠任三十三集团军总司令,御倭襄河,闻将军丧,感慨作书。誓继佟赵后,战死报国,卒于南瓜店之役鏖战以殉。呜呼!亦烈矣哉。非其平日所受将军亲炙之效,能致此乎。则将军忠义之气,感人之深可知已。国难未平,永怀哀悼,刊石表德,用励国人,爰作铭曰:

于休将军,命世之英。筹边节钺,屹若长城。嵎夷猾夏,衅生么髍。雍容镇抚,三载纾祸。睢阳心膂,有南有雷。忠肝义胆,生荣死哀。区宇恢昭,兹惟柱石。剑履所经,举成伟迹。克缵厥绪,后死之责。式瞻尾箕,精爽有奭。

中华民国三十年七月。

据《革命人物志》第三集

甘肃督办陆公家传

王树楠

陆公讳洪涛，字仙槎，江苏铜山县人。清光绪十六年，毕业北洋武备学堂。十九年，随新疆巡抚陶勤肃公出关，委充新字营新操教练，威远炮队帮带官。二十一年，陶公调督陕甘，克复北大通，暨平十大庄回匪，保以千总拔补并戴蓝翎。回匪平，擢守备，委带督标练军左旗步队。既改带督标新操枪队，复改督标防军右旗步队，以劳保擢都司。二十九年，补凉州红城营守备，仍留省教练新军。三十二年，陕甘总督升允莅任，补利桥营都司，调补旧洮营，以平徽县之乱，保升山丹营游击。宣统三年十月，革党据长安，公奉檄统领振武军，兼带中营，随陕抚升公援陕，迭克永邠长乾诸州邑。敌退保醴泉，诸路援兵至者且数万。甘防军统将马安良等，率数十营围攻，兼旬不能拔。公至，周察形势，率五营攻西郭，手炮毁其堞，肉薄登陴，敌众纷纷溃走，进攻长安指日下矣。项城袁公假太后命令罢兵，遂还师。时军中尚不知清廷逊位诏也。

民国元年，公屯军兰州省会。时国体初更，人心不靖，公从容坐镇，危机获安。五月，甘肃都督赵惟熙保授督标中军副将，加陆军少将衔。二年，擢任凉州镇总兵。值豫匪白狼窜入境，公严阵以待，匪至，斩捕过当。白狼平，奖三等文虎章。四年四月，调任陇东镇守使，驻平凉。是地为全陇门户。公治军，首明纪律，严斥堠，军民大和。时陕南北盗贼蜂起，杀人越货，边民岁无宁居，移家陇上者，岁数千户。公抚流亡，安行旅，整饬团防，威信大著，贼不敢入境，暇辄询民疾苦，讲树艺，平道途，诸政悉捐俸为之倡。五年秋，滇军统将叶荃，率众万余自川北出汉中，犯甘边，势张甚。公遣排长汪恒泰率四十骑往侦之，猝遇敌大至。恒泰阸山险，死拒三日夜。公闻警驰援，分队突击，连战皆捷，更檄诸将合围蹙之。敌大溃，叶荃仅以身免。是役也，斩首四千余级，克复环县、庆阳诸郡邑，累以功授陆军少将，加中将衔，晋二等文虎章。七年，平新堡、月楼寨及宁陇诸匪，给二等嘉禾章，特授勋五位。八年，晋给二等大绶嘉禾章。九年，戡平职田镇、长峰园，崔木亭口等剧匪，授陆军中将，晋勋四位。陕匪郭坚，据凤翔，陕省乞援书迭至。分遣军助之，困坚于凤翔城内，其势遂衰。又遣军助夷陕乱，迭克永寿、长武诸邑，进拔邠州，置重兵戍之。公镇陇东七年，陇民爱如慈父母。十年一月，奉护理甘肃督军之命。时前督张广建去职，各镇称兵争长。公率轻骑数千兼程进，或以持重劝，公曰：吾但知拯民水火耳，一身利害非所计也。前驱至省，军民夹道欢呼。受事后，严申纪纲，腼合汉回，开诚布公，示以肝胆。各镇皆叹服，先后诣军门，请受节制，反侧以销。十月，加陆军上将衔。外蒙自库伦独立，蒙匪四起，连岁扰边。公编练省防，捶要置戍，而以游骑四出巡逻。蒙匪知有备，不敢牧马南下。

十一年五月，奉命真除甘肃督军，特任肃武将军，晋勋三位。十二年五月，给一等大绶嘉禾章，特授陆军上将。公创编陆军一师二旅，设军械局，筑新营垒，以扼形胜。甘肃向为受协之省，自国体改革，协饷停输，而费用则较前日益繁重，频年援陕防蒙，皆自筹军实，且以余力协济中央，并遵废督裁兵之令，减所部军额，岁节钜万。复以甘民贫匮，筹铸新币，并设银行以通有无，民困大苏。十三年，命兼任甘肃省长。以吏治为保民之本，乃慎选牧令，谨官方，严考核，黜陟分明。又以崇节俭、薄税敛诸大端，著为训条，颁之长吏，持躬布政，一以陶勤肃公为法，治声大著。公又念甘肃农田半恃水利，岁久失修，乃在平凉开田数千倾，艺稻以为民倡。又凿兰属诸渠以溉民田，宁夏诸渠多荒废，岁拨钜金疏浚之。甘南青海及洮岷诸番，向受治于活佛嘉木养，驻拉卜楞寺，寺隶导河循化间，历代受诸方供俸。嘉木养年稚，其生父黄某秉寺政，失众望。西宁回军之驻其境者，利寺中金帛，为逐黄。黄挟嘉木养奔省垣，番众群起抗回军，多死伤，诉诸政府，命公查办。公力主怀柔之议，以道尹黎丹措置失宜，免其职，卒送嘉木养返寺，更遣省军戍卫。番民感服，边地敉宁。后藏班禅活佛为达赖所逐，谋奔库伦，公侦知之，恐班禅为俄诱，急电中央尼其行，遂命班禅由甘入京，羁之都下。藏人至今感戴，咸内向无异心者。十三年，蒙疆匪众出没扰甘边，公分兵北守中卫、宁安堡，东扼庆阳，西屯定西、平番，以相策应，又设靖远电话，通军报，匪患遂销。公治军之暇，辄手一编，喜研历史，详考古今政治得失，及国内关塞形势了如指掌。待人无城府，久而愈虔。身膺专阃，而持躬俭约，有若寒素。庚申，甘肃地震，人民死者数十万。公力筹急振，安集劳来，期年而定。后岁屡祲，复发仓输粟，悉弃与民，民忘其灾。癸亥，兰州大旱，躬率僚属跣行烈日中，祷雨辄应。甘省山原丛错，交通多阻，公躬率士卒，平治驿涂。又创修汽车道，由省垣东下，逾宁夏，蜿蜒数千里，市政悉举，商民称便。十四年，因疾辞职，奉令专任省长，仍力辞，复以病躯亟待调，请赴津医治。丁卯八月，卒于天津。事闻，交军事部，照陆军上将例，从优议恤，生平事绩，并付国史立传。

王树楠曰：丙申之岁，余奉江督张文襄之檄，督解军械至甘。陶勤肃公邀入幕，始识公于节署，朝夕过从，相得也。及余观察兰州时，时下校场阅操法，惟公部曲严整，变化从心，为诸军之冠，故出师戡乱，所向辄有功。初，公与河间冯总统国璋、合肥段执政祺瑞，皆北洋武备学堂同学旧友也。及冯、段两公贵盛，公未尝以一字通问讯焉。段公谓公太方，呜呼！安得尽如公之方者，以表率一世哉。

据《陶庐文集》卷十八

陆军上将姜公墓表

王树楠

公姜姓，讳登选，字超六，直隶南宫人。曾祖达，祖凤岐，国子监生，父同德，以武生入邑庠。既生公，俾从名师读书，期以远大。公英伟骏发，性刚毅，能任艰钜。弱冠补诸生，痛念国势阽危，慨然有雷雨经纶之志。光绪中，东游日本，留学六年，历文武五校。学成归国，从统制朱公庆澜入蜀，充陆军十七混成协工程营管带，兼二等参谋官。历充陆军十七镇正参谋官，及陆军小学堂总办。会川人争路议起，群情大哗。公谓宜调众怒，速解和，勿以兵召祸。既而总督以下被戕死，立军政府，众推公为参谋总长，又推为军政府总司令。皆力辞，曰：吾岂乘人之乱，以邀功者耶。乃与朱公浮江东下。

民国二年，朱公治军黑龙江，以公为军署参谋长。江省为群盗巢窟，白昼衡行闾里间，突骑飚发，越货杀人，岁无宁宇。公奋略暴威，分别诛纳。不期年，盗皆厌伏韬迹，枹鼓不惊。政府褒江省治绩第一，公之力也。五年，朱公为广东省长，约公同往。时龙济光、陆荣廷相讧于广州，战久不息。公往来调解，上说下教，卒用罢兵，合欢如故。东南诸军争起讨帝制，已设军务院于肇庆矣，亦以公往说而罢之。政府授公虎门司令，辞不就，还京任总统府及陆军部谘议。十一年，直奉之战，奉军大挫，几不支。公往省参谋总长杨公宇霆，时军实阻滦河，公为设浮桥以济，退扼榆关。今大元帅张公设总司令部于锦县，而以公为战区警备司令。公率残卒，当数十万雄师，回戈邪指，陷坚喋血，殊死战，卒转败为胜，威稜大张。直军知不可当，遂畔敌以讲焉。张公嘉公劳，俾任陆军整理处副监，并授三旅驻兴城。十三年，曹公锟为总统，浙帅庐(卢)永祥举兵淞沪，以讨贿选为名，奉军应之。公率第一军，与第三军张军长学良进薄山海关。直帅吴佩孚，骁将也。素以善战名，悉精锐来逆，众且三倍。公搤阨推锋，鏖四十余日，出入九门口、石门寨，逼秦皇岛，诡得诡失。会直军将冯玉祥引军退，吴公念首尾牵掣，遂罢兵。合肥段公入京执政，公进废督裁兵之策，以兵柄归中央，而以民政付之省长，其不庭者，大张挞伐，发明令以申讨之。为将者不阻兵，不私疆土，庶几财可省，民可苏，而统一可企也。然卒格于势，不得行。公乃独卸兵权，杜门谢客。政府命长陆军，不就。

明年，再起为苏皖鲁剿匪总司令，屯徐州，寻授督办安徽军务善后事宜，与苏督杨公宇霆同被命。而浙督孙传芳以奉军逼处之嫌，乃藉口沪上屯兵，遂开战衅。初，上海英人有戕杀华民之变，公奉命调军往平其乱。至是悉以沪军还苏，因致书孙公曰：父老苦兵祸久矣，仗君之威，东南半壁，宴然无事者一载有余。乃者道路传闻，苏浙将以兵戎相见。风声所播，四民惴惴，朝不谋夕。杨君与执事同学至交，素无睚眦，何至相煎太急，必欲一逞，以争胜负？某与君，公谊私情，不能不尽忠一告。惟望宣布宗旨，以维大局，甚勿怀李下瓜田之见，而启杯弓蛇影之疑。张弧说壶，实有望于执事。又致浙绅蒋伯器、高子白诸君，力与调停，以弭桑梓目前之祸。复告皖官吏，以保境安民为务，勿惑谣言，致滋纷扰。会张公命苏督全军北渡，公独留皖。先是，公来皖不以军队自随，其所带卫兵数人，亦悉遣北还，并卸去架设大炮，以示无他。后闻皖将多通浙，公遂以政权尽付皖军，从容北上。公莅皖仅二十余日，出入军费二十万余，悉交皖军，一钱不私，即薪俸亦一无所受。军民张乐祖行，莫不感佩，多泣下者。公既北还，以事出关，过滦州，适逢奉将郭松龄之变。松龄初隶公麾下，相随至蜀粤，时时左右之。山海关之战，松龄率所部退走，公以他军代之，而事后亦无一言，及是乃劫留公，公两书责之，言甚厉，遂戕公。死时十四年十一月二十六日也，年仅四十五。

公性沈毅寡言，待人以诚信，无城府，平生淡于荣利，清操介节，服官几二十年，家无资遗。居兵间，与士卒同甘苦，而纪律严整，所至秋毫无犯。公深痛战祸无已时，日以禁攻寝兵救世之斗，强聒而不舍，而终未获一伸其志。呜呼！天之生才如此其艰，而死之又如此其易，果何为哉！果何为哉！公配翟夫人，先卒。继娶李夫人，无子，以弟登甲子垚嗣。公殁后，滦人张淦臣殓之僧寺。及松龄败死，公友方声涛归其柩于南宫故里，某年月日葬之先人之墓。公初肄业于吾门人刘君登瀛，登瀛屡为余言公宏毅有济世之略，余心仪之。前岁吾友徐又铮至京，谓余言：姜超六叔末之人才也，惜其不知见几，而遽罹非命，可痛也。余曰：危邦不入，乱邦不居，君之此行，亦可谓不见几之甚者矣。逾二日，竟为奸人贼死。诗曰：人之云亡，邦国殄瘁。吾于是益不能不为叔末人才惜也。

据《陶庐文集》卷十八

海军上将黄钟瑛传略

失　名

黄公钟瑛，字赞侯，福建闽侯县人，原籍长乐。生有挚性，内行纯备，事亲从兄孝友尤笃，里党称之。年十四，入马江船政学堂，劬于学，所志尤远大。既卒业，练习于靖远、威远、康济各舰，及刘公岛枪炮学堂，派充济远舰员，先后调飞鹰、福靖枪炮员。又历充海琛、海天、海筹各舰船械、驾驶、副舰长等职，擢升飞鹰舰长，时年三十六，未娶也。早岁失怙恃，以为大戚。家故贫，俸禄所入，为其父偿夙负，兼营窀穸，迄蒇事，始成婚。常泫然曰："父母九泉未安，不敢有室家乐也。"越三年，调充镜清舰长，兼海军部驻沪参谋，旋长海筹。其治军也，严明以肃纪，勤恤以爱士。初甲午之役，中东以争约启兵端，济远奉令率威远、广乙二舰，护运赴牙山，归途遇敌，时公济远一舰员耳，深知舰队实力远逊敌军，非智取无以制胜，历说当事者不能用，既而济远中炮，台前积尸几满。时威远、广乙二舰，被敌冲散，扼于他港，不能成队，公益怒奋，竟佐舰长回击敌舰，浪速伤之。旋又击中敌舰吉野，歼其首要及员弁以下死无算，以孤军无援，不穷追，而公奋励之气，益思有以自奋。后敌人犹以济远能战，相戒警备云。

辛亥武昌首义，北军麇集汉口，而张军负固金陵，观望者阴持两端，莫敢先发。是时舰队以清廷之命集于汉皋，公以诚悫为群舰所推服，一举足则南北为之重轻，独能沉机虑变，知吾国外患孔亟，民智方开，专制之政府，不足以图存，扫旧布新，时不可失，毅然效忠于民国，登高一呼，如响斯应。黎前都督畀以舰队司令，乃率诸舰退驻九江。闻安庆乱，协同九江司令李烈钧赴之，督舰队昼夜严防，乱定乃去。镇抚大通，得黎前都督电，以汉阳受敌，旦暮且陷，公急率队溯江赴援，力挫其锋，而停战之议，随因而起。嗣自鄂抵沪，遂长全军舰队司令部。

南京政府成立，举为海军部总长，屡辞弗获。是时绵蕝而朝，事事草创，人心未辑，而和议迁延，伏莽有反侧之虞，讹言则一夕数至，以总长兼总司令，规画舰队，及援鄂者警电纷驰，军书旁午，征计因应之繁，至废寝食，卒以促成南北统一之局，其赞造民国之功伟矣，国事勤劳，心力交瘁，以此得血疾，求解职。政府以其去留系海军之重，难遽息肩，准解海军总长兼职，仍留海军总司令，资以维持大局，公亦义以身殉国，虽有疾病，治事不辍，呕血骤剧，竟以积劳不起，于民国元年十二月四日，病逝于位，年四十有四。

是月二十八日，陈其美、伍廷光、魏瀚、萨镇冰、程璧光诸先生为公开追悼会于沪，前孙大总统闻讣，由杭赴席，演述公生平及其勋绩，悲惋激昂，到者数百人，闻之皆为泪下。并挽公句云："尽力民国最多，缔造艰难，回首思南都旧侣；屈指将才有几，老成凋谢，伤心问东亚海权。"又陆军部总长黄兴挽章云："一举夺得扬水〔子〕江，汉势不孤，黯收幕南王气；六洲齐传纳迩逊，将星忽陨，独存海上雄风。"足见公当年艰难缔造民国，鞠躬尽瘁之功为不可没也。妻薛氏。子一，名忠琨。

据抄件

董少将振五墓志铭

于右任

君讳威，字振五，扶风董氏。幼入邑校，成绩多不如人。性严整，时危坐如木偶。辛亥陕西革命军起，临潼曹寅侯募敢死队三千人驻凤翔防边，遇君奇之，留置幕中。岁将终，曹适病，部下又交哄，敌军乘之，弹集病室，君慷慨登城，痛陈大义，执反侧者手戮之，随呼众距跃而下，奋击二十余里，殪敌三百余，军威遂振，说者曰：是役无君，民军无凤翔兵。至是人人争识董振五。民国既奠，曹解兵柄，遨游东南。会赣宁战争，被陷入武昌狱。君时在龙门，急趋营救，视曹脱于难，乃辞归。未几，曹病殁西湖，复往迎榇归华下，遂谢世事，读书华山之麓。当袁氏帝谋未著时，先有事于陕西，而京畿军政执法处处长国人呼为屠伯之陆建章，遂迎合而得督陕，及筹安会起，陕人私语逐鹿，陆闻而恶之，杀戮日甚，逮捕者狱为之满，君斯时遂投笔而为秘密运动。陆建章之子曰承武，有众一旅，为其中坚。君初欲发难延榆，连合晋北民党，诱承武深入而歼之。嗣以计缓而难必，乃与李君岐山约，李经营西安，而以夺三原驻军枪械自任。讵省中谋泄，同志身殉者廿余人，陆使岳西峄捕君，岳阴纵而佯索之，故得免。翌日即伪为卖菜佣入栎阳，纠集健者炸毁营房，歼守兵而夺其械，遂转战河北，所向无敢当者，先后计夺得快枪五百余。是时河北民党已云起，胡立生虏陆承武于富平。君又下醴泉，围咸阳以规西安。陆气沮，乃与陈树藩议和，献省城以赎爱子，陕事遂定。君曰：吾书生也，不习兵。且此时拥兵奚为也？乃散其众，复归华下苦读，而学益进。

斯时继陆督陕者为陈树藩。吾叙至此，则欲为陕民党一辨其诬，“逐鹿”之役，民军多新募者，且莫能相一，而陈氏重兵在握，观变已久，不拥之则为敌，拥之，则犹冀其向善，故不得已而出此。及陈氏纵匪殃民，乱陕祸国，民党绝望，先后虽有起而声讨者，但力薄未能制其命。维时西南靖国军已兴，陕西劲兵以胡立生之第二团为最，君与有旧，因往隶胡部，与张义安、邓宝珊谋响应于三原，陈氏素知君，并知张邓亦民党健者，疑之，乃遣旅长曾某、团长严某驻原暗中监视，惟料张义安快枪仅百余，虽有君与邓亦不敢动。义安为人，知人善任，沉勇大略，而君能谋且精详，凡义安之计虑不及者，君皆早为布置。所有曾、严两部某军官宅某处、赌某处，某营连军实几何，皆一一表列，某巷可伏兵若干，某街可穴墙进攻，皆为图以说明。时已七年一月，民党来往三原者络绎，风声愈急，陈氏防之愈严，而严某又系积年悍匪，陈氏每利用之以残党人，对于胡部诟谇日甚。及二十六日夜天大雪，义安各个命令下后，君自带数人，出其不意，设疑兵先占据钟楼断交通，又伪为曾严部之巡城者，赚取四门，即以炸弹攻其旅团部，曾、严张皇失措。及闻四门失，乃死抵，巷战一日两夜，死伤不支，缒河而遁。适曹俊夫君自耀县来援，逆众三千余，遂缴械降。自是陕西靖国军之旗帜益鲜明。君乃偕义安等由兴平进攻西安，无战不捷，进驻慈恩寺，及西关大营盘，日夜设疑环攻，陈氏困围城四十余曰，将遁，而镇嵩军入援，义安阵亡，胡立生虑其兵单有失，严令旋军，文书日十数至，乃护义安遗榇以归，随接义安部为先锋营营长。

自义安逝后，靖国军退守河北。其年六月，张君伯英由南路，余由北路，间道入陕。余每闻人言，有振五则义安不死。又曰：振五有胆略，有主义，可为良将。自余任事后，君以所部解羌白围，败敌交口，援关山，取田市，所向披靡，敌望见麾帜即却，大军所至，人民耕织如恒。九月伯英驱旧部自商山出，下蓝田，攻零口，以图肃清东路，与河北军会。君与岳西峰夺渡济渭，中流交绥，敌帽垒而阵于岸南者甚众，悉破之，长驱攻马驱寨。马驱寨者，通零口之要冲，小堡密布，地形如箕，敌人用重兵守之，战三日夜，仰攻侧袭，悉覆其策，敌之悍队，是役尽歼，会胡立生入故市抚降被拘，各军大振。陈树藩以旧谊贻君书，谓汝如释兵，予即释胡，君覆书曰："大丈夫以身任天下事，不能以一人之私怨破坏大局，亦不能以一人之私恩背弃公理。立生去则去耳。其人故市也，吾不赞成；故其被拘也，亦不补救。愿祝彼为关、岳、文、史，早就千秋，亦愿彼祝吾为起、剪、颇、牧，纵横一世。此时此地，请无多言，见于疆场可耳。"陈卒不敢出，而河北以安。

十月随井总指挥勿幕、岳君西峰，进攻兴平，城将下，而勿幕遇难，乃整师回原。当时我军在西路者，下盩厔略定凤翔，滇军分驻凤扶，会攻长安之声震北廷，北廷用远交近攻之策，阳托议和，而潜军入陕。陈氏得援，遂约奉军镇嵩军肆全力于我。主客各军战于武功盩厔间者两阅月，君率所部同邓宝珊与冯子明、杨虎臣各军援武以救盩，与奉军遇于武功东北之大王村，摩敌垒而阵，敌三面环攻，因令军中五十步内，乃开始射击，敌误以为怯，猛进，死者甚众。方战之殷，君拟出奇兵剿敌后路，屹于阵前，指授方略，忽飞弹中目。士气奋激，出壕猛攻，及敌退而君已殡，时八年一月二十七日也。呜乎！痛哉！君得年二十有六。其年四月，上其状于军政府，追赠陆军少将。

当出征前数日，各军为张义安开追悼会，君每念及义安辄流泪，因手为文以祭之。其词曰："痛将星之沉垒兮，忽岁钥之将更。稽国贼之诛戮兮，恨夙愿之莫成。魂魄毅为鬼雄兮，身虽死而神灵。维招魂之有地兮，率旧部而荐牲。溯义旗之始树兮，收焦获而整军。独仗义而南征兮，牛酒遍乎州闾。组桡园而会战兮，士争先驱。血战三日兮，械废弹虚。手短兵以相接兮，歼逆军之枭渠。蒲阳围急而返旗兮，防后路之或疏。旋进军于仁里兮，冒雪奋迈。急装突进兮，袭破甘寨。三败于长安兮，逆督窘惫。薄堑隍而樵采俱断兮，军中称快。寻豫军之入关兮，敌乞和而停战。兄返原而定谋兮，弟屯军于鄠县。讵陈刘之反覆兮，潜重兵而来犯。兄星夜以驰援兮，惊迅速之若电。急分军而应战兮，当敌军之八面。忽偏师兮少却，即拊膺兮深耻。奋射兮进击，敌垒兮咫尺。竟饮弹而捐躯兮，知蜂虿之有毒。岂穷寇之勿追兮，信兵书其可读。乌乎！痛哉！天日沉阴兮，笳鼓不竞。军失所帅兮，惊惶莫定。众情推戴兮，委以兵柄。三辞不获兮，涕泣受命。旋东防之告警兮，躬擐甲而先行。趋关山而大战兮，振义旅之威声。破权家洛家之两寨兮，敌自践而尸横。渡渭桥而攻马驹寨兮，驱草木皆若兵。恨立生之失计兮，陷故市而不返。致全局之大震兮，人心危如累卵。旋井君之来归兮，喜相逢之未晚。复援军至自滇南兮，卜成功其弗远。夫何兴平一役兮，变出非常。旋师茹痛兮，息民池阳。抚时感事兮，念怀国殇。乌乎！痛哉！旌旗兮蔽天，骸骨兮遍地。寇仇兮方张，部曲兮罔异。惟英灵其式凭兮，敢生死而有贰。虽无宣子之才能兮，愿卒伯游之后事。”余每读此文，辄思君，更思义安之为人，故载于此。

君父名兴和，前以事见余，余询其家世及生计，曰：余家世业农，余四子，长即威，威妻吕氏，女一，威阵亡后数日，余次子为匪所杀，次助余耕，幼子严尚读也。又曰：余勤力耕种，足以自给，不愿知旧爱儿者之助我，我累儿于地下也。民国九年三月九日，同人议葬君于法门寺东七里之白龙讲坛，因埋石使余志之，并为铭以哭，铭曰：

勿幕不独文，义安不独武。后起之英，厥惟振五。大雪漫漫，周原腆腆。遗恨难亡，河山金鼓。大王村之血，白龙坛之庑。关西壶浆之遗民，渭北薪胆之旧部。祝英灵兮归来，问来归兮否否。水火深矣，哀哀三辅，碧血青山，皇天后土。

三原于右任撰。

据《革命人物志》第九集

蓝天蔚事略

失　名

蓝天蔚，字秀豪，湖北黄陂人。七岁丧母，从父客汉阳，与湘宿将陶树思、周芳明游习，问军旅之事，喜任侠，通文学。以湖北武备学生资送日本士官学校肄业，时俄人方侵凌我东三省，亟思有以御之。清光绪三十年日俄战起，天蔚组织义勇敢死队拟渡鸭绿江，助日攻俄，被推为队长。

旋赴武昌，张之洞授为统带官兼任湖北将弁高等师范教员，黄兴、钮永建等皆出其门。或谮之于张彪曰："天蔚同谋革命，请杀之，不然，或逐之。"张彪使人伺其行动，天蔚辞职去，吴禄贞荐之于锡良，锡良令赴日本考察军事，天蔚考入日本陆军大学，受东条伊布之讲授，学日进。宣统二年归国，任陆军第二混成协统领，驻奉天。

武昌起义，北方处于积威之下，无敢动者，惟天蔚与张绍曾、吴禄贞等共谋义举，禄贞、绍曾驻兵关内，进攻京、津，天蔚驻兵关外，以作后援。谋泄，禄贞被害，曾解军职，奉天总督赵尔巽乃主以二千元嘱馈天蔚，促南行，且曰："祸将作矣，不去必及于难，子其行乎！子有四方之志，流连于此，徒死无益。"天蔚遂走大连，复去上海。

时民党内部分裂，湘、鄂两派，尤不能相容，天蔚泣谕之曰："清廷为最后之挣扎，已攻破汉阳，天下事尚未可知，敌众我寡，协力御侮，犹恐不济，今忽内哄，蹈太平天国之覆辙，庸有济乎。"言罢，以枪自击，党人感其诚，遂归于好，而天蔚名誉由此日隆，奉天激进派推为关东革命大都督，临时大总统任为北伐军总司令，驻烟台，统率海陆军，欲进窥津沽、南满各地。

会南北统一,天蔚辞职南下,优游于西泠六桥三竺间,论者以韩蕲王拟之。袁世凯任总统时,资天蔚出洋游历,归国后,暗中资助南方军政府。民国十年,天蔚任鄂西联军总司令,潜入湖北,据施西一带。十一年一月,长江上游总司令孙传芳率师击破之,天蔚遁入四川,某执而送之于重庆。三月十一日以手枪自戕,或谓为川军所害,时年四十有五。十五年春归葬武昌刀泉,论者惜焉。

据《滦州革命先烈事略》

民国人物碑传集
卷　四

先严立三府君行述

于树棻　于树辉

先严讳鼎源，字立三，江苏江都瓜洲于氏，生于镇江西城外，故亦视镇江为故里焉。先严幼而岐嶷，读书习举业，尝从周颖孝、陈卧楼两先生游。弱冠后，成诸生。为诸生数稔，值清季停科举制，无以为进身之阶，然终思有所表见于当世。光绪丙午，纳粟为通判，指分安徽，将往待次。有友自汉阳来书，言方启南观察不日过镇，知公名，觊一见，愿留家候之。因未往。方公至，一见心许，谈至六时之久，遂偕方公赴豫，充任河南归德土税总卡。甫到差，即值该地水灾，盗贼遍野，商旅不行。先严精心筹画，税收甲于全省，而商人尤称道之。盖先严洁己奉公，无丝毫之苟取，司役人等，概不得滥收规费一文。有不足者，先严则捐廉助之。岑旭斋太守尝谓人曰："吾宦游数省，办厘差之委员，未曾见有如于某者。"嗣方观察移办晋省土税，河南土税总办为胡观察海帆，尤器重之。每遇公事接见，虽当寝食之际，闻先严至，无不立时延见。供差三载，年终考绩，均列第一。顾他日遇合，多不能称是，盖先严在在实事求是，但知有公，无自私自利之见，亦不愿苟取，以悦其上，故旋就旋自引去。民国八年己未，先严尝任吉林松江林业公司总务科科长职，又任币制局调查员，旋改钞券处办事。次年庚申，又往山东监铸铜元。或以难于整顿，或恐不易扩充，或因军事犹多障碍，或睹工程未及时期，皆为日不久，谢事以去。先严入仕之迹，大略如此。

至其挺身为地方服务，则自家居未仕宦之前，迄于衰老，非因远游疾病，未尝不鞠躬尽瘁，期造福于社会，不肯稍自暇逸也。清光绪戊戌，岁大旱，徐、海属饥民，南至镇江就食。京畿岭、宝盖山麓一带，麕集数千人，半多露宿风餐，时常镇道长公久山、镇江府向公子振、丹徒县王公漱兰，邀约绅董，筹办粥厂，聘先严主任其事，常川住厂，凡百余日。每晨黎明即起，时灾民多患病，施粥后继以施药。次年春二月，始各遣资回里，一冬与饥民杂处，受其疫气。三月间，而先严大病，危险异常，与共事者先后死四人，吴芸楼拔贡亦其一也。自是以后，每年举办城外冬振，当道者知先严精诚不懈，辄聘为住厂办事董事，首尾共六年，嗣因服官豫省，数年暂离桑梓。宣统纪元，还乡展墓。适镇江商会无人主持，遂被举为会长。南洋劝业会开办，先严又为镇江出品协会主任，悉心考究各商，得奖者甚伙。同时，苏省实行自治，又被举为丹徒县议会副议长，商会会长。

任期未满，而武昌义师起，各省响应。京口为八旗兵驻在要隘，若一旦交绥，阖城将糜烂。时文武官员各解职去，岌岌不可终日。先严乃不避艰险，与丹徒县议会正议长杨振声世伯，暨地方诸绅耆，弥缝匡救之。昕夕奔走，调停其间者数十日。方旗兵缴械之时，安危间不容发，幸先严手书至，而事旋辑，竟得相安无事。镇军都督林氏之驻扎道署也，一日墙外发见炸弹，以为旗兵复仇，加炮城上，欲洗旗营，谓不除心腹之患，终必死灰复燃。其势尤险恶。先严则又力争，与反复辩论终夜，始寝其事。回会后，目不能合，口不能言者半日。暨大局平靖，亟谢职休养，而元气则亏损甚矣。

民国二年癸丑，南京宣布独立，扬镇交恶。先严已卸任商会会长，犹复不避艰险，协助当局，苦心维持，得保无事。嗣又被推为镇江商团团长、商团董事长、商事公断处评议长、完节堂董事。先严无不竭诚尽力以赴之，体气乃日益减耗。先是，五年前先严一日归自外，举止失措，类中风。经医治，幸即瘳。惟自是遂成宿疾，不时发。今岁春分后，复大作，叠经中西医师医治，究未能脱体。及八月十二夜，吐黑水数升，次晨复溲出黑块数饼。医云瘀血根于暑热，然亦旋止。比笔江妹倩在申闻讯，延陆仲安先生来视，投药渐次有效，且庆且喜。讵意强饭六日后，病复及，药亦不应，延至十月二十日卯时弃养，哀哉。

先严一生政绩播于外，贤劳著于乡，虽未满兼善之愿，然所表见者，亦是不朽。独惜谋焉未成者,犹有一事。盖自津浦通车,而镇埠商务之不振,一落千丈。当是时,先严详思补救法,爰以镇江商会名义,联合扬州商会,公呈交通部及乌信铁路督办沈,请将乌衣一线接至瓜州,庶于车务商情两有裨益。已邀核准,只以款无著落,事归泡影。邦人至今言之扼腕,先严亦以吾谋不用,深致慨叹焉。子二人:不孝树棻、树辉。女五人:长适江宁傅秉成,次适江都胡筠,三适江宁姚当,四适镇江柳寿高,五适镇江高悦儒。孙四人:绍勋、柱勋、耀勋、锡勋。不孝等侍奉无状,罹此闵凶,抢地呼天,百身莫赎。只以家慈在堂,侍养需人,且窀穸未安,不得不视息人间,以襄大事。至先严生平德业,不孝等行能无似,未由窥测其全,谨就所闻于趋庭之余者,泣述梗概如上。倘荷巨人长者,矜而鉴之,宠锡篇章,以光泉壤,不胜哀感之至。谨述。棘人于树棻、树辉泣血稽颡。

据铅印原件

浙江王一亭先生功德纪念碑

唐文治

天地之所以长存，国家之所以永久者，善气而已矣。善气之在天下，拭目而视之，不可得而见也；倾耳而听之，不可得而闻也。惟旁薄默运于人心消息之微，赖以绵延弗替。宣圣叹善人不易见，吾于近世，得一人焉，曰王先生一亭。

先生讳震，一亭其字，世居浙江吴兴，后迁江苏南汇县周浦镇。曾祖讳树德，祖讳天祥，考讳福凑，本生考讳馥棠。妣氏蒋。先生自幼开敏逾人，家贫依外家教养，喜读经史。十五岁，入沪市，习钱业。阅三年，就学广方言馆，旧学新知，精研并进，已崭然露头角矣。旋复经营商业，懋迁有无，意则屡中，贸易家叹服，以为弗及，而先生益谦退敛抑，不矜不伐。尝曰："一己之荣，不若与人共荣，推之远大，要与社会国家共享其荣。"其志愿宏远如此。

辛亥前，国事窳败，岌岌不可终日。会陈英士先生来沪，先生与结纳。当是时，宋教仁、谭人凤、于右任诸先生奔走谋改革事，先生并与往还，兼敦劝沈缦云先生出巨赀补助《民立报》，又与同志筹办《民声报》，广通声气。会广东黄花岗事败，先生痛之，每届演讲，声泪俱下。武汉事起，陈英士先生攻上海制造局失败被获，先生偕李平书先生赴局，访局长陆〔张〕士珩先生，说以大义，慷慨激昂，当事者感动，遂不加害。洎上海光复，孙总理来沪组织军政府，统一各省，先生被推为交通兼农商部长，及同盟总会总摄党务，复兼经济部长。洎清廷逊位，袁项城帝制自为，因先生与英士先生俱以义侠闻于世，恐不便于己，始以利啖，继以威胁，下令通缉，先生潜避得免，仍留海上，与同志激厉反袁，并为宋教仁先生经纪丧务。洎云南起义，海内响应，袁以忧卒。先生喟然叹曰："民生憔悴若此，当以为善为职志矣。"适奉太夫人命，休养经年。

先生自维体气亏孱，翛然退隐，壹意慈善事业，孜孜不倦。综计办理灾赈，其奉国民政府命令设施者，有若十八年三月特派为赈灾委员会委员兼驻沪办事处主任，十九年二月特派为振务委员会常务委员兼驻沪办事处主任，二十年八月聘任为救济水灾委员会委员兼联络组委员，二十五年三月又特派为中央救灾准备金保管委员会委员长；此外若任中国红十字会总会长、上海华洋义振会董事等；与夫扶生救死，济良育才诸大端，偻指难数，具详于家乘事略中。余于壬申春，因太仓水灾，造访先生于上海仁济堂。先生蔼乎其容，粹乎其德，维时高朋满座，先生独与余细谭，命其子传熊酬答诸客，卒赖其力，娄东水灾会得以成立，至今民戴其德。呜呼！可谓仁心仁闻，遐迩咸孚者矣。唐李遐叔云："大兵之后，必有凶年。"正今日之谓，安得如先生者出，默察善因，广积善果，俾善气弥纶于寰宇，吾民皆喁喁得所，岂不懿欤！

先生提倡道德教育，不遗余力。自大学以至小学，有请指示方针者，罔不为之悉心规画。平生兼擅绘事，喜绘《忠孝图》、《圣迹图》、《流民图》，俱于世道人心，深有裨益。丁丑事变，奉蒋主席电召，纡道赴港，不幸遘病，牵动夙疾，折回到沪，甫半日，遽归道山，无论识与不识，咸流涕曰："痛哉！当世失一善人矣。"是年七十有二。明年某月，为先生十周年纪念，爰历叙其生平，用备政府采录史传，并以质诸知言之君子。

据《茹经堂文集六编》卷六《碑铭类》

王敬庭传

陈懋森

君讳敬庭，以字行，江都王氏。居南门外，距城里许，曰土坝。太翁志新先生，幼丁离乱，中更艰苦，晚而业成，为巨商，以盛德隐市廛，年九十卒，一乡之人，称为长者。君少倜傥有大志，方读书里塾，即慕古之义侠。光绪之季，毕业于江南监狱学堂，以非所好，弃去。太翁治生纤啬，君则性豪放，喜交游，太翁顾不之禁，尝勉之曰："吾老矣，无用世之志，汝年方壮，宜有为，今四方多故，大之树功勋于国家，小之捍患难于乡邑，丈夫生世，非苟焉已也。"

江都居江淮之冲，辛亥而后，地方渐不靖，因创设商团以自卫，君左右之劳为多。逮甲子秋，苏浙战起，益多事。时朱先生竹轩长江都商会，以年老引退，举君自代。君继朱先生后终始垂十年。当丁卯春及秋，南北更代之际，县无官，君尝两摄县事。是时军旅络绎，供亿滋繁，因应失宜，变且不测，君以一身楮柱其间，而时其刚柔以为用，地方赖以按堵。其后每有事故，所倚唯君。壬申秋，江都因清丈田亩，主者操切，激而生变，官民相持，势匈匈。君方居丧，乡人强出君于倚庐之中，及君出而遂定。盖君平生坦白无城府，尤重言诺，视人如己，视一邑之休戚如其家，故能出身当难而不辞，而人亦感其诚信，无不听也。君自任事以来，廉洁自好，未尝有所取，而转以肆应之烦，岁割其膏腴，君不自言，人亦莫能明也。及君殁，而后知之。君积劳既久，外强而中虚，遂于夏正丙子八月得疾，数日而卒，年五十有七。配魏氏，有贤行，先君卒。子男二人：庆国，庆泰。女一人，适潘文庄。孙三人。

论曰:君于安危呼吸之间,保全乡里者至大,当时颂声盈路,而君未尝自多,及夫事平以后,一二小人,或追议君,君闻之,亦不以为意,盖自尽其责,功与过,所不居也。夫痛定已久,人情易忘,而变故之来,则非所及料,继今以往,吾邑幸而无事斯已耳,设不幸而有之,此深识者所用为隐忧,而于君不能无痛惜也。

据《休庵集》卷下

清江西提学使王公行状

顾廷龙

公姓王氏，讳同愈，字文若，号胜元，别署栩缘，江苏元和人。先世籍金华，明初迁于吴，为郡望族。四传有讳庭者，高掇巍科，历官江西藩右，有廉惠声，政绩载诸史册，崇祀乡贤，人称阳湖先生。其子讳敬臣，学底大醇，功先慎独，阐圣贤之旨，重躬行之实，人称仁孝先生，是为公十世从祖也。曾祖讳茂兴，国学生，妣沈。祖讳乃熙，邑增生，妣江。父讳赓伯，邑廪膳生，妣陈，明诗习礼。同怀兄弟四人：伯讳同恩，邑廪膳生；仲讳同懋，官澧州直隶州知州，精绘事，即廷龙外祖；叔同慰，国学生；公其季也。生而颖悟，读书过目成诵。六岁，值洪杨之乱，全家仓黄出走，流转数百里，日谋一饱而不得。吴中亲旧有为海上寓公者，间关往依之，始庆更生。同治癸亥十月，苏垣克复，结伴回乡。公仰承庭训，学业孟晋。年十六，遭父丧，重慈在堂，孤贫不能自振，课童蒙六七人，所入仅资饩鬻。甲戌，与仲兄橐笔舆地局，出入相偕，气谊尤挚。时顾公沄亦从事其间，暇则侍侧，观作画，喜辄效之，遂从问业，是公作画之始。舆地局附设制造局内，往来观摩，心窃好之。凡测算、图绘、机械缔构，皆有所会，是公治天算格致之始。

光绪乙亥，学使林公天龄科试，应考算学，列前茅，补博士弟子员。游李公金镛幕，由析津而任邱，襄办堤工，细核土方，省费甚巨。明年八月，假归完姻，适李公奉命赴吉林，结缡未浃旬，即从远征。盖李公依之如左右手，公亦有经世之志，深自淬厉，不稍暇逸也。辛巳，吴公大澄督办宁古塔等处屯垦事宜，委李公赴珲春，设局招垦，兼防军营务处。吴公校阅防军莅珲，相地与俄界毗连，形势紧要，因周历边境，度设炮台基址，以固防务。夙闻公才能，又谙理算，坚商李公，辟以自助，札委管理炮台，多方擘画，箸《炮台图说》。嗣是随节畿甸，而东粤，而大梁，相契益深，遂著弟子籍。又获交海内知名之士，文誉日隆。乙酉，举顺天乡试。己丑，以魁选成进士，改庶吉士，散馆授编修。辛卯、癸巳，两充顺天乡试同考官，得士甚盛。寻派充出使日本参赞，以佐公使汪公凤藻。未满任归，适吴公疏请督师，檄襄军务。吴公罢，回京供职，充国史馆纂修、文渊阁校理。

丁酉秋，简放湖北学政，崇尚正学，求敦品励行，体用兼备之才。于经古一场力为倡导，以开风气，改试策论，空疏之弊渐息。尤以算术一门，评政不惮其详。武科改试章程覆奏，陈说七事，有给予空枪、首重练炮两则，皆为时人所未经道及者。公以测算绘图皆军中要务，考试武科即先举办。报考者踊跃，輶轩所至，凡天算制造之学，政法教育之书，使人各就性之所近，精究以致用，遂使移译之籍空于市，负笈之士盈于途。数年之间，成材夥颐。以实学相号召，以爱国相砥砺，鄂人称颂弗衰。当戊戌政变，新旧相乘之际，既不牵于党议，亦不悖乎时论，从容周旋，皭然不滓，其所挟持，为何如也。庚子报满回籍。明春复命汴梁行在，蒙召见，奉旨发往湖北，交张之洞差遣。壬寅三月，抵鄂，总办学务处，兼两湖大学堂监督。

七月，丁母忧。癸卯二月，充江宁学务处参议，仍就两湖监督之席。因妻病女亡，乞假归视。旋以衰疾辞鄂事，养疴里门。鉴于苏州府城为吴中省会，轮轨交通，货物流行，华洋毕萃，谋提纲挈领，保卫维持之策，俾商务日有进步。爰与尤公先甲等，遵照商部奏定章程，创立苏州商务总会。手订规则，排难解纷，整齐利导，商人受益甚宏。中丞陆公元鼎，素知公热心教育，特奏调回苏，办理学务，充学务处总理。改宾兴公所为学务公所，设公立第一高等小学堂、公立第一中学堂、公立师范传习所、公立初等商业小学堂，又设公立半日学堂，以便职工子弟半日就学，半日习本业。创设苏府学会、江苏总学会，公举为副会长，充学务公所议长，又充学部谘议官。教育总会成立，公举张公謇为正会长，公与许公鼎霖副之。吾吴创办学校，革新教育，荜路蓝缕，公之力最多。又与张公等主持苏省铁路集股商办，创设铁路公司，公推王公清穆为总理，公与张、许二公为协理。设苏省铁路学堂，兼长校务，培植路政人才甚众。尝同工程师徐公文泂调查瓜清路线有无阻碍津浦铁路之处，引尺握算，胼胝田野，不以为劳。及英银公司强制借款，推公与许公为代表，进京呼吁拒收，以维利权。越七年，铁路收归国有，又公推为苏路股款清算处主任，谋始图终，艰难匡济。当是时，已补授本衙门秘书郎。未匝月，升授撰文。公以地方公益诸务所羁，未克即行，而翰林院屡加敦促。宣统己酉，还朝，奉派宪政编查馆谘议官、实录馆总纂。庚戌正月，简授江西提学使，整顿学校，注重专门，建议女子蚕桑学校当设于乡村，使农家妇女学成应用。若仅供大家闺秀肄业，难于实践，不过养成教习之才，殊失创办专科之旨。

方谋有所兴革，遽遭国变，退隐沪上。泛览图籍，间为撰述，度曲饮酒，以遣晨夕。念先人续纂宗谱遗稿，失之乱离，志切继述。迨从叔兄所访获副本，亟加增辑，写为定本，绵延世泽，贻之后人。又以仁孝先生祠宇浸废，汲汲营土木，轮奂重新，复修烝尝。平日深居简出，门无杂宾。当路之征勿应，即南北遗老之结集，亦未尝一与焉。屏绝人事，以书画自怡。卜筑槎南草堂于南翔仙槎桥边，临水柴门，后有小圃，略具花木之胜。遗世独立，有终焉之志，人亦几忘硕果之仅存。何意兵戈俶扰，首当其冲，徙避靡常。丁丑之难，屋宇沦毁，百物荡然。公历经变故胸怀旷达，夷然处之。辛巳三月十一日，诵放翁《示儿诗》而逝，距生于咸丰乙卯十二月十七日，享年八十有七。先是甲子元旦，年政七十，曾手书末命，藏之箧衍。其词曰："异日儿辈为吾治丧，礼宜俭（僧、道、中西乐一概屏除），葬宜速，勿赴告（免漏赴、滥赴之嫌），勿汇吊（行鼎惠垦辞之实）。葬后登报，以告亲友（免儿曹匿丧之嫌，或出柩后报告）。毋惑毋违。"诸孤遵遗言，不赴。

公惟孝友于，力守圣贤之教，宅心仁厚，处事和平，未尝有疾言厉色。于学无所不窥。客吴氏斋中，多见古器法物书画名迹。官京师后，与吴公郁生、叶公昌炽、费公念慈、江公标，上下议论于金石文字书画目录之学，赏奇析疑，极盍簪之乐。按试宜昌，访古三游洞，洞有宋题名，相传只三处，扪壁周视，摩挲于黝黑嵚崎之间，竟又得宋题名九，其一欧阳文忠也，督拓分赠，同好争宝之。公未弱冠，即以善书名，四体兼工。楷书初枕松雪，继更信本，参以永兴，于《王居士砖塔铭》，习之最久。小篆学汉碑额，古文则《虢季子盘铭》。隶好《礼器》。草宗二王。画擅山水，上承宋、元，下规文、唐，布局最重尺度，渲染研几光理。里居之日，尝与吴大澄、顾沄、陆恢、金彰、倪田、郑文焯、费念慈、翁绶琪、顾麟士诸公，结书画社于怡园。笔不轻著，作无不工。所论书画大旨，津逮后学。其言曰："学画须从大痴入手，大痴有笔有墨，有骨有肉，疏密有度，燥湿咸宜。所以子久一派，实为画学津梁，最易引人入胜。犹作字之必先规模信本，方有根柢，不致流入野孤。苟始基不慎，流弊随之矣。畏难苟安，专趋简率一路，不从严密做去，内无充实之美，貌为高老，必无是处。入手第二步，便当临摹古人极工细之作，如范华原、李公麟、刘松年、李晞古，虽极工致，而仍笔笔雅静，又极精细。有此两层学力，庶可与古人相见。有时简，简而益厚，有时密，密而不繁，渴而不枯，润而不滑，见笔处无斧凿痕，皴擦处无堆垛迹，渲染处无模糊态，亦分明，亦融洽，望之如一片机神流行纸上，斯为艺林绝业乎。"公之神明乎法度之外，变化于拟议之中，诚彦远所谓"振妙一时，传芳千祀"者也。

尝以番禺黎咏椿所编《说文通检》最便初学，末一卷尤为全书镭阚，凡今隶字与篆文异写者，皆可于是卷中得之。原注漏略者补注之，讹误者改正之，或古义各别，或本无此说，或篆写各异，或本系重见，分析详载，增益倍蓰，别自成书。取黎例有曰卷末检疑字之意，勒为《说文检疑》。雅嗜砚石，讨论鉴别，不重珍藏，而重实用。胪举声、色、体、质四要，当以木润轻软为主。万物皆有质点凝聚而成，石嫩则质点褪去一层，复露一层，依旧剉墨不钝，但洼下耳。老则质点之锋芒褪，而质点不褪，便致滑泽而不落墨。故佳砚久用则洼，劣砚则否。至眼之有无，及名人遗制，非所尚也。著《选砚刍言》。采摭诸家所辑《疑年录》，略变其例，列为表式。半叶十年，年占一行，行隶若干人，分五列：首标干支纪元。次生阑，列生人姓名，注其字号。下卒阑，列卒者姓名，注其岁数。凡年龄之疑似者，及仅见所题时年者，分注两阑之下。于此可觇一年中名人生卒之概数，长幼之差序，生卒之先后，一览无余，随时增订，所得甚多。而于画家搜录为尤广，编为《疑年表》。又著有《栩缘随笔》、《栩缘日记》、《栩缘诗文集》，稿藏于家。视学时，纂《校士算存》，刊《先正读书诀》、《女学弟子职》三种，板储鹿门书院。

配蒋夫人，前卒，淑行详公所撰墓志，生子怀琛、怀鋆，女怀琬，适顾瀚昌。篷室钱氏，后公二年卒，生子怀璆、怀镤，女怀琮，适贝祖远，怀璧、怀玗，未字。孙四：尚忠、毓忠、宝忠、以忠。孙女五：长适邹章，余未字。曾孙三，曾孙女一。廷龙自幼往来外家，时承声欬，而瞢无所知。比长，假馆草堂，饫荷启迪，忝闻绪论。公有经世才，明事达理，识变几先，而未倾所蕴，以艺事终老。谦逊为怀，不欲修襮于人人。不居遗老之名，躬践隐逸之实，浩然归去，心事光明。殁三年矣，惧盛德之弗彰，僭就所知，粗述学行大概，备传儒林文苑者采择焉。中华民国三十三年三月二十三日，岁次甲申二月之晦，外侄孙顾廷龙谨状。

据影印原印

杭州叶公揆初行状

顾廷龙

公姓叶氏，讳景葵，字揆初，别署存晦居士，一曰卷庵，浙江杭州市人。其先新州望族，世有隐德。至明万历中，仰湖公始迁杭。数传至古渠公讳藩，清乾隆十六年辛未进士，改翰林院庶吉士，官至思恩府知府，学宗程朱，作育甚众，著有《敦怡堂文稿》，是为公六世祖。曾祖宣三公讳庆暄，道光十七年丁酉举人，官鄢陵县知县，著有《咏兰室诗文钞》，妣孙，继徐。祖贞甫公讳尔安，廪贡生，官商水县知县，署许州直隶州知州，所至有政声，事迹载《商水县志·名宦传》，嗜金石文字，著有《石墨证古》，妣钱，继马。考作舟公讳济，光绪二年丙子举人，官至郑州直隶州知州，鼎革后为郑县知事，德泽浃洽，民为立生祠，升任开封道尹，妣徐。子三，长即公，次景莱，三景莘。公生而颖悟，读书勤敏。年十四，毕十三经。光绪十五年己丑，年十六，补县学生。明春，夏夫人来归，结缡三日，患咯血，九阅月而逝。公丧偶伤感，嗽疾亦作，体惫不支，奉严命别居书室，浏览载籍，获见大生要旨，习其趺坐调息之法，岁余始复其初。

十八年壬辰冬，随官开封。翌年正月，续娶朱夫人。作舟公同官石庚，奇公才学，为之作伐。夫人父朱钟琪，与庚及赵尔萃为义兄弟，同官济南。公往就婚，尔萃为设行馆，主其事，一见器之，阅所作诗文，每加奖饰。公因师事之，学为制艺，并得见其兄尔巽，尤相器重。尔萃尝曰："子文不宜北闱。"二十年甲午，遂应本省乡试，以第二名中式登贤书。公故善病，喜读医书，尔萃固精于医，复从之学。方乡试旋里，业师徐承敬年七十余矣，患温热病，壮热谵语。既见，瞠目不相识，公投以大承气汤，越日清醒，病渐获瘳。然公自谓冒险尝试，自此不复轻为人处方矣。

二十四年戊戌，春闱报罢，援例报捐内阁中书。时都中提倡新学，遂入张元济所设通艺学堂，习英文算学。念诸弟僻处河南，非以新学启迪之不可。乃延北洋大学卒业生庄敬于，偕至开封，使弟景莱、景莘，表弟严江、严泷受其业，购新书，互相讲习；得《农学报》，及严译《原富》，读而好之。会作舟公宰陈州太康县，公每于课余，与敬于率诸弟同至郊外，就老农话树艺，辑成《太康物产表》一卷。是为公有志实业之始。庚子联军之役，巨款输敌，举国忧贫，议兴矿务，外人亦时思染指。公就闻见所及，成《矿政纪要》一卷。旋在河南顺直振捐局报捐知府，分发试用。二十八年壬寅春，奉母回杭，遣嫁胞妹景蓉，思送诸弟东渡求学，而作舟公以强项忤学政，调知汝州直隶州。汝，著名瘠缺，所谋稍阻，仅得遣景莘与泷。公慨然有为贫而仕之志。适尔巽升署晋抚，招公为内书记。公为草通筹本计十条，朝议下政务处议覆通行，一时读者咸叹服。尔巽拜湘抚之命，专折奏调，称为器识深纯，规模宏远，讲求各国政治，内地利病，论议洞中窾要。

明年癸卯，公应调赴湘，道经河南，其时会试改于开封举行，遂就试。中式第七名贡士，覆试一等，殿试二甲，朝考二等，请归原班。寻开经济特科，礼部侍郎郭曾炘及尔巽，均以公荐，未应。去湘，受委为学务处提调，兼矿务局提调，奉职勿懈。尔巽授盛京将军，濒行，两宫面谕，尽当为者为之，勿拘常例。调公总办文案。盛京，清陪都也。设五部侍郎，无所事事，乃请改行省制，裁府尹、府丞，归并五部事务，百端俱举，公皆以一手赞成之。先是，尔巽陛辞时，面奏史念祖久经战阵，废弃可惜。奉旨发往奉天，交尔巽差委。念祖至，尔巽欲以全省营务畀之，然又虑巡防营兵匪糅杂，易去督办张锡銮，恐不易驾驭。公请毋易锡銮，而以五部旧属之俸饷处改财政总局，任念祖为总办。尔巽曰："汝能为之下乎？"曰："能。"于是以公与金还为会办，剔除积弊，未及两年，所入骤增逾千万。

三十三年丁未，裁盛京将军，尔巽调京，徐世昌总督东三省。世昌至，有龁龁前任之短者，旧财政局员咸被劾，公与念祖、还皆落职。公入关至京，谒父执《刍言报》主笔汪康年，勖以游学日本，研习财政经济。而汉阳铁厂总经理李维格，公至交也。闻公有志实业，以钢铁业有裨富强，邀往考察。是秋朱夫人归宁，公偕至济南，得见山东盐运使张莲芬，营中兴煤矿有年，将弃官为之，一见相契。且言无论政治实业，专营则精，兼骛则废。公韪其议，书绅勿忘。嗣尔巽总督湖广，复折简相招。先至郑州省亲，南下至汉阳，维格邀寓铁厂，导观新式炼钢炉，讨论相得。时江浙资本团四十余人莅汉，调查汉冶萍厂矿，有意投资。其中蒋抑卮、胡藻青、沈新三、郑岱生皆浙人，亦浙江兴业银行巨子也。公以维格之介，遂订交，相约赴沪。

三十四年戊申，尔巽任四川总督，因奏请开复奉天财政局被参各员，调往任使。公亦同奉开复原衔调往差遣之命，以道远，辞不往，派为驻沪四川转运局总办。公与浙江兴业银行上海分行总经理樊时勋及抑卮、藻青诸子，过从渐密，群相敬佩。宣统元年己酉五月，藻青以杭州总行总经理兼任汉口行经理，苦难并顾，荐公任汉行事。公以主川运不克离沪，辞。固请，乃允遥领，委其事于内经理项藻馨。藻馨，故为公总角交，遇要事，则往来两地也。六月，弟景莱婴心疾，公偕赴汴，舟行，忽自沈于江。初景莱欲留学外国，不果，肄业震旦学院，以事退学。偕友创设复旦学校及《神州日报》，而绌于资。公解囊济其急，然亏负甚巨，卒不振。所遇多怫逆，沉忧孤愤，遂覯此变。公痛之甚，作长函以慰堂上。晚岁检得原札，悔未采景莘言，遂其游学之愿，因追叙始末，为《鸰痛记》一卷，以贻子孙。三年辛亥二月，奉旨调部，署造币厂监督，就职天津。未几，廷谕以三四品京堂候补，实授大清银行正监督。不久遭国变，公亦解职，赴汴侍亲。

民国元年壬子五月，汉冶萍公司股东会，举维格与公为总理，又推公与袁思亮、杨廷栋为代表，往谒袁世凯，乞借公帑，俾恢复化铁炼钢炉。当停工之始，有斥言维格办理不善者。公与之交久，知其困心衡虑，成就匪易，撰文述汉冶萍产生之历史，刊诸上海《时事新报》，浮议始息。既入京，复重印为小册，遍贻朝士；于是借得元年八厘公债二百万元，开炉复工。未及一年，公以维格受股东会掊击，同时辞职。三年甲寅夏，浙江商办铁路公司股东会，允受交通部所订合约，推公为浙路股款清算处主任。部中初尚按期拨款，既则非索不得。公往来南北，叠经政局更迭，迁延二十有七年，极尽艰难曲折，始争得沪杭甬续借款项。清算之事，乃告毕。按合约规定，逾限不取之款，拨充浙省公益基金，爰成立浙江私人捐助公益基金董事会，推公为当然董事，陈汉第为董事长。著有《浙路股款清算始末》一卷。

四年乙卯秋，浙江兴业银行股东会决议，改上海分行为总行，董事会设立总办事处，管理总分支行事务。公被选为办事董事，继推为董事长。一切规程，先后实行，制度大定。该行原得清度支部特许发行钞票，后中国、交通两银行发行渐广，乃与订立领券合同，愿自行取销发行权。财政部有"公而忘私，堪为模范"之奖，洎以券额不敷支配，复具呈币制局，请准恢复发行权。尝与潘用和合撰《浙江兴业银行发行史》一卷。抗日军兴，奉令各银行总行撤退后方，公时悼亡，养疴莫干山，绕道至汉口，躬事筹备。各地存户有避难至者，资斧不给，皆通融应付，人称便焉。自膺董事，迄于终身，其间连任董事长者达三十年。调剂金融，流通农产，辅助工商，推广营业，信誉日隆。政府有建钱江大桥之议，人事组织既具，经费未集。公以此成浙路未竟之功，忻然献策，为借巨款，协赞始终。

十一年壬戌夏，作舟公因病挂冠，公迎养来沪，徐太夫人回杭。十二月作舟公遽患中风，危急之际，突接太夫人同病之报，仓黄驰归，不治弃养。返视椿庭，幸已向愈，定省晨昏，恒招朋好为诗酒之会，以娱老人。又六年，遭大故，哀恸至甚。十四年乙丑，公投资明庶农业公司，组董事会，举为董事长。明庶者，共和始建，汤寿潜之子孝佶、孝僡及抑卮等，于南洋柔佛所营橡树园也。无何，欧洲大战起，力竭难继，议招新股，重谋整顿，孝佶、抑卮怂公入股。孝僡尝留学日本，专习农科者，任董事兼经理，而南洋风土不宜其体，以病辞归。又值二次大战将作，风云险恶，公乃倩孝僡子彦颐前往视察。知无可为，力主让售，收回股本，薄有利润，善始善终，可谓知几矣。

二十年辛未，中兴煤矿公司选公为常务董事，后改选为董事长。公于该公司渊源有自，初识莲芬，时钟琪官山东商务局，亦董事。公以馆甥居贰室，常参与擘画，筹议借款。拘于胶澳条约，公司应与德商合股，久未能集，遂交涉收归华商自办，维护完整主权。其后聘矿师，掘深井，用机器开采，规模日以恢宏。公司筑有台枣运煤铁路，及津浦铁路成，复请接展临枣枝线，水陆四达，产运更畅。中遇公司经济艰窘，公力斡旋以纾其困。迨倭侵华北，占夺总矿，谋取法律地位。日本军部派员踵门请谒，公坚拒不纳。设总办事处于上海，与政府维系，绸缪周至，卒克保此六十年来所经营之实业。

二十八年己卯，公感于江浙文物遭倭寇摧毁之烈，谋有以保存之。约张元济、陈陶遗创设私立图书馆，首出所藏为倡，名曰合众。或劝以叶氏为名者，公谓图书馆当公诸社会，将赖众力以垂久远，不宜视为一家之物，不许。筹备二年，乃建新馆。旁有隙地，公与馆立约，租赁期二十五年，卜筑一椽，通以一门，昕夕往来，指示规画，不辞烦琐。朋辈响应，捐书者日众。公尝曰："昔日我为主，而书为客。今书为馆所有，地亦馆所有，我租馆地，而阅馆书；书为主，而我为客。"无异寄生于书，遂自号书寄生。公旧有藏书，多属肄习之本。当丁戊间，吴昌绶斥所藏明刊旧钞四十种，为嫁女之资，公实受之，是为公搜罗善本之始；嗣后年有所置矣。笃好稿本、校本，以先贤心力所萃，精神所寄，不忍视其流散也。鉴别前人墨迹，最为精审。每见异本，手自校勘，蝇头细字，娟媚不苟。展览所及，辄加题识，或提撷英华，或评议体例，或考订版本，或叙述往事，皆足以津逮后学。公于赵尔巽有知己之感，搜集遗稿甚勤，于其奏议尤详。欲为之流播，而力不逮。编有《赵尚书奏议目录》一卷。挚友熊希龄，一生行事，卓荦可传，欲为之编定遗书，有志未竟，先成《凤凰熊君秉三家传》一卷。公素好锻炼之术，故气体由弱转强，人皆以为大耋可期。今年三月中旬，偶患感冒，浸至肺炎、肾炎，及心脏扩大，竟尔不起。时中华民国三十八年四月二十八日，即阴历己丑四月初一日，距生于清同治十三年甲戌七月十八日，享年七十有六。所著诗文、题识、日记等，皆积稿待缮。

元配同邑夏夫人，讳循巽，字伯仪。清吏部侍郎同善孙，户部主事庚复女。葬于杭州半山。继配同邑朱夫人，讳昶，字铭延，清奉天度支使钟琪女，前卒，淑行详陈敬第所撰家传。簉室徐氏联璧。嗣子二：长维，景莘出，兼祧景莱后，北京大学文学士，东北大学教授。次絅，从弟景荀出，圣约翰大学文学士，留学美国。公自营生圹于上海虹桥万国公墓，朱夫人祔焉。时隶战区，不克安窆，暂厝静安公墓，权也。公负命也才，遭时不偶，未能大用，退而专营金融、实业、文化，其功绩无不为当世称道。平生犹夷澹定，自奉俭约，而周急助学，及资公益不少吝。不知者，遂以为富有。曾两度为匪劫持，公处之坦然。客有劝公自撰年谱者，谓数十年之经历，从忧患中得来，堪以昭示后生。公笑曰："事过境迁，已成陈迹。"其不喜表襮如此。龙识公于章氏四当斋座中久矣，应召来主图书馆，尤得朝夕相侍者十年，忝闻绪论，粗述学行梗概，无溢辞，以俟当代立言君子甄采焉。中华民国三十八年五月，吴县后学顾廷龙谨状。

据《兴业邮乘》总第一七二号

关伯衡先生墓碑

叶恭绰

民国二十二年三月十日，关先生伯衡以疾卒于北平。绰与君数世交，妹又君之子祖光妇也，于君性行知之稔，重以诸孤请，其能无辞。

君讳冕钧，字耀芹，伯衡其号也。少承尊公树三先生之训，又尝从吾乡大儒简竹居先生游，能溺苦于学。以诸生中光绪癸巳科举人，甲午成进士，入翰林，与同榜梁丈燕孙、陈丈简持、李丈柳溪以道义相切劘。当是时，士夫习于宴安，京曹清谨拘绳尺，多厌厌无生气。君独广交游，好谈宴，究心经世之略，流辈颇惊笑之，君不顾也。尝于甲辰年一为会试同考官，所得多知名士。清末立宪议作，命五大臣使各国考宪政。君随戴公鸿慈、端公方历聘九国，研悉欧、美政法微意。

归国，以本官调邮传部，绾总务，时议建铁路，首京张，以詹天佑总其事，而君副之。詹专工务，余悉君肩其责。万端麻列，前无袭因，随宜肆应，一出澄虑。路成，工坚费省事速，国际觇观者皆叹诧出意外焉。丰台捐税，病商损路，君力争于部，免之，勒其文于石，后有主复者，卒格不行，商旅至今德之。君尝言："一生心力，瘁于是路。惜国家多故，规为不能闳远。苟斯路北达库、哈，西通陇、新，边疆何致多事乎？"其远识多类此。厥后历任南北和议代表，约法会议议员，参政院参政，杀虎、塞北、多伦诸关监督，暨晋北榷运局长，皆称其职，然非志之所在也。

晚居北平，既饱历世变，有终焉之志，君亦垂垂老。今者变愈亟，而君遂一瞑不之视矣。

综君生平，豪迈纵横，类杜牧之、秦少游，而干略深识过之。世仅以风流倜傥目君，未为知君深也。君于古器物书画，精鉴别，收藏宏富。先后同好，若盛伯希、翁弢夫、颜韵伯、唐少川、杨荫北诸先生，赏奇析疑，数十年如一日。外人履吾土者，每以得一见为幸。故宫博物院且礼聘为专门委员。其见重于世如此。顾君自叙，乃托于玩物丧志，即君志事可知矣。

君籍广西苍梧，以清同治七年九月四日生，卒年六十有三。以民国二十二年七月葬于故乡长洲竹山村之原。祖谦，妣李夫人。本生祖端，妣李夫人。考广槐，仕终雷州府知府，妣吴夫人。君配邹夫人。皆先君卒。子八：癸生、丙生，幼殇；祖章、祖光，皆负笈国内外，学业有成，能自立；祖寿、祖丰、祖京、祖寅，皆幼。女八：秀梧，适南海招钟繁；碧梧，适绍兴宋兆晋；凤梧，适中山马康耀；锦梧，适顺德麦鼐华；玉梧，适长沙陈树人；瑞梧，适中山郑林庄；海梧、雪梧，俱未字。孙：震华、定华、靖华、汉华；女孙：安华、粤华、贵华、济华，并幼学。铭曰：

緊夫子，牧观俦。沸声歌，郁烦忧。奋大翮，横九州。导先路，操厥钠。嗟无女，登高邱。莽烟云，恣卧游。倏孤征，骖龙虬。赫赫光，霾沈幽。灵兮娱，竹山陬。铭锵风，非雕锼。式来者，千万秋。

据《遐庵汇稿》中编

诰授资政大夫二品衔候选道朱君行状

袁思亮

曾祖讳武于，貤赠资政大夫。

祖讳朝龙，诰赠资政大夫。

考讳祥麟，署乍浦营都司、定海营游击，诰赠资政大夫。

君姓朱氏，讳佩珍，字葆三，世为浙江黄岩人。幼随父官定海，遂占籍焉。方粤寇犯浙，游击治城守，命君侍母出居东乡之北蝉。君晨朝父于城，市鸡脯鱼米，归以奉母，日徒步往返数十里以为常。稍长，学贾上海五金肆，勤敏朴诚殊常儿，主者器之。学成，遽委以会计。久之，遂自设慎裕五金肆于上海，是为君经营商业之始。君起家徒手，无所资藉，徒以慷慨信然诺，为士大夫所爱重，同业所信仰，与浏阳李勤恪公及先尚书交最笃。东、西洋诸国巨商大贾，名人硕士之往来上海者，亦争交欢君。驻上海诸领事，多恃强桀骜，独于君有加礼，难决事，君一出辄解，曰："朱先生不吾欺也！"上海自通商以来，挟土物与外人交易，或擅语言通译为居间，下至割烹力役，受佣外人者，大抵皆浙之宁波人，而以君为之望，咸欲得君一言以为重。君坦易无城府，乞荐牍者沓至，君无所拒，或窃赀而逋，君辄出赀代为赏如约，前后所耗累巨万，用此信义益著闻，而因君卵翼，感奋自效，以发身成名者，亦相望云。

君所营不名一业，其属诸银行者五：曰中国通商、曰浙江实业、曰四明、曰中华、曰江南；其属诸保险者四：曰华安、曰华兴、曰华成、曰华安人寿；其属诸航业者六：曰宁绍、曰长和、曰永利、曰永安、曰舟山、曰大达轮步；其他如自来水、水泥、煤矿、电气、面粉、造纸、榨油、化铁、毛绒、纺织、新闻诸事业，君无所不办；即西人所营业，亦多尸君名。都上海、宁波、定海所为公益慈善教育，若堂、若局、若医院、若学校、若山庄、若公会、公所，不可偻指数，无论为君所首创，或他人所主办，必推君董理。其系于中外，则有若中国红十字会、中国救济妇孺会、禁烟公会、欧战协济会、联华总会、华洋义振会，君靡役不预，而长商会九年，舆论尤翕然，无非难者。

辛亥事起，群推君长财政，君固辞，时暴民恣睢，四出侵掠，人情恇惧，佥曰："君不出，且大乱。"君乃与司军政者约，毋苛捐，毋滥费，毋挠权，诺而后受，饷集而民不扰，事定，即退，曰："吾为商人久，不耐官职也。"

盖综君之生平，未尝有所专注，出其忠信恺悌，以泛应当世，功不必自己出，名不必自己居，卒之人人皆欲资君以为号召，而君亦不惮劳悴，尽心力为之擘画赞助，以底于成，于是人人之得以为功者，莫非君之功，人人之得以为名者，莫非君之名。上海辟埠垂百年，以商业巨子，驰名声于时者，往往而有，然或擅废居逐时致高赀，或出所余施惠于闾里，以一节自显，若夫信孚于重译，谊笃于士夫，名满于妇孺，积数十年无怨讟谤议集于其身者，惟君一人，呜乎难已！

君尝入赀，得二品衔，候选道，叠蒙颁赐"勇于为善"、"乐善好施"匾额。国变后，政府亦有"和辑闾阎"之褒。以道光二十八年二月初七日生，以丙寅七月二十六日卒，春秋七十有九。配傅夫人，继配夏夫人，侧室吕氏、关宜人。子五：鸿藻、鸿达、鸿逵，夏夫人出；鸿钧、鸿文，关宜人出。鸿藻出后大宗，鸿达先君卒。女六：适魏，适庄，适张，适黄，适戴，幼待字。孙十七：启明、启丰、启亨、启华、启宇、启承、启奕、启博、启久、启鼎，鸿藻出；启善，鸿逵出，为鸿达后；启新、启瑞、启中、启行，鸿钧出；启箴、启益，鸿文出。曾孙一：显曾。君既殓之明日，其诸孤儡然，在缞绖中，泣而请于思亮曰："先子之行谊，吾子之所知，愿有述也。"思亮悼先友之薵落，伤善哲之云亡，爰为综考志业，列次什一，俟当世蓄道德、能文章者，著之传志，以光显君名德于无穷焉。湘潭袁思亮谨状。

据《蘉庵文集》卷四

南通张退庵先生墓表

李宣龚

政行于一邑易，信孚于一乡难。古之士君子，往往任专城之寄，声施烂然，及退休林泉，则或不能见谅于父老子弟，若夫处欢虞之世，震其业而若忘其功，一旦离乱转徙，顾莫不眷怀旧德，皤然相与濡沫而交颂之者，则南通张公退庵是已。光绪甲午，余游赣右，侍先世父广信公，即知公名。公时方宰贵溪东乡有声，秉性刚直，不避劳怨，人多惮之。嗣以公弟啬庵先生锐营通海实业，事集一人之身，不可以无助，公慨然解组归，左右其措施，布帛数州悉出擘画。又闵滨海各区，斥卤不治，弃利于地，乃集资开垦，为大农倡。然夏秋之间，麦芒际天，棉实被野，而水旱不免为虐，于是通道路，筑涵闸以蓄泄，救天行之穷，而扶海之余民，遂能有尺寸之地，供其力食矣。初通境小学费绌，辄界河种鱼苗以取给，自纱厂获利，得所凭藉，大气包举，号称模范，而官其土者，反无所事事，每睹一校之成，悠悠拥朱盖酾酒以落之，岁晏报最，列上考焉，实则公与地方之力也。

乙巳，余监通榷，旦夕密迩。公同时与啬庵先生任南洋劝业会筹备审查之役，特徇公意，就地设商品陈列所。宣统己酉，公受江苏抚部聘，总揽农工商局，余为之副，凡日行之事，悉委于余，公月一至或再至，至则平亭商诉，尝逾夜分，荧荧一灯，集两造反复譬喻，务期息讼始已。公居乡既久，行善如不及。所创之事，纲目繁赜，若必使万物备我以为足，故县之鳏寡孤独废疾者室处衣食，惟公是赖，亦即以其赢余为植基址焉。其志愿不可谓不大，乃阻遏忧伤，卒弗获尽达。己巳以后，辟地大连，课子自娱。迨归沪渎，遂伏处不出。年八十有八，终于邸舍。向之依公以教以养者，固无不俯仰流涕，如失所恃，即间有不惬于公者，至此亦释服无怨言。是较往昔之延颈引领，不远千里而攀附者，其人心为更有在也。

公讳察，字叔俨，晚号退庵。其先代隐德，具见于当世之文字。公子立祖，贤而有礼，能世其业。癸未冬，葬公于县之钟秀乡，以状请表墓，遂著之铭曰：

若罄公之才，谓利天下而有余。胡丁世之末造，竟穷大而失居。公今往矣，人犹怀思。五山之侧，有畋有渔。女不辍织，农不废书。缅创业以垂统，留恢复为后图。万木刺天，扶垞是庐。集数郡之老幼，葬弥天于一隅。镌丰碑而不朽，永昭式乎来兹。

据《硕果亭文剩》

清授光禄大夫四品卿衔张公墓表

程先甲

公讳士珩，字楚宝，号韬楼，晚号因觉，又号潜亭，又自号冶山居士。其先自江西徙安徽合肥，遂为合肥人。曾祖竑，祖纯，举孝廉方正，皆以公父官，赠建威将军，以公官，赠光禄大夫。父绍棠，记名简放提督。公少工文章，长精兵学家言，通制造，晚耽佛老。光绪戊子举于乡，北试不第，佐直隶总督李文忠公幕，以道员领北洋军械局与武备学堂。台谏中伤，夺官。总办直隶赈捐局，议劳升复原官。山东巡抚周玉山尚书檄领学务处、参谋处、武备学堂。项城袁公为练兵大臣，属总办上海制造局。陆军部复奏派功最，赏四品卿衔，筹赈论奖，加头品顶戴。公之领军械局，后刘含芳，精核与相埒。时中国方市外商军械，鬻良杂苦，炫给百出，公躬督员匠，剖析检视，烛微察眇，卒不敢欺。海外器械，日新月异，每一械出，必研考写放，洞厥奥窾。凡五年，功效昭灼。其领武备学堂，部勒诸生，宽严相济，人才猋起。项城袁公治兵小站，辄取材于是。民国肇兴，则往日高材生专阃开府，连省跨疆，踵趾相蹑，或至诞膺符玺。其领上海制造局，改革扩充，宿弊悉绝，每岁所制，以供南北洋陆军未尝匮。枪炮坚致，子药精美，与欧、美最新器械匹。所制钢亦然。初，中国率市外国钢，至是始自取给，外商且求市焉。磺磁等药水，为造药原料，向亦外市。自公创设磺以脱、磺磁水、乏镪水，三厂水成，质清度足，利乃不溢。凡六年，绩勚燀赫。陆军部方议画一全国军器，设巨厂于中原，以公肩其任。

无何，辛亥事起，武昌堕。沪局军储甲中国，民军力争之。公日夜督卫兵防御，誓以死守。事急，有讽其去者，公慨然曰：“食人之禄者，死人之事，吾何往！局存与存，局亡与亡，有殉焉耳，吾何往！”左右仓卒拥登舟，东渡至胶，犹叹恨不置。大总统袁公屡致书，促出山，以疾谢。其后周缉之总长强起公领天津造币厂，非其志也。未几，引退，竟杜门不出。民国六年正月卒于津寓。年六十一。某年月日，葬合肥某原。

公为人，魁梧岸伟，嶷然山立，治事缜密严肃。李文忠于公为舅氏，亟奇其才。文忠督直，奴视僚属，辄谩骂，相戒竦息，公独献替无弗尽。然惜名誉，远利欲，喜揽英俊，广推毂，性慈恻，务施予。弱冠从汪梅村先生游，汪先生为当代老师宿儒。乃肆力文章，宗班氏，朴茂刚健，一涤孱弱庸滥之习，尤工简牍。侨江宁，假冶山道院隙地，诛茆种竹，诵习其中，命曰竹居。既归自天津，增筑韬楼，围棋歘歌，偶然自得。好静坐，日有程限。性耆学，舟车疾病未尝辍。卒之前一日，犹读《刘宾客集》。所箸《竹居小牍》十卷、《明湖语录》六卷、《竹居外录》一卷、《劳山甲录》一卷，辑《竹居先德录》一卷。悉刊行。

娶刘夫人，先卒，生男继霈，殇。女二：长适川东都督刘朝望，次适法部郎中李国燕。侧室某，生男继垕，国务院主事。公侨江宁时，最与余善。谈文论道极洽，数闻谈兵，命其女婿朝望从余学。今游京师，朝望以文请。余曰：“异哉，昨梦公以诏余矣。且公知余，余亦知公，其精微殆非它人所能喻也，是曷忍已。”乃举其大端，著于墓道。民国八年某月，江宁程先甲一夔表。

据《程一夔文甲集续编》卷三

陈光甫先生事略

张寿贤

陈光甫先生，原名辉祖，后改辉德，通显后以字行，世咸称光甫先生而不名。生于清光绪七年十月二十六日。父仲衡公，籍隶江苏省镇江之丹徒县，世以经商为务。先生幼年多病，八岁始能学言语。十二岁，随仲衡公至汉口祥源报关行充学徒，勤习英文。光绪二十五年，应考汉口海关，以试用供事录取，派在邮政局办事，工作勤奋，力求上进，受知于海关税务司。

光绪三十年，美国圣路易斯开国际博览会，中国被邀参加，先生被派为湖北省参加博览会代表团随员。博览会结束，先生就地补习尺牍、打字、簿记等日用技能，以为谋生之资。一面请得湖北省留学生公费补助，因得由印第安那之辛博逊商业学校，转奥哈奥之卫斯林商业学校，再转入本雪文尼大学之商学院，于清宣统元年得经济学学士学位。

先生幼承庭训，肄业私塾，于中国固有文化道德，涵濡甚深。执业报关行及邮政海关，用能对于国际贸易、商业金融各种实务，了解真切。比及远涉重洋，参加国际博览会而游学上庠，见闻领域益加广阔，胸襟抱负遂更闳远。

先生卒业返国，首为南洋劝业会延聘为外事室主任。先是，光绪三十一年，清廷派载泽等五大臣赴美考察宪政，先生于留学生中被选充任临时译员，南洋劝业会坐办陈兰薰参观圣路易斯博览会，先生助其撰写考察报告，以是先生在留学期间，即以仪表俊秀，英语流畅，待人诚挚，接物谦和为当道所器视。南洋劝业会结束，先生应江苏巡抚程德全之延聘，任职清理财政局。不久，清政覆亡，民国肇建，程氏被推为江苏都督，委派先生为江苏省银行监督，即今所谓总经理是也。先生锐意整顿，建立新制，牛刀小试，崭然露头角，商场观感，为之一新。民国三年，袁世凯称帝，张勋夺取南京，劫持省银行，查抄存户姓名。先生以世界通例，银行有为存户保守秘密之义务与责任，坚持不可，遂以去职。

先生经此挫折，憬然于公营事业，终不能避免政治之干扰，民营企业，最足表现个人创造能力之意志与毅力，而社会一切之进步，固攸赖于个人创造意志之累积功能，与不断之推动也。当其时，全国金融集中于上海。上海一地，外国银行十八家，中国银行公营五家，民营七家。先生认为中国奋发图强，必将自工商业之发达始；工商业之发达，又必由金融机关为之辅佐。外国银行必不能长久垄断中国金融；公营银行受政治之干扰，终难发挥其应有之功能；钱庄银号，虽能深入民间，有过去之成就，然组织未见健全，思想不免陈旧，难与新式银行竞争，终必归于淘汰。

民国四年六月三日，上海商业储蓄银行在先生倡导之下，宣告成立，资本不多，首倡储蓄，盖先生自始即认为惟有储蓄为资本之源泉，银行如能以储蓄建立信誉，无忧资本之薄弱。资本积集，直接能对工商业有鼓励扶植之贡献；间接能广开就业之门，对国民生活可以提高，然后能致国家于富强康乐。

上海银行行训，以服务社会为唯一宗旨。先生对于行员之训练，特以"不辞烦碎，不避劳苦，不图厚利，从小处做起，为人所不屑为，时时想新办法"诸端，反复谆谕，以求贯彻。其对于银行同业之影响，则有如首创银元与银两并用，以便利顾客；提倡对物信用，兴建仓库，以扩大经济之运用；广设分行，以便利小额存户；银行深入内地，以沟通都市与内地金融与物资之交流；力争国外汇兑，以挽回已失之利权。此外如农业贷款之创始，小额信用贷款之举办，凡所兴革，在在开风气之先。尤其中国旅行社之创办，与上海银行之发展，并驾齐驱，相得而益彰。计自创立迄民国二十六年对日抗战，二十二年之间，资本自十万元增至五百万元，公积增至七百六十万元，存款增至一亿八千万元，分支行增至八十余处，其发展之迅速，信誉之卓著，一时无两，先生令誉洋溢乎中外。

先生于民国十六年，国民政府定都南京，首被延聘为财务委员会主席，负责筹募二五库券，充裕北伐军费。嗣历任江苏省政府委员、全国经济委员会棉业统制委员会主任委员、导淮委员会基金保管委员会主任委员等职。

民国二十四年十一月，政府为加强管理通货，实施法币政策，先生经中美双方共同之推选，以中国币制改革代表团首席代表名义赴美，与美国财政部长签订白银协定，使我国外汇趋于稳定，法币政策得以确立。

民国二十七年九月，再受命赴美，磋商在不能采用政治借款情况下，经由美国进出口银行短期贷款方式，签订桐油借款合同，供我国采购物资之用。二十九年四月，续与美政府签订滇锡借款合同。此两项借款，在太平洋战争未爆发，我国独力抗战，对于财政之帮助至巨且大。

抗战期间，外汇管理经纬万端，先生先后担任贸易委员会主任委员、中英美平准基金会主任委员、外汇平衡委员会主任委员等职。同时先生又被选为国民参政员，在"意志集中、力量集中、抗战第一、胜利第一"之号召下，与各党派代表及社会贤达共同为实现抗战建国纲领而努力。三十四年，政府扩大基础，延揽人才，先生荣膺国民政府委员之选。三十七年，各省市根据宪法选举立法委员，先生于原籍镇江，以高票当选。

顾先生自矢以服务社会为毕生志愿，政治非其所长，当政府权衡需要，征召先生，虽极艰危，在所不辞。事成之后，飘然引去，名位爵禄，曾丝毫不足以动其心志。

抗战胜利，全国上下，欢欣若狂，而先生高瞻远瞩，独有隐忧。于三十四年十月、三十五年二月，自美先后寓书上海银行同人，其言有曰："战事虽告结束，战局种下之乱苗，不一而足，建国前程，充满障碍。"又曰："当前中国社会，一般道德之破产，大可影响本行固有传统之维持。数十年军事之争夺，继以八年抗战通货之膨胀，造成今日一般人恶劣之习气，私、诈、贪、霸，此四者渗入任何团体生活中，团体顿时解体。"先生痛切告诫同人："预防之道，只有谨守忠、诚、廉、让四义以克之，忠以克私，诚以克诈，廉以克贪，让以克霸。忠、诚两义明显，为任何团体所必须。廉、让两义微妙，却尤为工商人所当学。日颠倒于生产财物之繁务，而吾独以廉的精神驭之；日往来于殉权求利之人群，而吾独以让的精神处之。简以驭繁，静以制动，是养生，亦是乐趣，抑亦成事之源。”于此可见先生对于时世之针砭，与处世哲学之造诣。

一九四九年，先生所毕生经营、鞠育提携，以至成长发达、休戚相共、荣辱一体之上海银行亡，幸香港分行，延存一脉，得相机改组为独立之银行，定名为香港注册上海商业银行，以别于原有之上海商业储蓄银行。一九五四年，先生来台筹设上海银行总管理处，蒙政府特准于同年十月十二日成立。一九六五年六月十六日，上海银行正式复业，先生毕生志业，绝而复续，终告实现。

先生于一九五四年定居台湾，有终焉之志。一九七〇年，先生九十华诞，上海银行同人辑印先生言论，汇为一编，分送亲友，以为先生寿，并祝先生燕居颐乐，杖履康强。一九七一年八月，先生偶因中夜如厕倾跌，行动记忆日渐退化，长期养疴于中心诊所。一九七六年七月一日下午五时三十五分溘然长逝，享年九十有六。

先生元配景夫人韵芳，先卒，葬阳明山公墓。女淑英、婿吴世爵，外孙德辉、外孙女德安，均已婚嫁。继配朱夫人守德，无出。

综观先生一生之事迹，自民国肇造至对日抗战，为创办近代化商业银行而倾其全力；自抗战开始至结束，为国家征召而竭其知能；迄生命最后之一刻，为毕生事业之存续而奋斗不懈。试就先生数十年来之前言往行而证验之，则知先生事业辉煌，誉满中外，而又能克享大年，与夫上海银行之能灵光巍然，存亡绝续于今日之中国，其来有自。

据《国史馆现藏民国人物传记史料汇编》第四辑

陈其采事略

失　名

陈其采先生，字蔼士，别号涵庐，浙江吴兴人，生于民前卅二年。早岁被选送日本士官学校学习陆军，为该校第一期步科第一名毕业生。回国后，创办湖南武备学堂，任总教习，其时即秘密参与革命工作，与胞兄英士先生密通声气。民元革命告成，任江苏都督府参谋厅长，及大总统府谘议。迨袁氏窃国，弃官返湖州，任教员，旋因服膺总理兴大利以利民生之崇高理想，由经营实业而转入金融机构。北伐军兴，衔命赴粤，嗣复奉派先期返江浙筹备饷项，任江浙财政委员会主任委员，并任浙江政治分会委员，于艰危环境中，达成重大任务。

国民政府建都南京，任浙江及江苏省财政厅长，暨导淮委员会副委员长。民国二十年国府创立主计制度，出膺首任主计长，连续供职一十五载，以创制精神，稳慎推进，而尤注重于专才之培育奖掖。中间曾任中央银行常务理事、中国银行董事、交通银行常务董事代理董事长、中英庚款保管委员会董事等职，迄今犹任中国银行董事及中国农民银行常务董事。卅五年冬，被选任国民政府委员，嗣又受聘为总统府国策顾问。

先生清慎温恭，蔼然可亲，雅好词章，并擅翰墨，著有《涵庐诗草》，手泽遗留颇广。元配黄氏，早逝。继室沈文化女士。子祖平、祖光，能继家声。女祖贞，适华。

据《中央日报》1954 年 8 月 10 日

前交通部邮传司司长翼云周公行状

袁希涛

公姓周氏，讳万鹏，字翼云，世居江苏宝山县之彭浦乡。曾祖讳长恕，祖讳怀瑗，考讳家源，皆潜德不耀，以行谊重其乡。曾祖妣金氏，祖妣徐氏，妣严氏。公生于同治三年，幼而强毅英俊，举止岳岳。家业遭乱尽毁，公卓然能自振拔，读书解其义蕴，叔祖席珍公异视之，谓非常儿也。同治癸酉，大学士曾文正、李文忠，疏请选派学生留美学习，在沪榜试，席珍公通达中外形势，留美事起，举以为勖，公慷慨请行，投试获选，年甫十一也。甲戌，放洋至美国纽约省曲老大学肄业，与同舍生上虞袁公静生，切磋砥砺，日以深造。

越七年，辛巳，学成返国。时李文忠任北洋大臣，主创办铁路电报诸大政。公奉调赴津，专习电报工程。翌年，派充清江电报局领班。未几，奉委勘造宁汉电线。公溯江而上，徒步施工，至乙酉五月工竣，转汉口电报局领班。旋有滇黔电线工程之役，公方奉父讳，迫于檄调，强起任事。由鄂经蜀，逾黔入滇，侵犯瘴疠，测视线路，崎岖于山峤榛莽之间，往往解装露卧，辍粮忍饥，历程万里，而工始毕。盖公始起之际，固备尝艰难者也。戊子三月，自滇回汉，服职仍前，而汲汲淬励，不废于学。同局员生，观摩俱化，就而问业，公亲为教授，皆有成就。

壬辰，以历办电报成绩，列案选用县丞。是年八月，乞假至沪。前督办电政盛公杏荪延见，详询电务经历，服其识力，调任沪局总管。逾年，甲午中日开战，军书旁午，沪局实司绾毂。公身亲繁剧，悉无挂误。时以沪局莫尔斯机，类皆窳败，不适于用，初由当事转辗购置，未明底蕴。公诣电政会议,极论其事,无所隐讳。盛公卒如所议,明令整顿,并委以调派员生,及监考堂试事宜。公衡量甑〔甄〕录,皆当其材,人不得干之以私也。己亥,以电报委员期满,列案选用知县。其二月,奉委赴日本考察电话,归偕辻野技师至广州,筹办阅三月,而报成。

庚子二月,擢委会办沪局,公于是始膺重职,参交涉矣。初,同治季年,丹商大北公司,请设水线于上海、厦门、香港等处,经北洋大臣李文忠议订条约,奏准敷设。又允英商大东公司,援案设水线于上海、福州、香港等处。外人遂擅沿海通电之利。以前约所系,未能纠正也。及是年八月,直、鲁、晋、豫拳匪为乱,北路电杆劫毁,各国海军齐泊烟台,以电线中断,议由大沽经烟台至上海,迳设水线。公以闻于督办盛公,称引前事之失,请定策以为补救。且曰:"水线非我国所有,度支又不能猝办。果外人谋定而行,则非口舌能挽,不如就商于大东北公司,假其资而委以代办之,彼中于利而我发其端,操纵可以就范。"盛公深韪其论,乃命与公司密商其事。公开示诚信,议无扞格,因订定设线资本英金二十万镑,许以按年摊还,约以准期代办。论者谓南北沿海之干线,赖以拾坠于俄顷之间。然公冀忠于国事,未尝以此自曝焉。拳匪之乱,清室蒙尘,政府移驻西安,奉委筹设陕豫各电线,以通政报,即是时奏案称谓跸路电线者也。施工阅五月而竣,至辛丑二月,以全线报成,列案选用同知。其八月,以广州电话有效,奉委续办于上海,既又推及于京、津,则以广州成法效而行之。嗣后电话事宜,属有专司,范围益扩,然规模章法,胥由公发之也。

壬寅七月,奉委帮办电政总局。未几,北洋主持,收回电报商股,督办电政盛公去任。癸卯八月,前驻沪会办电政大臣吴公重憙,咨会北洋,委办沪局兼提调总局事务,公于是始主沪局,多有兴革,而于制定洋帐,则立法最为久远。盖自光绪十三年,与丹、英两国公司协定合同,凡自外而递其电于国内者,则还其本线费于我,自内而递其电于外洋者,则还其外线费于彼,率逾月而交偿其数。惟以中外列帐异致,当事者司其出纳,而不能详于其籍。公检阅及之,虑贻外人口实,于后乃手定洋帐方式,课司校核,月成一籍,公之为是也,实发其夙为利薮者,而公开之。由是中外出入之电款,历更时代而不紊,则公之力也。

丙午，杨公杏城继任会办大臣。是时德人占胶澳，筑胶济铁路，复自青岛设水线以达上海，交涉日棘。杨公委与德人议订青沪水线合同，及胶济铁路转报合同。公持论折冲，为申订于合同者有德国不得再有增设电线等语，德人初不承诺，公坚执不懈，及定议行成，德皇以二等宝星为赍，然非公所意也。

丁未，邮传部成立，转襄办总局。以欧、美各国将开电约公会于葡京，征使于我，部以使任委之。戊申二月，抵葡莅会，暨赴在欧各国。公咨諏电政，尽得其详。轩輶所届，不辱使命，历丹麦、挪威，入觐国君，酬对得体，获以头等宝星为赍。及归国，途次南洋、檀香山，部电命赴日本，与议中日电约。初，日俄之战也，日人设军用电线于东三省，又潜置水线于烟台。迨战役既定，日人设局，收递商报，以图久占。当局抗论，经年不得要领，至有是命。公以为日人控制东省电线之利，则侵入境内，而据有烟台水线之用，犹仅及海口。两害相权，先弭其重。乃与日政府提案置议，因将东省电线给价收回，而许其烟台水线专递官报。论中款窍，日人承诺，悬案始以解决。反命于部，抒陈政策，因言各国电报悉属国有，价率胥平，行用极广。我国原由商办，取价过高，所以利赖商民者殊鲜。又以我国治理电政，未谙约章，动为外人所侮。谋为制御，则须通其故，因本其所得于议约者，辑为《万国电报通例》一书，上之于部。是时电报虽隶于部，而内外商股未尽缴销，各省官立电局，亦不受属。部中可公所言，始定核减报价，悉收商股，裁撤官局，次第布行，电政乃底于统一。先自己亥以劳绩列案，保至道员，是年加二品顶戴。

己酉二月，奉委办总局，兼沪局如故，公于是总揽电政，时有敷陈，部中亦悉听处理。以自津至沪，报务加繁，旧用莫尔斯机，易于阻滞。公以新创韦斯敦机者，传递倍速，急为改用于津、沪，复为增设于各局，庀材制具，图为经久，因另建电料专处，扩置堆地机厂，诸所兴作，论者指为实立电政之基本焉。公严于法度，不轻宽假。洋员德连升者，处事擅便，力为制止，使终驯服。沪埠有英商惠中旅舍者，装用无线电机，以递中外要电。公力争撤废，收为我有，国内之有无线电报，自此始。

庚戌，部议增加线路，以度支无出，委借外款，因与大东北公司订借英金五十万磅。公申信定约，不具抵押，实收其数，盖为清季经借外款所未有也。当局嘉其所为，会辛亥重定官制，奏举以为电政局长，给四品卿衔。复以使德梁公震东奏，举交内阁，以出使大臣存记，公逊谢，且引西哲格言曰："习其事者，竟其业。某以电政图其始，当以电政终其劳而已。"卒不肯旁骛，以希名位。是年九月，上海光复，沪军府派员接管电政局。公检交公帑，悉得区处，始谢职而退。其冬，丁母严太夫人忧，衔恤屏居，不一通于当路。是时任电政者，多属后进。有不忍听其落寞，谋为供其匮乏者，公引绳自矫，却之不应也。

民国肇建，改邮传为交通部。越二年，癸丑，有为汲引于部中者，奏委赣皖电政监督，兼九江电报局长，旋移闽浙电政监督。三年甲寅，简任交通部邮传司司长，兼领邮政总局及电政督办。公受任以后，力谋整饬，而理结交涉者甚多。始以法人在沪之顾家宅，擅设无线电台，法使曾以承办于国内为请。前任与议，而未定也。及是，复申前说，要订成约。公力拒不允，法使以为业已提案于先，必当践行于后，凿凿争论。公曰："两国供求，必出于互愿。顾家宅之无线电台，我国初未同意，公约所不许，奈何欲推行于我国内乎？"反覆辩难，断予驳回，法使始寝谋而退。继以德商西门子料款新旧并计，胶固纠缠不可究诘。公为削其浮繁，料款始以厘定。复因蒙古宣告独立，电经蒙境，概为截留。公派员赴蒙，据理纠正，议定合同，始得通行如故。在沪大东北公司，埋入地电线绕道界外，先时置而不问，公据约申论，公司乃请接管，实则归我没收也。盖公审度理势，弭患无形，类皆如此。

是时航政邮电，并属一司，政费未有定制。公权其出入，节其虚糜，裒以用之建设。先于京津建电报局，于汉口建电话局，于沪建邮务局，皆为廓立闳规，俾合公用。而又增加电线，于各区内则达之僻奥，外则匝于边陲，总其先后所成，有及三万里以上者。公熟筹大计，谓中国疆宇与欧美各国，挈长比短，折中定限，宜有电线六十万里为断。然自创办以讫是时，不逾二十万里，颇以有待于建设者，引为责志。顾镍轭于事变之迭兴，竭蹶于工需之支绌，不能遂其所图，辄为慨叹不已。当乙卯七月，欧战勃兴，日人有事于胶澳，当轴主以中立自守。公订行邮电中立条例，外人不犯。五年丁巳秋，公在假中，许公俊人长交通，行部令免职。同官有为不平者，曰："是可质之平政院，以例，司长须呈免也。"

公曰："某在部，日起视牍，至夜而休，已逮三年，縻于其间，亦复何益？许公固不知我，然用舍有权，必欲伸之于理，则与遇合之义乖矣。"遂携袱南归。

六年戊午五月，奉委江苏电政监督，兼上海电报局，又摄代沪宁、沪杭甬铁路局事。时路局前任以操切失众，公为起用旧员，与共治理，百务俱举。逾月而有复辟之变，南北告警，路电急于应付，公兼顾并治，无或偏废，阅二月，以路事得代，专理电政，修复废弃，使司无旷职，局无闲员，月定奖给，时申儆戒，由是递电胥无留滞，收益亦骤超成额。公固宿持核减报价之论，至是部设交通研究会，征议于公，因言各国电政岁有亏折，而价不加多，所以便利商民也。今报务益见发达，收入岁有盈余，则再从核减，以便商民，洵为当务之急。就目前论，各局应添快机，并由福州至广州，沿海线路加工修理，庶沪粤快机直达，此不仅疏通线路，且可挽回洋公司之利权。然后统近数年发报成额，平均计算，即以每年应得之剩余，列为减价之标准。又将电政管理规程，胪陈修改，以定职掌，重定江苏各局等级，以汰浮冗。迭次上议，惟恳恳于情实利弊之微，不为高远难行之论。当对德宣战事起，沪上为各国水线所汇集，奉委检查洋报，洋公司咸受约束。历年国是蜩螗，政论糅杂，公不轻涉于坛坫尊俎之间。虽沪宁军署节制方新，因公置对，仅具文牍，未尝投刺通谒，仅吴淞无线电台纪、白二生接转军电，触沪护军使疑，拘付囹圄。一往请谒，申言其枉，以释二生而已。终以不结欢于军事当局，遂为忌者所诉，遂电部解公上海局长兼职。未几，复解监督职务，而忌者犹未已，复以和平维持会记帐报费一事，令后任移牒法庭，欲公对簿为快。和平维持会者，即九年南北议和期间，海内贤达组合，以商榷政见者也。部中准其记帐，迨和议中止，列维持会者，亦各散走南北，实已无可索偿。忌者持此以为罪案，公曰："当官而行，惟其所是。固能言之成理，某惟束身司败耳。"无何，事解。

十一年壬戌，奉委上海电报传习所监督，又奉摄代电料处事。嗣部中有将属以清理料款之任，公一再力辞，盖鉴于人情之巇险，积重之难返，而又不欲虚与委蛇焉。公数年主沪校考试，裁成后进，遍于南北，或有与通声问，则规过奖善，不离绳墨。生平绝恶于门户之见，尝曰："牵连要结，不过资为营植地耳。”在校五年，总持大体，不务苛细。岁在癸丑，春秋周甲，列职电政者，多以祭酒推之。公则自以年届垂老，不冀复用于世，坎然谦抑，一以卷怀为念。其诲示于在校者，惟以启发新知为嘱而已。

十六年丁卯三月，卸传习所事，退居休养，不问时事，及秋而病。十七年戊辰一月四日，没于沪寓。公生于同治三年十月二十四日，春秋六十有五。公殁后之三月，其子思恭等以状来告，谨诠次如前。

窃维公为我国留学美洲之最初先进，当风气未开之前，致力于电气学业，建政策于当局，终其身不易他职，盖深知专业之义者。公之生平，风节耿然，严于义利之辨。当辛亥光复时，沪局公帑甚巨，公以全力保存。后任司长时，有某国公司欲承继西门子电料合同，私以厚币为馈，公屏绝不纳。迭次电政借款，不受丝毫回扣。其不苟取如此。俸攸所入，辄以任恤亲故，救济灾害。垂老休职，家无余财，以视前清所谓洋务人才，享华朊，跻贵显，而不知殚心尽力以副其职者，顾何如耶。此不才之所欲以告世之知人知言者，并以待国史之采录也。

公娶夫人袁氏，有子四女三。思恭，英国特尔妈大学毕业，前北京大学邮电学校教授，交通部技士，任吴淞无线电局长，今充上海电报局水线工程司。思儆，美国耶路大学毕业，前北京大学、交通大学教授，外交部办事，充古巴副领事，兼代办公使，澳大利亚副领事，今充中英煤矿场长。思忠，美国本薛怀尼耶大学学士，前南洋大学教授，胶济铁路材料科科员，今充四洮铁路局职员。思信，清华大学毕业，留学美国芝加谷大学。女思正，适江宁孙广昭，德国商业大学毕业，前财政部主事，北京盐务署办事员。思明，适金匮朱传霖，法国巴黎法政大学毕业，今充清华大学教授。思贤，适孟继懋，美国芝加谷大学博士。同邑袁希涛谨状。

据铅印原件

吴兴周梦坡墓表

夏敬观

君姓周氏，讳庆云，字湘舲，一字梦坡，浙江吴兴县人。幼聪敏劬笃，沉潜文典。年十七为诸生有名，选授永康县学教谕，不赴，纳粟为直隶州知州，加三品衔，赏戴花翎。清季变法议起，务兴学筑路通商励工，君遂绝意仕进，与浙父老明达大势者，议自筑铁道，赀不足，设兴业银行济之。又于杭城建湖州商学公会，隶以藏书楼、商品馆。君先世居县之南浔镇，用贸丝雄于财，及君业稍隳，乃易行贾，而专力工业，制造丝绸，兼为鹾商。于丝，先后设模范、天章、厚生、秀纶诸厂，用电鼓韝鞴，利缫织，为州人导。于盐，则尝履勘江浙食岸，代省吏区画壤境错淆者，使贩卖绝侵攘。立苏五属盐商公会、两浙盐业协会，创设浙西鹾务学校，聚诸子弟教之，究心成法，补救偏弊，凡四十余年，洞察沿革所在，因辑为《盐法通志》一百卷。方都督汤寿潜欲授君运使，勿受也。晚近起家于商而致贵显者，比比然矣。即不然，亦惟权一己之利害轻重，择以自守，无能徇人者。或稍以财施赈，斤斤小善，辄幸滥获旌赉。君则毕生所营，蕲与众共蒙福利，不自表襮，以故邦人祈向，惟君是瞻。盖能本所学，以整齐利导为己任者焉。

君虽日与商贾狎处，顾勤著述，工诗文词，能书画，善雅琴，精鉴别，考订金石文字。晚岁尝命啸俦侣结吟社，登高临流，景慕前躅，见之者不知君一生担荷之艰巨，而徒羡其优游自得也。浙中溪山明秀甲天下，西湖理安灵峰塘溪超山，临安天目玲珑，鄞天童，武康莫干，凡君游屐所履，莫不有所兴筑。又葺西溪秋雪庵，辟放生池，建两浙词人祠于右侧。

岁时方秋，岸芦如雪，一白无际，君招群俊彦舣舟溯溪抵祠下，陈俎豆于堂而祭，其襟抱高夐，意态闲适类若此。所著有《灵峰志》、《莫干山志》、《西溪秋雪庵志》、《南浔志》、《浔溪诗征》、《文征》、《词征》、《浔雅》、《历代两浙词人小传》、《琴史补》、《琴史续》、《琴书乐书存目》、《获古丛编》、《历代金石诗录》、《续古志石华》、《金玉印痕》、《梦坡文存》、《诗存》、《词存》、《玉溪碎锦集》，共若干卷。其集资为文澜阁补钞《四库全书》阙佚四千四百九十七卷，校勘精审，厥功尤大，著有记录。

父味六，母沈氏。本生父味诗，母董氏。配震泽张氏。子延礽。孙世达、世述、世选、世逑。曾孙泽存。君生于清同治三年甲子十一月二十九日，亲旧朋好方制诗歌颂祝之辞，为君七十寿，属敬观为序弁首。文成，君已遘疾，不及见，遂于某月某日卒。某年某月某日，将葬君于某山。延礽来请文，因胪次其大者，表于墓。

据作者手稿

祭无锡荣宗敬先生文

唐文治

粤维昭阳协洽之岁壮月朔日，为我无锡宗敬荣先生在沪释奠之期，于时邦人君子，素车白马，四方来吊，凡我同人，感怀旧德，谨具清酌庶羞，致祭于宗敬先生之灵曰：

呜呼哀哉！繄龙山之崔巍兮，挺岳降而崧生。揽太湖之漭沆兮，钟间气之菁英。溯世德之绵长兮，启金友而玉朋。纪高堂之懋绩兮，兴大利于蚕桑。躬缫三而盆手兮，开风气于梓乡。维先生幼而岐嶷兮，秉道义之坚刚。矧慷慨而謇谔兮，奋鹏翮而翱翔。际欧风与墨雨兮，辟商战之新场。外货纷纭而山积兮，漏卮溢出于梯航。爰高掌而远蹠兮，驰骛昕夕而不遑。标特立之精神兮，希力挽乎利权。障颓波之已逝兮，塞不息之涓涓。念民生之艰食兮，碾麳麰于万千。树春申之中立兮，揆运输而懋迁。自汉皋迤逦而四出兮，仿佛乎若身之使臂。羌衣被乎苍生兮，展经纶之素志。创茂新、福新之粉厂兮，既标举乎雄帜。复建申新之纱厂兮，若栉比而鳞次。佥曰群黎所托命兮，非为一己而牟利。二百年来商界之巨子兮，钦立德而立功。余与先生倾盖而缔交兮，忻道谊之攸同。捐巨赀于南洋校兮，铸尊人铜像之穹隆。既兴学而育才兮，乐成人有德于无穷。更筑公路以便交通兮，掣飙轮而四驰。慨世事之元黄兮，痛鸿嗷之流离。亟散财而发粟兮，布闿泽而博施。披流民图以赒恤兮，如登春台之熙熙。综平生之懿行兮，罔非民胞物与之仁怀。接温温之雅度兮，洵远驭之长才。恒布衣而脱粟兮，示俭德于方来，种善因而获善果兮，方期眉寿于台莱。胡昊天之不吊兮，倏闻噩耗而离忧。望香港而怆怳兮，叹逝水之悠悠。纪真泠之遗语兮，惟实业之长留。幸子孙之昌炽兮，善继志而绍箕裘。卜佳城于珂里兮，瞻白云而拜松楸。矧宾朋之来会葬兮，咸执绋于道周。话旧雨之绸缪兮，顾名园而凄怆。睹万树之梅花兮，若溅泪而神伤。咽荣巷之邻春兮，更于邑而傍徨。余为文以申哀荐兮，奠桂酒与椒浆。阐潜德之幽贞兮，载志乘而有光。昭令闻于千秋兮，愿令嗣其永毋忘。尚飨。

据《茹经堂文集五编》卷七《碑铭哀祭类》

胡笔江墓志铭

金天羽

有金融界巨子曰胡君，筠其名，笔江其字，敏贤其谱名。先世于清康、雍朝，自丹徒朱方镇，迁江都之中兴洲，五传而至君之父玉森，以商雄淮扬间，强敏而能宽，不报无道，临没，付赀业于君，使之铲理。君资禀高亮，善处蟠根错节之会，迎刃得解，既志在千里，则挟策入都，以干格取赏当路。初入北京交通银行总管理处，办外稽核事，旋进而任分行长，展轮命驾，襟怀得舒。一遘辛亥鼎革之役，交行蹶而复起，补苴张皇，独任劬剧。已而项城将称帝，尽攫京行库藏准备金，恣挥斥，京钞不兑现，价格锐挫，业务萎弛。项城没，君发愤图中兴，领袖诸公识君材，付以艰巨，不加检制，完成施设，交行遂于沈瘵之中，伸伛起废，岁获赢羡，硕茂繁荣，盖自金融公债行，而库藏亦稍见恢复矣。机利又日昌，几复旧观，顾银行之为物，弸中肆外，表里如一，调盈济虚，会心入微。君涉历忧患，臣精销亡，虽抱休戚与共之心，终思勇退急流之义，民国九年，遂辞北京交通银行总行长职南下。会南洋华侨黄奕任设商业银行于上海，礼聘总其事，银行成，名曰中南，牒部请发行钞券权，许之。君复缔结盐业、金城、大陆，设四行发行准备库，示大信于国人。二十二年，财部始改国立银行制，以董事长统摄行务，由部选充之，君被选为交通银行常务董事，因有董事长之命，固让不许，逡巡至二十四始就职。就职二年而当改选，先期辞以疾，请让贤，不见许，复为董事长如故，是为二十六年之春。及秋，而东夷之难作，抗战之军兴，凡战祸之起，两国公私机构无不受摧破，首及者必在金融，上海尤为金融关纽，国立银行基石安定，而后商业诸行乃不陨获。时上海金融家著有才识者，老成必推君，少壮则数浙江兴业银行长徐新六，声绩播乎朝野，信誉及于英美各国。迨虏师深入，政府西迁至汉，君从之往。虏师又袭汉，政府迁重庆，君返香港，犹数数奉部召，飞机往来如织。抗战既一年，金融簸荡，危而得安，中枢长图大念，将重有所兴，举曰白圭其有所试矣！能试必有长，乃密召君与新六，飞机往行都，虏机闻而袭之，覆于广东海滨之□□，两人遂及于难。君状貌端凝，音吐简要，遇大事能断，智略辐辏，肝胆如雪，用人必尽其才，新旧并进，治事揽大纲，功成不骄，败亦无所沮馁。抗敌事起，力持坚韧苦战，以敝敌，言之义形于色，卒以此殉国。其生清光绪七年三月二十九日，卒民国二十七年八月二十四日，春秋五十有八。曾祖恭智，祖宽麟，父玉森。娶某氏、某氏，子惠春等若干人。君没而政府痛失左右手，褒恤如例。先后所任各银行职务，及院部顾问，各等勋章，别详家传。某年月日，葬某山某原。未葬，惠春先以状请志厥墓，乃濡翰摛文，俾题贞石，以妥幽宅，系之铭曰：

龙门货殖，东楚维扬。民矜已诺，智虑孔长。金有三品，货乃百昌。平准有权，无使低昂。海国棣通，圜法允臧。轻重九府，析为银行。燕维古城，统御四方。沪则剧邑，蕃邸相望。各总货宝，以柔运刚。柔曰通货，刚乃窖藏。抉藏而走，技等探囊。虚金不惠，币值用荒。一挫再颠，终成巨创。卓哉胡君，徐修其坊，繄维胡君，亭亭耸峙。商功有能，克踵先美。东南竹箭，扬城佳士。潜记弘羊，默识安世。筹虑所加，无有瘢疻。计然七策，五者克试。主觇时变，仁强勇智。勤以至忠，介以远势。谦以待能，任以抒旨。用财有节，知人善使。金融先进，允矣君子。何图取义，竟为国死。生死何常，知命不尤。虏骑犯顺，维丑之秋。武勇奋臂，智士运筹。金城不摇，通货交流。官民无忤，乃克捍掫。君握金权，沈以有谋。目营海外，心藏九幽。璇玑失次，江汉泳游。麻鞋奔问，出依海陬。铜山洛钟，声气应求。御寇乘风，旬五乃休。公输木鸢，鬼车来雠。哀我良士，歼此林邱。身为鬼雄，瘴海西头。广陵之涛，欷悒生愁。黄肠机窆，护以松楸。我文述事，简质无尤。用告来者，敬此一抔。

据《天放楼文言遗集》卷四

赵公棣华之一生

失　名

赵公棣华于一九五〇年十二月十日逝世于美国纽约市医药中心医院，距今已二十又二年。夫人李崇祜女士追思赵公毕生尽瘁党国，服务社会，拟筹编赵公纪念集，既以发潜德之幽光，亦足留楷模于后世，意至善也。惟赵公生前奔波四方，行止靡定，对于一生行实未尝作系统之记录。末年遭逢变乱，播迁辗转，纵留资料，亦属一鳞半爪。故欲编一内容完整之纪念集，实感万分困难。本文原拟采年表体裁，期以明赵公一生经历之详细变迁。然检阅所得资料，深感残缺过甚，即或具有事实，亦每乏年月之记载，无已而改用概括性之文字，期能对赵公一生作为，尽其可能作一较详细之叙述。至于赵公之学术思想与为人，因已分见诸先生纪念文字，本篇不复赘焉。

甲、家世与家庭

赵公讳同连，字棣华，公元一八九五年(民前十七年)农历七月二十八日生于江苏淮阴。先世居丹徒，父明达公业鹾，置有板浦镇海岸盐池百顷。因淮阴西坝为运盐河之转口终点，为便照料，故移家于是。其时引岸制度未废，盐商坐享专利，无不起居豪奢，生活腐化，子弟席丰履厚，遂少上进之心。赵公昆仲三人，其能不恃祖业，读书自立者，惟赵公一人而已。故亲友邻里对赵公莫不啧啧称许，誉为污泥中一枝清莲。

赵公于中学时期，与扬州胡芝华女士结婚，生子耀东、耀中、耀南，女耀楣、耀庭、耀宁六人。然胡氏夫人体弱多病，于民国二十四年中途捐珮。

赵公壮年丧偶，子女尚幼，事业忙碌，中馈无主，在在均感不便。遂经徐公美、相菊潭两先生之介绍，于民国二十五年七月二十八日与淮阴李崇祜女士重续鸾胶。并以时会非常，婚事力从简约，而以所节用度、亲友贺仪及历年储蓄，于镇江千秋桥设置崇华小学，既为两姓留一有价值之纪念，复伸双方发展教育之夙愿，一时传为美谈。

李氏夫人来归后又育子耀同、女耀平、耀渝。赵公谢世时，三人尚在提抱，赖夫人守节抚孤，得渐成立。现男女诸公子，无论学业事业均卓然有所树立，孙枝挺秀，尤足光大门楣。语云盛德者必有后，以论赵公，可谓得其确验矣。

乙、学业与事业

赵公中学就读常州五中，毕业后考入南京金陵大学，金大卒业，游美深造，初入伊利诺大学，后转西北大学商学系，得硕士学位。归国后，任教国立东南大学及中央党务学校先后四载，颇得学生敬仰。此时期结识余井塘、洪兰友、许心武、王人麟诸先生及陈果夫、立夫先生昆仲，旋经推介加入中国国民党。入党不久，即辞教职，转任中央党部，办理统计财务工作，以举重若轻，取予不苟，见知主管与时彦，亦为赵公一生事业之重要转纽。

赵公以深得党政主管倚重，未几即转入政、金两界，发挥所长，为便于阅读，特将赵公此后事功之可考者，排次叙述于后：

民国十九年（三十六岁）四月，国民政府主计处成立，受任为会计局副局长，荐升局长，从事政府会计制度之设计与推行，实为今日超然主计制度之前驱。

民国二十三年（四十岁）十月至二十八年十二月，任江苏省财政厅长，整理财政，振衰起敝，民生赖以复苏，主要事功，约如左述：

一、整理税收　当时主要税源为田赋之征收，苏省连年兵燹，又兼水旱蝗灾，民生困苦，税政积弊滋深，赵公下车后，首先清理旧欠，然后运用简化税目、办理盘串及银行代收税款等方法，进行整理。中饱杜绝，积弊为之一清。

二、废除苛杂　先后废除苛杂一百余种，便利农产运销，增加农民收益，影响实非浅鲜。

三、办理土地陈报　着手清厘地籍，平均地主负担，增加省县库收益甚巨。

四、推行会计制度及预算制度　莅任之初，即设置会计委员会，拟订制度，派员督导。并于各县府设置会计主任以综其成，各县收支计核亦得纳入正轨。

五、兼办审计　解除地方行政主管之财务责任。

六、强化江苏农民银行　农民银行之作用在活泼农村金融，赵公除自兼苏农行总经理外，并积极在全省各地区设立分支行，协助农产运销，代理县库，代收税款，并普设仓库，以利农作物之储运。

七、建议办理县长假交代　使县长不为财务而劳心，得以专心致力地方行政之推行。

八、推行营业税制　不使税收专赖田赋，以均商农负担，而裕库收。

九、清理沙田官产　使省库益为充实。

苏省财政经赵公厉行整顿后，税收大增，各县岁计均有盈余，政府信用赖以建立。以后之导淮工程获得顺利进行，与此尤有重大关系。此外尚有足述者，经计划推行田赋税票制度，此种制度系以节省纳税手续，消除税吏弊端为着眼，如能顺利实施，实为我国田赋制度上一重大改革，惜以抗战军兴，未能果行。

民国二十九年（四十六岁）二月至三十一年五月，任第三战区经济委员会主任委员，与敌进行经济作战。在此短暂之二年余时期中，抢运战略物资，扶植战区工业，筹计军粮民食，安定战区金融，所生效果至为宏远。至结束之时，除如数缴还国库原拨事业基金一千万元，并打销各项开支外，尚有盈余二百二十五万三千余元之多，移交之车辆财物尚不在内，其廉能可见一斑。

民国三十一年（四十八岁）一月，任交通银行副总经理代总经理，旋真除。三十八年十月改任董事长兼总经理，以迄逝世。此一时期，包括抗战胜利复员，政府迁穗迁渝迁台等事项，播迁特甚，其功业之可述者，略陈如左：

一、交行总处设有设计处，效法欧、美近代银行作法，办理调查研究事项，莅任之后，为重视此项业务并自兼处长，工作成效为交行向所未有。

二、在渝举办工厂添购机器存款，既以配合政府吸收通货之政策，且鼓励工厂更新设备，兼为复员建国作准备。

三、成立蜀余企业公司，经营民生最需要之食盐及其他土产运销业务。

四、主持交行复员工作，自东北以迄海南，幅员辽阔，艰辛特甚。

五、兼任中国国民党中央财务委员会副主任委员，对党务财政筹维擘画不遗余力，深获总裁蒋公之倚重。

六、主持交行总处南迁，及各分支行处紧缩应变。维持币值累落，人心惶惶，风声鹤唳，一日数警，因应决策，诚非易事。（卅七、八年）

七、交行总处迁台及筹设中本、台北两纺织厂。两厂之建成，赵公虽未及见，但在当年台湾纺织事业毫无基础以及人心不稳之情形下，赵公之决断，可谓深具胆识，至今台湾纺织事业之蓬勃发展，受两厂之影响实巨。

八、交涉存菲外汇解冻问题，并使交行投资设立之菲律宾交通银行，在当时杌陧之局势下得以安定，国家财产免于损失，但连年仆仆风尘，健康亦大受影响。

丙、患病与逝世

赵公原有胆石之疾，因奔走国事，未遑彻底治疗。一九五〇年秋间，随当时财政部长严家淦先生赴法参加国际货币基金会议，旅途劳顿，导发旧疾，而由法转美就医。

按胆石之疾原非重症，但诊治医师未予细察，武断为癌症，妄施手术，最后竟因严重胃出血而不治，演成千古莫补之大恨。

综赵公一生，洁己奉公，乐观爱人，领袖器重，朋侪敬崇，而竟天不假年，病死于庸医之手。岂惟夫人子女有失天失怙之痛，抑亦建国工作失一世巨臂。识与不识，能不为之一恸哉！

据《赵棣华先生纪念集·传略》

夏君瑞芳事略

蒋维乔

夏君名瑞芳，字粹芳，江苏青浦县人，居南厍，先世业农，父母以贫故，鬻其田宅，至上海，设小肆于董家渡，而以君寄养于戚家，时年方九龄也。

君年十一，已有知识。会母因事旋里，欲随至上海，母不许，潜行，君逾时方觉，知母必取道珠家阁，尾追之。中途阻于河，不得渡，乡人以小舟至，君求附载，乡人以其幼也，勿之许。君乃大号曰："若勿载我，我将投河死。"乡人悯之，乃移舟傍岸，遂得渡。行抵珠家阁，遇母于船埠。母怜其志，乃挈之至上海。是时基督教长老会设清心堂于沪南，而分设小学于各乡。凡小学生肄业二三年，成绩较优者，得升入清心堂，其学科，则语言文字之外，兼教工艺，概勿取学膳费。君父母乃令君入小学肄业。三年，升入清心堂。复五年，父殁，君年已十八矣。自念家益贫，不能久读书，必习一业以自给，乃谋于清心堂监院某君，入同仁医院习医。同仁医院者，亦基督教中所设立之慈善机关也。尔时院中规模尚小，凡入学者，无一定资格，亦无医科科目，惟学助手而已。君留院一年，自问不能出人头地，乃弃之。至《文汇报》馆习英文排字。后数年，入《字林西报》馆，工资所入，足以自给，乃娶同事鲍君咸恩之妹为室，而母氏又于未娶前一日病殁矣。旋入《捷报》馆，为排字领袖，所入益丰，乃与鲍君咸恩兄弟谋，合资自营印刷业。凡集资四千余金，创立商务印书馆于上海，时君年二十六岁，即民国纪元前十五年丁酉正月也。我国向无印刷事业，君乃亲赴日本考察，有所得，归而仿行之。于是印刷之术，焕然一新，营业亦日盛。至戊戌岁，变法议起，新书新报，风行一时，印刷事业，亦随之发达。越三年，拳乱既定，清廷复行新政，广设学校。君以为国民教育，宜先小学，而教科书为尤亟，乃于印刷所外，兼设编译所。君计画弘远，欲广集资本，成一出版之大公司，谋诸人，无一应者。壬寅年冬，日本人原亮三郎、山本条太郎，携巨资来上海，思营印刷及出版业。君念我国之印刷术及编辑上之经验，皆甚幼稚，非利用外资，兼取法其经验不可。遂与订约合资，改商务印书馆为有限公司，华股、日股各半，而用人行政权悉归本国人，并遵守我国商律。自是以来，编辑印刷，均大进步，营业亦益扩张，支店遍于全国，受佣者凡三千余人。公司资本屡有增益，计丁酉至去岁癸丑，阅十七年，由四千增至百五十万，而是时日本人所占股额，亦仅四分之一矣。世人或以此巨大公司，非完全华商自办为惜。君乃亲往日本，与诸有股者谋，卒尽数购回，转而售诸国人。民国三年一月六日，议定立约。至十日，登报而告股东，而君即于是夕，为暗杀党狙击于公司总发行所之门前。伤重，不能言语，舁至仁济医院，遂殁，年四十三岁。

君豁达大度，性果断，知人善任。喜冒险进取，百折不回，故能以微细资本，成极大之公司。于我国工商及教育事业，影响绝巨。君本基督教徒，其待人接物，和易宽厚，爱人如己，视敌如友，深合基督教义焉。其弟瑞芬，幼孤，抚养之至成人，为之授室。瑞芬视君如父，而视嫂犹母也。

君居商界久，积有资望，被举为总商会议董。凡商人因帐务受平成于商会者，多为君所处理。在职三年，人无间言。君平生于公益，多所尽力。尝独力设一学校于其乡，教里中子弟。以清心堂为所从受教也，则合同学为联旧会，集资为扩充黉舍，改为清心中学校。其他如爱国女学校、尚公小学校、孤儿院，皆有所资助焉。葬之日，执绋者数千人，闻其事者，无知与不知，皆为泪下云。

据作者手稿

原任四川盐运使
镇安晏海澄先生行状

宋伯鲁

公讳安澜，字海澄，姓晏氏，陕西镇安县人。曾祖耀章，妣氏阮。祖明升，妣氏王。考启荣，妣氏何。三代皆以公贵，封赠如例。

公幼而英特，稍长，执笔为文，即奇肆如宿学。年十八，补博士弟子员。光绪乙亥，举于乡。丁丑，成进士，观政户部，历任山东司主事员外郎、度支部管榷司郎中兼司长、截取知府、记名道府、记名简放道、署度支部右参议、度支部丞上行走、督办盐政处提调、盐政院丞。历充崇陵工程处监修，礼制馆顾问，会典馆纂修，北档房领办，统计处领办，清理财政处、捐纳房饭银处、核捐处各总办。民国二年，授四川盐运使，奖给二等文虎章、二等大绶嘉禾章。八年三月，以疾卒于京邸，年六十有九。

公之官户部山东司也，先后三十余年。旧制，山东司管理全国盐务。自改度支部，定名管榷司，而职掌益专。故事，官京曹者，率用文学骖翔，不屑屑簿书。公以盐为国家大政，承平既久，百弊丛滋，慨然思所以厘定之。取秦汉以来载籍所纪，凡关盐务者，皆钩稽其因革得失，又取各省产盐之区，第其赋入，究其营运，而推本于道路之险夷，人情之向背。以为苟治盐而不察乎此者，网利病民，非因民以兴利者也。著《两淮盐法录要》，及沿海产盐州县地理志。常熟翁相国称其书，以为精审过二顾氏。光绪中叶，两淮重修盐法志成，缮写进呈，交部覆勘。其间措辞失当，或抵忤漏略，公逐一指出，分订正、补辑、覆核、签商四类，凡一千三百余条。盖其服官既久，于历来沿革，如数家珍，而利病所在，尤能洞澈无遗，一时同曹咸敛手叹服焉。

宣统初元，尚书载泽锐意盐法，派公赴各省产盐区域，履行考察，计历江浙皖豫湘鄂赣，凡七省，为时六阅月，遂尽得其症结所在。以为盐务积弊之余〔除〕，首以一事权、明法令为急务。言之载泽，闻于朝。于是有督办盐政处之设。今之盐务署总揽全国，而权不旁落，实权舆于此时。朝旨既用载泽为督办大臣，即以公为提调。处务一以委之，督办受成而已。明年，广东以筹抵赌饷，议增盐课，新旧商交争甚烈。公复南下，躬自履察，始知新商窒碍难行，建议仍用旧商，令其认缴盐饷，逐年递增。盐政处据以覆奏，得旨允行施，改盐政处为盐政院，复以公为院丞。初，清之末造，鹾纲疲敝，有课，有厘，有加价，有杂捐，名目繁苛，科则不一，省自为政，各不相谋，商民苦之。公以为刘晏治盐，首禁堰埭邀利。未有盐税不统一，而能裕国便民者。是时，淮北受病尤深，乃首建归并盐厘统收分拨之议。但于西坝一处设局征收，其余沿淮局卡，一律裁撤，而北鹾以苏。继又拟用淮北之法，推诸全国，取各省课厘，加价杂捐，并而为一，统名盐税。虽未及施行，而其机已启。今仍其遗意，全国盐税实行统一，岁入骤增，而民不扰，实自公发之。复拟增设奉天盐运使，改设四川盐运使等缺，特设山西省北盐务总局，皆今日专设盐官之张本。

民国二年，以公为四川盐运使。蜀自咸同军兴，盐法凡三易，商运弊矣，承以官运，官运弊矣，承以自由。当丁文诚督川时，创条目，规得失，要其大经，在楚在黔在滇曰边，在川曰计，胥受成于运局。然引盐之外有票，盐引有专商票，乃零售久之灶，藉票以售，私贩购私而侵引，引绌税困，而官运遂成诟病。

民国初元盐纲解纽，不惜举官运成法而弁髦之，其法，一税之后，任其所之。又去引而存票，不规全局，不察地利，不恤商情。于是税绌而商疲，所便者私贩耳。公到官后，以为蜀鹾漫漶，非若河东盐池聚于一隅，又非濒海盐场，延袤一线。言乎质，则色味不同。言乎煎，则工本各异。凡可以治它省之盐法，皆不可以治川盐。何则？川盐有本产盐之厂是也，有标销盐之岸是也，而握产与销之枢纽，则在于运夫周知千里。使无甚贵甚贱之虞者，刘晏之成法也。以蜀道之艰阻，举所谓天梯石栈，骇浪奔涛，一切畏途，而欲使远无淡食，近无积盐，舍治运，其奚由？于是正告川人曰：事不师古，罔克有济。我其规丁氏之法，以为转轮，损上益下，而民不争。我其举官运之利，以还商民，产有所归，销有所售，盐法其大备乎？曰未也，官运之病在于私，私之弊聚于票，不治票盐，虽有良法，不得谓之知本。乃于票地设立公垣，仍听民贩于引地建立公司，悉归商运。垣以统灶，而贩必归垣。无无税之盐，而仍寓恤民之意，公司公垣不倍不侵，交相为济，而厂岸大和。于是岁入逾九百万圆，视旧额倍蓰焉。

八年，移疾还京师。盖公竭毕生精力，治禹筴之学，毅然以兴革自任，爬梳整顿，不遗余力，举数百年积结，淘汰一空。国享其利，民受其祉，自古讲盐政者，未之有也。后虽因时变易，然纲举目张，群奉公不祧之祖。

其在官，尤以精白见信于民。蜀商上财政部，乞公回任，呈中有云：到川数载，清风亮节，有口皆碑，可以见其梗概矣。公忠勇性成，甲午中日之役，吴清卿中丞督师辽左，檄公办理前敌营务处。时各军并进，漫无统纪，而吴公颇深入，公沮之，弗听，果陷贼中。公手燃巨炮，毙贼数人，始全所部以归。庚子义和团之变，两宫西狩，公充行在所户部提调。崎岖戎马，卒扈驾自陕旋京，储偫羁勒，不戒而饬。生平精研宋儒之学，修身践言，取与不苟。官户曹时，即为朝邑相国所识拔。户部沿明旧制，以省分司，而各省重要事件，均隶北档房。北档房向无汉司员行走者，自阎文不管部，始奏设汉领办，其居首一人，凡事皆取决焉，清语所谓达拉密者也。公为北档房达拉密十余年，历任长官咸倚为左右手焉。甲午之役，赔兵费二万三千万两，款目之巨，为中国亘古所未闻。司农计无所出，或戏议按人抽税者，当事颇为所动。公谓新败之后，人情汹惧，行之乱且至，乃建议请由各省督抚多方筹措。当事用其策，款集而民不扰。

公笃于天性，父早殁，事母以孝闻，厚于同气，禄俸所入，甘旨外悉以分散诸弟，而淮约省素，家无货积。服官数十年，租屋而居，无一椽之庇。去官后，始于京师大磨盘院，营屋数架，为终焉之计。是时伯鲁方被选为代议士入都，公导视所治第既遍，且喜曰：行当治酒食，与君落成耳。伯鲁亦以久阔，当长相聚如曩时为言。乃丹臒未竟，而遽归道山，是可悲也。

配张夫人，继配叶夫人，皆无出。再继吴夫人，皆先公卒。吴夫人生丈夫子二，长早殇，次曰树昌，现供职财政部印花税处。生女子二。再继万夫人，生女子一。树昌以伯鲁昔与公同官京朝，知公有素，持公历官行事来曰，愿有述也。谨掇公生平厓略，撰次如右，用备史官采取焉。谨状。

据石印原件

先考琳叔府君行述

钱萱寿　钱湘寿　钱松寿　钱昌寿

先考讳以振，字琳叔。余家世居无锡新渎桥。先王父子明公仕于粤，先后宰海阳、丰顺两县，丰顺濒海，值匪乱围城，先王父率民壮守御，历数十昼夜，誓以全家殉之，城终获全。乱平，辞官归，筑室于武进西庙沟，遂著籍焉。颜其新居曰思顺堂，寓纪念丰顺之意。先王父生四子：长钧伯公，年三十九卒；次幼殇；三即府君；四朴成公，年十九殁。府君自幼聪颖，鲤庭趋对，辄能称意，先王父独钟爱之。年十三，生祖妣颜氏病瘵，亲侍汤药，不离左右。既卒，哀毁逾恒，日在灵前，跪诵《金刚经》三次。当时崇尚科举，延师勤学，折节为八股文，尤擅词章，每有所作，芊绵流丽，辄为师友激赏。幼聘同邑恽公松云中丞女，早殇。稍长，外王父沈公仲维方伯，知府君才，以先太夫人字之。年十八，太夫人来归。二十二，赴院试，补博士弟子员。二十四，先王父患中风弃养，钧伯公已前卒，先王父在常、锡两邑，经营商业甚盛，阖家上下数十口，府君以年少书生，骤肩巨任，茕茕在疚，措理诸务，有条不紊，经营丧葬，均一人主之。值甲午战后，府君痛念国事日非，民智闭塞，乃矢志为地方服务，以启发民意革新政俗为己任，数十年如一日，至老弥笃。最初以规画地方教育，为先务之急。当时所创办之冠英小学，成绩昭彰，始终为全邑冠。又独资办半园女学，设备完善，各校举为楷模。同时以师资缺乏，并筹设师范讲习所。偕同志亲赴日本考察归，又组织学务公所，公立各校经费，始得统筹支配，教务亦有所督率，于是地方教育规模粗具矣。是时府君年未及三十也。

先王父在时，命府君出仕，曾以知县谒选，至是，选授山东邹平县知县，以职属亲民，与宣力社会，初无二致，引见后，即莅任，思以行于故乡者，推之于治所。邹平地僻民贫，文化未启，然未及一年，学校图书馆等，即次第设立，章制厘然。厥后民国二十四年，梁漱溟先生在鲁，主持农村教育，视察所及，询知三十年前，即有此创制，叹为奇才，乃辗转与府君通函，遂订交焉。府君在任，于治狱听讼，尤为勤慎。如改建新式监狱，注意狱囚生活，设施感化习艺诸课，并常亲赴狱中，巡视诲导，悯恤备至。一日，有定谳重犯三人，以无期徒刑，出狱无望，请求暂释回家，一视亲属。左右力持不可，府君恻然，竟许之。及期，均如约归狱。盖府君之感化于诸囚也，非朝夕矣。时各省教案频起，鲁省各县，教士凶横尤甚，历任县宰，相率敷衍，养患已成。有教民宋某，故匿某西教士器物，到县代报被窃，图起衅端。府君廉得其情，痛绳以法。西教士强词请释，未许，悻悻上诉。省宪乃派委到县会审，并授意府君，以拳乱之后，西人气焰方张，宜从权了事。府君坚执不可，乃拂然挂冠去。离任之日，县民执香跪送者，长达里许。自此即脱离仕途。

府君在邹平一年有半，故乡一切兴革，函牍往还，或相咨商，或出资相助，未尝稍间。会清廷已下预备立宪之诏，各省设谘议局，县设城镇乡自治公所，限期成立。府君闻之，窃幸民治政体，渐见曙光，又虑各地人士，放弃责任，未能乘时兴起，乃奔走宁沪，联络各县。南通张公謇等，创议组织预备立宪公会于上海，我邑沈公同芳、孟公森，暨府君均赞襄甚力。宣统元年，江苏咨议局成立，府君当选议员。翌年，本邑城镇乡各自治公所成立，府君又被选城自治公所总董。身兼两役，往来宁常，不遑启处，仍不忘地方教育，继续推广小学校及学额，以期普及。又设立法政讲习所，灌输政治知识，以奠定民治基础。并约集常属八邑士绅，创立常州府中学，特建校舍，规模宏远。小学毕业生，始得就近升学。旋以张公謇任议长，商请府君辞议员职，任议事课长，以资臂助。江督端方公奏办南洋劝业会，未及开办，即调任北洋。张公人骏继之，嘱各府举办物产会，为劝业会之预备；各县举办展览会，为物产会之预备。府君于本邑展览会及常州府属物产会，均为之精心擘画。本邑工业，向不发达，产量以土布为独多。此外如筛绢梳篦皮革等，虽稍有名，而产量甚微。府君乘此机会，邀集此业中人，聘请专家，研究其盛衰优劣之故。后乃由土布而进于机械纺织，篩绢得推销外埠，梳篦亦渐知改良，皮革竟一跃而为本邑新产品之一。

时先王母尹太夫人，春秋已高，卧榻寝兴，自失行动，府君虽尽瘁公务，而不废侍奉，晨夕扶持，不稍假手仆妇。辛亥元宵，阖家欢宴，席散，太夫人微感不适，阅三日无疾而逝。是年秋，武昌起义，谘议局改称临时省议会，张公謇仍任议长，府君改任秘书长。武阳城自治公所，改组为武进市公所，府君仍被选任市总董。在此鼎革之初，中央机枢未立，省县一切法制，均在草创，省议会为本省唯一立法机关，议长张公，又为南北人望所归，国是省政，丛集一身。府君参赞其间，事繁任重，同时并兼顾地方市政。临时省议会，设在苏垣，早往夕返，勤劳可知。未几，临时省议会结束，第一届众议院及省议会，同时办理选举。府君主持共和党第三区竞选事务，深入民间，各地信仰，成绩特佳。当选者如张公謇、孟公森、杨公廷栋、刘公垣，皆一时名流。府君当竞选之冲，置身竞选之外，选举揭晓，己独不与，时论多之。

府君于地方公用事业，首先办理电话电灯，初因风气未开，人心守旧，或以地非通商大埠，此非急需；或以办理艰难，望而却步。适庄君仲希，留学比利时归里，为电工专家。府君悉心就商，并设临时讲座，延庄君演讲现代电气与地方发展之关系，邑人始知重视，集款举办，不出数月，已通话矣。电灯亦以电话已见成效，锡沪商人，争相承办。府君以各地尚鲜知应用电力、发展工商之利益，用订明承办市区电灯，必兼负供应电力之责。无锡祝君兰舫，首先承认，组织振生电灯公司。府君遂与缔约，提交市议会通过。嗣后农工业施用电力之广，竟冠于全国。国内输送三万三高压电流，分布各地，亦自武进始，至今赖之。本邑市区街道，向甚逼窄，每有建筑，又任意侵占，漫无标准。自沪宁铁路通车，市内外交通形势，亦已变迁。市民复谬执风水成见。每有改革，阻力实多。府君不避艰难，就原有街道，分别广狭，规定宽度，于新建筑及修理房屋时，一律拆让，制定章则，交市议会通过实施。小北门外铁路车站，为市外交通要点，西门外直街一带，为市区主要商场，东西相隔，特辟新路以联络之，成横贯城厢之本市一大干路。又以市财政竭蹶，路政同时举办不易，奖励市民自动修理，规定补助办法。于卫生则建筑公园，设立临时医院，为后日成立武进医院之嚆矢。自来水以限于财力，未能举办，后由救火会筹画敷设。府君拨给会所及水塔基址等，尽力助之，藉偿宿愿。

府君于市政建设，在物质方面，固深冀完成一适合时代之新型城市。而于市民精神，尤渴望能造成适合民主政体之新国民，以巩固国基。遂创办《兰陵日报》，自任主笔，力持正义，各县争相购阅，风行一时。张勋拥兵雄据蚌埠，颇忌之。迨民国二年二次革命，张勋率军南下，任江苏都督，即下令逮捕府君。虽幸脱险，而报馆即遭封闭。继以袁世凯先后解散国会省议会，并停办自治，武进市公所董事议事两会，同时撤消，仅由县府委任市董一人，备位承转。市政建设，全部停顿。民元以来，地方一番蓬勃气象，消沉殆尽。地方事业，尤以财政之掣肘，不克维持。盖民元政制初建，本由省议会议决，以忙漕正税之二成为县市乡经费，自治停办，即二成经费亦被取消，仅赖零星杂捐及忙漕征收费余额，年约十五万元，县市乡一切支用，悉出于此。但供教育警察二项，已感不敷。注此失彼，地方人士，因此多所争议。府君原兼任商会会长，所有未完市政建设，如路政建筑等，幸得集合商力以完成之。

府君益感振兴商业之重要。民三集款，设立职业学校及商品陈列所，终以经费竭蹶，职业学校，仅毕业学生一班，商品陈列所，亦未久停办。民四袁氏称帝，省吏派委持劝进表，勒迫署名，府君坚拒之，因辞商会会长职。民六创办常州商业银行。民九创办常州纺织公司。民十兼营电力，得交通部核准，均自任经理。民十二，常州纺织公司，受外汇变迁，不支，破产清算，银行亦同时停业。此为府君一生之最大挫跌，然数年之间，已予地方金融业以革新影响。如通用本属银圆，而钱庄往来，出入必按纹银计算，外埠汇兑，又各折以不同之银色。在今日已人知为陋习，在当时则为牢不可破之成规，均在此时革除，商业称便。在纺织则引用专门人才，设立养成所，职员纯用新人，不使稍沾旧习。惟曩时专门人才，经验尚缺，可与收远效，而不能课近功。以时会不偶，遂难于支持。工厂停业后，养成所诸员生，咸能在同业中，获得位置。可见罗致者，均为有用之才，卒收后效，厂务得以复兴。本邑纺织业，且由此勃起。至今已继南通、无锡，成内地纺织业三大中心之一。电力事业，自民十一震华电厂成立，即以营业权让渡，与振生电灯公司划区经营。府君于两公司业务间之调度折冲，尤多尽力，卒获合作推进之效。

自民十二，黎总统被迫离京。民十三，齐卢之战。民十四，奉军南下，齐燮元败走。旋孙传芳又逐奉军而北。兵灾叠见，武进居宁、沪之中，南邻宜、溧，为窥苏之捷径，北通江阴，扼长江之门户，每战均适当其冲。大军屯集，胜则勒索供应，败则结队抢劫。尤以奉军南下，张宗昌设总兵站于武进，时间甚久，应付最难。内而秩序之维持，外而驻军之周旋，府君以一身当之。是役先后供应粮秣军需，达六十余万元。屡起衅端，卒能消弭。一日，有由锡退常溃军一列车，抵近郊，司机知有变，诿称机车损坏，即停驶。该军乃将司机击毙，率队冲近小北门，意图入城。府君闻讯，亲率商团，闭城守御，溃兵围攻，越宿始解围。天晓，居民仅闻一夜枪声紧迫，犹未知经此巨变也。武进之有商团也，远在逊清季年，始称商业体育会。辛亥，改组商团，刘君效勤为团长，府君实主持之。鼎革之际，地方治安，赖以维护。自此府君悉力赴之，到底不懈，枪械子弹，逐年补充，由少而多，由窳而良。初因各员入团训练，暨防卫服务，每以耗时废业为词，或藉端旷职，为店主所不满。府君于团员则勤加督责，于店主则晓以大义，苦口婆心。经十余年之教练，迨民十三四之役，地方屡遭危迫，均赖以保全。人人始知自卫之不可缺，平时之不能无备矣。十四年，事平，自任团长，后复增设夜课，补习常识及商业必要课程。府君每课必到，或亲自讲授，或参加听讲。民十六，国民革命军抵境，守军闻声先退，匕鬯不惊，瞬息底定，商团维持秩序之力为多。

本邑金融业，向恃苏垣钱业为后盾，自军兴以后，两地同陷困境，遂失支援。民十七、八之间，邑中钱庄二十余家，停闭者几十之九，他业受其影响，失业者日多。商团复为功令所格。府君有鉴于此，乃改组为工学团，教学与职业，合而为一。教学则德育体育智育并重，尤注意精神训话，亲自主讲。职业则以棉织为基础，附设工厂，自经理至职工佣仆，均由团员分任之。至二十六年，教学两方，团员竟得自给自足，惜以事变中止，计自民元至此，组织虽叠有演变，而府君捍卫地方，陶养青年之宗旨，始终一贯，商界英秀，受府君熏染，造就颇多，始终亲炙门下，服膺勿失。

府君晚年，于农村改进，尤抱热忱，倡设改进区，办理贷款。而农村副业，及农田水利，罔不注意，如邵舍村之织布合作社，社员均得利用家庭，装设马达，安置织机，产品与工厂有同等效力。而劳资合一，得免近代资本集中之弊。马迹山有濒湖滩田数千亩，水低则患旱，水高则患潦，湖水高低无常，旱潦亦相乘无已，山民苦之。府君为之筹款筑堤，长七里许，堤端装置引擎，用以戽水，旱则戽入，潦则戽出，得永享水利，而永绝水患。此皆引用机械工程于农村者。如南夏墅湖塘桥卜弋桥东安魏村等，指定为农村改进各乡，府君不时前往讲演，或筹议推进，此皆近年致力最勤者。他如救灾备荒浚河医药诸端，凡属地方公益，几无役不与焉。

余家有园曰半园，颇饶花木泉石之胜。府君治事之暇，恒在园中读书写字，歌咏自娱。性喜宾客，友好聚谈，殆无虚夕，地方兴革大事，辄于聚谈中决之。坐而言，即起而行，稍有迟延，不耐也。二十六年事变，园毁于火，居室与书画器物咸烬。时府君年六十有一矣，率家人避兵马迹山，山孤悬太湖中，民俗敦厚，风景秀美，府君爱之。居月余，乱象环生，乃以保卫穷山为己任。并命不孝松寿、昌寿执枪与山民共守卫，终以实力无几，旋被兵匪侵入，遂迁避海上。五年以来，忧时感事，昕夕彷徨，精力日颓，而披览群书，讲求政治得失，策画将来，犹不稍懈。复以余晷，研求内典，偶有疑义，常与蒋竹庄先生质证。恒谓残年日短，应以一日作二日，一旦瞑目，则无知可求矣。生平玩花赏月，素有异僻，当庭花初放，则流连徘徊。皓月当空，则焚香待旦。然自先妣殁后，伤悼过甚。又以痛念时艰，虽寄情花月，往往黯然神伤，无复当年清兴矣。

三十一年秋，精神日见萎顿，初患微咳，犹不以为意。后延医诊视，方知病肺，左叶已溃烂，转入喉结核。病象已深，医生嘱预防喉结核蔓延，进食困难，虑多痛苦。戚友闻之，咸为惶惧。自秋入冬，咽喉虽时觉微痛，进食稍艰，幸食量未减，读书写字，未尝或辍。迨岁除，犹亲分余腊，以饷近戚，阖家欢然。不料越岁之四日晨四时，病势转剧，呼吸急促，家人环侍，忽命扶起，盥漱更衣，并自剃鬓须，整肃衣冠，延至辰刻，竟端坐而逝。自此不孝等永为无父无母之人矣。呜呼痛哉！府君生于逊清光绪三年，殁于中华民国三十二年，享寿六十有六岁。谨于二月二十四日，扶柩与先妣合葬于上海虹桥公墓。不孝等兄弟四人：长萱寿，嗣钧伯公；次湘寿，先妣沈太夫人出；三松寿，嗣朴成公；四昌寿，庶母潘出。姊妹七人：长萍，年十五殇；次芹，适江；三文，适沈；四芸，适翁；五兰，适孟；六禄，年十龄殇，皆先妣沈太夫人出；七馥，适孙，庶母潘出。孙男五人，孙女三人。

呜呼！音容迁逝，遽历春秋。泣念府君为人，公而忘私，勇于任事，不惮艰险，不计成败。又酷爱青年，提奖诱掖，孜孜不倦。故其思想精神，留印象于吾邑之青年者特多。他日继承其志，重兴地方，庶府君可无遗憾矣。兹当设奠之期，就不孝等所能记忆者，略述梗概，惟负疚余生，形神俱瘁，挂漏失当，在所不免，尚祈当代立言君子，鉴而悯之，锡以弘文，感且不朽。不孝萱寿、湘寿、松寿、昌寿泣述。侍生蒋维乔拜填讳。

据铅印原件

原任全国烟酒事务署署长
嘉兴钱公墓志铭

俞陛云

世运当贞元起伏，贵有鸿才硕彦，内持维而外纽纲，以匡济时艰，乃可培国本而风有位。若嘉兴钱公者，继家声极盛之后，当庶政更新之会，能卓然有声于世，尤为人所难能。不仅诵芬咏烈，增家集之美，为邑乘之光，是有足称矣。

公讳锦孙，字伯愚，浙江嘉兴县人。曾祖讳泰吉，海宁州学训导，清赠光禄大夫。祖讳应溥，工部尚书、军机大臣，谥恭勤。考讳骏祥，头品顶戴、翰林院侍读。皆授光禄大夫。曾祖妣胡，祖妣许、程，妣许、周，皆封一品夫人。周夫人生三子，公居长。自幼颖慧，年十三已毕群经。恭勤公谓为亢宗之子。光绪癸卯举于乡，文誉蔚起。旋以员外郎供职度支部，历充管榷司科长、副司长、清理财政处总核、盐政处参事官，所居皆要职，并有声著。辛亥政变后，任盐务署运销厅厅长。时稽核盐务，参以客卿，权势甚张，议改章制，往往不合国情。公详稽事实，权其得失利害，以利国不病民为主，弗稍迁就，卒以亢直去官，而政府固知公为济世才也。未几，授为财政部总务厅厅长，旋署财政次长，任币制局副总裁。会创设全国烟酒事务署，张君寿龄督办其事，素极重公，即以请于上而调任署长。在职六年，增益币藏甚巨。当其筹办卷烟统税，与外商折冲，不为条约所牵，克底于成，裕国而不病民，绩效尤称卓著。戊辰岁，政局递嬗，北京成立治安维持会，公亦与焉，慨然负责筹款，不辞劳瘁，诸赖以举，时论重之。

公从政有年，亟思退养，嗣后即息影都门，专事校订家乘，并检集先世诗文遗稿，编辑待梓，以竟承述之志。其生平出处，服官则守正不阿，处膏不润。在上者不能以私意左右，在下者不敢以非礼干谒。平居则律己綦严，待人惟恕，以孝弟忠信为本，以奢逸放侈为戒。自奉俭约，而周急之事，未尝稍靳，且恐或后人焉。综其行谊概略，文学之美，政事之长，廉洁之操，仁厚之性，咸有大过人者。宜其绍述前休，克副恭勤公亢宗之望。昔乾隆御题公家南楼老人画曰"清芬世守"，公无愧色也。乃天不假年，耆英遽谢，于民国丁丑十二月初五日疾终于北平邸舍，距生于清光绪戊寅七月初七日，享年六十。易箦之际，神志湛然，默听家人持诵佛号，端坐而逝，殆所谓真灵位业者欤。元配汪夫人，长芦盐运使盱眙汪公瑞高女，生子一，慎曾，皆前卒。女三：长适淮安王毓霖，次适杭县许宝骙，三殇。继配濮夫人，署广西浔州府知府溧水濮公贤恒女，生子一，淦，毕业燕京大学。女一，适盱眙汪毓镳。公患胃溃病亟时，濮夫人思以肌肉疗其创，曾刲臂和药以进，令人增伉俪之重，而观夫型于之化，益足钦矣。其孤淦，将奉梀归葬于海盐县三牌楼，而乞余为铭。余与公家三世论交，谊不当辞，乃序其事，而为之铭，铭曰：

乔木世家，晚近日稀。展也钱公，累叶缨緌。翳昔文端，寿俊应期。流泽滋远，代有贤者。公当叔季，克绍前徽。王谢之望，桢干之姿。外和内刚，立身无欺。既笃孝友，亦有猷为。忽焉千古，亲旧交欷。掩兹才彦，载以铭辞。

据拓片

先祖父谈荔孙先生传略

谈　沅

谈荔孙，字丹崖，祖籍江苏无锡。一八八〇年（清光绪六年）出生于江苏山阳县（今淮安市）的一个封建官僚家庭。谈荔孙的祖父静山先生曾在淮安作幕僚，后去四川任夔州知府，解职后返回淮安定居。静山先生因对官场灰心，嘱子孙“不入仕途”。其时清政府日趋腐败，封建政体濒临崩溃边缘，而东邻日本却因“明治维新”，国势蒸蒸日上。静山先生深知国家兴盛，全赖人才培育。一八九一年由四川返淮后，毅然捐资创设“谈氏东文学馆”，专程赴沪延聘日籍教员二人。学员除谈氏子弟外，兼收外姓青年，周作民、陈福颐、路孝忱、林有任等均系经该学馆培育过的人才。静山先生之子亚蘧先生曾捐得山东候补知府虚衔。谈荔孙幼年入私塾读书，1892 年进自家东文学堂学习基础学科和日文，一八九六年毕业后转入江南高等学堂学习四年。一九〇〇年考取公费留学日本，为了遵守“不入仕途”的祖训，自选就读于东京高等商业学校（今日本东京商科大学），攻读银行经济专业。由于日文已有基础，加之学习勤奋，成绩优异，毕业后又在日本银行实习。当时同学中有钱永铭（新之）、吴鼎昌（达铨）、王冶昌等人，尤因和吴鼎昌同住一个“贷家”（日语，即“房东家”），感情更为融洽。日本同学中有大仓财阀的嗣子大仓喜七郎。大仓财团当时在日本拥有化工、制麻、制革、酿酒等企业，并设有注重实践的大仓商业学校。日本入侵我东北三省后，大仓又在辽宁投资经营煤、铁矿等多种实业。荔孙先生受大仓经营企业方针的影响很深，回国后便毕生从事开拓我国的金融资本，用以扶助工商业的发展。

一九〇六年，谈荔孙学成回国，应当时担任该校监督的南通状元张謇之聘，任南京高中两等商业学堂教务长，兼任银行科主任教习。他采用大仓学校的方案，开办银行实践室，培植了不少银行会计人才，其中很多同学后来成为我国银行界早期业务骨干。

一九〇八年，谈荔孙应清政府举办的留学生科举殿试，授商科举人，派任度支部主事职。他恪遵"不入仕途"的祖训，坚请调离。时值清政府刚刚设立大清银行，便调他任该行稽核之职。

辛亥革命后，南京临时政府成立，谈荔孙应聘赴南京财政部供职，管理军用钞票的发行、流通事宜。一九一二年二月，大清银行改组为中国银行，谈亦改任中国银行总行计算局局长，为该行创建新式会计制度；后又转任国库局局长，负责拟订国库管理制度。

一九一五年，中国银行行使国家银行职权，收回各地的财政权，并扩展长江中下游一带的业务，派谈荔孙去南京筹建分行。分行建立后，谈任第一任行长，并次第在汉口、九江、安庆、芜湖、镇江、无锡、徐州、苏州、常熟、杭州及淮阴等地设立分支行，除经营工商业信贷、货运押汇等一般业务外，主要代理国库并发行印有省区名如苏、浙、皖、赣、鄂等字样的中国银行纸币，局限于各划区或省内通用。

一九一六年，袁世凯酝酿帝制，为筹集军饷，由津京两地的中国、交通两行滥发纸币，人心惶惶，因而发生挤兑风潮。当时，北洋政府非但不设法平息，竟明令停兑，致风潮益形扩大，一时市面混乱，两行钞票贬值竟达百分之五十左右，使持有者蒙受巨大损失。不久，风潮波及长江流域，如不及时加以遏止，势必影响整个两行的信誉，同时也关系到中国金融界的前途。于是谈荔孙当机立断，联合中国银行上海分行的宋汉章、张嘉璈（公权）两先生，拒不执行"停兑"的决定，并商得当时坐镇南京的北洋政府副总统兼长江巡阅使、江苏督军冯国璋的同意，以省库为担保，无限制地收兑中、交两行的地区性纸币，致使风潮逐渐平息。这一果断措施，既维护了中、交两行的信誉，也避免了持有者的损失，使冯国璋深深感到谈荔孙的理财手腕与决策能力，确是不可多得的人才，社会上也广为传诵。

一九一七年，张勋复辟失败后，冯国璋以副总统继黎元洪任代理总统，派其旧日同事冯耿光为中国银行总裁，翌年调谈荔孙任北京中国银行行长。这时冯国璋为扩展自己经济实力，有意组织私营金融机构。而这时荔孙先生也感到在国家银行工作，政治气氛太浓，难以施展自己的抱负与才能，渴望办一商业银行，又苦于缺乏资金。冯、谈双方的意愿，均为冯的亲信、也是谈的挚友、江苏省警务处处长兼南京警务厅厅长王桂林所悉，经王的穿针引线，由冯国璋投资二十万元，由冯的副官长张调宸代表出面，并拉拢冯的僚属李纯、齐燮元等人各认股十万元，扬州盐商贾颂平认股五万元，还有一些零星小股，共筹得资金三十八万元。由谈负责组建商业银行，在征得冯的认可后，定行名为“大陆”。随以股金额一百万元，实收五十万元，向北洋政府财政部申请注册，一切验资和颁发执照等手续，由于冯的关系进展得很顺利。

一九一九年三月，大陆银行正式成立，设总行于天津，同时设立北京分行，并成立董监会，推选谈荔孙为董事长，张调宸、王桂林等人为董、监事。一九二〇年四月，安福国会开会期间，有人指责谈身为中国银行行长又兼商业银行董事长职务，公私不分，于法制不合。荔孙先生于是毅然辞去中国银行行长职务，专任大陆银行董事长兼总经理，从此专心致力于大陆银行经营管理的业务达十四年之久。他经营大陆的指导思想是以储蓄业务为主，吸收社会闲散资金，通过运转调剂，扶助工商实业，借以把大陆银行建立为一个大仓式的中国企业。

一九二〇年三月，大陆银行在上海设立分行。除经营一般商业银行业务及国内外汇兑外，大陆北京分行又首创保管箱业务。当时出租保管箱，不要说其他城市没有，即以北京来说，除设在东交民巷的外商银行偶有办理该项业务外，在其他华商银行中也是有独无偶。以后，各华商银行相继仿效，迅速遍及各大都市。不久，津沪两地分行除信贷与储蓄业务外，分别设立保管、信托两部，除经营保管箱业务且兼营露封保管、有价证券买卖及房地产经租等。为保障储户利益，一九二二年又专设独立会计核算的储蓄部，并增设多种储蓄业务。其中如“特种定期款”，规定一次存入一五一点五一元，十五年到期可得本利一千元。在当时充满动荡不安因素的旧社会，深受储户欢迎。开办当年仅天津一地即有储户一千一百余户，一九三二年增至六千三百余户，以后逐年增加。在此期间，大陆银行的存款总额经常保持在二千万元以上。同时又在一些大城市建立分行。

一九二二年，为了进一步发展业务，便利客户，谈荔孙指示天津分行在全市劝业场、梨栈、小白楼等地开设六处支行，在同业中又创先例。嗣后北京、上海、汉口、南京等分行也分别在市内，以及在济南、青岛、滕县、苏州、杭州等地设立支行。当时北京为首都所在地，是全国政治、经济、文化中心，大专院校林立，教职员工众多，但校址大多离市区较远，附近从无银行机构设立，因此大陆北京分行首先在清华、燕京、辅仁、北大以及工农医科等处遍设办事处，既方便了广大师生储金的存取，又吸收了大量的游资。

大陆银行将吸收来的存款，投放给工商企业，向以稳健著称。如一九二七年天津发生协和贸易公司倒闭事件，京津各行庄受累甚多，而大陆银行对于发放贷款向抱慎重态度，每笔放款事先都经过深入调查，决不轻予借贷，因此在协和倒闭案件中，没有受到牵连。这与谈荔孙在处理业务上稳健而又大胆的工作作风，也是不可分开的。

在一九一五年中、交两行停兑风潮之后，人民对纸币缺少信仰，因而拥有钞票发行权的商业银行，常常遭到挤兑浪潮的袭击。当时被称为“北四行”的大陆、中南、金城、盐业为北方银行中资金雄厚的四家商业银行，其中中南银行为侨资而拥有纸币发行权，但独家发行，还很难取得社会上的绝对信任。一九二一年，“北四行”创设“四行联合营业事务所”，设立“四行准备库”，以四行的资金支持保障中南银行纸币的发行。从此中南发行的钞票声誉卓著，四家银行的业务也蒸蒸日上。在此基础上又合办“四行储蓄会”，累年积有盈余，从而在上海兴建当时被称为远东摩天大厦的二十四层高楼——国际饭店。这标志四行合作创业的精神，也体现了创办人的雄图大略。

旧中国银钱业的放款业务分抵押放款和信用放款两种，钱庄以信用放款为主，而银行则以抵押放款为主，抵押品又以实物为主，很大部分是以仓储商品的栈单为抵押凭证。因此，创建仓库成为银行开展放款业务的重要环节。一九二五年大陆天津分行为了与垄断当地进出口业务，而设有四大仓库的英商平和洋行竞争，在万国桥堍自建四层楼大型钢筋混凝土仓库两座,除经营一般仓库业务外,主要做本行栈单的抵押放款。客户为了便利起见,也乐于在大陆押款,一次交易可承担两项业务,关于利息与折扣又可获得特殊优惠,因而深受客户欢迎,业务发展迅速,每年押款业务均在一千万元以上。而平和洋行的业务则一落千丈,最后不得不将所属四大仓库租赁给大陆经营。大陆上海分行也自建仓库于苏州路。一九二八年押款达八一〇万元,仅次于津行。与仓库业务有密切关联的保险业务也同时兴起。荔孙先生于一九三一年倡议大陆与金城、中南、交通、国华等银行合资创办太平保险公司(后来东莱银行也参加),主要承保本身押款的保险业务,使本系统权利不外溢。此外大陆银行于一九二五年拨出美金廿五万元在天津设立大陆商业公司,由颜惠庆任董事长,李倜夫任总经理,主要经营进出口业务。开始业务尚称发达,可与外商进出口公司竞争抗衡,后因谈的逝世而收缩停业。

一九三一年春,谈荔孙已患高血压症,仍不顾医师的劝告,亲赴黑龙江调查大豆产销情况,经过详细分析、研究,决定在产地创设大型榨油工厂,可日产豆油一千至一千二百担。返北平后即与德商西门子洋行签约订购日产一千五百担油的全套榨油设备。后来从好友何澄处获悉日本帝国主义即将发动侵华战争,第一步目标为东北三省。荔孙先生当与各方磋商,中止合同的执行,大陆银行因此损失定金一万五千元美金。可见国难当头,民族资本的发展也就更加困难了。

但是,谈荔孙投资实业的信心仍未稍泯。一九三二年春,应绥远省主席傅作义之请,大陆与天津中国、交通、金城、北洋保商五家银行联合借贷十万元,筹建绥远毛纺厂,采用当地羊毛,产品销售平津与西北各地,为内蒙毛纺工业奠定基础。

谈荔孙恪守祖训"不入仕途",一生从未加入任何党派,毕生兢兢业业从事银行事业。他以引进日本银行的经营和会计方式,从实践中培养造就了大批人才。一九二九年春,他在董事会提议调整人事,聘用具有真才实学的人士担任银行各级领导工作。但董事会成员多为军阀、官僚的代表,而需要淘汰的冗员或不能称职的人,又大都是他们通过私人关系塞进银行的无能之辈。董事会对荔孙先生改革人事的建议既原则同意，又以“暂缓实行”来敷衍。他虽受此挫折，仍不气馁，又制订计划打算在总经理室增设顾问室，延聘学者、专家和经验丰富的人士协助指导全行工作，从领导核心开始整顿。可惜壮志未酬身先死，他于一九三三年二月因患脑溢血症突然逝世，终年五十四岁。这是大陆银行的不幸，也是旧中国民族金融事业发展的一大损失。

据《淮安文史资料》第七辑

丹阳董君影禅家传

殷松年

影禅董君既殁之六月，某孤以状来，丐为君作家传。余故与君有葭莩谊，少以文字相切劘，又尝同居京师者数载，朝夕过从，知君素深，表彰遗行，后死者之责，其曷敢以不文辞。按状：

君讳继昌，字荫轩，世为江苏丹阳人，影禅其别号也。幼颖异，读书目数十行下。弱冠，补博士弟子员，旋贡成均，以教职铨选，不就。为人豪侠伉爽，好宾客，喜排解纷难，有战国鲁仲连风，由是知名邑中。历充鸣凤学堂、梯云会、团防局经董，兴利除弊，规制秩然。清光绪季年，丹阳商务分会成立，君被举为总理。遇事持正不阿，为商界倚重。光复军兴，君与地方治安多所策画。苏都督云阳程公德全耳君名，罗致幕下，任长府庶务部。国会创设，君当选众议院议员。中间横被解散，偕同志间关赴粤，护法之功独多。民国十一年七月，法统重光，君亦由粤旋京，慨国事阽危，屡欲有所建白，辄以目睹叫嚣喧豗之场，口众我寡，难与力争，愤而不轻发言。然藏器待时，犹冀幸得一当也。迨贿选事起，君知天下事终不可为，乃决然归，洁其身，盖养疴杜门，绝口不谈政治者期月矣。

先是，邑商会改选，群倾向君，请复出主持。君既力辞不获而应选，而所为兴利除弊，守正不阿者，乃无异董鸣凤学堂、梯云会、团防局及初任分会总理时。于时，君已年逾知命，初不以宿疾未愈稍节其劳，论者乃益叹君之任事实心，始终如一，为不可及矣。君于缵承先绪，经营商事外，兼力提倡实业，创办惠西、阜阳两公司，成效卓著，开一邑风气之先。他若周困乏，恤茕独，备荒平粜，与凡关于地方一切公益，靡弗竭诚赞画，得侪辈景仰。岁丙午、丁巳，邑北乡大水，君筹办急振，既分赴沪、镇各地，多方劝募，复躬历灾区，较其户口，均其粟米，俾惠能普及，款无虚耗。以是濒江饥黎，先后赖存活者，无虑累万。孙君复瑞，常熟慈善家也。遇振事必就君谋，亦以君阅历深，尤能实事以求是也。君夙工书法，晚年摹李北海，得其神似。所藏《李秀》、《秦望》两碑尤精绝。民国十有三年、夏历甲子三月四日，以疾卒于家，春秋五十有五。配束夫人先卒，子二：达仁、远智。孙一：与年。

论曰：刚毅木讷，皆近仁。若董君之排解纷难，见义勇为，仁固由刚毅见，非以木讷成也。乃洎身列议席，则不轻发言，与其生平豪侠伉爽先后若判两人者，知君之口虽缄，君之心良苦矣。不然，以君所为居乡者谋国，向使志果得展，时果可乘，将以直道之公，溥仁言之利，朝阳鸣凤，群口皆喑。昔好为鲁连者，必无忽甘为刘胜者也。奈何盈廷聚讼，众楚一齐，愤正谊之不伸，很而囊括，致使不知君者，疑君为木讷之仁，非刚毅之仁，而君遂侘傺抑郁，赍志以殁世。悲夫！中华民国十有三年甲子十月，姻世愚弟殷松年鞠躬谨撰。

据铅印原件

雷理卿先生墓志铭

张一麟

君讳文均，字仲穆，号理卿，吴县雷氏。先世为江右籍，明初有讳唐者，官于江苏之常熟，始家梅里，是为君十二世祖。传凤霄公讳翀，以成化进士出知河南彰德府，为学以慎独为本，致知为宗，而归本于诚意。三传由无锡迁吴，至君五世祖讳升，字允上，乾隆初举鸿博不就，隐于医。今所谓雷允上药肆，名闻中外者也。高祖讳桂，广西苍梧县知县。曾祖讳梦熊。祖讳荣泰，本生祖讳荣河。考讳庆和，本生考讳庆镳，生君兄弟五人，君次三。自君考以上，皆以名德尊重，振匮济贫，有恩于州里。

君幼而岐嶷，十岁即值清咸丰庚申之变，考妣昆弟均以身殉。君被虏置军中，从容定计，得乘间逸出，长老惊异。事平，归里受业于叔父甘溪先生。先生朴学醇儒，于后进少许可，独深器君。君博览经史百家，通其微言大义，尤潜心于宋儒之学。雷氏自凤霄公为宋儒学，允上公继之，皆以敦品饬行，睦姻任恤，蔚成家法。初，允上隐于医，著《经病方论》、《金匮辨正》、《要症论略》、《丹丸方论》诸书行世，而设药肆于金阊。庚申城破，肆亦毁。至是，君叔父子纯公与族人谋复业，命君为佐。君于是不得不辍学。既而甘溪先生以族中老成凋谢，环顾子弟无出其右，乃以君总肆事之成。君夙夜勤劬，数十年如一日，众情悦服，业乃大昌，益自谦抑，谓非祖宗积善不至此，小子何有焉。

先是，允上公遗命子姓建祠，规制未备。至君乃岁提肆中赢利，储宗祠建设费，卒于城中西麒麟巷，鸠工庀材，行落成礼，君以凤霄公未遇时仗义疏财，及贵益好施与，允上公亦谓愿得负郭田数百亩，与九族共之，而以余财赡三党，故绍述先志，急人之急，甚于己私，自奉菲而遇人厚。凡各行省有以水旱疫疠兵祸地震见告者，未尝不倾囊相助也。凡本乡善举，如恤嫠育婴掩埋惜字，未尝不纠合族人之贤者，群策群力，务行其心之所安也。横塘彩云桥为水程孔道，日久倾危，工烦费巨。君慨然任其事，积成巨款，与济生会协力兴工，得以速蒇，行旅至今称便。光绪中叶，筹办靖江急赈，当道给"见义勇为"匾额旌其门，或劝请谢，卒弗往。盖君之行善，出于天性，其不自表襮多类此。尝诏其子学懋曰："吾未尝学问，而生平主旨在至诚不欺；吾无他功德，而生平行事在实事求是。"又曰："积财以贻子孙，有时而穷；积德以贻子孙，则取之无尽，用之不竭。"呜呼！虽古之贤人长德，何以加兹。君虽自谓未学，然世之读书万卷者，其所行视君何如！君子之学，贵乎躬行实践。世运之盛衰，风俗之淳漓，靡不由此。闻君遗言，益使人慨叹唏歔而不能自已也。

君性仁慈恺悌，而以礼法自持，言必谨，行必慎，和而不流，中立而不倚，教子弟爱护甚至，而督责弥严。自任肆事，精力尽耗，年六十方退休。然于家事，不懈益勤，寝兴有定时，祭祀必诚敬，布衣蔬食，不以为苦，惟孳孳为善，至老而不衰。体质夙强，年逾古稀，步履一如少壮。其卒也，以微疾竟不起，时民国十五年夏历二月初二日。生于清咸丰辛亥九月十八日，享年七十有五。盐运司运同职衔，晋封朝议大夫。配黄夫人，先于清宣统元年三月二十三日卒。君没之翌年，合葬于吴县五都五图状元浜青云字圩。子二：长学懋，县学生，光禄寺署正，出嗣君兄翰卿公；次学志，县学生，候选盐运同，后君四年卒。女一，雪征，适同县举人、弼德院秘书官吴铭常，适吴后六年卒。孙五：传征、传洵，殇，存者传泳、传淕、传湛。女孙三。学懋以君没八年，而埋幽之文未著，具状来乞铭，乃诠次君行谊，以告后世，铭曰：

举世浑浑，唯利是视。庸德庸言，独行抱义。绳其祖武，服膺儒宗。防俭于逸，图匮于本。匪以自殖，曰周人急。贻尔子孙，匪财伊德。积善余庆，天道有常。临之在上，质之在旁。

据《心太平室集》卷三

鲍咸昌先生事略

庄　俞

鲍先生，名咸昌，字仲言，浙江鄞县人。以家族侨居上海，故生于沪寓。年十一，就学于清心堂，堂为基督教长老会所设，先生之父哲才公为创立者之一。学程准今学制小学以至初级中学，在普通学科外，兼授工艺，颇合职业教育。先生初入小学，成绩较优，例得递升，十年毕业。其时父已殁，家患贫，志习一业以自给。先学镌刻，花图字体无不精，旋至美华书馆习西文排字，月入虽微，刻苦自砺，力事储蓄。越十年，积资数百，遂与长兄咸恩、妹倩夏粹芳诸君，合资创办商务印书馆于上海，时君年三十有三也。

吾国印刷术，向以木板雕刻，灰墨印刷，不足与西国印刷术较。先生等决仿欧、美新法，从事于铅印石印，社会便之，士人称之，营业乃大盛。戊戌变法之议兴，国人宣传刊物日繁，学校制度既定，复须新课本以资用，胥赖印刷为之枢机。先生与粹芳君等谋广集资本，组织伟大之印刷公司，以应时要，几无应者，足征先生之宏谋远识，能得风气之先焉。自此二十年间，博得国人之信仰，资本屡增，事业益充。今日至公司参观者，莫不许为吾国唯一之印刷机关。回忆历年惨淡经营，臻此成绩，先生之功固甚伟也。先生信基督教，待人接物，一本宽和。工厂同人三五千数，无论男女老少，爱之如己。然嫉恶如敌，遇有不道德行为，必开诚布公正，正言厉色以处之，是殆得博爱之真谛者。先生优于工艺，尤善支配，印刷所分七十余部，烦琐不可胜言，先生处之裕如。孰勤惰，孰优劣，了如指掌。苟有发明或改进方法，奖励备至，故印刷成绩，历届优胜于中外赛会。先生殊不自足，民国二年，只身远游，足迹遍英、法、德、奥、美、日诸邦，考察各大工厂，定购新机械，博采新方策。自愧艺术之幼稚，访聘高尚技师，专任教导，意在革新公司，使得与各国工厂颉颃。忽闻夏粹芳君狙击噩音，急由西伯利亚铁道归国，痛悼之余，益引公司事为己任，尽力扩展，劳怨不辞。

民国九年，被董事会推为总经理，仍兼印刷所所长。先生居距印刷所至近，日必准时到，过时回，虽大风雨无间。十三年秋之某晨，出家门数武，有盗伺路隅，劫之登车，绝尘而去。先生乘间跃堕车外，幸脱险，左臂受伤，笑语往劳者："是殆生计问题，不足虑，吾年如此，虽死何妨，特公司事未明白移交耳。"伤愈，服劳如故，然自此得气喘症。十七年，迭向董事会辞职，不获。董事会旋念先生春秋已高，病不易瘳，乃任先生长子庆龄长印刷所，俾先生稍资休养。不料一载有余，竟致不起，年六十有六。

先生性诚笃，信道弥坚，毕生从事工商，而于教育公益慈善之事，赞助无不力，尝独资设鲍氏开智学校于其乡。以闸北为其侨居地也，联合同志创设养真幼稚园、尚公学校，时助以金，并任董事。东方图书馆成立，先生亦董事及创立者之一也。清心堂遵新学制改组，先生任董事。校建"思鲍堂"以纪念其父，孤儿院建"粹德堂"以纪念夏君粹芳，并在窦乐安路创建"鸿德堂"，先生皆慨任巨款。他如闸北救火会、长老会堂等，资助亦多。先生尝语予："金钱之效，贵在流通。苟有余资，自当补助公益事业。"何言之慨以慷也，敬志之，以殿予文。予交先生几三十年矣，所知不足尽先生之长，深愿先生之故交至戚，汇集先生言行，以备作传者参考焉。

据《哀挽录》

穆藕初传

毕云程

穆藕初先生，讳湘玥，民国纪元前三十六年生于上海。家世业棉，十四岁为棉花行学徒，二十二岁始学习英文。民国前十二年，考取江海关服务，与革命同志提倡革命，与马相柏〔伯〕、李叔同（即弘一法师）、尤惜阴、钱新之先生等创沪学会，实习枪操，提倡尚武精神，为上海办商团之始。民国前六年，任上海龙门师范学校监事，次年任苏省铁路公司警务长。民国前三年，承朱志尧先生借资一千元，并由元配金夫人售金饰相助，自费赴美。入威斯康辛大学肄业二年，转伊立诺大学，民国二年毕业，得农学士学位，升学坦克塞司农工专修学校，次年毕业，得农学硕士学位。是年夏回国，演讲于江苏省教育会，为余识先生之始。首译美国戴乐尔之《科学管理法》，同时着手改良及推广植棉事业。先此曾有热心人士试种海岛长丝棉及埃及棉，因缺乏专门知识，屡试无效。先生以当时吾国各丝厂所纺之纱，以十二支至二十支为多，创议种四分之三至一英吋之美棉，较为合用。除自办穆氏植棉试验场外，并捐资购买美棉种籽二十吨，分送各省宜棉区域试种，并自抚〔撰〕《改良植棉浅说》，印送数万册，以指导农民关于植棉所必需之知识，造福棉农甚巨。惜以吾国区域广大，书之分送，自未能普及乡村，现在各省所植之退化美棉，即系当时传播而棉农不知选种改良所致。先生亲自办理改良植棉及推广事业三年，因所办纱厂事业日益扩大，工作日繁，特商由华商纱厂联合会组织一植棉委员会继续其事。先生被推为委员长，负监督指导之责，并委托南京国立东南大学农科负研究改良推广植棉之责，由邹秉文、过探先先生等主持，每年补助经费二万元，在全国各省设立植棉试验场十二处，前后继续七年，实为吾国改良及推广植棉事业之萌芽时代，而由先生个人之努力奠定其基础者也。嗣后棉业统制委员会即因先生已有之成绩，以每年近百万元之经费，为大规模之推广，而吾国棉花产额之巨量增加，遂在近年更有发展矣。

先生每办一事，必集中精力以赴之，于办植棉事业如此，于纱厂事业亦然。民国三年留美回国，是年冬季与胞兄恕再先生等创办德大纱厂。复于百忙中翻译美国克拉克之《日本的棉业》一书，定名《中国花纱布业指南》，斥资印行，以作借鉴。民国四年，德大纱厂开工，出品之佳，为上海各种纱厂之冠，于是先生办理纱厂之名誉大著。民国五年，复创办厚生纱厂，民国六年开工。该厂完全购置美国萨柯劳惠尔厂之纺织机器，办理益见完善，因而国人欲新办纱厂者，皆自参观先生之厚生纱厂为入手，且多派员至厂实习，无形中厚生不啻为在华美国纺织机器之成绩展览会及实习工厂。自民国六年至七年之短期间内，国内定购美国纺纱机达七十五万锭，均由先生直接间接介绍向美商慎昌洋行定购。华商纱厂纺四十二支纱及三十二支四十二支双股线，均自先生所办之厂始。而先生对于吾国纱厂事业之贡献，固犹不在此。良以原来华商各厂，均用工头制，向无专门之纺织工程师，一切工作，均由工头支配，效率颇低。先生办纱厂之始即事必躬亲，日间则监督指挥工人装置机器，夜间则规划纱厂内部各车间各种报告之式样，以前各纱厂均向无报告，及先生创制之报告式样出，遂为后来各厂普遍采用。其时纱厂事业日益发展，而无同业组织以保护共同利益，先生乃于民国四年发起组织华商纱厂联合会，先生被选为董事之一，其改良推广植棉事业由该会捐资办理，实种因于此。民国八年，先生创办豫丰纱厂及中华劝工银行，先后成立。民国九年，又创办上海华商纱布交易行，次年开幕，章程规定理事长由股东选举，任期三年。成立后，先生即被推为该所理事长，迄今连任六次。因先生之经营得宜，营业至为发达，成为全国花纱市场之中心。综计一日中之交易，其最高纪录棉花达三十万担，棉纱达十五万包之多，交易价值共计四五千万元。此则先生在农工商业建树之一端也。

民国十七年，先生奉太谷孔公之约，被任南京国民政府工商部常务次长，擘助孔公，对于制定工商法规，多所贡献。次年冬，工商农矿两部改组为实业部，孔公以农业重要，议设农业试验所，因先生农业专家，约主持其事，遂改任中央农业实验所筹备主任，并由实业部任钱安涛先生为副主任，农业专家赵莲芳、沈宗瀚、孔思□、吴福祯、张心一先生等为技正，人才济济，实奠定农业技术研究之基础，而于稻麦棉种之改良，尤著伟绩。抗战军兴，京沪沦陷，先生不甘于敌寇之压迫，以政府西迁，遂入川休养。民国二十七年五月，孔公任行政院院长，以抗战时期亟宜发展农工，增进生产，以维后方衣食供应，在院成立农产促进委员会，电召先生至汉，任为主任委员，专任推广各省农业生产及手工业生产，并确立农业推广制度。孔公在工商部任内，即对家庭手工业注意提倡，先生赞襄大计，秉承意旨，献替颇多。奉命主持会务后，复以吾国手工业中，手示〔工〕纺纱，实占一重要地位，先生除联系全国各有关系之农业机关，指导改进推广农产之工作外，特注意手工纺纱，搜集各地通行之土纺机，交由会中技术人员，参酌平素纺织经验，加以研究改良，并配弹棉机及摇纱机，合为一套，定名为七七棉纺机，推行各省市县。并在各地尽力提倡设立手纺织生产合作社，以增进纱布之生产。军兴以来，沿海沿江大埠，相继沦陷，全国纱厂之数百万纱锭，多因战事而毁坏或停顿，后方棉纱甚为缺乏，及七七棉纺机之成功及推广，乃得增加棉纱之生产，以适应迫切之需要，其有益于国民经济及抗战力量者，实非浅鲜。民国二十八年，中央召集第一次全国生产会议，先生被任秘书长，适逢五三、五四，敌寇肆虐陪都，大事轰炸，而仍如期开会，收完满之结果，苦心筹划，朝野同声赞许。

民国三十年，先生被任农本局总经理，以调整后方花纱布之购销供应为任务。先生以迁建后方钞厂仅约二十余万锭，不及战前全国纱锭二十分之一，不敷供应甚巨，因秉承孔公意旨，尽力推广手工纺织，以增加土纱土布之生产，而补机纱机布之不足。至三十一年，成效渐著，约计是年直接间接由农本局供给原料所增加之生产量，土纱约为一千万斤，土布约为三百万匹，其中约三分之一由局收购，其余三分之二，则流通民间，裨益后方军民衣被甚巨。农本局过去仅以购销农产品为主要任务，自是逐渐变为以增加纱布生产为主要业务，因物资产量之增加，遂得加强调整供应之力量，对于抗建大业，裨益良多，而亦先生对党国之最大贡献也。

先生在美留学时，因费用不继，尝以清水与面包维持生活，先生之老同学如周寄梅先生等，均稔知之。回国后创业猛进，名誉大著，刁敏谦博士在《中国醒了》之英文巨著中，誉先生为吾国之棉业大王，邝光林博士在《现代之胜利者》英文著作中，誉先生为现代胜利者之一，其他中外著述，亦恒以先生为吾国实业界之代表人物，声名籍甚。但先生自奉甚俭，而以其工作所得，捐资协助苦学青年，完成学业，其由先生资送留学欧美学成归国驰名于政学界者，亦达十余人之多。罗家伦、段锡朋、周炳淋〔琳〕、汪敬熙、方显廷先生等遂捐募资金，设立穆藕初先生奖学金，以志先生之高义，而广先生乐育青年之厚意，垂之永久，甚盛事也。

先生对于吾国棉业，规划远大，以纱厂设于沿江沿海各地，殊非久远之计，故不避艰难，毅然于平汉陇海中心之郑县，创设豫丰纱厂以为内地工业建设之初步，欲由此逐步推进，渐向内地发展。无如民国十一年第一次直奉战争，郑县适当冲要，该厂几为炮火所毁，金融界对于投资内地工业，遂视为畏途。使先生发展内地工业之宏愿，不克实现。而同时所拟吸收外资计划，亦以内战频仍，投资者望而却步，亦未能偿愿，则先生终身所引为遗恨者也。

民国十一年，美国召集第一次太平洋商务会议于檀香山，先生被任吾国首席代表，余亦以华商纱厂联合代表资格，同往是会。加拿大商务大臣亦亲自出席，美、日要人出席者甚多，先生折冲樽俎，因应咸宜，颇博好感，其详见拙编《参预太平洋商务会议日记》，由先生捐资刊行。此行对于增进中美邦交，颇有关系。先生生平对于社会公益事业，无不热心赞助。民国十一年，华盛顿会议开幕前，吾国民众团体推举蒋梦麟、余日章两先生为国民代表，赴美宣传，行期已定，而旅费无着，几致中止。先生遂柬约沪上金融实业界同人至寓，一席倾谈，巨款立集，两先生遂得成行。民国十七年，豫省战争剧烈，而医护阙如，闻者伤悯。先生遂与孔公及王部长儒堂、李组绅先生等，募集巨资，创设救护伤兵协济会，聘请医护人员，购备大批医药器材，驰赴陇海线实施救护。民国二十一年，上海“一·二八”之役，先生复与杜月笙、黄任之先生等，组织地方维持会，尽力募捐，供应军需，裨助于抵抗者甚巨。类此急公赴义之事，不胜备举，兹略举一二较著者耳。

先生体质素强，民国二十六年“八一三”之变既发，先生任上海市救济委员会给养组主任，筹供难民给养，备极操劳，遂以积劳致疾，八月底赴杭休养。其后辗转杭湖京汉而至重庆，备极劳瘁，至孔公电约赴汉主持农产促进委员会时，犹未痊愈，终以抗战期间国民天职所在，不得不奋身服务，因精神之振奋，而使健康日益增进，六年以来，始终其事。及三十一年冬，解除农本局总经理职务后，专在该会任委员，同时从事草拟战后棉业建设计划，苦心擘划，备极辛劳。讵料忽患肠瘴，于三十二年三月二十九日入重庆市立医院疗治，以无镭锭设备，遵医嘱于四月十五日赴蓉就诊，其时体力固犹如常。到蓉后，经医诊察，认为须用手术割去肠瘴，另在左腰辟人工肛门，以利排泄。先生对于割治，难所赞同，惟于人工肛门，则颇犹豫，因致迁延，至六月中旬，协合医院美籍医师以延不割治，虑生剧变，遂劝先生试用镭锭，前后六次，备尝痛苦，未见效验，而体重骤减。美医乃建赴印度用深度爱克司光治疗之议。先生韪许，遂复返渝，方拟飞印，而瘦弱已甚，能否长途飞行，颇成问题，乃暂入中央医院疗治。据沈克非医师诊断，则肠瘴业已蔓延，因体力衰弱，不便割治，乃先开人工肛门，以利排泄，而健胃纳。初割情况颇好，继因肠瘴蔓延肝部，加以尿道阻碍日甚，遂致大□，于九月十六日下午五时回寓。十七日余往探视，犹殷询农本局卅一年决算及办理移交各事，神志清晰。十八日已不能言，十九日上午六时逝世。呜呼痛哉！

先生天赋特高，创业猛进，举重若轻，禀阳刚之气，生平爱才若渴，嫉恶如仇，待人以诚，不事虚与委蛇，此真先生之所以为先生也。余于民国八年，承先生约为辅佐，先后在厚生纱厂、豫丰纱厂、农产促进委员会及农本局任职，达二十五年之久，知先生最深。九月十一日，余至歌乐山中央医院视先生疾，先生犹以战后棉业建设计划相商榷。且以十余年来，受孔公知遇，先后辅佐部务，综理会局，未能多所尽力，公私引以为恨，谆勖农会同人努力奉职，以完成使命，裨益抗建。呜呼！先生心心不忘国族，心心不忘棉业，满怀希望抗战胜利以后，出其数十年之研究与经验，努力建设，讵知竟不起耶。呜呼痛哉！先生存年六十八岁，有子四女五，将于抗战胜利之日，扶榇归葬原籍。陆放翁诗："王师北定中原日，家祭毋忘告乃翁。"此先生之志也。

据《国讯》新一七二号第三五〇期

民国人物碑传集

卷　五

王劭廉哀启

王振民等

哀启者：先严体质素健，自丙寅之秋，内肾患病甚为危险，幸经割治而愈，时年方六十。越十年，以至于今，奈何一旦长逝也耶。不孝等于先严之生平行谊，未能得其万一，兹谨就所见所闻所传闻者，约略述之：

先严之生也，值家道中落，而资质肫笃。八岁，出就外傅，于日常所给之点心费，辄节省焉，以购烛继膏。十五岁，入北洋水师学堂，试辄冠军。卒业，至英伦肄业格林书院，考试取列一等前茅，领有学问优长凭证。比归国，任本堂教授者有年。其时，由北洋大臣保举硕学通儒，奉奖文科进士。厥后兴学诏下，旧京由都御史陈公创立五城中学堂，知先严名，延主其事。时林先生琴南为汉文总教习，而先严则西学总教习也。每课暇，辄听他人授课；或迳登他人讲席，口陈指画，必使学生豁然了解而后已。而本课教习则旁听之，所以使之观摩也。旋兼充顺天中学堂总教习，其实事求是，一如五城，以是成材日众，而向往者日多。先严生平尤以领北洋大学，与任开滦矿务总局协理为最久，而积劳亦最深。北洋大学者，原名汇文书院，谋始于武进盛尚书，嗣移黉舍于西沽，以美人丁嘉立掌之，教员亦多美人。适丁以事旋国，而替人之选实难。丁与日人渡边隆盛，则为先严游扬于旧京，谓中国办理教育，现有良好人材，舍而不用胡为者？当道乃以先严继，舆情翕服。其间有一美人，当授课时，未得请，潜入市。先严知之，招之返，必使蒇事而后已。又教员当休沐日次晨有晏起者，先严躬造其室，趣之出。其守法不阿，乃如此。开滦矿务总局，以开平公司与滦州公司合并而得名。其时总理为英人，合并数年，先严以董事资格被举为协理，慷忾任事，发抒胸臆，知无不言，言无不尽，偶有异同，据理力争，无丝毫苟且，其敬事又如此。先严律己严，而绳人亦峻，然笃于睦姻任恤，及慈善公益诸事，恒若不及。而涉于傥来之名若利，则避之若浼。民国初年，前大总统项城袁公，欲以先严长教育，使严范孙侍郎示以意。先严莞尔笑曰："我岂能长教育者。"因婉谢焉。既而又命长海军、长直隶省，皆不就。后乃就参政院参政职，以其为清议机关也。诸如此类，人咸津津乐道之。

先严自病肾以后，屏绝外事，惟于公益慈善之举，辄尽心补助，一如畴昔。尝曰："尽其力之所及，以求心之所安而已。"至于起居饮食，均有定程，或练习拳术，以资运动。不孝等窃私相庆幸，以为可以长寿考乐天年也。去年家兄荷舫以北戴河有别墅，力请偕往避暑，先严婉却之。未几，果病暑，以诊治未至过剧，迄严冬犹食西瓜，盖以为清暑之良剂也。今夏思患预防，与家兄荷舫居北戴河，约两月余。不孝振民虽羁于矿局职务，亦不时请假往省之。及回里，犹康健如恒。乃十月间，饮食锐减，步履维艰，时作气喘。医云是为心脏膨涨之征，而其病源则仍属于肾，于是群医束手矣。先严生平行事，人称力大于身，心细如发，卒以劳心过度之故，竟如此以伤其生。哀哉！不孝振常方就学香港，家人仓卒召归。先严见而讶之曰："谁召尔归者？我死不知何日，尔废学将奈何？"乃亟延师补授功课，盖督责仍綦严也。病中于亲友之后辈，每谆谆以力学为训，或传语，或面命，至再至三。孰知言犹在耳，竟于十一月十九日辰刻长逝矣。呜呼痛哉！倘荷大雅宏达，锡以鸿文，藉光泉壤，则殁存永感于无尽矣。方寸瞀乱，语无伦次，伏乞矜鉴。棘人王振民、王振常稽颡。

据铅印原件

史量才墓志铭

章炳麟

君讳家修，字量才，晚以字行。其先江宁人，父春帆翁，避兵徙娄之泗泾，故君补娄县学生。少时已卓荦有智行，既入学，寻弃去，习远西文字，肄业杭州蚕学馆，归设小学于泗泾，数教授上海，以所得立女子蚕学馆，太湖左右化之，后江苏蚕桑学校本诸此。会沪杭甬铁道事起，以集资被选董事。民国兴，主松江盐局及沪关清理处。君虑宪过人，处事悉综名实，然尤专意新闻事。初春帆翁虽不遇，素持直道，常以是诲子。君自清末已主《时报》，其后主《申报》，殆二十年。直袁氏称帝，以重赂要君，请毋娆帝制，拒之。自尔南北交哄者十余岁。常有问遗，悉无所染，盖受之家训，亦其天性骨鲠然也。

少时家甚贫。初教上海，布单衣，徒行，遇雨，革鞜尽淖，望之寒甚。及与语，吐辞砉然，精采动一坐。久之誉日起。所立工商事益众，殖币治鈩，靡不为也，号为素封矣。然自守确固，不肯随驵侩进退，人严惮君而未尝与忤。民国二十年，日本战事起，明年遂掠上海，君日夜资助十九路军，卒无大败。虽政府亦重君才，被推上海市参议会长矣。二十三年十一月，自杭西湖归，道出海宁大闸口，遇盗，环列狙击，与同车一人及御者皆死。配某氏，子男必恕，遇盗时皆在侧，挺走得免。

君平生领事虽繁脞，然能通释氏书，时时宴坐。亦习技击，身手矫健，又与人无怨恶，内外皆无死道。或曰：暴得大名不祥，清议之权，自匹夫尸之，常足以贾祸。然自武昌倡义至今，由屠酤稗贩以陟高位处方面者，盖什百数。君本书生，积资不过比良贾，名虽显，不能出一州，其视权要人固微甚。且清议衰久矣，虽百计持之，仅乃振其标末，非有裁量刻至之事，如汉甘陵、近世东林比也。揆之固不足以召衅，而竟为人阻隘以死，且若欲夷其宗者，抑命也夫，命也夫！君亡时年五十六，某年某月葬于某。铭曰：

史氏之直，肇自子鱼。子承其流，奋笔不纡。卖浆洒削，华屋以居。以子高材，宜其有余。何烦辱任事，而不与俗同污。恬智相养，则亦与天为徒。吾闻夫毅饰貌以内热，豹菀中而外枯。智之所不能避者，虽圣哲有所不虞。唯夫白刃交胸，而神气自如，斯古之伟丈夫欤！

据《太炎文录续编》卷五下

刘尔炘传略

曹 英

先生名尔炘，字晓岚，别字果斋，甘肃皋兰人也。清进士，翰林院编修。淡于名利，不事干进。告归后，主讲五泉书院，先后近十年。光绪二十九年，任甘肃文高等学堂总教习。以研几经术，求适时用为主旨，尤置重于《大学》修齐治平一贯之理。自癸卯迄己酉，毕讲群经。民国初元，一长甘肃全省中学，旋辞去，专力于社会事业。先是皋兰有兴文社，司一邑宾兴资，乃为清理亏融〔蚀〕，置业垂远，以其租入，并整理旧皋兰书院，所有地方捐集膏火资金之产息，创办兴文社立两等小学堂。规模整肃，树省垣私立小学先声。民国七八年间，续办社立第二两等小学，及初等小学二处，兼于毕业本校升转省外之皋兰学生，规定名额，以社款津贴，用资鼓励。又立兰州兴学社，经理旧五泉书院所存地方捐集奖士之基金，以其孳息所入，于民国八年，选送前郡属六县学生各一名，赴省外留学，于年给与学费及往来川资。嗣以款息有限，赓续为难，乃改立五泉书院，为筹办图书馆之设备，旧时书院储积，及陇垣古籍遗书，多赖以保存焉。今兰市之有私立图书馆，则仍仅此耳。先生重念甘处边陲，交通远阻，士子得书不易，欲为闾里育人才，求学识，莫急于广储典籍，因设立陇右乐善书局于省垣，一方翻印新学书籍，廉值以饷寒畯；同时并访辑陇中以前名人遗著，及有关志乘之轶书，广事刊印，藉资文献考征，其用意尤为宏远。

邑中有五泉山，旧为省郊胜地，清同治时毁于乱，先生思有以兴复之，邦人官吏多乐助，先生躬自设计，督工经营，胜迹遂为全省第一。然先生之为此也，不仅美游观，乃寓阐扬文化之意，既为楼祠，崇祀羲、文、周、孔暨省邑名宦先贤，并列述其事功德业学说之大凡，庄书祠壁，以示陇上往昔风教之兴，与中国学术文明渊源所自，冀乡人后进有所观感兴勉。嗣后创办陇右实业待行社、丰黎社仓、全陇希社、国文讲习所，嘉惠乡里，作育人才，论者谓先生之所为，略同南通张氏。先生于旧学造诣深宏，箸述亦富，晚年衡虑世变，得中西新出书报，从事探讨，日为世界大同本原之研究，致遘失荣之疾，卒于民国二十二年之初冬，年六十有八。邦人士既奉祀先生于皋兰乡贤祠，私谥文毅，复就五泉山麓先生晚岁读书处，醵金别立祠舍。所箸有《果斋前后集》、《哕经日记》、《劝学迩言》、《陇右轶余集》、《皋兰乡贤事略》、《甘肃人物志》、《拙修子太平问答》若干卷。

据《第一次中国教育年鉴》戊编第九

庄俞家传

庄　适

吾母弃养一年有奇，而长兄又逝。仲兄中希曰："兄之生平事行，不能任其湮没无闻也，宜有以传之。"吾应之曰："诺。"兄讳俞，原名良，以生于十月也，应童子试时，又名亦望，字百俞，又字我一，别号梦枚楼主。世居江苏武进，清嘉、道间，有经学名家庄大久先生者，实吾兄弟之高祖。祖考心兰公，殉洪杨之难，遗二子，长伯考苏甫公，次先考茗甫公。先考五子，兄为其长。以伯考无子，子焉。兄生有至性，沉静寡言，以出嗣，故言行益谨。嗣父母及本生父母，皆爱之。年十八，伯母姜太夫人殁，哀痛尽礼，人以为难。时学风渐变，兄知帖括无裨实用，乃兼读史地诸科，更与诸同志创设体育会、演说会、天足会、私塾改良会、藏书阅报社等，邑中风气，由是而开。二十四，补阳湖县学附生，时科举已改试策论，学制更新，地方上有武阳公学之设，兄被聘为教习。

时当辛丑和议之后，海禁大开。有识之士皆知本国文化远逊欧西，兄乃与严练如、谢仁冰、胡君复诸君，设立人演译社于上海，译印东西文新书，以事沟通。旋由蒋竹庄君绍介，入商务印书馆为编译员，而兄之一生事业，于以发轫。我国在昔青年读物，不外《四书》、《五经》，文字艰深难解，又未必尽人习读，教育不普及，民识不开通。职是之由，兄入商务著手第一事，即为编国文教科书。事属首创，进行不易，每成一课，必与共事者张菊生、高梦旦、蒋竹庄诸君，团坐一桌，互相讨论，必至无可指摘，始为定稿。既经出版，颜曰"最新"，全国风行，何止千万册。商务得成为书业中巨擘，而又为全国第一文化机关者，实造端乎是。会先考在里创办冠英小学，兄奉命还乡，辛勤协助。除课务外，事无巨细，莫不躬亲。每日先学生而入，后学生而归，虽劳不以为苦。未及一年，校誉大起，学者踵至，至不能容。又就己宅设立幼幼女学，俾女子亦有求学之所。无何，商务敦促回馆，乃返沪。自是不复离馆，以终其身。计任编译员六年，国文部部长十一年，交通科科长七年，机要科科长二年，总务科科长一年，分庄科科长兼总管理处秘书八年。中间因教育事业而出外参观考察，及参加集会者，无虑十余次，所至必被邀演讲。

兄不尚空谈，所言多切实易行。至有益公众之举，尤乐于赞助。吾等壮年失怙，兄友于诸弟，一任提携之责，而吾与兄相处尤久。盖兄在商务三十余年，吾亦服务其间十九年也。吾故倔强性成，每不自遏抑，兄辄优容之。兄年四十二，在上海闸北购地亩半，建屋三楹，迎吾母养焉，吾母时年六十六。兄尝言："半生栗六，百不如人。惟小人有母，婆娑白发，色笑常亲，为堪自慰耳。"兄之著作，除各种教科书外，已刊行者有《我一游记》、《应用联语粹编》二种。其日常行事，则年有年记，日有日记，年记撮其大要，日记纤悉具备。数十年过程，朗若列眉也。至先人遗著，经史一一付梓。惟大久公遗著六十一种，出版者仅数种。兄常以时局不靖，手泽散亡为虑。民国二十一年，中日启衅，闸北沦为战区，所建住宅毁焉。二十六年，战事又起，京沪沿线，靡所宁处。仲兄与吾奉母避居马迹山，与兄音讯不通者两月。兄忧思不已，夜难成寐。及母莅沪，困顿已甚，后又伤足，兄历延中西医诊视，调护维谨，冀其康复。卒以年高难治遽尔弃养，柩寄沪西，将及一年。兄以其未安窀穸，心终不宁。迨交通无阻，柩得运归，而兄病亦成矣。兄夙有血压高之症，至是痛母忧时，旧疾复发，而心脏病、肠胃病、腰病相继并作，病中思虑敏多，医者谓尤不利于病也。凡卧床三月余，卒年六十有二。元配费夫人，继配沈夫人。子三：新士、其士、强士，皆费出。新士劬学早世，其、强笃厚醇谨，有父风。民国二十九年六月，弟适谨撰。三十二年一月族女侄闲敬书。

据影印原件

清故光禄大夫学部左侍郎严公墓碑

卢　弼

有清光宣之际，海内学士大夫论兴学者，莫不交口称诵天津严范孙先生。先生之终于里第也，士辍于学，农辍于野，商贾辍于肆，相与咨嗟悼叹。举殡之日，莘莘学子盈轨填衢，不期而执绋会葬者数千人。呜呼！先生之盛德感人深矣。先生贤子孙虑世泽之失坠，属为表墓之文。弼忝列门墙，重以婚姻，流寓珂乡，饫闻遗爱，曷敢以不文辞。谨诠次先生政事学行荦荦大端，以告来者。

先生讳修，字范孙，姓严氏。先世由慈谿迁天津。曾祖讳汝汉，祖讳道尊，本生祖讳家瑞，考讳克宽，均诰赠光禄大夫。曾祖妣武，祖妣王，本生祖妣陈，妣陈、继妣王，均诰赠一品夫人。先生年十四，补郡庠生。十八，食廪饩。光绪壬午，举于乡。癸未，成进士，改庶吉士，散馆授编修。甲午，大考翰詹列二等，简授贵州学政。黔省地处偏陬，民贫土瘠，苗蛮杂居，学风质朴，闳通淹雅之俦，恒不多觏。先生行部所至，以通经致用，励行敦品，训勉士林。随方施教，如课生徒，官而兼师，谆谆不倦。选高材生肄业省城学古书院，广购经籍，开启径涂，筚路蓝缕，功莫大焉。凡所经画，具见先生《使黔日记》中。爱才之殷，与求才之渴，即所以救国家于危亡。襟怀利济，后乐先忧，已权舆于斯矣。至若减供张，禁需索，分廉俸，差旋而举债者，尤其末节也。

甲午战败，创巨深，帖括之学，固陋闭僿，不足以应世变之穷。先生援先朝召试鸿博成例，奏请设经济特科，网罗天下英俊，共解倒悬，谋国之忠，丹忱如见。虽开罪座师，绝其通谒，弗顾也。先生学政任满，奏请回籍扫墓。逾年，庚子拳乱，先生念愚氓召衅，原于无知，乃锐意兴学，颛以启钥民智为己任。由小学，以至南开中学、大学，由天津一邑，推及于直隶全省。其始皆由严氏家塾而扩充之，浸假而风靡于全国，咸引为模范师资，而先生遂以兴学名天下。直隶总督项城袁公，延先生总理直隶学务处。学部初创，诏以三品京堂，署右侍郎，旋转左侍郎。京朝旧例，尚、侍第总要政，部务悉委曹椽。先生任职四年，事无巨细，劳瘁不辞，勤敏过于司官。要之，先生兴学之念，在朝在野无殊也。斯时袁公任外部尚书罢归，先生奏请留任，疏入不报。论者以项城末路蹉跌，谓先生为失先几之见，不知宋王安石当未秉政之时，司马、欧阳、韩、富诸公，交相延誉，后此之新旧龃龉，非诸贤所及料也。庚子之役，首都糜烂，山东密迩畿辅，举足重轻，项城搘柱其间，不可谓无干济之略。环顾当时，亲贵权要，类皆畏葸庸懦者流，先生为国惜才，欲其共济艰难，后此之潜移国柄，亦非先生所及料也。

国变而后，蒲轮安车，屡征不应，万石千钟，却视弗顾，严陵高节，今古相望，可以识先生之微尚矣。说者又谓先生洁身而退，即宜远嫌高蹈，奚事与当局周旋。不知筹安会起，力沮成议，为大局弭乱源，为故人尽忠告，公义私情，二者兼得，贤者之用心，固可大白于天下后世也。

先生内行谨饬，事亲事兄，极孝极弟，推财让产，人无间言。仰承先志，踵成善举，邻里乡党，睦姻任恤。京、津烽火，乱兵相约不入严翰林胡同，黄巾避郑公之乡，今乃于先生见之。非德化及人，能如是乎？先生好学深思，老而弥笃，藏书数万卷，悉归文馆。天津图书馆编目，注“严捐”二字者，皆蟫香馆旧藏也。先生又念各校师生，竞趋物质之学，国学日就沦湮，乃筹设崇化学会，礼聘名儒主讲，造成多士。复于城南，联吟雅集。津沽地滨渤海，本鱼盐货殖之区，先生乃欲以诗书礼乐彬彬之习，易俗移风。仁民爱物之闳愿，不得大被于天下，就吾心之所安，力之所能逮者，黾勉曲折以赴之，亦士君子不得志于时者之所为也。呜呼，可慨也已。先生生于清咸丰庚申三月十二日，卒于中华民国十八年三月十五日，享年七十。

夫人李氏，同县咸丰乙卯举人、安肃训导秉璋公女。夫人治家有贤声，布衣疏食，勤俭节约，悉蠲施与，后先生十六年卒，享年八十有五，合葬于天津西郊小稍直口。子智崇，荫生，民政部主事，前卒；智怡，河北省委员，教育厅长；智钟，卫生司司长；智开，北京艺术学校校长。孙仁绪、仁叶、仁荫、仁泽、仁赛、仁远、仁颖、仁华、仁驹、仁覃、仁辑。曾孙三人。女长适卞肇新，次适华泽宣，次适弼侄南生，一未字。孙女十人，曾孙女二人。

先生雅娴音律，工书善画，文人韵事，靡不精能，算术方言，亦能通晓。佳话流传，不可殚述。生平著述，有《蟫香馆诗文集》、《书牍》、《日记》、《黔轺杂著》、《广雅诗注》。先生尝周游寰宇，所至民俗政教，博访周谘，晚岁与弼伯兄木斋，同游西湖，每致慨于殁世之名。伯兄常谓曩与先生同谒项城，力陈科举之弊，非罢废不足以言兴学。项城毅然约江、楚二督入奏，数百年锢蔽民智之举，一旦廓清，最为愉快。伯兄兴学育才之念，出处进退之迹，大致与先生相若，殆所谓志同而道合者欤。弼往居旧都，时辱奖誉，比来津门，先生已归道山，自惭学行无似，握管述先生懿行，未能道其万一。然先生道义风节，昭垂天壤，固不必藉区区文字之彰显，以传诸不朽也。铭曰：

五河尾闾，经络汇通。山川灵淑，贤哲毓钟。渊源远溯，富春是宗。髫龄泮水，卓异凡童。春秋联捷，金殿从容。黔山万里，黄华青骢。菁莪棫朴，收贮囊中。一官归去，坐啸清风。特科闳起，俊彦登庸。巍巍学府，创始童蒙。私塾发轫，文轨采同。忧劳王事，尽瘁鞠躬。琳琅万卷，文馆溢充。博施济众，绳继裘弓。适莫胥化，新旧兼融。梯航海国，远徂西东。采风觇俗，吟卷诗筒。方言肄习，雅度谦冲。美疢药石，救我盲聋。不随不激，温良俭恭。屋漏无愧，门内雍雍。潜移默化，德高道隆。仁人遗泽，沾被无穷。青松桃李，永护幽宫。

据《慎园文选》卷三

李更生先生事略

张震南

李先生讳荃，字亘孙，江苏淮阴人也。尝江行涉水得全，因署曰更生。世家清江浦。捻乱迁郡城，先生生焉，比长，乃复归。先生幼英敏，学于淮，淮之耆宿咸器异之。然境绝艰，盖几不能具脩脯。年二十一，入江北高等学堂肄业，寻补县学生员。越三年，西游于皖，历繁昌、宣城、太和诸邑，所到皆长其县校。又三年，始归，主江北师范附属小学事。于时，先生年二十九，匡饬校务，昕夕不怠，有暇则治小学名著以为常，盖是时已具献身教育之志矣。辛亥光复之役，浦城被围，先生首倡反正议，偕代表十六人开门纳民军，斯须而定。众推先生襄江北学务，辞未就，而创立保安公所，折冲官民间。时北伐方始，运河上下军旅如林，蠹孽生于郊，人怀汹惧。先生与在事悉力搘应，倡团防以自保，用能上下孚洽而境内宴如，盖先生之力为多。

元年，任县署学务科长，多所措画。二年秋膺选为第一届省议会议员，兼任省立第六师范学监。先生所至，不忘教育。在议会为教育审查员，主增费无遗力。清江值兵后，百业疲弊，有倡办妓捐以赡巡警者，先生于议席中严折之。倡者不能对，议遂格。作学监，士风修整，校长徐君公美深倚重焉。六年秋，省吏知先生能诲人，遂令摄第八中学校事，旋即真除。先生视校事犹家事，蚤作而夜思，计定则行，靡有回滞。居扬凡五年，修废补阙，声闻卓然。尤著意改革，侧席新说，如或不及，厘定课程，必置重效率优绌以为衡。故分科制及能力编级法仿办最先。以校舍湫隘，别请于军府，拓扬州府廨遗址而新之。积牍盈寸，几殚心力，未及迁，会值元配唐夫人之丧，遂引疾归。其年秋，六师徐君续聘先生主附属小学事。先生新丧内主，无复进取意，虽小用之乡里，亦綦尽心焉。主西儒儿童本位之说，锐行新制，惟恐后人，三年而易观。江北诸省校，第九中学最系淮人望，然士惰而嚣，积岁鲜起色。淮人请于大府，俾先生主校事。先生荡然丧其故有而为之，堂斋庖湢悉寓新意，期年而校风肃。初，先生之再办附小也，邑有成志初中，出私建，无一铢之产，既而不能支。邑之人群以属先生。先生治成志三年，无俸入而支拄不少懈。度地建舍，咸募以集事。募不足，会续取于沈，则举亲朋贺钱以益之。容悴而神愈旺，每宴谈常轩轩然有愉色。即长九中，犹七日一诣校致训词不辍。其勇于任事，不惮自损以赴公，天性然也。客岁春，先生以经费事旋浦，晨兴诣师范。宗人有惎之者，闻而伺焉。行抵校东，遇刺而仆。越两日，以创重逝于仁慈医院，年四十六，实十六年四月七日也。哀哉！

先生体腴而貌丰下，善谈论，能解听者颜，广座演说有声于江淮间。然意量卓越，不能与俗处，所不善，极辞抵排不少遮让。人或惮之，谤议朋起。而志行高洁，谤之者或鲜能及。办学既久，所至积效烂然，而自奉卑薄，诸博戏可娱者举不为，绳检刻厉，逾于古德。性耽思索，未尝一息栖其心，遂病脑痛，晚而时剧。在校综核出入，他人不能逮。遇难而后乃无余资。续配沈夫人共案未三载，子女都幼，责重而事艰，痌瘝仇雠，而凶人飏去，虑不可亟得，生人之惨遇，其亦可谓至剧也已。先生既逝之周年，里人谋所以摅哀者，将为追悼之会于成校旧址而共属愚缀其事。爰出夙昔奉教之所窥，参以询求，辑之如右，以俟文焉。民国十七年三月，同邑后学张震南谨略。

据《李更生纪念文集·传记篇》

李登辉先生行状

失　名

先生讳登辉，字腾飞，福建同安人。先世黄姓，出后外家，为李氏。父开元先生，母沈太夫人碧娘，以清同治十二年三月廿四日（西历一八七三年四月二十日）生先生于荷兰属爪哇巴达维亚郊外之红巴村(Parmera)。先生年十五岁（一八八七），赴新加坡读书。十九岁赴美国，入沃海渥威斯雷阳大学（Wesleyan University），嗣转入耶鲁大学。二十七岁（一八九九）得文学士学位。翌年至槟榔屿，任英华书院英文部主任，会中山先生集会提倡革命，先生与焉。三十岁（一九〇二）回吧城，任耶鲁学校校长。光绪三十一年（一九〇五）先生年三十三岁，返国至上海。是年秋，马相伯先生创立复旦公学于吴淞，延先生为总教习，先生乐育英才，毕生尽瘁，实从此始。后严又陵、夏剑丞、高梦旦先生相继任监督，先生为教务长，凡延聘教师，规划课程，均由先生一人主持。又与颜骏人、王儒堂、曹雪赓诸先生创办寰球中国学生会，先生为会长凡十年。三十三年（一九〇七）与汤佩琳女士结婚。是年尝任江南留学生考试官。宣统元年（一九〇九）又为浙江省派赴美国留学生主试。三年（一九一一）任《共和西报》(Republican Advocate)主笔，兼任教中国公学。

革命军兴，武汉军政府黎宋卿都督邀先生主持外交，不赴。南北议和，为南方代表伍秩庸博士顾问。中华民国元年（一九一二），复旦公学迁徐家汇。翌年相伯先生以老倦勤，时校董会初成立，董事长中山先生等乃推先生为校长。六年复旦公学改组为大学，设文、理、商三科。是年冬，赴南洋诸地募捐，七年返国，八年受圣约翰大学名誉博士学位。先生先于江湾陆续购地为复旦大学校址，至九年积有七十余亩，十年开工建筑，筚路褴褛，始简毕巨。十一年先成讲堂（简公堂）、办公室（今为图书馆）、宿舍（毁于寇，今于旧址建登辉堂）各一所，迁大学部于江湾，而以徐家汇校舍为中学部。十三年四月，先生再赴南洋诸地募捐，逾年回国，设复旦实验中学。十八年依教育部大学规程，改组大学部为文、理、法、商四院。先生尝欲设农科及建筑工程科，皆未果（理工科自十二年起授土木工程，今大学有农学院）。二十年一月，汤夫人卒，先生笃于伉俪，尝举三男一女，皆不育，子友仁九岁而殇，至是丧偶，神情沮丧，几不自胜。又尝营居室于江湾腾佩路，图书花木，容膝自安。自汤夫人逝，不复居。二十一年日本人入寇上海，毁焉。二十三年先生以自置江湾西体育会路附近之地建福童所，收集失学街童，施以教养，俾成一艺以自立，已著成效，八一三之役，毁于寇。二十五年八月，先生请假，校董会推钱新之先生为代理校长，吴南轩先生为副校长。先生旋有立法委员之命，辞不就，乃溯江入蜀，三月而归。所至门弟子热烈欢迎，川人士尤倾倒备至。异日复旦侨设川中，得地方士绅乐予协助，先生此游，实为先导。二十六年春吴稚晖先生以无锡太湖滨山地千余亩，转赠复旦大学，先生偕校董数人亲往领受，并偕稚晖先生及荣德生先生等履勘，指示建筑位置。同年夏，遣土木工程学系师生赴锡测量，计划未定，而日本入寇，学校内迁，一部分师生，困于环境，不能成行，皇皇不知所出，先生乃于翌年设上海复旦大学补习部于旧公共租界内。

迨太平洋战事起，旧租界亦为日寇占领，敌伪欲罗致人望，以资号召，密议胁先生及张咏霓先生。咏霓先生先有所闻，称疾不出，并遣人奔告。先生乃易名匆促由愚园路寓舍避入伟达饭店，非至友均不使知。有间，复迁入白赛仲路 Bevery House 几阅一年，敌伪之相伺渐懈，始迁居海格路蕊村。而复旦大学补习部亦以避地三迁，终于赫德路赁屋开学。先生于八年中校事巨细躬亲，一如往昔。新生学籍，及毕业生成绩，均按期报部，密寄陪都。当群情危惧之际，内外交迫之地，生计奇绌之时，躬率师生，力排万难，终获保其坚贞。

三十四年（一九四五）抗战胜利，复旦大学已改国立，章友三先生已继吴南轩先生为校长，自陪都复员，先生遇事指示无不详尽。江湾校舍沦陷时为伪上海大学占用，多所捐毁，而川校数载扩充，加以补习部，两地师生人数数倍往日，讲习食宿无所容，数月之间，整理旧校舍，筹拓新校舍，校内外同人得先生鼓舞，不辞艰阻，各尽其力。既竣事，先生始谢大学校务，而随时指导，有叩必应，有大集会每亲临致训。附属中学及附属实验中学则分别改组校董会，仍为私立复旦中学及私立复旦实验中学，由先生任两校校董会董事长，并兼两校校长，逐日到校，躬持庶政，寒暑无间。先生精神矍铄如旧，惟两目昏翳，日益加剧，然犹日至教室，巡回视察。三十六年七月三十日夜，突患中风，遂卧病，门弟子问疾，必殷殷言校事。到十一月十九日午后四时，竟以肺炎长逝，享年七十五岁。遗命以弟登山先生第三子贤政为嗣。廿二日葬于八字桥长老会公墓，先生葬汤夫人所置穴也。

先生律已甚严，自奉尤俭，凡一切修薪版税所入，必分十之一，尽以捐赠慈善事业，故身后无长物。先生一生致力教育，绝意仕宦，而对发扬文化、研究学术、爱国运动、社会福利等事业，无不力予赞助；一切公益义务诸职，亦乐就不辞，且必尽心焉。凡先后任美国地理学会会员、美国政治学会会员、国民政府禁烟委员会副主席、国民政府侨务委员会委员、华侨联合会名誉会长、中华国民拒毒会主席、中华道路协会委员、全国基督教青年协会会长、上海基督教青年会会长、中华基督教教育协会委员、中华慈功协会会长、国民外交后援会主席。先生有所主张，往往撰文发表，散见报章杂志。先生敏而好学，手不释卷，幼习荷兰文、英文、马来文。格于当地政令，不能早学国文，回国后始从人间字，不数年，阅读写作，能诵大凡。在美国时习希腊、拉丁、法、德语文。复旦初期学生，习古今外国语，皆先生亲授。其于英文，致力尤勤，尝为中华书局英文总编辑，又自编教本《英文实用教科书》、《文化英文读本》、《李氏英语文范》、《李氏英语修辞学》及《中国问题之重要因素》诸书，一时传诵。我国合作事业发轫于复旦，薛仙舟先生倡导最早，薛先生既殁，先生维护尤力。先生奉基督教甚虔，而罕以强聒人，尤喜言德谟克拉西。复旦自十三年即有行政会议，先生处理校务，取决众意，行如其言。其教学生，诱掖奖劝，必使信而后从。其所恒言，谓必肯牺甡〔牲〕乃有为，必乐服务乃有用，必能团结乃有力，而以不自私为之纲。悯人欲之横流，伤公理之翳伏，故于重振道德，尤三致意焉。先生往矣，而得〔德〕在人心，功在人目，言在人耳，古有三不朽，先生兼之矣。谨状。

据《李登辉先生哀思录》

本校故教授杨怀中先生事迹

李肖聃

怀中，名昌济，长沙东乡人。少以诸生教授乡里，读朱子之书，慨然有必为圣人之志。与族孙守仁同居岳麓书院，刻意为学，而志趣不同。守仁务记览，为词章，而怀中好治经；守仁好谈时务家言，而怀中守程朱氏之说。其后守仁感伤国事，蹈伦敦利物浦死，而怀中留学海外卒成学者，行为人师。在东京入高等师范学校治教育学，校长嘉纳治五郎敬异之。怀中年辈长，同乡学者多其后进，同学语及怀翁，无不加敬。后生相语曰“先生”，不问而知为怀中也。居东六年，垂卒业，而欧洲学生监督蒯光典遗书召之，怀中则往英国，入苏格兰勒伯定大学，三年卒业，得文学士号，又往柏林居一年而归。湖南谭延闿请为教育司长，不许。乡人请为教授，许之。在长沙五年，弟子著录以千百计，尤心赏毛泽东、蔡林彬。蔡元培长大学，招任文科教授，往游京师，讲伦理、教育之学。未数月而病，居西山卧佛寺，已而移居德国医院。卒年四十有九。

怀中居东时，暇日率其徒友讲论不辍。一日偕余入小石川植物园，坐石上从容语曰：“君好博览而不读程朱书，终为无本，日人所著《宋学概况》君未见耶?”余自是稍知加读理学书。及余居京师，主报馆，作文讥切时贤，怀中意不谓然，与书曰：“君有过人之才，宜以天下事自任，毋徒以文人自命。”余自是深愧。怀中今年病居西山，犹遗书告余，言五年以后当移家游巴黎，法、德二国文字终必求其通晓，且责余惟知谨厚自了，无为社会服务大志。词甚切直。吾友姜生见之叹曰：“海内朋友爱子如怀翁者，殆无第二人!”余益敬畏怀中，而心忧其病重，恐不能偿其志。姜生亦叹其志真切，而生质太弱，教读过劳，常劝其乡居数年，闭门养病。而怀中以家贫食不足，又友朋群责以讲学，义不能辞，今竟以是死，可哀也。怀中少好古文，少究其法，未之深学也。居东京，常写日记记述学术，率常数千言，亦好举其自励语以语朋友。在伦敦时，与其妇书数百通，勤恳周到。姜生尽三日读之，贻书告余曰："怀中诲人之勤，不可及也。"于长沙授徒时，有《论语类抄》及《修身讲义》。从学者服其名高，咸尊重之。其著者，为《治生》一篇，余与杨遇夫常选之以授学徒。既入大学，刻行伦理学书数种，学者多叹其勤，而怀中意殊不足。盖怀中学有大志，常叹已年长精力不及人，又夙留神卫生之术，于东西医家所传断食、冷浴、锻炼运动之法，无不尝试而实行之。惟姜生或言其修养未尽合法，而怀中心力坚定，常自喜吾寿当百岁，继自今吾研究学问，尚可五十年也。呜呼！怀中不死，其学之进岂有已境耶？

怀中天性敦厚，笃于内行。兄卒，事其嫂以礼。留学海外，必寄珍物以娱其意。居长沙，迎与同居；每徙宅，家人皆步行，独奉嫂必以舆。其待友朋弟子尤亲切。朋友虽不同道，而通书必勉以学。弟子虽不肖，亦必竭诚告诫，不忍遽绝之。用是人感其诚，无或忍欺之者。人虽至谐谑无状，至其前亦无敢失礼。余曩在京师为人物评论，曾叙君生平登之报端，南怀示君，君阅之怡然不以为许。重检旧稿，为之泫然！其居京师，病久费不足，蔡元培待之特优，家用仅赖以给。及居医院，则其故人章士钊、李傥、方表、杨度、熊崇煦、陈师曾及他同乡，咸醵资供之。有子男一人，女一人，未嫁，寡嫂及妻皆弱。薄田数亩，租入不足以供食也。

据《北京大学日刊》1920 年 1 月 28 日

沈信卿先生传

蒋维乔

先生讳恩孚，字信卿，一署心磬，别字渐庵，晚号若婴。本吴县籍，考翔之公避太平天国之难，至嘉定，遂家焉。妣王太夫人，嘉邑王荆门公之女。翔之公生子四，先生其季也。幼而聪颖，父母钟爱之，谓可置身青云也，呼之曰青云。王太夫人于家政之暇，设帐授徒。先生四岁能属文，六岁常代母坐皋比，授同岁生读，状如宿儒。同岁生之祖母绘图以张之，乞翔之公题其上，有“六岁为师古未闻”之句。八岁从伯兄习举业，十五补博士弟子员，自此即从事郛氏说文，博通训诂之学。二十娶于杨。二十四遭母丧，三年，又遭父丧，先生哭之恸曰：“今后欲显亲扬名，父母已不及见矣。”嗣肄业上海龙门书院，日夕研讨经世之学，以为汉、宋诸儒，各分门户，不能越孔学范围，要在通经致用，而词章学亦有时见道，道在足供世用而已。先生家贫，倚书院膏火以自给，试辄首列，故每年积有余资。文名籍甚，从游者众。顾省试屡战不利，至甲午始举于乡，先生年已三十一矣。时值中日战后，一应礼部试未捷，即无意仕进，以躬行教育为职志。会清廷下诏兴学，先生遂应宝山学堂之聘，为总教习，沪、嘉优秀子弟闻风景从。甲辰，龙门旧同学议以书院旧址，改设道立师范学校，先生与袁希涛、叶景沄、夏曰瑚同赴日本考察教育，归任监督。学子彬彬，执经讲艺，未及数年，成效昭著，为各省所取法。南通张謇闻先生办学有成绩，敦请兼任中国图书公司总编辑。先生以兼职非宜，乃辞监督而就编辑。江苏同乡创立江苏学会，先生被选为评议员。后因图书公司费绌辞职，而学会已改称江苏省教育会，先生任驻会办事者，先后十余年。鉴于东西各国教育学说日新月异，取其合乎我国国情者，集会员研究之。研究有得，贡诸当局，期见实行，广开讲座，公诸学界。又发起全国教育联合会，先生被推为主席。

辛亥革命，先生进言于苏抚程德全，请首先响应。程从之，东南赖以安全。程任先生为民政司副长，以廉洁为属僚倡。宁、苏既合，军民分治。民政长应德闳亲先生若昆弟，任为首席秘书。先生感激知遇，尽力赞襄一切，省单行法规皆出其手。二次革命后，都督府改组，先生即引退，仍驻办省教育会。民国六年，与同志发起中华职业教育社，以养成职业人才。其秋，范源廉重长教育部，简任先生为湖南教育厅长，力辞未就。其词曰："国家患求官之人多，社会患服务之人少。"时论颇推重之。十三年，创设甲子社，搜辑近代史料，广罗报章杂志，凡朝章国故、兵刑礼乐、农工商矿、社会风俗，一一分别部居，加以翦缀，牙签万轴，若网在纲，以供学人研讨。渐扩充为人文图书馆，即今改称之鸿英图书馆也。先生主持馆务，以终其身。晚岁悲天悯人，乃创融五讲经社及孔圣学会，意欲调和各教，进于大同，何其愿力之弘软！先生体质素健，能自烹饪，饮啖过人，晨起必体操，一生绝少疾病。六十六丧偶，伉俪情深，伤悼不已。猝患口眼歆斜，历久方愈。七五以后，微中者屡，旋即复常。然自信力强，虽衰病日增，犹每日到馆，风雨寒暑无间，到半身麻木，仍复力疾从公。去秋以后，足不能步履，始息于家。每日犹令仆扶起，据案读书咏歌不辍。及冬，病益深，神志渐失常，以民国三十三年四月四日卒，寿八十有一。

先生书法雄秀，由颜、柳入王，诗歌逼近李、杜，遗著有诗文若干卷。将葬，其故旧公议，谥曰勤毅先生。有丈夫子二：长有乾，美国士丹佛大学博士；次有鼎，美国哈佛大学硕士。女子子四：长有瑶，适王；次有珪，适胡；三有琪，女子商业银行襄理；四有琳，允中女学教师。

据作者手稿

悼张季鸾先生

于右任

余视张季鸾先生疾，于其弥留也，见神志湛然，犹露英勇奋发之色。因念国家正在万事艰苦中，胡为哭先生之死也？爰书所忆数事，以雪余哀，且告世之敬爱季鸾先生者。

记先生五十生日，余赠以诗云："榆林张季子，五十更风流。处处忙人事，时时念国仇。新声翻法曲，大笔卫神州。君莫论民主，同人尽白头。"先生初助余办《民立报》，英思卓识，天宇开张，三十年来交情历历如昨。先生近岁喜昆曲，以大文开时代，故余诗及之。今悼先生奄忽泠泠者希世之悲风乎！

先生十五之年，由山东还关中，其时咸阳刘古愚师，以大儒讲论经世之学，从学者众，味经书院罢讲后，见先生英异，因收之门下，约至醴泉九峻山，居烟霞草堂。古愚师治《通鉴》、《通考》甚精核，又刻欧阳公《新五代史》，先生得师承观览，故于国学朗然得条理，为文章亦如良史之绵密警策，而后来历办各报，以至今日在《大公报》论述之成功，其留心经世学问，立言在天下，固早有所受之也。从古愚师诸同门中，年最少，学最勤，晚年所最得意之弟子，实惟先生耳。先生后游日本，一时陕西留学生中，亦惟先生年最少，而成就亦最可贵。

先生以新闻事业为终身事业，知人论世，触处留心，甚早即注意国际情势，与现代政治经济文化推嬗变迁之迹，而求其因素，测其趋向，故多年在论坛，言必有物有则，由指示同人，以至昭告举世，非无所积而能也。抗战以来，尤于立国大义，国防要端，大声疾呼，弥久弥奋。不自顾其穷，不自惜其病，不自恤其死，惟念念在国家，念念在职务，直至自己最后之一息！先生积三十年之奋斗，对国家有大贡献，对时代有大影响，其言论地位，在国家，在世界，并皆崇高。此一代报人，今竟于抗战未终胜利未届之际，撒手人天，当有无穷之憾恨。

世多知先生在《大公报》之努力与成就，而先生早年在北京，在上海，孤军苦斗者，亦至贞且久。帝制变前，先生在北京《民立报》，为宋案慷慨执言，利动而威怵之者，举不为之移易；袁世凯下先生于狱，迨三月后获释，北方天已寒，例给入狱时所著衣，先生则衣纱大褂而出，昂然还自己之天地间。抗战第二年，武汉撤兵之前数日，盖十月十一日，适为君癸丑在北京出狱二十五周年纪念，余时同在汉口，置酒为祝。因念往事，作双调《折桂令》曲为纪云："危哉季子当年，洒泪桃源，不避艰难。恬淡文人，穷光记者，呕出心肝。吊《民立》余香馥郁，说袁家黑狱辛酸。到于今大战方酣，大笔增援；二十五周同君在此，纪念今天，庆祝明天。"自谓能道出先生之精神志事也。

抗战以来，各地英勇明贤之记者，殉难殉业者多，自当永爇人类之馨香。先生疾非不可为，而必支离道路，身冒辛险，卒劳瘁为国家及所业而死。不肯转地，不肯自休。嗟乎！贤者息焉！先生心目中，永远有可爱之国家，可爱之领袖，与可爱之人类正义。先生绵绵之情，殆永运莫由自息。胜利在望，事业不朽，则悼先生仍慰先生者亦正无疆矣！

据重庆《大公报》1941 年 9 月 7 日

周季木先生传

周珏良

先生名进，字季木，安徽东至人。祖馥，曾任两广总督；父学海，著名医学者；《清史稿》俱有传。兄达（梅泉）、暹（叔弢）并有名于世。先生为金石学家，精于文物鉴定，富收藏，所蓄三代彝器、汉晋石刻以及印玺封泥极富。又长于书法，为世所重。生于一八九三年，卒于一九三七年，享年四十五岁。当时扬州名士大方先生（方尔谦）曾作联送之："所得汉碑堪作屋，要将秦印化封泥。"这很能说明他一生在文物搜集工作上的主要成就。

他藏品（已于他身后由家属全部捐给故宫博物院）的主要部分是汉、魏、晋三朝的石刻，这是他一生精力集中的地方。对于他藏石的缘起和经过，在他于一九二九年编订出版的《居贞草堂汉晋石影》自序里有一段叙述："……予嗜金石昉于癸丑之冬，初只收打本，一二年后渐好原器。乙卯岁暮得姚氏石五，其一汉刻也。是为予斋藏石之始。诘年黄县王圣郚为予致其邑人丁干甫家金石数十事，皆典午以前者。秋冬之交，闻端匋斋藏石精好者都流入厂肆，亟往收之。又得汉石十余种。于是私念汉晋刻石传世至稀，宇内所存不及七百，其十之八九为乡邑所宝，载之志乘，非私人可以力致。散藏各家不过八十余石。以匋斋之强有力，一生所聚多至八百，其中汉晋刻石亦只二十有六。今予一岁所得已足与颉颃，倘专吾所好，期以十年，或不难倍其所有。自是收集遂以晋为断。凡碑估往来京洛间者，皆与之约，有新出土必先以示予。复遣人至燕豫齐鲁诸大邑穷搜之，有所闻见必展转求得而后快。狡估居奇，值恒增至三四倍,不较也。日居月诸,私藏顿富。列目计之,竟获百四十余石。殊非予始意所及料也。……”

关于他藏石和《石影》的评价,在《石影》的序里柯昌泗曾说:“……自来藏石者众矣而鲜能成书。惟长白托活洛氏《匋斋藏石记》网罗广多,体制弘博,藏石之书允为巨擘。试之季木所撰持较同异,窃为季木之善于匋斋者凡有三端:匋斋之藏号近千石。然自汉至明,碑志幢象无不甄录。汉晋诸刻不及其半,余皆易得习见者耳。季木之藏,为数虽远不如,固皆典午以前之物也。况匋斋最精之品,如食斋祠园刻石、杨叔恭残碑、议郎残碑、封墓刻石、西乡侯兄残碑、曹真残碑、杨阳神道等,为全书之精华者,已皆为季木所收。郢佗访获亦皆称是,且或过之。综计一石可以敌匋斋之十百,其善一也。匋斋之书假手宾僚,但务广收,不加详定,致有赝作者杂出其间,大为全篇之累。季木则以一人之力精鉴深研。每遇一石必审核至再而后收之。故凡所著录皆有征验,不沾沾以浩博自表襮。如辟易深藏等字残石、匋斋录误作‘辟阳残碑’者,即为覆刻之石,而原石后归季木,此其佼然者也。是以读季木之书无瑕瑜互见之遗憾,其善二也。匋斋之时册籍已有用影印者,乃舍而不从,仍袭钞传之旧,读之但能得其全文。欲睹石刻之真,须再求诸拓本,于学者未为称便也。季木则以拓本影印而记其尺寸于左,远沿鄱阳之式,近放邻苏之图,字画形制不失毫发,深得古者图谱之遗制,其善三也。夫以匋斋之藏石突过前人,其书亦为后人所不能废,而季木尚较之有三善焉,则知所谓‘古未尝有’之言固非友朋阿曲之私誉矣。”综合柯氏的话,就是说季木先生的收藏是突过前人,而《石影》这种以石目和拓本合印的方法也优于以前的,如《匋斋藏石记》等书。

居贞草堂藏石除了柯序里所提到的端方旧藏的各种之外,还有不少由季木先生首先发现收藏未见著录的丰碑巨碣,如朝侯小子残碑,汉石经残石,魏皇女残碑,魏石经残石,晋石尠、石定两墓志,晋当利里社残碑,以及雕刻如汉居巢刘君墓中石羊大小共六枚,和以年代关系附在最后、然而稀见的南朝刻石“大明六年宋沙门慧坦为石佛记残石”等。《石影》出版于一九二九年,那时他住在当时的北平,藏石继续有所增加,其中最重要的有“汉西乡侯兄张君残碑”左下角一大块,共有四十余字，汉“服取”等字残石，共有三十余字。他还得到另一只汉羊，和以前所得的六只是同坑出土的。在这只石羊的拓片上，他曾写了一篇跋语：“与旧得六石系同坑所出，估者以其无字，勿而未收。老友范申之辑古寿春，见此于城内骨董肆，乃购以遗我。梦想十年，一旦竟归我有，喜可知也。按与此比大者共两石。他一石流落何处，已无从访问。或谓为村童掷之溪河中矣。余颇冀此语不确，异日尚有剑合之望也。去夏其地又出两石羊，仍为某估所得。前尝见拓本，其大小与余藏大羊相若，惟镌凿粗劣，角足俱不显明。肋下模刻大字五六个，极模糊，仅辨末二字为黄羊而已。以索值奇昂，不敢问价。倘一朝有闲钱，绝不放过，必以‘叱石’名轩，用志缘幸。”当时他经济并不充裕，但兴致仍不浅。所续收的汉魏晋石刻残石从十几字到几字，一二字以及半字的共有一百多块，这些都是未包括在《石影》之内的。合在一起，他一生藏石大小总近二百三四十种，真“堪作屋”了。

他藏石之中有很多可以为研究历史提供资料。如所藏黄肠石十一种可以考证汉人葬礼用黄肠石的制度。《石影》第三十八号残石里有张角的名字，并且有“天子第一功”等字样，想是镇压农民起义的将领的墓碑。西乡侯兄张君墓碑，经杨树达、余嘉锡考订是后汉张敬的碑。张敬在桓帝时官尚书，因为除梁冀有功，和尚书令尹勋等同日封侯。碑上的记载对考证碑主的事迹提供了新资料。晋当利里社残碑为晋代“社”的基层组织提供珍贵的研究资料。石尠、石定两墓志对研究晋史也提供了资料。

他不但藏石突过前人，而且精于鉴别。突出的一个例子就是对魏正始三体石经虞书“益稷”篇的考证。在一九二一年左右他得到魏石经尚书“君奭”篇残石一大块，曾以“魏石经室”作斋名。后来又于骨董铺中得到几块残石，其中一块上面从左到右横列隶书“说女”两字。经过仔细观察，他发现女字左上方有一尖头直划，想到可能是篆书（女）字的左下一笔的残迹。从这个设想，仔细推算，从石经的行款排列上断定是《尚书》“益稷”篇“汝〔女〕听”和“庶顽谗说”两句的残文。当时三体石经的诸大块残石都未出土，他能于暗中摸索得此结论，可见考证金石的功力。有此发现后，他曾刻一印章曰：“秋浦周季木藏魏正始石经尚书益稷篇残字之记”，并于一九二一年阴历五月廿五日作诗记念：“讵知断瓦残砖里，检点居然出瑾瑜。从此逢人欣说与，周书而外有虞书。古籀无存篆又残，阿谁解当石经看，倘教垂画都磨去，此日窗前识也难。几为柱础几沉河，零落获存石一螺。堪笑潘丁空好事，收来大宝竟蹉跎。　郦注隋书细细研，当时石仅两经镌。虽然文与毛诗合，要是尚书益稷篇。”可以窥见当时他考证成功时愉悦的心情。

搜集秦汉玺印，不是季木先生主要精力所在，但因他鉴别力高，其中也不乏惊人的名品，如“君侯之玺”就是官印中仅见的（现在天津博物馆），又有“晋归义氐王”金印，和陈簠斋所藏古钵十方等，都是精品。他曾以藏印拓成《魏石经室古玺印影》八卷（未曾印行）。

他搜集封泥也很勤，所得亦不少。后来全部让给他的堂弟周志辅，由志辅编成《续封泥考略》六卷，《再续封泥考略》四卷，于一九二八年在北京印行。

季木先生搜集文物，有独特的眼光，往往自辟蹊径，不屑追随别人。搜集古陶始于陈簠斋，曾得四千品。同时收藏家还有吴大澄、潘祖荫、王懿荣、丁艮善等人，曾做了些考证研讨的工夫。以后就少人注意。他独注意搜求也得四千品，保存了一大批研究六国文字的重要材料，使之不至湮没。后来顾起潜先生著《古陶文舂录》就使用了不少其中材料。在抗日战争中，他已下世，由我的表兄孙师白（名浔）和其弟孙师匡（名鼎）编辑成《季木藏匋》一书于一九四三年精印出版，到今仍是研究六国古文字的重要资料书。

季木先生集古的兴趣广泛。除了石刻、铜印、封泥、陶片而外，在三十年代他还收了一批铜器，共十九品，多海丰吴氏子苾旧藏，其中名器有“陈侯午作皇妣孝太妃镎”等。这十九器曾编成《至德周氏居贞草堂藏器》，由商锡永先生辑入《十二家吉金图录》中，印行传世。早年还搜集过古钱，旋即散去。方地山先生曾说他对此若稍加注意也大可成家的。

他对于金石传拓也非常注意。最注意应用潍县陈簠斋的方法，藏石藏器的拓本都请名工如马君子云用浓墨乌金拓，精采夺人。他曾得簠斋手稿，其中有论金石传拓的部分，影印传世，名《簠斋传古别录》。

他在搜藏金石之余，有时也注意打本。曾收得宋拓麓山寺碑，张石舟题校旧拓本北海相景君铭，旧拓宋爨龙颜碑等。并有《校碑随笔补》稿本。又尝收得敦煌写本六朝隋唐写经数十卷，多书法精美者，其中并有背面抄有曲子词，很有资料价值。但是这些对他来讲都是“余事”，所以随来随散，不甚注意，往往连藏目也不写一个，这也可见他人的秉性之通达脱俗了。

季木先生金石收藏之富既如上述，虽然他不好交游，更不喜自诩，但实至名归，仍然如胶西柯昌泗先生为他所撰的墓志铭中所说的，已是“遐迩推为金石学巨擘”。但他之也精于书法，恐怕知道的人就极少了。作为金石学家，很自然地他着重篆隶，特别是隶书。我小的时候，常听他说，写隶书要能悬肘，而且要能铺毫。看他写字也确是如此做的。所以他的字遒劲多姿，可以说是百年来少见。他的友好柯燕舲先生曾说过，邓石如是篆隶中一大家，但季木所见金石有许多是“完白所不及见者”，所以隶书“往往出完白外”。这个评论很有道理，但没有说完全。因为两人隶书的取迳有所不同。根据包世臣《完白山人传》（见《艺舟双楫》）中所述，邓石如学隶书时所学的汉隶是史晨前后碑、华山碑、白石神君碑、张迁碑、校官碑、曹魏碑刻则有孔羡碑、受禅碑等，他学篆书时又对孙吴的天发神谶碑用过工夫，而且他是篆刻家，从篆刻中悟出书法，以“常计白以当黑，奇趣乃出”作为一条艺术原则（见《艺舟双楫》“述书上”）。所以完白晚年隶书成熟之作笔画偏肥，字内和行间布白的地方往往密多于疏，安排每多奇意，如上海博物馆藏的《和毕秋帆黄鹤楼诗》中堂，故宫博物馆院藏的《皖口新洲诗次江上草堂韵》大幅，安徽博物馆藏的十大幅《敖陶孙诗评》（原藏在石如裔孙清华大学教授邓以蛰叔存先生处）和天津博物馆所藏的《经锄堂杂志》中堂都是此类，而其肥劲之处有时甚近唐隶，如玄宗《祀太山铭》，但多含蓄之致，又高于唐隶了。季木先生则不同。他于汉隶最推崇礼器碑，对此碑和自己所藏的小子碑临习最多，所以他的隶书天骨开张，结体深稳，笔画瘦硬而又带丰腴，和完白确是两途，但他见到过西北发现的汉简，又收藏汉魏晋石刻，经常见他摩挲研究，眼界当然比邓石如当年要开阔得多，所以书意超出完白，也就是进化之常理，不足为怪了。但也因为他见得多，眼界高，在书法艺术上追求的境界不同一般，所以对自己的成就总不满意。我曾见他作书，写好后往往扔掉，总说：不行，不行。不要说外人求书，他总是推掉，就是家人间也不易得他的手迹。我所藏的只有他一把扇子，一面篆书临陈侯午敦铭，一面以汉隶笔法写钟繇《荐季直表》，是十分可贵的。他既自视不足，不肯多写，又中年早卒，所以传世的作品极少。但他偶然为石刻卷轴用小分书题签，全用礼器碑法，笔意可以企及《流沙坠简》中五凤二年简。他的楷书全无隋唐以后人笔意，偶然以小楷题金石文字，完全是龙门始平公造像的神情，意味深远。但如上面所说，他一向谦虚，不肯给人写字，所以流传下来的极少。他的较大幅遗作只有为堂叔志辅临的小子碑，曾石印过，经过十年浩劫也已不可得了。此外还有他临的汉甘陵相尚博碑，尚有珂罗版影印本流传。此本虽说是临书，但如羲之临钟书，等于是自运。他晚年对隶书的造诣，在这里可以略见一斑。一九三五—三七年我在当时的北平读大学时，曾几次见到他以小隶书给人写墓志铭，风格类似他所收藏的晋人石尠、石定墓志。当时刻石之后不知是否有拓片，就是有的话，四十多年之后的今天，也恐怕不可踪迹了。他的书法遗迹现存的大约也只有以上几种了。

据作者手稿

胡元倓传

金毓黻

胡元倓，字子靖，湖南湘潭人。清光绪二十九年，以拔贡生选送日本，学于弘文师范，因阅福泽谕吉创立之庆应学塾，有所激发。翌年归国，倡设明德学校于长沙，时在籍侍郎龙湛霖及茶陵谭延闿大为之助，款以立集，乃聘沧县张继、善化黄兴及苏玄瑛、王正廷等为教员，皆极一时之选。元倓自任监督。初开师范中学两班，未几增设师范选科，附设高等小学，别立经正中学，又在南京组高等商业学校。曾不十年，而长沙明德之名，与天津之南开，并驰誉于国中矣。黄兴假任教职，酝酿革命，谋于是年十月那拉后七十诞辰，聚歼省垣文武长吏于万寿宫，事前谋泄，缇骑来诇捕，兴走匿湛霖所，元倓挺身出谒学务处总办张鹤龄，自承与闻其事，请以颈血红其顶戴。鹤龄大感动，先为毁所得据，次下令勿妄捕人，兴乃得免脱，张继等亦随以东渡，昌言革命益激。时以元倓庇革命党，多为之危竦，元倓处之晏如也。元倓为筹款求师，仆仆京津宁沪间，又尝北走辽沈，东渡日本，尘垢涴襟袖，未肯一息自逸。

民国既兴，监督易称校长，经正中学并入明德为一校，更在北京设明德大学，用力极劬，亦竟以此致况瘁而婴困累。民国四年，北京大学班停办，后四年，重建于汉口，再阅七年，停办。后遂殚力于长沙本校，以作育中级人才为己任焉。元倓所最善者为黄兴及延闿。辛亥革命，兴自武汉失利还上海，与元倓遇，元倓贺其成功，兴甚怪之，元倓曰："胜败兵家之常，往者君一人革命无助，故成功难，今则人人皆攘袂起而革命，其成功必矣，何以怪为！"旋又徐语兴曰："革命志壮而赴功易，教育事缓而程效难，君为革命而不恤流血，若余乃磨血之人也。”元倓尝窘于筹费，自沪书告延闿，谓将以身殉学，延闿亟促其归，而自肩绾财之任。其后延闿四督湘军，入长枢府，时为明德之助。尝以“死不难，不死难”六字勉元倓，又曰：“侪辈中惟君有真职业，曷可不勉！”兴与延闿皆前卒，元倓尝曰：“亡友中使我寝寤不忘者，独克强与组安耳。”克强，兴字；组安，延闿字也。元倓于清末造，一出任留日学生监督，以非其志，年余即辞去。民国二十七年，政府选任元倓为国民参政员，时元倓已多病，又值军兴，乃由汉口转重庆，养疴于歌乐山中。二十九年十一月卒，年六十九。箸《耐庵言志集》行世。

初湘阴陈介任日语助教于明德，骏发有声，嗣将东渡竟所学，元倓以庖代无善者，为屈膝以挽之，介感其诚，遂不去，湘中传为佳话。后介以留学成名，再与元倓遇，悯其笃老，劝预立继者，以永明德，又曰：“传子传贤，任君自择。”元倓乃预立遗嘱，交介葆藏之。及元倓卒，介方使德，乃自柏林寄所藏本于明德，而继任校长以定。今则湘中人士毕业于明德者，大都卓荦不群，每语及子靖先生，无不肃然起敬云。

据《国史馆馆刊》第一卷第二号

胡政之记

张增泰

提起民国时期的大公报，人们自然想到它的三巨头——吴鼎昌、胡政之和张季鸾。吴氏独力投资，用五万银元盘下天津大公报，但他一九三五年底弃商从政，继陈公博为实业部长，辞去大公报社长职务。张氏作为总编辑兼副总经理，大公报社评多出其手，甚至病中还口授社评，由人记录发表，可惜抗战中病逝。此后的"旧大公报"(大公报人对民国时期大公报的统称)，赖胡政之(一八八九—一九四九)主持，集报人与企业家于一身，肩负重担。

胡氏名霖，字政之，笔名有冷观、静观等，四川华阳人。少年丧父，家道中落。承嫂变卖首饰，赴日勤工俭学，先入商校，与吴鼎昌同校，后入帝国大学法科，通晓中、日、英、法、德、意六国语文。清末毕业回国，任推事、律师、庭长。民国元年与张季鸾一道任职于于右任办的上海民立报，后任大共和报总编辑，并在中国公学兼课。一九一五到一九一七年跟王揖唐到吉林、北京任职，因看破宦海沉浮，决心文字报国，乃入安福系机关报天津大公报，任经理兼总编辑。一九一九年初采访巴黎和会，为唯一的中国记者。他从巴黎发回的电讯报道，揭露了列强分赃情况，对"五四"运动的爆发起了催化作用。回国后，他一度应林白水之聘任新社会报总编辑。

胡政之在中国现代新闻史上的一个贡献是在二十年代初创办国闻通讯社，总社设在上海，后来在北京、天津、沈阳、汉口、长沙、重庆、广州、贵阳设了分社。一九二四年又创办了国闻周报。胡政之当时有建立新闻托拉斯的构想，集日报、周报和通讯社为一体，曾与吴鼎昌、张季鸾商议过。这个构想，终因英敛之（英若诚的祖父）办的天津大公报的停刊而得以实现。1926年夏，吴、胡、张三人组新记公司，盘下天津大公报。股本总额五万银元，由吴鼎昌一人投资，胡、张二人只是人力股，不负盈亏。吴鼎昌当时任盐业银行总经理兼“小四行”（指盐业、中南、大陆、金城四家银行，与中央、中国、交通、农业“四行”相对称）联合机构的主席，是金融界知名人士。此前，吴已资助过国闻通讯社。

旧大公报三巨头的合作在新闻史上可谓佳话。他们大事协商，小事各自作主，各负其责。以社评为例，论财政者多吴氏手笔，论内政者多为张氏之文，论外交者则多出胡氏之手。张季鸾写得最多，但文中论点与主张，往往是三人讨论的结果。他们三人还订立过君子协定，三年内不兼任政治上有酬之职务。胡政之说过：“我与社会上层人物和达官权贵虽多交往，但只有公谊而无私交，所谈皆国内外时势大事，从不涉私。这样对于事业是有利的。”

为了事业的发展，身为总经理兼副总编辑的胡政之，每天工作十二小时以上，有时甚至通宵不眠，也无节假日和公休，事无巨细，亲自过问，显示了非凡的魄力和精神。

为了奖掖青年作家，大公报在一九三五年底设立文艺奖金，这是中国报纸的创举。第一次获奖的，有曹禺、何其芳、李广田等。

旧大公报有多种地方版，是胡政之等人在当时历史条件下惨淡经营的见证。一九三五年底，华北当局迫于日本的压力，通知邮局不准寄发天津大公报。次年四月，大公报上海版出刊。一九三七年夏平津沦陷，天津大公报停刊，遂有大公报汉口版。同年底，上海失守，胡政之当时在沪，决定关闭沪馆，开辟港馆，香港版于一九三八年八月十三日创刊。同年十月，战火逼近，汉口版迁移，十二月出版重庆版。胡政之真有点先见之明，为防香港有事，一九四一年三月还出了桂林版。当时张季鸾主持重庆版，胡政之主持港、桂版。一九四一年底日军攻占香港，港版停刊。

张季鸾在重庆病逝，胡政之闻讯即搭邮车从桂林取道贵阳兼程赴渝，主持治丧事宜。次年春，他安排好桂馆工作，偕夫人顾俊琦（顾维钧堂妹，一说侄女）至渝定居，接过大公报全副重担。直到抗战后期，才由王芸生掌握笔政，社评多由王一人操觚。

有人说胡政之在一九三八年初上海大公报休刊以后，把主要精力移到家庭，再也不把事业放在第一位了（见徐铸成：《报海旧闻·胡政之与旧大公报》）。此说有失公允。笔者早年曾服务于大公报，与旧大公报上层人物有交往，似乎得不出这样的结论。如果上说成立，请问：张季鸾逝世后，直到大陆解放，谁在主持旧大公报？

胡政之于抗战胜利前后参加过许多重要政治活动，这固然与旧大公报饮誉国内外新闻界有关，也显示了他个人的社会影响。他随王世杰访英、美，补张季鸾之缺任国民参政员，以社会贤达代表的身份出席旧政协，还与顾维钧、董必武、吴贻芳等一道在联合国宪章上签了字。

对于胡政之的政治活动，外人非议最多的是他参加国民党召开的"国大"。旧大公报不赞成召开"国大"，胡政之为什么又参加呢？让我们先来读一段周恩来同志当时在延安的报告吧："关于'国大'，有些无党派的人被蒋套住。十一月十一日，有些'社会贤达'本来是去请求蒋允许'国大'延期的，蒋吓唬说：'明天不开就要亡国了。''贤达'又请再延几天。蒋说：'好，为了尊重你们意见，延长三天，那你们一定要参加了。'……胡政之说：'不参加，《大公报》会受压迫，参加了又怕没有销路。'"（见《周恩来选集》上卷第二六〇页）据胡政之后来对人讲：在"国大开幕前夕，蒋介石召见他，到时只有傅斯年一人先在。入座后，蒋满脸怒气，一言不发。傅说："政之先生，你究竟是跟着国家走，还是跟着共产党走，今天应该决定了。"胡政之就此跑到"国大"去签名报到，参加十一月十五日开幕式后，便由南京匆匆回到上海，再也没有去开会。他回到上海后，在社评委员会上说："为了大公报的存在，我个人只好牺牲，没有别的办法。希望你们了解我的苦衷，参加国民大会不是我的本意。我是被迫的。"说这些话的时候，他面色惨淡，两眼红润，声调近乎嘶哑，显得十分沮丧的可怜。胡政之参加"国大"的事实真相，大体就是这样。

胡政之借出席联合国大会成立会之机会，着手筹办大公报美洲版，后几经周折，于一九四八年出刊。天津版、上海版、香港版在抗战胜利后先后复刊。香港大公报复刊时仅二十多人，编辑部在利源东街租房办公，无印刷厂，条件极差。胡政之自己在阳台上放一张桌子，当办公室。此时他已患肝硬化。待病情恶化，他便离港返沪治疗。一九四九年四月十四日，胡政之寂然病逝于上海虹桥医院，终年六十岁。

据作者手稿

袁观澜先生事略

黄炎培　汪懋祖　沈恩孚

先生姓袁氏，名希涛，号观澜，江苏宝山人。父霓孙先生，历官浙江淳安、德清、临安、嘉兴、东阳等县典史，长山、草坪等司巡检，历办厘卡塘工漕运盐务税局等差，所到剔除积弊，勤恤民隐，刻苦廉明。年老告归之日，商民爇香郊送数十里，讴歌弗衰。母秦太夫人，温恭慈俭，以清同治五年九月三日，诞生先生于杭州板儿巷旅邸。六岁就傅，颖悟出群，长而劬学，耽史鉴及古伟人传记。年二十一，补县学生，旋肄业上海龙门书院，研习宋儒性理之书，继治汉儒通经致用之学，旁及天文地理博物。凡当时号为新学者，靡不毕窥，而于国故地理尤精。其学虽屡变，一皆措诸修身齐家体国经野之实际，不徒以辞采惊人。年二十三，娶秦夫人。旋奉母太夫人僦居吴淞，继迁沪上。以父年垂老宦浙，不遑宁居，岁时挈季弟俶畬先生赴浙展觐，辄留数月，归则住院读书，兼课弟读。恒挟书恶衣服，徒步淞沪间。丁酉，应瑞安黄学使体芳之聘，赴安庆充经古书院襄校，益提倡实学。是年秋闱，中式举人，时年三十有二。

明年戊戌，应江南制造局之聘，为广方言馆教授，益攻究天文地理历代政治，诸生翕然宗之。六年之间，造就甚宏。叠遭戊戌、庚子之变，居常扼腕，以十年教训为己任。盖推究邻邦维新之故，实归本于教育，遂于光绪二十九年，在宝山创办县学堂、蒙学堂，以为兴学倡。又每周赴宝山一日，徒步往来各镇劝学。其教育救国之志，自此发轫。

岁甲辰，与龙门同院诸公倡改办师范学校之议，得汤院长寿潜、袁观察树勋之赞助。于是年秋，与沈先生恩孚、叶先生景沄、夏先生曰璈，奉派赴日本考察教育。明年，龙门师范学堂成立。嗣是五年之间，先后筹办复旦公学，创办太仓州中学，历任以上各校职员教员或监督，兼充江苏学务处议绅、上海总工程局议董，而宝山各镇，至是已设有小学三十余所，亲至各县视察劝导，凡学务筹画，靡役不与。毛学使庆蕃嘉其劳，以入荐剡，先生固却弗受。是时新学初兴，人心顽固，阻力横生，先生之劝学也，态度诚恳，上下交孚，每变阻力为助力，复以新政倡始，官绅辄咨询于先生，而先生亦奔走惟力。为江苏商办铁路事，遍游淮海，履勘路线，北行陈白旅京父老。顾先生五年之间叠遭父母丧，又殇两子，外怵国步之方艰，内伤家庭之多故，益笃念先人济人利物之怀，以和平奋斗为职志云。

先生父母既葬，遂遨游四方，欲以措诸一隅者施于全国。乃应直隶提学使傅先生增湘之召，赴津任学署总务科科长，兼图书科科长。当时谈教育者，必推江苏，而言江苏教育者，必争识先生。河北人士以先生慷爽诚挚，乐与纳交，声闻益广。三年之间，遍应河北各县视察劝学，问民间疾苦。又尝与张先生相文创设地理学会，学乃益进。辛亥八月，革命军起义，各省响应，旋即南归，共黄先生炎培，参加江苏省教育设施事宜。先时，假畲先生已入同盟会，尽力革命工作。先生则孜孜于新邦根本建设，其革命手段虽非一致，未尝不殊涂同归也。

民国元年，先生以教育总长蔡先生元培之召，赴北京任教育部普通司司长。当国体更始，一切教育制度法令课程，胥待厘订。先生乃外稽良规，内酌国情，期于折衷至当。复以师资为教育之本，特悉心规画，主张高等师范学校归国立集中办理，部议韪之。于是逐年亲赴各省视察，勘定设校地点，解除纠纷，指导筹备，而于北京、南京、武昌三高师尽心尤多。今皆改办大学，欲溯创始之艰难，匪可得而闻矣。迨蔡先生及范先生源廉相继挂冠，先生一度任视学，卒辞去，仍巡视各地教育，从事著述。其后，张先生一麐、范、傅二先生续为总长，皆引先生任次长，前后在部凡七年，代理部务三次。虽身膺要职，而淡于政治，历次政变，拒不参加，惟以教育为生命，以游历证所学。尝以考察之暇，遍登五岳，漫游长江大河南北诸胜，至于热河。每登山陟岭，健步不假舆人，负一囊贮糇粮、铁锥、照相镜、气压表、望远镜等事，采集地质矿物标本，留意民情水利土宜，归则发书参证，时人拟为今之顾亭林。呜呼，壮矣！

初，北京大学风潮时起，校长虚位。先生白于政府，迎蔡先生长校，遂佐蔡先生提创文化事业，国内风气为之一变。又草定全国义务教育计划，至今依为根据。六年八月，吾国对德宣战，上海同济学校为法领事封闭。时先生以次长充国际事务委员会委员，竭力维持，派部员沈先生彭年南下，与教育界人士筹商收归自办，迁校于吴淞。其间购地筑舍，惨淡经营，到今同济学校乃得为国内有名大学之一。五四运动事起，蔡、傅二先生卒然相继出都，先生力任艰巨，周旋维护，终以力瘁辞职。

欧战既终，思想激变。先生以吾国教育诸待兴革，以应世界潮流，特发起组织欧美教育参观团，出洋考察。先至美国，历览二十余州，彼邦教育家争与相识。复转赴欧洲，凭吊战场，历十余国，阅一载归。先生既倾心义务教育，考览最详。民国十年归国，居北京数月，发箧整理笔记，为书数十万言，其详赡鸿博，虽留学十年，无以加也。惟是时政治环境益恶，军阀备战益亟，教费侵为军用，学校不能维持。先生痛心蹙额，袱被南归，旋被选江苏省教育会会长。发起组织义务教育期成会。又以东南半壁尚为完善之区，义教不难普及，盖始欲施诸一国者而不可期，则退而期诸一省，以树全国之风声，自此遂努力地方下层事业。然遇教育问题之有关全国及国际者，辄被推主其事，故又逐年分赴广州、云南、北京、济南、太原等处，出席学制会议、教育联合会议。凡学制之改革试验，课程之修订推行，以及庚款兴学之争议，致力尤多，皆于中国教育史上不可磨灭者也。

先生既南旋，仍奔走考察指导，祁寒盛暑无间，倡设乡村师范学校，以为推行义教之基础。不幸国难未已，齐卢构战，东南忽遭兵燹。先生痛心切齿，联合地方人士，电吁政府籍没齐燮元财产，以抵灾民损失。战甫止，即驰驱灾地，劝募赈恤，人咸颂之。挽近是非纷呶，先生置毁誉于度外，惟以热心教育为天职。徒因环境所迫，欲行之于一省者尚不可期，则退而期诸一乡一邑。宝山昔为先生最初宣劳之地，而今为最后努力之区。自先生倡办清丈于清末，为全国之先声，比来建筑道路，调查户口，改良农事，推广教育，期从此规画进行，成为模范自治之区。力常殚于一隅之所营，志常郁于一国之所苦，为公尽瘁，不自惜其身。此所以不得不病，病而至于不起也。悲夫，悲夫！

先生为人慈俭，耐劳苦，急公义，自奉薄，取诸人尤薄。顾人有求，力所及，无弗给。亲族故旧贫乏者，辄分金与之，青年则助之求学，遇文化教育慈善各团体募金，苟囊未罄，不敢不应也。坐是境益困，至于暮年，犹篝灯编辑以自给。暇仍博览群书，精研学术，宿兴夜寐，数十年如一日。尤以改进地方事业为己任，每下乡观察学校，步行数十里，近年足疾时发，往来仍坐电车，家人多劝节劳自摄，先生谓我家差获安，受赐多矣，敢不尽吾身若心以献，又谓全国四万万同胞，受教育者几何，倍我力犹虞不逮耳。其教育救国之志，老而弥笃。自撰一联曰："五岳归来，游大九洲，又返神州赤县；万方多难，赁一席地，也同福地嫏嬛。"先生之志趣与人格，于此可见其伟大。

先生体质素强，精神充满，有疾不自措意，竟以民国十九年八月二十九日捐馆沪上。时方主人文社编审史材事，病发之始，犹赴宝山会议，归则草计画，一手执笔，一手以表自验热度，劳瘁以终，语不及私，春秋六十有五。妻秦夫人，子男三：〈世〉枌，北洋大学工学士，前任山东峄县中兴煤矿公司工程主任、青岛特别市工务局第一科科长，娶葛敬璇；世柽、世棨，早殇。女二：世庄，留学美国惠而士莱大学，文学士，现任苏州女子中学、振华女学教员，嫁吴县汪懋祖，留学美国哥伦比亚大学教育硕士，现任江苏省立苏州中学校长；世芳，在室，研究书画。

据铅印原件

高君梦旦传

蒋维乔

君讳凤谦，号梦旦，晚年以字行。福建长乐县人。先世为大族，富甲一县，号称高百万，及君之世已中衰。君胞兄二人，长歗桐，以桐城派古文名家，中式壬午科举人；次子益，法国巴黎大学毕业，精法文。以同堂兄弟十三人排行，歗桐称四哥，子益称六哥，君行次十一，称为高十一。君幼而颖悟，太夫人程氏，口授四书、五经，未出外就傅。稍长，伯兄歗桐，教之作文。十六岁丧父，事伯兄犹父师也。君淡于荣利，偶应童子试，得补博士弟子员，即不复进取，以教读自给。癸巳丧母，君年二十有五。其后歗桐官至太守，子益蜚声外交界，出为公使，入为次长，皆贵显。君欲入仕，乃至易易，然视富贵如浮云，绝不措意。生平好为实用之学，所为文，亦自创写实体，偶登诸杂志报章，署名崇有，盖有取晋裴頠之《崇有论》，以矫正时俗浮虚为己任也。梁启超创办《时务报》于上海，君投稿论废除拜跪事，梁读之，大叹服，书札往返，未获见面，会君因事至沪，乃与梁会于逆旅，然一操闽语，一操粤语，扞格不通，乃笔谈终日，自此遂为莫逆交。后梁氏获罪清廷，遁至日本，其党多被株连，亲友皆为君危，日日造其庐，问起居，然君实非党，问心无愧，怡然自若也。乙未，林迪臣（启）宰杭州，举行新政，创办西湖蚕学馆，为中国实业教育先河，兴学育才，治绩卓著，没葬孤山，至今地方人士，犹有林社以记念之。而为林氏擘画者，君与其伯兄之力为多。辛丑，求是书院改为浙江大学堂，劳玉初（乃宣）作监督，聘君为总教习。翌年，大学堂选派学生十人赴日本，君乃任留学监督，率学生东渡。在日年余，考察日本所以兴盛之由，端在教育，而教育根本在小学，因发编辑小学教科书之志愿，解职而归。

癸卯之春，商务印书馆依蔡君孑民（元培）之计画，编辑小学教科书。蔡兼爱国学社经理，即聘社中教员，分任编辑。嘱余担任国文课本。及《苏报》案起，蔡赴青岛，张君菊生（元济）自任所长，邀余入所，专任编辑之事。并托余介绍庄百俞（俞）、徐果人（隽）诸君，分任地理、算学等科。其年之冬，君适回国，与张君遇，谈及小学教科书之重要，张君即聘君入商务。是时编辑所中方有分部办事之组织，以君任国文部长。余之识君，自此始。君对于小学国文教科书，先定全部计画，然后着手编辑。采用合议制，列席者除君与余外，尚有张菊生、庄百俞，及日本顾问长尾槙太郎、小谷重二人，而刘君子楷（崇杰）为翻译。由任何人提出一原则，共认为有讨论价值者，彼此辩论，不厌其详，有时为一原则讨论至半日或终日方决定者。第一册稿成，君每夕袖之以去，遇其知友，则就正之，请其批判。自来文人结习，自己撰文，不愿他人增损一字，君力矫之，以为一人识力有限，必须互相批改，以求至当，国文部中遂成为风气。彼此水乳，毫无成见。一日，余编某课，用一“釜”字，君援笔改为“鼎”字，余曰：“‘鼎’字太古，不普通，不可用。”君曰：“‘鼎’乃日常所用之字，何谓不普通？”余曰：“‘鼎’如何是日常所用之字？”君曰：“‘鼎’如何不是日常所用之字。”于是二人大争，至于声色俱厉，及后细细分辨，方知闽语呼釜为“鼎”而不呼“釜”也，相与抚掌大笑。此书第一册出版后，不及两周，即纸贵洛阳，不胫而走。历时两年，全稿完成。于是此最新初等小学国文教科书，在教育界占势力者十余年。修身、历史、地理、唱歌、字帖等教科书，同时并出。君夙夜勤劳，计画周密，依据颁定学制，延揽人才，分任编辑，由小学扩充到中学师范，出版日多。全国学校，多数采用。是为君于商务印书馆第一步之成功。

当时全国人士，怀抱革新思想，咸感法律知识之需要。而本国旧法律，又不适用。留日归国之学生，偶译法政书籍，东鳞西爪，供不应求。君审此时机，创议翻译日本《法规大全》，聘译员十余人，以刘子楷主其事。三载成书，发售预约。国中自官署以到公共机关，几于每处订购一部，销数之多，亚于教科书。在今日视之，此书已同土苴，而当时乃不啻馈贫之粮也。是为君于商务印书馆第二步之成功。

学校既兴，国人渐知科学，而研究学术，必有赖于工具之书。旧时之字典，全不合用，君于是创议编《新字典》、《辞源》，于所中另设辞典部，延陆君伟士（尔奎）主之。而君无日不参与其间，恒与陆龂龂争辩，一如编辑国文时之态度。《新字典》先出，《辞源》稿经屡易，劳费八年，方始成书。出版后亦如教科书之广销，至今犹为学界尊重。是为君于商务印书馆第三步之成功。

以上三端，只就荦荦大者约举之。张君菊生既倚君如左右手，事无大小，悉以咨之。君献可替否，知无不言，言无不尽。君既委身于商务，若将终身，仅于己酉之春，由夏君剑丞（敬观）之推荐，兼任复旦学堂监督，逾年即辞。自此益以公司为己任，名虽为国文部长，而于公司全部规画，罔不参与。公司规模，由小而大，各项规则，逐渐订立，殆皆出于君手。又出版事业，手续至繁。一册之书，编辑、排印、校对、用纸、装订、印数等等，必须详密计算。君有一特性，于自己手中用财，谩不加察，而独于为公家作统计计算表，则精核迅速。每成一稿，恒见其持片纸，逐项加以估计，未久即成一表，已知此书成本应若干，定价应若干，虽老于印刷者不及也。君尝语余："昔人谓俗士不可医，吾则谓雅人最无用。雅人吟风弄月，对于日用之权度数目，有时且不能辨。试问此等人，于世何益。今日之士宜俗，俗则庶可深入社会，切合实用。"此诚砭世之良言，而君则能实行之也。

厥后商务印书馆日益扩充，张君菊生主持总公司，君乃实任编译所所长。所中极盛时，员工多至数百人。对于君之举措，从无退有后言者。时仲兄子益奉命为意大利公使，命君随行。张君以公司事为重，不听君行，君不置可否，张即请于子益。子益曰："吾兄弟别离时多，相见时少，失此机会，不知何日聚首也。"张不忍违其意，君乃得壮游。君纵览欧洲风景，周历数国，独爱瑞士山水，归国后时时称道之。迨民国八年五四运动，新思想之狂潮，普被全国。君自审不识旁行文，不适于编译所所长。尝谓余曰："公司犹国家也。谋国者不可尸位，当为国求贤。旧令尹之政，以告新令尹，俾国家生命，得以长久。吾辈皆老矣。若不为公司求继起之人，如公司何？况自审不适于新潮流哉。"于是亲赴北平，谒胡君适之。请曰："君若承认商务印书馆为我国最大文化机关，君应屈为编译所所长。"适之鉴其诚，允于暑假中先来试办。既而适之南下，入所月余。依科学重为分部，增加人员，各司其事。办理数月，自觉才性不宜，力荐其师王君云五以自代。王至，而君退居出版部长，竭其智能经验，以赞助之。初用王时，公司旧人皆惊疑，嗣王任总理，倡为科学管理，职工亦不满。迨"一·二八"以后，公司总厂及东方图书馆，悉遭炸毁。王不辞劳怨，不惜生命，率成复兴之功，然后公司内外，皆信公之知人善任，有非寻常可及者在也。戊辰，君年六十，向公司告老。董事会一致挽留。君坚不肯，乃自动不到馆。己巳，董事会始勉从其请。自此任董事如故，尽力于公司亦如故。及公司被毁时，君以退职之身，被发缨冠，仓皇赴救，忠心耿耿，几忘寝食。云五之得成复兴事业，君亦与有力也。语云"功成而不居"，君庶几焉。

君不但办事方面，成功不居，即其著述亦然。凡有所作，不为自己得名，必以便利人群为的。尝病我国文字太繁，不便认识，早年与劳乃宣研究汉字改革方法，往复讨论，积书盈寸。及劳氏之简字成功，君勿与也。又因《康熙字典》检查困难，苦思力索，创为百部部首法，研究十余年，屡易其稿，终不惬意。会王君云五亦抱斯志，乃悉以其稿畀之。王因别创制四角号码检字法，在属草时与君面商或电商几无虚日。王氏之书，今已通行全国，而荜路蓝缕之功，君勿与也。此外如度量衡制度之改革，电码省便之方案，恒自出新意，供献于当道，见诸实行。至今受其利者，不知凡几。而君口既不言，文亦多不留稿。所刊行者，仅有《十三个月历法》、《泰西格言集》两小册耳。其不肯居名类如此。

君好山水。既东至日本，西至欧洲，国内名胜，亦多有其足迹。但能行平路，不能陟险。二十五年之夏，与张菊生、李拔可二君入川。临行，曾谓余曰："我体力不支，但至重庆，一览三峡风景，即乘原船返沪。"既而因拔可赴成都，君豪兴勃发，三人乃同乘飞机而往，遂登峨眉。及山半，觉精神不振。折回重庆，乘船东归，过宜昌而病。六月二十八日抵沪，翌日即入宝隆医院，医谓肺炎。余但闻君之归，初不知其病。以电话约谈，始知已入医院。急趋视之，而医生禁止见客。君神志昏迷，时作谵语，即见客亦不能认识。但向君珊问病状而归。及七月十五日，余将赴北戴河海滨，再往视之，则已能据椅而坐。见余至，面现喜色，曰："吾病已愈，君可勿虑。"余告以今晚将北上，拟至北戴河，故来话别。君曰："北戴河甚好，此地即北戴河，岂非极好之旅馆耶。"余知其神志尚未全清，则曰："君宜休养，勿多言，我去矣。"及至北平，尝以其病有转机，告孙伯恒、林宰平诸老友，不料至海滨之次日，即于《大公报》骤见君之赴告，而临行乃为最后之一面也，乌呼伤哉。返沪后，乃知君非死于病，而死于服过量之安眠剂，则为之骇诧。君常痛斥中医，笃信西医，卒死于西医之手耶。君中年体肥胖，随地随时，欲睡即睡。曾乘人力车，一手持缴蔽日，悠然睡去，而所持之缴，依然不动。孰料晚年因病而痻，竟以失眠症而致命耶。君生前主薄葬节丧，死于某地，即葬某地。殁后，不发丧，不受赙，三日大殓，即葬于虹桥路万国公墓。盖子女贤孝，能行君之遗志也。

君性情和易宽厚，语带诙谐。然能断大事，虑无不中，故公司中凡有大问题，皆取决于君。余性躁而憨直，与人处，偶不合，必面折之，使人难堪。君与余相处久，则时时规诫之。其言切至，发人深省。自此余渐知处世之道，以兄事君，君亦视之如弟，诃斥笑谑，无不有也。君嗜谈巴菰。初至编译所时，左手执旧式旱烟杆，右手执笔，且吸且写，笔有时停，而烟杆则不释。尔后易以雪茄或纸烟，前支既烬，即以后支续烬上吸之，不用火柴，几乎终日不离口。当其振笔疾书，必且狂吸，烟云起于口鼻间，笼罩顶上，如坐雾中。自言不藉烟力，即构思不能深入。又多唾涕，胸怀小方纸，时时取出拭之，坐之四周，皆拭余之纸也。余恒与君横肱并席，君坐右，余坐左。余素不吸烟，嗅其气辄咳，又好卫生，憎厌唾涕。乃戏与之约，喷烟请向右方，唾涕必入痰盂，苟不然者，将记过以示罚。君笑曰："如约。"然开始数日，犯过恒到数十次。余于工作毕，即揭示之。君曰："请俟半月，过必减少。"其后果然。晚年突然戒烟，绝不沾唇。曰："遵医生之嘱也。"其为文，初稿不肯示人，必令写生誊正之，方与人传观。余问其故，则言："幼受母教，但令诵读，不责以习字，楷法拙劣，恐贻笑大方耳。"兄弟间友于之笃，出于天性。余深羡之，尝谓"我亦有兄弟，然不如君之乐"。君曰："兄弟必志趣相同，兼有朋友资格，方能永好。"戊申，伯兄歉桐卒于沪，君号啕大恸，伏地不能起。己未，仲兄子益殁于北平，君之恸哭亦如之。其至性然也。然君不但兄弟间如朋友，其待子女亦如朋友，笑言嘻嘻，绝不督责，而自然感化。君之子女，多半肄业爱国女学校及尚公小学，为我之弟子。君珊从余游最久，离爱国女校入圣玛利亚女学毕业后，蛰居家中。余在北平为介绍于北京女子师范为教员，招之来。而君珊以学力不胜为辞。余驰书于君，严词督责，君答书则云："此汝师生二人之争执，我守中立可也。"厥后，余函招君北上，偕游妙峰山滴水岩。为君珊所闻，亟函阻其父，谓蒋师喜跑路，父若随之，必受困，切勿来。君以君珊原函寄余，不加一字。余答之云："君必来，君不能陪我跑山，我却能陪君坐轿。"君即欣然而至。同游数日，乐甚。曰："君不但能陪我坐轿，且能于险处扶我陟降，如此游伴，以后乃不可少也。"其举动之诙谐和易，有如此者。余素寡交游，近年居沪，即知友亦恒多终年不见面。惟于君处，月必一至或三四至。自忖恐久不闻君言，将多妄发也。嗟乎，君既殁，当世无有能规我者矣。

君生于清同治八年己巳十二月二十七日（一八七〇年一月二十八日），殁于民国二十五年（一九三六）七月二十三日。享寿六十有八。娶夫人邱氏。生丈夫子三人：谨轩、仲洽、叔帮。女子子四人：君珊、君远、君韦、君箴。君韦早世，君远适洪观涛，君箴适郑振铎。

据作者手稿

徐宝璜行状

蔡元培

先生讳宝璜，字伯轩，姓徐氏，江西九江人。幼而岐嶷，七岁失怙，居丧，哀毁如成人。就学于邑之文化学堂，试辄冠曹。年十二，依其世父子鸿公于京师，先后肄业于汇文中学校、北京大学校。子鸿公曾留学日本，与黄公克强等组织国民教育会，倡导革命。返国后，仍潜谋不懈。先生亲承謦欬，濡染至深，后日之热心党国，已树基于童年矣。

中华民国元年，先生考取留美官费生，入米西庚大学，习经济、新闻等科，好学不倦，声誉日盛。三年，子鸿公以众议院议员，力抗袁氏，罹难。先生闻耗，痛不欲生，人以是愈多之。

五年，归国。元培适长北京大学，闻其贤，聘为教授，兼校长秘书，及新闻学会主任。九年，元培兼任民国大学校长，因事去国，请先生代理民大校长。民大素无基金，惟恃募捐，先生奔走呼吁，勉力支撑，校务渐有进展。

十七年，任盐务学校校长。是校辖于盐务署，校长之进退，往往视政局为转移，一岁数易，无能久于其位者；而校款仰给盐署，或不时支付，先生则力请于署长，指拨高线公司标价一款以为基金，而是校之根底，始较前巩固；添置化验室，以重实习，设备始渐臻完美；改订任用条例，以广出路，而学生始免用非所学之感。任事二年，殚精竭智，劳怨不辞，而先生之疾，即伏于是矣。

历任华盛顿会议外交后援会主任，全国财政善后委员会委员，第三中山大学劳农学院教授兼总务主任，北平政治分会秘书兼第三股主任，京华美术专门学校校长，北平大学、朝阳大学、中国大学、平民大学教授，北京大学经济系主任兼注册部主任。或黾勉从事，或循循善诱。著有《货币论》、《新闻学》等书，见重士林。性和易，而律己甚严，尝书铭座右以自励。素尚俭，而不吝施与。十九年五月二十九日，在北京大学授课，猝患晕厥，阅三日卒，享年三十七岁。

元配文夫人，早殁。继配蔡夫人，侧室梅氏。子四：厚仁、厚义，文出；厚尧，蔡出；厚舜，女一，厚智，梅出。

余等与先生共事大学，十有余载，良朋骤失，痛何如之！不辞固陋，而为之状，庶当世君子有所采焉。蔡元培状。

据《蔡元培全集》第五卷

九江黄君墓志铭

李盛铎

君初名有基，字远庸，入民国后，以字行，江西九江人，世居城南之仙居乡。曾祖凤楼，道光十二年进士，官安徽知县，有惠政。祖海珊，为名诸生。父镜恒，文采秀发，蜚声黉儁。屡试不第，以微官游浙。母姚，汉上名族，习礼明诗。君之问学，实资母教。君少随宦，读书四明，多接胜流，日精文史。年十五，归应府县试，得前列，逾岁补博士弟子员，癸卯举于乡，甲辰成进士，以知县即用。时方设进士馆，新第之授职者，得入馆肄业，或游学国外。君乃赴日本，入中央大学，习法律科。己酉学成，秋归国，调邮传部，奏改员外郎，派参议厅行走，兼编译局纂修官。会部撰邮电航路四政条例成书，将缮进，前缺例言，时促旨繁，人谢不敏。堂上官以属君，给札郎署，不逾晷，成数千言。叙述详赡，文词渊雅，阅者叹服。辛亥春，同人集资设法政讲演所于海王村南，推君为讲员。君始终无倦，学子倾心。

其东游之归也，适余亦归自欧西，同僦居于海岱门内。君时肆力文学，又有志于朝章国故。余语君："西人之谙近世掌故者，多为新闻撰述家。"君终以是名，实始于此。壬子以后，部长留君任事；君绝意仕进，专以新闻论著自任。每一草出，都人传观，几于纸贵。而论人不免有臧否，论治不能无从违，名盛忌随，危机斯伏。甲寅以后，兼充律师。名法既精，辩才又肆，与闻狱讼，寥无数端，辄操胜算，国人尤属耳目焉。乙卯春夏之交，尝告余将远适欧美，觇其政治，余知君于所业厌倦深矣。七月二十四日，不别亲朋，锋车适沪。既任挚友，迁其资孥。自扶桑居数日，遂之美洲。昔日俦侣方相与问讯，屈指行程，而忽传君于十一月十九日在桑港旗亭遇刺死，年三十有二。罪人未获，莫知其繇，哀哉！

君风神朗澈，和易近人，雅好谭谐，动倾四座，椐椐善下，骄吝不形，稽于相人，理无凶折。其亲师重友，济人之急，识与不识，闻君风义，莫不赍涕。久居东邦，投赠日广，每当嘉会，识君者辄促君致词，音响方终，赞叹盈耳，闻君凶问，咸奔走告语，太息弥襟，谓此才不易得也。君娶余氏，妾王氏。子三：席群、席椿、席棠，皆幼。己未八月卜葬于本邑南门外十五里桂家垅之阡。余以葭莩，交君三世，索居京国，时闻足音。自维孱弱，朝露有期，将以未定丛残，劳君齿录。何图小别，遽隔九京。天道人事，其胡可量？痛国宝之陨秀，轸俊髦之虚生。叹逝铭幽，何以堪此！其辞曰：

名为实宾，世以身殉。万劫既开，百家竞进。厥有圣童，慧发髫龀。江夏无双，吾见亦仅。诵芬家弄，孟晋迨群。朝登谊策，客荐雄文。会心野获，殚力国闻。术艺综极，儒墨兼勤，比事属词，昭旷辩晰。论难锋起，视犹一吷，窃却偶披，虑表夐绝。蝉蜕鸿冥，兰摧玉折。祸生所忽，死昧其仇。招魂沧海，蒿目神州。青霞奇意，碧血新丘。横流无极，玄石长留。

据《黄远生学术讨论会专辑》

清光禄大夫湖北襄郧荆兵备道曹君墓志铭

张一麟

君讳允源，字根荪，曹氏。先世自歙县徙吴，遂占籍吴县。曾祖山登，本生曾祖士杰，祖元锦，考恺业，世有潜德，具详君所为墓记及行略中。家故以懋迁饶生产，自君之考遭咸丰庚申之乱，挈戚友避难者七百余人，尽供其服食器用于沪，又焚责券二万有奇，家以中落，而督君读书益勤。君生而岐嶷，九岁成五言诗，即惊其长者。始工为骈俪文，继以锐志经世之学，治古文辞，以南雷、亭林二家为法。光绪壬午举于乡，主讲皖省淮南书院。丙戌成进士，观政兵部，由主事递迁员外郎、郎中。辛丑，以京察一等，出守直隶宣化府。壬寅，调守山东青州府。乙巳，复调安徽徽州府，再调湖北襄阳。戊申，调汉阳府，兼新堤关监督，嗣复还襄阳原任。历权直隶口北道、湖北安襄郧荆道，花翎二品顶戴，诰授光禄大夫。按部所至，凡其地之河渠水利学校实业仓储捕务，事无巨细，胥综核名实，手定规程。其在宣化也，值拳匪初平，前守议赔教案一百四十四万金，力争大府，以省款分认，余由府民筹集无怨言。其在青州也，故事驻防满营兵米由州县解银，而府以银易钱放米。君曰："此市道也。"尽革之，以银径解满营，扩清百余年积弊。其操行廉絜，大率类此。君自言少即究心经世之术，耻为无用京曹，碌碌蔑以自见。既除一郡，朝夕研考其利病得失，辄蕲于民物有济，未及施行，十年之中，迁地者三四，以为憾事。然而直督袁世凯以人才荐，东抚周馥以循良荐，鄂督陈夔龙以贤能荐，获上得民，比诸两汉循吏，徒以守正謇谔，耻不以道，未参大政，是君之自以为憾者，乃其所以贤也。

辛亥国变，襄阳民乞留不得，浩然东归，卜居苏州泗井巷，闭门却扫，发箧陈书，经史百家，钩元提要，庶几深宁、所南之遗。顾天性和易，绝不以崖岸自高。至于表章文献，发扬潜德，毅然以守先待后自任，一篇之中，三致意焉。君既不愿膺征辟，乃就大吏聘为省立图书馆长，喜其地接子美之沧浪亭也。馆中原存图书七万余卷，君续购三万卷，自为书目续编、三编，其第四编垂成未终卷。中间又被推为吴县修志局主任，劳心焦思，伏案不辍，疾笃时，犹手颤作翻书状，喃喃不休，可谓尽瘁也矣。所著书已刊者：《复庵类稿》八卷、《续稿》四卷、《外稿》二卷，《鬻字斋诗略》四卷、《诗续》一卷，《淮南杂志》二卷。未刊者：《苏州文征甲编》若干卷、《乙编》二十四卷。昔亭林先生有言："文不关六经之旨，当世之务者，一切不为。"又言："文以明道也，纪政事也，察民隐也，乐道人之善也。"君时时称述以自况，故其文皆有关近世掌故，兢兢于人心风俗之转移。同、光以来，吴中诸老未能或之先也。金坛冯煦谓其文远希欧、曾，近亦不弱尧峰、竹垞，知言哉！

君生于清咸丰五年十二月八日，卒于民国十六年二月七日，春秋七十有三。配程夫人，有贤德，先卒。子恭翊，外交部科长，驻檀香山领事；恭植，前浙江补用同知；恭燮，前候选盐运大使，先卒。女四，长适泗州杨毓瑛，次适大兴恽宝惠，次适同县邹应欢，次适无锡沈林凤威。孙二，克崇，克缵。余与君有壬午齐年之谊，辱为文字交。恭翊筮于十九年国历某月某日，营葬于吴县五都五图万青字圩状元浜花园山之麓，启程夫人兆而合窆焉，来请铭，铭曰：

吾乡先达，近推校邠。君步其后，踵美前人。谓为塞耶，固监司之洊历，泽被生民。谓为亨耶，胡丁龙蛇起陆之会，徒穷年著作以终身。廉能不刿，磨亦不磷，既完真而抱璞，岂和光以同尘。有文岳岳，有子振振。千秋万岁，视此贞珉。

据《心太平室集》卷三

因是先生自传

蒋维乔

先生姓蒋，名维乔，字竹庄，别号因是子，江苏武进县人。先考少颖公，有隐德，服膺程、朱之学，每诏先生曰："吾望汝读书，能为明理之君子，不望其取科名也。"先生幼颖悟，读书过目成诵。惟家贫，无力从良师，值科举时代，士子皆悉力于八股文，先生则厌恶之。偶从友人处，借得《曾文正公家书》阅之，始知世间有义理、词章、考据等学问，乃大喜。决以段、王、江、戴之训诂，为班、扬、左、郭之文章。但正值青年发育之时，百病环生，病中不废诵读。先考察知其病源，示以修养心性之书，及医书中所载道家小周天之术，乃恍然大悟。习之，病良已，然无恒心。二十岁入泮后，益废弃八股，从事朴学，兼习算术舆地。偶应乡试，辄为弘博奇丽之文，列入堂备。而主考以其文太奇肆，屏之，遂未中式，先生亦不为意也。是时上海制造局译出科学书籍，先生见而喜之，从事研究，向者所好之小学词章，亦稍稍恝置矣。

江阴有南菁书院，学使黄漱兰先生所手创也。院中专治经史舆地古文词章等学，为全省最高学府。秀才考列前茅者，方得进院肄业。院中有十万卷藏书。各生有斋舍一间，每月有膏火。肄业其中者，皆大江南北之优秀分子。先生于二十三岁，以岁考第三名，调入书院。得从定海黄元同山长游，遂潜心经子，并肄力于古文。如是五年，学业稍有成就，不若向者之泛滥无归矣。二十八岁时，得肺疾，咳嗽咯血，百药罔效。先考忧之，告以此病非药石可愈，惟有静养，于是屏除药物，隔绝妻孥，别居静室，绝谢世事。每日子、午、卯、酉，四次静坐，余暇则读老、庄及佛经，习七弦琴一二引，身心愉快。三月之间，生理大起变化，病霍然而愈。从此静坐之功，永不间断。庚子拳乱以后，清廷诏各省兴学。南菁书院，亦于民元前十年，改为江南全省高等学堂。主其事者，为丁山长立钧。当时朝野人士，均抱中学为体，西学为用之见解，以为院中肄业各生，非举人即秀才，皆成材之士，其学问如经史诸子舆地政治掌故，分门研究，早具专门资格，祇须补习普通学已足。故所定课程，为理、化、测绘、英文、日文、体操五门。以今观之，实幼稚可哂，然当时已觉太新，学生之笃旧者犹反对，主张一致不上堂听讲。先生则锐意革新，主张上堂听讲，无形中分成新旧两派。先生被推为新派领袖，襄助丁山长进行。五门课程，同学或习一二门，多至三门，先生则贪多务得，五门同时学习。迩时理化教习钟观光先生，讲解彻底，实验正确，最得同学信仰。且于授课之余，灌输国家思想。先生始恍然于民族革命意义，心醉其说，对于科举，更加鄙视，立志不再应乡试。

值上海蔡元培、蒋智由等发起中国教育会，电致钟师，请介绍会员。先生遂加入是会。是年暑假，丁山长因病退职，继任者不满人意，先生即随钟师至上海，见蔡元培。蔡方主办爱国学社，面请先生明春至社中任国文教员，翌年，先生即就职爱国学社。学社实为中学性质，学生分一、二、三、四年级，国文教员两人，章太炎任三、四年级，先生任一、二年级。纯尽义务，校中仅供膳宿。先生与太炎，均恃翻译日文以自给。蔡元培兼任商务印书馆编译所长，计画编辑小学教科书，嘱先生担任国文编辑。中国教育会，每星期日在张园安恺第，讲演革命。一切言论，以《苏报》为发表机关，致触清廷之忌，密谕两江总督魏光焘，查拿蔡元培、吴敬恒、章太炎、陈梦坡、邹容、宗仰六人。蔡避往青岛，吴至欧洲，陈至日本，章、邹二人入狱，《苏报》被封，爱国学社亦解散。此即近代史上有名之《苏报》案也。

先生离爱国学社后，认救国根本，厥在教育，遂入商务书馆编译所，编译国文、历史等教科书，并研究教育、心理、论理诸学。上海科学仪器馆，先后开办理化及博物讲习所，先生必往听讲。因念家乡小学，虽开办多所，而理科则付阙如。乃约集同志，筹款购办仪器，于年暑假回里，分期开办理化博物传习所。即以自己所得者，转输于小学教员，武进小学之有理科，乃先生为之创始也。时各省尚未有师范学校，全国缺乏小学教员，先生劝商务印书馆，出资开办小学师范讲习所。来学者率皆地方办学人员，归后主持教育，毕业三届，得人称盛。先生在商务佣书，直接间接皆不离教育，忽忽十年，若将终身。

会辛亥革命，南京临时政府成立，蔡元培任教育总长，邀先生任秘书长，以全部事务托之。先生以为改革伊始，军事未定，非实施教育之时。惟逊清学堂章程，不适于共和国体，宜乘此时，从速草拟新学制，为根本之改革。蔡亟称善，故南京教育部为期三月，部员工作，即分任草拟大、中、小各校学制。其后北京建立统一政府，教育部亦北迁，即于暑假，邀集全国教育领袖，开临时教育会议，就部中草案，议决全部学制。此为开国时教育上之重大事业，发其端者，乃先生也。先是，先生偕蔡君至南京，组织教育部，仅携会计员一人，及部中草拟学制，亦祇聘用部员数十人。值南北议和，北方袁世凯主张以段祺瑞为陆军总长，南方坚主黄兴为陆军总长，彼此争执，历久不决。而一二老成人，皆主让步，俾统一早日告成。当双方争执极烈之时，南京、江西军队，因欠饷已久，有讹变消息。各部人员，纷纷请假，教育部亦然，除先生外，只一会计员未去。而蔡君每日出席总统府阁议，早出晚归，未之知也。一夕，蔡君归，面有怒容，收拾行装，拟乘夜车赴沪。先生问曰："公向无疾言遽色，今何故盛怒？"则曰："黄兴小子，不顾大局，只知争陆军总长，致和议不成，妨碍统一。我欲到沪，发表意见，登报诋之。"先生曰："不可，此自曝南京政府之裂痕，长袁氏之气焰也。"蔡曰："我决意为之。"先生阻止不获，则曰："君毋躁，亦知部中近日情形乎？"即持灯偕蔡巡视一周，蔡曰："部员何往耶。"先生曰："近日谣传兵变，皆畏死，请假赴沪，现留者只尔、我及会计员三人耳。君若执意欲赴沪，外人不察，亦将谓君畏死而遁也。"蔡曰："如是，我即不行。"后和议告成，北京正式政府成立，蔡君仍任总长，先生任职参事。

未几，蔡辞职，范源廉继之。民元时约法，阁员必须由总统提交参议院，征求同意。范氏既通过于参议院，自以籍隶共和党，不易对付同盟会，向袁总统力辞。袁曰："尔何怯，但觅一革命党为次长可耳。"范氏乃邀先生密谈，请担任次长。先生曰："我与蔡君，乃朋友之关系，却非党人。”因荐董鸿祎以自代，仍为参事。后范又辞职，汪大燮继之。先生与之意见不合，拂袖南归，仍入商务印书馆。民国五年，袁氏帝制失败，赍志以殁。副总统冯国璋，代行大总统职权，段祺瑞任国务总理。范源廉复任教育总长，重邀先生进部，先派赴国外考察教育。先生遂与黄炎培、陈宝泉等六人，周游日本及菲律宾。翌年，仍入教育部任参事。参事掌管法令，事务清闲，先生得以余暇，留心佛典，与徐文蔚〔霨〕、梅光羲、张炳桢、邓高镜诸居士，集合研究，并请谛闲法师北上，开讲《圆觉经》。先生约江味农、黄少希二君，共为笔记，稿成，谛师锡名《圆觉亲闻记》。先生发起请张炳桢开讲唯识，蔡元培时任北京大学校长，得先生之介绍，亦列座恭听。因在北大哲学系，设唯识科，请张先生主讲。我国大学之有佛学课程，盖自此始。先生在民国九年，被简任江西教育厅长，辞弗就，留部为编审员。复组织三论学会，请邓高镜居士讲三论，年余而毕。自此于佛学造诣渐深，习静之功，亦与日俱进。

是时，中央简任各省教育厅长，多不能安于位，大率由省议会党派纷歧，见好甲派，即获罪于乙派，进退失据，最后不得不去职。而江苏教育厅长，尤不易为。省教育会既有绝大势力，省议会分金陵俱乐部、正谊社两派，省立各校长亦有职合会。任厅长者，左右为难，或半年，或一年，必辞职以去，鲜有连任二年以上者。民十年时，倡苏人治苏之议，韩君国钧以本省人出任省长。各方面欲得一本省人而向无党派者，任教育厅长。不约而同，咸注意于先生。十一年暑假，中华教育改进社在济南开年会，先生奉部命前往参加。黄炎培、袁希涛二人，自沪赴会，即恳商先生，出任是职。先生自以生性戆直，不宜于外官，未之应。会毕，袁、黄二人，同至北京，京中江苏同乡会，又开会一致推举。先生不得已，乃勉允之。于是各方向政府接洽，黎元洪总统即日下令，简任先生为江苏教育厅长。令下以后，苏省人士，不论何派，一致发电欢迎。先生出京时，见黎总统请训。黎云：“目今中央简任各省厅长，动辄遭本省发电拒绝，或则一部分人欢迎，一部分人拒绝，如吾子之一律受人欢迎者，绝少见之，宜速赴任。”

先生即于七月初，到省接任。先生未出京前，江苏同乡开欢送会，在会中宣布教育政见，提出办事唯凭公理，对各方面绝不敷衍，用人以人材为标准，经济公开，亲自赴各县视察数项原则。然到任之日，即被在宁议员包围，有要求荐科长者，有要求荐科员者。接任之后，各属议员竟提出宁人治宁、镇人治镇之主张，应以本县人任省立校长。而以金陵俱乐部议员，攻击南京第一中学校长为最烈。先生大怒，斥之曰："校长之胜任与否，应考其办学成绩，何得以汝曹之迎拒为进退耶！"拍案大骂，直驱议员出门。彼等在省中横行无忌，省长对之且极力敷衍，不料竟遭先生唾骂。及秋间，省议会开会，乃提出查办蒋某十大罪状。然正谊社议员，则出而反对，议场大哗，至于墨盒乱飞，其他议案，亦不能开议。正谊派原与金陵俱乐部水火，乃借题发挥，并非有私于先生也。韩省长睹此情状，乃劝告先生云："为官全在敷衍，不宜直情径行。"先生答云："我志不在作官，决定凭理而行，绝不敷衍，合则留，不合则去耳。"既而议会为此查办案，轰闹月余。议长徐某，来谒先生，拟作调停，先生不应。提案之朱某，不敢见先生，则托实业厅长转恳先生，稍假以辞色，即自动将此案撤消。先生云："向例行政官被议员查办，祗有官厅向议员疏通，焉有原提案人，反向官厅疏通之理？岂非笑柄。"亦置不理。厥后议长徐某，乃将此案抽去，议场方归宁静。从此，议员对先生，不敢正视。省立各校长，有先生为后盾，各安于位，苏省教育日有起色。先生每岁，必于年暑假开学后，轻装简从，至各县视察，与各地校长，讨论改进方案，并对学生演讲为人之道。某岁，视察及淮阴，将赴涟水，两县交界，正剿土匪，淮阴伤兵充满医院，淮阴县长坚阻先生勿行，曰："厅长前去，若有不测，此责任地方官负不起。"先生佯允之，翌日不告而去。方进涟水县北门，则东门正兵匪交战时也。先生卒至灌云，登云台山而后返。

南京有内学院，欧阳竟无（渐）居士，在彼开讲唯识。先生与居士约，开讲时间列在上午九时以前，俾便前往听讲。居士以先生在百忙中，尚如此勤学，异常赞叹，允之。且于先生出省视察时，即为之停讲。故先生听讲两年余，未尝一次缺席。先生又因东南大学之请，每周往讲佛教哲学，南方大学之有佛教课程，实始于此。先生常笑语人云："余在南京，备有三种人格：一为行政官，二为教师，三为学生。"

十三年，苏、浙两省忽起齐卢战争，实际即直、皖两系之冲突。皖派与奉张携手，占得胜利。是时国会久已解散，法统中绝，段祺瑞自称执政，出而当国，将南京中央命官，悉加以附齐嫌疑，一律免职，以沈彭年继任教育厅长。先生与沈为旧友，又在教育部同官多年，急盼其南来，以便交卸。而江苏教育会迭电中央，挽留先生，一面又电沈氏，拒其南下。省立校长联合会，亦继续发电，留旧拒新。韩省长亦屡电中央，请先生留任。先生势处两难，欲去不得，曾有函劝戒省立各校长云："方今人欲横流，竞争权利，习见不怪，诸君子当亦愍然忧之。若听鄙人安然离职，留教育界些须恬退之风，或足挽回末俗于万一，斯诚吾侪所宜共勉也。"既而奉军南下，郑鸣之(谦)代韩为江苏省长。一夕，黄炎培自上海来宁，约先生与财政厅长曾孟朴密商。以为奉军南下，诸事不可为，吾侪在教育言教育，应将教育界设法保全。最要关键，莫如经费。请财厅划出屠宰、卷烟两税，组织江苏教育经费管理处，俾教育经费完全独立。孟朴是本省人，极愿赞成。先生云："此两税在财厅人员，均有手数料，倘欲划出，宜速宜密，不可假手厅员，否则群起反对，事不成矣。"于是三人漏夜往谒韩省长，陈述源委，且云："省长若将此事办成，可在本省留一永久记念。"省长然之，即由先生手拟两厅会衔呈文，亲自盖印送去。省长亦立即亲自指令照准。江苏教育经费独立一大事，乃得于三日之间，仓猝成之。先生于十四年七月解职，回溯就任至今，适足三年。苏省自设教厅以来，厅长在位之久，未有如先生者也。

是时东南大学有易长风潮，旧校长郭秉文避往欧洲，新校长胡敦复为学生殴伤，不能到校，学生则据守校中，争闹半年，不得解决。先生卸职后，见郑省长辞行。郑以东大风潮不息，于彼颜面攸关，强先生为代理校长。先生勿允，郑云："请君为我受屈，否则今日不能出此客厅。"先生无奈，佯允之而归，则聘书已至。先生乃缮一函，将聘书退还，遄赴下关，乘快车避往上海。郑闻先生去，乃云："此风潮不解决，蒋某应负责任。"立命第三科长，夜车赴沪，促先生回。省教育会黄炎培、沈恩孚、袁希涛闻之，亦来劝先生就职。沈以先生研究佛学，再三以忍辱波罗蜜为言。先生亦以曾在东大讲学两年，浮屠三宿，未免有情，遂决意身入地狱，概然回宁。郑省长拟派警察数十人，护先生进校。先生笑曰："校长就任，乃带警察，宁有是理。"坚却之，独自一人前往。时方暑假，而学生守护学校不去者，尚近七百人，开大会欢迎先生。先生当众宣布意见：

"我来，非为校长，乃维持学校。然我向不喜敷衍，须实事求是，诸位宜安心求学，不宜为轨外行动。从命则我留，不从命则我去。"众鼓掌称善。于是先生整顿内部，筹划经费，校务蒸蒸日上，风纪肃然。十五年春，先生复偕南京校长团，赴日本考察教育，专注重大学及专门，以资借镜。并遍游东西京、横滨、长崎、奈良、神户，在箱根饱看樱花，浴温泉，由门司下关，经朝鲜、大连、旅顺至奉天回国。

是年冬，国民军攻南京，褚玉璞率奉军抵抗，战事极烈。省立各校皆提前放假，东大教职员多托故请假去。先生毅然不动，决上至最后一课。一日，暨南学校女子部主任章绳以来见先生，述及他校可以放假，暨南女生，多数华侨，无从安插，将如之何？先生云："盍去联络红十字会，合办妇孺救济所。款由我筹。女生可往所中服务，自利利人，两全之道也。"章唯唯而去。数日之间，接洽就绪，即以暨南校舍，暂改为救济所。先生在东大召集全体教职员学生大会，对众演说："昔罗泽南有言，危急时立得定，方为真学问。吾曹平日所学何事，今日正宜出其所学，应付危局。我校学子有二千人，如一千九百九十九人已脱险，尚余一人，我决不舍之他去。目前办法，男生可组织自卫团，女子可至救济所服务。教职员眷属无力迁避者，亦可至救济所。"于是人心大安，直至寒假，方放学。十六年三月，国民军攻入南京，奉军奔溃，途为之塞。救济所中收容妇女三千余人。先生安处危城中，待校事交代清楚，方萧然而去。

自此先生息影沪上，不愿多闻世事。每岁春秋佳日，则约一二伴侣遨游名山，以娱晚景。十七年夏，光华大学聘先生讲中国哲学。先生覆以书云："年来读书看山，不愿与学校发生关系。"不料十七年冬，先生一生积蓄养老费万数千金，为人亏倒，无以为生。遂不得已，于十八年秋，应光华之聘，折节重为教读生涯。至今忽忽十余年，不知老之将至矣。

先生为人刚直廉介，疾恶如仇，见善如不及。与人交，披沥肝胆，毫无城府。急人之急，偶有余，则分财与人。常有执友，死而无归，先生为之筹款殡葬，恤其嫠而抚其孤，至于成人。亦有远出谋生，托妻子于先生者，则为之筹画教养。先后在上海、北京亲手提挈者，不下数百人。有已获富贵，而不复念及先生者，先生夷然不为意也。其在教育厅时，责斥议员。议员中之有理智者，亦称之曰："无欲则刚。"苏省因教育经费不足，征收卷烟税，由财政厅办理，年余，收入仅十万，而支出反超过之。省立校长怪之，请于韩省长，往查帐目，则不尽不实。因此为教育专款，要求拨归教厅办理。先生以不谙计政，未许。省长谆嘱，勉为其难，先生不获已，允之。节省支出，整顿收入，延会计师，规定新式簿记，每日清帐。不及半年，而收入达数十万，而支出年不过万余金。财厅人员衔之，议其后曰："此本肥缺，为蒋某办瘦矣。"

先生喜游山，腰脚既健，每入名山，必登绝顶，日行数十里，少壮者不能从也。尝至天台石梁，梁长约三丈，两端削下，中央隆起，窄处不及尺余，无阶级，滑不可履。下视飞瀑，一落千丈，轰声如雷，观者胆栗。先生在梁上往还，如履平地。后先生以六十老翁，游西岳华山，独登东峰之旗亭。旗亭者，在悬崖之下，登者须从崖顶两手攀铁絙，垂直而下。复有铁絙横悬崖腹，其下凿孔，仅可容趾。至此须翻身向右，两手攀絙，胸摩危崖，两足次第著孔而前，俗称鹞子翻身。倘一失手，则粉身千丈悬崖之下。崖腹尽，复有铁絙，悬空越垂，挽之而下，方达旗亭。先生则从容攀登，行若无事焉。生平足迹所至，达十余省。惟吉林、黑龙江、绥远、新疆、四川、云南、贵州、广西、福建诸省，尚未至耳。

先生幼年多病，以静坐之功，恢复健康。中年在沪，为友人怂恿至永年公司保寿险。西医验其体重，不及百磅，与身长不称，则云："两年内必死，不可保。"先生一笑而已。先生为学无常师，凡有一艺之长者，辄不耻下问。喜为实学，不愿以诗文名，然诗文未尝不工。初治词章，后治古文，不立宗派。至晚年。则信笔所之，惟求自在，不尚矜奇。偶为诗，语必惊人，然以为无病而呻，不苟作也。生平注重身心性命之学，由儒而道，由道而佛，豁破愚蒙，妙契真理。每日静坐，四十余年无间断。又习太极拳、太极剑。动静交养，老而弥健。行年六十有九，望之如五十许人，盖修养之效云。著有《因是子静坐法正续编》、《因是子游记》、《佛教概论》、《佛学纲要》、《中国佛教史》、《长寿哲学》、《杨墨哲学》、《废止朝食》、《大乘广五蕴论注》、《圆觉经亲闻记》、《中国近三百年哲学史》、《中国哲学史纲要》、《宋明理学纲要》等书，刊行于世。

居铅印原件

民国人物碑传集

卷　六

先师长沙祭酒王先生墓表

陈　毅

先生讳先谦，字益吾，长沙王氏。筑室城东北隅，曰“葵园”，学者称葵园先生。遁，其乱后变名也。先世籍上元，东晋为名族，明正德间，有进士霈者，自国子监出判湖南岳州府，遘世多故，弃官游长沙，乐其风土而家焉，是为始迁之祖。曾祖声扬，祖远松，皆县学生。父锡光，布衣，著有《诗义标准》。三世以先生贵，赠荣禄大夫。曾祖母左，祖母曾，母鲍，皆一品夫人。兄弟四人，先生其叔也。生有异秉，喜问难，家故寒素，赠公殁，益棘，走佐军幕，获升斗养母，而志学弥厉。同治三年，军覆于天门，先生奉营主梁刚节公洪胜突围出。其年，由县学廪膳生举于乡。乙丑，成进士，改庶吉士，散馆授编修，为庚午云南副考官（得士杨高德等百六十二人）。甲戌，会试同考官（得士陈光煦等十九人，缪传不载所得士，此从先生自定年谱），是科得义乌朱御史一新、会稽李御史慈铭、江阴缪参议荃孙、秀水赵太守铭四卷，佹中而摈，终身惜之。光绪元年，大考，晋右中允，为江西、浙江正副考官（江西得士涂官俊等百三十九人，浙江得士戈桂馨等百四人。缪传不载浙江副考，此从年谱），转左中允，以纂修《穆宗实录》叙劳，自洗马迁侍讲（缪传以为修圣训得保，误也，此从年谱。案谱云：“光绪三年九月，实录馆全书过半，总裁奏请议叙，得旨：詹事府左中允王先谦，著遇有侍读缺出，开列在前。四年十二月，升补洗马。五年五月，升补侍讲。缪传脱洗马），充日讲起居注官，转侍读（年谱：五年七月转），历右庶子（年谱：五年十二月升），六年转左（年谱：三月），为会试同考官。贺县于文和公式枚、番禺梁文忠公鼎芬、安御史维峻，出其门（年谱：得士于式枚等二十三人。缪传不载），福山王文敏公懿荣出邻房，实亦先生荐也。擢国子监祭酒（缪传自侍读至此，皆不载，第云：庚辰简会试同考官，即丁太夫人忧，回籍，乙酉，来京补国子监祭酒。似乙酉以前，未尝升祭酒者。据年谱：六年四月升祭酒，八年三月母太夫人长逝，五月扶榇南归，十年六月服阕，十月抵都，十一年六月补祭酒。是明明再补祭酒也）。八年，丁母忧，服阕，以祭酒督学江苏。

十四年，假归修墓不出，一肆其力于撰述，有《尚书孔传参正》三十六卷（年谱：光绪卅年刻成），《诗三家义集疏》二十八卷（年谱：宣统癸丑成），《释名疏证补》八卷、附二卷（光绪二十一年成，二十二年刊，而年谱是二年漏叙，故缪传、哀启均不载，毅有其书），《汉书补注》百二十四卷（年谱：光绪二十六年二月刻成，称百卷。案：班书百卷，颜注分为百二十卷，先生又分地理为五卷，故得此数。缪传、哀启同称百卷，存班原数也），《后汉书集解》百一十卷（年谱：宣统乙卯刊成，不记卷数。缪传同，从哀启），《新旧唐书合注》二百五十卷（缪传称《新旧唐志集解》，不记卷数。此从哀启。年谱不载此书，惟光绪九年四月，刊其弟所作《魏郑公谏录校注序》有云"余以自著《新旧唐书合注》公传附后"一语，然毅实亲见其书，盖未脱稿），《元书拾补》十卷（哀启作《蒙古长编》若干卷，误也。年谱如此。宣统乙卯成，缪传同年谱），《合校水经注》四十卷、首末三卷（年谱光绪十八年七月刊成，缪传、哀启不载首末卷），《十朝东华录》六百三十卷（年谱：光绪五年八月，刻乾隆录百二十卷成，十年闰五月，成天命十卷，天聪十九卷，顺治卅五卷，康熙百一十卷，雍正二十六卷，合前刻嘉庆五十卷，道光六十卷，咸丰百卷，同治百卷，共四百十九卷。毅按：合上分卷数，应得五百一十卷，此误计耳。并乾隆百二十卷，为六百三十卷），《外国通鉴》三十三卷（年谱：宣统丙辰成。哀启不记卷数，缪传同年谱），《日本源流考》二十二卷（年谱：光绪二十八年刻成），《五洲地理志略》三十六卷、图一册（年谱：宣统二年九月刊成，不记卷数。缪传作一大册。此从哀启。毅有是书，与哀启同，惟图一册，系据年谱），《荀子集解》二十卷、《考证》一卷（年谱：光绪十七年五月刊成，不记卷数。又缪传、哀启不载《考证》），《庄子集解》八卷（年谱：宣统元年八月刊成，不记卷数），《校正盐铁论》十卷（年谱：光绪十七年十一月刊成，不记卷数。此从缪传。哀启、传记不载小识，则从年谱。毅有其书，不在行箧，俟查），《世说新语》六卷、各附校勘小识一卷（年谱：光绪十七年三月刻成，不记卷数。缪传失载。哀启作八卷，误也。此从原书列入），《虚受堂文集》十五卷、《诗集》十九卷（年谱：文集光绪二十六年闰六月刻成，诗集二十八年刊成。缪传诗十卷，误也。此从年谱），《续古文辞类纂》三十四卷（年谱：光绪八年二月刊，不记卷），《骈文类纂》四十四卷（年谱：光绪二十七年刻成。缪传卌八卷，重出卌四卷。哀启卌六卷。此从谱，毅有其书，俟查），《律赋类纂》十四卷（年谱：光绪二十六年十二月刻成），为卷都一千五百有奇，皆刊行世。惟《唐书》未成。

三十四年，巡抚岑公春蓂采《书传》、《汉注》、《荀解》、《日本考》以进，赏内阁学士衔。宣统二年，总督瑞澂诬劾，镌级。三年秋，避乱平江，寻移长沙东乡之凉塘（年谱：是年八月赴平江，抵县寓。九月赴北乡烟舟，寓乡绅苏凤梧纬卿家，旋移十八曲陈家，又移三墩甑家山苏家，苏渊泉招予归度岁。十一月返烟舟。癸丑，移寓平江县城。甲寅四月，返省，移东乡凉塘旧庄）。九年，闻复辟不成，愤而致疾，十一月乙卯卒，距其生道光二十二年，年七十六。夫人张氏，继室周氏、李氏。李夫人后一年卒。侧室宋氏、毛氏。初无子，以族弟子兴祖、祖陶为嗣。后生祖恩，毛出也。孙代蕃。兴祖，邮传部主事，以其年十二月戊寅，葬上凉塘左垄，首子趾午。呜呼，悲夫。

自圣祖仁皇帝用学术齐一海内，东南文物，彬彬称极盛。于时吾乡不少魁奇卓绝之士，徒以湖外声气阻隔，无师说授受业，卒不显。及曾文正公以儒臣发湘中，子弟兵定大难，解甲偃武，进耆硕讲肄，拓局行省，镂经籍，湘人士始蔚起，得出而周旋乎当世。文正于学，经礼为邃，顾发摅于事业，未皇著述，第传其古文。其前船山王先生，在国初最号老师，说者已议其经稗疏，不及其论《通鉴》之精。文正同时有邵阳魏默深氏、新化邹叔绩氏，皆以朴学闻于世。然邹精而不博，魏博矣，其所为《诗书古微》，辨甚，亦非经师义法也。而二氏者，又皆在下位，徒不繁。于是先生以名卿大夫，起而振其衰，其诸斯文存亡绝续之交乎。初先生之受诗赠公，概然有志乎风教，暨官翰林，从周自庵阁学游。阁学与文正为道义交，文正工古文，而阁学工骈文，交相为师，故先生得闻绪论于文正。阁学习故事，好校两《汉书》，先生效为之，辄举正高邮王氏说数事，见赏阁学，则益喜自负。后以数十年精力，成两书注解者，始此。而其时实先从事《东华录》，于文和公所从受，而以掌故学名天下者也。

先生既治国闻久，以谓本朝学术流别，皆主之列圣，孟子所谓上礼下学也。是以文治大启，而无历代之党祸。诚能尊朝章，守祖制，则淫诐不待放距而绝，虽百世不亡可也。而先生自是处朝野，所以扶翼乎世教者，宗旨于是乎大定。当是时，恭忠亲王以议政柄国，文文忠、宝文靖、沈文定、李文正诸公，为军机大臣，皇上求治，殷诏直言。丰润张侍讲佩纶，及南皮张文襄公，与讲官科道中之数公者，皆年少负盛气，都下喧沸，目为清流。先生以其争胜朝廷，虑启党端，又虑其数而烦，言路且塞，乃称世宗、高宗朋党之戒，奏论言路宜开，而不宜杂，冀有以救止之。然坐是为李端棻所纠，勿校也。未几，军机王大臣皆免，出诸敢言者于外，言官多得罪，果如先生虑，而朝右自此多事矣。先生故尝追论滇抚徐之铭不法，又迭请严议使俄大臣崇厚罪，因建言东北邻俄境，宜令东三省将军就地屯垦，以亲藩临综之，别遣重臣会盟蒙古，而集战舰严海口之备。既选将有诏，复请设奉天总督督军务，以吉、黑将军为副，一其权。又以招商局务劾盛宣怀，推言华商出洋贸易之法善。虽所议不尽听，而风采隐然已。洎再出，而政局异，首疏罢三海工，不报，乃思以儒术辅政治，请令举人职官悉入监，颁圣训方略，使肄习。出督学，则援阮文达公先例，续《经解》千四百三十卷，以风苏之士。既闻太监李莲英招摇无惮，请惩治，又不报。会葺圃署右，得明学使毛一鹭所为题名碑，由是感叹国事终不可为，浩然有归志。

湘阴郭养知侍郎，方主思贤讲舍，喜先生至，推席相让，则扩旁舍，集厥民刊遗籍，与侍郎日相磨德艺，纵论及瀛海，故晚有外国史地之作。然以知祸变且亟，孜孜以正学牖后进，益引世道人心为己责，历主城南、岳麓书院不倦，又绝不与官府事，以故大吏敬焉，陈公宝箴礼尤至。二十四年，工部主事康有为及其徒梁启超，倡变法，立学堂，庶吉士熊希龄者，说陈公子三立，延启超为总教。公子故长者，希龄、唐才常、谭嗣同阴假以谋逆。先生觉，喟然曰："此洪水猛兽也。"诤于大府，学使徐仁铸党希龄，恚甚，媒孽几陷，有为败，乃已。庚子召衅，诸臣复矫言兴学，湘习启超说，肆扇乱。先生长师范，以讲义悖谬，黜教员周震鳞。震鳞倚胡元倓、黄轸为奸，巡抚赵尔巽袒之，先生遂不复至馆。其后，粤汉路约之废，华洋杂居之议之罢，虽皆侃侃执论，先生顾谓无裨风教，自视欿然也。门人吴公庆坻来督学，其人富德识，至则奖忠裔以劝，期共帅正气，然已无及。梁文忠故效慕先生敢谏，至是悲其道否，以一代大师奏请起之。于是文襄督两湖有年，悟先生曩无他，转称其卫道忧时，以铁路总理、学务议长、存古总教强之出，而张侍郎亨嘉，又以礼学顾问致聘，岑公则筹建自治，请会办。既皆辞不获已，乃输其夫马金于公逾万。俄饥，米无禁，民环抚署而哄，威之则燔署。他绅有电请总督瑞澂易巡抚者，首以先生名，先生不知也。熊希龄乘而中之，遂为瑞澂所劾。同乡官及大学刘总监督廷琛，先后疏理其枉，置勿问。明年，武昌乱作，瑞澂弃城走。黄兴陷江宁，周震鳞自湘道行劫，祸遂滔天矣。黄兴者，轸也。

先生之为学，自掌故上溯史，旁罗诸子，进造乎经史，专班氏书，尤精于志。汉历三统，视太初为密，然钱氏有钤有衍，李氏有注，悉从甄采，故术无遗，蕴星所系，多寡无定，取《步天歌》、《经天该》参校其数，故躔宿古今之变，亦犁然而明。凡以补颜阙也，郦亭《水注》为疏证《汉志》而作，前人鲜得要领，则取而散入郡县，表其端委，故水有所附著，而郡县为之贯穿，令后人读班兼得读郦，皆非元和惠氏所逮。又从《艺文志》得传经家法，明今古文之辨。尝言伏生发壁藏，延圣经一脉，汉、魏人无有谓为今文者，有之，从伪古文已后始。然自欧阳、大小夏侯三家者佚其文，反藉伪古文而存。《诗》鲁、齐、韩盛于西京，毛氏虽以古文鸣，不足凌三家。自魏、晋宗郑笺，不得不昵毛，而三家亡，亦反藉毛以存经之全。此《书传参正》、《诗集疏》所由作也。虽然，《书》三家、《诗》三家者，皆西汉立学官者也。是固先生翼教之微恉。苏郎中舆之治《繁露》，盖本此。郎中字厚庵，以庶吉士官邮传部，平江人也。当先生归而讲学书院，高材生辈出，独毅与厚庵为家塾弟子，而著籍又早也，故所闻最切至。尝集门下数子，命分任经史子注，自治诗书学。授毅《左传》贾服义，治两汉吏授以晋，治荀则授墨。毅以墨非儒也，意不乐，先生笑之谓："盍观朱子《参同契》？既思非儒，则儒之攻错也，明墨即明荀矣。"因亟治墨，益兼治荀，乃悟荀卿之法后王，先生心也。卿者，战国大师，然则今日大师，其吾师欤。

岁甲寅，谒先生凉塘，留信宿，始而喜，继悲且泣，召妪抱祖恩出见，则又喜。祖恩其年三月生也。复辟之败也，毅厄于杨村，先生不之知，方书告祖恩名，诇毅踪迹，经冬，书始达。故先生之没，逾年乃闻。又逾年归，访兴祖葵园，不遇。宋孺人知其毅也（宋孺人知其毅也，或有疑“其”字不妥者，不知《后汉书·范式传》云：“寻问知其嵩也。”彼用“其”字焉，此同。郇庐自记），挈祖恩出，乃展敬皋比，询得状，遗言命为之文，伤哉！方毅之质文先生，耆骈俪，先生使为古文，不力也，则戒谓：“文正古文名世，君其县人，不解此，宁毋怍乎？”自后已文出，辄强令录存其稿，久之乃渐习，然不能工也。今先生往矣，而厚庵早世，毅若以不文自弃，畴其尊所闻邪？先生著书之富，世率震惊，以为一代冠，不且杂举其精义，谓深于经者所难，自圣人之徒观之，彼其承圣息邪，屹乎以身闲之横决之先，是乃非体行乎经者不能也。因颇衍论当代政学盛衰之故，表于斯阡，俾后学知所以风，而寻脉儒统渊源者，亦足取征焉。宣统十三年，岁在辛酉二月壬申朔，湘乡弟子陈毅敬撰。

据《郇庐遗文》

王闿运传

钱基博

王闿运名满天下，谤满天下，目论者徒见其行己之通脱，与人之亡町畦，而莫知其振于孤童，鲁而愤悱，为学之不厌，诲人之不倦。其学人所知，不具著，而著其夙夜强学以待问，启迪后生如不及，恢张学风，不知老之将至，此则吾意中所欲言之王闿运，而不惮缕叙旁搜，以见景行之意。

王闿运，字壬秋，又字壬父。“壬父”二字，刻篆文小印，颠倒之如“文王”二字，隐自喻于素王之改制也。相传生时，父梦神榜于门曰“天开文运”，固以闿运为名。而性实鲁，幼读书，日诵不及百言，又不能尽解，同塾皆嗤之。师曰：“学而嗤于人，是可羞也。嗤于人而不奋，毋宁已。”闿运闻而泣，退而刻励。昕所习者，不成诵不食，夕所诵者，不得解不寝。年十五，始明训故。十九补诸生，与武冈邓辅纶、邓绎、长沙李寿蓉、攸县龙汝霖结兰陵词社，摈弃世所谓诗古文，而诗取潘、陆、谢、鲍，文则推源汉、魏，号湘中五子。二十四而言礼，作《仪礼讲》十二篇。二十八达《春秋》。其治学，初由礼始，考三代之制度，详品物之体用，然后通《春秋》微言。张公羊，申何休，今文家言，于是大盛也。于时学者，承乾嘉以来训诂名物之学，习注疏为文章，法郑玄、孔颖达，有解释，无纪述，重考证，略论辨，掇拾丛残，而不知修辞为何事。读者竟十行，欲隐几卧，而闿运不谓是，因慨然曰：“文者，圣之所托，礼之所寄，史赖之以信，后世人赖之以为语。言辞不修，则意不达，意不达，则艺文废，俗且反乎混沌。况乎孳乳所积，皆仰观俯察之所得。字曰文，言其若在天之星象，在地之鸟兽蹄迹，必其灿著者也。今若此，则文之道或几乎息矣。然辞不追古，则意必循今，率意以言，违经益远，是以文饰者胥尚虚浮，驰骋者奋其私知。故知文随德异，宁独政与声通，欲验流风，尤资总集。”为辑《八代文粹》，广甄往籍，归之淳雅，并为述其本由，使必应于经义。自以起孤童，未冠，即与搢绅长者接，恐不礼焉，则高自标置，放言高论。而成名之后，弥以无让，貌似萧散，意实矜持。

以二十二岁中咸丰三年癸丑举人，应礼部试入都，尚书肃顺方柄政，延为上客。一日为草封事，文宗叹赏，问属草者谁。肃顺对曰：“湖南举人王闿运。”问：“何不令仕？”曰：“此人非衣貂，不肯仕。”曰：“可以赏貂。”故事：翰林得衣貂，而闿运嫌以幸门进，不出也。既文宗崩，孝钦皇后骤用事，以谋逆诛肃顺，钩党株连，而闿运先以事赴山东，得肃顺书召，驰入京，闻其诛，临河而止，寄南昌高心夔伯足诗曰：“当时意气各无伦，顾我曾为丞相宾。俄罗酒味犹在口，几回梦哭春华新。”心夔亦肃顺客也，盖不胜华屋山邱之感。后数十年，闿运老矣，而主讲船山书院时，一夜为客诵此诗，说肃顺事曰：“人诋逆臣，我自府主。”泪涔涔下。其岁走京师，托言计偕，而实未与试，阴以卖文所获数千金，致肃顺之家，而恤其妻子云。闿运诙诡多智数，独于朋友死生之际，风义不苟如此。肃顺既败，乃踉跄归，伏匿久不出。及曾国藩起督师，而入其幕，告国藩曰：“公之文，从韩愈以追西汉，逆而难。若自诸葛忠武、魏武帝以入东汉，则顺而易。”而国藩不之省也。国藩好荐士，其尤者至起家为巡抚、布政使，士争相效。闿运独为客，文章雍容，不受事，往来军中，或旬月数日即归。其后国藩益贵重，其客皆称弟子，而闿运为客如故。尝至江宁谒国藩，国藩未报，而招之饮。闿运笑曰：“相国以我为餔啜来乎？”即束装行，国藩追谢之，不及也。及撰《湘军志》，叙国藩之起湘军，及戡定太平军本末，虽扬诩功绩，而言外意见婉而章，尽百不污，焯有史法。曾国荃者，国藩之弟也。自负血战下江宁，以佐其兄，劳苦功高，读之而忿，致诘曰：“皆君故人，何故刻画之？”毁其板。闿运笑语人曰：“吾于《湘军志》，著‘李秀成者，寇所倚渠首。初议生致阙下，及后见俘寇皆跪拜秀成，虑生变，辄斩之。群言益欢，曾指目曾国荃。国荃自悲艰苦，负时谤’云云，吾为曾沅甫发愤而道，沅甫乃以为恨，而切齿于我，不知文人不可与言文，以此叹令尹子兰之不可及也。”然其书实无大讥弹，自曾国荃以谤书为诋，而向声背实，不悦曾氏者，乃真以太史公目之矣。呜呼！动而得谤，名亦随之，世情自古如斯，所以闿运不怒而笑也。

既以肃党摈不用于时，大治群经，以开教授。四川总督丁宝桢礼致之，以为成都尊经书院院长。至之日，则进诸生而告之曰：“治经之法，于《易》必先知易字含数义，不当虚衍卦，于《书》必先断句读，于《诗》必先知男女赠答之词，不足颁于学官，传后世，一洗三陋，乃可言《礼》，《礼》明然后治《春秋》。”又曰：“说经以识字为贵，而非识《说文解字》之为贵。”又曰：“文不取裁于古，则亡法，文而毕摹乎古，则亡意。然欲取裁于古，当先渐渍乎古。先作论事理短篇，务使成章，取古人成作，处处临摹，如仿书然，一字一句，必求其似。如此者，家信账记，皆可摹古。然后稍记事，先取今事与古事类者，比而作之，再取今事与古事远者，比而附之，终取今事为古所无者，改而文之。如是者，非十余年不成也。人病欲速。”遂教诸生以读《十三经》、《二十四史》及《文选》。汉儒人专一经，诸生亦各治一书，毋贪多，毋不经意，日有记，月有课，而闿运精勤校阅，奖顺其美，而匡正其不及。暇则习礼，若乡饮投壶之类，三年皆彬彬矣。厥后廖平治《公羊、穀梁春秋》，戴光治《书》，胡从简治《礼》，刘子雄、岳森通诸经，皆有师法，能不为阮元经解所囿，号曰蜀学，则闿运之以也。

既归，主长沙校经书院，移衡州船山书院，而在船山之日久。大吏造拜，或偃蹇不见，而引接后生，则温霭逾恒。曰：“位高而齿尊者，菁华已竭，不如后生可畏也。”循循善诱，有献诗者，即陋劣不中律，未尝不为改窜。其弟子县人杨钧请曰：“此不成语，何必枉抛心力？”应曰：“人有好学之心，即有诱之之责。若因其陋而薄之，绝之，心沮气堕，不但无望于进，即此恶诗，亦不为矣。”县人张正阳者，本锻工也。耽吟咏，而为人佣，一夕睹白桃花盛开，而月色绮映，忽得句曰：“天上清高月，知无好色心。夭桃今献媚，流盼情何深。”姜畬、陈鼎见之，大惊曰：“子诗何似孟郊？然非王先生，不能成子名。”会大雪，戴笠著屐，单衣磬躃，造门投卷。阍者见其面垢衣敝，拒不为通，则大呼曰：“我以诗谒王先生，乃却我耶？”阍者不得已为通，方设筵宴，邑令邑搢绅先生咸在。闿运即席开卷读，顾曰："邑中有此诗人耶？"延之上座，座客愕然，正阳泥淖满身，而座客貂狐裘丽，嫌为所污，莫敢与酬对。闿运则殷勤问讯，遂使受学而补诸生，通《三礼》、《春秋》、《尚书》、《诗经》，讲评孜孜，撰有《诗经比兴表》、《礼经丧服表》，闿运叹为前人所未发也。

然宏奖之中，不废规诫。龙阳易顺鼎者，幼而英秀，闿运呼之仙童者也。既而以道员自伤侘傺，署号哭庵。闿运则规以书曰："仆有一语奉劝，必不可称哭庵。上事君相，下对吏民，行住坐卧，何以为名？臣子披昌，不当至此。若遂隐而死，朝夕哭可矣，且事非一哭可了，况又不哭而冒充哭乎？闿运言不见重，亦自恨无整齐风纪之权，坐睹当代贤豪，流于西晋，五胡之祸，将在目前，因君一发之。"其峻厉如此。

其弟子杨钧请业曰："如何？"答曰："成名有余。"钧大惧曰："所谓成名有余者，殆谓自主不足也。敢不勉夫！"闿运言："诗有家数，有时代，文无家数，有时代。余学晋、宋诗，骎骎入古。至于文，力追班、马，极其功力，仅得似明史，心甚耻之。及作《湘军志》，乃超时代矣。以数十年苦心孤诣，仅仅得免为明文。若学八家，数月可似。学话易，自运难，故不甚劝人学文，恐误人抛心力也。不如学诗，离去时代，专讲家，成家即上跻其代矣。"而钧则言："吾师门人文字通顺者不多，皆谓唐、宋之文不屑意，而以《史记》、《汉书》为学，故虚字多反用，造语尤晦塞，反不若时手之驾轻就熟，无词不达也。古诗不求明畅，以拙为宗，稍可掩不通之迹，故师门多诗人。"其为文章，长于抒情叙事。从容讽议，中含诙诡，以优游出顿挫，而不以驰骤为曲折。尝教人以学范晔《后汉书》及魏武帝文。钧则言："魏武帝文无长篇，而亦不多，如何学？余初闻而疑之，久乃知其短篇，无不具长篇气势，不骈不散，有子长之遗风也。"闿运为钧言："作人墓志，须叙其生平不得意事，以别于传记。"乃授与所为刚直彭公墓志，寥寥短幅，中曰"然其遭际，世所难堪"，果叙其不得意事也。于是文思大进，深悟化繁为简，举重若轻之法。门弟子辑其诗文笺启，为《湘绮楼集》，凡若干卷。而钧则言："湘绮之文，墓志第一。数千年来，传志不分，几为一体。而湘绮崛起，体格判然，峭妙轻灵，难于踪迹。"闿运为钧言："汪容甫云：'读书十年，可以不通。'不通二字，俗人多不能解，非读书有得，又肯虚心者，不肯出此言也，然而难言之矣。汉学始有不通境界，宋学以意断，遂无不可通矣。此境甚高，读经可得，而治文史者则无所谓不通。吾未信汪容甫之真能不通也。”

宣统元年，巡抚岑春蓂以闿运老儒，上所著书，赐翰林院检讨。及革命成功，而袁世凯为临时大总统，以年家子手书聘问，则复曰：“今之弊政在议院，而根由起于学堂。盖椎埋暴戾，不害治安，华士辩言，乃移风俗。其宗旨不过弋名求利，其流极乃至无忌惮。此迂生所以甘跧伏而闭距也。”既而，世凯强起为国史馆馆长，以民国三年抵北京。人问：“咸同中兴，先生及见其人物。今之人材，何如曩日？收拾时局，有其人乎？”闿运沉吟有顷，笑曰：“以今视昔，才智殆有过焉。惟昔人做事认真，而今人做事不认真。收拾时局，殆未之信。”寻以龃龉归。而其殁也，以联自挽曰：“春秋表仅成，赖有佳儿习诗礼；纵横计不就，空留高咏满江山。”盖不以诗人自居也。其弟子杨度，颇传授心法，而得其纵横之术，方以佐袁世凯谋称帝而负世谤，乃挽之曰：“旷代圣人才，能以逍遥通世法；平生帝王学，祇今颠沛愧师承。”亦以政治家推之。然而同治之末，龙阳易佩绅者，易顺鼎之父也，以郭嵩焘之介而谒闿运，谈学论政极欢。嵩焘则以书诫之曰：“君子之学，必远乎流俗，而必不可远道。壬秋力求绝俗，而无一不与道忤，往往有甘同流俗之见以畔道者。但论文章，友之可也，师之可也。至与辨人才之优绌，语事理之是非，其言一入，如饮狂药，将使东西迷方，玄黄易色，颠沛蹉失，而不可追悔。独奈何反用其言，以自求迷乱哉？”则固盛以文章推之矣。

据作者手稿

毛元徵传

柳诒徵

君讳乃庸，字伯时，更字元徵，别号剑客，晚取韦孟讽谏诗“勤误厥生”义，自署曰误生，姓毛氏，江苏甘泉人。毛氏先世居苏州阊门，明嘉靖中爱溪公始迁江都之邵伯镇。清雍正中，析江都，置甘泉县，镇属甘泉，遂为甘泉人。曾祖讳梦文，祖讳凤诒，世有懿德。考讳昌本，县学生，严正廉惠，以学行为大吏上客。妣杨宜人，通诗书，教子有法。君家自凤诒公以太平军时徙淮安，君实生于淮安，操淮安语，习淮安风土。幼慧多疾，不治制举业，而耽读古书，敏于文辞。比长，厚重丰硕，不甚解世故，论文艺辄汩汩如泻瓶盎。且短视，寻咫间不辨谁某，引书近睫，上下循视绝迅，一二过举其辞不忘。以诸生应宣统己酉拔贡试，江宁提学使陈伯陶赏异之，署第一人。寻丁外艰，未应廷试。君性戆直，不谐俗，然雅负用世志，视世之娖娖者，率猎高位，锐欲膺朊仕出其上。清季督部司道犹好士，引君佐治江南督练公所军书，君用是自意兼资文武也。

民国二年，从杨晟之山东，以科长权内务司司长。四年，从陈宧入蜀，管榷垫江，调梁山，又榷涪陵烟酒。川中脊脊大乱，所在被兵，君崎岖楷柱四五年，尽丧其资斧，挈小妻东归。贫不自聊，旅食江介。一时方面皆墨吏粗官，耳君名，间聘君为秘书，率不能尽君才。君愈益偃蹇，为大言谓：“吾尝分疆寄衡，揖监司，临戎治赋无怍色，乃仰若曹滓沥，循晷趋公，操牍稿，望颜色乎？”绳榻昏灯，僵卧至日下舂不赴幕府，幕府询毛秘书，或旬月不一上谒，以是客大吏许不久辄谢去。家益贫，世变益亟，童骙贾竖，腾踔弋政柄，用俚语为官书，益无所用文士，而君亦侵寻衰老矣。避责金陵,居陋巷,彳亍喘偻,与佣保杂作,犹不肯自贬损,摧眉下气,为好语于贵幸。从故人乞贷,市炊饼,键板扉,辑故籍,作细字书,戢之成帙,徒仰屋浩叹生乃不遭乾嘉盛时,细绎四库,从徽、浙诸老赏析奇侅也。十九年,客镇江。镇江有伤兵哄官署,官署迫近君旅舍。君震悸,用小妻言,疾走上海。久之贫病交困,复道镇江,归淮安,尽胠家藏书,贱鬻偿逋,槁死围墙巷赁宅中,呜呼,可哀也已。

君博闻强识,于书无所不读,独不喜宋、明儒先书及浮屠家言,谓其虚诞无当。持身虽若佚荡,不极束迂谨,而中有介然不可夺者。骈散文诗词,遒逸渊懿,淮士无出其右。刊定《剑客类稿》,凡散文一卷、骈文二卷、诗八卷、词二卷、《误生随笔》□卷、《墨脞》几卷。尤深于史,棼乱脞遗史所荒忽者,梳栉沓集,识之尤悉。著有《十国杂事诗》十卷、《十六国杂事诗》十六卷、《后梁书》九卷、《北辽书》九卷、《辽进士考》九卷、《季明封爵考》一卷、《檀香山岛国志》十九卷、《勺湖志》十六卷,又译出《安南史》、《朝鲜近世史》、《印度杂事》、《彼得传》、《泰西名家略传》,钩沈最异,撰录悉有义法。它所著有《补陈书州郡志》、《西辽纪事》,丁乱稿佚,晚亦未能重辑也,呜呼!以君丰才啬遇,使研悦缮性息心之经术,宜亦可澹然以著述自娱也。君既不屑屑自揪抑,高气迈往,膺世变,遘厄塞,良不能无望,而播糠积薪九等表之下中下下者,崛郁鳞起,益令君无所摅其愤懑,终已不获一展,岂非柄世者之咎哉。

君生于清光绪元年乙亥九月二十二日,卒于民国二十年十一月十五日,年五十有七。配刘孺人,子男五人:嗣孟、嗣雍、嗣曾、嗣开,均隽迈有君之风;嗣言,侧室高氏出。孙几人。君与予姊夫徐粹甫雅故,予因获交于君。君初至金陵,馆贵池刘氏。予与刘氏群从昆季稔,过从尤数。光、宣间,金陵多寓公,耆彦登临文宴,往往有予两人踪迹也。不三十年,知旧藁薵垂尽。君既连蹇不得志,予亦无力以振起君。尝一强君入焦山,商略地志,君已病矣。橥蹦扶掖,渡江,登松寥阁,抗声论方志义例,诵述骈溢,盛气盖一座人,一座人咸震耸莫能难。君既不乐山居,馆谷又不时给,展转扶病归,拾敝纸贻书诀予,怆悼不可辨,其后遂不通问。予为君传,仿佛君生平,溯畴曩写心谈艺之概,乃邈然不可复再也。悲夫!

据作者手稿

潜江甘息园先生墓碑

傅岳棻

君讳鹏云，字翼父，号药樵，别号耐公，晚署息园居士，湖北潜江县通政里人也。曾祖道魁，妣氏齐。祖兴棠，赠中宪大夫，妣白太恭人。考树椿，岁贡生，为樊樊山诗弟子，著有《灵庵集》二卷、《读史目论》三卷、《家训》二卷、《三余笔记》二卷，封通议大夫，妣王太淑人。有丈夫子二，君其长也。生而颖异，弱不好弄。六岁，趋庭受读，问天者何？天上更有何物？灵庵公奇之。十七岁，得曾文正《求阙斋日记》，辄逐日为之，且自立程课，奋志力学。值歉岁，苦饥，讽诵琅琅弗辍也。家贫无书，从人假《困学纪闻》、《日知录》，皆手自钞写。于乡先辈万云荪所，见《国朝诗人小传》钞本，凡四万七千余字，期以一夕，抄竟还之，人诧为难能。年二十三，补博士弟子员，家居授读，从游者众。已而弃去，游学省垣，则闻益博，文誉斐然。应赵翼之学使岁试冠曹，以高才生调经心书院，南皮张文襄督学时所创，以课古学者也。师事应山左笏卿、仁和谭复堂两先生，考道问业，日益精进。又从武昌张濂亭先生受古文词学。光绪辛卯，文襄督鄂，复建两湖书院，规枕闳大，延揽海内名宿，分席讲学，君又以甄录第一，调入肄业，治《公羊春秋》，则有《公羊学述》二卷；治《周易》，则有《西汉说易征存》一卷；从谭先生问六书，则有《读说文札记》；治七经纬，则有《纬书篇名解诂》一卷；治《仪礼》，则有《仪礼凡例考》一卷；治《毛诗》，则有《毛郑异同考》；实事求是，一守清儒师法。

丁酉庞学使䌹堂考取拔贡。戊戌，朝考报罢，晋抚胡蕲生举应经济特科，亦以政变停试。九月，南归作荆宜之游，访求明贤遗书，不获，怅然而返。时世变叠起，君固切切以忧时为念已。壬寅，补行庚子辛丑科，中本省乡试式。癸卯，连捷成进士，用主事签分工部，入进士馆，肄习法政，有《听讲记》。旋派赴日本游学，编有《源村采风记》、《海东听讲记》及《选举户籍法讲义》。戊申，返国，工部裁并，调度支部。翌年，奏派黑龙江财政监理官，复调吉林监理官。君才长综核，以儒士而善理财，有唐刘正字之风，故能剔蠹节浮，所至著绩。

辛亥国变，避居海滨。熊希龄长计政，雅重君，坚约臂助，于是历任杀虎口监督、吉林国税厅筹备处长、考察归绥垦务、山西烟酒公卖局长兼清理官产处总办，是皆朊仕右职，人所健羡。君和而能介，严而不苛，无虐于民，有裨于国，公私划然，禄糈以外，一无佗也。丁巳，群帅阻兵，各省独立，君勇退告归，省亲故里，有依依膝下之志。适被选国会议员，敦促就道，讵未及两阅月，而灵庵公病笃，闻电星奔，竟不及见，是君所抱憾终天者也。哀礼既尽，乃奉板舆入京，温凊定省，先意承志，乐养十年，以微疾薨。白头孺慕，迄无已时。君夙好缣帙，卸政后，悉斥节缩所余以买书，所居息园，庋藏至二十万卷，可谓富矣。晚年度门却扫，不与尘事，日惟以校勘箸述为务，雪写星抄，殆无虚晷。所校刻编订者，凡数百卷，搜集纂述者，凡数十种，具详于自订年谱中，未遑偻指数也。其用力最勤，历时最久，视为毕生一未了大事，弥留之际犹呫呫以为言者，则惟《湖北文征》。先是，君辑元、明两朝文二百五十卷，襄助采访作小传加夹注者，为罗田王青垞，余与汉阳李星樵亦时相商订焉。继以龚耕愚、李巽孚所辑清代文止百余卷，以为未惬。余谓时代较近，宜视元、明有加。君复贾勇踵为之，期以三百卷为率，佐之抄辑者，则阳新石荩年。丝棼絮乱，程功匪易。君表微发幽之念切，故皇皇而虞其不成。

君精校雠，善考订，博揽约取，务求实用。夙工汉隶，求者踵至。为诗古文词，直抒胸臆，多忧时悯乱之言，不求工也。年跻大耋，而耳目聪强，精神矍铄，自奉刻苦，虽体偶违和，不御医药。未病之前，扶杖过余，索作晚年诗序，尚剧谭不倦。未几，闻君病，比及趋问，则神志昏瞀，噤不能语，急为延医针治，始复清明。待孙永惇归自汉上，侍疾竟夜，授之遗命，延至次晨而瞑，庚辰某月日也，年七十有九。乌呼！楚学之衰久矣，好学而能著书如君者，有几人哉？苍苍者胡不延其年命，如夏峰、西河之老寿，以炳吾江汉之灵耶？是可悲已。君配刘淑人，早卒。副室赵氏、窦氏。子二：世璜、世琦，皆前君卒。女三：世瑜，适李小园，早亡；世珊、世琳，待字。孙二：长永思，早夭；次即永惇，端秀纯谨，克世其家。余既代为述君状，粤岁辛巳将卜葬于翠微山侧之没屯村，复来请铭，乃铭曰：

服儒术，能治生。少劬学，壮聚书，耄而无倦学益成。笔不休，稿充楹。言不朽，异世名。自画者，式斯人，劭之贞石芳千春。

据作者手稿

叶郎园先生传

黄兆枚

士舍孤慨宕激，昌奸锋，屈郁恣睢进利，至于颇诡，自取破残，或过矫异，玩弄世物。衰季儒流疵驳，常易犯不祥，狂罹于法，愤媒其冤，若古韩非、祢衡、嵇康、谢灵运、范晔之徒，其负羽毛文采，不自贵爱，蹈祸衅如此。至其狉狉盱匕，陵轹险怪，犷悍之气，充弥都野之间，譬则猛虎磨牙于前，洪流滔天而至，其杀溺人，亦何所择，法既无有，何冤可言？此郎园所以死也。儒术坏兴，系于运数，故其人之没，虽各殊遘遇，天亦不甚别之。奠楹而尽，怀沙而绝，伏锧而终，盖一而已矣。

郎园讳德辉，字焕彬，姓叶氏，郎园其自号。先世居吴县洞庭西山，自南唐刑部侍郎逵，至清贡生廷琯，凡历三十余世，名卿硕儒，辉奕史乘，为吴故家。考讳浚兰，始入长沙之湘潭占籍。郎园壬辰成进士，官吏曹，寻即假归，益肆力于学。其家故多藏书，诸先德集尤备，因尽读之，复自搜购，勤久钩考。尝论为学之道，非识字无以通经，非通经无以治群言之庞杂，使归于雅正，顾非兼览博涉，又无以穷经之流。故自知学，即恒以《说文解字》及《四库书目提要》二书自随，亦多纠摘清乾嘉间注说文者，最推段玉裁、桂馥、王筠三家。郎园尽采周、秦、两汉书，考义审音，别为训诂，其引用前人，断自三国而止。精严凿核，过于王、桂，而无段氏窜改之讥。其他所著书，掸剔经旨史例，常能创获，古法逸制孤词碎艺，为之考原著端，发为文章，则汩汩自中，本末昭畅，尽洗钩棘之习，光气腾塞，声名益高，一时从而问业者，且远及于海外。盖郎园为学，一宗许、郑，因文疏瀹，涂术四通，怀才既多，至旁溢于碑版摹印，占卜星命诸杂流，亦俱精绝。湘绮、葵园两王氏为湖南尊宿，郎园稍后起，与相参。顾其论湘绮，但为六朝词人，不足当经师。于葵园，则谓不出桐城古文范围，经学有中年出家之弊。湘绮治经，本无师法，喜为臆解。葵园兢兢持矩矱，与郎园契好，而郎园能于商量邃密之余，烛其症结所在，虽葵园亦不能不服之。全谢山极推南雷之学，以为有明三百年无此人，而惜其门户未尽化，枝叶不尽除，实为深中钩綮。秦、汉之际一伏生，章句老儒耳。疑其时必更有鸿硕可传于今，而其人与其书乃并绝于天下。郎园虽没，著述炳然，焚坑之祸未烈也。初有忌郎园者，辄欲杀之，已为所得矣，而当道诸有权人争相驰解。当是时，干冒不韪，犹若惧之。自是弥加横决，遂有丁卯二月之变。没后，家藏书半为人攘夺以去，犹复假名胁取，其子乃愤而尽散之。卿云轮囷，上覆子孙，如护目睛。彼震川、梨洲所矜贵者，已风散尘眯。粟户部谷青言：光绪间往来叶氏，虚棂通疏，橱榹罗列，蔚乎彬雅。诸文士从考金石图籍，品书画，流连棋酒。郎园吐辞倾波，庄谐杂施。回首前尘，惘惘如梦。盖怃然老杜卧柳断桥之感云。

论曰：余癸卯入铨曹，去郎园时已十余岁，曹之人犹有道郎园击部胥事者。部胥窟穴，久把持案例，尤轻视新曹官。郎园恶之，一日乘其倨慢，怒批其颊，盖柯权倒置之弊，已愤慨于中矣。家居时，前后疆吏皆承重名，就考邦政，阴移显操，有利泽焉。湘风狂淫，著言诘难，屹为干城。虽武人暴夫，亦许北面与柔杀其骄横。常放言持系世教，本其伉直之性，多为非刺之辞，而世遂颇指为躁肆，卒于履祸。嗟夫！岂其然哉，岂其然哉！

据作者手稿

朱锡梁传

金天羽

朱锡梁，字梁任，中岁自号夬裔，吴县人也。性孤僻，不能谐俗，口吃，不能为雅谈。艰于才思，思心锐入，穷深达幽，抉出湮奥，胠古之藏，顾不能宣之毫素。偶一载笔，不能反覆疏证，意尽则止。然树义坚定，不可摇撼，有徽歙学人之风。其于经术，虽不能窥大义，而星纪钟律音训金石，足以自名其家。方甲午战罢，士以习海事相高，苦英、法语难治，竞学伊吕波文。是时留学之风未启，梁任独负篋东渡。已闻革命之说，而大好之。弃所学而归，举同盟会帜。遇人酒炉茶灶间，必强聒谈革命。梁任之太公以武进士官守备，家有诰敕，梁任欲潜火之。太公怒，亦欲碎其伊吕波文书为报，父子不相中。

顾梁任实好古绩学，家在三六湾，徒步日走城厢访友，或购书籍碑版冷肆中，夜必篝灯校且读，以是泛博而能审，顾不欲以所得语人。人叩之，辄笑而言他事，非特蹇于舌，惧言之不宣而已。于是奂彬先生自长沙避地返于苏，见梁任而赏之。梁任感激知己，乃写其所为商文十干天文说请诿正，奂彬赠以诗，致推重焉。梁任以为《春秋元命苞》言仓颉生而能书，及受河图绿字，于是穷天地之变，仰观奎星圆曲之势，俯察龟文鸟羽山川，指掌而制文字，而叔重仅云见鸟兽蹄远之迹造书契，其谊不备。既习殷墟甲骨文，辄以为甲文之十干，概取法于星象，因表以明之如左：

甲作**十**，即天根之氐。《尔雅》：天根，氐也。《天官书》：氐，为天根。

乙作**乙**，即疏庙之亢。《天官书》：亢，为疏庙。

丙作内，即鸟帑之軫。《广雅》：軫，谓之鸟帑。

丁作口，即天庙之舆鬼。《文雅》：舆鬼，谓之天庙（案：丁作口，不能附会。梁任亦自以为遗憾）。

戊作戉，即紫宫众星。《天官书》：环谓之卫，十二星藩臣，皆紫官。

己作己，即北极勾陈。《尔雅》：北极，谓之北辰。《史记索隐》：勾陈，六星。

庚作冉，即实沈之参。《广雅》：参，谓之实沈。

辛作平，即罕车之毕。《天官书》：毕，为罕车。

壬作工，即娵觜之口。《尔雅》：娵觜之口，营室东壁也。

癸作㐅，即星纪牛。《尔雅》：星纪斗，牵牛也。《天官书》：牵牛，为牺牲。

考清末首拓安阳龟陶片者，数镇江刘铁云，而上虞罗叔言继之，迩岁郭沫若治之尤精。然因是安阳人之以赝品杂糅取利者，亦不可胜数。梁任具精辨鉴，剔真伪，细入茐微，卒无遁隐。凡识罗氏所不能识者四十余文，而订郭氏之谬者如干条，涩于为文，稿卒不具。辛未秋，余语梁任曰："子抱绝学，当传名山。今老矣，不礼堂写定，岁月奔迫，恐奄忽朝露，遂致埃灭。子其念哉！"梁任瞿然曰："诺。吾将排日诠次，付与传人。"阅一年，而梁任果以非命死。

初，吴县昆山间角直镇有保圣寺，存唐、宋塑阿罗汉象若干躯，为希世珍。番禺叶恭绰号于海内，始鸠赀新之，因设古物馆。馆成，壬申十一月十二日折柬觞宾。梁任挈其子世隆往，距角直十许里，舟覆，遂及于难。梁任少尝访余同川，以怪特忤市人，市人噪，欲群殴之，跳而免，归，乃发愤。得太公为守备，时材官某娴技击，属教其子女。子女幼，皆能舞剑循。世隆长而拳捷。方舟覆时，船窗闭，世隆力破得出，已知梁任犹蜷舱下，号泣复入水拯其父，遂与俱死。梁任年六十，世隆则三十尔。事闻，远近皆为流涕。其与梁任父子同死者，有傅子文。

据《天放楼续文言》卷四《苏州五奇人传》

吕思勉自述

吕思勉

予生于中法战争之时，至甲午中日战争，年十岁。

家世读书仕宦，至予已数百年矣。予年六岁，从先师薛念辛先生读，至九岁。其间，薛先生因事他适，曾由史幼纯先生，代馆月余。十岁，薛先生服官扬州，改从魏少泉先生读。十二岁夏，魏先生赴新疆。予父生平不赞成人自教子弟；谓非因溺爱，失之宽纵，即因期望太切，失之过严；故余自入塾至此，皆延师于家。此时依余父之意，本欲再行延师，惟家庭经济状况，颇起变化。予家有田二十余亩，向不收租，惟俾佃户耕种照料先茔耳。在城市中，有住宅两所，市房两所，除住宅一所自住外，余皆出租。亲丁七口，予之继祖母、父、母、两姑、一姊及予也，其后两姑皆出阁，则惟有五口，衣食粗足自给。而在予十岁时，再从伯父朗山君逝世江西。朗山君以官为家，卒后一无所有，而亲丁尚有九口。虽再从，而予家丁口少，已为最亲之一支。先君乃迎之同居。自此食指几增一倍，生活遂苦拮据。故魏先生去后，未能延师，由予父自行教授。予母及姊，皆通文墨，亦相助为理。此时余已能作文字，予父尝命予以所作就正于石小泉先生，后又使从族兄少木先生游，先后凡三年。惟皆未坐塾，但以文字就正耳。薛以庄老先生者，念辛先生之伯父，而予父之师也，予父尝从之学九年；清末，主芜湖中江书院。予父又使予以所作文字，邮寄请正。生平就学之经过如此。予自十岁以后，家境即不佳；少时尚无公私立学校，十五后稍有之，然时视外国文及技术，均不甚重；故生平未入学校。于外文，仅能和文汉读；于新科学，则仅数学、形学,尝问业于徐点撰、庄伯行两先生,略有所知而已。今亦强半遗忘矣。十五岁时,尝考入阳湖县学,名义上为旧式之县学生,然旧式学校,从无入学读书之事,实系科学之初阶而已。

至予之学术:则初能读书时,先父即授以《四库书目提要》。此为旧时讲究读书者常用之法,俾于问津之初,作一鸟瞰,略知全体学科之概况及其分类也。此书经、史、子三部,予皆读完,惟集部仅读其半耳。予年九岁时,先母即为讲《纲鉴正史约编》,日数叶。先母无暇时,先姊即代为讲解。故于史部之书,少时颇亲。至此,先父又授以《日知录》、《廿二史札记》及《经世之编》,使之随意氾滥。虽仅氾滥而已,亦觉甚有兴味。至十六岁,始能认真读书。每读一书,皆自首讫尾。此时,自读正续《通鉴》及《明纪》。先父授以汤蛰仙之《三通考辑要》,予以之与元本对读,觉所辑实不完具,乃舍之而读元本。此为予能自读书之始。甲午战时,予始知读报,其后则甚好《时务报》。故予此时之所乡往者,实为旧日所谓经济之学。于政务各门,皆知概略,但皆不深细;至于技术,尤必藉他人之辅助,仅能指挥策画而已。此在今日崇尚技术之时言之,实为不切实用,但旧时以此种人为通才,视为可贵耳。予如欲治新学术,以此时之途辙言之,本应走入政治经济一种。但予兼读新旧之书,渐觉居今日而言政治,必须尊崇从科学而产生之新技术,读旧书用处甚少。初从水利工程悟入,后推诸军事,尤见为然。又予论政治利弊,好从发展上推求其所以然,亦且性好考证,故遂逐渐走入史学一路。自二十三岁以后,即专意治史矣。予亦略知经小学。此由在十七岁时受教于丁桂征先生而然。先生为予母从姊之夫,于经小学极深沉。但前人虚心,无著述,略有读书札记,暮年客广东时,又毁于火耳。予从先生问业后,亦曾氾滥,略有所得。但至后来,仅成为予治古史之工具耳,不足专门名家,于思想亦无大关系。予于文学,天分颇佳。生平并无师承,皆读书而自之。文初宗桐城,后颇思突破之,专学先秦、两汉,所作亦能偶至其境。诗少好宋诗,中年后亦好唐诗,但无功力,下笔仍是宋人境界耳。词所造甚浅,亦宗常州而薄浙派。要之,予可谓古典主义文学之正统派。予于文学,未尝用功,然嗜好颇笃。于新文学最无嗜好。读新文学书,极少极少,因总觉其繁冗而乏味,故不终卷而辄弃去也。予对一切学问之顽固而拒不接受，无如对新文学者。此于予亦为一种损失。然习惯已深，恐不易改矣。此本不必与通知旧文学有关，然予自行检点，此二者似有关系，以两物相形，厚于此不得不薄于彼也。

予之经历：一九〇五、〇六两年，始执教于常州之私立溪山小学堂。此时予之家境，尚未大坏，但因设立此校之朱少堂君于予颇加钦佩，托人来相延，故遂往执教耳。一九〇五年，予父婴末疾。卧床几一年，卒不起。先是予父母食指繁多，收入不给，曾将两所市房，卖去一所。至是医药丧葬，所费甚巨，多出借贷。乃将先父生平善衣，卖得千三百元，以了债务。家况益坏，乃真不得不藉劳力以自活。而溪山因创办人逝世停办。一九〇七年，在苏州东吴大学教国文、历史。因气味不相投，至暑假辞去。是冬，在常州府中学堂教历史、地理，至一九〇九年。一九一〇年，至南通国文专修科教授。此国文专修科为张季直君所办，培养办理公文人才，属屠敬山先生主持其事。其时求能教作公文者甚难，予虽无经验，而读近代奏议较多，下笔尚觉相合，敬山先生故找予帮忙，在南通一年半。辛亥革命起，予往来苏、常、宁、沪者半年，此时为予入政界与否之关键。如欲入政界，觅一官职之机会甚多。若不乐作官，亦可以学者之资格，加入政党为政客。予本不能作官，当时政党之作风，予亦甚不以为然，遂于政治卒无所与。一九一二年，教授上海私立甲种商业学校，至一九一四年暑假前。所教者，除应用文字外，商业经济、商业地理因无人教，亦无教本，皆由予参考日文书教授。由今思之，甚为可笑，然在当时，固各校多数如此，因其时此等教师，几如凤毛麟角也。此校为上海商学公会所办。因会员心力不齐，到此停办。暑假后，予入中华书局任编辑。予本好弄笔，但在书局，所从事者，均系教科书、教授书、参考书之类，颇觉乏味。一九一八年秋间，中央在沈阳设立高等师范学校。予内姊之夫杨星岑君，介予前往教授国文、历史，予其时亦欲远游，乃辞去中华书局之事。已而该校因草创，人事关系，纷纭不定，遂未行。一九一九年，入商务印书馆，助谢利恒君编辑《中国医学辞典》。予于医学，本无所知，而先外王父程柚谷先生、先舅氏均甫先生、先从舅少农先生，皆治汉学而兼知医，故予于中国医书之源流派别，略有所知。谢君本旧友，此时此书亟欲观成，乃将一部分属予襄理，至暑假中事讫。

暑假后，吴研因君介绍予至苏州省立第一师范学校教授国文。是冬沈阳高等师范学校仍来相延，予仍乐远行。一九二〇年，遂至沈阳，至一九二二年，凡三年。一九二三年，时张作霖对中央独立，沈阳高等师范学校亦由其接收，改为东北大学。教职员中，有若干人视为不顺，辞职而去，予亦其一。时江苏省立师范学校，有数处办专修科，招中等师范之毕业生，肄业两年，后又延长半年，俾毕业后教授中学，第一师范亦其一。校长王饮鹤君相招。一九二三年，予乃复至该校，至一九二五年夏专修科毕业之时，凡两年半，所教者为国文、历史。一九二五年暑假后，因朱经农君介绍，至沪江大学教授国文、历史。沪江风气，远较从前之东吴为佳。但予在教会学校中，终觉气味不甚相投。而其时光华大学初创，气象甚佳，确有反对帝国主义之意味。国文系主任童伯章君，本系常州府中学堂同事，再三相招。一九二六年暑假后，予入光华。此时光华无历史系，予虽在国文系，所教实以历史课程为多。后历史系设立，校中延予为主任，予已不能确记其年岁矣。一九三二年，日人犯上海，光华延未开学者数月。其时光华欠薪甚多，予实难支持。适安徽大学开办，光华旧同事孔肖云任职其中，该校介之来相延，言明决不欠薪。予向光华辞职，光华相留，改为请假，由陈守实君代课。予赴安徽，凡三个月。其欠薪亦与光华无异。予尝有丈夫子四，女子子三，多夭折，存者一女而已，暑假后将读书上海。予乃去安徽，复返光华。一九三七年，抗日战争起，光华迁租界开学。予携一妻一女，亦遁迹租界，仍在光华教授。一九四一年冬，租界亦沦陷。光华停办。租界居民受敌压迫，亦与内地无异。初常州之陷也，予自居之住宅，全被炸毁。是时城门由敌兵看守，出入者必向其行礼，予因不愿向敌兵行礼，故迄未归，室中残余之物，为人取携殆尽，惟书百三十六箱，虽经打破抛掷，经亲族代为裒拾，尚得五十七箱而已。此时居沪与居内地，同一麻烦，而敌兵之守城门者已撤。乃由予妻予女，先行回里，视察情形。觉能善自隐晦，尚可勉强居住。而另一所住宅，战前租赁与人者，尚未满期，房客不肯出屋，乃裒集残余瓦木，加以新买，在废址盖屋两间，勉强暂住，而予于八月一日返里。此时游击区中，尚有中国人自办之中学，颇想延知名之士。闻予还里，湖塘桥之青云中学、坂上之辅华中学，均来相邀。予曾在该两校教授一年。因予无法居住乡间，城乡来往，总觉不便，于一年后，乃均辞去。惟辅华仍于半年中去过三次，与学生随意谈话而已。在城中则深居简出，信件多由亲戚代为收转。与开明书店约定，编撰晋南北朝史，藉以自活。一九四五年，日人降服，光华复校，予乃再来上海。

予之述作，有下列诸书：(一)《中国文字变迁考》。论篆、隶、真、行、草之变迁，其中论汉代所谓古文一段，自谓颇有价值。(二)《字例略说》。此书论六书之学，为汉代研究文字之说者所创，字例实当别立；六书中惟象形为文，指事亦字；及整理旧说，辅以新得材料，以论文字之增、减、变迁；自问亦足观览。(三)《说文解字文考》。文为单体，其一部分成为中国之字母。既非《说文》之部首，亦非普通所谓偏旁。当从现存之字中句求得之，然后用为识未识文字之基础。予就《说文》一书试为之。(四)《章句论》。论章句二字之本义，即今之标点符号。中国古亦有标点符号，而后钞写、印刷时，逐渐失之。今钩求得若干种，于读古书时补上，可使意义较明显，此事前人虽略引端倪，从未畅论。拙作出版后，亦未见有续论者，至少值得一览也。(五)《白话本国史》。此书系将予在中学时之讲义及所参考之材料，加以增补而成，印行于一九二一或一九二二年，今已不省记矣。此书在当时，有一部分有参考之价值，今则予说亦多改变矣。此书曾为龚德柏君所讼，谓予诋毁岳飞，乃系危害民国。其实书中仅引《文献通考》耳。龚君之意，亦以与商务印书馆不快，借此与商务为难耳。然至今，尚有以此事诋余者，欲言民族主义，欲言反抗侵略，不当重在崇拜战将，即欲表扬战将，亦当详考史实，求其真相，不当禁遏考证也。(六)《中国通史》。予在大学所讲，历年增损，最后大致如是，此书下册仅资联结，上册农工商、衣食住两章，自问材料尚嫌贫薄，官制一章，措词太简，学生不易明了，余尚足供参考。(七)《先秦史》。此书论古史材料，古史年代，中国民族起源及西迁、古代疆域、宦学制度，自谓甚佳。(八)《秦汉史》。此书自问，叙西汉人主张改革，直至新莽；及汉武帝之尊崇儒术，为不改革社会制度而转入观念论之开端；儒术之兴之真相；秦汉时物价，及其时富人及工赀之数；选举、刑法、宗教各章节，均有特色。(九)《两晋南北朝史》。此书自问，总论可看。此外发见魏史之伪造及讳饰，表章抗魏义民，表章陈武帝，钩考物价、工资、赀产，及论选举制度皆佳。论五胡时，意在激扬民族主义，稍失其平，因作于日寇入犯时，不自觉也，异日有机会当改正。（十）《中国民族史》。此书考古处有可取，近代材料不完备，论汉族一篇，后来见解已改变。（十一）《先秦学术概论》。近来论先秦学术者，多侧重哲学方面，此书独注重社会政治方面，此点可取。（十二）《理学纲要》。近人论理学之作，语多隔膜，此书自谓能得其真。惟只及哲学，未及理学之政治社会方面为阙点。（十三）《史通平》。以现代史学观点，平议，推论，亦附考据辩证。（十四）《经子解题》。论读古书方法，及考证古籍，推论古代学术派别源流处，可供参考。（十五）《燕石札记》。考证尚可取，论晋人清谈数篇，今日观之，不尽洽意。以上一至五，十二至十五，商务出版。六至九开明出版。十至十一世界出版。三未出版。此外单篇散见报章杂志者，一时不能尽忆，然不多也。诗文附日记中，日记几全毁于日寇，恐所存已厘，至今未能搜葺也。予所述作，多依附学校讲义而行，故中多普通材料，现甚想将其删去，全留有独见之处，卷帙可简什七，即成精湛之作矣。少时读史，最爱《日知录》、《廿二史札记》，稍长，亦服膺《十七史商榷》、《癸巳类稿》。今自检点，于顾先生殊愧望尘，于余家差可肩随耳。今人之屑屑考证，非顾先生不能为，乃顾先生所不欲为也。今人自诩搜辑精博，殊不知此等材料，古人既得之而复弃之者多矣，此意予亦老而后知，然后知少无名师，精力之浪费者多也。

今后之希望：道德贵于力行而已，不欲多言。学术上（一）欲删定旧作。（二）夙有志于将《道藏》之书，全读一过，未能实行。今后如有此日力，仍欲为之，所谓道教者，包括从古以来杂多之宗教，自亦有其哲学思想；与佛教又有犬牙相错处，与农民豪杰反抗政府之组织，及反动道门，皆有联系，而至今无人研究。使此一部分，成为中国学术上之黑暗区域，政治史、社会史、宗教史、哲学上，亦咸留一空白。予如研究，不敢望大有成就，必能透出一线曙光，开后人研究之途径也，不知此愿能偿否？

据作者“三反及思想改造学习总结”手稿

许地山先生行状

胡愈之

许先生名赞堃，字地山，笔名落华生，以字行。其先世于明末，由广东揭阳航海至台湾。曾佐郑延平，参预反清复明之役。地山先生尊翁允伯先生为光绪间进士，寄藉福建。地山先生为其第四子，生于光绪十九年，即一八九三年，亦即甲午中日战争之前一年。甲午战败后，清室割让台湾，台人发动民族革命，举巡抚唐景崧为总统，允伯先生任团练局统领，与抗日英雄刘永福共同扼守台南。台南陷落后，乃渡海徙家龙溪，其时地山先生年三岁。允伯先生曾一度来南洋，后经外放，任广东徐闻、阳春、阳江、三水等县知事。辛亥革命后一度被举为龙溪县知事，居官以清廉闻于时。地山先生幼年随父在粤省受业。早年，即在其故乡任小学教师。二十一岁赴仰光，在闽侨共和学校任教师。民国五年返龙溪，与林月森女士结婚。民国六年，年二十五岁，始入北平燕京大学。民国十一年以后，留学英美，得哥伦比亚大学文学硕士及牛津大学文学士学位。十六年由伦敦返国途中，一度勾留印度，研究梵文及佛学，返国后在燕大讲授中国道教及社会学，又在清华大学授社会学、人类学，并曾兼任北大哲学系讲师，先后凡六年。民国二十三年，因燕大有一年假期，重游印度，访泰戈尔先生，半年后返国，中途曾一游槟城。民国二十四年春始任香港大学汉文学院院长，先后计六年半。今年八月四日午后，因心脏病猝发，竟一瞑不视，享年四十有九。先生原配林女士早逝，民国十八年先生在北平与湘潭周俟松女士结婚，遗女二子一。

许地山先生在学问思想道德三方面都值得我们佩服，都值得我们景仰，都值得我们学习。在学问方面，许先生是稀有的一个青年学者，假如天假以年，他的成就，将不在世界上许多大学问家之下，他是一个非常博学的，而且是以学问为其专业的，对于社会学、人类学、宗教学、民俗学、心理学、语言学、文学、考古学，甚至生物学，都有深刻研究，他的一生，除了儿童时代以外，没有一刻离开过学问。

在思想方面，他是五四时代的前驱，而且始终是忠实于五四精神的，所谓五四精神，就是科学与民主，所谓科学，就是反玄学、反迷信。他虽然学梵文，研究印度哲学，但是用科学的态度去研究，而不是盲目崇拜。他对国学有深湛的研究，他担任了香港大学的汉文学院院长，但是他却教青年不要钻研故纸。近年他在香港提倡拉丁化新文字，主张废汉字，这就是他的科学精神所在。所谓民主，就是反独断反贵族化的精神。许地山先生的治学态度，是反独断的。其个人生活是绝对平民化的。

在道德方面，许先生做到了诚恳朴素和平博爱，他与世无争，与人无尤。同时他绝不是一个消极的独善其身的。他在五四时代，就参加学生运动，到后来，始终尽力于民众教育与文化思想界的团结运动。他在香港团结了香港的文艺界，并且创办业余学校，直到死为止，对于团结救亡工作，始终不懈。因此许先生中年捐馆，诚为祖国一大损失。

我们在海外追悼许先生，第一要仿效许先生那种治学精神。第二要发扬许先生所倡导的科学与民主思想。第三要学习许先生诚恳朴素和平博爱的为人道德。最后希望海外华侨文化界同人团结合作，共济时难，这样我们这次追悼许地山先生，才有真实的意义。

据新加坡《南洋商报》1941 年 11 月 9 日

故国立北京大学教授刘君墓志

周作人

君姓刘，名复，号半农，江苏江阴县人。生于清光绪十七年辛卯四月二十日，以中华民国二十三年七月十四日卒于北平，年四十四。夫人朱惠，生子女三人：育厚、育伦、育敦。

君少时曾奔走革命，已而卖文为活，民国六年被聘为国立北京大学预科教授。九年，教育部派赴欧洲留学，凡六年。十四年，应巴黎大学考试，受法国国家文学博士学位。返北京大学，任中国文学系教授，兼研究所国学门导师。二十年，为文学院研究教授，兼研究院文史部主任。二十三年六月，至绥远调查方音，染回归热，返北平，遂卒。二十四年五月，葬于北平西郊香山之玉皇顶。

君状貌英特，头大，眼有芒角，生气勃勃，至中年不少衰。性果毅，耐劳苦，专治语音学，多所发明，又爱好文学、美术，以余力照相、写字、作诗文，皆精妙。与人交游，和易可亲，善谈谐，老友或与戏谑以为笑。及今思之，如君之人，已不可再得。乌乎！古人伤逝之意，其在兹乎。

将葬，夫人命友人绍兴周作人撰墓志，如皋魏建功书石，鄞马衡篆盖。作人、建功、衡，于谊不能辞，故谨志而书之。

据拓片

告严几道文

林　纾

维祖历之壬戌正月，后死友林纾，及其门生陈希彭，以时馐之馔，致奠于吾友几道严君之灵，为文以告之曰：

呜呼！君才之大，实北溟之鹏，其振翼也，若垂天之云，水击三千里，顾乃无厚风之积，虽未即于夭阏，然亦不复逍遥矣。图南之不终，其责在风，宁复在鹏之翼耶！

呜呼！彼东人之所谓元勋者，勒崇垂鸿，视吾神州，犹培塿焉，恃其慓锐，肆彼残龁。君实与此辈同学，前四十年，已痛哭陈述于枢近之臣，发其悖计，顾乃居积薪之上而不知。君虽欲湔剔抉摩，求毕其议而莫可。呜呼，此宜君之抱疴伏息恹恹于乡里间也。

呜呼！当涂篡窃神器之时，乃笼槛及君，君翛然却其千金，不署劝进之表，顾乃以中国不宜共和一语，竟窜名入党籍中，使君抑抑无可自伸。一腔之冤，不能敌万众之口，而吾独知君者，以君假吾柳州之文，手加丹铅，知君之属意于柳州，盖自方也。柳州，君子人也。昌黎《永贞之行》，意属梦得，于子厚无与。至为之志墓，为之碑罗池，无一语及于叔文，盖知柳州深矣。吾文去昌黎万里，宁足雪君之冤，然君之心，柳州之心也。吾恒谓：屈平之骚，《谷风》也；柳州之骚，《氓》也。《谷风》之怨，响抗而长；《氓》之怨，声咽而悲。读柳州之骚，其沈忧凄黯，泪与声俱，而君丹铅其上，吾未尝不以悲柳州者悲君也。

呜呼！君今已矣。临命之前一月，尚以诗寿予七十，有“佩玉利于走趋”一语，盖用昌黎之文以况余。呜呼！予长安卖画翁耳，宁自期为君子之玉，至所谓利于走趋者，或时流怜余老悖无能恕之，游行于长安人海之中，亦苟延残喘而已，转不如君脱然尘壒之表之为得也。君著述满天下，而生平不能一试其长，此至可哀也。既沥酒于墀，复为悲歌以降神曰：

望仙宸之泬寥兮，披瑶烟于绛霄。骖龙鸾而上徂兮，抚巫阳而难招。神下盼而长吁兮，知龙乱钩裂之不可以终朝。毒燎备爨兮，天半绛其芒熛。四海渗涸兮，杂犬祸于诗妖。哀穰至之无期兮，后死者胡以自聊。略董道而仗正兮，世方目为儒枭。类麇麚之弗息兮，瘖骇惫于夜昼。幸夫君之萧闲兮，居帝所而腾啸。扬桂旗于灵风兮，亦罗池之降庙。请再拜而伸奠兮，冷罢辉乎夕照。尚飨。

据《畏庐三集》

嘉兴沈乙庵先生学案小识

王蘧常

先师沈乙庵先生，讳曾植，字子培，晚号寐叟，乙庵其别字也，浙江嘉兴人。清同治二年顺天乡试举人，光绪六年进士，以主事分刑部，擢员外、郎中，在部十八年，谳狱平恕，寻兼充总理各国事务衙门章京。时俄势方张，而日本亦自奋东陲，与俄相轧。先生请自借英款创办东三省铁路，不果行。又力驳俄黑龙江渔业航务，俄为气沮。母忧归，两湖总督张之洞聘主两湖书院讲席。拳乱衅起，先生与盛宣怀等密筹互保长江之策，力疾走江鄂，决大计于两江总督刘坤一与之洞，两广总督李鸿章实主其成，所谓画保东南约也。服阕，调外交部，出授江西广信府知府，檄调南昌府知府。先生为政，知民情伪，而持之以忠恕，故事治而民亲。历署督粮道、盐法道，擢安徽提学使，赴日本考验学制，契其国穗积博士之学，始有意化新旧于一炉矣。三十二年，署布政使，寻护巡抚。值江、鄂、皖三省军会操太湖，而适丁国恤，群情汹惧，一夕数惊，城外炮马营乘机窃发。闻变乘城，檄统领刘利贞为城守，协统余大鸿驰入江防楚材兵舰，击毁东门外炮兵陈垒，黄风岐夺回菱湖嘴药火局，一日而事定。先生治皖五年，重治人而尚礼治，政无巨细，皆以身先，故事举而财不伤。会贝子载振出皖境，当道命出库银供张，不允，遂与当道忤。时国事益棘，先生上书言大计，权贵复恶之，乃浩然有归志，与某书云："度支岌岌，公私解体，中外相疑，举海上妄人之说，一切纳诸宪政之中，作茧自缚，末由超拔，波土覆辙，可为寒心，外人皆为我踌躇，而我方中风狂走。嬴氏以吏为师，今则以报为师，无缓急，无先后，骄泰以为豪，困穷而弥侈，牛饮漏舟，孰知其届。某求去不得，羸病日增，局促辕驹，徘徊怪鸟，求退之难，甚于求进。余不能忍而终古已。”宣统二年，乞退。鼎革后，聘问不绝，先生不应，谓使者曰：“得之于天，还之於天，不召自至。”以壬戌冬薨于海上，年七十有三。

先生为学，夙承其大父小湖先生之绪。小湖先生讳维鐈，仕至工部左侍郎。其门人湘乡曾文正公国藩铭其墓，称其於书无所不窥，人治之大，古今之变，典章沿革声音训诂之繁，皆掇其要指。然必折衷于文理，归命于有宋诸子，及前明国初诸大儒之书，潜心独诣，口餐而身被者也。其后治乾嘉诸儒之学，私淑于武进李申耆及乡先辈钱衎石两先生，自谓粗识门径，与夫近代诸儒经师人师之渊源派别文字利病，皆得之于两先生，而于钱先生同乡里为尤倾慕。壮岁以后，更旁通二氏，左右蒸业，所得益深，而要其归，必遂于圣人之道。海宁王静安征君国维，尝论其为学次第及方法云：“先生少年固已尽通国初及乾嘉诸家之说，中年治辽金元史，治四裔地理，又为道咸以降诸家之学。然一秉先正成法，无或逾越。其于人心世道之污隆，政治之利病，必穷其源委，似国初诸老。其视经史为独立之学，而益探其奥窔，拓其区宇，不让乾嘉诸先生。至於综揽百家，旁及二氏，一以治经史之法治之，则又为自来学者所未及。”若夫缅想在昔，达观时变，有先知之哲，有不可解之情，知天而不任天，遗世而不忘世，如古之圣哲之所感者，则仅以其一二见於诗歌，发为口说，言之不能以详，世所得而窥见者，其为学之方法而已。夫学问之品类不同，而其方法则一。国初诸老用以治经世之学，乾嘉诸老用以治经史之学，先生复广之，以治一切诸学，趣博而旨约，识高而议平。其忧世之深，有过于龚、魏，而择术之慎，不后于戴、钱。学者得其片言，具其一体，犹足以名一家立一说，其所以继承前哲者以此，其所以开创来学者亦以此。使后之学术变而不失其正鹄者，其必由先生之道矣。

太仓唐蔚芝尚书从先生最早，其论曰：“先生於学，无所不精，囊括六经，出入百家诸子，贯天人之奥，会中西之通。尝语余为学之道，贵乎知类通达，开物成务。若拘虚一隅何为者。今所传先生之作，一鳞一爪耳。而论者多以乾嘉诸老拟先生，其测先生者浅矣。康有为之初至京师也，气张甚，迨见先生论学，虽机锋百出，而无一足与先生抗者。先生曰:嘻!子再读十年书,与吾谈可耳。康乃不敢作跋扈态。强学会之立,先生稍加宏奖,为作序文,挤而与之,故强学会解散,先生之名不与焉。及戊戌春,康骎骎将大用,先生风之读《顺宗实录》,盖逆知德宗之噤不能言,而康并不能为王叔文也。于此见先生之学之大而烛几之早矣。”

窃尝谓先生之学,海涵地负,其富若生蓄,自不当以一节论,然世特以舆地刑律名。早岁官刑曹,研律学至精醰,由《大清律》、《大明律》、《宋刑统》、《唐律》,以上治汉、魏律令。曾请益于长安薛云阶尚书允升,尚书掌邦刑者垂四十年,论者谓其律学湛深,殆集古今之大成。顾独推重先生,称为律家第一,而身下之。先生尤精汉律,尝为尚书辑其佚文而序之曰:“萧何之律,本自李悝。汉、晋法家,传之有绪。而应劭《风俗通》谓皋陶谟虞始造律,萧何成以九章。傅子谓律是咎繇遗训,汉命萧何广之,其在秦时,则吕不韦称咎繇作刑,韩非谓刑弃灰,是殷法,皆推秦法而傅之古制,九流之学,莫不托始帝皇。然班志言法家本出理官,而李氏系出咎繇,世世司理,以官为氏,则李悝之学,必有所本。应劭、傅玄之说不可废也。汉律文尔雅古质,略与《周官礼》、《大戴礼记》、《尚书大传》所载古刑名说相类。自晋沿唐,有革有沿,文句大体,实相祖述,捃拾碎遗,研其由趣,斯亦足以观古会通,察世轻重者矣。”其它尚有《晋书刑法志补》若干卷,会皆不传。

四裔舆地之学,用力最蚤而尤勤,先生叙《元圣武亲征录》校本曰:“某始为蒙古地理学,在光绪乙亥丙子之间。始得张氏《蒙古游牧记》单本、沈氏《落帆楼文稿》,以校鄂刻《皇舆图》、《李氏八排图》,稍稍识东三省内外蒙古新疆西藏山水脉络。家贫,苦无书,无师友请问,独以二先生所称述为指南。通籍后,切靡於会稽李悉伯侍御慈铭、桐庐袁爽秋太常昶、顺德李仲约侍郎文田、吴县洪文卿侍郎钧,所见益恢,先后有《蛮书》、《黑鞑志》、《元朝秘史》、《长春真人西游记》、《蒙古源流》各笺注,《元圣武亲征录校注》各若干卷。在译署时,所为《和林三唐碑跋》,尤脍炙人口,纠正新旧书之误,并通突厥及古今蒙古语译音之异同,至今东西学者重之,所谓总理衙门书者也。又尝考定元经世大典西北地理图为回回人所绘,并考正其传写之讹,参互群书,证以今地,自谓方域城邑，炳然可观。魏默深讥其方向差殊，不可信用，是以一失废其他善矣。成《元经世大典西北地理图考》若干卷。清季南服日多事，先生就元汪大渊书，以新旧各图证之，藉以考见南洋各岛唐宋迄今之航路，并考西人所建商步，亦即古来商贾汇萃之区云。成《岛夷志略广证》若干卷。古地理亦多发明，尝以梵语证《穆天子传》，并推穆王经略西域方略，与汉皇用意略同。其余山经地志，亦多创通特解。

归田以后，世变日亟，乃潜究东西方各国学术，而深斥夫欧罗巴非常可怪之论。默欲以孔子之教与耶、释诸教提携，以共进于大同之域，故尤称大同之说。其言曰："或问大同果可见之行事乎？曰可，一以理言之，一以势言之。余孔子徒也，请以孔教征成其理可乎。其学说曰，道之大原出于天，修道之谓教，其所以修之者，言道德曰万物并育而不相害，道并行而不相悖，小德川流，大德敦化。言政治曰广谷大川异制，民生其间异宜。修其教，不易其俗，齐其政，不易其宜。中国民自有虞氏肇十有二州，迄春秋时，几二千年。北狄南蛮，异种杂居，虽吴楚大邦，尚不能与齐鲁同化。自孔教之行，起春秋以迄西汉之季，不过四百年，而断发被发异言异服之杂民，一道同风，遂成此东渐于海、西服流沙、南朔万里同轨同文之汉族，此孔教大同并育并行之实验也。孔教精义，在'致中和'三字，此并育并行，即为中和之体，不害不悖，即为中和之用。何以能不害不悖，修其率性之道，勿违其天命之性。礼之用，和为贵，乐取于人以为善，人人亲其亲，长其长，而天下平，如斯焉已矣。老、庄、杨、墨之徒，皆周以前旧教，在春秋世九流与六艺并行。佛教来自汉，回教来自唐，耶教来自元。儒者对之，在包容，无排斥，世或以孟子拒杨墨、韩文公辟佛为疑，不知杨、墨从衡于战国，佛徒昌滥于唐时，彼本教之不修，遂启儒流之掊击，要其事止于一时而已。孔门并育并行之大义，亘古今而不变，盖教宗蕲向，本在大同，而圣人无固无我之心传，儒者服膺勿失故也。自古国家隆盛之民，常富陶冶包容之思。孔教广大精神，固犹是昔日声教四讫时养成之，今日列国之大，并于我昔日者有之，大逾我昔日者有之，言政治与经济者日扩其心域，宗教家尤应远过。以理言之，大同之论，固今日所必有也。就事势以观之，孔教在西历纪元前，实有推行无外之势，而卒仅仅限於禹域者，东南限于海，西北限于大幕，犹昔日耶教之限于欧洲，东不能过葱岭，南不能过印度也。孔教论五方民性，不可推移，其本在言语耆欲之不同，而安居和味域服利用备器，于教化亦息息相关，此与近世进化论者其说略同。由日用而生习贯，习贯异而行事形式不能不异。宇内立教之圣人，同其代天宣化之精神，而不能一其形式，岂非习贯限之耶。农国之民习保守，商国之民习进取，世界大通，舟车利便，猋轨电邮，瞬息千里，实能使万国人民之习贯，积渐变化而调和，而语言文字之交通，尤能使象寄之民，相知而相谅。知识大同之世，特前古圣人所县拟，而不获目见者。今日之宗教家，幸生此际，安可不乘此机势，如我孔教所谓先天勿违后天奉时者，为民造福，构成一宏通硕大之事业耶。世言文明日进，道德日衰，政治法律之力，有时而穷，惟宗教能主宰文明于无尽。由权利言之，世界永无和平之一日。由道德言之，耶教之天国，佛教之乐邦，与吾孔教所谓太平，有此心，有此理，有此名，自必有此事。吾意东西海圣人必有相见一堂，左右提挈，启牖生民之一日。此与万国平和会之列邦会议，不可同年而语矣。此以势言之，大同之论，固将来必有之事也。”

晚年知益不可为，凡一切志意，欲见于世而终不可见者，皆一一藉长歌短句，以发其恢奇蕴愤，又往往多为廋辞，遁于无何有之乡，缘饰以道、释家言，而变眩迷乱其本旨，而其生平志意，莫能外也。故诗者，先生晚年思想之新拓地也。初，先生尚实学，不屑屑于词章，有作即斥弃。然于诗学实深，夙喜张文昌、玉溪生、山谷内外集，而不轻诋前后七子。中岁以后，治之渐力，泛滥百家，以上溯汉、魏，雅尚险涩，于聱牙诘屈中，时复清言见骨，又或踔厉风发，意外惊绝。人读之，舌挢不下，几不能句。及细搜脉理，一本骚雅之遗，又律切精深，未尝不允蹈先民高矩也。盖吾禾自竹垞居士后，一百年而有万松居士，又一百年，而有先生。各极其变，异代同方，而钩玄擘理，推陈出奇，则又过之。其光焰实欲笼百代而有，人或以诗学过深论之，岂知先生者哉。同时与闽县郑太夷布政、义宁陈散原主事称鼎足，号同光体魁桀，而与布政又称沈郑。尝言：“吾遇太夷，则诗思自生，为之亦多工。”体则与主事近，惟主事以奇字，先生益以僻典，为少异。光绪己亥，与侯官陈石遗学部及布政论诗，创开元、元和、元祐三元之说。后又易开元为元嘉，称三关。常以此教人，谓通此始可名家，务极其变，以归于正。近日唯同里金香严太守蓉镜为得其法乳。有《喁于集》、《符娄庭漫稿》、《乙卯稿》、《海日楼诗集》，凡若干卷，而少壮斥弃与兵燹散佚者，盖十五六矣。

余事为文，亦衔华佩实，喜周告、殷般诘屈，及老、庄、列瑰玮，雅近皇甫持正、孙可之。其他自岐黄、历算、音律、目录、金石、图书、瀛谈、稗乘，亦莫不远绍旁搜，各究其极，惟不谈阴阳五行耳。晚岁粥书自给，喜谈艺而罕及于学术。先生书蚤精帖学，得笔于包安吴，壮嗜张廉卿，尝欲著文以明其书法之源流正变，及得力之由。其后由帖入碑，融南北书流为一治，错综变化，以发其胸中之奇，几忘纸笔，心行而已。论者谓三百年来，殆难与辈。其他学术不见于口说手书者，尚不知凡几。乌呼盛已！

先生生平论学，不欲蹈袭前人片辞只字，神理恢张，最多达识，每于蚕丛鸟道中，辟前人屐齿未经之境。及其沟通达道，则又契若肝胆。六十以后，益通乎神明，得乎县解。盖先生之学，初以义理辅实用，既由实用反自然，盖历三变，而每变益进。壮岁由理学转而治考据，此一变也。及服官政，又由考据转而求用世，此又一变也。晚年潜心儒玄道释之学，以求致治之极，不能见诸其身，犹将期诸于后人，此又一变也。乌呼！先生葛陆范马俦也。时有不齐，乃逃于文字。至今东西海外之人，多知崇先生，以为中国文化之典刑，天下人心之权量，近代学者无以加，而中国人士乃仅以学人称，或以诗人书家称。乌呼！蘧常自戊午岁始受业先生门下，时尚未冠。今忽忽已十余年矣，追维往日谆谆之训，殷殷之望，而一无以副，并其謦欬之声，亦日就于杌粘也。爰杂撮其为学大指成此篇。虽然，先生之在天地，固已昭如日月，无胥于后生小子显扬其万一，且蘧常承学之日浅，所知所闻，又岂特太山之一豪芒。今唯略托师承之所自，欲藉先生之灵，缅怀畴昔之训，而益自警惕。后之私淑艾者闻之，或亦藉此而知所兴起焉，则或犹先生激厉后生之心也夫。

据作者手稿

张君孟劬别传

邓之诚

君名尔田，官名采田，字孟劬，晚号遁堪，世为钱唐张氏。先世藻川侍郎始贵，侍郎子仲雅撰《选言胶言》，以文学显。逮君五世，皆仕宦，代有撰述，称为清门。君少以辞章擅名，为文规摹六朝，诗逼似玉溪。从官直隶，以例监生入试北闱，被放，旋依例为刑部主事，改官江苏试用知府。国变后，高隐不仕，专心著作，于学无所不窥。初治《说文》，通《三礼》，继遍读周、秦诸子，识其指归，以间习小乘佛教经典，尝造《阿毗达磨俱舍论讲疏》，穷深研几，并世莫及，后乃专意于史。世方重钱、王史学，以补苴考订为工，君独明体例，弘鉴裁，鸠集众事，志在纪述，欲自谢山，以窥黄、万，遥接东莱、伯厚、身之之绪，以光大浙东史学。所撰行世者，有《史微》八卷，本章学诚之旨，求证于群经诸子，穷源竟委，合异析同，以推古作者之意，视学诚为通类知方，灿然有序。君由是显名，倭人至列为大学研文史者必读之书。有《玉溪生年谱》四卷，辨正两《唐书》，旁搜杂史文集，意在著明武、宣两朝史事之幽隐者，于是玉溪之诗，皆犁然有指证，补从来注家之所未及。尝以示江阴缪荃孙，叹为才大心细。《列朝后妃传》二卷，取史馆旧稿，增省为之，列事证为注，自谓一生成就，或在此书。盖不特后宫典制，赖之以存，而宫禁事秘，易生揣测，佥人小夫，恣为谤书，自矜奇创，事皆无征，君严辞辟其诬枉。孝钦临朝专制，一代兴亡所系，君备著其事，微辞示意，寄慨尤深。三复君书，而后知毛奇龄所作为短书琐语也。《蒙古源流笺证》八卷，故人嘉兴沈曾植发其端绪，身后遗书零落，君发愤为之理董，是正百数十事，几以全力为之，乃自居曰“校补”，盖谦辞也。《钱大昕学案》二卷，君深明乐历，熟于辽、金、元三史，故于钱氏之学，发挥靡遗，后刻入《清儒学案》中。

君深思力学，无所师承，而卓然名家。少尝从武进屠寄、固始秦树声、长洲章钰学制艺文，比声名既盛，君所师者，或转欲师之，然君终身执弟子礼不改。早与同县夏曾佑议论相得，撰《孱守斋日记》一卷以记之。居上海时，与海宁王国维、吴孙德谦齐名交好，时人目为海上三子。国维颇有创见，然好趋时，德谦只辞碎义，篇幅自窘。二子者，博雅皆不如君。之诚端居读史，历数十年，深信史学以纪载为本，颇与时贤异趣。晚乃得君。君素服膺章学诚、龚自珍，唯此不敢苟同，余皆与君合，以是称至契。君没，弥深孤立之惧。故知君最深者，莫之诚若矣。君不独精研于学，制行尤谨。初，清史馆之开，与纂修者，皆前朝旧人，或觊复辟，谓清未亡，不当修清史。君不顾曰：“东观《汉纪》，即当世所修，何嫌何疑耶？”居史馆数年，成《乐志》、《刑法志》、《地理志》江苏篇、《后妃传》、康熙朝大臣图海李之芳传。先后受聘北京大学、上海交通大学，教授生徒，以是为束修之奉，非禄食比。倭人设东方文化会，续修《四库全书提要》，重币聘君，君峻拒之。君本殷顽，倭方纳逊帝，乃推中夏之义，不与倭并存，何其壮也！

晚遂与之诚同教授于燕京大学，为研究院导师。君天怀澹定，不立崖岸，率真无城府，口讲指画，谈谐间作，喜奖藉人，人喜其乐易，多亲之。然论事有执持，不务徇人。慨世教之衰，乐崩礼坏，思有以扶之。早岁愤梁启超辈异说惑世，因撰《新学商兑》一卷。晚尤笃信孔、孟，有犯之者，大声急呼以斥，虽亲旧，无稍假借。谓人心败坏至此，必有沧海横流之祸，屡有论述，归本礼教，欲为匡救。未几，倭难果大作，而君竟憔悴忧伤以死矣。平生所为文，无虑数百篇，诗八九百首，皆不留稿。门弟子辑文，得百余篇，厘为四卷，藏于家。诗仅存《槐居唱和》一卷，盖与之诚愤倭难而作也。晚岁喜填词，以写其幽忧忠爱之思，成《遁堪乐府》二卷，论者谓半塘、古微而外，未有能及之者也。卒前一年，复治《三礼》，考订服制，多正前人违失，已老病，不能成书。初患肺气上逆，稍平复矣，会感微疴，遂以乙酉正月初七日卒于故都。前四日，手书遗诫毋饰浮文，神志湛然。距生于甲戌正月二十九日，春秋七十有二。先娶于陈，继潘，无子，犹子宗炳为嗣。

论曰：君刑于寡妻，至于兄弟，一门雍穆，世所称叹。君子观其行，而信其学之必传也。世安有不信其人，而其学可信者哉。今之自命学人者多矣，攘臂争利，鬼怪百出，此世之所以乱也。夫为学贵于自修，而后可以及人。身之不修，焉用学，况无学而冒为有学者耶。

据作者手稿

合川张式卿先生墓表

林思进

民国十七年戊辰六月二十七日，合川张先生式卿，以疾卒于京师，年七十有一。先生之入京师也，挟其所为《史记新斠注》，将尽搜海内公私所藏宋、元旧槧《史记》，一一读之，稽考而订正，欲充实其书，日夜钞撮不休，精殚神竭，至于不起。呜呼，孔子称"朝闻道夕死可也"，如先生者，斯近之矣。

先生讳森楷，式卿其字，晚年更号端叟，上世自湖湘间迁遵义之正安州，再迁巴县，最后定居合州东里芋荷沟，州今改县合川，故又为县人焉。曾祖志远，祖学隆。考兴仁，雅工今隶，敏速有则，家贫为人佣书，久之目耗〔眊〕失明。先生生八岁而孤，母刘太孺人，力贫以给读，犹不供，叔曾祖志大惜其慧，召附家塾。年十八，入州学，遂食廪饩，调尊经书院肄业。时督学使者南皮张文襄、南海谭叔玉编修也。故事，每乡式，州县士子例得赍土物，贸扉糗，先生独龂龁关吏。湘潭王壬甫为院长闻，或从而媾之，抗辩不挠。坐削弟子籍。后四十年，湘潭在史馆，先生往谒，师弟欢然，卒许谓直也。邛州伍编修方主锦江书院，召为都讲。先生乃自立帜志，专力学史。成都藏书者，首推渭南严雁峰文学，因往订交，借读其书。八年，撰《通史人表》、《历代舆地沿革表》、《二十四史校勘记》，三者互为表里，每恨所见不足，上书张文襄鄂中，求假书，不报。适遵义黎莼斋观察川东，复上书，用韩愈氏所以干于襄阳者为比，陈义甚高。黎公异之，遽延入幕，尽发箧中书纵令读，而不责以幕事，学日益邃。光绪癸巳，始举于乡，年三十六矣。试礼部不第，则遍游大江南北，访其魁人巨儒，如德清俞荫甫、福山王正孺、会稽李悉伯、江阴缪小珊、满洲盛伯熙、归安陆存斋、南海康更生、上虞罗叔问之伦，出所业相质正，诸公咸交挹推重，由是先生史学之名大著。

自甲午中东一役，朝廷惩于兵衄地割，税意变法，人士亦嚣然日讼富强计。先生独以谓蚕桑者本富，且原隰所宜，外人之需，特法未善耳。乃亟往杭州，详究其植桑缫丝利弊，聘蚕师以归。东渡日本，益考询于彼中蚕学名家者。初谋设社，资黜几败，俄更鸠集，成效诞显。求学者数百人，学舍不能容，于是他郡纷纷争起育蚕辟厂矣。一岁之中，蜀丝鬻沪市者，计值银三千数百万。国家所赢税率，又六十余万，悉自先生开之。农商部奏奖四品顶戴，有嫉者以社事讦官，就谳劝业道，无豪发左证，先生毅然去社不顾。尝一权雅州教授，邻水训导，忠州学正，最后川汉铁路公司曹举总理，亢直不能取悦当政者。癸丑渝中发难，假通敌名捕之，避地都门，遍控院部，得直狱解。先生既仍遘祸难，然著述则未尝稍辍。在京十月，更就前《校勘记》中《史记》，句梳字栉，别自成书，所谓《新斠注》百三十二卷者是也。盖平生精力，尤致极于此，其他撰著，都凡四十余种，为卷二千有奇，或刻或否，具见所撰《合川志·艺文目》中，故不论。

先生为人，磊砢多节目，不尽能与世趣合。思进之识先生，则在其社讼时，一见折辈行若夙契，嗣是凡有文字，未尝不谦挹令之往复，而世人至变色以谈先生者，抑貌遇之而已，非能洞其窔奥也。独负气弸�，不肯一咽噎，以是黜陧不快终身。予尝有所规，而自恨弗能用，岂性然耶？先生体质素强，年已七十，盛寒犹露顶不冠，裒衣大袖，徒步往来，望者知为畸人。其未入京也，方摄成都大学讲席，去而诸生固留之，不听，遂行，竟不返焉。逾年，柩归合川，以某月某日葬某里某原。其世次之详，富顺宋芸子检讨已志之于幽，乃掇其行谊大端，著作之要，揭诸墓道，以告后世为学治方闻者。

式卿至京都，尝以所校《史记》示余，且属为序。己巳再入都，来谒余，适值余卧病，未谋面，而先生遽作古人。今读大文，以校史一事，贯索通篇，至状其平生磊落勃郁不平之概，生气远出，有绘影绘声之妙。得此文，则先生品行学问，使千载下如见其人，必传之作也。余已采入余近所为《逸民传》中矣。王树楠读识。

据《国立四川大学季刊》

国立北京大学教授陈君墓志铭

陈汉章

民国十一年夏，瑞安陈君孟冲卒于北京大学。校长蔡孑民先生为赴，开会追悼，汉章与会，为位而哭。阅五载，君子穆庵邮书来曰："先考卜葬有日，铭幽之文未具，天下滔滔，无可与语，惟公蓄道德，能文章，敢乞一言，以垂不朽。"汉章与君共事久，谊不辞。按状：

君原名商，字辛白，又字孟冲，后痛弟启明早殁，取《诗》孔怀义，改讳怀。曾祖震东，祖麟书，父煜生，并以儒行，隐居不仕。君五岁失怙，事母胡太宜人以孝闻，从仲父介石先生黻宸学。九岁习五经，十岁通子史家言。既冠，成温州府学生，掌教永嘉三溪书院，监督瑞安翼圣学堂，与介石先生出《新世界学报》。君所撰《辨法》、《方志》、《哀群》、《悲同》诸篇，风行海内外。学部尚书荣庆擢充京师编书局分纂，兼旅京浙学堂教习。光绪三十一年，两广总督岑春煊奏调介石先生襄办学务，聘君为两广方言高等学堂、优级师范学堂历史教习。宣统初元，诏举孝廉方正，浙江巡抚增韫特荐君，君不赴廷试。明年，任浙江参议厅议员，兼两浙优级师范学堂总教习。辛亥光复，回籍，被举瑞安县议会副议长。君当群议时，不轻发言，言简理赅，无不可起而行者。

民国二年，君以考选知事，需次山西。巡按使金永识君才，试署河曲县事。河曲，岩邑也。东北邻归绥，西北则河套、鄂尔多斯。蒙古民生凋劾，而俗矜懻忮。君下车，即以乡三物为教，增小学校数十所。时有发墓攫人金者，一昼夜尽获其党人，奉巡按使檄，皆斩立决。君据律，分首从，固争，往复至再四，不少阿，卒论如律。其年冬，黄河冰坚合。

蒙古骑逾河抄乡村，进逼县城，不二十里。除君陆军营务处衔，兼全省警备队总司令部副提调，遂密运筹策，缉获濒河为邦谍者，及城中主藏之家，枭其首以徇。蒙古闻之，詟而遁，县民安堵无恐，流离四方之人，亦复其田里。初，地丁漕粮税有陋规，曰火耗平余。雍正间，已革为养廉银，不肖官吏旋复取诸民。至是君悉罢免之，而财政厅案故事檄征，君抗拒甚力，虽得中止，而屡以清勤报最之地方官，骤调省充政务厅委员，会办印花税矣。

阅岁丁巳，闻介石先生卒，即援古人期功去任例，弃官奔丧，哀毁骨立。接丁祖考艰，承重持服三年，笃守古礼，不饮酒茹荤。国立北京大学及北京高等师范学校，并礼聘为史学教授。君治近世史用力益勤，成《清史要略》、《中国近百年史要》二书，学者称之。君敬其事，以居忧中讲习积劳，目眚足痿，绝不请假，一眩于讲堂，再踣于寓舍，遂至不起，时壬戌五月二十七日也。年四十六。所著又有《伦理通谊》、《文学史概》、《宋儒学述》、《晋阳日记》，都若干种，诗古文词类为专集若干卷，已刊别行者曰《辛白论文》一卷。君元聘戴夫人，未婚卒。配金夫人，生子三：长谧，字穆庵，好学，能古文；次洵；次垓。女子子四：娴、壬、和、肖。其葬瑞安平天湖山之原，友人象山陈汉章系之铭曰：

永嘉之学，廓于瑞安。集成陈宗，蕃叟发端。止斋英特，著论不刊。益之习之，蜚声二难。（其一）

五百余岁，名世谁某。介石崛兴，有为有守。君实张之，海涵地负。立德功言，没世不朽。（其二）

或论学术，两派三宗。六家分合，莠言哅哅。妄庸巨子，群焉盲从。自言折服，如铿华钟。（其三）

经制事功，法律政治。博综精核，中闳外肆。一宰晋疆，牛刀小试。算纬论理，特其余事。（其四）

榘榘大才，出以小心。视听言动，持循四箴。戒慎恐惧，无愧影衾。下笔千言，秩秩德音。（其五）

宋学完人，惜乎无禄。年位不昌，坏我梁木。聿有才子，楹书能读。篆石镌辞，瞻彼旱麓。（其六）

据抄件

象山陈汉章传

项士元

陈汉章，字倬云，号伯弢，象山人。光绪十四年举人，次年赴会试，荐而不售，遂一意专研经史。初执业德清俞樾门下，继问业定海黄以周，于汉学考据，宋学义理，两所不弃。继鉴国家多故，取新出算术格致兵农外交诸译著，一一加以研讨。旋因欧风东渐，异说并兴，仍返求之于经学史学，其识时而不蔑古如此。二十四年，大挑二等，以教职用。三十三年赴考职，得广东候选直隶州州同。均未仕。宣统元年，浙当道保送考入京师大学经科肄业。民国元年，改入史学门，二年春毕业，继任北京大学国文系、哲学系、史学系数授，十五年假旋，杜门著书。未二年，出任中央大学教授，兼史学系主任。越三年，以衰老坚辞。广东、重庆各大学，迭以文电敦请，均谢绝。其教授南北各大学，纂辑讲义，昕夕罔懈，胶州柯劭忞、闽县陈衍、桐城马其昶、姚永朴、余杭章炳麟、蕲春黄侃、吴县汪东宝，均以作家许之。自奉俭约，啬于衣食，而酷嗜藏书，居乡时于地方慈善教育诸事，亦多所尽力。任象山县劝学所总董，创办师范讲习所。民国初元，浙民政长将移南田县治于石浦，割象邑东溪以下地为辖境，汉章上书参众两院，力陈不可分割，竟如所请。年七十五卒。

著述甚多，已刊者，有《周书后案》、《论语征知录》、《礼书通故识语》、《后汉书补表校录》、《辽史索隐》、《南田志略》、《崇文总目辑释补正》、《集古录补目补》、《风俗通姓氏篇校补》、《苏诗注补》、《缀学堂初稿》等书。未刊者有《十三经疏中疏》、《孔贾经疏考异》、《易古训》、《易费氏学校注》、《诗毛氏学校注》、《大戴礼记小笺》、《读礼通考续考》、《五礼通考续考》、《春秋公羊董义述》、《公羊传旧疏考》、《读左补义补》、《齐诗表述》、《周礼正义校补》、《仪礼图刊误》、《尔雅讲义》、《尔雅释例》、《今释音纽表》、《宋嘉祐石经考》、《声韵字孳》、《经义考举正》、《二十五史朓录》、《史记六国表校正》、《孔子弟子传后录》、《两汉书注商榷》、《魏书改氏考补》、《唐书注稿偶存》、《新旧元史目表》、《通鉴注疏证》、《续通鉴长编考异》、《江苏通志金石考、方物考》、《象山县志校补》、《水经注补疏》、《通典刊误》、《通考刊误》、《南宋馆阁书目辑考》、《通鉴纲目注举正》、《元史西北地名考》、《中国回教史》、《列女传斠注》、《史通补释》、《西北水经注》、《古今人表补注》、《漠北水经注》、《诸子参议》、《老子本证》、《管子校辑》、《太玄经准易表》、《宋元学案拾补》、《困学纪闻斠注》、《本草纲目补正》、《救荒本草释名》、《太平御览校辑》、《五行大义附录》、《约园随笔》、《海东鲗墨》、《全上古至六朝文补编》、《文选注小笺》、《乐府诗集校注》、《文心雕龙校注》、《陶靖节集校补》、《杜工部集笺略》、《韩文公集补注》、《樊南文集注商》、《叶水心别集考证》、《楼攻愧集校注》、《缀学堂诗文稿》、《闻妙香室诗话》等书。

据《浙江省通志馆馆刊》第二卷第一期

孝通陈先生别传

卢　前

继篁墩汪氏而起，卓然为江左大师者，曰可园陈先生。先生讳作霖，字雨生，江宁人，可园者，晚年所自署也。年十五，补博士弟子员，肄业尊经、钟山两书院，文名藉甚。光绪乙亥，举于乡。三上春官不第，乃绝意进取，慨然有著述之志。先是，绵庄程君折衷汉、宋之争，以讲究心性，归诸致用，为吾乡经学之始。咸、同间，汪助教承其绪，独邃于礼，偏重考据。先生与助教相抗行，以为程、朱之说，终不可废，尝赋诗云"际兹异学从衡日，共守宗经卫道心"，是知其论学之旨矣。江宁自六朝以来，千五六百年，文物之盛甲东南。既屡更丧乱，荡焉无存，先生旁搜博采，悉为著录，于乡邦文献，厥功伟焉。所著书曰《可园丛书》，都如干种。以庚申正月卒，年八十有四。卒之十七年，门人始私谥曰孝通先生。

卢前曰：前见孝通先生，才丱角时，迨少知学问，已不及亲謦欬，而吾乡论经学，必首数先生，吾先君亦尝受业焉。前生也晚，使得随侍先君，抠衣奉教，则点、晰之遗风可继，而世或不仅称其文辞。于戏！岂非前之不幸也哉。

据抄件

民国人物碑传集

卷　七

吴先生墓志铭

赖鸿翱　周裕晃

先生讳虞，字又陵，四川成都人也。祖廷刚，以武节树勋，得谥壮勤，宣名清史。考某，某县教谕，文行渊懿，多士向风。

先生资性敏达，睿发幼冲。天禀既高，志学又笃。年始弱冠，文采秀发。虽洛阳年少，江夏无双；方兹扬声，殆无以过。于时蜀学始兴，珪璋特曜，怀铅吮墨，士思振奋，盖自湘潭王闿运壬秋以大师作范，来主尊经书院，闳开耳目，实启宗风，门下成业，腾誉九区。而名山吴伯朅先生之英，独见赏拔，称为首选。井研廖季平先生平，复以洞明经例，高视汉京，一编始出，天下风靡。先从名山问卿云之学，穷文章之奥，又请益廖氏，参稽其说。

值四海会通，群论灿发，蜀中耆旧，蔽所希闻，固距西学，指为异端。先生取彼哲言，署曰爱智。搜访新籍，不顾鄙笑，凡十余年，蔚成风气。遂复浮海东游，研寻法理，于东西圣言，士林伟论，手摩心追，积久有之。然后深悟乎一孔之足锢聪明，而百家之未易轩轾也。乃辩儒墨之是非，穷申韩之微旨。探孝慈于六亲不和之始，而有非孝之文；验礼义于忠信既薄之余，而有讥礼之论。至于明律例而检身有度，导情性而人道得遂，箴俗士之愚蒙，起千载之废疾，其言既立，群聋震撼，俗恶隽异，转相排诋。既积销骨之谗，遂有亢龙之悔。削迹违害，流离播迁，秉直不挠，困而弥亮。洎夫世谛更新，秕糠尧舜，先生之学，有如北辰在天，虽物论多方，理难齐一，而数十年间，寰区之内，不得陈周孔而立私议，诵六艺以文奸言。斯所谓开拓心胸，推倒豪杰，不获世之滋垢，皭然与日月争光者乎？

当非儒之说始出，和者盖寡。一二才彦，若章炳麟、陈独秀、钱玄同、胡适之流，转相引致，喜于西南得朋。世异时移，间复自刊旧说。为〔唯〕先生卓然贞固，老而益峻。其学流衍异邦，九牧交赞。乡里月旦，或时不同。盖李萧远有云："其身可抑而道不可屈，其位可排而名不可夺。"自非先生之辉光笃实，孰能有与斯言？

粤以民国十八年〔十年〕讲授北京大学，又〈四〉年，归蜀，历成都大学、四川大学教授，年垂七十〔六十〕，告休于家。

平生清静寡欲，澹于希世，少无科举之事，长无仕禄之荣。所居曰爱智庐。家富藏书，门无杂客，游心典籍，致忘衰老。神明未损，奄从大化，享年若干，以某月日葬新繁西郊。夫人曾，先卒，继〈常〉。女〈九〉人。所著《文录》五卷、诗《秋水集》一卷行世。

哲人其萎，梁木遂摧。窃有端木心丧之哀，愧无侯芭负土之实。摛其光耀，乃成是铭。铭曰：

泰伯克让，始造勾吴。因封命民，受姓厥初。华胄遥宗，降符大雅。精耀井洛，道光戎夏。惟古于义，尧舜禹汤。自周迄孔，六典张皇。宥在千秋，学敝于一，匪是莫思，灵慧日窒。圣定一尊，百家乃黜。曰惟先生，辨其白黑。昔在仲尼，辞讥尼父。居巢论史，惑经疑古。降及明代，贽也有言。遥源峻波，先生始传。蔽吾能解，觉在民先。辨章百代，牖启后贤。万方同流，慭遗一老。掩魄即棺，孰遵此道？趾彼黄泉，终天莫晓。铭勒幽石，慨焉心悄。

弟子赖鸿翱、周裕冕同撰文。

据抄件

平江苏厚庵先生墓志铭

杨树达

先生讳舆，字嘉瑞，号厚庵，晚号闲斋，湖南平江人。系出宋眉山苏氏。先世饶于财，清道、咸间以富名一邑。封翁渊泉公，性喜布施，斥钱建苏氏义山，助育婴，修古墓之崩陊者逾千所，于是资产略尽。先生幼颖悟，从封翁受读，年才十二，毕十三经，句读大义粗举，一时号为圣童。年十三，应郡试，太守文公斋生拔冠其曹，遂补县学生。湖南学使者为侯官张公亨嘉，雅负知人鉴，尤重先生。逾年，食廪饩，补湘水校经堂肄业生。巴陵宿儒杜孝廉仲丹时为主讲，以先生高才，介之谒长沙王益吾祭酒，祭酒一见，则曰："此伟器也，吾学有传人矣。"由是从祭酒受学，学日益进。逮乎晚岁，所造益深且大，祭酒倾服甚至赠诗有"温故知新是我师"之赞云。岁丁酉，学使元和江公标选充拔贡生，旋举于乡。

甲辰，成进士，入翰林。时值日俄战后，国事危急，清廷遣重臣出游日本、欧、美，谘考宪法政治。先生志存救世，思欲有所借镜，以私费请与诸重臣偕，遂至日本东京，周历大小学校，谘访教育行政，留数月而归。丙午，入赀为分省补用道，将出都，邮传部尚书陈璧闻先生之贤于张侍郎亨嘉，奏请内用，遂补邮传部郎中。初，先生游东京，下榻余斋。至是寓书于余，属余谘访日本邮政电信行政实况，广购法规，欲有所建白。又尝奉令考察粤汉铁路行政利弊，颇有所兴革云。辛亥革命军兴，清帝逊位，先生投劾去，部有要人某，素重先生，讽其毋行，先生不顾，竟去。先是，先生病肺久，及市朝变易，党人披昌，国政败坏，不可收拾，先生郁郁不自得，病益剧，遂以民国三年甲寅四月十四日卒于烟舟故里，春秋四十有一。初娶同县周氏，生子一先毅。继娶贵筑黄智舟，故翰林院编修国瑾女，工书画，岁乙巳，渊泉公寿六十，尝绘《鲤庭献寿图》，题咏遍海内者也。生子先培，上海某大学毕业，女瑱文，适徐师舟，孙几人。以某年某月某日，袝葬于烟舟香炉山祖茔之右。

先生孝友敦笃，持躬廉介，接人以和，遇有不可，则不少宽假。博览强记，于书无所不读，古今政治制度利弊兴革大要，罗列于胸，而归极于礼。官京师时，尝请立礼学馆，编制礼义教本，颁行天下，使国人习之。清吏阘冗，莫之省也。通群经，尤精于《春秋》。光绪甲午、乙未间，南海康氏以经术涂附政治，为《春秋董氏学》、《孔子改制考》诸书，横决武断，略无友纪。先生见而大非之，谓《春秋》之学不如是也。益取《春秋》及董生书潜心玩索，参伍比类，以求其真，成《春秋繁露义证》十七卷，既颇辨其真伪，订其讹脱，尽取汉、唐、宋、清诸家之言，以及历朝国典刑章，为之疏通证明，以究其蕴奥，别其同异。于是董生说《春秋》之旨，豁然如在人耳目。自清乾隆时纪昀修《四库书目》，排抵宋儒义理之学，嘉道间江藩为《汉学师承记》，盖张汉学之帜，桐城方东树起而驳难，而吾乡孙鼎臣至谓，咸、同兵事，起于汉学。门户分张，互相诋诘，几若二家之学，各为壁垒，终古不可沟合者。有识者既病之，番禺陈澧乃著《汉儒通义》，取汉儒之说义理者，以傅合于宋儒，思以解两曹之纷。承学者虽许其用心，意不谓是也。先生之书，严谨笃实，不作一浮词泛语，令学者知义之所在，汉、宋同归，其体虽因，而义实创，盖真能通汉、宋之邮，百年来纷争之局，自是遂定云。盖先生平生持论，以谓汉儒治经有二体：注经者重训诂名物，毛公之于《诗》，郑君之于群经是也；说经者重大义，董生之于《春秋》是也。董生之书，实为言义理之宗。世儒以训诂义理分汉、宋，以训诂名物尽汉学者，皆非也。汉儒经学，当首举董生，次及郑君，知汉儒兼有义理、训诂二宗，则无汉、宋门户分矣。又尝言，董生之学在《春秋》，郑君之学在《礼》，朱子之学在《四书》。两汉多用董生学，魏、晋、南北朝多用郑君学，宋以后多用朱子学。二千年来学术政治之流变，先生以数语尽之，其深识眇虑，皆此类也。

初，先生既精治董生书，深窥其说《春秋》之旨，欲更为《公羊》义述，以病剧未就，故学者尤痛惜之。他所著书，有《校定晏子春秋》七卷、《自怡室诗存》四卷、《辛亥溅泪集》四卷，皆行于世。《自怡室文存》四卷，稿藏于家。少时尝为《史记校注》，民国后注顾亭林诗，皆未成云。先生既没之三十二年，其弟德邻命余追表先生之墓，因举先生学行之大者，而系以铭曰：

孔子之志在《春秋》，《春秋》固所以经世也，窥绝学于二千年之后，进欲经世而不得，退欲更著书而天不与以岁也。岂先生一人之穷，伤大道之终蕤也。呜呼！神龙露一鳞于云端，人固将测其大也。

据《湖南文献汇编》第一辑

林先生公葬墓表

徐　英

中华民国二十九年八月二十六日，实维夏正己卯七月二十二日，瑞安林先生殁于故里。于是国民政府轸念宿儒，明令褒扬。而国史馆长张公继、监察院长于公右任等七十余人，佥谓先生诞膺天衷，实禀纯懿，茂轨明德，挺曜含章，总元精之和，览生民之秀，撢周、孔之阃奥，睹孟、荀之堂闱，浩浩乎不可测矣。若夫砥行砺节，谅直坚贞，尤足以抗迹前修，垂范后昆。值戎虏之洊臻，而国家之多故，藐尔诸孤，流离寇逆，丘封未卜，风烟黯然。始议于三十二年四月十二日，公葬先生于瑞安前韩山之麓，以表追崇，而安窀穸。于是弟子汉川徐英表其墓曰：

先生讳损，字公铎。父养颐公从大儒同邑陈公介石游，陈公妻以女弟，生二子，长曰辛，次先生。先生生而母夫人殒，鞠于从母郑。稍长，授以诗书。郑故博综经史，周览载籍，梦寐咿唔，皆在学术。择邻之勤，无惭于孟母；画荻之教，远轶乎欧妻。七岁，养颐公殁，号痛呜咽，哀感行路，纯孝之德，本乎天情。既而学于舅氏陈公，益致力坟典，探赜索隐，固已华实兼资，神明内敛，隆圭璋之特达，发川岳之灵蕴者矣。于时清政不纲，国危如悬。宣统三年，先生居沪渎，与黄兴、宋教仁等宣扬革命。辞令所布，枢机所发，莫不崭绝独立，风飚电驰，慷慨激昂，闻者心折。

光复初，北京大学校长胡仁源，慕先生之学行，以为陈亮、叶适，不能过也，乃聘先生为文学教授，适陈公与辛亦并主讲席。师友昆季，世罕厥俦。京师故人文渊薮，而大学尤名师所聚。一时朋辈如陈汉章、刘师培、黄侃、黄节、吴梅、钱夏、张尔田之流，或以经史著，或以辞章显，或骋骥騄而奋风云，腾英声而懋芳懿。而先生以弱龄周旋其间，吐纳百氏，提衡道儒，讲学之暇，潜心著述。又自少慕平阳宋恕之学，恕故与陈公契最深，续永嘉之坠绪，研洙泗之微旨，宗风所树，海内乡焉。当逊清之末，仍百王之季，故训百物之业，弥为支离而远于大道。同光之际，新学之徒，持公羊何休之说，以激诡动天下，以诐险趋利禄。或窃诸子之绪余，摭九流之遗说，猎粗弃精，袭非为是。下焉者辨析章句名物，考校生卒年月。空天下之才，为鞶帨之绣。世道交丧，识者忧之。于是恕与陈公，独以《春秋》经世之法，内圣外王之学，为海内倡。先生承其绪，而益为弘廓深远。精奥圆融，不为枝叶之争，不为门户之辨，宏纳万流，自成一家，固非永嘉之学所能限也。

盖曰：宇宙渺茫，非人无以宣其蕴；人事代谢，非伦无以持其纪。主伦者我，而大患在于有身；真我曰心，而良知不可遗物。求天君之泰然，必万类咸若。惟善可以立性命之根，惟静可以反中和之本。致中和而天地位，研几神而体用彰。是故不纵一欲，而万象供其指挥；不滞一隅，而六合归其朗照。由曾之恕，行墨之仁，循庄之齐，究老之真，观列之化，斥杨之弛，体佛之空，以建孔之极。此先生之绝学，所以深造夫至道，感通天地，用诸寻常，空万古而独立者也。若乃通蔽相兼，权衡在我，取左右而逢源，中规矩而合度。虽起孔、老、释伽于九京之下，分庭抗礼，共相折证，傥亦相视而笑，莫逆于心者欤。先生含茹名理，从容道术，既望古而遥集，遂并世而分流。故虽揖让贤豪，名满天下，而知其学者，未易多觏。大氐惊其华藻，奇其文章，则以为舒、向、渊、云，同符曩哲；博辨纵衡，辞旨艳发，则以为惠、析、秦、仪，俯愧来裔。或偶聆玄旨，乍接名言，则又比德于文、列，齐类于马、龙。而于其大经大本，至道绝诣，诵数以贯，思索以通者，转皆掩匿而不可见。呜呼！世不知学，盖亦久矣。

先生学不厌而诲不倦，善启发而工诱导。析疑剖滞，简要清通，舌本粲华，情澜不歇。以故从学之士，随资有成。平生著述数十种，都数十万言。类皆闳远精微，前人未发，而《伦理正名论》、《政理古微》又已陵轹唐、宋，摩致姬、嬴。风雨如晦，鸡鸣不已，百世以俟，何以易之。先生以教授终其身，自民国二年掌教北京大学，以次历主师范大学、中国大学、东北大学、中央大学讲席，而教授北京大学先后逾二十年。民国二十六年秋，御倭军兴，始里居不出。后三年，年五十有一，以疾卒于家。呜呼！禀命不融，微言圮绝。斯文天丧，来者曷凭。先生芳烈奋乎百世，令闻彰于无穷。学行之详，别有传状。英从游最久，胜谊饫闻，用特次其大者，揭于神道之原。嗟尔来哲，可以览焉。

中华民国三十二年三月，弟子汉川徐英敬撰

据《林公铎先生学记》附录三

清封二品衔记名提学使翰林院编修金雪荪君行状

王树楠

君讳兆丰，字雪荪，为故直隶州州判、金华金芷圃先生之家嗣。生而颖异，在襁褓中，母蒋太夫人戏授以壁间屏联字，即能辨认无讹。幼承庭训，过目不忘。年十三，出笔惊耆宿。清光绪十二年丙戌，君年十七，以第二人补博士弟子员。芷圃先生以母倪太夫人早岁守节，养志衡门，家屡空。时知县事者曹愚溪大令励成，故赏异君，特于官署中辟馆舍之，优给膏火，属与其公子辈扬榷文艺。君因得博览群书，尤究古今治乱得失之原。长白继绍庭太守良守金华，一见惊为国器。郡有大事，每谘而后行。郡之丽正书院集试诸生，辄聘君襄试事，君以是负一郡人望。

光绪壬申，中庚子辛丑恩正并科举人。明年，以第八人联捷南宫，殿试二甲第五名，选翰林院庶吉士，散馆授职编修。乙巳，由进士馆奏派留学日本。越明年，朱艾卿师傅益藩被命任京师大学堂总监督，奏调君回国，充大学堂教务提调，厘订课程，选聘欧、美、日本绝学者多人，分任各科学教授。京师大学堂者，即今北京大学之旧称。今北京大学为中国学术渊府，当年植其基者，实以君擘画之力为多。越两年，朱艾卿师傅擢升左都御史，继任者为刘幼云京卿廷琛，颇以恢张国学自任。君与议不协，遂致书辞职。中外籍教授群诣刘留君，刘恚。时蒙古荣文恪公庆掌学部，知君明习学务，檄调君在部行走，兼令充京师督学局视学，旋更命充国子监师范学堂监督。君以师资为栽成教育之本根，因遴选教员，锐意改革，校务既振，学风大醇。管学大臣孙文正公家鼐、学部尚书唐文简公景崇，咸倚重之。

君夙娴文史，先后兼充国史馆协修、编书处协修、实录馆纂修、武英殿校对各职。辛亥，荣文恪公奏荐人才，君与宋育仁京卿、赵炳麟侍御同膺选，内以各部丞参，外以道府并简。同年，唐文简公特保君以提学使记名。《光绪实录》成，赏加二品衔。未几，鼎革。君遂不再出任事，惟以箸述自娱。癸丑，丁外艰，回籍，欲遂家居奉母。时朱价人都督瑞开府浙江，闻君名，浼其叔父朱桂卿学士福诜道意，以浙江教育司司长相属，君辞不就。会赵次珊总制尔巽长清史馆，聘君为协修。母蒋太夫人以修史为千古事，勉其行，君乃奉母命就道。丁巳，复丁内艰，君迭遭大故，欲遂不出，卒以赵次珊馆长敦促，函电络绎于途，不获已，复北上。至则晋纂修，兼司厘订成稿事，盖是时，《清史》已积稿盈档，赵次珊馆长因于馆之西辟室，于总纂、纂修中遴聘十人，厘审定稿，当时谓之西馆，树楠与君及柯凤荪太史等皆与焉。树楠与君习亦自此始。丁卯，史成。赵次珊馆长更属以总校责，而以金锡侯梁佐之。嗣受聘总纂《吉林县志》，于是蛰居旧都，与一时耆宿柯凤荪劭忞、秦幼衡树声、夏闰枝孙桐、邵伯絅章、黄申甫维翰、涂子厚凤书诸君暨树楠等，以诗文相往还，间亦为人撰铭传，或鬻书自给。君史笔腴练，诗格清新，书宗欧、褚而更摩晋人之垒，晚年尤工倚声。所箸有《校补三国疆域志》、《尔雅郭注补》、《水经补注》、《金华县志稿》、《中国通史》、《清史大纲》、《遁庐诗草》、《竹屋词钞》。

君生于清同治九年庚午，以民国二十三年甲戌病殁于北平私邸，享年六十有五岁。妻江氏夫人，前君三月殁。生一子，桐华，早世。妾孙氏，无出，以叔弟兆銮之子永礼为后。女二：萃英适方，陔兰适刘。弟四人，仲兆棪，叔兆銮，季兆镳，幼兆梓。清新疆布政使司布政使新城王树楠谨状。

据《陟冈集》附录

嘉兴金篯孙先生行状

屈　强

曾祖讳衍宗，嘉庆庚申举人，官温州府学教授。

祖讳鼎夔，官临安县学训导。

考讳福澄，道光己酉举人，官江苏补用直隶州知州。

本生考讳福曾，官直隶永定河道，赠内阁学士衔。

君讳兆蕃，字篯孙，先世籍徽之休宁，家于瓯山。六世祖德瑛，始占籍仁和，乾隆丙辰廷对，以第一人及第，官至都察院左都御史，世所称桧门先生是也。继由杭迁禾，遂为嘉兴人。同治军事后，随学士公复徙平湖，买宅居焉。君自幼善文，年二十二补县学生员，即以是秋应顺天乡试，中式恩科举人，乡人艳称之。不数年，入省幕掌书记，旋以中书待阙京华。甲午以后，国家多故，朝吏有新、旧两派之争，君知非变法不足以图存。及南下，改官江苏，壹意于经世致用之学，戒子弟勿重科举，戒女勿裹足，转移风气，为时导师。时国人尚鲜知外交之重，君为当道编撰《各国立约始末记》，而国权旁落乃稍稍显示于天下。君遂膺经济特科之征，一时士林争识姓名，瞻丰采，然君卒未获大用。会逢改革，政府需度支材，征君至部任秘书、司长各职，亘十四载。内战频仍，司农仰屋，擘画固甚劳矣。而君之见重于世者，乃不在此。

君负著作才，清史馆初设，襄平赵次珊馆长延君任纂修，继晋总纂，有清三百年史，档册繁重，入关以前，官阶世系率易混淆。昔人编《元史》，有一人两传之弊。君任太祖、太宗两朝诸臣传，犹属建州部族，钩稽旧籍，排次正附，三致意焉。又撰后妃列传，有清一代，以孝庄始，以孝钦终，宫壶之事，动关家国，益以妃嫔外戚，例无汉族，其家世、其封秩，纪载容有疏漏，君考核精详，语必有本。又清史体例，宜少异于历代，五行灾异，腾笑邻邦，四裔屏藩，岂容自大。晚清以来，邦交既设专部，而交通宗教又动与外交有关，此固前史所无，而为清代之政要。若夫民俗与内政，息息相通，散见地志，犹嫌未足。凡此均宜特立专志。君草创新例，多所是正。在京师日，东海徐菊人先生既去位，有《清儒学案》、《晚晴簃清代诗汇》之编，闻君名，两延君任编纂。清代学术，突过宋、明，即清人之诗，亦超明代，一以继榭山、梨洲之作，一以并牧斋、竹垞之书。两书刊成，蔚然巨册，天下咸仰望焉。凡此皆君之不朽事。至君自为诗文，手编而已风行者，有《安乐乡人诗》六卷、《乐梦词》四卷。君之为诗，一本于修辞立诚之旨，以为言不由衷，为不诚之大。其遣词使事，稍稍不符分寸，即不得谓之诚。君又瓣香萚石，旁及秀水同派诸公，尝谓萚翁初不以诗自名，骨肉死生之际，师友离合之间，郁陶既深，盘礴而出，不能自已，而始宣之于诗。同派诸君子，皆若隐喻斯意，芬芳悱恻，尽其所蕴，而无费于辞，不媚人，不眩人，辞必己出，各有面目，而彼此复不相袭。故君诗深得秀水之神髓，而未尝斤斤于貌似。钱、王以下诸公，遭遇承平，故其声和，君则如在天宝之世，虽抱悲天闵人之怀，乃无愤时嫉俗之语，盖得力于学养者深也。

近年编《续槜李诗系》，强曾驰书，以郡贤重心为请。君覆函云：“嘉郡人诗，嘉庆以后，以钱衎石先生为巨擘。其诗宗宛陵，参以山谷，无一语蹈袭前人，亦无一语矜眩后学，今拟立一专卷，而以乙公配之。”又云：“曩在旧京，见《石仓诗选》十册，录出吾郡明人诗六十余家，取《诗系》互勘，只四人未入选。入选者家各一二首，皆择其尤雅驯者。乃叹客子先生搜采之广，遴选之精。及检《续诗系》，朱、李大家，已不知其入选宗旨。若萚石先生及祝、王、万、汪诸公，则皆视若寻常人不过数篇，又未得其粹，恐吾辈眼力，又逊于云仁先生也。”又云：“选家恒以发潜阐幽为主，要当使幽者光，不可使光者幽。曹蜍、李志可附廉、蔺以传，终不能使廉、蔺与蜍、志伍也。”凡此各节，则君选诗之旨，昭然大明，后之完君书者，可以鉴矣。

君既熟于建州女真史事，又多见秘本，故有《建州事实》之作。又文百余篇,都为若干卷,皆编稿待刊。嘉兴忻虞卿宝华编《槜李文系》四十八卷,君与同郡张君元济、葛君嗣浵、谭君志贤续修补辑,增至八十卷。又君从兄蓉镜创刊《槜李先哲遗著》,君为补刊盛丹山枫《嘉禾征献录》及其他四种益之。君之维护乡邦文献,用力巨矣。君读书万卷,博学多闻,本具治国之才,乃耄耋耆年,仅以文章著述显,其位置终在儒林、文苑之列,此则君遭时使然也。昨年己丑,乡举重逢,例得于先一年戊子为鹿鸣之宴,翌年乃始重游泮水,故君有诗云:“恩榜先期旧例沿,食苹翻在采芹前。”亦科名嘉话也。强与君交游四十年,风义在师友间,函札往还,辄谈文艺,前二十年,得书数十通,已装潢成册,不幸毁于劫火。后二十年中,尚有数十札,正当什袭藏之。强七十矣,承君惠诗,匆促未及复和,而君已逝矣,呜呼痛哉!君生于清同治七年戊辰八月,殁于中华人民共和国建国第二年之八月,年八十有三。谨状。姻世愚侄屈强拜稿。

据铅印原件

清故学部左丞柯君墓志铭

张尔田

大儒柯君既殁，越明年，卜以某月某日，将葬于某原。孤子昌泗既告期，且以状来请铭。君素知余文者，辖不可辞，按状：

君讳劭忞，字凤荪，先世籍台州，国初有讳某者，避翁洲难，始迁于莱之胶州，遂家焉。曾祖某，某官。祖某，某官。父某，某官。三世皆以君贵，赠如其阶。妣李太夫人，贤明娴诗礼，生子二，君其次也。君幼渐母氏训，七岁能韵语，父老惊为奇童，乃益自愤发，励于学。邹鲁圣人之邦，号朴学薮，比壮，尽得其书而读之，于天文历算舆地声韵训故，靡不综贯。其学由博而精，蕲于有用，然一以经为归，无歧骛也。举同治庚午乡试，光绪丙戌成进士，历官翰林院撰文侍讲、日讲起居注官，一提督湖南学政，授贵州提学使，调学部丞参上行走，补右参议，迁左丞，选为资政院议员，兼典礼院学士。君既以文学当官，敷政之暇，研诵不废。国朝儒者，诸经皆有说，独《穀梁》无完书。君以为《公羊》阐微言，《穀梁》章大义。《穀梁》鲁学也，治之宜先。宋氏三科与邵公异，此《穀梁》家所特闻，不先通此，非常异义可怪之言作，其罪至于诬圣。成《穀梁补笺》若干卷，《春秋》之谊大明。

君之调丞参也，两江督臣以魏默深《元史》上于朝，书下学部察看，朝廷有知君者，故有是命。时君治元史有年矣，诸史惟元最疏，亦惟元号难治。洪文卿氏取拉施特书成《证补》，与君同时屠敬山氏，亦撰《蒙兀儿史记》，皆未竟厥绪。魏氏书先成，杂踳不足以示远，君乃下帷覃思，因是创违，征外籍，考大典，博采佚存旧闻，毓三家而有之，成《新元史》二百五十七卷，复理董洪氏稿修辑未毕者，为《译史补》。而史识之见于考异者，又若干卷。其书别行。论者谓却特史，更两朝五百年，得君而告大备。方君书之出也，一时翕然海外，日本尤重君书，以博士赠焉。博士者，彼国学位至高，不轻授。君外人，乃得之，人以为君荣，然非君之尚也。

逊位诏下，君痛哭，解组去。会史馆开，馆长赵公与有旧，聘君总纂。君自顾儒臣，国亡无所自荩，修故国之史，即以恩故国，其职也。在馆日，成《天文时宪志》，纵横推步数万言，畴人为敛手。又以其间订阅纪传。赵公薨，君遂总其事，史稿卒赖以成。始余与君同在馆，论史事相得，欢甚。别八年，复见君于京邸。君年八十有三，虽笃老，犹能健谈。相与叹息世变日亟，祸之不可免，其言绝悲。又二年，而君卒，实岁癸酉。盖自君之卒，海内老师宿儒亦尽矣。君于文，师梅郎中，疏朴古澹，尤工于诗，奄有渔洋、竹垞之长，晚年所刻《蓼园集》是也。他所著，尚有《文选补注》、《文献通考注》、《尔雅补注》诸书。配吴淑人，桐城古文大家吴挚甫先生之女，相夫能庄，鬻子能勤，实与君谐，君始得以毕志于著述。子三：昌泗、昌济、昌汾。昌泗亦以文学克世其家。铭曰：

〈粤〉有大儒，为世楷模。文丧义嵬，拯之坦涂。陵壑大迁，饰巾从好。天之抏之，俾昌厥道。百世献宗，贞我瑰辞。卜云墨食，永宅于兹。

据《遁堪文集》卷二

柳诒徵自述

柳诒徵

一

我自幼从母亲读四书五经、《孝经》、《尔雅》、《周礼》，以及古文、《古诗源》、唐诗，天天要背诵。自七岁至十五六岁，逐日念生书、背熟书，止有腊月廿日以后，正月半前后，可以自由看书、抄书、游戏。其余读书之日，自天明起即背书，各书不背完，不能吃早粥。我的书读得越多，背书的时间越长。直到我十五岁大病之后，我母亲怕我夭亡，读书的课程才减轻了。彼时我虽读了许多书，也不知道如何讲解，更不知道如何讲求经学；偶然看看《纲鉴易知录》或《四库简明目录》，也不知道如何讲史学和目录学。但我听见本地有许多人家有什么书，我就要想法借来看或抄；所以自十六七岁起，向镇江各家借抄《御纂七经》中的三礼一部书，过录惠定宇、张皋文批的《汉书》等，也都是莫明其妙。我父亲的学生陈善余（庆年）听见我很好学，时常找我去谈论。我就从他得到许多讲学问的门径。陈氏的朋友赵申甫先生（勋禾）也赏识我，常和我谈镇江的掌故，以及清朝许多学者的故事。我在廿岁前后，最得此二先生之力。到了廿三岁，陈善余介绍我到南京编译书局，受业于江阴缪艺风先生门下，我就由此常在外乡，在镇江的时候很少。几十年间见到清季及民国许多硕学名人；自己虽然根底浅薄，也随时跟着若干人前进。陈善余最深于史学，劝我不要专攻词章，因此我也就不大很做诗和骈文。陈的志愿是讲学不做官，我也就只愿讲学不做官。在译书局和常熟宗受于（嘉禄）同事，听他常讲桐城老辈讲学问文章的方法，也就渐窥散文的门径。那时候译书局在南京中正街祁门会馆，和义宁陈伯严先生（立三）对门，时常亲炙，粗闻其诗古文绪论。陈戚通州范肯堂先生（当世）常游金陵，寓居陈家，我也常请教他。同时通州名人张季直先生（謇）做文正书院山长时，我应过一回考试，他就赏识我。后来他因有人请他做一部书的序，他托缪先生找一个人代做，缪先生叫我代做，他看了也称很好，所以我就常去拜见他。及至办商业学堂，张先生担任过一次监督，更和我是宾主了。张先生办南通师范学堂，要请我到通州教书，范先生也力劝我；我因在缪先生门下，待我极好，我不忍离开缪先生，婉言辞却。但因到通州之便，与江易园先生（谦）相晤，江先生告我以“三不敷衍”宗旨：一不敷衍自己，二不敷衍古人，三不敷衍今人；我为之极端倾倒。后来江先生任高等师范校校长，请我教国文。我更常听到江先生许多名论，可惜他因病辞职，在校时间不久。否则他的人格感化，造成南高学风，真是了不得的。

二

我何以学会写篆字？我舅父的朋友孙永之先生（维祺），真草隶篆都写得好，常到我舅父书房内闲谈。我看见他写篆字，我就要学着写。他说不是学着写，要看《说文》，才晓得每个字的来历。我那时不知《说文》是什么书，听见一位张先生家有这个书，就向他借。他有一部江阴祁刻的《说文系传》，不肯全部借与我，祇肯一本一本的借。我借得一本，就将每字抄下，再去换第二本。我自幼读过《尔雅》，也就将《尔雅》一字一字照《说文》写去。这是我学写篆字的经过。后来孙先生去世，家境不好，他生平所得的碑帖亲手装贴，有数十百本；我买得数十本，内有《西狭颂》、《石门颂》、《尹宙碑》、《史晨碑》诸碑，我就学著写分隶。后来见著同乡吴芷舲先生（诵清），佩服他的篆隶，在南京时常去请教他。后来又见到李梅庵先生（瑞清）、欧阳竟无先生（渐），遂更学写钟鼎、魏碑和《泰山金刚经》等，垂老无成，愧负诸老。

三

我自幼受我母亲的教诲，做诗做文不可好发牢骚，专说苦话，以及攻讦他人，触犯忌讳，等等。所以平生谨守范围，固不屑以诗文为干谒谀谄文具，亦不敢用于玩世骂人之武器。自在东南大学与梅迪生（光迪）、吴雨僧（宓）等办《学衡》杂志，始对于当时教育界、学术界加以评论，也止于笼统指摘，绝不讦诋个人。又与学生缪凤林、景昌极等创办《史地学报》、《文哲学报》亦止于平心静气讨论学术，不立门户，不争意气。有一篇《论近人治诸子学之失》（载一九二一年《史地学报》一卷一期）论及章太炎、梁任公、胡适之等诋毁孔子、崇拜墨子，及九流不出于王官等议论，措词亦极慎重，惧婴诸人之怒。这篇文章披露之后，太炎见了，写信与我，声明从前诋毁孔子之误，承我批评甚感。后来相见，甚为契合。写一扇面赠我八字，是《刘歆传》的"情见强识，过绝于人"八字。任公过后对我的批评也无反响。一九二二年冬，任公到东南大学讲学，对我很客气，也曾写一联相赠——"所见者大，独为其难"。适之见面，也很客气。我的学生乘间问适之对我的批评如何？他说：讲学问的人，多少总有点主观。因为他提倡客观，我说他的议论，并不纯是客观也。彼时有人怀疑古代没有夏禹这个人，依据《说文》"禹，虫也"一句话作证。东大学生刘掞藜做了许多文章和他们辩驳，我并未参加。但在《史地学报》三卷二期里做了一篇论文，题目是《以说文证史要先知说文之谊例》。因为《说文》是讲字的书，并非是历史人名字典，所以对尧、舜、禹、昌、旦等都不说是某帝、某王，只照字的原始意义说。我也没有提出疑惑或说没有大禹的是某人。后来在北京见到几篇文字，指明我这篇议论不对，我也不再去辩这个是非。

四

予六七龄时，先妣口授唐人五七言绝，约二百首，次授唐人五言律，约四百首，次授《古诗源》，次授《唐诗别裁》，不克竟读，仅读七言律一类。其五七言古诗，则听予姊读三百首中诸篇，亦略能上口。十二三岁时，年终放学，潜至外家楼上阅所藏书，手抄海门（鲍皋）、江干（余京）、石帆（张曾）、小花（李御）诸先生诗，亦学为之。两舅氏应书院试，间有试五七言者，两舅亦命予学制，不自知其工拙也。十七岁应童子试，适遇尤侍郎按试，经古有古近体诗一门，煦斋舅氏告浚卿舅氏为予报考，题为《考焦山古鼎歌》、《田横岛》、《栾公社》七律，予以小篆书之，幸获录取。复试题为《拟杜工部李潮八分小篆歌》、《润州怀古》七律，阅后试卷评有“未冠能此，可称妙才”之语，出禀两舅氏，两舅氏甚喜，以予所作“有故而去”之八股文，恐不入彀，嗣亦幸获录取，评语亦佳。伯舅曰：“学宪对汝文，竟能加此美评，吾辈虽欲思一美评不能也。”时在金坛应试之乡先辈，皆知予之能诗，陈心兰先生在试场，口询予若何学诗？予告以实未尝学诗，虽《唐诗三百首》亦未能全读。陈先生曰：“学诗亦不必读选本，宜读专集。”此语予至今犹忆之，不敢忘。

又予十五六岁时，蒙李亚白先生赏识，并常赴其冬心书屋请教。先生教以阅潘四农《养一斋诗话》及蒋心余《忠雅堂诗》。比在金坛应试始获购阅此二种。又购黄仲则《两当轩诗》及《国朝六家诗》，粗窥渔洋、竹垞之樊篱。在家授徒，手抄韩杜两集读之。此为予学诗之经过。廿三岁赴金陵编译书局，遂不复用功于诗，偶有游览应酬工作，仅以鸣其兴观群怨之意而已。

在金陵，又见陈伯严、范肯堂两先生以诗鸣海内，益不敢云诗，但冀亲炙时贤而知门径耳。王湘绮在宁，尝晋谒叩诗法，王曰：“诗如女子，须有粉黛；又为士夫，须说官话。”予亦谨识之，时易实甫（顺鼎）偕游胡园，散原指易告予曰：“此诗机器也。”易诗与樊樊山（增祥）诗最速，故陈目为机器，予知陈意，诗不以斗捷贵，故当时不嘲易，亦未与易谈诗，至樊则未一晤也。同时友好刘龙慧、毛元徵、梁公约、李审言、江小楼、徐南州皆擅诗名。予亦不敢与角，第聆其言论，知所宗尚。间阅郑子尹、江韬叔（湜）、金亚匏（和）、黄公度、郑海藏诸家诗，阅《陈石遗诗话》，知有所谓同光体，石遗之为诗话，录公约诗，有予宿北固山联句，予亦不敢以诗投石遗。民国初年在北京，胡子靖尝欲介予晤石遗，予懒于往。至廿年前后，始由曹纕衡介予见石遗，并属予写旧作质之石遗，始采予诗入续诗话。

民国五、六年任教南京高师、东南大学，与王伯沆（瀣）共晨夕，王喜谈诗，赣人胡先骕、邵祖平亦昵就。王谈诗，予旁听，久之，亦时有所得。王在龙蟠里图书馆手抄《咏怀堂诗》，假予读之。陈散原亦亟称阮。予益知诗不易为，而取径尤不可简。间取吴挚甫评点昌黎、半山两集迻录之，并涉猎黎二樵（简）、高心夔诸集，不能如王之用力，任举某家之诗，辄举其名篇琅琅上口也。王又喜谈东野、宛陵二家，予读之，鲜领会，自知用思不能深刻也。

据作者手稿

文懿先生剑川赵公墓碑

金天羽

公讳藩，字樾村，一字介庵，云南剑川人也。宋燕懿王后曰由坦，德佑间使伯颜军，被留，后随达鲁花赤爱鲁至云南，任大理等处都元帅府副使。传十九世，至赠光禄大夫讳怀礼，公之曾祖，生赠光禄大夫讳琦，公之祖。生赠光禄大夫讳联元，公之考也。公幼而奇颖，赠公授之书，过目辄不遗。五年乙卯，临安回汉相仇斗，各号召党族。永昌回酋杜文秀起兵袭姚州，踞大理，远近回啸呼相应，连陷四府九州七厅，先后扑省垣，死两总督，革一巡抚。新任督抚，驻川黔边，不得进。惟藩司岑毓英血战，屡破贼，省内外倚以为重。剑川直大理北，公侍赠公流窜避兵革，不废诵读。未弱冠，经史明习。时回势方张，诸民寨不能自葆就。同治戊辰，公年十八矣，既读书负志略，遂与族叔敏堂纠忠义士，谋复郡北三城，拊贼巢，遥解省围。先以蜡丸书，致维西协副将张润，约内外夹击，遂复剑川，分兵规丽江、鹤庆。当时称为北路义师者是也。已而贼援大至，围攻五月，城陷，敏堂死难，公跳而免，复与张润纠败残卒，申讨训练。八年己巳，遂克丽江，拔剑川，分规鹤庆、浪穹、邓川，而永昌、腾越、顺宁、缅宁诸路，豪杰并起建义旗，两年之内，迭复三十余城。十一年壬申，总兵杨玉科拔大理，磔诛杜文秀。凡北路一军运筹草檄诸事，一出于公，在军不废读，事平不邀奖叙。

是岁应试，补博士弟子员。乙亥，举于乡。两应春官试，报罢，就四项教职，选易门县训导。盐法道钟念祖辟佐幕府大计，保卓异。云贵总督岑襄勤公毓英又辟幕府。公以受钟君知，不赴。钟君罢，乃受襄勤聘，主笺奏。襄勤薨于位，为草遗疏，纪理其丧。巡抚谭钧培兼督篆，仍辟公。公以受襄勤深知，当护其丧归籍，流涕陈辞，谭公动容称叹。先是，公以训导俸满，见总督刘武慎公长佑，为画策平云州著匪石炳元，叙功保候选知县。嗣佐襄勤幕，画策平顺宁猓黑夷，改置镇边厅，叙功以直隶州选用。及送襄勤丧归，请咨入京候选，指发四川，补酉阳直隶州，名捕豪猾，而奖善类，慎刑恤民，士劝于学。秩满去，民攀送者，亘三百里不绝。至涪州，奉总督定兴鹿传霖檄，留筦官运盐局两月，奉檄督办川东土税厘局，洁己率属，员司不敢为奸利，商民无留难，一年，征收大赢。时部议征足十成，公难之。定兴手教勖公，半年所征，益饶于前。

定兴去位，公回滇省亲。会庚子事起，滇督丁振铎、藩司李经羲，檄公会办全省团营，又奉檄赍护贡品赴西安行在，奉旨以道员仍留四川补用。先是，川商行盐济楚岸，而受制于宜昌、沙市行户，日折阅，商欠至七十余万。公受川督奎俊奏委，于宜昌设局保商，于是川、楚两督有违言。公诣鄂督张之洞，折呈所拟章制，川、鄂交益，张公大悦，商销畅而主客和，商欠以次收还。未几，川督岑春煊檄公署盐茶道，兼总通省厘金，钣摫弊隐，严而不苛。岑公既以公为襄勤旧僚，有缟纻几席之雅，举凡安民抚彝察吏理财治军绥寇诸方略，与夫设学储材考工讲武诸新政，委心腹一以谘公。川政秩秩，齐称吴、楚。初，川盐行滇、黔两边，法敝而穷，边引积滞至八万七千，羡截银两，积逋悬至百三十六万六千。光绪初，四川总督丁文诚公宝桢奏改官运商销，置总局于泸州，各井灶分置厂局，而盐岸分置岸局。厂局就井灶市盐，以授之岸，岸局受而售之商，凡黔边额引及近边各属计引，由盐道悉移总局，并清厘带销从前各积引计引，一年畅销如素计，而内外臣工交章掎摭，朝廷知文诚忠，始终优予维护。文诚薨，盐法复坏。岑公欲竟文诚志，询于百僚，百僚互执同异。岑公锐欲倡成官运，故檄公权盐篆。公乃选用廉能吏，昕夕与共筹画，纲总缕解。岑公欲公久署，以图成。公辞，乃檄总滇黔官运局。未行，委署按察司，仍兼官运局。公内心缜密，论事不阿，清心嫉恶，所至必立名节。署臬篆五月，赴泸州领鹾局。公以为滇黔边计官运成法，经文诚手定，载在掌故，行之二十余纲效积白著，法非不善也，所以敝者，人也，救敝而新之，亦惟汰冗滥，擢进廉公之士，而正躬洁己，以为之先。夫官运商销，官固利其盈，商与灶亦不可使之困。犍富两厂火衰而炭贵，征款日有加，盐苦恶而销疲，厂岸交困，故以恤灶恤商为固本上策。凡司榷运四年有奇，引无留滞，库藏大积，中间一署永宁道，再权臬篆，奉旨特授永宁道。公既兼领鹾务，手握牢盆，利孔之所萃，处膏不泽其身，务恤商灶，而课税日赢。在永宁道任，叠劾墨吏豪绅骄弁，而置诸理，日愠于群小，数启总督锡良，愿卸鹾符，履本职，得请。于是公先后官蜀十有五年，干格操守，于天下监司为第一，出处进退，内断于心，而权以义，隐然烛几事之先。

宣统元年己酉，总督赵尔巽以峻法来治蜀，横取于民以媚上，蜀人滋怨。公乃悄然曰："可以去矣。"三上书告归养，庚戌乃得报，一年而革命军起。方清之代明也，滇独于中国为后亡，中原义士故家遗献，间关从永历，遁荒南服，长往而不返者，多有其人。而公之先户部郎中讳云升，痛心国事，隐居椒园，奉汉腊终老。公幼从赠公搜采明季文献，即隐然动故国之感，思禯显苌节，以寓襟抱。其后在腾越建明贤崇报祠，祀李定国、沐天波等，而顺宁建龚尚书彝祠，楚雄建杨文烈畏知祠，其所辑刊《云南丛书》，又多载遗臣故老之作，岂非素所蓄积然哉。方革命军起中原，滇中志士蔡锷、李根源、罗佩金，亦刑牲结盟，誓立军府，三迤州闻风交起，陆军协统曲同丰驻大理，既阴通款，立迤西自治机关，而四方椎埋恶少啸聚数千百人，据地征赋税，不奉约束，相攻剽如敌国。滇人以公负重望，悉行军方略，请出任艰巨，不可，强起焉。乃入大理，召陆防各军。晓以逆顺，檄迤西州县豪杰。奖其倡义，而颁布条教。腾永军张文光拥众号万人，最骁桀，得公檄，首先听命。已而陆防军有违言，陆军驻城外，治攻具，曲同丰惧逃昆明。公亲与其将弁晓譬利害，电保标统孙绍骞代曲，军心以安。未几，腾永军别将陈云龙违节度，举兵窥大理，出永平，集军漾濞，而谭鸿鑫陷顺宁，杜文礼占云龙、喇井，公急檄鹤丽镇总兵李德泳，出剑川，复喇井，新募兵一营，出乔井，会管带刘得胜定云龙，统领李学诗擒斩鸿鑫，肃清顺宁、缅宁、云州，陈云龙增兵漾濞，侵入合江，合江距府七十里，分股陷蒙化。公令孙绍骞迎击四十里桥，大破之，追至漾濞。云龙退永平，蒙化亦为乡团克复，云龙逃，凡百日而事定。时蔡锷为都督，李根源为第二师长，率师西上，办善后。根源，公之弟子也，事必谘禀而行，凡一切设施，备详《西事汇略》，不具载。西事平，公迳返剑川，侍赠公。其间以国事故，北至燕，南至粤，东至沪上。慨然曰："天下事未易底定也。经野体国，任豪俊者图之，网罗天下放失旧闻，以荣我乡邦，乘宿素之未落，老夫其究心力于是矣。"惟滇于国，居西南陬，东南文士坛坫之盟不与，故文献湮没，井鬼之墟，光气郁郁，明而未融。然而魁奇之士，怀贞守方，摅孤愤，负不世之略，著述往往散见故家。公甄采数十年，又移书海内耆硕及门弟子，相为搜访，凡得二百八十一种，汇为《云南丛书》。经始于甲寅，辍业于丁卯，于是滇中文献炳焉与吴越同风，非公之博闻通雅，强力而不弛者，曷以臻此哉。

公性至孝，遘赠公之丧，年六十有四矣，哀毁如孺子，感动行路。守赠公之教，先后斥资巨万，以济荒政，或书院购藏经史。流略平生，学问体用一贯，文艺卓绝，不为声华。议论风概，皭然当世，当世推为巨人长德，及闻捐馆之耗，三迤人士暨门生故旧，咨嗟伤痛，相与为位于云南图书馆而哭之，私谥曰文懿先生。公之生，咸丰元年辛亥正月七日，卒中华民国十六年丁卯九月一日，春秋七十有七。

夫人王氏，侧室郭氏。子宗瀚、宗培、宗煦、宗朴、宗祥。孙某某。初剑川有主山曰金华，公往游焉而乐之，尝自署曰金华山樵。至是，众议购地如干亩，葬公于金华山之万松冈，使九原魂魄常乐以虞。粤以戊辰十二月九日行公葬礼，公之弟子周君钟岳、李君根源，走天羽之室曰："先生于万里之外，识吾子之文章，今窀穸有日，神道之碑，敢以属子。"则敬应曰"诺"。既诠次其事，系以铭曰：

天水之孙，矩范犹存。佐军于滇，以昌其门。遘世鼎革，中心烦冤。户部沈冥，不华以骞。后挺达人，矫首其霄（平声）。公生嶷嶷，夙慧自童。花门种骄，弄斧以狂。三迤骚然，残我耕桑。弱冠请缨，探身虎穴。挫蹶不回，终锄貙猰。幕府论功，我归于田。射策甲科，贲儒之冠。徒步送丧，于古有闻。东汉名节，笃念旧恩。火井荧荧，华阳古都。鹾纲四出，泽滇与楚。法无治人，仓庾久窳。商灶疲穷，公来苏汝。岂惟苏汝，庶政备举。造膝密勿，我心蕴结。披枝伤本，慎无掊克。简书有程，乌鸟有私。梓桑我爱，绪紊而治。

维纲维纪，政之所履。千夫颉颃，孰知臧否。归卧邱园，稽古是勤。殷礼在宋，献有遗文。竹帛辉辉，垂示后昆。公文可垂，公绩可歌。公没而思，冈垄委蛇。铭以表道，我辞无颇。

据《天放楼续文言》卷五

闻家骅事略

失　名

闻一多先生，名家骅，号一多，又名多，今年仅四十八岁，湖北浠水人。家世湖北望族。民国八年“五四”运动发生，那时候先生在清华学校（当时尚未改称大学）念书，积极的参与当时“外抗强权，内除国贼”的学生运动，担任学生会书记职务。先生爱国家，爱人民的热情，在那时候即已兆其端绪。民国十年毕业清华大学后，即出国赴美留学，在科拉多州研究外国文学，芝加哥艺术学院研究美术。返国后在国内各著名大学任教授、系主任、院长等职二十余年。民国十五、六年任中央大学外文系主任，十七年任武汉大学文学院长，并任武昌艺专校董。十九年任青岛大学院长，二十二年返母校任中文系主任。二十六年抗战爆发，平津沦陷，先生随学校迁长沙，继又由长沙步行数千里抵昆明。当时先生是带队之一，他的步伐是异常健壮的。抗战八年来，一直在西南联大中文系任教。原来先生在清华念的是外文系。中国文学修养甚深，为不可多得的学者。在北平的时候，他提倡新诗，与已故诗人刘梦苇、徐志摩、朱湘等在《北京晨报副刊》出版过《诗周刊》，举行读诗会，提倡诗朗诵，又曾与徐志摩合编《新月月刊》及《诗刊》。他的诗受十九世纪浪漫诗人的影响最深，他那讲究的诗格，深为当时诗人所推服。曾著《死水》、《红烛》两诗集，及长诗《奇迹》行世。以后一直从事古书的整理，就很少再写新诗。但抗战期间曾编有《抗战诗选》。他在当今诗人中，极推崇艾青和田间，称田间为“明天的诗人”，认为他的诗是时代进步的鼓声，有打鼓的声音。在中国古代文学中，闻先生对《易经》、《诗经》、《楚辞》、《庄子》、乐府、唐诗、古代神话、古文字学、音韵学、民俗学及绘图都有深切的见解和研究。他对《楚辞》的研究造诣尤深。先就核正文字及诠释词义作成的《楚辞校补》曾获全国学术审议会的奖。他极同情屈原的身世,以其"行义"尤过于"文采",目为"人民的诗人"。又译《九歌》成白话歌剧,请音乐家赵沨制曲,将完稿。他在联大讲授"唐诗""杜诗",选课的学生很多,辑有《唐诗选本》。他对《全唐诗》的校勘已积稿成尺,尚待整理。又有《唐诗杂论》散见于各杂志。所作的《周易义证类纂》、《诗经今释》、《庄子内篇校记》、《乐府诗笺》、《杜甫年谱》都已出版,在学术上甚受重视。在他授课余暇,以新哲学观念写"中国文学史",可惜还未完成,就遭反动派杀害了。

闻先生自从美国归国任教后,二十余年,从不过问政治。到抗战后期,因为目睹国内政治腐化,贪污遍地,物价暴涨,民不聊生,蹙然忧之。民国三十二年秋天,闻先生的一位在教导团从军的侄儿,经过昆明时,历历为先生陈述军队中的腐化,黑暗龌龊,先生大受刺激,于是闭门不出,深思七日,考虑其今后的人生态度,应该像过去一样埋头书斋不问世事,抑应该走出书斋,仗义执言。深思了七天以后,他觉得他不只应该作个研究学问的读书人,而且更应该以一个国民的身分去关心政治,于是他不时应联大学生自治会之邀,出席讲演时事及政局问题。

民国三十年春夏之交,我国对日战事一再败北,中原之战失利后,继而湘桂、黔桂、粤汉等线,节节败退,湘桂线被打通后,粤汉、黔桂两线也势如破竹,日寇越独山、都匀,直逼贵阳。先生蒿目时艰,不胜悲愤,乃于是年昆明各校庆祝双十节大会痛陈中国政治腐败,要求改革,并发表文章《武装保卫大西南》,要求政府实施民主改革,动员民众,武装保卫大西南,不让敌人得寸进尺,觊觎我西南大后方。是年十二月八日昆明《民主周刊》创刊,先生出任《民主周刊》编辑委员及民主同盟云南省支部省委。

自湘桂战事失利后,昆明生活程度,一日千里,高于全国,先生薪给有限,家庭负担甚重,乃不得不日以继夜代人治印以博升斗,但闻先生操守极严,有所不为的,好些以贪污或杀人起家的权贵重金请他治印,都为他严词拒绝。

先生品性耿介，待人温厚，爱青年有如子弟，深得联大学生的爱戴。每日课余，学生及昆明职业青年去看他的络绎不绝，先生生活虽拮据，但有些穷学生交不成饭费或生病医药费无着时，先生总是东借西凑千方百计的替青年解除困难。

先生的参加政治，完全是本乎他学者的良心，他本来是厌恶政治的。他的参加政治活动，也仅仅止于发表演讲或文章，由于先生对民主的热诚和大无畏的精神，他的演讲是异常得到青年人拥戴，每次演讲，听众总是五六千至二三万人，演讲时总是掌声不绝。

在先生的生活中是找不出"畏缩不前"或"恐惧"这几个字的，他的生活态度总是本着"义所当为，毅然为之"八个大字，在去年昆明"一二·一"惨案发生后，一再大声疾呼主张严惩凶手的是他，三十五年二月间昆明各界庆祝政协成功大会万人大游行，走在人民前头的是他，每一次演讲会第一个说话的，也还是他。在三十五年二月间昆明特务分子，就扬言悬赏四十万元买他的头颅，但他听了只淡然一笑，答复恐吓的是更积极的为和平民主实现而工作。

闻一多先生出任民主同盟中央执行委员及民盟云南支部宣传主委兼民主周刊社社长，是三十四年九月间民盟代表大会所选出的。翌年联大课程结束后，他就想回到北平去了，但因为交通工具关系一直未能成行，竟致于是年七月十五日继李公朴同志之后被刺，其长公子立鹤也身受重伤。

闻先生遗下妻一，子女五人，均在西南联大及附中附小肄业，身后萧条，一无长物，今后家属生活及子女教育费都很成问题。

闻先生死了，在反动的阴谋下死了，但闻先生的精神是永远不会死的。快要死的，是日暮途穷的反动派自己，闻先生是活着的，他的精神，他的意志，他的理想，已经成为全中国人民的精神，全中国人民的意志，全中国人民的理想，他的方向，也是全中国人民的方向，全中国人民将会以更坚强更勇壮的行动，为和平民主的新中国而努力。

据《联大八年》

唐晏传

王重民

唐晏字元素，号涉江道人，又号漯川居士，原名震钧，字在亭（一作载亭），号悯庵，姓瓜尔佳氏，满洲镶黄旗人。入民国，改今名。始祖以天命二年归清，扈跸入关，至先生凡十二世，历仕中外，皆以清德著称，故未臻丰厚。父式梁公，以举人官户部郎，出守扬州。同治七年，先生年十岁，随父之江南，犹及见何绍基。光绪六年返京师，八年中顺天乡试，益勤学好古，从汴文暹问词章，从张度（号抱蜀老人，长兴人）讲书画。屡上春官不第，然颇为座师潘祖荫、嵩申等所赏识，遂深于金石考据之学。十八年，假馆外城吕公堂王姓。二十六年庚子，车驾西狩，先生敝衣破车，奔赴行在。二十八年，于役汝宁。三十二年，知甘泉县事，未逾年，辞去，嗣迁陕西道员。宣统二年，执教于京师大学堂，与喻长霖、章梫等相契。时江宁将军铁良，聘先生为江宁八旗学堂总办，至则经营布置，以教育驻防城人才为己任。未几，民国革命成功，乃隐居上海。授读龙溪郑氏，为校刻《龙溪精舍丛书》百二十册，间亦为刘承干襄校役。宝熙在清史馆，介缪荃孙奉币请协修纂事，婉辞以谢。结丽泽文社于沪滨，与梁鼎芬、朱孝臧、郑孝胥相唱和，张志沂、刘朝叙、刘之泗、叶元等，咸入社称弟子。一九二〇年夏以痢卒，年六十有四。

先生涉阅极博。著述谨严，与端才〔方〕、盛昱、杨钟羲，同为满洲文学之后劲。唐渤海大氏，建国三百年，载记不传，先生乃网罗放失，整比旧闻，援《大金国志》、《契丹国志》之例，撰《渤海国志》四卷（一九一九年刻入《求恕斋丛书》）。又世居京师，习闻旧事，自先生之生，经庚申、甲申、甲午、庚子四役，世风丕变，乃追《梦华》、《梦粱》二录之前踪，寓以国家身世之感慨，撰《天咫偶闻》十卷（光绪三十三年甘棠转舍刻本）。又辑清代善书者八百四十八人，仿张氏《诗人辑略》之例，各系籍贯官阀，博稽载籍，胪举评骘，以便参考，成《国朝书人辑略》十二卷（光绪三十四年金陵刻本），又校注《洛阳伽蓝记》，为《钩沈》五卷，纂《石鼓文》为《集注》一卷，读《香奁集》为《发微》若干卷。又辑《孔门学案》若干卷、《两汉三国学案》十一卷、《十篆斋金石跋尾》若干卷。《钩沈》与《两汉三国学案》已刻入《龙溪精舍丛书》中。遗文有《涉江先生文钞》、《海上嘉月楼诗稿》各一卷，一九二一年，门弟子张志沂等。为铅印行世。一九四二年十二月十日记。

据《冷庐文薮》上

钱玄同先生传

黎锦熙

先生姓钱，名夏，玄同以字行，晚复名夏；少字德潜，改掇献；号疑古，晚号逸谷，一署逸叟。浙江吴兴人，清籍隶湖州府归安县。父振常，清光绪间举人，年六十始生先生。兄恂，清末任驻日本及法、义等国使馆参赞及公使，长于先生三十岁，先生与侄稻孙年相若也。幼岐嶷，而谨愿。六岁，从塾师读经，老父因其兄不第，故属望殷，督责严。父没，随兄幕游，仍延师课读。年十八，丧母。聘徐氏，弱冠兄为成婚。赴日本留学，习师范，因从章氏炳麟专治国故，精文字音韵之学，又得与革命党人往还。宣统间，归国，任教员浙中。

民国元年，任浙江教育司科员视学职。二年，赴北平，任国立北京高等师范学校及附属中学校国文教员，旋兼教授国立北京大学。六年，投稿《新青年》杂志，赞倡“文学革命”，并入中华民国国语研究会为会员。七年，轮任《新青年》编辑人，鼓吹“新文学”及“新文化运动”最力，又与国语研究会诸人致力“国语运动”。八年，“五四”运动起，先生言论丰采，震烁一时。是年兼任教育部国语统一筹备会常驻干事，自是于国语、国音、注音符号、国语罗马字、简体字等制作推行，悉心参划，亘二十年，其效甚溥。十七年，教育部改常驻干事称常务委员，并于会中设中国大辞典编纂处，廿四年，复改会名为国语推行委员会，先生始终任其职。

先生教授北平公私立各大学，以音韵学为主，本其师传，复运以科学方法，参以新获材料，卓然成当代大师。十二年，北京高师改为国立北京师范大学，十七年，北京改名北平，先生任国文系主任教授，兼授说文研究、经学史略、周至唐及清代思想概要、先秦古书真伪略说诸科目，皆能以历史眼光，整理，评判，以求真为主，力矫从来"泥古"与近今"蔑古"之弊。二十三年，因积劳患血管硬化症，复感国难，神经极度衰弱。二十六年，芦沟桥事变起，北平旋陷于敌，国立诸学府皆南迁，蛰居养疴，拒绝伪聘。二十八年一月，病没于医院，年五十二。

先生术业专一而识解宏通，议论激昂而持躬谨介。著有《文字学音篇》、《音韵学》及《国音沿革》讲义，并论文、杂说、函牍若干篇行于世。子三：长秉雄，国立北京大学哲学系毕业，任私立北平孔德中学教职；次三强，留学法国，习理科；幼□□，孔德中学高中部毕业。

据《钱玄同先生纪念集》

钱穆宾四先生行谊述略

严耕望

钱先生江苏无锡人。讳穆，字宾四，原讳恩𨱅，民国元年更名。以清光绪二十一年(一八九五)阴历六月初九日(阳历七月三十日)出生，世居县东南四十里延祥乡啸傲泾七房桥之五世同堂大宅，地在荡口镇西五里。

先生世代书香。曾祖绣屏公，国学生。祖鞠如公治五经、《史记》，极精勤。父季臣公讳承沛，幼有神童之誉，双目炯炯有光辉，习诗赋，入泮第一，但自此绝意功名。为人仗义直言，不以个人私利介怀，故为族人乡里所尊，凡有争端，得公一言为决。教子有方，委婉不责，任其自悟。惜与鞠如公皆以英年早逝。

先生天赋聪悟，目如季臣公。能强记，少习古文，朗读三过即能背诵。尤爱小说，年九岁，父执以《三国演义》相试，随章回，不失一字，且揣摩人物个性身分作表演，传为美谈。

先生七岁入私塾，十岁入荡口镇私立果育小学，肄业四年。体育教师钱伯圭先生，乡里之望，实乃革命党人，以民族思想相启导，先生民族意识特浓，实萌芽于此。又读蒋方震所译《修学篇》，书中选录西欧不经学校正规教育而自学成名者数十人，述其苦学情事，对于先生后来治学，影响亦巨。高班教师华紫翔先生授各体古文，与魏晋南北朝诸短赋。顾子重先生学通中西，又精历史舆地之学。其他诸师亦多乡里宿儒，旧学基础深厚，兼能接受新知，所授课文，经史子集无所不有。先生晚年仍自谓治学蹊径，实由果育诸师启之。

先生十二岁丧父，家徒壁立，寡母及兄弟四人，仰本族怀海义庄抚恤为生。明年，与长兄声一先生投考常州府中学堂。声一先生读师范科，明年毕业任教，乃谢不领义庄抚恤金。

先生肄业府中三年余，深得监督（如今校长）屠孝宽元博先生之爱护，而治学则受吕思勉诚之先生影响最大。诚之先生为校中最年轻教师，任历史与地理两课，时有鸿议创论，同学争相推敬，而对于先生深为奖掖。先生成名后，仍常与诚之先生作学术切磋，互相欣赏，互有补益。余曾为文，推崇两位先生与陈寅恪、陈援庵先生同为前辈史学四大家。核实论定，应无异议。（此处所谓前辈，以余曾及睹其风采，或读其书时，其人尚健在者为限。）

宣统二年冬，先生因故退学，偶见谭嗣同《仁学》一书，读之大喜，即私去长辫。明年春，转入南京私立钟英中学五年级，每晨闻环城军号胡笳声，复心仪陆军学生之壮肃步态，常思出山海关，与日俄对垒。是年秋，升读六年级，适会武昌起义，学校停办，遂致辍学。

读先生《八十忆双亲》与《师友杂忆》两书，虽然中学教育尚未受毕，但幼年在家与中小学七年余，受父祖慈母与诸良师之教益殊多，立己处人处事以及治学根基与方法，乃至娱乐兴趣，一切皆植基于此一时期之优良环境。尤可叹异者，清末民初之际，江南苏常地区小学教师多能新旧兼学，造诣深厚，今日大学教授，当多愧不如，无怪明、清时代中国人才多出江南！先生少年时代虽然经济环境极为困难，但天资敏慧，意志坚定，而禀性好强，在如此优良精神环境中，耳濡目染，心灵感受，自能早有所立，将来发展，自不可量！

民国元年春，先生年十八，辍学家居。自念家贫，已无受大学教育之望，乃矢志自学。首先读《孟子》，七日而毕。不久任教于秦家渠三兼小学，一人兼任国英算史地体育音乐诸课，每周授课三十六小时，此为先生从事教育生涯之始。

三兼创办人秦仲立先生乃绩学之士，文理兼长，崖岸自高，藏书丰富，但不轻示人；惊于先生才思不群，终成忘年之交，切磋益友。乃获读秦家藏书，始得严复诸译著，得益匪浅。民国二年，先生转入鸿模小学任教，即前果育易名。先生虽已辍学任教，但常以未能进读大学为憾。

其时北京大学招生广告，考生须先读章学诚《文史通义》，入学后则以夏曾佑《中国历史教科书》(后易名《中国古代史》)为教本。先生即日勤读此两书，尤喜章氏书，对于后来治学趋向，有深远影响。

民国三年夏，无锡县创立六所高等小学，梅村镇一所为第四高小，设校于泰伯庙(县东南三十里)，邀先生任教。先生就读常州中学时，染有抽烟习惯，及到梅村，课文有《劝戒烟》一篇，因念自己抽烟，何以教诲诸生，遂决心戒除，数十年不犯；直到江南大学任文学院长，会议频繁，甚感无聊，始再抽烟作消遣。先生每悟一事，即身体力行，此为一例。又如读《曾文正公家书》，教人读书，必自首至尾，通读全文，遂即遵行，数十年不懈。复如读一本卫生书，谓人之不寿，多由忽略健康教育。自念父祖及不少亲长多不永年，可为殷鉴，遂痛下决心，力求日常生活规律化，作息散步有定时，至老不衰。

先生为学善师法，善变化，喜新知，勇创见，而能悉心追求，每从细小事故中彻悟大道理。如此种种，均在任教小学时代表现无遗。如授《论语》课，适读《马氏文通》，《文通》论字法，即仿其例论句法，成《论语文解》一书，为先生第一部著作。又如读《墨子》，开卷即觉有错字，愈读愈疑，遂奋笔逐条列出，加以改正，成《读墨暗解》一稿。但念《墨子》乃名著，传世已久，此类错误当早有学人指出。试翻《辞源》，知有孙诒让《墨子间诂》一书，急求读之，凡先生所疑，《间诂》皆已指出，并有详确证据，读书精博，叹为观止，乃自知孤陋幼稚，有如初生婴儿之对八十老翁，相去太远。自此始游情于清代校勘考据训诂之学，力求精进。

民国八年秋，先生改任后宅镇泰伯市立第一初级小学校长，时年二十六。先生在高小任高班教师多年，适会美国杜威博士来华，讲教育哲学，先生读其讲辞，深感兴趣，但与中国传统教育思想大异，故欲改入初级小学，得与幼童接触，作一番实验；再者，当时学人提倡白话文，初小教科书已全改为白话文体，先生极欲亲自察看白话文体对于幼童初学之利弊得失。因此在一个偶然机会中，毛遂自荐，担任小学校长，俾能亲自体察究竟如何？先生到任，教师连自己仅三人，每事相商；乃别出心裁，改变教学法，务使课程规章生活化，学生生活课程规章化，以期两方面融为一体。因此废除体操唱歌课程，但每日上下午必有体操歌唱，全体师生参加，成为学校全体活动。后加国语，亦采同一方式。又废除体罚，而随事诱导。作文课，常带学生到校外，随事指导学生观察讨论，自由发挥，只如一种生活。如此种种新实验，获得各方面之满意与赞许。

施之勉先生任厦门集美学校教务长，曾读先生文，深为推许。民国十一年秋，推荐先生任高中部与师范部三年级毕业班国文教师，此为先生任教中学之始。到校，与之勉先生一见如故，至老不衰。次日开课，首讲曹操《述志令》。此文仅见于《三国志》裴《注》引《魏武故事》，千载读者都未重视。先生指出此文显示汉末建安时代，古今文体一大变。诸生闻之，大为钦服。今读曹文，果然。先生治学，慧眼独具，此为又一事例。

民国十二年秋，我锡江苏省立第三师范资深教席钱基博子泉先生推荐先生到同校任教。学校旧例，国文教师随班递升，从一年至此班四年级毕业，再回任一年级。国文一科外，每年必兼开一课，第一年文字学，第二年《论语》，第三年《孟子》，第四年国学概论，教者各自编撰讲义。先生第一年文字学，讲六书大义，未付印。第二第三年，分别编撰《论语要略》、《孟子要略》；第四年编撰《国学概论》，后亦续成完稿；并前在梅村无锡县四高小所编《论语文解》，共四稿，为先生正式著作之始。

民国十六年秋，转入江苏省立苏州中学，任最高班国文教师，兼班主任，亦为全校国文课主任教席。本校为前清紫阳书院旧址，藏书甚丰，校园有山林之趣，三元坊、孔子庙、南园遗址，均在近地，先生课暇，徜徉田野间，较梅林泰伯庙外散步，尤胜百倍。

先生在苏中时代，课外研究工作主要者为撰述《先秦诸子系年》。四川蒙文通先生，前曾读先生"先秦诸家论礼与法"一讲词，以为与其师说相近，来长信讨论。此时到南京，听欧阳竟无讲佛学。一日来苏州相访，同游灵岩山数日，俯仰湖天，畅谈今古。蒙先生便中披览《诸子系年》，以为体大思精，极为欣赏。其时苏州顾颉刚先生，由广州中山大学转赴北平燕京大学任教，路过苏州，留家小息。一日由东吴大学陈天一先生相偕来访，此为两位先生相交之始。顾先生读《系年》，谓先生宜到大学教历史，不当久在中学教国文，遂向中山大学推荐，继彼后任。不久，中山大学来电致聘，但苏中校长汪懋祖典存先生曰，先生到大学任教乃迟早事，我明年亦将离校，先生能否再留一年，因此不果到广州。

民国十九年秋，顾先生又推荐先生到燕京大学任教，时年三十六。先生既不能到中山大学，颉刚先生促为《燕京学报》撰文。先生前读康有为《新学伪经考》，心有所疑，遂撰《刘向歆父子年谱》，辨康说之非。颉刚先生正主讲康有为，先生此文不啻与顾诤议，但顾先生绝不介意，既刊先生文，又特推荐到同校任教。此种胸怀实极难得，故先生每提起此事，总叹颉刚先生之胸襟，最不可及！

先生到校，任大一大二国文。课余，就《诸子系年》续加增补，并作《通表》，付商务刊行。此书考论博洽精悍，使战国旧史诸多改观，为前此所未有，故学林推服。

大学规模大，先生开始意识到职业与私人生活大不相同，当于职业外，自求生活。念在大学任教，惟当一意努力学业，传之诸生，不宜过问他事，遂决意此后不担负任何行政责任，庶能使职业与生活不相冲突。但终感教会学校环境，不易适应，故一年即辞职。

民国二十年夏，先生在苏州，得北京大学聘书，及到北平，清华亦请兼课。先生云此殆皆出颉刚先生预为安排者。后又为情面所迫，在燕大与师范大学兼课。

先生任教北大历史系是为先生讲授历史课程之始。第一年开课三门，“中国上古史”与“秦汉史”皆为学校指定必修课，另一选修课由先生自定为“近三百年学术史”。其后撰成《中国近三百年学术史》，在商务刊行。

“中国上古史”本多可争议处，当时北平治上古史者特多，北大讲学自由，历史系除先生所开上古史为必修课之外，别开八门选修课，由各教授分别讲授，但意趣各异。故先生谓，“当时在北大上课，几于登辩论场”，足见当时上古史学之盛。不仅上古史如此，其他课程，亦受人注意。教授讲义稿，发到讲义室，校内外人人可向讲义室预定，往往教者尚未讲，但讲义已流传校外，众相讨论。当时北方学术空气如此浓厚，殊非今日所能想像！

次年先生选修课，改为“中国政治制度史”。但历史系负责人，以为今已民主时代，此前中国君主专制，不必再讲，是以历史系学生无一人选课。但法学院院长周炳霖先生以为政治系同学只知西洋政治，不知中国政治，遂有政治系全班学生选听此课。稍后历史系同学多来旁听，乃知中国君主专制政治，亦有可讨论者。其后刊出《中国历代政治得失》，即为此课程讲义之简编。

其时"中国通史"为部定课程，但北大由多人分时代讲授。先生谓，多人讲授，彼此不相通贯，失去通史意义。民国二十二年秋，学校请先生一人独任此课，并特置一助教。先生认为通史必须于一年内，自古至今，一气讲授完毕，绝不可有首无尾，有失通史课程之精神。因此开课第一年，集中全副精神，为此课作准备，务期章节间彼此相关，上下相顾，俾学生对于中国历史能有一贯而全面之概括性了解。

先生寓所距太庙不远，庙侧古木参天，散布于大草坪中，景色幽静。草坪有茶座，但游客甚稀。通史每周两次，每次两小时，课前一日，先生例到草坪茶座，择幽静处，斟酌讲稿，一年讲毕，幸能不失初志。通史为文学院新生必修课，但高年级与其他学院、其他学校学生旁听者亦不少，每堂常近三百人，坐立皆满。

当时北平人文荟萃，先生在北平首尾八年，交游益广，除顾颉刚、胡适之、蒙文通，前在苏州已相识外，新交有傅斯年、汤用彤、陈寅恪、周炳霖等三四十人，时相切磋。此诸学术界友人皆学有专长，世局虽艰，而安和埋首，著述有成。当时北方学术界可谓鼎盛。又其时北平如一书海，书肆搜存古籍刊本、明清手稿极富。先生得暇，常至琉璃厂、隆福寺访寻故籍，自谓平生一大快事，学校薪金，除菜米外，尽耗于此，凡得五万余册，内有不少秘笈。七七事变，无力迁藏，遂致散落。

当时北平学术界既人才鼎盛，藏书又极丰富，故学术著作真如雨后春笋，专业性刊物如《食货》、《禹贡》等亦愈出愈厚，呈现一副蓬勃气象，稍假时日，中国学术界必有一番新风貌出现。但日本侵逼不已，战端遂开，北平学术声光顿息。八年抗战，虽能疆土重光，但学坛元气大伤，光采无存，至今未复，可为一叹！

先生禀性爱好大自然，任教北平期间，遍游近郊名胜。又曾四次远游。第一次民国二十二年，与北大诸生结伴，畅游济南大明湖、曲阜孔林，与泰山诸胜。第二次，与清华师生结伴游大同，观云冈石刻，西至归绥、包头。第三次，一人独游，至武汉，登黄鹤楼，参观武汉大学。乘江轮至九江，游庐山诸胜，汤用彤先生有宅在牯岭，盘桓甚久，复乘江轮回无锡乡间小住。第四次民国二十六年春，复与清华师生，同游开封、洛阳、西安三都诸古迹。归途游华山，由苍龙岭，抵一线天，历登诸峰。华山险峻，为诸岳之最，缅想韩昌黎游此，不能下山故事。

民国二十六年，七七事变，抗战军兴，先生与同事结伴南行，由海道至香港，经广州至长沙，复南行至南岳文学院临时院址，遍游诸胜迹。学校旋迁昆明，先生结队经桂林，水路下阳朔，沿途风景最胜。复经广西南部过镇南关，转赴昆明，旋复南至蒙自，以就文学院。

同事陈梦家先生前曾选读先生课，此时常相过从，力促先生撰写通史教科书，以应时代青年迫切需要。先生意动，《国史大纲》之撰述，实由梦家先生促成之。其时文学院复迁昆明，遂借得宜良北山岩泉下寺一别墅，极清静，后移上寺，更清幽。寺中一人独居，集中精神，期一年完成。其间曾由滇人李埏先生伴游路南石林、石乳洞、大瀑布。石林者，遍山石笋嶙峋，尤奇者，山前有广阔青葱草坪，巨石平地拔起，高耸云霄，有如春笋，而排列有序，殆若天工，真为天下一奇观。

学校课程排在星期四五六晚间，每星期四午后乘车到昆明上课，星期日清晨返山寺，故每周得四天半之闲暇，或不交一言，静思著笔，幸能于一年内毕功。先生云“回思当年生活，真如在仙境”。

先生在北平讲授“中国通史”四年，及来昆明复讲两年，每星期四晚间开讲，校外旁听者争坐满室，先生上讲坛，须登学生课桌，踏桌而过，盖时在九一八、七七事变后，国人民族意识高涨，先生学养深厚，史识卓拔，才思敏捷，亦擅讲演天才，加以自幼民族情怀热烈，并又正当壮年，精力充沛，词锋所扇，动人心弦，故诸生折服，争相听受，极一时之盛。六年讲授既毕，《国史大纲》亦已成书，先生遂亦离校，东归侍母。

民国二十八年夏，先生经香港、上海归苏州，探望慈母，故夫人亦率子女自北平来会，遂择居耦园幽僻地，除间中至上海晤诚之先生外，杜门不出。生活多暇，每日上午习英文，阅读一部美国学人所著世界史，虽无所成，但得益不浅。下午至晚间，撰述《史记地名考》。此书虽仅为一部工具书，但编排组合，别具心裁，与一般工具书迥别。先生著述总与寻常不同，于此可见。

先生离开昆明之前，顾颉刚先生向哈佛大学哈佛燕京学社商得专款，在迁徙成都之齐鲁大学成立国学研究所，邀先生同往开办。先生东归在即，受其聘，但请假一年，二十九年夏，始到成都履任。齐鲁大学在成都南郊华西坝，研究所则在北郊崇义桥赖家花园，距城三十余里，地静书富，深为惬意。会武汉大学历史系诸生，感师资阵容不强，请学校邀约先生与吕思勉诚之先生等来校任教，校长王星拱抚五先生俯纳诸生陈情，通函接洽，先生仅许讲学一个月。民国三十年三月到嘉定践约，讲授"中国政治制度史导论"与"秦汉史"两课，并到岷江对岸凌云大佛左侧乌尤寺复性书院，讲中国史上政治问题。书院为马一孚先生所创，专讲理学佛性，不与武大师生往来，而邀先生讲演，且不避政治史论题，殊为意外。

其时《国史大纲》刚出版，此书多具创见，只观其章节标题，点出每个时代之动态及其特征，已见才思横溢，迥非一般刻板僵化死气沉沉者可比。尤极难能可贵者，往往能以数语，笼括一代大局。如论春秋战国大势云："文化先进诸国逐次结合，而为文化后进诸国逐次征服；同时文化后进诸国，虽逐次征服先进诸国，而亦逐次为先进诸国所同化。"此数语切中事机，精悍绝伦。吾人可伸而论之，前世如商之灭夏，周之灭商，后世如北魏南牧，辽金侵宋，清之灭明，其结果影响皆可作如此观。在此进展中，华夏文化疆域逐次扩大，终形成疆土一统、文化一统之广土众民大国局面。其他胜义纷陈，不能尽列。而《引论》一篇。陈寅恪先生谓为近世一篇大文章。陈先生为文虽在专业，但具通识，宜有此论！

先生前在北平与昆明讲通史，本已轰动一时。此刻抗战正在艰苦阶段，此书刊出，寓涵民族意识特为强烈，复在重庆等地亲作多次讲演，一以中华文化民族意识为中心论旨，激励民族感情，振奋军民士气，故群情向往，声誉益隆，遍及军政社会各阶层，非复仅为黉宇讲坛一学人。国家多难，书生报国，此为典范，更非一般史家所能并论。

赖家院僻处乡野田畴间，竹树小溪环之，为读书佳境。研究员、助理员十余人，各自钻研，每星期六举行讲论会一次，每月出外旅行一天。

讲论会分组轮流,每次由一位研究员两位助理员讲演或报告,然后共同讨论。其时余亦来所从先生问学,深感最得益处,乃在讲后听先生论评其是非得失,或作补充。往往诸生提出具体丰富之资料,得出正确结论,但不能伸论此项结论之意义;经先生加以发挥阐明,乃见此项结论意义重大。如此教示,真如画龙点睛,乃见生动灵活,启发诸生能于深入研究得出结论后,站在坚强材料基础上,作笼照全局之凌空发挥,以呈现论著之光辉性。

在此期间,先生先后到重庆中央训练团或遵义浙江大学等地讲学归来,即埋头读书写作,先后完成《清儒学案》与《中国文化史导论》等书。《学案》系教育部奉蒋中正先生之命,特请先生编撰者;惜原稿在教部复员途中,坠落江流,仅存序目。

民国三十二年秋,齐鲁研究所停办,先生转在华西大学任教,兼四川大学教席。得暇游灌县青城山,居灵岩山寺,西至老人村,乃唐宋以来一处世外桃源,村民数百家,年逾百岁者常十余人。先生在四川数年,竟以讲学繁忙,未及游峨眉,经三峡、剑阁、秦岭栈道诸胜境,每以为平生之憾!

抗战胜利后,先生以时事方扰,暂时不欲遽返京沪平津繁华地。民国三十五年,滇人于乃义创办五华书院,邀先生任教。念战后昆明环境宁静,欣然应之,后亦兼云南大学教席。先后居翠湖公园与唐继尧旧宅。授课以中国思想史为主,阅读以禅师与新道教为主,此为先生治学之又一趋向。先生幼习昆曲,善笛箫,教学之暇,藉可怡情。此时偶识滇中老伶工栗成之,精滇剧,一举一动,皆深具功夫,妙得神情。先生自谓,每听一次,即多得一次领悟,为滇行一大奇遇。

先生多年胃病,不能根治。友人有云,人到老年,倍宜乡食,先生以为然。民国三十六年,无锡荣家创办江南大学,屡次邀约任教,三十七年春,遂东返。时唐君毅先生亦在校,为两位先生论交之始。校舍新建,在县西门外太湖之滨山坡上,风景极佳,常雇小舟,荡漾湖中,幽闲无极,成《湖上闲思录》一书。是时又撰成《庄子纂笺》一书,尤为近代《庄子》研究之突出著作。

民国三十八年春,先生与君毅先生应广州私立华侨大学之聘,旋随校迁香港。前在广州，与张其昀、谢幼伟、崔书琴诸先生有约，在香港办一学校。先生到港后，该校已定名亚洲文商学院，内定先生为院长，并已向教育司立案。先生自以不能粤语与英语，甚感为难，但其事已定，只得勉强应承，并邀请唐君毅与新知张丕介两位先生共同效力。学校以一九四九年十月开学，夜间上课，学生六十人。明年秋，别创办日校，名新亚书院，申请立案为香港当时唯一私立不牟利学校，请赵冰先生为董事长。承新交上海商人王岳峰先生斥资，在九龙桂林街顶得新楼三楹为校舍。初期同事仅君毅、丕介等少数人，旋有吴俊升、任泰、刘百闵、罗香林、张维翰、梁寒操、卫挺生、陈伯庄、程兆熊、杨汝梅等亦来任教，或纯尽义务，为当时国内学人来港者之一荟萃地，故亦特为香港教育司所重视。学生来源多为大陆流亡青年，约近百人，多得免费。学校课程之外，又设公开学术讲座，每周末晚七时举行，校外来听讲者，常七八十人。

学校初期经费仅恃王岳峰先生支持，但王先生并非富商，不能久支，同人盼先生到台北，希能获得支援，遂有一九五〇年冬台北之行。承各相关机构邀宴，垂询校政，“总统”蒋公邀晤餐叙，由“总统府”每月先拨出三千港元支持学校经费。事定，应邀到台湾中南部各学校及陆海两军校讲演；北归，又在师范学院连续四次讲演，题为“文化学大义”；在国防部总政治部连续七次讲演，题为“中国历史精神”；而《人生十论》亦就各校讲词整理而成。

一九五一年秋，为《现代国民基本知识丛书》撰成《中国思想史》。是年冬复到台北，明年春承何应钦将军邀约，在总统府战略顾问委员会作连续五次讲演，题为“中国历代政治得失”，即就前在北大讲稿，增补再讲之。后出书，甚为海内外学人所重。是年四月十六日，应朱家骅先生之邀，为联合国中国同志会作一次例行讲演，借淡江文理学院新建惊声堂为讲坛。讲词方毕，屋顶水泥大块坠落，听讲者立法委员柴春霖重伤不治，先生头顶亦破，但未深入脑部，幸能康复，时年五十八。

一九五三年夏，美国耶鲁大学历史系主任卢定先生来香港，受雅礼协会之托，拟在香港或台湾、新加坡觅一学校或医院，提供补助发展。首约先生晤谈。卢氏一一询问，先生就办学宗旨与情形，一一直率相告,遂定议协助。但先生提出一项先决默契,雅礼只可派人驻校联络,绝不能过问校政,卢氏亦同意。遂每年协助二万五千美元为经常费;先生乃具函辞谢总统府赠款。

一九五四年夏,先生又到台北,应蒋经国先生邀约,在救国团作连续四次讲演,题为"中国思想通俗讲话"。明年秋,又应教育部之邀,率领访问团到日本作报聘访问,所至以东京、京都、奈良三地为主。在京都、东京大学作公开讲演,深感日本上下对于前次侵华战争并无忏悔意,而日本社会则在大变化中,左倾趋向尤堪警惕。其后定居台北,复两度到日本、韩国访问,获读不少韩国理学家书,归来有所述作。

一九五四年秋,新亚在嘉林边道增租新舍,两处上课。旋复由卢定先生洽得福特基金会捐款为新亚建校舍,择址农圃道,由港府拨地兴建,一九五六年落成。新亚之创办以儒家教育理想为宗旨,故校内悬挂孔子画像。其时雅礼协会代表建议,并挂耶稣基督像,先生以为新亚非教会学校,此项意见有违当初协议,断然否决。

先是亚洲协会艾维先生与新亚久有联系,新亚获雅礼之协助颇赖其促成。不久艾维又与先生协议,在太子道租楼,筹办研究所,培养学术专才,但艾维不久即离任。至一九五五年春,哈佛赖谢夫先生来嘉林边道相访,定议协助研究所支付奖学金、图书费,并出版学报。至此研究所始能正式招生开办,两年毕业,成绩优良者留所为助理研究员,有至十年以上者。又一九五四年,哈佛燕京学社来函,请新亚选派年轻教师到哈佛访问,但无年龄适当人选。明年又有来函,遂推荐研究生余英时,以助教名义应征,是为新亚研究所派赴国外留学第一人。其后新亚学生远赴美欧日本游学任职者,不胜缕列。

当时香港兴办私立书院七八所,独先生所办新亚得美国雅礼、哈佛多方面作财力支持,深为香港政府所注意,遂于一九五五年港大毕业典礼中颁赠先生名誉博士学位,以示尊重。

一九五六年一月三十日,与胡美琦女士缔结良缘。夫人为江西南昌大家,先就读厦门大学,随家避难来港,曾在新亚求学一年。后至台湾,任职台中师范图书馆。先生在台讲演受伤,赴台中休养,夫人每日抽暇伴侍,遂渐建立感情,旋就读台北师范大学,一九五四年毕业,亦来香港，复得日常相见，终结连理。

新亚创校以文史哲为基础，及得美国各方面协款稳定发展。一九五七年二月，首创艺术专修科，发展为艺术系，又组国乐团作课外活动。先生自幼重视艺术，此亦为一项理想之实践。一九六〇年复得雅礼代表罗维德协助，成立理学院。

新亚创办获得美国多方面协助，美国各教会又支持创办崇基书院，亚洲协会出资集合当时其他五所私立书院，成立联合书院。三校皆由美国协助兴办，香港政府乃有集合三校创办一所公立大学之议。新亚同人多持异见，先生以为新亚建校之初，本供早期大批青年难民就学机会，今时局已定，为学生前途著想，应交付港府负责；且本人亦感精力日衰，办学与研读已难兼顾，当量才性，渐可摆脱行政工作。参加大学之议遂定。

一九五九年秋，耶鲁大学函邀在其东方研究系讲学半年。先生乃邀请前教育部次长吴俊升士选先生为副校长，代主校务。港府以吴先生为国民政府前任官员，党政色彩浓厚，诸多顾虑，经先生坚持争议，终获港督特别批准。学校主持有人，先生乃于明年正月，经日本到美国践约。授课两门，美加学生四人，而华人在耶鲁任职者乃有十余人，由李田意先生翻译，故能畅所欲言。课外多暇，一方面补读英文，一方面续写《论语新解》。学期结束，耶鲁特颁赠名誉博士学位，校长请李田意先生在典礼中，以华语作介绍，据云耶鲁典礼中未曾有此先例。

先生在美国半年，先后到波士顿、纽约、华盛顿、芝加哥，在哈佛东方学研究所、哥伦比亚丁龙讲座、中美文化协会、芝加哥大学讲演，复由芝加哥绕经大峡谷，到旧金山、西雅图，折返芝加哥水牛城，游尼加拉大瀑布，转赴加拿大多伦多，复返美到纽约，中途作千岛游。再由纽约到英国，践半年前之约。富尔敦爵士邀至其家，讨论香港创办新大学事，为校长是否用华人，数度争持，最后定议任华人为之。后乃遍游伦敦诸名胜，深感英国人极为保守，而社会闲逸，与美国迥异。再转巴黎，又感法国民风闲逸之情，又胜于英。会学校有事，函促速归，乃急转罗马回港，择居沙田西林寺后山。其时富尔敦又来港，议校名，先生主张不如迳名中文大学，众无异议。大学成立，先生即辞新亚校长职，时为一九六四年夏。自办亚洲文商至此，前后十六年，先生自谓为平生最忙碌时期。董事会定议，先休假一年，明年离职。

先生休假之始，即移居青山湾两月。寓所为一小楼房，环境幽静，尤胜沙田。拟定退休后生活计划，首为撰写《朱子新学案》。一九六五年夏，南洋大学商请任校长，马来亚大学邀请讲学，先生不欲再涉行政，遂应马来亚之聘；但不胜南国湿气，胃病复发。明年二月即返香港，仍寓沙田旧址。其时香港难民潮骤起，乃于一九六七年十月迁居台北。承先“总统”蒋公礼遇，公费建筑庭园小楼，背山临溪，署榜素书楼。先生幼居五世同堂大宅第三进素书堂侧，故以名新居。明年七月，以百分之九十最高票，当选中央研究院院士，象征中国文史学界同异学派之结合，尤具重大意义。

乡居多暇，得哈佛支助三年研究费，专心撰写《朱子新学案》，前后七年成书。自谓不卸新亚校政，绝不能成此专著。《学案》既成，遂应张晓峰先生之约，任中国文化学院历史研究所教席，在家授课，台湾大专师生多人旁听，成《中国史学名著》与《双溪独语》两书。复应蒋复璁先生之约，任故宫博物院特聘研究员。院在素书楼对面，得每日到院读《四库全书》中宋元明理学诸集，续有撰述。其他著述有《孔子传》与《理学六家诗钞》等书。先生不能写诗，但爱诵诗，以为吟他人诗如出自己肺腑，亦为人生一大乐趣。旋自编《中国学术思想史论丛》，分时代为八册，为先生平生有关中国思想论著作一结集，但《庄老通辨》、《两汉经学今古文评议》、《中国学术通义》等仍各独立为书。

一九七七年，先生年八十三，胃痛剧作，几不治。明年春病渐愈，但两目已不识人，不见字。会新亚创设钱穆讲座，坚邀先生为第一次讲演人，情不能却，讲题为“从中国历史看中国民族性及中国文化”，凡六讲，为时三周。又明年，新亚创校三十年纪念，先生年八十五，复来香港，首先热心协助新亚之耶鲁卢定先生亦来港赴会，两人回念前尘，感慨不已！

一九八〇年、一九八一年，复两度来港，获与留居大陆三子拙、行、逊，两女易、辉，及长侄伟长先生相见。三十余年海天违隔，幸能一晤，自感快慰。一九八四年七月，先生复来港，在港门人为先生庆祝九十寿辰,大陆子女与嫡孙亦得来会。其时先生精神乃甚健旺。一九八九年,新亚创校四十周年,先生以九五高龄,仍能到港参加纪念会,于新亚、于先生个人,皆为一大可欣喜事。但先生健康已大不如前!

一九八六年,先生九十二岁生辰,在素书楼讲最后一课,告别杏坛。故"总统"蒋经国先生念先生学林泰斗,民之硕望,特礼聘为总统府资政,以表国家尊学崇德之忱。今年五月迁寓台北市城内杭州南路新居。先生劳碌一生,至此始有自置寓所。

先生年七十时,已患青光眼,自此目力日弱,阅读渐感困难,八十四岁时两眼已盲,但先生一向下笔千言,字甚工整,论文数千字,常只改数字,即可付印。及入老境,目不见字,但展纸落笔,亦只偶有一两字重叠,故仍能撰文,惟不能亲笔改订,必赖夫人诵读,再指示增补。是以先生晚年仍能著述不辍,最后出书乃名《晚学盲言》,虽云自谦,亦是纪实。

先生壮年时代,虽体魄强健,但为传统书生,不能自我料理生活。抗战期间,辗转后方,无家人照料,常致胃病大发,苦受折磨;直到香港成婚,生活始上轨道,夫人笃爱情深,加又心向学术,以为维护先生健康,即为学术尽一分神圣责任。故于先生起居饮食,精心照顾;意趣情怀,体贴入微。伉俪情浓,老而弥笃,旧新友生,同声归美。最近数年,先生脑力大衰,时或失去记忆,且不能进食,夫人千虑百计,寻医进药,期能延年于万一。但年事已高,心力衰竭,终以今年八月三十日上午九时许,安祥中一瞑不视。魁斗星沉,士林震悼!

一九七四年,先生年八十。生辰之前,偕夫人南游,寓梨山、武陵农场等地,撰成《八十忆双亲》,后又撰《师友杂忆》。读此两书,先生幼年环境与一生行谊,历历在目。虽终一生只为一介书生,但治学之暇,喜游历,醉心大自然山水幽宁中,得人生至趣;又于棋管游艺无所不爱,交游颇广,论议敏健,先后办学,一以理想为依归。兼此诸端,可谓多彩多姿,此又非并世学人所能企及者,亦可谓学林一异人!惟先生最成功之一面,仍在史学研究。

综观先生一生治学,少年时代,广泛习读中国古籍,尤爱唐宋韩欧至桐城派古文,后始渐趋向学术研究。壮年以后乃集中向史学方面发展,故史学根基特为广阔,亦极深厚。再就先生治学途径发展程序言,先由子学入门，壮年时代，最显著成绩偏在考证功夫，中年以后，以通识性论著为重。但不论考证或通识论著，涉及范围皆甚广泛，如政治、如地理，亦涉及社会与经济，惟重心观点仍在学术思想，此仍植基于青年时代之子学爱好，是以常强调“学术领导政治，学统超越政统。”

近六十年来，中国史坛甚为兴盛，名家大师辈出。论根柢深厚，著作宏富，不只先生一人；但先生才气磅礴，识力深透，文笔劲悍，几无可伦比。直到晚年，后辈学人从先生问学，仍常感到先生思如泉涌，能随时提出新观点；退而思之，大多实有理据，并非恣意想像之说。惟先生天分太高，所提论点，往往如天马行空，读者未必人人都能理解，都能接受。但先生任何论点，多富启发性，好学深思者，读先生书，不论能否接受，皆能获得一些启示，激发读者别开蹊径，不致执著，拘守成说，不能发挥。此为先生著作除了建立本身论点之外，对于史学教育之另一项贡献，殊为难能！

先生今以九十六高龄谢世，亦标识前一辈史学界之落幕。先生虽已作古，但遗留述作极为丰富，供今后学人含英咀华，必将有更深远之影响！

一九九〇年九月十六日初稿，刊《新亚生活月刊》一九九〇年十月、十一月两期。一九九一年三月三十日校补再稿，呈钱师母审阅，六月八日再次增订。

此文再稿曾寄钱树棠兄斧正。顷得来信，提出几点意见。惟此文已排版三校清稿，只能在适当处约略增补。但信中尚有一条云：“先生曾说，辛亥革命时期，曾拟在棉衣内缝入银行当甲胄，参加攻宁之役。”此条字数较多，若补入正文，势必挪动版面，故附记于此。一九九一年十二月十二日最后校稿后记。

据《钱穆宾四先生与我》上篇

蕲春黄君墓表

汪　东

君讳侃，字季刚，蕲春人。父讳云鹄，清四川盐茶道，署按察使事，风裁清励，遗爱在民。君髫年颖异，就童子师读，发问往往惊老宿。蚤孤，益刻苦自励，年十六，入州学，旋以官费留学日本。时余杭章先生违难居东，见君文奇之，要君往见，遂执贽称弟子。清以异族入主中夏，政多苛暴，末季纪纲益隳。革命党人创同盟会，谋光复大业，君亦与焉。辛亥八月，义师起武昌，君欲纠蕲黄间豪杰，蹑北军之后。事泄，几不免。民国既建，君壹意学术，退然不与世竞。自后浮游南北，教授二十余年以终。《易》所谓"高尚其志"，君有之矣。性通侻，不肯以礼法自绳。然孝友之名，著于乡里。当袁氏僭制，或讽君入筹安会。君于众坐奋然绝去，其大节不苟如此。常被酒，议论风发，评骘当世士无称意者，人以是目君狂。顾闻一善，辄拳拳服膺，尝与仪征刘师培友，自以经术弗逮，即师事之。戊辰夏，与东夜登匡庐，中道火灭，直压壁斗绝处，君忧惧甚，顾视东神气自若，异日辄举是事相推，曰"非吾所及也"。其乐于许人，又如此。遇小事，弁急不能忍晷刻。然其为学，严定日程，贯彻条理。所治经史小学诸书，皆反覆数十过，精博孰习，能举其篇叶行数，十九无差忒者。清代学术，吴惠栋、休宁戴震为两大宗，君兼师其法，深明音韵训诂之学，而未尝辄以己意易旧解。盖疾近世学者尊野闻，逞臆说，亦欲以此救之也。晚岁讲学金陵，声闻日远，东邦承学之士，多踵门请益。辽沈变起，君愤恨，绝弗与通。既志在恢复，尝以《易》象占之，得明夷六二。曰明夷于左股，是其诠矣。惟应天合众者始有吉征，今非所望。繇是郁郁不自聊，益纵饮，或声之于诗。民国二十四年十月，直旧历重九日，登豁蒙楼，意不乐，归而欧血积斗所，越一日遂卒。以君天性忳挚，而所遭拂逆，宜其不可堪也。余杭章先生闻君之殁，以为丧予，绝学弗绍，有等孔颜，六艺之衰，过于周季。呜呼悕已！

君生清光绪丙戌，卒年五十。所生母周。配王，继娶黄。子男八，存六人，女子子二。遗孤念田等受君治命，奉丧归蕲春，附母周墓以葬。既请章先生为铭，复使东表其墓。东比年所学日荒，不足以赞豪末，唯君下交垂三十年，而畜之益厚。其间睽离近十载，君赠以诗曰："精诚日往来，何用接杯酒。"诚令死生之谊有不可谖者，东焉敢以不文辞。爰次其学行大略，以昭来者，佗不具书。

据《制言》第十一期

呼兰知府黄君墓志铭

王树楠

己未之岁，余初识黄君申甫，嗣又同事于史馆者十年，无朝夕不相见也。君性情简重，落落不谐于俗，而独昵就余，尝曰："自吾得王先生，而吾文学乃大进。"凡有撰述，必以示余。余亦时时就正于君。吾二人者，交豪互圣，以为有生以来无此乐也。君少余十四岁，而气体又健于余。余语之曰："吾老矣，异日者必得子文，以铭吾墓。"而不料君竟先吾以逝也。悲夫，悲夫！

君讳维翰，申甫其字也。先世自南宋末由汉阳迁居江西之崇仁县，世居稼溪里，故君又自号稼溪云。世以力田为业，至清咸同间，始以读书显名于时。曾祖讳富荣，祖讳星焕，考讳世杰，皆以君贵，赠中宪大夫。曾祖妣氏饶、氏谢，祖妣氏洪、氏白，妣氏朱、氏廖，皆追封恭人。江西为人文渊薮，君生于欧阳永叔、王介甫、曾子固诸大家之后，博学多识，尤喜为诗古文辞，毅然有力追古人之志。光绪甲午，举于乡。明年，成进士，以主事分兵部。念国家多故，于兵事舆地财赋边防诸大政，莫不博考详稽，心识而手记之。部中有疑难，辄关决于君。

寻奉东三省总督徐公世昌调充陆军督练公所参议，旋檄署黑龙江呼兰府知府。呼兰旧隶副都统管辖，旗官不谙吏治，故境内多盗。君以为靖盗之源，在养与教。甫下车，即首钮娆，躬率掾吏，劝民力农穑，牧隰皋，广树植，大兴工业，建习艺、卫生诸局，而又创设小学、中学多校，别立宏文学社，亲为讲肄。担簦负笈者踵接于门，弦歌之声闻四境矣。其治盗也，不恃防营，专用巡警，臂指既灵，赏罚又信，故盗朝发而夕成禽矣。君尝捕一盗首，不获，获其党，令禽盗首自赎，诺而纵之去，僚属皆力谏，不听，不三旬而盗首卒获以归，人皆惊服。有巨盗某，椎剽劫掠，案累累遍全境。君深夜密禽之，讯之，则曰："余手一枪，出入从众中，无敢谁何者，不知黄太守何人，乃能禽我。今见之，可以死矣。"盗由是绝迹，闾里宴然。民之襁负来归者，至三万余人。呼兰境接哈尔滨，东省铁路与松花江纵横其间，外人舟车辐辏，交涉至繁难，君悉据条约绳之。俄船阑入呼兰内河，久之莫敢诘，君力与争，卒依约而止。制军锡良以松、黑两江航船岁縻巨费，拟裁之。君曰："如此，则航行权专属俄人矣。"事遂寝。君数登荐剡，寻补授绥化府知府，求履任，调权龙江首府，呼兰士民争诣大府吁留不得，则念君清贫，馈数千金，却不受。其以诗文赠别者，汇而刊之曰《兰河惜别集》。庚戌，莅龙江任，檄兼警务所总办。时民政司使赵公渊厉行烟赌禁，君左右之，锢土商，绁赌徒，不可胜数。时嫩江泛溢为灾，君创办常平仓，民以不饥。而鼠疫流行，日毙数十百人，省城设防疫会，以君为会长，集中西医诊救，全活无算，历数月始竣。君染疫者数矣，幸不死。会赵公以防疫事忤中丞周公树模，被劾，因及君，遂罢官。中丞，君会试房师也，夙重君，既而悔之。

适国变，君遂不复出。还里后，督耕稼溪，不闻问世事，后以乡里多故，侨居京师，近二十年。而国史馆、国立编译馆、礼志编纂会，暨东三省盐法志，江西通志，吉林、黑龙江志，皆聘君纂修。其先后所撰著，有《黑水先民传》二十五卷、《蒙服志》一卷、《渤海国志》三卷、《历代名人生卒年表》二卷，近又成《江西通志》中之《疆域志》、《姓系考》、《历代地理志》、《名人传略》，《豫章通志》未成书，而君没矣。君深明国故，尤长地舆之学，而独性命于文，以为古今大业之所在。其《稼溪诗草》三卷，《稼溪文存》三卷，则君自为删存者也。君尝谓："后生小子，不知文为何事。动曰桐城派，以曾文正之戏言，沿为口实，而南皮张氏，又有阳湖派之分。吾不知其所谓派者，果何派也。姚姬传先生所选唐、宋大家之文，亦谓之桐城派乎？无稽之言，殊可笑也。"故君为文，意境独造，不规规于古人之绳尺。设天假之年，极其所诣，则谓欧阳不死，王、曾复生可也。君孝友出于天性，宅心仁厚，胸中无宿物，一生布衣蔬食，自奉甚约。至建宗祠，置祭田，设义仓，赡学恤贫，所费恒不赀。及其殁也，贫无以殓，云阳涂君子厚，为之经纪其丧，并措资送其眷属归里。乌呼，可谓不负死友矣。

君元配曾恭人，次妻谢氏。子男四：义襄、义中、义生、义尹。义襄痛父病，自戕其生。女子子九：长适吴文瀚，次适高元劼，三适陈，四适吴，五适余，六字张，七字许，八待字，九字华。孙男宜民、俊民、众民、和民、天民。君以庚午六月三日卒于北平寓宅，春秋六十有四。义中将以某年月日返葬于江西崇仁县某所某原，涕泣来征铭，铭曰：

乾坤剥蚀孔道夷，斯文坠地延如丝，黄君崛起手扶持。欧阳王曾古大师，生千年后思与齐。嗟君政绩彪一时，唯有文字传无期，与天地并无骞亏。功名富贵皆糠粃，有知君者文在兹。

据《陶庐文集》

吴县曹先生行状

王大隆

先生姓曹氏，讳元弼，字谷孙，又字师郑，一字懿斋，号叔彦，晚号复礼老人，又号新罗仙吏。系出宋武惠王讳彬后，八世祖侍楼公，明诸生，清初自安徽歙县迁吴，遂占籍江苏吴县。曾祖敬堂公，讳炯，国学生。曾祖妣张氏。祖云洲公，讳维坤，国学生。祖妣陶氏。父锦涛公，讳毓俊，同治丁卯举人。妣倪氏。自曾祖以来，世以岐黄术济世，全活无算。先生生而奇慧，三岁，云洲公教以八卦奇偶，颇能辨别。四岁，锦涛公教以《易》本义前卦歌及《四子书》群经，已能通晓大意。光绪辛巳，以幼童科试第四名入庠。元和训导六合唐公毓和得先生卷，心器之，以女字之。

乙酉，调取江阴南菁书院肄业，从定海黄先生以周问故。时大江南北才俊士，咸集南菁，朝夕切磋，而尤与娄张锡恭、太仓唐文治交笃，质疑问难，无虚日。是年，选充拔贡生第一名。学政瑞安黄公体芳奇赏之，于卷后加批云："他日当以经济气节名世。"旋中式本省乡试第二十七名举人。明年，应礼部试赴京，于瑞安客座识孙先生诒让，论《礼》甚相得，并与公子绍箕订昆弟交。己丑，倪太夫人弃养，先生哀毁甚，撰《北堂侍立记》，以志懿德。居丧，始以历年读《礼》条记整理编写，成《礼经校释》二十二卷。校者，校经注疏之讹文，释者，释经注疏之隐义。自唐贾公彦疏迄近胡培翚《正义》，咸顺其上下，推其本意，正讹补脱，乙衍改错，其说之异于注者，推其致误之由以订正之，务求按之经而合，问之心而安。越岁，刊成，以质当世。会稽李慈铭、长洲王颂蔚咸推为高密功臣。

甲午，会试中式，以目疾未与廷试。乙未，补行殿试。时殿廷试竞尚书法，习以成风。先生自幼以用精太过，目疾甚，不能作楷。阅卷者既列二等矣，有御史熙麟参奏，奉旨提卷呈览，常熟翁文恭公方入直，面奏曹元弼虽写不成字，实大江以南通经博览之士。卒以字迹模糊，降列三等五十名，以中书用。文恭尝太息谓经生安能与时流争笔画之工哉！时南皮张文襄公方督两江，延为书局总校。是年冬，锦涛公卒。先生哀毁，一如居倪太夫人丧。丁酉，文襄移节两湖，电聘主讲两湖书院。先生撰《原道》、《述学》、《守约》三篇，示诸生治学之方，亦先生所以自道也。在院与番禺梁文忠公同辑《经学文钞》，而相与论学者，则番禺马贞榆、陈宗颖，长沙胡元仪，丹徒陈庆年，同县王仁俊，宜都杨守敬，宛平桑宣，合肥蒯光典，罗田姚晋圻也。未几，文襄命编十四经学，立治经提要钩玄之法，约以明例、要旨、图表、会通、解纷、阙疑、流别七目。先生以兹事体大物博，任重道远，发愤覃思，闭户论撰，寝食俱忘，晷刻必争，冀速揆于成。已刻者《周易学》八卷、《礼经学》九卷、《孝经学》七卷，刻而未竟者《毛诗学》、《周礼学》、《孟子学》各若干卷，其《论语学》则后改题曰《圣学挽狂录》者也。

庚子，以捐资报效，与伯兄元恒均得奖郎中，分部行走。丁未，文襄又电招为湖北存古学堂总教。时清廷设礼学馆，编纂《通礼》，先生故交张锡恭、钱同寿及从兄元忠皆入馆，任分纂。礼部尚书溥良奏保先生来京，以方任存古事，未应征，仅列顾问。戊申，江苏巡抚陈启泰荐举经明行修，并以所著《礼经校释》进呈御览，奉旨赏给翰林院编修，原书发交礼学馆。是年，江苏亦奏设存古学堂，延为经学总教，仍兼鄂学。同时长洲叶昌炽为史学总教，元和邹福保及王仁俊、唐文治，先后为词章总教，同郡孙宗弼、沈修、孙德谦为协教，皆一时硕学通儒，师资称极盛焉。

宣统辛亥，辞存古总教，旋即致政诏下，先生心摧气绝，饮恨吞声。唐恭人常密防先生，先生问何故，恭人曰："主辱臣死，君素志也。但自裁无益，守死善道以存书种，效贞苦节妇何如？"先生长太息，曰："天乎！与子偕隐，矢死靡他。"自此闭户绝世，殚心著述。所往来者，叶昌炽、邹福保、张锡恭、朱祖谋、王季烈、刘锦藻、承干数君子而已。其后袁世凯设礼制馆，以书币来聘，则峻拒之。孔林被兵燹，清东陵被盗发，则竭鬻文赀助修之。暇则为诸弟子讲授经义，毅然以守先待后为己任。

念洪荒初辟以来，中国圣教王道所自始，人类所以孳生不绝之由，反本复始，潜心学《易》。以前儒之说，犹有未尽，更定体例，以郑注为主，采荀、虞诸家及古易说为之笺，而以己意贯穿惠栋、张惠言、姚配中及各家说释之。由先儒之说以通经传，由经传以定先儒之异同得失，苟义有不慊，十易其稿而犹未已，必心安理得而后写定。历十七年，成《周易郑氏注笺释》二十八卷。又恐文句繁多，学者寻省不易了，别为《周易集解补释》十七卷，自序累万言，尤惓惓于学《易》改过迁善，以消杀机而返元气。

以《大学》《中庸》二篇乃孔门论《礼》至极精萃之言，郑注简而精，朱注详而明，乃隐括条理，由博返约，成《大学通义》一卷、《中庸通义》二卷。谓孔子行在《孝经》，立人伦之极，致中和赞化育之仁，发育万物，峻极于天，其本尽在《孝经》。汉郑君笃信好学，非礼不行，故依经立注，为学者宗。而今所传郑注，后人疑难百端，雺圛千载，直至陈氏沣据《郊特牲》正义，引王肃难郑《孝经注》，定为礼堂写定之文，聚讼始息。因据臧庸严可均辑本，撰《孝经郑氏注笺释》三卷，并校注疏脱误为《孝经校释》一卷。先是，于丁巳岁曾综括数十年治经心得，于每经各为诗若干首，提挈纲维，开示来学。先举大义，正宗旨也，次详源流，明传信也，共得诗六百数十首。然经义渊深，经师家法源远，末分百家，得失参错不齐，其势非注不明。丙子，始博引群书，稽撰其说。三年而注成，为《复礼堂述学诗》十五卷。己卯，为诸弟子讲说礼经，以为"威仪三千"，乃政教典则之详，人伦日用之实，上下通行，师儒讲习。《礼记》，则其传冠昏诸义，皆七十子会通经文，亲受圣旨，提纲挈领，为后学举隅。乃引而申之，触类而长之，为《礼经大义》二卷，继又以前所著《孝经学》、《孝经郑氏注笺释》，可语成人通学，难以诰教小子，乃取旧日论撰，删繁就简，仿朱子注《四书》之法，集汉郑君以下百家之注，并自著之书，融合为一辞，成《孝经集注》二卷。

《述学诗》之成，先生年已七十五矣。其间世祸之烈，门庭之痛，有不如无生之感，而一息尚存，仁为己任，此志不容稍懈。所欲著书甚多，念《尚书》为前圣施于政治道济天下之实，乃于辛巳四月创稿，据郑注为本，集合大传、《史记》、《说文》称《书》古文，马氏佚注及《礼记》、《左传》、《论语》、《孟子》、周秦诸子、《两汉书》等所载书说为之笺，而博观约取，近师胡、江、王、段、孙、陈、王、皮诸家义，反覆深思，弥缝变易释之。义有丝毫未惬，辄数易其稿，必问心无憾而后已。耳校口授，谆复不厌，必一字无误而后已，盖以目瞑意倦，桑榆困病之余，著书之苦未有若是者也。历十年而成《古文尚书郑氏注笺释》四十二卷，都五十余万言。又别为《孙氏尚书今古文注疏校补》，《太誓》以下未成，遗命以二书稿授弟子王大隆。昔济南伏生，耄年传书，卒开汉代经术之盛。先生之学，无愧于伏生，而无如大隆之非其任也。他所著《复礼堂文集》十卷，《二集》、《三集》各八卷，《诗存》若干卷。

先生说经，一以高密郑氏为宗，而兼采程、朱二子，平直通达，与番禺陈氏为近，而著书二百余卷，总三百余万言，则又过之。同县吴文安公尝谓："吾苏二百六十年，前后得两人焉。昆山则有亭林先生，吴县则为吾叔彦先生。振纲常，扶名教，为宇宙间特立独行之真儒。"识者谓为千古之公论。先生内行纯笃，事亲孝，虽笃老，每述恩慈，辄呜咽不已。与兄元恒、福元痛痒相关，出入必偕，终身无间言。祥和之气，充溢门庭。吴中数孝弟家风者，必以曹氏为首。自辛亥以来，历世多变，忧伤憔悴，晚更穷乏，饔飧不继，而惟以著书立教，孜孜不倦。虽疾病呻吟，不废简毕，斯真所谓守死善道者非耶。卒于农历癸巳九月十五日丑时，距生于清同治六年丁卯正月初八日酉时，享年八十有七。即于是冬窆于穹窿山祖茔之次。元配六合唐氏，继配同县王氏、上虞柴氏。大隆侍先生讲席三十五年，训诲殷勤，亲同骨肉。去年夏自沪返里，晋谒礼堂，深谈缱绻，临别以未能再见为忧，泛澜不已。不图别才数月，遽厄龙蛇，山颓木坏，悲痛曷极。谨诠次所闻知先生生平学行，质言不文，以俟后之传儒林者采择焉。谨状。

据打印原件

辜先生传

钱海岳

先生少而游学英吉利、佛朗西、日耳曼、奥地利，所至以文事冠冕其国人，兼习格物，以程能得状许学成者都如干校，普晓鞮译象寄书。然不屑示人，人亦莫之尽。遇有用，辄出以诎西人，其人流汗僵且走。稍长，返乡里。闻塾师讲《论》、《孟》，乃日取古圣贤经训，寻绎而厌饫之，淹贯四部，竺信孔氏，非西方所谓哲人者所能几，益不欲以学于彼者自腾榜。光绪十一年，以译学辟粤督张文襄公幕府。十五年，随移湖广。时各国不殡，海疆驿骚，朝议于濒江海诸要害省效西法练兵。罗日耳曼裨将为束伍练技，用中国冠服行拜跪俯仰。日耳曼人有难色，经先生谕旨，卒就范。客卿仍汉官威仪，自戈登后，此殆创见。十七年，鄂罗王子慕中国广大，偕其戚希腊世子观光来楚，从者皆中贵人，年少呫呫自喜，仪卫甚盛。鄂罗王子在夏口，先生侍文襄往会。语鄂罗王子，使中贵人左右立，面文襄赞名自通，以重国威。洎燕晴川阁，先生初以佛郎西语通译。中酒，鄂罗王子与希腊世子有言，屏人知，用鄂罗语：夕有他约，宜少饮。先生儳和言侊饭精，愿进釂。鄂罗王子大惊。文襄雅耆菸叶粉之嗅鼻，其香郁，每游处壶以自随。燕次出之，希腊世子以为异，用希腊语问鄂罗王子：主人所出壶，何物邪？先生陈文襄，以壶递世子。鄂罗王子希腊世子顿气衄。临去，遗先生范皇冠之金漏计，并约至其国，当敬礼，郑重执手而别。归经海上，亘告人：楚张督部辜先生通语博，天下无此才。或谓先生曰：乡鄂罗王子希腊世子盛气不一世，后皆诎伏者，敢问何也？对曰：此曹贵介，未尝学问。吾以西方哲人之气折之，自愧沮矣。于是人乃服其西学之不可尚也。

二十六年，义和团作，各国望两宫甚。先生谓教案激民忾，其咎在各国，乃著《尊王篇》，以危言正词告之，腾书用英吉利文，以西哲言及西史事抵其隙，远近竞写，一时纸贵。各国詟于大义，不敢妄觊九鼎，卒行成而退。金舆旋轸，宗祊克清，先生与有力焉。二十七年，以成议约，浚沪渎，海上建局，各国价人会同其事。沪观察以先生知之，纠弹西人侵牟浚泥工訾，其数累十六巨万上。西人自恃新战胜中朝，无如何。先生以其赃污明白，非绳以重法，不足以大惩艾。价人诿言，非考工所纠，待检。先生因出在奥地利所得工正状示之，一座失色，乃以罪状江督。江督缩朒，惧开衅，其事遂浸。无何，日耳曼舟在江阴沈我舟索偿。江督命先生与议，不得端倪，将讼理。既访各国价人，谓以日耳曼理讼无补，乃用公判，分延外人参决，亭平定谳。先生折冲其间，卒偿民船失。其见于世者如此。

先生性鲠亮，有风气，业尚贞固，疑然以古君子自期。所学穷西人之牝牡，而服膺圣贤训，自标置耿敢少苞容。尤痛心疾首夫晚近稗贩西学以自眩粥者。严复译《天演论》成，先生蚩鄙曰：徒词费有名无实，何异兔丝燕麦、南箕北斗哉。惟文襄始终知顾之，先生亦称文襄为儒臣，然责难断断不少让。或谓文襄周知西事，可鸿铭译西报。先生曰：此捕风捉影，宁足污笔端。假天子命我，亦不为。如见迫者，拂衣去耳。文襄闻之，亦不罪也。后板外务部主事，晋员外郎，应诏伏阙上书，慷概论时事，以为小人办外务，其祸愈烈，为袁世凯所惎。文襄曰：此书方切，百年后，必书清史，目下将见责邪。先生亢声曰：今日尚非袁氏之天下。文襄嘿然。

袁世凯死之明年，复辟事起。先生授外务部左丞，晋侍郎。顷之罢。嗣后蝇俚混并，中原益俶扰。先生隐于京师，愈为洸洋激诡偏宕之词，谯诃当世奔走势物之徒，无所避遇。显者在，或竟骂坐，发上指冠，客皆掩耳，不欲闻。世目为大怪，用是日困。所著书有《读易草堂文集》、《幕府纪闻辑》、《蒙养弦歌》。若鞮译象寄之文，则《尊王篇》早风行天下，其传译经典，以开阐古圣贤微言奥旨，光大孔氏，用昭巍巍乎华夏之文明者，有《中庸》、《论语》、《春秋大义》诸书。先生年七十一，其卒以鼎革后之十七年。自海禁开后，新学异端，麻沸一时。士子咸以古圣贤为腥腐，庠序卷经而不谭，斯文扫地。盖远溯秦书炀后，浩劫未有甚于今日者也。其所学者，西海之曼衍，鱼龙角抵之戏，人之矢溺耳。而庸猥污冗，贾竖舆隶之流，略解鲜卑语，已先后跻公卿，充周要路。卒之凶狞哮勃，彝伦攸斁，人头畜鸣，胥斯民而即禽兽，天下至于不可纪极。先生于其时，独特立不移，喟然欲障其末流而反之，正可谓豪杰之士。夫使先生早立端右，必謇谔著不吐茹之节，出使衔命，必能有死不辱。何乃噤不见用，专其力于文章，而世顾称之为好古竺行人也。悲夫！

余由杨太守仁山，得交先生，谓可与道古者。每造谒依夕，先生方睡起，未靧，挟书出曰：昨宵作文，又张灯达曙。家故贫，时不能举火，而不妄取求，曰君子固穷，泊如也。辛亥后，首编发垂垂不改。出以敝车，宽袍乌靴，危坐。一苍头挟朱笺巨刺随车。中外人皆识为辜先生。先生于交游中，深重太守。以太守之知余深，故亦不弃而辱教诲。谨敢就所知于先生学行之大者，诠次而为传。先生，福建之同安人。姓辜氏，名汤生，字鸿铭。

据《海岳文编》

私谥懿文程一夔先生墓志铭

潘宗鼎

先生讳先甲，字鼎丞，号一夔，程姓，江宁人。曾祖考叙堂，祖考鸿宾，本生祖考伯龙，考容斋。妣金太夫人，生子五，先生其仲也。初，本生祖伯龙公砥学砺行，劬于箸述。先生幼承祖训，智百常童，性孝友。尝侍慈亲疾，携《本草》就药炉旁，辨晰药之言瀹之效，事详太夫人行略。束发受书，十行俱下。年十六，入邑庠。二十一，举于乡，名噪甚，益自振奋，锐意朴学。大之天地古今，小之名物象数，罔不探讨而玩索之。光绪二十四年，清廷诏开经济特科，旁求俊乂，与乾隆间博学鸿词科均无常例。先生以是科入选，因踵朱氏《鹤征录》，辑有《鹤征续录》四卷，以志其盛。寻保郎中，行将内用，江督端忠愍公慕其才，延入幕府，与闻要政，规画井井，于地方自治复多翊赞。

鼎革后，各省大僚争相汲引，若江苏，若甘肃，若绥远，若湖北，所至有声，积劳洊历简任。先生淡于仕进，视之漠如也。生平不苟取与，万里归来，惟载书册暨所箸《游陇集》各稿而已。泰县韩公紫石长苏，与先生相知有素，礼以参议兼旗民生计处总办，先生任事于危难之秋，统筹全局。若生计处、旗产股、养济院三者，时其阙乏而借垫之，剔其中饱而裁汰之，策其善后而推行之，又复谏阻八卦洲之召变，解仁寿工厂之争端，以树旗民永久生计，迄今地方人士翕然无怨言。天灾流行，水旱洊臻，恒与邑绅协济义赈，黾勉从事，不敢告劳。非礼相干者，辄峻拒之，盖其注重公益，必严义利之防，亦由讲学之有素也。长于教育体验力行惟有历年。自戊戌刘忠诚公创设江南高等学堂，即膺主讲席，济济多士，皆江、皖两省举贡生监夙有根柢者，语以深造，无不成德而达材，由是建设简字学堂，管理四区小学堂，胥属余事。而尤有功于世教者，则在主讲国学专修馆。其课程分经学、史学、理学、文学为四大纲，博大精深，从而质疑问难者，有扣必应，趋向既端，邪诐自距，一时竞以前代雷次宗期之。终其身，造就子弟殆数千人，上者登显秩，武达而文通，次则友教四方，本其薪传，转相授受；次亦箸书立说，束身圭璧。记曰：师道立，则善人多。所关者大也。

先生自幼攻苦，寒暑不辍，直以课诵为身心性命之事。博闻而强记，慎思而明辨，夙娴韵语，年才二十有二，箸《金陵赋》，研京炼都，见赏于陈可园先辈，旋为傅氏晦斋收入《金陵丛书》。近又刊其第二次定本一卷，并箸有《选学管窥》六卷、《选学源流记》二卷、《文选校勘记》三卷、《文选古字补疏》八卷、《选雅》二十卷、《群雅札记》二卷、《赋话》一卷。行文出入骚选，俞曲园、蒯礼卿诸先哲均亟称之。所箸文甲集八卷、续编四卷、三编四卷，文乙集四卷、续编四卷、三编四卷，外集十卷，皆刊以行世，又成文丙集八卷、文种二卷。诗以古体为最，深得雅颂遗意，已刊者诗集十卷，复有续集六卷，诗话若干卷，而《唐人五律类编》刊有四卷，则学诗所从入也。音韵之学，肇基方言，取法扬子，于是刊有《广续方言》四卷、《广续方言拾遗》一卷，又成《续方言类聚》五卷、《读方言小记》四卷、《今方言溯源》十卷。治经之功，权舆小学，师承许子，于是箸有《许慎淮南注钩沈》一卷、《小学说苑》三卷、《转注续考》一卷、《引申义举例》二卷。历游皖、豫、燕、鄂、陇、绥，以逮察哈尔、内蒙古各地，山川风土，扩其见闻，于是刊有《游陇丛记》十卷、《游陇集》六卷，又成《公牍剩稿》二卷。慨沧海之横流，虑斯文之将丧，于是刊有《中西小学邮议》四卷、《高等国文学教科书》四十卷、《高等学堂伦理科口义》六卷、《国学丛刊》若干卷。搜掌故于遗闻，戒数典之忘祖，于是成《千一斋脞录》十四卷、《千一斋小品》八卷。阐发幽光，表扬节操，既刊《贞孝录》四卷，怵于世变，绍我先型，亟修《程氏宗谱》洎《先代事略》，甫脱稿，悉藏于家。晚年卜居百花巷，因号百花仙子，刊其词曰《百仙词》，又成《词话》一卷。凡箸述四十余种。孜孜不倦，暇则延访耆硕，创霞社，为文酒之宴，以诗词相唱和。平昔取勤朴谦和清慎等语，训诫子孙，而躬自表率。识者觇其丰采，佥谓颐养太和，可跻古作者之林。讵以微疾，民国二十一年夏正六月二十三日逝世。生于清同治十年十二月二十五日，春秋六十有二。凡在故旧，慕德献服，私谥懿文，礼也。

配江夫人。子三：德耆、德谞、德谟。女一，适吴骥。孙男三：嘉栋、嘉棣、嘉楫。孙女二：佩芸、佩兰。将以夏正十月八日，卜葬于尧化门外后新塘祖茔。孤子德耆等泣陈事略，乞为铭幽。呜呼，哀哉！宗鼎少与先生同游吴麟伯师之门，以文字道义相切劘，间有述造，实赖匡谬，近辑《马经》，以唐范摅《云溪友议》"謷窅"二字未详，先生为予指驳原书误称马名，而断为御人泰丙之名，遂令千载之疑，一旦冰释。今已矣，乃使予有无涯之戚也。悲夫！铭曰：

东南一儒，夔龙名世。举自孝廉，特征经济。星应郎官，天阊晖丽。长揖公卿，礼隆聘币。帷幄运筹，民生国计。丕振宗风，伊川是继。陶铸士林，根荄六艺。千一之斋，觥觥造诣。训诂钩稽，性理真谛。汉宋同功，渊源冥契。于赫金陵，赋于绮岁。箸述等身，传之弗替。江表姚声，绵庄贤裔。私谥懿文，贞珉不敝。

据《私谥懿文程公一夔府君哀思录》

井研廖先生墓表

王树枏

四川为西南天险之国，北峙剑门，东扼三峡，连冈叠岭，中贯长江。岷峨、青城、夔巫、玉叠之雄奇，岷雒、青衣、嘉陵、巴泸、大渡之摎流广盱，山川佳俊，是生伟人。汉之司马相如、扬雄、王褒、严遵，唐之李白、陈子昂，宋之三苏、三张、二范，类皆间出之才，或数十年而一见，或数百年而一见，乃至于今，人才之寥落且千年矣。而井研廖季平先生，始继起而承其后。语云“地灵人杰”，然亦见山川之钟毓，非偶然已也。案状：

先生初名登廷，字旭陔，后改名曰平，字季平，晚年更号六译，盖自述其所学也。曾祖某，祖某，考讳复槐，配雷太宜人，生丈夫子五人，先生其季也。家綦贫，父为人牧羊，遭蓝李之乱，家益困。先生入塾，不足供修脯，太夫人每饭必撮一勺米，积至升则献之师，又不足，则诸伯父助以钱，赖以卒读。同治甲戌，补诸生，食廪饩。时南皮张文襄公督学四川，见先生文，大喜，调高材生，肄业尊经书院。湘潭王壬秋闿运继主讲席，先生食淡攻苦，博通经史暨诸子百家之书，凡先儒注疏，或从或驳，独抒己见，不为抄袭雷同之说。初以两汉经学有今古二派，各守家法，不相混淆，古学祖《周礼》，今学祖《王制》。《周礼》为周公所作，《王制》则孔子自为。孔子壮年主《周礼》，意在守时制，《王制》则晚年所改定，意在救文弊。自郑康成解经，始合今古两派而通之，先师家法，遂致灭绝不可复睹。于是为《今古学考》一书，传布海内，学者韪之。久之，又本《礼运》大同之说，以《周礼》为春秋以前皇帝治中国之书，《王制》为春秋之后治中外万世之书，学术至此为之一变。又久之，见时局之变迁，五洲列国之大小强弱，遂悟群经为孔子自作，人名国号，皆假设之辞，以影射当世，其言诙诡变幻浩渺无涯，学术之变，愈出愈奇，愈奇愈玄，非浅学者所能测其万一。先生常以《礼》、《春秋》、《尚书》为人学，《诗》、《乐》、《易》为天学，三经皆空言，语多托比，不似《礼》、《春秋》、《尚书》之切于行事。《诗》指全球，《易》更推之六合以外，故其注《易》立小大例，小为中国，大为全球。上经为治中国，下经为治全球。又谓《易》与《诗》同流于六合间，合则两美，离则两伤，于是为《诗易相通考》以明之。晚年读王冰《素问》八篇，以此为孔门诗易师说，举凡鄘卫王秦陈五十篇，邶郑齐唐魏邠七十二篇，大小雅大小颂，及《易》之上下经十首六首诸义，皆能贯通联合。至此，盖六变矣。先生之所谓六译者，即此。而说经之书，亦以是为归宿焉。寻自编定《六译馆丛书》，都一百四十三种。其说皆冥心独造，别树一帜，于清代汉学诸儒之外，坚于自信，不顾人之非难刺讥。自地球新义出，见者哗然，师友时时寄书相规戒。南皮张文襄公屡以"风疾马良去道愈远"为言，卒被学使吴郁生以离经叛道揭参去官，学使赵启霖见其说三传同出子夏，穿凿附会，立褫其教育之权，而先生不顾也。

先生以光绪已卯举于乡，己丑成进士，朝考三甲，以知县用。以父母春秋高，不欲远出省外，呈请改授龙安府教授，历署射洪训导、绥安府教授，又襄校尊经书院，主讲嘉定九峰、资州艺风、安岳凤山诸书院，诰授奉政大夫。被劾后，任成都优级师范、法政、客籍、补习诸学堂，成都府县中学堂、存古学堂教员。癸丑之岁入京，返川后任国学专门学校校长，十年，兼高等师范、华西大学教授。十三年回里，遂不复出。已未之春，忽患风痹，手足偏废，然犹讲学著书不辍，时时以左作擘窠大字，以应求者。《诗》、《易》二书亦成于是时。壬申夏四月，谋刊其所著，亲赴成都，行至嘉定忽大病，其子成励、成劼亟舆奉以返，行至乐山，卒于河呷坎场，享寿八十有一。某年月日，其子卜葬于荣县清流乡陈家山之阳。

先生性至孝，侍父母能曲博其欢，御下素严厉。长子成芝，虽授室有子，时遭杖责。家人皆敬惮，无嘻嗃声。原配李太宜人，次妻刘氏、帅氏、刘氏，均先卒。子八人：长成芝，娶尹氏，亦早殁；次成学，庠生，殁后，妻任氏青年守志，褒扬节孝；次成璋，次某，次某，均殇；次成励，成劼，均入学堂肄业。女子五人，燕、幼平、芳研、尧草、芸先。孙男三人：长宗伯，次宗泽，四川国学专门学校毕业，历充中级学校教员，斐然有文，能承其家学；次宗尧。孙女二人，曾孙六人，曾孙女五人。先生禀赋强健，其子女皆六十以后所生也。平生自奉最俭薄，惟耆书，积至数万卷。俸入虽微，而好周恤宗族亲友，假贷者虽署券，不责偿。每岁必诏其家曰："给某钱若干，某米若干。"及殁，乡里族戚赴吊者，多哭失声。门生会葬者数千人，人比之陈太邱云。树楠宰四川青神县，时时与先生会于嘉定之九峰书院，为论两汉经师家法，连昼夜娓娓不倦。及癸丑入都，相与握谈，乃知其学经六译，益叹其言高深幽眇，如入琅嬛福地，读未见之书，不复能赞一辞也。呜呼！若先生者，真博物君子哉。

据《国立四川大学季刊》

缪荃孙传

柳诒徵

缪荃孙，字炎之，号筱珊，晚榜所居堂曰艺风，世称为艺风先生。祖廷槐，嘉庆乙丑进士，甘肃平庆泾兵备道。父焕章，道光丁酉举人，贵州候补道。荃孙少随父居蜀，以华阳县籍举同治丁卯乡试，登光绪丙子进士第，授编修，记名以道府用，加四品卿衔。宣统中，以学部参议候补。性直而和，好学若命，工文词与诗及骈体文，均能抗中晚唐人。貌丰朴，能饮酒，善谈谑，豁如也。

同光间，海内敉平，朝士盛说学，常熟翁同龢、吴县潘祖荫、南皮张之洞、顺德李文田，咸以博涉嗜古起翰林至大官。荃孙从之游，专攻考证碑板目录之学，旁罗山经地志，洽闻有清一代朝野人物政坛逸事，故其学博贯衡综，洪纤毕洞，继朱彝尊、全祖望、纪昀、阮元、王昶、黄丕烈、顾千里、钱仪吉之绪而恢溢之，收藏宋、元、明、清旧钞旧刻书十余万卷，周秦讫元石刻一万八百余种，皆手自校勘题识，得一秘籍新碑，欣然忘饮馔，飞书千里诧朋好。馆阁故家孤本佚文，海内不经见者，必钩取迻钞始快，都贾海客毡椎线装之匠，日奔走其门，举世服其赡博无异词。法兰西、日本人治汉学者，胥崇礼之，时时称举其所考订焉。

初，荃孙在翰林，充国史馆提调总纂，以论学忤总裁徐桐，偃蹇不得志，遂出都，历主江阴南菁书院、常州龙城书院、江宁钟山书院，士尊之，匹卢文弨、姚鼐。庚子，徐桐等以右拳民祸国，各省竞兴学堂，张之洞督两江，奏改钟山书院为江南高等学堂，荃孙率学者之日本考察其学制归，订规章甚备。端方督两江，荃孙说之购杭州丁氏善本书，倡立江南图书馆。寻京师议立图书馆，张之洞管学部，奏以荃孙主之，发内阁书庋之馆，复摹敦煌石室唐写卷子，购归安姚氏藏书，都十余万卷。当是时，新学小生苴葛故籍，诸老先生流风浸衰矣。而南北二馆，后先嶷立，号为册府，笃古之士犹得钻仰胝沫其间，不令中国历代巨刻珍钞、万国希觏之瑰宝，流放沽鬻于东西都市者，荃孙力也。辛亥国变，避居上海，为富家校刊丛书以自给。赵尔巽延为清史馆总裁，审定目例，独任儒学、文学、隐逸、土司诸传及康熙朝大臣传，信核有法。己未冬十月卒，年七十有六。

荃孙生平为人编刻之书甚多，率署他人名，若张之洞之《书目答问》，其少作也。所自为书，有《艺风堂文集》八卷、《续集》八卷、《外集》一卷、《辛壬稿》三卷、《藏书记》八卷、《续记》八卷、《金石目》十八卷、《日记》若干卷、《读书记》若干卷。所撰刻有《常州词录》三十一卷、《续碑传集》八十六卷、《辽文存》八卷。所校辑有《云自在龛丛书》五集百有五卷、《藕香零拾》九十卷。所总纂地志有《顺天府志》若干卷、《湖北通志》若干卷、《江苏通志》若干卷，而《江阴县志》为最后，未及成。

据作者手稿

民国人物碑传集

卷　八

伯兄木斋先生事略

卢　弼

近世名贤，往往自订年谱，一以自省，一以贻后，意良法美，可资镜鉴。伯兄木斋先生生平出处事略，余于兄七十八十荣诞，曾撰寿言，粗述大凡。今年将九十，前文不足以尽兄之懿行，拟略采年谱之意，由少壮而及耆年，次第叙述，或亦为史家别裁之一新例乎。

兄名靖，字木斋，湖北沔阳人。吾卢氏世居新堤镇。溯高曾祖考以逮兄，皆以授徒为业。先考晴峰公始徙居仙桃镇，值洪杨之乱，先公游幕监利县署，梦一老者率一童子至床前下拜。是日，先妣赵太夫人避难光化县老河口，生兄，乳名光化，时咸丰七年丙辰二月二十五日也。兄甫数岁，侍先公里塾，躬自炊爨，每日昧爽，被中背诵宿课，约束视他生严。兄少时喜画地为行陈，聚群儿分甲乙队，自为其渠率，司号令进止，里人至今犹乐道之。家贫无以为生，治酿酒业，里儒李子铭先生谓先公曰："读书子弟，岂可习佣保乎？"兄年十余岁，获阅戚继光《纪效新书》，及《金汤十二筹》。应府试，多方借贷，购得《经世文编》，始究心经世之学，及畴人之术，昕夕研讨，苦无师承，乡曲俗士，反以不攻举业，讥评讪笑。年二十七，尚不获青衿，授徒某姓，馆谷年约数金。友人黄君选青，穷困无以度岁，悉以修金畀之，回顾家室，囊釜萧然。读书古寺，余适七龄，随兄课读。夏日亭午，无以果腹，余归家取干糇，兄治算草，倦极假寝。比余往寺，兄觅履不得，已为牖上之物矣。兄著《火器真诀释例》成，云南倪修梅先生谓为有用书，言于湖北巡抚长洲彭芍亭中丞。中丞礼贤下士，公文饬州牧礼聘，主讲算学书院，测量田家镇炮台，布衣而揖公卿，士林荣之。

兄年二十八，受知项城高勉之学使，入邑庠，调入经心书院。年二十九，以天算对策，为全场之冠，受知典试义乌朱蓉生先生，中乙酉科乡试举人。年三十，以高学使奏荐朴学异才，特旨以知县交直隶总督李鸿章委用。二三年间，骤膺簪绂，生平际遇之隆，亦可少慰畴习〔昔〕之偃蹇矣。

兄服官直隶，垂三十年，最为李文忠公所识拔，延主讲武备学堂算学总教习，北洋将才，多出门下。文忠接见僚属，询河防水利，兄详陈利弊，文忠嘉许至再。历宰赞皇、南宫、定兴、丰润诸县，补多伦诺尔厅，久著循声，屡膺卓异，舆诵翕然。其宰赞皇也，自以来自田间，深知闾阎疾苦，人民情伪，清厘讼狱，痛革胥吏弊端。赞皇地处丛山，颇多萑苻，岁末腊尽，躬往缉捕，巨盗首伏，全邑安堵。其宰丰润也，善政尤多，兴书院，植人才，留心水利，创办河工，浚淤塞，固堤防，躬操畚筑，盛暑弗辍，于黑龙泥沙陡四河，各疏浚三十余里，筑还乡河决口五六里，修堤二十余里，工坚费省，民乐安居。适值拳难，兄张示厉禁，阖境匪徒莫敢逞。是时悍将骄兵，盘踞境上，土匪蚩氓，蜚语万端，烧学堂，焚藏书，岌岌不终日。兄于丁祭时，昌言于众曰："吾誓死于正命，决不从匪以幸生。"是夕贻书贾君佩卿云："后此衣冠墓铭，惟公是赖。藏书数十簏，赠本县学校，吾子孙幸存者，畀以应读之书数百卷足矣。"今此札犹存贾君许也。当时不顾死生，昭然大节如此。其移治多伦厅也，经营屯垦，蕃殖牧场，请筑铁道，议不果行。地处边塞，政简刑清，听讼余暇，重理旧业，纂成《万象一原演式》、《割圜术辑要》、《叠微分补草》、《代微术补草》、《微积溯源补草》、《代微积拾级补草》，所谓仕优则学者非欤。

有清功令，各省学使，例选翰詹。兄以乙科，特膺简命，提学直隶，创办保定、天津图书馆，设立师范、法政、农、工、商、医、水产各专门学校，以十数计，中、小学以百数计，著籍生徒以数万计。接纳士类，延揽搢绅，擘画周详，昕夕无倦，爱惜国帑，涓滴入公。任事数载，不受一薪，朝受代而夕行，一车一仆，别无他物。直绅馈遗，悉留学署，为奖学之资，此皆直隶士绅所耳熟者。当时所最快意者，为罢科举一事，兄与天津严范孙侍郎，言于直督袁公，与江、楚二督合奏，奉旨允行。数百年锢蔽民智之物，一旦廓清，兄之力也。兄移官奉天，请假省亲，余适海外归来，相偕南旋，登大别，访黄鹄，履江山之胜境，极游眺之大观，邀约旧侣，话经心、菱湖同舍之往事。未几，挂帆东下，历金陵故都，姑苏旧址，揽金、焦、西湖、钱塘诸胜。旋航海北来，东出榆关。兄弟联翩，壮游万里，亦人生之一乐也。宣统元年，兄履奉天提学使新任，设立图书馆，扩充各学校，治事勤敏，一如任直隶提学时。

辛亥国变，解组言归，息影津沽，专治实业。持筹握算，计画经营，竹笠芒鞋，日杂贾竖，子母相权，循环利润，陶朱之术，小计其端，生计稍裕，即谋济世之计。自念少年求学之艰，得书之难，乃慨蠲巨金十万圆，建筑木斋图书馆于南开大学，尽以数十年胼胝所得藏书数十万卷畀之。又以宅第二所，设立木斋学校，自幼稚园以至中学，生徒千数百人，成就人才，不可胜计。迩年于旧都城西，购得精庐，复不自私，又创立第二图书馆，此为举世所周知者。复念乡邦文献，散失无征，辑刊《湖北先正遗书》七百二十卷、《沔阳丛书》百数十卷，与曩时所刊开治学者门径《慎始基斋丛书》，合为三大丛书，蔚然为学海之一巨观。复念故里频年水患，仰承先志，捐赀建筑矶䃗，今所谓卢公矶者是也。论者皆谓聚财难，不知散财尤难，聚之不以其道，则为非义之物，散之不以其道，则为淫侈之资。兄之聚财也，本生众食寡，为疾用舒之理，散财也，本利被人群之义，故能取舍合度，不为物役。达则兼善天下，其斯之谓欤。

然回顾兄之一身，自奉啬约，仁民爱物之心，老而弥笃。每与余言新堤江峰闸水闸，绾天门、沔阳、潜江、监利数县水利。少时随侍祖父，登临阁上，阅览形势，有志兴建明闸，以利民生。此议如成，新堤、丰口、沙湖、仙镇、潜江、天门、监利各河之水，由洪湖宣泄无余，各县可免昏垫之苦。明闸既开，川、湘土产，即由新堤可通航各地，不必经汉口上溯襄水，绕一弧形，越五六百里之水程而至仙镇。交通畅达，商业日兴，此百世之利也。奔走风尘，消磨宦海，吾生已老，此愿未偿。又谓图书馆为启钥民智，普及教育之一捷径，每欲广布于都邑，而未得其人，辄引以为憾。兄躬行实践，不尚声华，生平伟略，百不施一，而见诸事实者已如此，此非所谓先天下之忧而忧者乎。兄所著尚有《合声易字》、《古辞令学》、《四部丛刊提要》，各若干卷。余愧不文，未能敷陈休美。俟兄期颐之年，盛德大业，日进无疆，当濡毫以待也。癸未春日，同怀弟弼谨撰。

据铅印原件

过先生探先之墓碑

吴敬恒

先生姓过氏，名探先，出江苏无锡县北乡望族。当其少时，世界更大通，远识之士，悟中国不能尚沿旧习，专为无用之学，故无锡名儒吾友胡先生雨人，首集其亲故群子弟督促之，使研泰西有益人群之智能成就，而能探学奥，有高名者，都十余人，先生其一也。先生为胡先生女侄竞英女士之婿，夫妇皆以硕学闻当世。不幸前年女士仲兄胡博士明复中年遇险猝殒，昨年先生又以病逝，年亦仅逾四十，设竟两人研讨之所得，皆足为学术界增益新发明，故两人之早谢，其损失关系世界全人类，非独中国而已。

先生治农学，初成业于美利坚之惠斯康辛及康奈尔两大学，归国教授于东南大学，及主任金陵大学之农科，一时公私所有农林事业，争倚恃先生擘画指导，得全国惟一之信仰者，亘十余年，而其他科学界，亦共推先生主持重要组织。先生不惟学术为一时领袖，而性行尤超乎群伦，其详自有传状学史备书之。今因全国学子议葬先生于汤山之教育林，永纪念其农学界之先哲，故于其下砭之碑，镌记大端，并系之以词曰：

先生之学，穷高极远。衣我粒我，早夜黾勉。汤之阴，手植有木，应勿伐而勿翦。

中华民国十有九年十月，武进吴敬恒撰书并篆额。

据影印原印

任鸿隽传略

文守仁

鸿隽，字叔永，四川巴县人。纯笃嗜学，卒业重庆府中学堂。前清光绪三十二年，入上海中国公学，时已隶籍同盟会。明年，东渡日本，入工业学校，习化学，盖备起义时任制炸药，蜀中革命党人如黄复生、喻培伦诸氏均以精此术著称。辛亥革命返国。民国元年，南京临时大总统府成立，氏与富顺雷昭性铁岩均任秘书，时胡汉民氏任秘书长。会布告北方将士，胡氏初嘱铁岩具草，铁岩故工文，而辞意艰深，胡氏以文字有如布帛菽粟，无取矜奇，乃更嘱氏，遂以易之。铁岩悻悻去，仅任职三日也。南北和议既成，氏赴天津，主持《民意报》，是报为京津同盟会创办，北方民党之宣传机构也。旋以论勋，资送赴美留学，遂于元年十二月抵美，入康南尔大学。三年，氏与赵元任、秉志、杨杏佛等发起科学社于绮色佳城，出版科学月刊。其后，氏任社长及主持发行者垂三十年，国内长期作有系统之介绍西方科学者，以此为嚆矢焉。五年，赴波士顿。明年，至纽约，入哥伦比亚大学。又明年，返国，先后教授国立东南大学及北京大学等校。曾任东南大学教务长，声华籍籍，多士翕然。其后东南大学易名为中央大学，十九年校长更迭，继任人选未决，学生集会，建议以氏长校，虽未实现，然其教泽之历久犹深，可概见也。国民革命军既定长江下游，川省效命，十七年十月四川省政府改组，简派氏为省政府委员兼教育厅长，未就。二十二年，受任国立四川大学校长。以原有校址狭隘，舍宇简陋，乃请准中华文化教育基金会拨款补助，于成都东门外经始兴建，自是崇楼峻宇，罗布于平畴绿野中，江流映带，风光灿然。

又于农理两学院，充实尤力，盖实行其提倡科学之素志。夫人陈衡哲女士，早年留学美国，教授西洋史，不娴蜀俗，轻肆讥评，及于草木，终以贾怨，氏亦不安于职以去，未克竟其施为，良可惜也。二十五年以后，任中华文化教育基金会干事长。

氏虽治科学，然于诗文，夙深造诣。清末民初之诗人集会曰南社者，有名江左，氏亦与焉。初氏在沪，与绩溪胡适之氏，为同舍生，其后留美，复先后两度同校。氏由波士顿迁校至纽约，适之迎以诗，有句曰："真个三番同母校，况同第二故乡思。会当清夜临江阁，同话飞泉作雨时。"适之自云："吾数年来于文学之兴趣，若无叔永、杏佛（杨），定无《去国集》，若无叔永、觐庄（梅），定无《尝试集》。"此诸氏者，各宏造就，今想像其友朋切磋之乐，有不兴诗人嘤鸣之什者乎。适之倡文学革命，氏初不尽从同，曾致书以质之，其中有云："要之，无论诗文，皆当有质，有文无质，则成吾国近世委靡腐朽之文学，吾人正当廓而清之。然使以文学革命自命者，乃言之无文，欲其行远，得乎？近来颇思吾国文学不振，其最大原因，乃在文人无学。救之之法，当从绩学入手。徒于文字形式上之讨论，无益也。"氏於文学上之见解，由此尚可窥及。氏卒于一九六一年十月，得年七十有六。遗著有《科学概论》，诗文均未搜辑刊行。

据《民国四川人物传记》

杜亚泉传略

章锡琛

杜亚泉，原名炜孙，字秋帆，又署伧父，浙江绍兴人。幼颖悟，邃于经史训诂音韵之学。既以为无裨实用，改习算术。光绪戊戌，任本郡中西学堂算学教习。由是遂致力科学，取上海制造局译述格致理化诸书，悉心研摩，昼夜不倦。以东邻科学图书较多，更习日文，就日籍中研讨。并购置仪器，躬自实验。庚子秋，中西学堂停办，乃赴上海，创编《亚泉杂志》，撰著科学文字，分期刊行。吾国之有科学期刊，此其嚆矢也。粤督陶模见而亟赏之，为饬属购阅。旋以款绌废刊。辛丑，设普通学书室于上海，编译科学史地政治诸书，并刊行《普通学报》，而自为之主撰。壬寅，任南浔浔溪公学校长，锐意改进，商之校董，以六千金购置东西图籍及仪器标本，设图书馆仪器馆于校中。未一年，发生学潮，君竭力周旋，多方劝导，卒无效，校遂以停。次年，与从叔子彬、子林及同邑宗能述、寿孝天创越郡公学于本郡能仁寺，自任理化教员。未几，校款中绌，遂告停歇。时所创之普通学书室，因经营乏人，颇多亏折。

商务印书馆方于是时日就发展，因延君为编译所理化部主任。自是终其身凡二十八年，馆中出版博物理化教科参考图籍，什九皆出君手。其篇帙最巨者如《动物学大辞典》、《植物学大辞典》，皆君为之主编。宣统末年，兼主《东方杂志》笔政。此志创于光绪乙巳，其初盖仅摭拾国内外时事及报章论文，供参考检阅之资。及君主编，始扩大篇幅，多载政治、经济、哲学、科学论著，一新面目，销行激增。《东方杂志》之有今日，君之力也。先后主编凡九年，所撰文字，自国际时事、经济、政治以至哲学、教育、科学、语言、考古，靡不具备。君虽尽瘁著作，然平日尤致力于教育。尝任绍兴七县旅沪同乡会会长，为设小学三所。民国十一年，复自创中学校于上海，名新中华公学，自任教授训导之责。深恶上海学风之颓靡，力主敦朴。尝谓今日学生之志愿，舍作官外，即为洋奴。欲使己校毕业学生，咸能离去都市，深入乡村，从事教育及农村合作事业。创设凡三年，耗资八千余金，绝不向人募款。君家仅中资，至是尽罄其所有。二十一年“一·二八”之役，所居为日军炮火所毁，仓皇归里，家遂赤贫。然仍任本邑稽山中学义务讲师，每星期自乡赴城，孜孜不倦。在乡抨击豪强，革新教育，不以年老而隳其志。二十二年十二月六日卒，年六十一。君所著，舍教科参考书外，其论著多散见各杂志，尚无专集。单行者有《叔本华处世哲学》、《东西文化批评》、《博史》、《人生哲学》诸书，而《人生哲学》尤为君精力之所萃云。

据《第一次中国教育年鉴》戊编第九

杨守敬、熊会贞传

汪辟疆

清初言地理者，有顾祖禹、胡渭、阎若璩、刘献廷、黄仪，号专学。祖禹撰《方舆纪要》，以史证地，运兵家于方舆，最切世务。渭撰《禹贡锥指》，手辟鸿濛，辞繁不杀，又勇于自信，故得失参。若璩《四书释地》外无专书，然山川形势州郡沿革无瞢焉，昆山撰一统志，疑滞得若璩一言而定。献廷无书，固地学之雄也，仪图水经号精审，若璩叹为郦元千古知己，稿入新城池北书库，俄空焉，斯尤治亥步者所叹惋也。五君子并昆山上客，往来洞庭东山，与修一统志，称为极盛。厥后沈炳巽、王峻、全祖望、赵一清、戴震、孙星衍，并治《水经》，最有名。炳巽书在内府，近乃始显，然全、赵皆采及之。峻广注不传。星衍有校释，说多违戾。以故三百年中言郦亭之学者，惟全、赵、戴推祭酒焉。全、赵有丽泽之雅，故赵多用全。戴氏自校书中秘，籀大典，据以諟正，闻见迈全、赵，有官、私二刻本，自诩绝诣，非诸家所及。自大典本散人间，勘比多不照，而精者适与赵同，论乃大哗。所异者，戴氏以征实之学，雄视一代，而校郦乃攘他人为己有，斯大惑不解者也。

后百三十年，杨守敬氏撰《水经注疏》四十卷，乃以三十年专力，探本《禹贡》、班志，博采魏、晋、宋、齐地记，审辨清初五君子之绪言，平亭全、赵、戴之得失，脉水寻经，征文考逸，视前加密焉。守敬以为，自来治《禹贡》者，若胡渭、徐文靖、程瑶田、焦循、成蓉镜、丁晏诸家，于黑水、三危、九江、三江之属，往往强为牵合，莫得要归。实则两黑水、两三危、两九江、四三江、两洛水、两漳水等，皆异地同名，并不相涉，必沟而通之，则南北混淆，古今杂糅矣。又言古书言水，名称错出，源流参差，郦氏以互受通称说之，此例实本《禹贡》。《禹贡》江、汉朝宗于海，盖以二水并大，非一水所得专其名，故并称之。班氏识此例，故湖汉水、豫章水同流，而各言入江，西汉水、潜水同流，而各言入江，其他入河、入海之水，似此者尤多。《水经》淇、漳、圣巨等水，并言入海，亦此例。皆郦氏所谓互受通称也。前人引而未发，至郦亭始明言之，亦有班未言而郦引伸之者。班谓恒水入滱，卫水入滹沱，以恒、卫释《禹贡》，以滱、滹沱缀职方，郦谓恒即滱，卫即滹沱，互受通称，而后知《禹贡》纪恒、卫不言滱、滹沱之故。近儒谓恒、卫虽小，曾所致力，故载之；滱、滹沱虽大，无所见功，故略之。庸知恒代陵谷之间，古昔有何泛滥？沽淀汙下之地，今日方成泽国耶？郦氏每树一义，上下千古矣。曩者，段懋堂断断经、注之分，归功戴氏，然全氏于河水注"又东济水注焉"句，极辨各本误注为经之由，谓历千年而莫之正。守敬据此，以为经、注之分，全氏实导先路，匪尽戴力。赵本用全，而此竟失载，知此为全氏晚年定本，即赵亦未及见也。王氏合校，取朱（谋㙔）、赵、戴、孙（星衍）诸家。守敬摧陷廓清，无所于让。王校惑于林晋霞之说，不取全氏，守敬颇右之。孙星衍校本，王氏许为可备考览，守敬则深致呰謷，此皆自具鉴裁，不肯随人者也。先是，守敬立意疏郦，以为郦本《禹贡》、班志，乃撰《禹贡本义》、《汉书地理志补校》，以溯其源。以经作于魏人，乃撰《三国郡县表补正》，以考其世。以隋去魏近，隋志可证郦，乃撰《隋书地理志考证》，以究其委。又以历代州郡沿革，分合靡常，水道经流，古今悬绝，乃撰《历代舆地图》、《水经注图》，藉明迁变之迹，皆与郦疏同时纂葺，然后案图作疏，虽纤细差违，至是靡得而遁焉。及全疏将断手，简牒灏繁，恐镌板匪易，乃又刺取精要，成《要删》四十卷，先考古而后脉水，盖以考古多实证，脉水文繁，非全疏莫明也。呜呼！守敬之于郦疏，可谓神光独照者已。

守敬既专精沿革地理之学，兼长目录金石勘校书法。光绪初元，随香山何如璋使日本，时东人唾弃故籍，守敬贱值搜求之，多得中土唐、宋逸籍，宋元旧椠，捆载归武昌，筑观海堂贮之。遵义黎庶昌刊《古逸丛书》，皆守敬鉴定。鄂省椠工拙俗，守敬教以影雕宋、元板式，而陶子麟尤有名，故四方精椠，集于武昌。守敬各印其首叶，备检校，即世所传留真谱也。守敬文非措意，然质朴雅驯，光彩内焕，或谓少孙濂亭，盖所由之路异云。

守敬，字惺吾，湖北宜都人。同治壬戌举人，选黄州府儒学教谕，官舍与东坡雪堂邻，自号邻苏。张之洞督两湖，聘主两湖书院、勤成、存古学堂讲席，充通志局编撰，奏保内阁中书。京师礼学馆聘为顾问。清末部选安徽霍山县知县，不赴官。辛壬改物，避地海上，鬻书自赡。犹困，乃勉为参政院参政。仍不足，乃鬻书政府，唯古地记《水经》独留，盖为补校郦疏也。民国三年，卒，年七十有七。所著书自《禹贡本义》而下，有《日本访书志》、《续寰宇访碑录》、《钱录》、《邻苏老人手书题跋》、《观海堂金石丛书》、《望堂金石初、二集》、《瀛寰译音异名记》、《丛书举要》、《晦明轩稿》，并行于代。而《水经注疏》四十卷，以珍惜弥甚，且以力求审谛，不欲轻出，垂老，举全稿畀其弟子熊会贞补疏成之。

熊会贞，字固之，枝江人。初入杨宅，为童子师。先是，守敬居武昌，荆南七属赴乡举者，皆馆其家。报罢，则留其谨愿善书者，俾任钞胥，月致二饼金。会贞尤诚笃，不厌烦碎，守敬既馆以西席，会贞遂师事之，因得饫承绪论，治古今地理，尤熟精史志，博闻强记。守敬有撰述。会贞为之遍稽群籍，兼条举得失，最矜慎不苟，其胜义往往为守敬所叹服，绝爱重之。守敬所撰《汉书地理志补校》、《三国郡县表补正》、《隋书地理志考证》、《禹贡本义》、《历代舆地图》四十五种、《水经注图》等，自序并言多熊生之力。及《水经注疏》将成，守敬挟其稿走京师，告侯官陈衍曰："今吾书幸成，多弟子熊生助属稿。"盖未尝讳言之也。

守敬疏郦，初就朱笺勘校，削草盈箧。会贞更据长沙王氏合校本，爬罗厘剔，有得，辄札书眉，不足，则益以别纸，粘书上下，细行密字，丹黄粲然，其所校正，视守敬益加密。守敬未见残宋本、大典本、明钞本，会贞皆及见之。守敬初主以戴为正文，略同王校。会贞则主以朱为主，朱是者，作正文，非者，据赵、戴订改，或自订改，不尽遵戴。守敬颇右全氏七校本。会贞晚年，觉全本有后人据赵、戴窜改之迹，不尽可信，全说为赵释所引者，取之，否则，不著。故只称赵、戴，唯辨别经注，仍称全、赵。守敬于清末刊要删，间标熊会贞曰，以别己说。会贞补疏遗言，则主刊全疏时，删去名字，惟己名见要删者，仍留以昭信。实则郦疏泰半出熊氏，其自言“疏文杨师三之二，会贞三之一”者，盖谦辞也。守敬卒时，书固未成，仅具粗略，顾深信必传，尝言：“此书不刊，死不瞑目。”临卒，犹以为言。会贞誓以毕生精力补成，为师门弥此未竟之憾。初谓二三年可竟全功，后以所见既多，已成之稿，尚待覆审，故守敬卒后，会贞居菊湾杨氏故庐又二十二年，书凡六七校，稿经六次写定。于是每下一义，妥珥宁极，淖入凑理，钩深致远，实迈其师。方诸輓近，郑堂之补惠易，叔俛之补《论语》，或犹过之，杨大堉非其伦也。

日人森三鹿极服熊氏以一生精力成此绝业，民国十九年四月，遣松浦嘉三郎走武昌，求其稿，不获，又两谒，许以重金，乞写副，会贞以大夫无域外之交，固拒之，卒不为夺。鸣呼！若会贞者，此宁可求诸今世士大夫耶。会贞以民国二十五年三月卒，年七十有八。子心赤。

论曰：清末鹜外学，视旧有若土苴，守敬走东土，习世论，独不为风会移，其穷研亥步，著为图说，裴秀、贾耽莫尚焉。东人有河田罴者，窃其书，以臆离析，蜚声三岛，岂知羽毛齿革，君之余也。余以壬子冬，道沪上，因李之鼎介见，座有某君，询东土《文馆词林》残卷，君剖析答之，声若洪钟。已而曰：“我顽固党，君亦顽固党耶？”相与大笑。熊翁，余未获奉手，然其乡人李子奎尝为余道其遗事，因次而合传之，不能备详也。

据《国史馆馆刊》创刊号

李仪祉传

冒鹤亭

李仪祉，原名协，字宜之，晚以字行，陕西蒲城人。以邑庠生初肄业崇实书院，后毕业于京师大学，由西潼铁路局派赴柏林工业大学，改铁路及水利二科，遂以水利专家名国中。当仪祉学成归国时，南通张謇方创办河海工程专门学校于南京，聘仪祉为教授，仪祉在校阅八年，所学益邃，所成就人才几遍中国。陕西当道促仪祉归，乃辞河海工程专门学校校长，归而长陕西水利局兼渭北水利工程局总工程师，自是而秦中始收水利之效，论者谓郑国白公而后，仪祉乃鼎足而三云。仪祉先后所治渠凡八，曰泾惠、曰渭惠、曰梅惠、曰织女、曰洛惠、曰汉惠、曰沣惠、曰黑惠。泾惠渠引泾水溉醴泉、泾阳、三原、高陵、临潼五县，渭惠渠引渭水溉郿、扶风、武功、兴平、咸阳五县，梅惠渠引斜峪关石头河溉岐、郿二县，织女渠引无定河水溉榆林、米脂、绥德三县，洛惠渠引洛水溉蒲城、大荔、朝邑、平民四县，汉惠渠引汉水溉沔、褒、南郑三县，沣惠渠引沣水溉长安、鄠、咸阳三县，黑惠渠引黑河清水以灌盩厔之田，此陕人所谓八惠也。渠各建闸，时其宣节，雨量流率，俱有确计，它如壤性所宜，水力大小，靡不求尽其用。八渠半蒇事于仪祉生前，半告竣于其卒后，灌溉所被，殆三万顷，以是秦中比年饥馑罕闻，而牧汧褒湑诸渠，方事疏凿，犹不与焉。陕人初多种罂粟，自仪祉开各渠后，始改种棉麦，至其地者，见各渠旁树木葱郁，一水漾流其间，男耕女馈熙熙然若游豳岐之盛也。

仪祉尝先后任华北水利委员会委员长、导淮委员会委员兼工务处长及总工程师、国府救济水灾委员会委员兼总工程师、重庆市政府工程师、黄河水利委员会委员长兼总工程师、扬子江水利委员会顾问兼工程师、全国经济委员会水利委员、中国水利工程学会会长，又尝长陕西教育、建设二厅，及兼任西北大学校长、北京大学教授、同济大学教授、南京第四中山大学教授，然皆不久即谢去，终其身致力于治水之中，卒年仅五十七，闻者惜之。葬泾惠渠之阳，葬之日，泾阳、三原、高陵之民，素车白马，不期而会者五千人。于三原立仪祉学院以纪念之。所著述及缗译文，散见《科学杂志》、《水利杂志》、《河海月刊》、《华北水利月刊》、《黄河水利月刊》、《陕西水利月刊》中。

据《国史馆馆刊》第一卷第三号

钟宪鬯先生传

蒋维乔

先生名观光，字宪鬯，浙江镇海县柴桥镇人。早岁入庠，于经史子集，无所不览。治古文，由桐城上溯两汉，偶作古赋，直追扬、马。其律身，则服膺程、朱，一言一行，丝毫不苟。逊清末叶，内政腐败，外患迭乘，有识之士，皆知世变日亟，非变法不足以自强。先生独以提倡科学为强国之根基，于是约集同志创设四明实学会。先取江南制造局译出之化学物理诸书，一一实验而精究之。方其实验时，需用玻璃管、三酸，皆不可得，则至上海，辗转托外商觅得之，如获至宝。归而实验，屡屡失败，乃几于成，其所御之衣服，恒为酸类所溅，斑斑焦孔，人皆指目之，而先生夷然不顾也。既复取日本新出之理化书籍，一一参考，知科学之新发展，比制造局之旧译，已月异而岁不同。方今化学工业，首宜造磷，遂在沪东开办造磷厂，卒以购买机械不克应手而罢。先生念全国初办学校，独理科缺如，乃东渡日本，悉心考察，归与张伯岸、虞和钦、林涤庵等，创办科学仪器馆于上海。为各校配置理化器械，并于馆内附设传习所，培养理科人材，开全国风气之先。

民元前十一年春，江苏南菁书院改为高等学堂，聘先生任理化教习。迩时肄业生皆成材之士，与教员年多相若，或且年长于教员，多不愿上堂受课。惟先生之讲解透澈，实验正确，学者翕然从之。维乔亦于是时，始受教于先生。先生于授课之暇，并灌输国家思想，于是同学皆如梦方醒，知革命救国大义。一日，蔡元培、蒋智由自沪致电先生，述及组织中国教育会，请先生率同学加入。维乔与顾倬、黄以仁二人，欣然入会，且欲追随先生赴沪。南菁设在江阴，若赴沪，必须渡江至北岸，方可登轮舟。是日风狂浪涌，正值封江，觅渡不得，余等锐意赴会，一往无前，乃以重价号召，雇得一小舟，渡至中流，浊浪翻空，屡击我身，舟为倾侧。余等衣履尽湿，毫不介意，犹复整襟危坐，高谈国事，有祖士稚渡江击楫气概。既渡，即暂寓江北芦棚以待，至夜半，方悉本日无轮，屈指会期，已赶不及，遂一宿而归。丁叔衡（立钧）山长闻知此事，致书先生云："闻先生冒险渡江，危难不惊，不特先生之学养所不可及，彼三子者，气象亦迥不犹人矣。"是年之夏，丁山长以病去职，继任者不副人望，先生乃辞去。维乔亦至沪上，时与先生聚首。

民元前九年，《苏报》案发。蔡元培赴青岛，所经办之爱国女学校无形停顿。先生慨然曰："吾等应维持此校，以保全蔡先生名誉。"于是与维乔约定共同负责，继续办理。乃返柴桥故里，适宁波知府喻某，奉令逮捕革命党，先生名在党籍，喻某托人请先生至署中谈话，人皆为先生危，劝勿去。先生毅然曰："彼指我为革命党，我将以一席话，令他亦变为革命党。"遂往，痛陈现在政局，非大加改革，不能救亡，侃侃而谈，旁若无人。喻氏为之心折，竟成莫逆交，以后于地方办理学校，极尽提倡赞助之力，乃先生积诚所感也。先生既至沪，即与维乔募集捐款，重兴爱国女学。先生任校长，维乔任事务，均兼教课，纯尽义务。于文理各科目外，特注重乐歌手工，盖迩时各校尚未有此技术科也。逾年，蔡君回沪，先生仍以校事属之，回镇海，创办芦渎公学。

民元前七年，在科学仪器馆讲授理化，蔡元培与维乔皆就学焉。讲授辛勤，病咳甚剧，蔡君与维乔组织钟门同学会，集款供养先生，劝其休养。先生坚却之，而自赴杭州西湖闲居。从此乃专心研究植物，勤于采集，随时剖解，偶得新种，详考药名，夙夜孜孜，几忘寝食。民元前三年，又在沪开办理科实习学校，造就中、小学校教员。

民国纪元，蔡元培自欧洲归，任南京临时政府教育总长，邀先生与维乔同时进部。部初成立时，南北兵事未定，教育行政，无事可办，乃先革〔草〕拟学制。先生所任者，为专门及大学规程，有余暇，则周历京内外各山，寻觅植物。维乔亦恒于星期，随先生携带糇粮，步行山中，辄数十里，自晨至暮，乐且忘返。正式政府成立，教育部北迁，先生与维乔，同任参事之职。参事共四人，管理法令，公事较简。先生仍以余闲，采集北方植物。遇休假日，蔡元培约余等游圆明园，先生挟参考书，元培佩采集筒，维乔携轻便压榨器，共行郊野，觅取新种，俨然学校师生，远足旅行，殆忘其为长属也。进园，则登万寿山，徜徉竟日而回。北京内阁，未及数月，即起暗潮，蔡君辞职，范源廉继任总长。逾年，范又辞职，汪大燮继之。官僚习气熏人，先生与维乔皆不肯耐，先后去职南归。

民国四年，维乔至西湖考察教育，长沙高等师范学校托聘博物教授，乃推荐先生。校中卑礼厚币，派教务长至沪迎接，先生遂讲学于岳麓，山林清幽，称为最适。先生在长沙二年，不特学生对于博物学科心悦诚服，即其他事故，学生于校方偶有龃龉，恒得先生一言为之解决。

五年，范源廉复长教育，聘蔡君为北京大学校长，维乔亦于六年之冬，重进教育部。九年之夏，先生偶来京，蔡君与维乔计议，聘先生为教授，不任功课，俾游历各省，采集标本。由是先生北尽幽、燕，南极滇、黔，凡黄河、长江、珠江三大流域，皆有先生之踪迹。每入名山，辄穷幽陟险，攀藤附葛，广事搜集，所得异草奇花，凡一万六千余种，悉心厘正，辨其类属。恒在逆旅中，每夕持扩大镜，反复研究，宵深不寐。不料在贵州遍〔偏〕僻之区，为匪徒所垂涎，以为此老所携箱箧至重，必有多金，乘夜劫之，乃不过枯枝败叶，废然而返。幸先生遇所得贵种，随时邮寄北大，未受大损，亦毫不为意，仍勇往直前，不顾其他。在外四载，方回北大，任整理工作，于是校中生物学系，灿然大备。

十七年，浙江大学农学院，闻先生名，聘为教授，主持植物部分，遂创笕桥植物园，搜集江、浙各地产品，得千余种，分区分科培植之，规画有方，成绩卓著。二十年，国立北平研究院，复聘先生为专任研究员。我国植物至繁博，而乏科学之研究，先生寝馈于斯，详征博考，前后十余载，锲而不舍，于是中华植物学，乃有系统可寻，而先生亦垂垂老矣。先生于古代草木之名，多所辩证，如《毛诗》、《尔雅》、《离骚》，皆详为笺注，《本草纲目》之广博，则芟其繁芜，《植物名实图考》之详核，则范以条理。尝谓日本植物学者所用汉名，虽沿袭中国古籍，而考据未精，纰缪百出，皆一一为之纠正。

民国二十六年，芦沟桥变作，知不可复留，携其平日重要之著作，间道南下，历尽艰辛，得以返里，书籍笔记，散失过半，遂不复出。不意二十九年九月三十日，遽以微疾逝世。学界闻耗，无论识与不识，皆为之流涕。先生生于逊清同治七年戊辰，享寿七十有三岁。著作甚富。《理科通证动物编》早已刊行，《本草疏证》尚未付梓。先生采集植物时，经历名山大川，偶为日记，随笔所至，兴趣横生，读之俨如郦道元之《水经注》，但其文名，为植物学所掩，世多不知。先生有丈夫子三人：补勤、稼勤、芸勤，皆能世其学。

蒋维乔曰：浙东学派，向以经世致用为鹄，又逊清之末，乃一转而趋实学，杜亚泉起于会稽，先生奋于镇海，皆于举世不为之时，彼此不谋而合，从事科学，为天下倡始，可谓先知先觉者矣。然亚泉专事译述，足不出户；先生则周历海内，读天地间之活书，沈浸于大自然之中，故其成就尤伟。先生目深锐而颔尖，望而知为思想刻深之人。生平不衫不履，行路则手足扶摇，如野鹤展翅，彳亍而前。方其极深研几之时，虽腹饥亦不暇食，右手持笔，左手取面包，蘸饴糖食之，忽误蘸于墨盒，具〔且〕蘸且食，致辅颊舌胥为之黑，旁人告之，先生方觉。某岁，自北平来沪，与王东园促膝长谈，彼此误著其履，左右足一缎一布，东园夜归，其妻怪之，方知误著，乃于翌晨面先生，而先生则已登海轮赴天津，及登岸，自顾其足，亦为之失笑。其心力专注，而疏于外物，类如此。呜呼！牛顿误以时表为鸡卵，不能专美于前矣。

据《世界文化》第二卷第五辑

上海张公家传

姚文楠

公讳世镳，字景和，号骧云，姓张氏，宋相文忠公之后也。当高宗南渡，文忠孙铁一偕沈、瞿、赵，避乱来居龙华，此四姓者，仗义结伴，聚居五百余年，相保如初，事载郡邑志。铁一生贵一、贵二、贵三、贵四、贵五。贵三为公之二十一世祖，移居乌泥泾，六传至江，字温然，移居筠溪。又九传至镐，字武在，始迁上海县城。公之曾祖承启，字克振，祖钟涛，字文澜，父麟祥，字玉书，皆善医，名重一时，邑志有传。玉书公生丈夫子四，公其季也。母顾怀妊二十七月而生，姿禀奇异，祖母孟钟爱之，谓家人曰："张氏累代仁厚，异日能显扬其宗亲者，必此儿也。"孟卒，公才四龄，悲泣若成人。七岁，入塾，过目成诵。年十三，居父丧，哀毁逾恒。伯兄世臻晓云、叔兄世煜蔚云，为之授方书。晓云精伤寒，蔚云善调理，公兼擅其长，虽外疡痘症，亦能治。公既及岁，冠婚生子。顾太君乃招族戚，议认债析产，盖十年以来，丧葬嫁娶，积逋四千余缗矣。公与仲兄世涵竹云，皆无力认债，皆不受产。叔兄怜公少，仍共爨六载。既食指日繁，公不忍以累兄，乃始别居，而伯兄又招至祖宅设诊。公事兄谨，同居时夜必俟其应诊归，乃始就寝。岁辛巳，叔兄卒。甲申，仲兄卒。公年方壮，以鸰原之痛，感危疾，疾瘥，耳竟聋，始赁居城北养疴，陈竹坪善士屡代贫病者邀诊，而北则栖流所，南则普育堂，诊不受酬者，日以数十计。心力瘁劳，公不以为苦。丙戌，遭鼓盆之戚。庚寅，伯兄又卒。公虽强颜慰母，而聋益甚，并得瘛疭症，出诊病发，常半途折回。

当是时，公之医名日盛，贤士大夫交相延誉，"聋髲"之称，倾动遐迹，而真名氏反为所掩。晨兴应诊，日昃不遑。然未尝自矜贵，且弗计诊资。尝谓："医以救人，非以营业。"遇贫者，或并周给之，遇青年不自爱惜致疾者，恒正言诰诫，不稍假借，若父兄之于子弟然。盖以术行仁，而兼寓慈善思想教育思想，此公之道德所以弗可及欤。时医诊例，往往有拔号加远种种名色。公曰："如此则富者得，贫者苦矣，我弗为也。"方居母丧，不出诊，但门诊不可却，勉应之。门诊例序先后，有贵官某，坚欲提前。公谓："吾本不应诊，所以从权，乃怜贫者，非媚贵者。"卒不许。贵官笑曰："我昔闻强项令，今乃见强项医耶。"其风骨之峻，多类此。署松府钱公宝传尝语公："我无官派，汝无医习，不亦善乎？"松海防同知刘公元楷，与公评方论药，最相契，比诸东坡之遇庞安常。苏抚陆公元鼎，许公为江南第一名医。德宗有疾，各省征医，陆意颇属公，托刘先容。公以亲老辞。

公虽享盛名，未尝自满，偶暇即研究医书，或同志虚衷讨论，不厌不倦。尝于病家遇凌嘉六，持论颇异同。凌谓公方非本《金匮》诸书，未敢信从。公谓古今时气不同，执古方疗今病，殆所弗取。辨难久之，卒归一致。归语其子炳曰："凌氏湖州世医，代有闻人，如宦家之科甲出身。我张氏阅病多，若吏员出身耳。科甲诚正途，办事或不如吏员之娴熟。医理必求诸书，然凭脉分经用药，能圆通活变，病者罔不愈。"又曰："医无贫富，以实心求之自得。"世以为名言。武进盛公宣怀病，群医束手。陈莲舫征君来曰："宫保温病转凶，非君莫治。"公谦谢不获，乃与俱往。切脉尚实，云湿蕴中焦，汗吐难施，法宜下。陈从之，以扶正降浊，用洋参调胃承气汤加减投之，果立效。盛愿出十万金，设华医学校，聘公为监院长，谢不就。某君患湿温，医多方杂，病益剧。公屏斥德医，卒转危为安。某姓女患咳血，西医谓肺叶已坏，主不治。诣公问之，公曰："决非肺病，服我药，半月可瘳。"卒如其言。其他险症求治，应手而愈，类此者殆难偻指数。

公为人俭约，性尤伉直，喜作俚歌，偏贴门壁，警劝群黎。习劳尚俭，遇事主礼让，但涉外交，不稍迁就。英、日侨商公私建筑侵及祖墓，或沟或路，迭经抗议争回，无所屈挠。筠溪家祠岁久圮，独力重建。又于淞滨祖茔之南，筑淞隐补读庐，为庐墓养疴计。革政以后，屏绝世务，自号隐庵，深以翦发，易服，改朔，用夷变夏为非。冠昏丧祭，一循旧典。时俗淫靡，衣服奇邪，戒家人毋沾染。能绘事，不多作，兴至时，欣然弄墨，山石花鸟各有幽致，此又公之余事也。公生于咸丰五年十一月十九日丑时，卒于乙丑年七月十八日辰时，寿七十有一。国子监生，以沪军营医劳绩，闻于督部曾忠襄公，予都司衔。以顺直赈，晋游击衔，随带加二级，覃恩二品封典。以孙庆增助湘赈，获奖封通奉大夫、同知衔，加四级随带加一级。宣统大婚典礼报效，赐御书"迪惟前光"匾额。配王氏，通奉大夫、附贡宗启长女。子三：汝炳，娶姚；汝堃，娶沈、继沈；澄，娶徐。女一，瑞华。澄与瑞华皆前卒。孙三：庆增，炳出，娶杨；庆燿、庆基，堃出。燿为澄后，早殇。子汝炳，孙庆增，皆世其业。子汝堃，约翰毕业生，服务招商局。孙庆基，幼读。

姚文楠曰：余家求医，必于张氏，服其药数世矣。余八九龄时，及见玉书先生，犹能仿佛记忆。比壮，与公相亲尤久，敬其行谊，爱之重之，垂四十年。读同治邑志艺术传，述公先世孅德，皆如余所亲见于公者。公既继述志事，又以教其后昆。族姓振振，皆有古风，积厚所流，盖未可量。志传推本，谓始瞻源，稽诸谱乘，瞻源乃武在公子，而武在公之曾大父有隐园者，已以叔侄能医获时誉，形诸歌咏。是则先畴旧德，历数百年，诚哉吾乡之乔木故家也。夫以仁术绵垂世泽，胜科第仕宦远矣。

据拓片

外舅张公行状

严昌堉

公讳汝炳，字醒石，号星若，上海张氏，系出宋右仆射文忠公商英。文忠孙铁一，为公二十三世祖。当宋高宗南渡，与沈、瞿、赵三姓，由严陵来居邑之龙华。有明一代，科第簪缨不绝。十七传至镐，始迁邑城，自是代以医名。考讳世镳，字骧云，声誉益噪，以失聪，人遂以“张聋”呼之。公敦袭世风，硁硁砥砺，方幼读，不屑从事帖括，尝请于塾师，愿习策论，塾师伟之，顾以家世岐黄，兼攻方书，不暇竟学。年十五六，即出以问世，折肱缵绪，游刃恢恢，长老惊叹，谓骧云公有子矣。张氏故擅治伤寒，随手而差。患之者非经公视脉，病家每惴惴不能安。即或从求他医，亦辄以方案乞审断，得加减数味，往往奏效。虽悬拟，无异亲诊也。其诊弗计酬，遇贫者竟弗纳，或转施药资。自辛亥后，骧云公不出户庭。公至是诊候益冗，夏、秋间尤繁剧，非子夜不得息。愆餐寝，犯寒暑，而终日所获，曾不能敌时医往省一二病家之盛旺。五十年间，约略计之，所疗治无虑二十余万人。户外不揭榜，而走卒尽识其门。此岂非杏林之所仅有者乎。

公虽仅以医德见，而赋禀特异，尤笃内行。平时动止，一惟父道是循，跬步惟恐失坠。年十四，丁母王太夫人丧，悲号擗踊若成人。自是逢妣氏讳日，辄杜门省疚，煮蒿凄怆，数十年如一日。迨宅父忧，已亦逾艾矣，而哀慕无穷，丧祭悉循旧制。季弟澄早世，矜悯孤寡，抚从女恩勤备至，家政总持，推厚及于弟。至戚有少孤者，为纲维其家业，钩稽整理，视如己事，逮成人而归之，则宿逋偿，门庭重振矣。有从女归邻邑某氏子，挈之远适异域，未几大归，孑身返国。其从兄畏事隐忍，不与较。公闻之愤甚，亟起鸣鼓而攻。时虽新遭崩坼，人言犹有可畏，清议之加，足以褫纤儿之魄。性固谦抑，然见一不义，辄为激愤。子弟有末失，规劝斥责无少隐。不以乐善为名高，而于鳏寡孤独，岁时周恤无怠。中岁访得族谱，喜不自胜，亟为录副。某岁，邻家失火，独携谱牒以走，不顾其他。晚乃创议续修，督其子庆增相助为理，而独输所费。施丐者钱，月以朔望为定准，及期麇集其门。凡敬宗收族孝友睦姻任恤，多此类也。昌堉妇，公长女也。遣嫁授训辞一帙，拳拳于宜家之道，而归本于俭勤，无趋时习。当光绪之季，欧风所被，时彦群起言变法，即邑中亦大事兴革。公虽在壮年，颇主持重，介乡父老间，每以片言伸得失。

迨辛亥国变，宇宙晦盲，遂深自韬晦，邈与世绝矣。壬戌之冬，有匪人佯为邀诊，将施劫质，终未坠网。又阅数年，遂谢病家造请，而不拒踵门求治之人群。兀坐竟日，忘其疲劳，既歇手，则观览群书，课诸孙，以为乐。丁丑夏日，倏染风痹，幸即告痊。越三年庚辰，患腹疾甚惫。时连遭冢媳杨及淑配姚夫人之丧，弥复郁悒。姚夫人出嘉禾清第，恭俭均一，与公协趣。辛巳冬，旧疴重染，四肢不仁，素日好剧谈，寓谐于庄，至是乃危坐床前，默默不发语。荏苒半年余，至壬午八月二日，遽以痰滞致不起，距生同治癸酉十月二十九日，年正七十。

平生淡泊，无嗜好，惟偶为西泠诸近地之游。辛未春，偕弟侄辈一至幽、燕，怅望觚棱，伤今念旧。先是，戊辰东陵被盗，诸义士集资重奠。公亦献野人之曝，得邀睿容及“福”“寿”字之赐，并传谕嘉奖，由国子生以布政司经历待铨，以子庆增同知加级膺二品封。年来养病之余，颇多自述，兼及身后事。诏庆增谓“余自问寡德，告丧毋作哀启，毋求能文之士为铭幽之文”。庆增受命弗敢违，顾以笃行如公，乌可听其久而湮没也，以知公之深，莫昌堉若，属诠征其大略，爰撮厥迹，以告世之录遗民、传独行者，倘资以采择焉。

据作者手稿

张君蔚西墓表

孟 森

君讳相文，蔚西其字，世居淮安之桃源县，改革后桃源改为泗阳，学者遂称泗阳张先生。君之学，邃于舆地，间及其他考辨论说之事，一出其真见，不傍他人门户，缁译日本书籍，颇流行于世，非其好也。岁戊戌、己亥间，始识君于上海南洋公学，一见定交。旋复别去，各走四方，适粤、适燕，时复邂逅，盖每阅数年而一相握手，亦未尝多有旬月之淹，踪迹不可谓甚亲。然君每有所得，往往函书相示，不以在远而相睽隔也。君世清素，太公晋封先生，东乡居，以力田自给足，未尝出邑境。举君兄弟三人，皆奇慧。君先以文采自见，为举业，有重名江淮间。太公乐成其志，不以家人生产事烦之。未几，仲弟相经继君武，用劬学显，二十而夭。太公乃命季子辍学，从己于南亩，至今以隐居养志，极天伦之乐。太公九十，而健康如少壮。君以积年游学入，为太公增置耕地，至百余亩，而以温清之事，属之季弟。遭时多故，勤身于理乱之外，独全其天。君与余言，每致慨于仲弟之有志无年，而未尝不称季弟之得为马少游也。

君又尝言力学最宜于壮岁，而三十以前，局于应试之文，读书已晚。迨稍窥门径，精力渐衰，辄用为恨。此皆与余同病，故相语尤契。中年以后，肆力舆地之学，历览前人故籍之所考订，必足履而目验之，游迹遍东西塞外，及齐、鲁、晋、豫诸行者，南入粤，所至必有纪述。京师为人文所聚，有志于地学者，争慕君，集会研讨，历年推君为会长，出《地理杂志》至百余册。国事不定，久而害中于学术，至不能维持会事。乃以所储书籍，及编纂刊刻成绩，托之友人张君溥泉，为保存于团城。君于是亦老且病矣。未病之先，犹就《江苏通志》编纂之聘，设局焦山。君锐意欲成书，而世变纷起，当道迭更，经费亦移缓就急，不暇究征文考献之业。君独力不能有为，颇用愤慨，重以体气喜燥恶湿，焦山气候不相宜，遂得末疾北返。居志局日，自类其所为文，刻《南园丛稿》四帙。余于辛未北来，访君于病榻。君举以相贻，犹语“予所学不专，未能原本《六经》，为学人开广大之路”。余亦不以君为过谦，然前无承藉，一抒心得，品诣固当在沟〔讲〕宗派、矜门面者上也。

君于清季，愤国势积弱，锐自效于革除。革除以后，久而咤曰：“犹吾大夫崔子也。”遂绝口不谈当世之事。中间厕身国会，自谓无补言责，进退颇与余同。澹于荣利，尤疾蒲博。常谓欲遣有涯之生，何必为此人己两损之事。曾营西通公司于五原，欲为西北兴植稻之利。淮南夫役，不耐苦寒，至者相率去，事以不就。终身儒素，稽古所获，首为堂上谋娱老。故乡后进，奖借成就甚众。子星烺，女月烺，皆遣学于西欧，能世其学。久寓燕中，乐其风土，自营墓地于安定门外黄寺之侧。晚学佛，尝以灵魂之说诏予，时与高僧古德游处。性质直，于学人有片长，虚中推服，誉之每过其量。一涉论政论事，意所不可，虽位尊权重者，面折之无所瞻顾。

君生于清同治丙寅十二月，殁于民国壬申十二月，得年六十有七。配樊氏，清约勤朴，能成君志。君病数年，扶持出入，不假佣力。君既葬，间一二日，必走君墓，涕泣展视，至今无间。闻其风者，知伦纪之非出人为，亦有益于夫妇道苦之日者。星烺、月烺皆为北方名师。内外孙男女若干人，方竞于学。葬后数月，太公道君有生以来行历，属君友之能为君叙述以示后人者，而遂以命于余。余复就所知君之学行，为墓道之文，使其家立石而铭之，永以诏后之人。铭曰：

学不争名，惟以遣日。文不称家，惟以写臆。谁毁谁誉，古之遗直。亦佛亦儒，今之达识。偶涉政地，枘凿不入。掇皮皆真，世罕其匹。末俗多伪，留此悃幅〔愊〕。刊石为辞，以存矜式。

中华民国二十有二年九月立。

据《泗阳张沌谷居士荣哀录》

胡明复传略

钱树玉

胡明复氏为我国崛起之数理专家，而富有教育理想之名教授也。生于清光绪十七年，名达，明复其字，后遂以字行。世居江苏无锡县堰桥镇。父壹修，生子三，长敦复，幼刚复，氏为其次；先后留美得博士学位。氏秉资颖悟，沉默寡言，而治学所嗜，辄深究精进。年十岁，肄业上海南洋公学之附属小学。明年，升中院。旋习商于宜兴，郁郁非所愿，君恒手不释卷，尤嗜西文。后岁余，入上海中等商业学堂，由是学业孟晋，每试冠曹；毕业后，入南京高等商业专门学堂；将毕业，得清华学校考送留学之选，赴美入康乃耳大学，时年二十。氏本专攻商科，于商业学术，具有根柢；至是复改攻数理，刻苦研究，不遗余力，为全校钦服，得有名誉奖牌。厥后又入哈佛大学，继续努力，卒以研究高等数学解释〔析〕问题，得有哲学博士学位，年仅二十有六。继以我国科学幼稚，坐致贫弱，社会既漠然弗顾，而侈然为学者，愈不可不引为己责。于是集合同志任叔永、赵元任、杨杏佛及弟刚复等，在美发起中国科学社，并发行刊物《科学》以为之倡。关于编辑校雠，均亲任之；一切设施，亦必经其擘划，十余年负责如一日。科学社知名海内，克有今日，氏多与有功焉。

其助兄敦复办理大同大学，颇著成绩，同时担任该校及交通部上海交通大学、国立东南大学、上海商科大学等校教授，课至繁重，而其讲学循循善诱，从无倦容。尝语人曰："一人若能为三人之事业，或一日能为三日之工作，如此，则不啻将其生命延长三倍；若寿至三十而殁，亦与寿至九十者无异。”民国十六年，革命军抵江苏，任氏为上海政治分会教育委员会委员，任职两月，颇多建树，卒以不能尽量展其夙志，遂辞去。其辞呈中有“个人思想落后”及“不愿附和苟同”之语。盖氏虽镇静寡言，然处世谨严，不稍苟且；尤痛斥袁世凯，论锋磊落，几令人不疑其为素性沉默者矣。同年六月，以事返里，泅水淹死。氏生平自强不息，其任事尤克勤厥职，故于逝世之第二日，沪校学生，方讶其第一次之缺课也。春秋三十有七。

其事业大半瘁力于兴教育与研究科学，其学说兼重理想及实用。尝言士子欲致用建设，必先注重实学；而专门学者之研究，亦宜以致用建设为归。故于教育事业，力主学术救国之论，提倡各种纯粹学术之研究及应用。而尤以关国计民生者，为当务之急。当国民政府筹设中央研究院之初，氏本此旨，多所建议。今大同大学之校铭曰：“在明明德，在新民，在止于至善。”亦氏与其兄敦复所题。其抱负之一斑，于斯可见。生平计画之件，如此类者不胜枚举；其所著《高等解析问题》一卷，及散见于《科学杂志》之文若干篇，特其论著之小部分耳。氏殁后，各界咸痛惜之，以其天年不假，未尽所长，中国科学界受有莫大之影响，闻拟筹建明复馆、纪念碑等。科学社为出《科学杂志·明复专号》，并发起公葬氏于西湖之烟霞洞，且有筹建铜像之议，以资纪念云。

据《第一次中国教育年鉴》戊编第九

蒋丙然事略

戴修辅

蒋丙然先生，字右沧，福建省林森县人。早年毕业于上海震旦大学，旋留学比国，入五卜罗大学习农业气象学，得博士学位。民国二年春归国，即应北京中央观象台台长高曙青先生之邀，主持该台气象科事。当时国人对气象之学，认识颇少。经先生积极规划，编著气象书报，创办气象训练班，规划全国测候网，协助航空署设立航空测候站等；而气象一科遂引起国人之注意，南通张啬庵先生为先生所著《实用气象学》有序称“足以开气象学术之先河”一语，洵非虚誉。

民国十二年，青岛璧还，主持筹备接收者为王儒堂先生，以先生为气象界权威，邀请接收青岛测候所。日人素闻先生名，故一切折冲，极称顺利。迨接收告竣，遂任命为青岛观象台台长。历十余年，惨澹经营，多所擘划，驰誉中外，迄今犹为人所称道。诸如发布天气图，及天气预报，以维护海空航行上之安全；改良午炮，以重时政；购置赤道仪，建筑天文台，以推行天文观测工作；设立海洋科，以树我国海洋学之基础；测量山东半岛之地磁力，加设地震仪，办理测候人员训练班，设立观象图书馆，参加国际经度测量、国际云学研究会，及日全蚀观测；扩充高空观测，设置标准钟，创立水族馆及海洋生物研究所等，均称卓著成效。青岛观象台自德人创设，经日人管理，先生继长以后，事业更见蒸蒸日上，仅数年间已得与世界各国观象台相媲美矣。民国十五年后，青岛观象台之经纬度，已列入各国航海通书中。先生因得国际学术界之重望，又曾参加远东气象台台长会议、太平洋科学会议，于该会会议在爪哇举行时，先生曾被推任气象组主席团主席。意大利气象学会，推举为该会名誉副会长。国际天文联合会，先生亦被推为该会委员。先生于历次会议时所提出之论文，皆能见重一时。中国天文学会及中国气象学会，先生均为发起人之一，并曾任会长、副会长等任务，悉心擘划，积极推行会务，不遗余力。前中央研究院天文及气象研究所，曾聘先生为特约研究员。对于我国天文与气象事业之成就，均与有力焉。先生历任北京大学、北京师范大学、南苑航空学校、山东大学等校教授，桃李遍宇内；对于青年学子循循善诱，和蔼可亲，尤足令人钦敬。

先生研究学术，博览群书，老而弥坚，著述宏富。其最著者，有国立编译馆出版之《气象学》、《应用气象学》及教育部出版之《近地气候》，尤为学术界所尊崇。中国天文学会在台复会，先生任第一届理事长，贡献殊多。对于我国参加国际天文学会，在会前曾多事折冲而乃能有所成就。任教台大期间，复得“国家长期发展科学计划委员会”之奖助，得赓续其研究，益显其著述之可贵。先生以八十高龄，体健美髯。每年教师节宴，“总统”必延其左右陪座，至为殊荣。先生才识宏远，不仅于近代科学研究湛深，即对于国故词章，亦复意趣淳厚。并以余力学文，而有《承学斋诗钞》之印行。先生为本党最忠实同志。享年八十有四，于一九六六年病殁于台湾。为当代天文气象之学宗。

据《革命人物志》第十一集

詹天佑传

杨 铨

詹天佑，字眷诚，粤之南海人，清咸丰十一年三月十七日生，距英史第芬森始创机车四十七年。时欧、美路政方兴，中国犹闭关自守，于一切新潮流尚寂无所闻。詹氏幼年，无异人处。清同治十一年曾国藩、李鸿章痛中外交涉之失，奏请于通商各省，选聪颖子弟，赴美留学，氏与头班之选，随总办陈兰彬入美，肄业威士哈吩小学，时年十二。越五年，入耶路大学习土木工程及铁路专科。光绪七年，卒业归国，年二十二岁。既归，中国自建铁路尚无萌蘖，学无所用，政府因遣往福州船政学堂习驾驶，未几改任扬威兵轮操练及船政局教员，盖由路而航矣。值南皮张之洞督粤，识其才，聘任粤博学馆及水陆师学堂教习，兼测绘海图，如是者七年。

光绪十四年，新会伍廷芳总办津榆铁路，始以氏为工程师，所学至是乃得施展，自此任路事者三十余年未尝间辍，芦榆关津内外萍醴新易潮汕诸路之成，多得氏力。光绪二年十〔二十年〕英国工程研究会闻其名，举为会员。中国人得入此会者，当以氏为最早。当时中国铁路多属国有，非官莫能致用，故氏于光绪二十三年纳粟为光禄寺署正，越五年捐升同知，继似〔以〕办路功累升至道员。

光绪三十一年，中国自筑京张铁路之议兴，氏不世之业亦于是乎始。先是京奉铁路有余利，中政府拟拨建京张。英人以为京奉路实借英资而成，今以京奉余利筑路，宜由英工程师主持。然中政府已与俄人有长城迤北之铁路，不能由他国承办之议，故俄使出而反对。两国相持不下，中国不得已乃改为自办，且申言不借材他国，英、俄始无异议。是年四月，遂设局开办，以陈昭常为总办，氏为会办兼总工程师。自中国兴筑铁路以来，华人为总工程师者，当以氏为嚆矢。当时闻者多相惊笑，英人报章至谓中国建筑此路人才尚未诞生以相揶揄。氏既受外界激刺，益黾勉将事，与工程员同操作研究，集思协力，卒底于成。

路分三段建筑，以光绪三十一年九月四日插标兴工，次年八月十三日由柳村达南口路线竣工，是为头段工程。二段工程至三十四年九月始成。此段由南口达岔道城虽仅三十余华里，然中经八达岭、居庸关，层峦峻岭，古称天险，凡穿四峒始得通过，其最长者为八达岭山峒，约三千五百八十余华尺，在万里长城下，实为全路工程之最艰者。是年总办陈昭常擢任吉林巡抚，氏被任总办，关冕钧任会办，至是工程与管理重责，悉集于氏之一身矣。宣统元年五月，第三段由岔道城达张家口路线竣工，八月十一日全路开车，全线约长三百五十余华里，凡历四年乃成。原定每年经费一百三十余两，以七年竟工，既开工两年，岑春煊任邮传部尚书，改限四年竣工，故后二年实兼程并进，工成如期而经费则仍原估未溢出。至今言中国铁路建筑最廉者，仍当首推京张，其成绩固不仅在工程上为难能也。路成，氏名大震，外人多远道来观，赞为伟业。时清廷有考察留学生回国成绩之举，学部荐氏为第一人，特授工科进士，其声誉之隆，殆可想见。宣统二年七月，政府举行留学毕业生考试，氏为主试官，一时新学进士，多出氏门下。

是年九月，邮传部任氏为广东粤汉铁路总理。未几因争川路，天下骚然。武汉军兴，不数月清帝逊位，民国成立。其明年，改用阳历，为民国元年。七月间国事粗定，重振路政，兴工粤汉之议复起，谭人凤受命为督办，氏为会办。十一月，交通部收川汉铁路为国有，设汉粤川总公所于汉口，仍以译〔谭〕为督办，氏为会办。十二月，谭辞职，黄兴继之。明年正月，黄辞职，岑春煊继之。六月，岑复辞职，交通部次长冯元鼎继之。八阅月中，督办凡四易人，至是始稍定，复事筹备兴工。八月，湘鄂线之武昌鲇鱼套首站开工。

是月，氏念中国工程事业方在幼稚，宜有学会，以谋规定工程营造制度，研究工程学术进步，因发起联合粤工程师会、沪工学会、路工同人共济会,为中华工程师学会,会成,氏被举为会长。

三年七月,冯元鼎因病辞汉粤川铁路督办职,氏继其任。粤汉川两路自建议创办以来,八九年矣,铁路专门人才得任督办,实自氏始。然两路工程浩大,时民国新立,借款困难。十一月,氏因定就款计工之策,湘鄂线先筑武长(由武昌达长沙)一段,汉宜线先筑汉皂(由汉口至皂市)一段,宜夔线停工。各路工程卒能于款绌之时继续进行者,赖有此也。五年十二月,香港大学嘉氏工程成绩,以法学博士学位相赠。明年八月,中德宣战,退汉宜线总工程师德人,借款存柏林德华银行者英金数十万镑,悉不能提用。工程进行受一大挫,然犹勉力图前,至九月间,湘鄂线已达岳州,长百四十英里。岳州长沙之间八十六英里亦均设轨。惟岳州附近南津港堤工为洞庭湖水浸激,成而复陷者屡,为全线之梗耳。七年正月,湘中军事起,全路悉为军用,损失甚钜。四月,军事粗定,重复兴工。九月,武长两线工竣,接通长株线,共长二百五十八英里。

八年一月,参预欧战诸协约国,以俄乱未已,有共同管理俄国铁路之议,会于海参崴哈尔滨。俄路多连中国边境,朝野以国权所系,佥谓非得名重中外者为代表,不足以折冲樽俎。交通部卒以氏为中国技术代表,从众望也。时当暮春,北地苦寒,冰雪载途,氏挺然登车,未尝以一身安危为虑也。初各国以吾易与,所谓共同管理者,实不欲吾参预其间,氏力争,中东路始有华工程师之立足地。国无实力,所得仅此,而氏已因是积劳成疾矣。去秋,氏尝罹寒疾,久始愈,体气大亏,至是复发,不能撑持,因乞假南旋就医。四月二十日,抵汉口,入仁济医院。二十四日,竟以疾卒,年五十九岁。

氏口讷,拙于言辞,尝谓当众演说,其艰乃视最难之山峒大桥工程为甚。其对人谈笑,一本自然,不事矫饰,绝无骄矜之气。性诚悫坚决,有所谓必底于成。御下以德感人,好奖掖后进,见人一长,荐誉惟恐不及焉。其筑京张路也,以身作则,故得人心,不仅以学识胜人也。守己勤朴,起居治事,悉有定晷,数十年如一日。娶某氏,生五子二女,伉俪间极笃,易箦〔簀〕之日,夫人已病不能兴,闻耗一痛几绝。

杨铨曰:综氏一生,未尝离工程事业。其为官,前清不过邮传部候补丞参，民国不过交通部技监，无赫赫之位、炙手之势，及其逝也，举国识与不识，咸兴人亡国瘁之悲。呜呼！其感人抑何深耶！夫以氏之学识经验，使充其能，所成就者，又岂仅京张数百里之路已哉。乃频年干戈，政争不已，卒至赍志以殁，不能如史第芬森、瓦特辈目睹所业跻国富强，此岂个人之不幸哉，吾为中国惜也。

据《杨杏佛文存》第一辑

亡兄莳薰先生述

虞和寅

先生虞氏，名和钦，字自勋，讳铭新，浙江镇海县人。清光绪五年己卯十月二十八日子时生，家居柴桥，名其居曰“莳薰精舍”，故人称莳薰先生。曾祖讳瑞龙。祖讳定钧。父讳景璜，生兄及和寅，长和寅者五年。妻胡氏。子二：曰先觉，美国加利福尼亚大学毕业；曰先得，国立北京高等工业学校毕业，今均为工厂技师。女曰绮文，适同里胡德馨。孙五：曰哲恕、哲逊，复旦大学肄业；曰哲让，中国中学校肄业；哲谨、哲谅，比华学校肄业。孙女四：曰哲廉，国立中央大学肄业；曰哲诚、哲谐，比华学校肄业；曰哲咏，尚幼。以中华民国三十三年八月十二日上海节约时钟下午零时五十三分，卒于沪寓，享年六十有六。将择吉归葬镇海柴桥山中，独穴不合葬，遵遗嘱也。

先兄幼侍先君子诵经治史，兼及诸子百家言，亦习古文辞，及制艺文。稍长，值外患日亟，知墨守不足恃，慨然以革新学术自任。与同学钟宪鬯等，立实学社于家中，取各种格致学译本，共同研究，且欲一一验之，特至上海，购仪器药品。惟时风气阻塞，各种器药，自域外输入者甚少，仅得胆瓶、曲颈甑、双口瓶及大小玻管等以归，余以土制品设法配备。相与日夜实验，几忘寝食。后以骨灰及硫酸，制造黄磷，成绩甚佳。因思黄磷为制造火柴之重要原料，遂集资一万元，创设灵光造磷公司于上海。卒以器窳出品不畅，亏本停办。

先是兄来沪，与钟君同入东文学堂，学习日语。继复与和寅，同应广方言馆考试，兄名列第一，因造磷事未能入学。乃在英文书馆，学习英语。数月后，灵光停办，经商议，以兄在厂整理，钟君暨张君伯岸，往日本考察，乃以灵光余款，购理化仪器药品及动植物标本模型等。及归，更添新资，与兄创办科学仪器馆于上海，俾国内学校及习理化者，得购置器药之便。嗣以营业渐佳，兄遂在馆内，创办杂志，名《科学世界》，自任主笔。并与和寅译著理化各书，以灌输理科智识。创办理科传习所，与钟君同任教师，以造就理科师资。际清季世，国内学校，次第兴举，其理科教习，多向理科传习所聘请，而所需仪器书籍，即由馆供给之。于是上海遂为我国科学发源之地，而科学仪器馆实开其先焉。此光绪廿七、八年事也。

同时，蔡元培、章炳麟、吴敬恒等，集合同志在上海组织教育会，革新教育，先生为会员，兼任爱国学校及爱国女学校教员。后因教育会倡言革命，清廷忌之，遂请英公使令上海工部局，解散是会，逮捕主要会员。于是章炳麟、邹容入狱，余则相继逃亡，蔡元培游德，吴敬恒游法，先生亦东渡日本留学焉。初入清华学校，并在校外预习德文，后入东京帝国大学，肄业理科。习化学三年，于光绪三十四年毕业回国。

旋入京，应部试，列最优等，诏赐格致科进士。宣统元年，殿试，列一等，钦授翰林院检讨，由学部奏调为图书局理科总编纂。宣统二年，被举为硕学通儒，充资政院候补议员。同时被举为硕学通儒者，有劳乃宣、王闿运、张謇〔謇〕、郑孝胥、梁鼎芬、乔树楠、陈宝琛、沈家本、王先谦、严复等，共三十人。同年，由农工商部奏调为南洋劝业博览会审查官。归，复在学部任事。先生在部，除编辑书籍外，凡各省大学及高等学堂毕业试卷，多由先生复核。并派为东西洋游学毕业生部试襄校官。六月，学部召开中央教育会，派先生为会员。当前清末叶，学堂设备，多未完具，先生入京后，历充各校理化教席，凡所设置，皆先生创为之。

民国元年，先生在京，与同志组织中国化学会，被举为干事。时学部已改教育部，蔡元培任教育总长，创办讲习会，聘先生及章太炎、严又陵等为讲师。后蔡他调，范源廉继任总长，任先生为主事，嘱在专门司，订定大学及专门学校课程，由部颁行之。二年，任教育部视学，兼任教育部编审处编审员。每年春季出外视学，秋后方归，先后四年，北自辽、沈，南至滇、黔，先生皆指导之。自民国元年以来，各省兢尚政党，以致私立法政学堂，遂极发达，每省多至数十处，冒滥殊甚。教育部特派先生往各省，从严甄别，每省留一二处，余均裁撤，或改别科。四年，教育部附设教育品制造所，聘先生为化学制药科名誉顾问，凡有制造，屡请审检，然后发行。同年八月，奉部饬充甄别京兆各属小学教员委员会委员，又奉部饬派往京兆南路甄别小学教员。五年，奉部饬派为全国专门以上学校成绩展览会干事。六年，奉部令代理专门教育司第一科科长。同年九月，奉大总统令，任为山西教育厅厅长，十月到任。山西旧有大学，更整理之，增设农、工、商各专门学校，并分区设立中学及师范学校等。尤注重小学教育，特在山西首先试办义务教育。在任六年，共增小学二万五千校，增学生五十余万人。教育部以先生在晋办学成绩卓著，呈请大总统给予嘉禾章，自四等累晋至二等大绶嘉禾章。十二年，卸任回京，任财政部参事上行走。

时冯检阅使玉祥，驻军南苑，邀先生入幕，为陆军检阅使署秘书，重要函电，多系先生手拟。暇时随同冯使，诵读《易经》及《群书治要》等书，并为编著《名将事略》、《蒙古浅说》、《军人阃范》及《勤俭篇》四书，印发全军。十三年四月，兼任陆军检阅使署编审委员会主任。十月，大总统曹下令讨奉，冯反对之，而吴佩孚率军讨冯，冯命张之江等御之，在京津线作战，命先生往前线参谋一切，吴军以败。十四年，冯就西北边防督办职，设公署于张家口，任先生为西北边防督办公署秘书，而财政部任先生为参事厅帮办。先生往来京、张间，接洽要公，月必数次。冯复派先生为代表，往苏联考察政治，备受苏国政府优待。采其政府各种计画设施及其成绩，著《视察记》，约十余万言。十五年一月，随宋都统哲元入热河，任热河教育厅厅长，兼市政公所会办。在军事倥偬之际，积极办理教育，将常年教育费，自二万元增至八万元，并拨省款二十万元，为热河教育基金。四月，由热河回张家口，任西北边防督办公署参议，京绥铁路商货统捐局总办，及西北军财政委员。是时，奉天张作霖军、直隶李景林军、山东张宗昌军、河南吴佩孚军，号称奉直鲁豫联军，合攻居庸关，已逾半载。七月，南口失守，而奉军复攻入多伦诺尔，张家口势难坚守，先生随同西北军，退至绥远，任绥远实业厅厅长，兼垦务总办、官产清理处坐办。惟西北军二十余万，一旦退却，军纪紊乱，骤难整饬，而奉军又欲自察哈尔西进。于是西北军密约晋军，请商总指挥震，入主绥远，即以绥远为缓冲地。商与先生有旧，坚留先生，仍任实业厅长，先生曰："晋军转战经年，始得此地，此等要职，宜让有功者。"坚不就。乃改任京绥铁路货捐局总办，兼绥远货捐局局长。而阎公锡山复任先生为晋、绥二省财政委员，兼办晋、绥间运输事宜。盖先生与晋军及西北军长官，均有交谊。西北军大部，虽已退入陕、甘，而留绥者，尚四五万人。晋军入绥者，亦二万有余。军需供给，非先生无以剂其平也。

十六年，党军定都武昌，建设国民政府。东南各省，相继克复。西北军首先响应，晋军继之，东向攻奉军，入直隶。国民政府命商震为河北省主席，先生随同入京，任河北省政府总参议。商因军事繁冗，无暇阅看文卷，一切皆委先生代阅。河北本系剧省，来往公文，日数百件，从事年余，不胜劳勚。且所披阅，除例行公事外，多系盗匪及军与民、民与党、党与军等争执之件。求其可以利国福民者，百不得一。先生于是倦于政治，有归志。十八年十月，商公改任山西省主席，先生遂不复同往。慨然曰："孔子论治国，先富而后教。而裕国莫如实业，吾其为实业乎。"因在京寓，略事休养焉。

十九年四月，先生南旋上海，从事实业。自谓余本习化学者，自应提倡化学工业。而化学工业，三酸为重，拟在上海创设造酸厂，先制硫酸。时政府以硫酸为军用品，定为国营。先生特往南京，上书实业、陆军两部，略谓硫酸为各种化学工业之基，政府既未建厂制造，宜许商办，由政府监督之。时实业部长孔祥熙、陆军部长何应钦，素悉先生品学，遽从其请。遂于是秋，在沪筹设开成造酸公司，招股购地建厂，惟事属创办，集资匪易。先生不惮劳瘁，奔走呼号，至翌年秋，筹集资金六十万元，而厂房机器，亦渐完备，群推先生为董事兼经理，即于二十一年春开工。所出硫酸，品质颇佳，销路亦畅。方拟添制硝、盐二厂，而各董事意见纷歧，争执殊甚，先生愤而辞职，卜居委巷，不问世事。自谓年已五十余，于军政界既无展布，而工商业又非所长，正宜优游艺事，乐我余年，遂自号五隐先生。五隐者，即隐于书、画、诗、琴、舞是也。

先生素擅舞艺，遂于文字余暇，设上海国际舞学社，倡导英国式近代标准舞，自任教授，办理四年，成绩极佳。先后在社修业者，计有男员五百余人，女员八百余人，亦云盛矣。同时，并设华亭书屋，收售古今书籍，其家藏善本，亦任售去，无所惜。且立润笔单，鬻书画，以自给。值“八一三”事变，上海沦为战场，国际舞学社及华亭书屋，相继停办。先生更深居简出，日事吟咏。

二十七年，先生仍居沪，年已六十，而贫益甚。其子先得，电机工程师也，请设电器厂，制造灯泡。父子作劳，藉以自给。先生从之，遂集资建开明电器厂，质精制良，人争购用，虽内地各埠，因道途梗塞，未易运往，然销于国外，如逻〔暹〕罗、印度、新加坡、菲律宾者，每月约五六万只。迄今六载，其业务方兴未艾也。

三十年，先生得友人徐君贵生之助，复创办建夏化学工业社，拟先制葡萄糖，于翌年十月正式开工。出品纯良，销路畅旺，终以资本不敷，原料又乏，以致时作时辍。而先生奔走各方，辛苦备尝，亦因此病矣。

三十二年四月二十九日，先生为建夏事，赴毛技师廷襄处，有所商権。归路值大雨如注，衣服尽湿。次日，即发热，觉身困惫，然仍照常视事。五月一日，经医劝告，始卧床静养，旋成肺结核病，医用人工气胸治疗。数月后，稍见平复。旋引起肋膜炎，胸部生水，每日体温，常在摄氏三十七八度上下，如是者一载有余，多方医治无效，竟于今年八月十二日午时长逝矣。

先生性和厚，待人以诚，而行事孤特，自信力又极强，凡理之所是，事在必行，不遇难而苟免，不因困而中辍，不因人之毁誉而有所进退，其平生所学所事，多属创始，遇有困难，必竭力排除之，独行其志之所向。尝谓人曰：“余非终日勤苦者，亦非终日忧虑者。余之忧虑，常有定时，虑有所得，即起而行，行倦而息，息则恣意自乐，固不问今日之成与否也。明日复行如初。”且曰：“多忧虑，无益于事，有害于志。一事之成，固在能苦，亦在能乐也。”且先生对于人生万事，均作乐观，举凡贵贱贫富老幼生死，无不可乐者，谓“各境均有苦处，亦均有乐处。吾人无论处何境遇，但于其乐处寻之，无不皆乐，为人而至于杀身，人所谓不乐者，但杀身而成仁，其成仁，即其乐处也”。

先生平日常崇事实，不借矫饰，其处境，亦丰约无定，不以贫富穷达，分人之高下。故其有时，则华屋层楼，高车驷马；无则委巷陋室，敝衣破履而徒行。其为华亭书屋经理时，尝亲涤器市中，人多笑之。先生曰："器污而涤，实民生应为之事，即国家事业，不应为耶。"

先生少好诗文，老而弥笃。于文，宗法桐城而扩大之。诗尤擅长，独尊工部，尝谓学诗，须有内外功，而以词句章律为外功，神气味韵为内功，内外兼修，诗乃有成。清末民初之季，诗人辈出，大半皆以纤巧取胜，而平正者，又庸弱无力。先生一洗积习，专从真诚上见功力，正直中求神明，且谓巧伪实不如拙诚也。现代诗家郑苏戡，于当代诗，独推先生一人，尝评先生诗，有"沈雄出意表，纤巧端可扫"之句。又云："明七子复古，但具轮廓，而虞君独得精神。"常将先生诗置诸案右，时施评点，人欲索阅之，曰："余不免阿其所好，圈点太密，尚未定也。"

先生书法精美，尤精魏碑，如《灵庙碑》、《爨龙颜碑》字，均集联语成册。人有求之者，无不乐与之书。故海内缙绅之家，时见先生所书之楹联焉。

先生箸述极富。当其十余岁时，所学未广，偏尚儒术，曾搜集唐、宋诸贤辟老、佛诸说，作《黜惑崇正录》。又摘取《说文解字》中所引经语，与本经考其异同，作《说文引经考》。二十岁后，醉心科学，其所编箸科学各书，约七八种，多由科学仪器馆印行。复编箸《科学世界》，月出一册，约有二年。在日本时，即以编著所入充学费，兼任上海文明书局驻日总编纂，编有数理化诸讲义十余种，除四五种已印行外，多未脱稿，值书局改组，其事遂寝。在学部时，所编各书，皆移交民国政府，搁置未印，但此多系学校用书，有时代性者，惟《有机化学命名草》一书，为先生最经意之作，将各种有机化合物及其术语，皆以意译为汉名，一洗从前译音之陋习。现今各书所用有机物名词，皆取法于《命名草》者也。

民国以后，先生不复编著科学各书，于从政余暇，专意诗文，兼及中西哲学及社会学等，间亦略有述作。其在冯幕时所编各书，则已印行，惟《游苏视察记》十余万言，当先生在察哈尔时，藏于北京友人家，其后奉军入京，友人恐因书罹祸，焚之，可惜也。近年，先生曾择取民国以后所编著者，汇为一书，名曰《和钦全集》：曰《和钦文集》（初编已印），曰《和钦诗集》（卷一至卷十六已印），曰《徐虞于喁集》，曰《琴镜释疑》（以上两种已印，其《琴镜释疑》并收入《杨氏琴学丛书》中），曰《诗板臆论》，曰《性理说》，曰《文辞我见》（以上三种已印，唯《文辞我见》续编未印），曰《莳薰丛语》（亦名虞语），曰《公产私资论》，曰《闲窗趣谈》，曰《五律散偶法式》，曰《仄韵五律选》，曰《杜韩五古类纂》，曰《杜古四品》，曰《唐宋五家诗韵纂》，曰《古文辞家纂》，曰《七古三体选》，曰《虞氏一家诗》（以上十一种未印），都凡十有八种。

先生对于性理，颇费研究，其所著《性理说》内，列有一身两性说，谓善恶两性，同具一身，心性善，体性恶，为先生独特之见。凡古今性理学说所不能论断者，得先生是说，均得确定。耳、目、鼻、舌、身，皆体也，体欲极其色声香味触之好，而心常制之，故以体率心，则为恶，以心率体，则为善。欲起于体，而理存乎心，去欲循理，斯为善人。先生又定善恶字义，以损己而利人或物者，谓之善，损人或物而利己者，谓之恶。体之生存，必须物养，而物养，必取诸物，是损物利己也，故先生以饮食为恶行。而圣、佛、盗跖，当其体之存在时，皆须为恶。圣人者，为恶得中者也；佛者，为恶不及中者也；盗跖者，为恶过中者也。又有心物两端说，以人为五心五物而成，形而上之，而六心四物，而三〔七〕心七〔三〕物，而二〔八〕心八〔二〕物，而九心一物，而至十心，为纯心。即其最上之一端，即由人而贤而圣而神也。形而下之，而四心六物，而三心七物，而二心八物，而一心九物，而至十物，为纯物。即其最下之一端，即由人而动而植而矿也。两两相接则成环，故先生之宇宙观，即无数之心物环，亦无穷大之心物环也。此外，尚有心物二元说，智愚在体说，万物续似说等，皆详《性理说》中，兹不多述。

《公产私资论》，为先生之社会学说。略谓天下国家之治平，端视物质资产之分配。国家应有公产，人民应有私资。公产私资，皆人民所得享受者。其公产私资之分，则以资财所生者，为公产；以工作所得者，为私资。公产之分配，人民得平均分有之；私资之享受，则可因其人之智愚勤隋〔惰〕而有不同。故其立论，与共产学说，相似而实异。劳金既分多寡，享受便有优劣。智者、勤者，应享其优；愚者、隋〔惰〕者，应享其劣。且其由劳力而得之资财，亦可自置土地，为田园，自营房舍，为住宅，至其本人死后，始归国有。要而言之，人民不能以资财而生利，其由劳力而得之资财，所谓自力自享，决非国家所得而侵犯者。其说甚详，此其大略也。

《琴镜释疑》，为解释其琴师杨时百先生所著《琴镜》而作者。先生初学琴于顾卓群先生，继从杨氏学，而指法节拍，始得其正。于古琴五大操中，尤擅长《秋鸿三十六段》。先生蓄琴甚富，自唐、宋迄清初，代有名琴，杨氏亦以蓄名琴闻天下。杨年老后，复尽归先生。故先生藏琴，为海内冠。复自喜制琴，曾广搜旧材，仿制各式古琴，得数十床。且于挖斫内腔，独具意匠，创为新腔多种，另定腔名，刻于池内，可为后世法式。十年前，先生在镇海灵岩乡塔峙岙，筑专室庋藏之，当为海内琴家所乐闻也。

和寅杂述先兄事实讫。回忆幼时，家中自吾曾祖妣、祖妣，暨考若妣，以及吾昆弟，融融泄泄，四世同堂。自辛卯九月，丧吾曾祖妣。癸巳四月，丧吾祖妣。同年十一月，复丧吾先考。而翌年甲午八月，吾先妣复以忧病卒。四载之间，三世相继弃养，门庭阒寂。时兄年十六，和寅年十一，昆弟两人，茕茕在疚。居则怅怅无所依，出则望望若有失，其境之悲惨，为何如哉。幸内赖外祖妣来家，主持门户。外承父执梅师伯俨先生谆谆教诲，以迄成人。盖时梅师实馆吾家也。丁酉服阕，兄年十九，嫂氏胡来归，而家素贫，至是益困。翌年戊戌，兄乃在家设塾，资课蒙以给，而梅师则移馆同里黄篆丹先生家，余仍从之游，以时省兄家中。己亥，余在家，随兄研究科学。翌年春，偕赴鄞城，在湖西辨志书院，继续研究。而家中设塾如旧。余兄弟往来鄞城柴桥间，交换课读焉。

辛丑春，余复随兄赴上海，办灵光造磷厂，设科学仪器馆。并治外国文字，兄英文，余法文，暇则译著科学各书。如是者数年。甲辰，兄游学日本，余仍居沪，旋赴汀州讲学。丁未春，余游日本，与兄同寓东京本乡区。戊申秋，兄毕业回国，旋赴京应试，赐进士，入翰苑。余仍留东修业。庚戌秋，余归访兄于南京，旋复东渡。辛亥，兄在京校刊先君《澹园文集》。秋，余归国，与同志潜渡山东，筹画起师，光复北土。壬子秋，兄由沪赴京，舟过烟台，视余军次。盖余兄弟，自金陵别后，至是已逾年矣。是年冬，余复东游，修采冶之术，兄则在京供职。甲寅秋，余毕业回国，供学北京，与兄同居东城，校刊先君《澹园诗集》。己卯春，兄仍在京供职，余应试，甲等及第，旋奉派驻皖，办理矿务。是年冬，余兄弟各自任所乞假归，葬我先君澹园公于海晏乡前黄祖茔之左，先君志也。

自是厥后二十三年之间，余兄弟各以事奔走四方，聚散靡常，同居欢会之日甚少。其间于戊午秋，校录曾大父澜谷公遗诗，及大父《醉古楼诗集》，各一卷。甲子夏，校录先君《澹园杂著》八卷，并付铅焉。逮乎丁丑，遭时丧乱。冬，余自金华来沪，则余兄弟又复相聚，历七年之久。然鬓发苍白，同在异乡，非复髫龄相与怡怡承欢堂上之时矣。

惟兄年逾耳顺，而视听不衰，性复和厚旷达，好吸烟饮酒，尤好吟咏舞蹈，佥谓期颐之证，孰意偶婴寒疾，大病嗣作，遂以不起。当其病时，寂居一室，图书塞床，琴瑟悬壁。屏息侍旁者，惟子媳妾婢，见余来则喜，辄命余放论古今中外理乱得失。兄攲枕卧，燃烟举目以听，悲喜交作，虽历数时不倦，或各出所为诗文，相与斟酌论难，精神兴奋，顾余而笑，几不知身在床蓐之中矣。盖兄病中，犹为文若干篇，诗一百有数十首也。

逮今年六月，兄入红十字会第三医院，病日渐，既命代书遗嘱，付其二子矣。复顾余曰："吾生无益于时，今又老，死何所憾。独念吾先君子遗著，未校录者尚多，吾弟其续成之。而吾所著，曰某曰某者，如干种，毕生微尚所寄，亦惟吾弟删次，付二子梓焉。"语毕歔欷，眵目视余。余曰："弟虽无似，敢不承命。"

和寅不幸，幼失怙恃，兄挈之护之，以免陨获，虽垂老未克遂志而有裨于世。顾在丧乱困厄之际，兄弟白首，犹获相亲相依，以为人生乐事，无逾于此矣。自今以往，和寅独活天地间，疾痛无所呼，穷屯无所诉。呜呼，岂非和寅之命也夫，岂非和寅之命也夫。中华民国三十三年，岁次甲申八月，弟和寅谨述。

据铅印原件

先夫子阚公霍初行状

李　蒨

先夫子阚公霍初，讳铎，晚年又号无冰，合肥人，迁居苏州。其先系出黄帝，散居天水、会稽等处，各为地望，代有闻人。至太高祖莱庵公，讳捷，始居合肥，著有《莱庵诗集》。高祖嘉禾公，讳荣达，著有《讳子恒言》。叔祖心源公，讳絅清，光绪庚辰进士，官直隶知县。王父仲韩公，讳凤楼，又号因是公，以同知直隶州用江苏候补知县，署奉贤县，尝从张靖达公树声军，掌理文檄，文采风流，颇博时誉，及署奉贤，洞达隐私，勤政爱民，至今人犹称之，著有《新疆大记》、《磨盾集》、《六友山房诗集》、《文集》多种。王母李氏，克相以道。先考新甫公，讳浚鼎，因是公长子也。合肥县学附生，精诗文训诂，志高趣淡，以布衣终。原配李孺人，生子崧树，早卒。继配周宜人，生霍初公。女三：长莲荫，早卒；次绿荫，适常熟殷氏；次葵荫，适同邑黄氏。宜人明诗书，精《曲礼》、《内则》，侍翁姑以孝闻。新甫公中年病卒，宜人教子持家，多所痛苦，间或为诗，有《缥湘馆诗稿》遗世。

先夫子以西历一千八百七十四年、清光绪元年乙亥五月十一日生，一千九百三十四年甲戌三月十五日酉时病卒，春秋六十。公幼承家学，长复从吴县王仁俊公学。天资颖悟，仁孝敬笃，课以书，罔论昼夜，必求精义所在，有不得者，则坐立以思，若痴惘然。妹绿荫恒从傍手指而窃笑之。公有时审知，亦自笑其不自觉也。新甫公衡门自乐，室内外丹铅狼籍。宜人佐理左右，公稍长，侍立其侧。新甫公笑曰："阚氏积世有隐德，吾之数甚奇，应有达者，其在兹乎。"公虽甚喜，而未审其言之痛慨也。丙戌、丁亥两岁，奉因是公及李太夫人丧，新甫公哀毁之余，莫申情志。闻公读书声，或温语侍对时则稍解。己丑，归葬于阚家岗，迁居苏州。公亦稍能自立，前世之遗泽，父母之训诲，莫之敢忘。虽处境益困，而愈自奋勉，冀得成就而不负堂上之殷望也。

乙未夏，新甫公卒，宜人悲痛逾恒，而菽水之供，愈形拮据。公每思赡家之计，以廪生资外出为湖北知县。廉公仁慎，不敢自纵，思有以继承先业者。后复为土膏局局长、总局总文案、度支公所科长，并能事广其学，学证于行，内而守身养亲，外而应世治事，莫不周密精慎，而清刚风格，超逸文采，世多称之。壬寅，张文襄公之洞总督湖北，审公才识，派赴日本留学，以为革新政治预储人才计。时亲友多尼公行曰："舍寡母而远适异国，冒险徒劳，远图未可期，而先遗近忧，狂迂未可行。"公亦疑之，徘徊莫决。时宜人就养宜昌，手书促公必行，敏学康时，勿以家事误远志，贻祖宗忧。公行计乃决。既东入日本铁道学校本科卒业，复入高等警察学校。归国后，迭任湖广总督文案、湖北布政使司秘书、江苏提法司科长等职。宣统庚戌，宜人病殁宜昌。辛亥，乃与新甫公合葬吴县胥门外西跨塘里带村万罗山之原。是年秋，革命军起义武昌，社会秩序大坏，盗贼遍地。公忠于职守，不苟避，衣物皆遗失，仅以身免。

及民国建立，政体大变，公赋闲家居。翌岁春，乃北游北京，寓白庙胡同大同公寓。旅居无事，显者鲜为汲引，莫得抒其才，乃愤发志气，著为论说，揭之《顺天时报》，文章惊海内，时叶公玉虎方服务交通部，读公文，爱之，亟延之座间，抵掌谈国家交通实业各事，皆详扼精要，谓公可大受，因为誉扬公卿间，公于是得为铁路学会主任，及交通部秘书、交通部佥事、路政司科长等职，复充二、三期知事试验襄校委员，并策授中大夫，特给二等大授〔绶〕宝光嘉禾章、二等嘉禾章、三等文虎章。其后因赈灾事，俄皇赠给二等勋章。公愈激扬才思，励精竭诚，尽瘁职务，一时名流皆钦慕纳交，以为学识卓绝，足以济安危，非放言高论，不顾其行者比也。而叶公玉虎、朱公桂莘、阚公子珍尤亲近焉。于是其名益张，国家之倚赖者亦日重。乃迭于丙辰岁任京绥铁路管理局副局长，丁巳岁任吉长铁路管理局局长，戊午岁任齐齐哈尔电报局局长，复任交通部赈灾委员会主任。己未岁任四洮铁路工程局局长，甲子岁任胶济铁路管理局局长，乙丑岁任汉粤川铁路参赞、全国烟酒事务署秘书，丙寅岁任汉粤川铁路督办，复任临时参政院参政、内务部秘书，丁卯岁任内务部参事、司法部秘书，并升任司法部总务厅长，己巳岁充中国营造学社文献主任，辛未任东北交通委员会委员，复任四洮铁路管理局局长，兼奉山铁路管理局局长。所莅均人和事举，当时言交通者群推公，而于叶公知人莫不惊为特视也。

公浮沉宦海，审知文治之要。虽风会所激，宜因时代而更张，然东方文化亟宜阐扬，否则强国未可期，而先丧国本矣。故于任司法部总务厅长后，即与朱公创立中国营造学社，历求往古建筑制造等艺术，或典籍，或实物，分别整理。如刊印之《中国营造学社汇刊》、《元大都宫苑图考》、《园冶丝绣丛刊》、《髹饰录》等书，均成于是时。尝以书致德国教授朴石满，约其来华。朴为德人中深于东方古代建筑之学者，公招之来，盖欲与之协力研究，实地观察古代建筑，发幽阐隐，藉以沟通中外艺术也。迨为奉山、四洮两路局长，案牍山积，披阅之余，辄抽毫著作，不稍惰其志。其精诚有如此者。甲戌春三月，公以积劳致疾，已医愈矣，适日本友人桥本基以文政堂善本《花镜》书邮至，是书，公先尝付印未竟，至是喜是本善，乃计停前印，改印是本，欣诵不忍释手，亲为识语，并以朱笔点识之，自晨至夜半，无休息，病乃复发，发而不起。病亟时，犹嘱人抄录识语三通，分寄朱公及桥本氏，其一留于家。公生平于书，若具宿癖者。虽车马饮食宾宴游会之际，有暇不废读也。自谓舍此则无所乐。晚年壬申冬，陈公慈首病卒，公挽以联云："浮沉宦海，生死书丛，念死者行复自叹；支离东北，漂泊西南，微斯人其谁与归。"则别有痛慨矣。

公一生从事，初无定见，情感理智，一准于义，不以强屈，不以弱易，刚廉跌宕，无党无偏，故当抢攘之中，而能因应不居，若无事者。至于汲引青年，殷殷然若恐不及，其有一材一艺，必奖之掖之，促其强进。尝告人曰："勤事戒贪，立身之本，青年宜自勉也。"公生于吴门，游宦华北，终于奉天，浮厝上海。光绪乙亥，年二十四，始娶应氏夫人。及游宦北方，以主持家事，复媒聘蒨，蒨先未之知也，及于归，钦公才德，甘偕老焉。公无子，女五：长顺婉，适南京邓少簪氏，早卒；次静婉，适胶州逄延龄氏；三慈婉，适同邑吴积增氏；四苏婉，五津婉，均未字。津婉为蒨所养，余则为应夫人出也。嗟乎，以公之才之德，而不克有子，以世其家，以公从政积学，声誉中外，而不克享年，以终其业，岂冥冥者故待之以不足，而使世人慨叹别嘘耶。今应氏携四女往居上海，蒨则抚津婉，寡居津门，漂零寂寞，门衰祚薄，莫克继成公志。虽由通谱阚子珍君高义，为之理董遗著，集为丛书，以传于世，复护持家室，备极周挚。然先夫子以廉吏一生，而身后如是，则蒨之悲惋，将复何极。谨详其事状，用备世之君子垂鉴采择焉。谨状。

据抄件

民国人物碑传集

卷　九

桐城马通伯先生墓志铭

王树楠

己巳十二月三日，桐城马通伯先生其昶卒于里第。乌呼！癸亥之夏，余哭姚君叔节，今又哭先生，何天丧斯文若是之酷也。叔节者，先生之妻弟也。生同里，学同师，时吴挚甫先生弟子满天下，而得其古文之传者，惟姚君与先生为称首。先生则尤能深造，成一家之言。曾文正公以欧阳永叔、曾子固之文，为阴柔之美。若先生者，则庶乎登其堂，而哜其胾者也。先生尝言：天地古今，万事万物之繁赜，历朝之治乱兴亡，人之臧否，六经诸子学术之纯杂不齐，其所以垂古今永万世而不敝者，则非文无以传，其传之久与不久，则又视乎其文之工拙以为断。故先生之于文也，视若性命，殚一生之力，忘食忘忧，孜孜焉以蕲，至乎其极。吾与先生同居史馆十余年矣，每有所为，必以质余。懿乎其言之简以赅也，渊乎其气之穆以静也，而身世之感，抑塞之怀，则又俨乎其若思，恤乎其若有忧也。吾尝谓，有至情者，必有至文。文之至者，其感人亦至。欧阳永叔善言情者也，故其文足以泣鬼神而格金石。先生则缘情生文，往往言在此，而意在彼。低徊俯仰，与欧阳相类，读之不知涕泗之所自也，而论礼诸篇，通经达变，其文之朴茂，尤近南丰，盖吴先生后一人而已。

先生澹于荣利，闭门著述，以终其身，而家国存亡之故，未尝一日释诸怀。观其上宣统皇帝论新政，上项城袁公论筹安会诸书，侃侃力诤，皆言人之所不敢言，其系心君国，每饭不忘，盖非离群绝世，徒以石隐为名高者比也。先生纯孝，出于天性。先是，霍丘训导讳起泰者，先生之从父也，早卒，无子，以先生嗣。及本生父殁，无别子，先生状大府，乞还本生，而以叔父起益子其昂为训导后，并以世职及遗产归之。论者咸称其孝让。先生以诸生屡试于乡，不获售，乃援例得中书。然无仕进意，下帷攻苦，文益工，名益高，封疆大吏争相聘，倚以为重。宣统庚戌，学部聘编《礼记》以课学堂，既入都会，吏部考验人才，授学部主事。先生勤于撰述，晚年益治经，《易》《书》《诗》《礼》，皆著有成书。其他所著，已刊未刊者，都十七种，三百余卷。先生尝谓：学者贵自得而已，谓不得于今，必有传于后，此犹有竞心焉。终其身于圣人之籍，放意寥廓，而毋或有人之见者存，则庶几其所谓自得者乎。先生既病归，归三年，遽卒，春秋七十有五。

先生先世为六安赵氏，明永乐中，始祖讳骥，赘桐城马氏，遂蒙马姓，为桐城人。六世祖讳孟祯，明太仆寺卿，八传至赠朝议大夫讳邦基，是为先生曾祖。朝议公生太常寺典簿讳树章，是为先生之祖。典簿公生议叙同知讳起升，则先生之父也。配姚恭人，先四年卒。箧室氏刘、氏韩。子男四：根硕、根伟、根蟠、根质。女子子七：长适方彦恂，次适张家骝，次适方时简，次殇，次适方乘，次适萧正业，次适姚震。孙男四：茂元、茂炯、茂书、茂颖。孙女三。根伟等卜以庚午某月日，葬先生于某乡某兆，持状来乞铭。余曰："是吾责也。"乃为铭曰：

桐城方姚辟文轨，吴公踵之趾厥美。先生后先与一揆，著书满家文有斐。出其糠秕铸余子，终身勿勿至殁齿。外铄我者皆敝屣，我铭其幽诏万祀，石可烂兮名不死。

据《陶庐文集》

名画家马孟容墓铭

孙德谦

春华委艳，秋卉变衰，百龄飘骤，人生几时。自来良俊，奄与世辞，有才无命，能无悲思。皎皎孟容，永嘉之英，毅名肇锡，旋以字行。何期早世，亦叹即冥，仲宣齐岁，敢述平生。自君高、曾，文艺流馨，亦世不显，门风克承。袭用青箱，嗤鄙黄篇，至君辉大，益昌厥声。君当六龄，祖庭纪闻，旁逮绩事，便能写真。安道善图，长康传神，直如僧宝，擅美像人。迨年十二，经读其全，乡里辍选，庠序兴贤。图画设课，精力特专，群师赏异，卒业争延。君之劬学，志在宏通，佉卢左行，厥体颇工。楚令攸黜，宋翟所攻，素黄伎术，并致其功。维兹诸艺，非不兼资，独于丹青，天挺生知。王微各体，刘项得姿，入之谢品，动笔新奇。恒情于画，视为事余，君则不然，性命相符。诗家山水，经生虫鱼，君今不兴，成名匪虚。内外慎防，春秋之风，君始谨严，卒取贯融。人惟形似，我则意宗，一炉相冶，岂囿寰中。腾芳异域，见誉胜流，讵惟百济，金货书求。荣问休鬯，宝绘珍收，祁祁津寄，及门从游。亡何世乱，乃赋言旋，父子欢聚，家有林泉。门庭雍睦，卷轴流连，方欣辟地，足适性天。未几事平，沪校频催，三乐教育，一棹归来。服勤过劳，为累多才，卧痾不起，玉折兰摧。

妻贤氏沈，夙号高明，子女凡五，尚待煦成。视阴西昃，为善东平，萧条之况，哀此孤婴。昆弟维五，棣萼竞芳，有妹者一，左、鲍之良。并熙永日，岂咏严霜，君亦大名，竟若孝章。其仲公愚，言辄涕零，谓余往祀，门外雪深。围炉携手，落纸匠心，联欢无几，顿绝人琴。匪直也斯，生未仳离，云日何忆，风雨靡规。虽谢二俊，斯乐怡怡，一旦永诀，弥用凄其。

呜呼孟容！学有颛门，藏山盛业，兼富诗文。素帷相恸，谈扇俄尘，参错报善，天道宁论。生必有死，自古皆然，没世无称，君子疾焉。年寿何从，声芳则传，不朽者久，君可无言。

据《四益宧骈文稿》下卷

王梦白小传

姚　华

王云字梦白，江西丰城人也。父流寓浙之衢州，家久之，居近彡溪，因自号彡溪渔隐，亦曰彡道士。幼学为商于沪上，旋弃去，从画家老辈黄山寿、任伯年、吴铁缶诸人游，得其指受，故所诣甚高，而笔势甚优。艺成，北游燕，益博览近代名作，及宋、元旧迹，画更大进。年甫四十，名已老宿，长髯，鬓星星然，见者不知其方强盛也。因题画，刻励学诗，遂能吟事，往往有佳句，为一时诗家所称道。书如宋人简椟，其才情殆天授，非关学耶。惟负气，喜面擿人非，人亦阴以毁议报之。道人虽微闻，率莫之恤也。

茫茫曰：祢正平、稽叔夜以才气凌跞一世，不自敛抑，卒为人所嫉，遘惨祸。自是而后，世无祢、稽之才，遘祸亦罕如斯之惨者。而明有徐文长，犹庶几遗风焉。梦白少读书，其才气亦文长之俦也。使少敛抑，以谐媚自遁，所遇必不如今日之穷。然而画人之树风骨，尚意气，甘穷困不悔者，世亦必数梦白，于是人与画且以其气传矣。

日本桥川时雄征传于梦白，梦白以闻，余为草此，遂书寄梦白。后见语云："桥川已来抄去，所书皆真语。"余幸梦白之不以骂见报也。梦白又自号骂斋，后更曰破斋。余赠诗云："我酸子淡犹风韵，不似君斋冷更荒。扫却千言拈一字，西风老屋坐王郎。"元贯云石号酸斋，杨朝英号淡斋，贯调杨曰："我酸则子淡。"宋、元人别号，多谥一字于斋上，至钟嗣成丑斋极矣。梦白署号，亦其遗也。戊辰中秋，莲华庵记。

据《弗堂类稿·传》

王伯恭传略

阚铎

伯恭原名锡鬯，后名仪郑，亦字伯弓，又字公之侨。宣统初，因避御名，以字行。王氏故盱眙名族，其尊人芾南先生荫棠，官浙江温处道。先生年十四，为何子贞所激赏。光绪壬午，李文忠公奏派先生与马相伯赴朝鲜，应其国王之聘。东渡后，以先生参议军国事务。时吴武壮公驻军汉城，项城袁公领庆军营务处，南通张季直及范肯堂、周彦升，泰兴朱曼君，均在吴幕。先生颉颃其间，一时称盛。越三载，辞归。丙戌，谒潘文勤公于京邸。初见，即诧为得见魏、晋间人，且许为今之王景略。先生有朱文小印曰“今略”，即指此事。戊戌三月，旅顺为俄罗斯所占。宋忠勤以毅军移驻牛庄，招入幕，相得如家人。戊子，举于乡。庚寅，官国子监学正，秩满，改外，为湖北宜昌府通判，旋入张文襄公幕，调署归州知州，并办府河口及应城厘金。

辛亥国变，避地沪上。壬、癸之际，佐张栩人治两浙盐运事。及项城就总统职，先生适以他事北来，项城乃招之入幕，致廪饩，旋由统率办事处改隶陆军部，充秘书。先生为学，自朱子小学入手，于书无所不读，并通汉、宋之邮，留心经世之学，工诗古文，尤嗜汪容甫、鲁通甫二家。文不加点，潘文勤公谓似雪苑辟疆。有《蜷庐诗集》□□卷、《文集》□□卷、《蜷庐随笔》五卷，在南学日校勘《初学记》、《艺文类聚》。工书，纯用紫毫笔。四十以后，得宋拓《阁帖》临之，顿改旧观。又得《拟山园》初印本，爱其生涩，刻意摹仿，寸缣尺纸，人争宝之。辛酉冬，卒于京师，年六十□。无子，有女□人。长适吴县褚某，次适婺源江福孳。

阚铎曰:钝近自命跅弛不羁之材,大抵高自位置,视天下如无物,甚且非圣无法,使人不可向迩。先生蚤负盛名,当代巨公倒屣仄席,而先生恂恂儒雅,绝不露才扬己,其周旋诸将,亲若家人,而砥砺廉隅,一介不苟,遂使世人不敢以名士为诟病。殆以朱子小学为入德之门,故动循定检,确乎不拔,有自来矣。持论谅直,绝不以私废公。于翁常熟虽系师弟,而于其不慊于李文忠,遂不惜以国家为孤注,极力主战,致有甲午之役。每一论及,叹息痛恨,不稍回护。民国四年,以他事北来,项城闻之,亟加罗致,谓先生原名某某,左右皆愕然不知,且言:"此君素性不治家人生产,厚糈徒滋浪费,但谋稻粱,俾获温饱足矣。"一时士论多先生不轻干谒之介节,尤感项城之眷怀旧雨,捐弃前嫌也。先生诗文不役役于格调,而取径极高,摛词极雅,信手拈来,都如宿构。殆有生知之慧,绝非困学可几。犹记先生在宜昌日梦中得句云"飞辔骋高荷",其胸次之爽朗,真不食人间烟火矣。先生负经国大猷,平生雅不欲以文苑自域,乃有才无命,徒以书名震溢,夺席安吴。易箦之岁。手书春帖曰"儒冠误我,年矢催人",亦可想见其侘傺也。

据抄件

外舅尹府君墓志铭

杨　钧

府君讳金昜，字和白，湘潭人也。少多奇异之行，长怀高瞰之志，不治产业，尤厌帖括。寻孔氏周流之迹，同孟轲传食之方，乃以布衣，参预簪笏，抠衣长揖，旁若无人。湘乡相国，礼以上宾，欲擢高官，逡巡不受，遂不夺其志，以成其美，命子纪泽，并从学焉。府君固乐乎方外之纵，不欲久依权贵，遄归故里，粥画为生。善写某花，尤工虫鸟，宋、元以后，无此佳制。冬心，南田，未克与抗。尺纸寸缣，均为世宝矣。然傲兀之性，不屈己以应物，翰墨无因，虽多金而罔顾，以故贫难自给，四壁萧寒，而举酒高谈，濡翰尽兴，初未忆乎破甑之已生尘也。值亲故多艰，又质衣相助，则为富不仁者，瞻望靡及矣。五十以后，益多会悟，发嗣宗之长啸，希叔夜之潜修，并解阴符，通乎地理。至于景古碑而成墨晒，阐测算以显格致，尚未足以探其玄奥，而睹其精华耳。晚节愈高，交亲日少，蓬门偃息，遂尔捐尘，时逊国后八年，已未九月八日也。年八十有四。颜色未衰，须眉独秀，悠然闻道，含寂知归。钧门馆因依，有惭卫玠，书文拙陋，又愧伯喈。乱世既无来文，高风又岂能无述，乃刊铭玄石，以示后昆。其辞曰：

伟哉哲人，好古日新。画能绝俗，家亦奇贫。只闻其傲，孰察其真。寂坐若禅，虚室无尘。明明如月，愳愳如春。世之君子，清之逸民。

据拓片

方地山传

闵尔昌

君姓方氏，讳尔谦，字地山，一字无隅，江都人也。祖长淦，诸生，候选郎中。父霈森，举人，大挑教谕。君幼颖慧，劬于学。八岁丧母徐夫人。清光绪丙戌，学政王祭酒先谦岁试扬州，君年十五，偕弟尔咸同补诸生，时称“二方”。目君为“大方”，故君以之自署云。己丑，君弟即领乡解。君岁科试，常得高等，食廪饩。顾屡赴省闱，不中式。十七八时，即为童子师。继为其姻戚经理宝应、高淳盐务，究心利弊，深有得焉。癸卯，丁父忧，哀毁骨立。乙巳，友人在天津创行《津报》，余推毂君主撰论说，斟酌时宜，词意精警。北洋大臣项城袁公见而嗟赏，遂延君入幕，命克文、克良诸公子从受学。北洋客籍学堂、法政学堂，亦聘君教文史。循循善诱，成就甚众，由岁贡生援例以知府候选。宣统中，新设盐政督办处，调充总务厅坐办。长官以君熟于产销榷课之法，颇资赞画。未几，出为长芦监理官。民国初年，财政部荐任扬子淮盐总栈栈长，复调部在参事上行走，又充盐务署编纂、币制局谘议、侨务局秘书，然皆不久于其事。十六年，闻弟病，旋里，及弟殇，营丧葬甚具。明年，仍北来，遂不复南旋。

君早年服膺汪、阮，好为深淳温厚之文。诗不常作，最擅长联语，雅言俗谚，情文相生，矢口而成，见者惊服。稠人广坐，辩论纵横，众以为狂，不顾也。喜聚书，嗜博览，名椠旧钞，高价购求，曾不少吝。尝得宋本《舆地广记》数帙，以黄绍武旧有“百宋一廛”之名，武进某氏，人谓之“百廛一宋”，乃曰：“吾今可称‘一宋一廛’矣。”以藏唐人写经，明、清人书画甚夥，长卷短册，骈罗几席间。古代泉币，尤多精品，累累贯串，终日佩带，不离其身。尝语友人："吾虽无恒产，储物盖值巨万，足毕吾一生。"津市侨居，室家为累，频年支柱，斥卖垂尽，而君亦辞世，殆其谶与。君体素弱，晚岁貌加丰，第不善摄养，竟以胃疾卒。实二十五年十二月十四日，春秋六十有五。著有《钱谱》《联语》各若干卷。配同县丁夫人，妾仇，并先殁。子：庆庞、庆庄，出为君弟后；庆龙，早世；庆凯、庆还。女：庆欢，适仪征刘师颖；庆根，适袁家嘏，即克文子也。孙十一人，女孙三人。

闵尔昌曰：君与余齐年，未冠即纳交。居乡里，极修饬，文誉飚起，长者多爱重之。阅世既深，不免与俗浮沉，纵意所适，以寓其抑塞不平之气。余人海闭门，硁硁自守，论者有陈孟公、张伯松之比焉。天涯异地，不得常合并。余偶一至津，必过从留饭，站台相送，絮谈不休，俟车行，乃返，诚所谓白头如新者。今庆庞等乞为君传，感念曩昔，不觉涕泗之横集也。

据作者手稿

方泽山传

陈懋森

君讳尔咸，字泽山，姓方氏，江都人。祖讳长淦，诸生，以参戎幕功，累保至郎中，不乐仕进，弃不就。考讳霈森，举人，大挑二等，候选教谕，生子二，君其季也。郎中君外方严而内和易，遇人貇貇，尤礼敬贤士。教谕君宽厚长者，貌如其心，平生浑然不见圭角。两世皆未大显，因锺美于君兄弟，并以文章名于时，人称为“大小方”云。

君兄弟幼失母，郎中君爱怜两孙，亲课之读。君年十二，与兄地山尔谦同补诸生。越三年，光绪己丑，举江南乡试第一，时郎中君年近八十，即于是年冬弃养，而君先数月以童年领解首，一时传为美谈，老人犹及亲见之也。君少为文，即波澜老成，见者疑为耆宿。两与计偕，一因回避考官未试，然君以英英年少，负才望，四方名流居京师者，争识君，或引君为重。君睹时局之日非，乃怅然而南，客游武昌者数年，归而以兴学自任。虽入资为内阁中书，讫未入都。迨江宁学务公所设立，当道奏君长其曹，秩视学部五品官，君强委蛇其间，非所乐也。教谕君素旷达，于家事琐屑，多不厝意。君兄地山，长君一岁。自郎中君弃养后，虽皆少，即亲米盐，家本儒素，君兄弟文章声气，足以自通，久之境亦渐裕。教谕君喜近游，晨起，与诸老友，饮茗城南，归而饭，饭罢，复出，徐行市上，遇古书残本，及名书画破烂者，贱价收之以自娱，君兄弟将顺其意，视囊中钱尽，即潜纳之，不使知也。教谕君年六十五而卒，凡三娶，元配徐，生君兄弟者也；继室氏洪，氏朱，皆先教谕君卒；遗一妾，无出，君兄弟以庶母礼之，始终不衰。

君与兄地山，友爱极笃，余儿时，见君兄弟每出，必偕一老妪，随其后，肩相摩，语絮絮不能休。少长，余过君家，则见君兄弟共镫而读，同被而寝，依依情状，犹孩提也。其后，各授室，长子女，以生事之牵，或聚或散，由少而壮，而老，遂俱白首。君卧病累年，念兄綦切，而地山留滞于北，君每出寄兄诗示余，读之凄婉欲绝。迨君病笃，地山归，君手捋其须，细审颜色，久之始释，盖君自分将死，喜得见兄，而又怜其老也。君性慷慨，能缓急人，亲友踵门，必副所望，人或以是多君，余谓君文章孝友，无愧古人，是区区者，又宁足道哉！君体素羸，自更沧桑之变，愈益甚，一岁之中，以自偃在床者为多，虽旧故如余，亦罕见其面，则君病可知也。君卒以丁卯正月十九日，享年五十有五。有诗文集若干卷，尚待梓。子四人，孙二人。

据《休庵集》卷下

应山左笏卿先生墓碑

傅岳棻

乡先辈之蓄道德能文章者，莫笏卿左先生若。幽怀郁抱，没而犹有遗憾者，亦莫先生若也。先生讳绍佐，字笏卿，一字竹勿，湖北应山县人也。弱冠，受知于南皮张文襄公，所刻《江汉炳灵集》，大率皆公与樊樊山丈改定，于先生文，一字未易也。调经心书院为高才生，笃学慎行，名声藉甚。癸酉，选拔朝考一等，以小京官分刑部，进主事，丙子转榜，庚辰成进士，点庶常，癸未散馆，仍改刑部主事。后先官法曹三十年，读书析律，治狱务平，与同年李越缦、袁渐西、沈乙庵友善，颇以学术相切劘。乡人屠梅君、高理丞两先生笃守朱学，重躬行，务经世，先生与契合无间。于学无所不窥，讲求河渠盐策利病尤悉。行介而通，自责严，与人宽，温和冲抑，讷讷若无所能。好奖掖后进，一言一艺之长，誉不去口，以故人皆乐就之。中间一掌经心教，张濂亭先生时主讲江汉书院，相与为古文辞，讨论《三礼》，故为文严义法，治《仪礼》最勤，惜稿多散佚。善医术，与人治疾，急赴诚求，若患苦之在身。积资至郎中，考军机章京暨御史，并记名。庚子随扈，入直枢垣，旋传御史，掌监察福建道，巡视南城，擢给事中。专持大体，不以掊击毛举为能。癸卯，文襄奏订学堂章程，举朝无议之者。先生抗疏论列，请防流弊，文襄初不怿，既乃叹服。北洋顺直振捐，募款累数十百万，既无用途，且不奏销，先生迭次严劾，请饬清查。主者惎之，遂出为广东南韶廉道，视事五年，勤政爱民，吏民爱之若父母。

辛亥鼎革，避居沪滨，与诸巨公结汐社，每一篇出，翕然传诵，友朋会聚，若将终焉。顾迫于家境，不得已复至京师，为祠禄计，居恒戚戚，屡以愧见海上遗逸为言，其迹屈，其志苦已。所为日记都八十册，皆正楷细书，自壮至老，未尝或间，有所述作，悉附焉。先生颜腴而神粹，久要不忘。晚与樊樊山、周泊园过从最密，人号楚三老。诗简往复，殆无虚日，时互相召邀，余必与偕，谈道讲艺，娓娓不倦。夙有喘疾，丁卯八月，所患剧发，遂以不起，年八十有二。长子树珍，与余同乡举，能世其家学，尤精熟盐政，己卯正月卒。次树璜，戊寅五月卒。先生之殁已十二年矣，孙幼家贫，无以为葬，乡人故旧合力集资，始克营兆域于万安公墓。乌呼，其可悲已！余辱先生知己，特就所闻知，揭其大者于石，以为表墓之文，而系以铭曰：

学纯无疵，德充不漓。遇而不遇绌于时，心存利济靳厥施。万事蹉跎鸣以诗，耄老乃厄阳九奇。怀抱抑郁世莫知，著述满家孰传之，幽光不灭视此词。

据作者手稿

慈谿冯君墓志铭

陈三立

冯君讳幵，字君木，浙江慈谿人。曾祖讳应翥，祖讳梦香，考讳允骐。少孤，从母俞受诗。上姿天挺，不督而成。年十五六，已斐然有箸作意。二十，补诸生，旋食廪饩。光绪丁酉，以拔贡试于朝，列二等，故事当得知县。君自言铨曹愿为儒官，授丽水县学训导。居一岁，调宣平县学教谕，辞疾不赴。年甫三十，归不复出，笃意书史，广览博涉，撷菁含英，包孕典略，故其为文，华实相资，丽则以遒，匣锷弢铓，与为优游。诗出入杜、韩、黄、陈，酝酿万有，熔冶以情性，兼工倚声。尝与同邑陈镜塘诸子结剡社，用道义术业相切劘。晚客上海，四方承学之士问业者踵至，析义答难，竭情无隐，诱掖后进，因材曲成，所造就甚众。与人交，隆久要之谊，虽居贫，未尝不急人之急也。不翕翕声气，而耆儒宿学年少才俊，咸乐与游。安吉吴昌硕、吴兴朱孝臧、桂林况周颐、宁乡程颂万、兴化李详，交尤笃。不幸得疾，以辛未四月二日卒旅次，年五十有九。所箸有《回风堂文》若干卷，诗若干卷，词一卷，日记若干卷，杂著若干种，藏于家。初娶俞，再娶陈，三娶李。子贞胥、贞用，女贞俞。孙男、女各二。方君寝疾，门弟子日夜走视不绝，有留侍达旦者。既没，皆哭失声，远近会吊者数百人。其孤将以甲戌八月二日葬君西屿乡上午里之原，以君友人陈训正所为述，门人童第德、沙文若所为传、状，来征铭，乃序而铭之。铭曰：

穷一世而无所颉兮，惟斯文之是耽。慕前修之隆轨兮，掉六辔与骖驔。谓今之人莫子知兮，休声溢乎江之南。名不朽其可愿兮，偃大室而长酣。

据《回风堂集》卷首

自清府君事略

朱闰生

先父自清先生一八九八（清德宗光绪二十四年戊戌）年十一月二十二日（阴历十月初九日）生于江苏东海县（今新海连市海州），原名自华，号秋实。后因跳班投考北京大学本科，改名自清，号佩弦。

我家原籍绍兴，后来因为与扬州关系密切，父亲乃自称："我是扬州人。"父亲在《我是扬州人》一文中说："浙江绍兴是我的祖籍或原籍，我从进小学就填这个籍贯……不过绍兴我只去过两回，每回只住过一天，而我家里除先母外，没有一个会说绍兴话。"

我的曾祖父原姓余，承继朱氏，遂姓朱，名则余，字菊坡。曾祖母吴氏。曾祖父在江苏东海县做了十多年承审官。

我的祖父名鸿钧，字小坡。祖母周氏。当时均随同曾祖父在东海。父亲也就生在东海。

我二叔物华，三叔国华，姑母玉华都生在扬州。

一九零一年（光绪二十七年辛丑）父亲四岁，祖父到邵伯镇（今属江都县）做小官，父亲也就随着祖父母到了邵伯镇，在邵伯大约两年，住在万寿宫里。

一九零三年祖父将全家搬到扬州。后来，曾祖父从东海退休回来也就一道住在扬州。我祖父后在江苏做过几年盐务官。父亲和二叔曾去江西一年。

一九一二年曾祖父逝世。父亲时年十五岁，在安徽旅扬公学高等小学读书。毕业后考入两淮中学。后改为江苏省立第八中学（江苏省立扬州中学前身)。父亲在一九一六年于八中毕业后,考入北京大学预科。是年寒假回扬州,与扬州名医武威三之女结婚,即我生母,名武锺谦。生母原籍杭州,是在扬州长大的,与父亲同岁。一九一七年父亲在暑假时回扬州家中住了五十天。

我生母武锺谦于一九二九年十一月二十六日因肺病逝世于扬州家中。一九三一年是父亲与我继母陈竹隐订婚。一九三二年八月在上海结婚,赴普陀度蜜月,后回扬州住了十天。

我们弟兄姊妹共九人。

大哥　朱迈先　一九五一年逝世

大姐　朱采藏与姐夫王永良旅居美国

二姐　朱逖先　一九四四年暴病死于扬州家中

本人　朱闰生

妹　朱效武(现名朱泠梅)在上海,现退休。

弟　六儿早夭

以上为生母武锺谦所生

弟　朱乔生　现在中央党校教务处编校刊

弟　朱思俞　现在天津南开大学任讲师

妹　朱蓉隽　现在北京清华大学任讲师

以上为继母陈竹隐所生

父亲幼年、及读中学、结婚、考北大,在扬州中学任教务主任时,均住于扬州琼花观街,即现工农制鞋厂厂房东边。原房已拆毁。以后父亲回扬州时,皆住于安乐巷住宅内。

安乐巷住宅,大门朝东,进大门过道两旁为厨房、柴房。北面小院内有客座两间,父亲回扬州时就住在这里。进二门以后,为上堂屋三间、下堂屋三间和厢房,是祖父母、庶祖母及二姐五妹和我的住处。祖父母、庶祖母及二姐逖先均在这里逝世。

据《扬州文史资料》第三辑

清故光禄大夫前礼部右侍郎归安朱公行状

夏孙桐

公讳祖谋，原名孝臧，字藿生，一字古微，号沤尹，晚仍用原名，又号彊村。先世自明初居归安埭溪镇，至公凡十九世，世有隐德。曾祖讳毂，郡庠生。祖讳若烺。考讳光第，国学生，官河南邓州知州。三世并以公贵，赠光禄大夫。妣孙太夫人，生子四，公其长也。邓州初幕游江淮间，吴越方被寇乱，尽室相从。公幼即颖异，耽文学。光绪初，随官大梁，年甫冠，出交中州贤士，诗歌酬唱，才誉大起。邓州在官多惠政，会有王树汶之狱，树汶者邓人，为镇平盗魁胡体安执爨，镇平令捕体安急，贿役以树汶伪冒，既定谳，临刑呼冤，重鞫则檄邓州逮其父季福为验，前南阳守某，已擢开归陈许道，驰书阻毋逮季福，且诱怵之，邓州曰："吾安能惜此官以陷无辜！"竟以季福上，大吏犹袒初谳，而摭他事劾邓州去官。后刑部提鞫，乃得实，释树汶，邓州被诬劾在案外，终不得白。未几，公于壬午、癸未联捷成二甲一名进士，改庶吉士。侯官张侍郎亨嘉，亦以大挑知县官河南，同鞫是狱，不肯附和，辞官应试，至是，与公同入翰林，一时舆论叹天道报施之不爽也。邓州既亲见公通籍，寻弃养。

服阕，散馆，授编修，历充国史馆协修，会典馆总纂、总校，戊子科江西乡试副考官，戊戌科会试同考官，教习庶吉士。时辇下风气，崇尚古学，稍负才望者，各以考据辞章相矜诩，继则争谈时务，以变法为名高。公在馆职十余年，盱衡世变，忧时之念甚深，而不自表襮，足迹稀至朝贵之门，交游同志所深契者，多清望劭闻，贞介不苟之士。纂校会典，勤于其职。理藩院一门，因本署无汉员，档册疏漏，钩稽官书，证以私家纪载，独手成之，最称详审。叙劳以五品坊缺开列在前，擢侍讲，充日讲起居注官，累迁侍读、庶子、侍讲学士。

戊戌之后，朝局翻覆，国是未定，纪纲日隳，公屡有所论列。庚子，义和拳起，仇教开衅，亲贵及大臣偏执守旧者主之，群相附和，无敢昌言其害者。公奋然抗疏曰："近日拳匪蔓延，夷情叵测，昨日复有甘军戕毙日本书记官之事，祸机丛集，不可端倪，措置安危，间不容发。今廷臣持论，或目拳匪为义民，欲倚以为剿除各国联兵，其存心无他，其召乱必速，圣明过听，其祸有不可胜言者，臣敢为我皇太后、皇上披沥陈之。盖中国自强，原以兵事为要领，然联络邦交，专与一国执言，可也，激犯众怒，概与各国构衅，不可也。一面受敌，合中国之力而御之，可也，八面受敌，分中国之力应之，不能也。且外则军火何自购？内则饷源何自筹？论势则彼众而我寡，论理则彼直而我曲，纵将现在中土之各国商人，以及兵队区区数千人，一时歼尽，其能使十数国者詟我兵威，不报复耶？其能使我沿边沿海数万里，固此金汤，不容各国一骑一舰阑入耶？逞血气之忿，取快目前，而未有以善其后，是直以宗社为孤注于一掷，恐不止震惊宫阙，危及乘舆已也。持此说者，亦明知中国兵力未充，不足以敌各国，所恃者拳民忠愤，及其术不畏刀炮耳！不知逆民肇事，恒托于假仁假义，以结人心，此事萌芽，虽由于为教民所激，然邪说煽惑，必有奸猾为之渠魁，蚩蚩者惑于新奇，焉得人人深明大义。且梅东益于景州，袁世凯、聂士成于山东、天津等处，颇有剿杀，是不畏刀炮之说，显为虚诳。即以嘉庆年间，教匪拳术及真空八字神咒，初颇猖獗，旋即覆亡。今欲藉此等邪说，以挽积弱，而御外侮，岂不大误！臣维此时救急之策，宜简派威望大臣，赴各国使馆，开诚布公，示以朝廷措置，必能消弭变乱，保全中外臣民，以安各公使之心，止其续调兵队，以防肘腋之患。一面厚集兵力，懔遵查拿首要，解散胁从之谕，认真办理，剋日完结。事平之日，商诸各国，妥定教约，以善其后，以毖后患，亦一机会，目前未可卤莽以图也。此中机宜，非我皇太后、皇上独断于心，决定大计，则廷议纷纭，稍一谬误，其贻祸有非臣子所忍言者，臣为保持危局起见，谨密折上陈，伏乞圣鉴。"疏上，有禁逐拳民之旨，都市为之顿清。

次日，大学士刚毅自涿州回京，拳民随至，纵火市廛，延烧正阳门。忽讹传洋兵已至东安县，距京仅六十里。是日，召见廷臣，仓皇集议，亲贵诸人祖义和拳主战，公班次在后，言拳民固不可用，董福祥兵亦不可恃，兵事宜用山东巡抚袁世凯，议和急召大学士李鸿章。太后犹未之识，问高声瞋目者何人。终定议抚用拳民。遂戕杀德国公使，围攻使馆。外兵犯天津，事益急。公又上疏曰："臣闻师直为壮，曲为老。又闻《春秋》之义，不戮行人。故曰：兵交使在其间可也。今我军围攻使馆，连旬不解，聚而歼之，既乖古谊，亦未足以振国威，徒使彼国之师见而切齿，其致死于我，必十倍于寻常。彼若杀我使臣，以相报复，是朝廷自杀无罪之臣也。若阑入边境，肆其屠戮，是朝廷自杀无罪之民也。设彼置我使臣不杀，入我边境不扰，而专据理以相诘责，则彼辞甚直，而我将何以自解。请饬总理衙门，设法照会各公使，告以今日战事，实由各国兵弁不守保护常例，枪毙途人，以致我军激而为此，并非朝廷之意。现拟约定时期，彼此停战。一面派兵护送公使出京。其各国军人，亦勒令尽数遣出。彼既自分菹醢，而忽有更生之庆，宜无不感戴皇仁，就我约束。后虽胜负无定，而曲直已分，可以示天朝不杀之仁，可以杜万国责备之口，可以灭敌人裂眦之愤，可以留他日转圜之机。近闻各督抚电奏，多有保全公使，尚可挽回之语，而驻英使臣罗丰禄所述英外部之言，以为保护公使，即不算我国开衅。是公使之保全与否，其关系于大局者甚重。臣所谓筹全局以纾后患者，此也。"疏上，即命军机大臣传询，保护公使，应用何法。公援笔立书"请饬总理衙门查照万国公法战时之例办理"。覆奏上，良久始命退出。是日所奏忤旨被诘问，几获罪，终以文学侍从之臣，未遽加谴，而为左右主战者所深嫉，其不从许、袁诸公之后者，幸也。

洎两宫西狩，欲追扈从，而车马为溃军所掠，不得行。和议开后，又有请早定大局之疏。是非既明，忠悃益著，一岁之中，迭迁少詹事、内阁学士。辛丑回銮后，遂擢礼部侍郎。召对称旨，有留心外事之褒。寻兼署吏部侍郎。

壬寅，考试试差策问免厘加税事，自以所对未尽，复上疏论之曰："窃维纳税者，商民应尽之义，收税者，国家应有之权。中国自外侮迭乘,将税务一端,归入议和条约,因而操纵由人,阴受挟制,犹赖此厘捐为自主之事,利权不致旁落。今和约既定,外人复以商税为言,钦派大臣,会同督抚商办计约,其中裁厘加税一事,开议已久,众论杂陈。以臣揣之,则外人之阴谋秘计,殆有不可不防者。夫彼为畅销洋货起见,则应请减税,何以议加?应请免洋货之厘,何以并议免土货之厘?盖中外之通商,与各国异。各国自为通商,不过口税轻出重入,互相抵制而已。独于我国之情形则不然。大抵我国土货出口改造后,复行入口。故我土货之价值,即彼之成本也,我运货之商贩,犹彼之行栈也。是以彼中考求商务者,恒以我土货为本原。其心计所及,恒注重于出口之土货,而不尽注重于进口之洋货。于是虑我商之屯积居奇也,则有准洋商在内地设厂制造土货之约。夫内地采买土货,彼既行之久矣,若内地设厂制造土货,定约十年,绝少举动,何也?盖设厂费巨,而前户部侍郎张荫桓与日本所定行船章程,复有厂货制成,值百抽十之约。又以我厘捐未撤,则行销厂货,难保不设法重征,阻彼销路,故迟回以至于今,而内地设厂之利,仍无把握。彼中辗转图维,惟有裁去厘捐,而后厂货畅销而无滞。然裁厘不易邀允也,则许加进口货税以饵之。夫进口货税,加至值百抽十二五,而内地洋厂货税,止值百抽十,且一税不问所之,则舍运出改造之法,而用内地设厂改造之法,不待再计而决矣。内厂既多,进口渐少,则中国有加税之名,必无加税之实矣。洋关而外,更无税货之权,则干预之术方多,而自主之权日损矣。英使马凯谓,中国如别立名目,暗行厘捐,则外国应将所加关税,全行索还,则税权既失之后,永无收回之日矣。土货价值,由彼低昂,则国权既损,而商权亦全失矣。内厂林立,凡糊口于工艺者,悉被驱遣,工价之增减,坐受主持,则商业既失,而工业亦不振矣。总之,加税者,迫成其内地设厂之举者也;裁厘者,曲全其改造土货之利者也。目前洋厂未兴,关税所增,或可稍资赔款之挹注,数年以后,情绌势见,裁厘为实害,加税则虚名,救燃眉之急,而贻噬脐之悔,臣窃痛之。臣维法穷则变,中国之厘税,犹可维持,窃以为今日慎毋博加税之名,自谓得计也,变通税法而已;亦毋以裁厘之说,授权外人也,整顿厘法而已。变通税法之说有二:一曰内地改造货税。查旧税,出进口,皆值百抽五,内地改造货税,定为值百抽十,暗将出进口税融纳其中。窃谓洋厂出货值百抽十，以抵洋货，进口税则可以包括土货，出口税则不可。今议凡华商售土货于洋商，无论其售归洋厂，或运载出口，应令于售定后，按照税章，将出口正税，就地完纳，方准交货。如有隐匿不报，无论已否成交，概将该货罚令充公。其洋厂行栈进货存数，应责成洋关，设簿稽查。如此则内地即有洋厂之设，而顿行短少矣。且于洋厂制造，暗收一层口税，即暗增一层阻挠，亦不致使洋厂蔓延而不可遏抑矣。明知此举于华商无益，然洋商内地制造，内地行销，出进口税，两皆无著，不能不以此为抵制，万一裁厘之议，竟难中止，尤当抱定此说，百折不回。税例本有国者自主之权，但使朝廷有定见，当局能坚持，外人即不能尽应我之所求，亦不能尽却我之所议。一曰子口半税。臣闻海关各册，此税从无与正税相符者，其中偷漏甚多。今倘议加税则已，否则，应将此项，归入进出口正税，一并征收，于税款所关匪细，应请饬下吕海寰、盛宣怀，将土货出售，就地完纳正税，及子口税归于进出口税，一并带征办法，详慎核定，并与英使揭明，就地完税，乃为洋厂设立后取偿出口正税起见，似于防后患而保利权，不为无益。若夫厘金一项，侵吞苛扰，百弊丛滋。臣尝详询外省官员，则落地认捐之法，尚为妥协。升任浙江藩司恽祖翼，于嘉、湖两府厘局裁撤二十余所，改办落地认捐，额数加增，而商旅亦无所苦。后因官吏掣肘，未竟其事，致为可惜。近闻张之洞、陶模等，于湖北、广东办理膏捐，集款甚巨，与此相仿。应请饬下各省督抚推广落地认捐办法，以祛厘金之积弊。盖关税不必骤望大增，而惟求保护权利，厘捐不必遽言裁撤，而要当抉剔弊端。若但计较于目前进项之多寡，而不设想于裁厘以后之情形，窃恐改弦易辙之未终，已堕人术中而无可补救。所有另筹厘税办法缘由，是否有当，伏乞圣鉴。”

是秋，简放广东学政。广东才薮，亦弊薮，公衡鉴精而关防严，士论翕服，而围姓充饷，除弊不能尽绝，乃疏陈其害，请申厉禁曰：“臣维赌非政体，赌而害于选举，则尤非政体。粤东赌局林立，弊不胜穷，然未有亵名器，坏人才，伤风败俗，如围姓充饷之甚者也。光绪初年，御史邓承修、巡抚张兆栋先后奏请裁革，奉旨严禁，不准藉辞开设，煌煌彝训，薄海同钦。嗣地方筹饷，权请弛禁，积廿余年，有司视为正供，而若辈之作奸日甚。综其大旨,不越两端,即粤人所谓扛鸡、禁蟹者是也。所买之姓,则扛之,于是为之通贿赂,倩枪替,使白丁皆可幸进;不买之姓,则禁之,于是散讹言,施毒手,使真才多遭沮抑。幸进既妨贤路,沮抑尤伤士心,以国家抡才之典,士子进身之阶,而奸商猾侩,竟能窃其柄而颠倒之,不亦轻朝廷而羞当世之士耶!夫前之所以弛禁者,以粤省赌风甲天下,围姓盛行,骤不可遏,我若禁之于内地,外人开之于租界,为丛驱雀,所损实多。任封疆者,又因比年多故,库款空虚,藉此挹注,不无小补,因循不禁,职此之由。然证诸今日情形,则又不然。昔止围姓一端,故其赌盛。今则有山票,有铺票,有番摊,有各省签捐彩票,势分而财散,彼长则此消,现以获利甚微,无人承充,暂由官督商办。无论官自开赌,大碍观瞻,且收数寥寥,不及曩时十分之一,中国自开如此,外人岂复生心,是利权既不虞外溢,饷项又所得无多,方当百度维新,兴利革弊之时,何必徒留此不正之名,妨士类,坏人心,伤政体,不一湔除而廓清之耶?今年,署督臣岑春煊禁止白鸽票赌,一时舆论翕然。白鸽票认饷逾百万,只以废时失业,为害闾阎,故毅然禁之。围姓之害,正与此同,而关涉试事,弊窦尤多,承饷较少,以彼例此,当禁明矣。或谓围姓与科举为盛衰,科举将停,则围姓不禁而自绝。无论名额分科递减停办,固尚需时,不宜作姑待来年之计,即今科举悉罢,而学堂一律开办之后,学生卒业仍须派员考试,若围姓不禁,此辈必将踵行故事,以充饷为名,而阴行其扛禁之术,则是兴学育才者,终为赌徒舞弊丛奸之薮,根株不拔,流毒无穷,学校何由得兴,人才何由得出!且此项闻督抚臣已奏请改拨,其势成弩末可知,与其力疲局散,使停办之议出自下,孰若涤瑕荡秽。整顿之权操之上。应请特颁严谕,将此项围姓,永远禁绝,以肃国纪,而清士风,于大局实有关系。所有围姓贻害太深,请旨重申厉禁缘由,伏乞圣鉴,允准施行。"时因科举将停,当事仍暂以充饷为便,终搁置之。

乙巳,以修墓请假离学政任回籍。次年,遂以病乞解职,卜居吴门。既而江苏创立法政学堂,聘为监督,士林仰公清望,归依甚殷,公亦苦心经营,实事求是,不以寻常祠禄视之。宣统纪元,特诏征召。次年,设弼德院,授顾问大臣。皆以宿疾未痊,乞假未赴。辛亥国变后,不问世事,往来湖淞之间,以遗老终矣。乙卯岁,一至旧京,袁世凯方为总统,优礼旧僚，欲罗致而不得，闻其至，急致书聘为高等顾问，笑却之，未与通一字，乙丑，谒天津行在，谆谆于典学生计两端，忠诚靖献，仅止于此，每言之深恫也。少以诗名，孤怀独往，其蹊径在山谷东野之间。四十始为词，与王半唐给谏最相契，同校《梦窗四稿》，词格一变，穷究倚声家正变源流，晚造益深。尝言半唐所以过人者，生平所学及抱负，尽纳词中，而他不旁及，公亦正与之相同，身世所历，忧危沉痛，更过于半唐。清末词学，视浙西朱、厉，毗陵张、周诸家，境界又进者，亦时为之也。故公词遂为一代之结局。半唐四印斋所刻词，风行一时，公赓续之，积年所得，遍求南北藏书家善本勘校，综宋、金、元凡总集五种，别集一百六十三家，既博且精，足补常熟毛氏、南昌彭氏搜集所未逮，即半唐亦不能不让继事之尽善。又辑《湖州词征》二十四卷。年德益劭，郁为江表灵光，海内言词者，奉为斗杓，公亦宏奖为怀，后进就质，靡不餍所欲闻而去。海滨避世，赏析之乐，足慰桑榆，而家道轗轲，门祚单弱，六十后丧子，强作旷达，中实轸结。与诸弟友爱最笃，季弟早世，叔弟里居，仲弟孝威亦寓吴，相依为命，前岁病殁，伤之甚，遂益衰。辛未十一月廿三日，卒于上海寄庐，距生咸丰丁巳七月廿一日，享年七十有五。配严氏，封一品夫人。侧室陆氏。严夫人生子一：方饴，二品荫生，官山东通判，才隽有父风，壮年殒折，娶夏氏孙桐第三女。孙一：贞同，奇慧先殇。所以继大宗者犹有待。晚乃抚弟子方饬为嗣。

易箦前口占《鹧鸪天》词云："忠孝何曾尽一分，年来姜被减奇温，眼中犀角非耶是，身后牛衣怨亦恩。泡露事，水云身，枉抛心力作词人，可哀惟有人间世，休结他生未了因。"呜呼！斯足尽其生平已。遗稿亲授龙君榆生，所手定者《彊村语业》三卷（生前词已屡刻，以此为定本）、《彊村弃稿》一卷（手定诗集）、《词莂》一卷（手选清词）、足本《云谣集》一卷（手校定本）、定本《梦窗词》不分卷（第四次校定）、《沧海遗音》十二卷（手辑友朋词十一家），又集外词一卷、遗文一卷，将总编为《彊村遗书》。嗣子未冠，从侍未久，以孙桐胇腑之亲，缔交最早，于公志事，知之较深，乞次行状。窃见公志节之忠亮，器识之通敏，一时罕与匹俦，身居侍从，仅以言见，庚子两疏，凤鸣朝阳，奋不顾身之概，可信其能任艰巨。虽跻九列，立朝未久，已隐窥直道难行，洁身早退，屡上封事，焚草不存，身后发箧，仅见三篇。又于旧档得论免厘加税一疏，至为深切。并叙入状，见公经世之一斑，俾他日重修清史者，有所采录，后世勿仅以词人目公也。夏孙桐谨状。

据《观所尚斋文存》卷四

成澹堪墓志铭

王树楠

乌呼！吾不见吾澹堪忽忽百有余日矣。初，澹堪之殁，魁君星阶为经纪其丧，而以铭幽之文属树楠，曰：此澹堪志也。乌呼！吾奚忍铭吾澹堪哉。庚申之春，予初识君于东海徐公晚晴簃诗社。时同社者，皆冠时名宿，澹堪视之，无一当其意者。独时时昵就予，昕夕往来无虚日。每有所为，必属予审正，而后出以示人。其为诗也，掐胸擢肾，词必己出，巧心妍手，出于自然，古人所谓飘然世表，有烟霞气者，盖其资性使然，读其书，想见其人。雍于书靡所不通，尤专力于诗。逾冠，以拔萃科贡成均，而淡于仕进。惟日与王桐阶先生凤年、顾缉庭先生肇熙，讲求诗古文辞之法，更从于次棠中丞荫霖，专研经世之学，学益大进。至三十七岁，迫于母命，始出山入奉天将军依克唐阿之幕。未几，将军卒，逾三年，钦差大臣廷杰召赴奉天，以疾不果。

明年，程德全授齐齐哈尔都护，道出吉林，偕君以行。时居其幕者，星皆魁升、郑馥山国华、宋友梅小濂，皆与君雅故，参会赞襄，兴衰起坠，境内大治。德全以君劳为最，奏补绥化府知府。君力辞不可，君曰："必尔，则以三载为期。届期，不能强我牵位也。"德全笑许之。绥化风俗朴僿，君一以经术饰吏治。会朝廷严令行新政。君曰：不揣其本，而齐其末，乱将至矣。屡移病乞休，不许。明年，毅然挂冠去。德全以有夙约，不能强也。既德全受代南下，君随之由津而京而沪而杭，纵观普陀西湖诸胜，至冬始返黑龙江。宣统初元，再起德全为奉天巡抚。君仍客其幕。寻调抚江苏，一时博硕魁奇之士，如朱古微侍郎、郑小坡中翰、赵尧生侍御、夏剑丞观察、吴昌硕大令、陈伯弢司马，皆慕与君交，赌酒联吟，唱酬累日。盖君于此时，得友为最盛，而得诗亦最多。及三年，再至江苏，默察幕中诸子，怀谖猜祸，喜为恐谀，内则罗良鉴、应德闳日倡新说，外则章驾时结军人相构会。当是时也，陆公钟琦由苏藩擢抚山西，德全荐德闳署藩司。朝廷以资浅，不合镌二级。德全大忿，时出怨言。

八月，武昌变起。上海绅商来苏者踵相接。九月，德闳自浙归，遂定议独立。德全集幕友觇向背，人皆劝进。君力辟众议，以君臣大义折之，众嘿然而散。君遂上书德全，略言：一昨与议大计，未尽欲言。今则事机已迫，稍一游移，必误大局。夫幕府诸君，抱革命之学说，非一日矣。公则素以公忠自矢，乃为应道镌级一事，饮恨于心。以一芥之小嫌，失君臣之大体。古之所谓社稷臣者，固宜如是乎？夫人生大节首在君亲，根本既倾，枝叶难附。说者动谓以身救国，保境安民，是何异寡妇改节，而谓藉夫养子者，以自解说也。公之在黑龙江也，庚子之变，抱炮沈江，气詟强敌，中外啧啧，仰若神明。今则随人臂指，有如块垒，吾诚不知公之自命者何如也。公一蜀东秀才耳，蒙不次之擢，位至开府，乃以怨报德，施之于寡妇孤儿，是可忍也，孰不可忍？多禄与公，分虽僚属，谊若弟昆。知而不言，无以对公，且无以对国。望公速定大计，幸勿为群言所惑。书入，不报。君见近日事机益迫，劝德全暂避，以全大节。仍不报。十五日，黎明，天微雨，人声鼎沸，闯入军署，臂缠白布，树帜二：曰“兴汉”，曰“保民”。德全出立中庭，演革命宗旨。旋以都督印授德全，大呼“民国万岁”而退。诸僚属皆张皇失措，唯廉访左子翼痛哭几失声。子翼，名孝同，文襄季子也。既而闭置君园中，不得出。会有使浙之役，君请行。德全许之。由浙至沪，抵书于德全曰：事机一变至此，夫复何言。多禄少事清朝，窃叨一命。深维君子再三之节，窃比妇人从一之义。但此身之不死，即此志之难渝。伏念幕中龙虎，它日翊大勋佐新命皆其人也。多禄顽固性成，万难容此不祥之物。惟望节下鉴此愚诚，放归田里，以遂麋鹿山林之性。中道乖离，各行其是，所赐赆资，敬谨封还。平生交谊，尽于此矣。及闻皇帝逊位，痛不欲生。从此闭门却扫，口不复谈时事，惟日与二三知己结社赋诗，凡耳目所见闻，世事所枨触，莫不观变见志，假物言情，兴发于此，而义归于彼。每一篇出，传诵者几遍关内外。君尝谓予曰：吾殁后，得先生题曰“清诗人成某之墓”，于愿足矣。戊辰十月九日，君以小疾卒。春秋六十有六，君为乌拉成氏，讳多禄，字竹山。国变后，自号澹堪，明其志也。君之世系、子姓，已具予所撰其封翁墓志，兹不复赘。己巳某月日卜葬君于某县某原，其子世英等来乞铭。铭曰：

既遇之不逢，复言之不从。不得于时，而始以其诗鸣。非所谓穷而后工者耶！乌呼若吾澹堪者，乃竟以诗人终也，悲夫！

据《陶庐文集》卷十九

清故贞士元和孙隘堪先生行状

王蘧常

元和孙先生既卒之二十一日，蘧常始得检其遗著，已刊者曰《太史公书义法》、《汉书艺文志举例》、《刘向校雠学纂微》、《六朝丽指》、《稷山段氏二妙年谱》、《古书读法略例》各若干卷，未刊者曰《诸子要略》（一称辑略）、《诸子通考》、《孙卿子通谊》、《吕氏春秋通谊》、《古书录辑存补》、《南北史艺文志》、《文选学通谊》、《四益宧骈文稿》各若干卷，未成者曰《群经谊纲》、《春秋通谊》、《小学钩沈补编续编》、《诸子发微》、《墨子通谊》、《列子通谊》、《贾子新书通谊》、《古今伪书辨惑》、《四库提要校订》、《靖节年谱》、《章实斋年谱》、《中国文学通志》各若干卷，成而已佚者曰《吴彦高年谱》若干卷，都二十有八种，太半皆蘧常所未见，而亦有先生尝籀其宗指以见告者也。摩挲卷帙，为之流涕不可禁。在昔先生有言："我死，君必为传。我葬，君必铭。"爰撮其为学及行事大概，谨为状曰：

先生讳德谦，字受之，又字寿芝，号益庵，晚号隘堪居士，先世居安徽，明末有讳一诚者，始迁苏州，籍元和，遂为元和人。元和，今吴县，而自署必曰元和，今从其志。曾祖鹤田，祖震生，国学生。父毓堃，有子三人，先生其仲也。少刻厉颖异，读书倍常儿。年十三，毕五经。十五，学为功令文。十九补诸生。明年，食饩，既而曰："是徒钳束人知慧，久必沟瞀，不能达事理。"遂弃去，慨然作千秋之想，从同里雷甘溪学博治经，喜高邮父子之学，兼及声音训故。读许君书，得其所谓晓学者达神恉者而好之。其后，得交钱塘张孟劬太守尔田，时太守亦治经兼涉小学，尝往复讨论，穷日夜不休。二十九，北游天津，太守父芷莼大令适令元城，招往课太守弟东荪。自艾经学不能通知大谊，高邮徒屑屑于章句故训，非其至，又去经而治子。与太守合志同方，凡先秦诸子之书，罔不轨察鰓理，疏丙纱茜比，必蕲于至嗛而无蔽。于清儒独契章实斋言，习于流略，遂于《汉志》发悟创通。章氏严于体例，而先生则钩索质谂，贯殊析同，直欲驾而上之矣。又叹世之讲板本者，得宋、元以矜奇闳，而于书之义理，则非所知，以为刘氏向、歆之所长只此璅璅辨订于字句之间，未能条其篇目，撮其指归，于是又治向、歆父子之学。盖生平得力在周、秦名家之术，于一切学问异同，咸思礉实以求其真。其后虽屡进而益深，皆植基于此矣。兴化李审言明经详，尝称先生会稽之学，与太守为海内两雄，有益一人而不得者，犹未能尽先生之学也。

三十以后，尝欲遍注诸子，精思冥索，往往掐擢肾胃而出之。一日卧病，惝怳精魄摇撼，若已出舍，见已正坐奋笔而思源亦若泉涌不可止。闭目，又觉左右前后皆幻奇字，颇自苦。或劝屏书卷，病已，又刻厉如故。旋大令量移永年，聘先生长紫山书院，多士翕然，援例叙职训导。及拳变起，先大令南归，又历佐许贞干嵯尹、吴重憙中丞幕，往来赣、浙之间，名益起，贤士大夫若高密郑叔问舍人文焯、吉安吴昌硕大令俊卿、归安朱古微侍郎祖谋，皆争与纳交。时上媚渠说，视旧学若土梗，先生忧之，与孟劬太守合著《新学商兑》以辟之。又请于其乡立存古学堂，众喙纷纭，先生不为动，卒底于成。一时东南士风为之丕变，前后协教凡三年。

辛亥武昌军起，只身走海上，主乌程刘翰怡京卿，独居深念，几席常有涕泣处。当光绪之季，邪孽始萌，国步岌岌。先生自以诸生无所补救，尝辑《陶渊明、二妙年谱》、《杜善夫文集》、《金史艺文略》、《全金词》各若干卷，以寄其蕴愤之慨。今自二谱外，已不可复见矣。又读《元诗选》，见有同姓名官平章殉节者，元遗山诗亦有与之同者，能诗，皆遭末造，为心动，至是作《三末谣》以见志。闭户造述，缄口不及外事，尝曰："当此之时，见危授命，上也。其次犹将扶植纲纪，昌明圣贤正学，以待宇宙之澄清。"明年，番禺梁文忠公鼎芬、嘉与〔兴〕沈子培尚书曾植创孔教会，以高要陈重远进士焕章为主办征文表指趣，欲得先生一言弁卷首。先生谓孟劬太守曰："我乃不知孔子之所谓教。"而重远索之亟，乃申经义作《孔教大一统论》，论出，美利坚李佳白读之曰："予今日始知孔教自有真也。"自后，以力阐名教为己任，声闻益愈恢，海内敛然宗之，海外亦多乡风来学。若德意志颜复礼博士、日本福田千代作诸君子，皆先后来受教。德意志汉堡大学，且以重金求述作，日本宫内省，亦访先生书，进呈其国主，其为海外覭译推重如此，顾先生欿然未尝以为意。日本上海同文书院尝欲聘往讲学，先生笑谢之。六十以后，历主上海政治、大夏两上庠，广州学海书院讲席，沾溉益广。乙亥十月十二日，以胃疾卒于上海寓庐，年六十有七。配徐孺人。子怀瑗、怀琎、怀瑛。

先生于学，诸子最为专家，造述独富。尝谓诸子于古为绝学，两汉以还，鲜有涉其藩者，后儒且加掊击。即有识者，亦识其文字而已。欲为之洒冤解惑，一发千年来之积蔀。其疏醳闳旨者，为通谊，其剽剥古贤者，为通考，其辨章同异者，为要略，又取晏子而下，在一篇之中，挈其巨纲，阐其大谊者，为发微，而综其指于通考之序。其言曰："夫诸子为专家之业，其人则皆思以救世，其言则无悖于经教，读其书者，要在尚论其世，又贵寀乎所处之时，而求其有用，苟不知此数者，徒疏醳其章句，诠品其文辞，甚或爱之则附于儒术，憎之则摈为异端。此丙部之学所以堙晦不明，受诬于千载，亡有为之表章者也。往者三代盛时，学统于官，天下亡私师，天下亡私书，自周辙既东，王官失守，于是百家蜂作，各习所长。虽互相攻击，立说或宥一偏，实则持之有故，言之成理，皆以阐明其宗指归于不相为谋可矣。谓所〔所谓〕专家者此也。春秋以后，周为共主，天下相务于战争，而政异俗殊，人心变诈。故庄子任天，所以诛僭乱之君，欲以反诸皇古之治，而革其浇漓之习。墨翟通权达变，其节用非攻之说，苟善行之，可以救奢而却敌。名、法家崇实黜伪，信赏必罚，盖深恶其主之是非不辨，功罪不当者，而将以其道易之。苏、张学于鬼谷子，历说诸侯，取富贵于立谈，儒者每鄙之为不足道，然禁攻息兵，天下稍免干戈之患，其功烈亦何可轻议。若夫管氏相齐，一匡九合，商君辅秦，国富兵强，非又成效卓著者乎？所谓救世者，此也。虽然，有宋以来，尊经之儒，觝排诸子，今谓亡悖经教，将爱而不知其恶乎？非也。盖亡诸子，而圣人之经尊，有诸子，而圣人之道大。吾请试言其略：道家合于《易》之嗛嗛，《易》以道阴阳，子韦邹衍研深阴阳之理，盖又通于《易》

者也。墨家为清庙之守，其尊天事鬼，出于祝宗，非礼官之支派乎？法家之明罚敕法，固以佐礼谊之不及，然《春秋》以道名分，则申、韩之尊君卑臣，崇上抑下，其得《春秋》之学可知矣。从衡小说，一则具专对之才，一则本采风之意，虽不亡末流之弊，皆由诗教推而衍之者也。班志具在，必一切攘斥之，以为离经畔道，是乌可哉！抑闻之《孟子》之言曰："诵其诗，读其书，不知其人，可乎？"是以论其世也，当七国时，上亡天子，下亡方伯，兵连祸结，民不聊生，道家则主清净，墨家则尚俭约，名家则正名物，法家则重法术，从衡家则联合邦交，以弭戎为急。凡此，皆因势利道，所以为经世之学也。且夫天下事，有及其时而方信者，邹子九州之说，非古所诋为荒诞者哉，乃至今日而其言始验。以此推之，诸子道术，世有王通其人，必将曰：如有用我，执此以往矣。呜乎！诸子者，实用之学也。彼不识时变者，犹且深闭而固拒焉，岂不傎哉。"孟劬太守尝谓："诸子有学，自先生始。"非过言也。

晚年为弟子讲从衡家言，常叹中国无外交，以从衡家学言之，道在弭兵，而不能不通兵法，长于舆地。凡列国之风俗物产，及其君臣贤否，人民众寡，邻邦之亲疏，士卒之强弱，无不明察，及有事起，则肆其辩议，知彼知己，乘间抵隙，观其微而挬其隐，庶足制人，而不见制于人。又言孙吴之学，皆足以通于今之兵事。可以知其老而志在矣。

余事为骈偶文，谓说理，散不如骈。初好李申耆《骈文钞》，苦不得其奥窔，第领其音节气息而已。既读朱一新《无邪堂答问》论六朝文云："上抗下队，潜气内转。"遂大悟。创血脉之说，以为颜黄门谓文有心肾筋骨皮肤，而不知有血脉。血脉者，以虚字使之流通，亦有不假虚字而气仍流通者，乃在内转。刘成国训脉为幕，谓幕落一体，则其贵尤在通体之气韵。又曰：六朝文之贵，即在气韵，专取造句及用典，而不从气韵揣摩，非骈文之上者。故其为文，以六朝为极则，尤喜读范蔚宗《后汉书》序论，而济之以江文通。大指主气韵，勿尚才气，崇散朗，勿擅藻采，皆发前人所未发。世之论骈偶文者，每与李审言明经并称曰李孙。而海宁王静安征君国维则语之曰："审言过于雕藻，知有句法，而不知有章法，君得流宕之气，我谓审言定不如君。"先生每引以自憙。征君者，兼通绝国方言文字，为学必求真，常病学者谀闻不达，而独佩先生与孟劬太守。尝同谒沈子培尚书，尚书为之倒屣，谥曰“三君”。尚书诗所谓“三客一时隽吴会，百家九部共然疑”者也。尚书初见先生书，即惊，谓为今之郑夹漈，又尝云：“海上诗人多，而文人少，文人多，而学人少。君与王、张，真无愧为学人矣。”

蘧常识先生在癸酉岁，知为尚书弟子，而又尝与征君、太守相闻也，则大乐，引为忘年交。于时尚书已薨，征君亦自沈死，太守衰病，复远客矣。居常恻恻不自聊，语蘧常曰：“腹有骈文数百篇，著述十余部，岁不我与，安得十手书之？且谁能定我文乎？”念太守不置。自后先生胃疾日甚，疾作，痛常达旦，明日犹强起讲诵，著作不辍，有作必见示，常曰：“予已无可恋，所以系此残年者，尚未能忘情于文字耳。”即病甚，亦未尝释卷。枕席间闤阓殆遍，七八年来如一日，传所谓笃信好学，守死善道者，非与？呜呼！可以风矣。蘧常薄劣，何足以传先生。惟念相交近十年，又谬辱先生一日之知，遂亦忘其固陋，谨铨次如左，冀世之达人君子，上之国史，以为修儒林文苑传者要删，如前史之于亭林、南雷、船山三先生焉其可。乙亥十一月，后学嘉兴王蘧常谨状。

据《四益宧骈文稿》卷首

白石状略

齐 璜

生于湘潭，南行百里杏子坞星斗塘老屋。八岁，始从外王父读书于白石山上之枫林亭。春雨泥泞，王父左提饭箩，右擎雨伞，负于背，朝送暮往负归。性喜学画，以习字之纸裁半张画人物，外王父尝不见许。秋来因病，读书中止，在家取帐簿纸仍旧写字涂画。一日，王母曰："汝父无兄弟，得长孙爱如掌珠，以为耕种有助力人矣。汝善病或巫医无功，吾与汝母同祷于神祇。叩头有声，额肿坟起，尝忘其痛苦。医谓食母乳，母当禁油腻，汝母过年节尝不知肉味。吾播百谷，负汝于背，如影不离身。今既可砍柴为炊，汝只管写字，俗语云：'三日风，四日雨，那见文章锅里煮。'明朝无米，吾孙奈何？惜汝生来时走错了人家。"如是，乃将《论语》挂于牛角负薪以为常事。年十二，王父去世。父教扶犁，因力弱，复令学木工。朝为工，夜镫习画。年廿七，慕胡沁园、陈少藩二先生为一方风雅正人，事为师，学诗画，萧芗陔、文少可皆拜画师，如是能写真于乡里。借五龙山为诗社，社友王仲言一班凡七人，谓为七子，推白石为社长。黎松庵薇荪雨民为诗友，识张仲飏，引为湘绮弟子。

壬寅年四十二，识夏午贻、郭葆荪、李梅庵兄弟叔侄。是岁冬，午贻由西安聘为画师，教姚无双，风雪过灞桥，远看华山，识樊樊山先生，见张仲飏、郭葆生，游碑林雁塔，浴温泉。越岁癸卯春，午贻请尽画师职，同上京师。樊山曰："吾五月当继至。太后爱画，吾当荐君。"（樊山为题《借山图》诗："宁独蛟螭隐金箧，便偕彝鼎登明堂。"盖欲举荐也。）由西安上京华，道过黄河，望嵩山。到京居宣武门外北半截胡同，识曾农髯，晤李筠庵、张贡吾。五月之初,闻樊山将至。白石平生以见贵人为苦事,辞午贻欲南还。午贻曰:“寿田欲赠公以钱为寿,不如赠公一县丞。职虽小,亦朝中命官,就此引见,不费一文钱。家严即升江西巡抚,君到省立上印,也是好顽一事。”白石笑谢之。过黑水洋,到上海。居越月,还湘。

甲辰年四十四,侍湘绮师游南昌。七夕,师赐食石榴,招诸弟子至家,即席曰:“南昌自曾文正公去后,文风寂然,今夕不可无诗。”坐中又有铁匠张仲飏、铜匠曾招吉及白石,推为王门三匠。登滕王阁,小饮荷花池,游庐山。越明年,汪颂年为提学使,偕游桂林看佳山水,游阳朔。越年节,得父书,报四弟从军已到广东,令白石追寻。因过苍梧,至广东,居祈园寺,探问移军钦州矣,到钦州,郭葆荪留之教姬人画。游端溪,谒包公祠,复游东兴,过铁桥,看安南山水,久客思归,携四弟由香港海道至上海。一日乘兴,思游虎邱。是日至苏,天晚宿驸马府堂,虎邱归,复寻李梅庵于金陵。居三月,始还家,造一室曰“借山吟馆”,置碧纱橱其中,蚊蝇无扰。读古文诗词,余闲种果木,绕屋三百株。辛亥,侍湘绮师长沙,求为王母马孺人撰志铭并书,自刊“悔乌堂”印。师方居长沙营盘街,白石往侍。谭三兄弟迎居荷花池上,为先人写真。先是湘绮师来示云:“明日约文人二三,借瞿相超览楼一饮。汪财〔材〕官与君善,亦在坐,不妨翩然而来。”得见超览楼主人及诸公子。湘绮师曰:“频生足迹半天下,久未与同乡人作画,今日可为画《超览楼禊集图》。”饮后,主人引客看樱花及海棠花。白石因事还家,未报命。此约直至戊寅年,晤瞿公子兑之谈及,始补践焉。所绘景物,依稀当年。

至丁巳避乡乱,窜于京华。平生知白石画者郭葆荪,知刻者夏午贻,知诗者樊樊山,幸二三人皆在此地。白石借法源寺居之,卖画及篆刻为业,识陈师曾、姚茫父、陈半丁、罗瘿公兄弟、汪蔼士、萧龙友。因寺壁倾倒一角,恐惧,迁于宣武门内观音寺,识朱悟园,因识林畏庵。佛号钟声在枕侧,睡不安眠,再迁石灯庵。老僧又好蓄鸡犬,昼夜不断啼吠声,再迁三道栅栏,再迁鬼门关外。乙亥夏初,携姬人南还扫先人墓,哀哀父母,欲养不存。丙子春,蜀人来函聘请游蜀曰:“蜀中之山水胜于桂林,惜东坡未见也。”居成都半载,识方鹤叟。回重庆,居两月。年七十七，识张勺圃。秋凉回京华，天日和畅，无过北方，因在此留连廿又三载，竟使全世界知名，皆来购画。刻《借山馆诗草》一集，刻《白石诗草》八卷。且喜三千弟子，复叹故旧晨星，忽忽年八十矣，有家不能归。派下子女孙曾四十余人，不相识者居多数。白石小时性顽钝，王母欲怒欲笑曰："算命先生谓汝成人后必别祖离乡。"今果然矣，虽多男多寿未有福，对诸世人徒羞惭耳。

据《古今》第三十五期

杰出的民族音乐家刘天华

瞿涌晨

今年是我国近代杰出的民族乐器演奏家、作曲家和民族音乐教育家刘天华先生逝世五十五周年。刘先生生前为我国民族音乐事业的发展作出了很大的贡献，给后人留下了一笔丰富的文化遗产。在我国的音乐丰碑上，理所当然地应该镌刻上“刘天华”三个大字。

刘天华先生是我市南沙乡人，一八九五年出生于三甲里故居，一九三二年卒于北京，享年三十八岁。他毕其短暂的一生，致力于发展中国民族音乐事业，献出了宝贵的生命。

天华自幼颖悟，天资过人，先是启蒙于邑庠生殷可久先生，后又在有一门三秀才之称的三甲里南街郁嘉祉先生处攻读国语、古文。稍长，在江阴翰墨林小学从其先君宝珊先生及杨绳武先生受业，后肄业于常州府中学，即今之省立常州中学。

刘天华先生少年时就酷爱音乐，常习不辍，往往达到废寝忘食的地步。

天华在常州府中学读书时，参加了学校的乐队，这便犹如锥处囊中，很快脱颖而出。他表现出来的音乐天赋深为师生所器重。

一九一一年学校一度停办，天华赴上海，参加了沪西开明剧社。趁这机会，他学习了各种西洋乐器的演奏技巧，对铜管乐器尤为喜爱，造诣较深。

一九一三年，开明剧社解散，天华返里，执教于华市镇的华澄小学。在此期间，天华一边积极采风，收集整理民间乐曲，一边到处拜师学艺，钻研各种民族乐器。他曾拜过当时著名民间艺人，顾山二胡高手周少梅和江南琵琶能手沈肇周先生为师，向他们学习二胡和琵琶的演奏技巧。

为了艺术，天华还甘心情愿“屈尊”向吹鼓手学习。有一天，他路过南沙乡的大桥镇，听到前面一队送葬队伍中响起的唢呐声，特别雄浑嘹亮，他竟不顾自己的身份，追踪而去，硬拉住那个吹打手，非要拜对方为师不可。有时，当地来了外省的马戏团或耍猴子戏的，只要那些民间艺人敲出的锣鼓点子，确有地方特色，天华总是诚心诚意地向他们请教。另外，他还多次去江阴拜访了十方庵、永塔庵的和尚和城隍庙、东岳庙的道士，向他们学习佛家音乐和道家音乐。

正是由于刘天华把根深深地扎向了大地，吸收了各种营养，他自己也便逐渐长成了蓊蓊郁郁的大树。这时的天华，吹、打、拉、弹已无一不精，无一不能。尤其是二胡，在天华的潜心钻研下，其演奏技巧有了质的突破和创新。这一年，天华在三甲里柏林庵创办一个“国乐演奏团”，其成员有殷念乔、吴增谦、吴仲昆、吴仲峨、丁凤皋、蒋湘培、郁祖同、蒋惠南、谢勉修（刘天华中学同学）、郁祖泰（刘天华胞兄刘半农襟弟）、柏林庵的主持僧悟静法师及泰生和尚、水生和尚、木生和尚、土生和尚和香山土地堂的至庆道长，参加者还有锡北蒋慕霖长老和安勉道士、祥云道士等。他们演奏时用的乐器有笙、箫、笛、二胡、唢呐、扬琴、琵琶、三弦、螺、铃、鼓和板等。“国乐演奏团”曾公演过江南八大名曲，它们是《行街》、《老三六》、《慢六板》、《慢三六》、《中花落板》、《云庆》、《欢乐歌》、《四合如意》。这些曲调，曾一直流行于江南民间，现差不多都已湮灭。他们的演奏，达到了非常完美的艺术境地，博得了当时听众的一致赞美。据今年八十三岁高龄的蒋诒谷先生回忆，那年他十岁时曾亲聆过刘天华先生他们的演奏，当时，刘天华先生还摸着他的头激励他说：“你欢喜音乐，也来学习吧。”

一九一五年春，宝珊老先生病逝。天华回家奔丧，适又患病，心境烦闷不堪。他在柏林庵养病期间，耳听着窗外的苦雨凄风声，于榻上吟成一曲《病中吟》，即后之著名的二胡独奏曲。

是年秋，天华应聘赴母校常州中学任音乐教师。任教期间，他筹建起了学校军乐队和丝竹合奏团，在训练和培养那些音乐苗子的过程中，天华化了很多的心血。

一九一五年，天华二十一岁，与殷可久先生的长女殷尚珍结婚。尚珍是农村姑娘，并缠小足，比天华年长一岁。略识字，性情善良，贤淑知礼，而又勤俭持家。结婚后，天华离家先去常州中学教书；一九二二年又去北京大学教书，她在家乡育蚕、织布、织袜，承担了全部家务。天华每值假期回乡，总是埋头操琴，不问家务。尚珍除了处理日常家务外，则一心服侍好丈夫，夏天为天华打扇驱蚊，冬天为天华生火取暖，使天华更能全神贯注，一心操琴。天华的一首《月夜》就是在这宁静、淡泊、甜美、情笃的生活环境中写成的。可以说，天华先生的成功里，也凝聚着尚珍女士的一份辛劳。

天华先生到北京后，兼任北京大学、女子师范大学、艺术学院三所大学的音乐教授。从此，“刘天华”三字，已蜚声中外乐坛。那时，北京女子师范大学文理学院的学生，都是年青而漂亮的大家闺秀，当时有人私议，刘教授不久恐将抛弃乡下糟糠，另觅佳偶了。对这些议论，天华先生总是置之一笑。有一次，天华先生在寓所请几位同事和学生吃饭，客人都已到齐，入席只见先生身旁还空一座位，同样放着一副杯箸，来客们好生奇怪。这时天华先生突然举起酒杯说：“今天是我妻子生日，她虽远在江阴乡下，但她的座位永远在我身边，敬请诸位来宾和我一起向她遥致祝贺。”满座宾客无不为之动容。

天华先生虽是大学教授，但与尚珍女士夫妻情深，十分恩爱。不久，他便将夫人接到北京。天华先生知道尚珍少读书，特地延聘一位小学教员，教尚珍识字，如是三年，尚珍识了很多字，而且懂得了很多道理，也就更深切地理解和支持丈夫的事业了。

尚珍女士初到北京时，拙于应酬，每次来了客人，天华先生总是请夫人出来接待，并陪同客人一起用膳，慢慢地尚珍也学会了应酬。有一次，刘天华先生偕同夫人去参观一位画家的画展，她看着看着，忽然对天华先生叹道：“你是大学教授，你的夫人应该是一位有学问、懂艺术的人，象这位女画家才配得上你啊！”天华先生听了夫人的话，知道她仍未脱去中国农村妇女身上常有的那种自卑，即郑重地对夫人说：“弹琴，画画，只要你肯学习，是很容易学会的，但是如你这样品格高尚、心地善良、性情贤淑，旁人却是无法学象的啊！”两人相视一笑，自此夫妇之情益笃。

天华先生热爱祖国，珍视民族文化，始终以发展民族音乐事业为己任。他一生致力于民乐振兴和民乐改革，建树颇丰。他博取民间各派之长，为我所用，整理并创作出了我国音乐史上第一批二胡、琵琶传习曲，从而使二胡、琵琶的教学走上了规范化、科学化的道路。

这里尤其需要一书的是，天华先生经过多年的研习，在二胡演奏技术上，开了一代之宗，蔚然成为大家。其胞兄刘半农先生在《书亡弟天华遗影后》悼文中曾对他的二胡演奏艺术作过一番描述：“天华每引弓一弄，能令听众低徊玩味，歌哭无端，感人之深，世罕伦比。”历史永远不会忘记，是天华先生，第一个将二胡搬上了独奏舞台，使本属“庸微末流”的二胡，一举登上了大雅之堂，使这种古老的民族乐器，绽开了绚丽的艺术之花。当年，西欧人士有聆听天华先生之二胡演奏者，尝叹曰：“微此君，将不知中国之有乐。”可以这样说，正是刘天华先生的努力，方使当年处于孱弱地位的中华民族的“国乐”在世界乐坛上争得一席之地，为祖国赢得了荣誉。

天华先生一生创作了不少二胡、琵琶曲。著名的有二胡独奏曲十一首，它们是《病中吟》、《月夜》、《良宵》、《空谷鸟语》、《光明行》、《悲歌》、《苦闷之讴》、《除夜小唱》、《闲居吟》、《独弦操》、《烛影摇红》；琵琶演奏曲三首，它们是《歌舞引》、《改进操》、《虚籁》。

天华先生除专习音乐外，对昆曲、京剧等，也多所涉猎，悉心钻研，深得其髓，拓宽了自己的音乐创作之路。

一九三二年，美国一音乐团体，热情邀请刘天华先生赴美演出。天华先生为了向西方世界介绍宣传我国的民乐，使中国民乐走向世界，欣然接受了邀请。

万万没有想到的是，是年夏，天华先生为出国演出搜集锣鼓经，去北京天桥剧院采风时，不幸染上了猩红热。六月八日（正值这年端午节）凌晨，先生溘然长逝，以身殉艺。噩耗传出，中外音乐界人士无不痛悼。

为民族，为人民作出过贡献的人，人民是不会忘记他的，一九八二年六月八日刘天华先生忌日，北京、上海、南京、重庆、江阴等地的音乐界，都隆重举行了刘天华先生逝世五十周年纪念会。上海音乐学院特作《难忘》曲一首，以志纪念。其词如下：

一缕柔情，但许弦上诉。小病安适，安适犹带丝丝苦；苦闷难讴，只按工商谱。冷月本无心，底事凝眸望，一阵心凄楚。红烛影摇，平添多少思虑。

短促年华，生涯似飘絮。只为才隽，总被天公妒。三甲里贤昆仲，门庭冷落数十年。谁说起，寂寂荒冢恐成墟。今日始有人纪念！

天华先生，安息吧！您家乡的人民，和全国人民一样，永远怀念着您。

据《（张家港市）文史资料选辑》第六辑

兴化李先生墓表

陈训正

先生讳详，字审言，世为江苏兴化人。自明中极殿大学士谥文定，七传至先生。父讳某，少遭家难，迁盐城西鄙居焉。取赵氏，生子二，先生其次也。先生宿秉通敏，超异常均，始言之岁，已知抱策，障书踞诵，牙牙勿踬。门多长者，牵出侍见，齐口嗟羡，许为瑰宝。家故不丰，父用儒术行贾，雅不喜诡智取赢，家日益落，至无以资修脯。先生年十七，始从江都史先生受《春秋》，蚤传夕复，积知证顯。顾体羸善病，频频失血。有长戚许太母者，盐城著室也，仍世士族，藏书极富，怜先生贫病，召馆之家，赡给药饵，优与持养。先生于是益发愤自强，病亦稍间，得尽读许所有四部书，而学以成。先生读书，才锐思犀，靡坚不破，间有所获，辄立论断，眉评尾识，自然语隽。夙昔董理经史训诂而外，于昭明《文选》所诣尤精，曲会旁籀，撮其理要，畜腹既多，振笔自异，并世萧学，罕比闳通。为文章好称四刘之学。四刘者，《汉志》、《世说》、《文心雕龙》、《史通》是也。先朝作者，独服膺汪氏《述学》，谓："华不伤缛，质不病实，典雅高朗，古今几人哉！"盖隐以自喻云。先生年二十二遭父丧。初，父以丧业故，幽忧成疾，至是大剧。先生废书侍养，躬与猥役，毕诚毕虔，罔惕昼夜。遗命先生："毋废读，必返故居，振衰宗，存吾李氏，则孝子矣。"先生自是以遗训为念，益剸剸问学，力自督厉，虽困处万难中，犹奋势作健。恒自责曰："而忘而先人绵惙丁宁乎？"竟戚戚若瘝终身，则又其至性然也。

既出江南，游名公卿间，声闻乃大壮。海内胜流，争先宾接。嘉兴沈乙庵，每见先生，必夸其座客曰："此江淮选学大师李先生也。"湘潭王湘绮，负材傲世，奴视曹辈，独于先生书问过从，殊其称署。先生尝与临桂况蕙风同应端制军之聘，分撰《匋斋藏石记》，蕙风以词名，与先生蕲向不同，每论文，各有所持，积至不相能。蕙风气盛，时时以言倾先生，先生则与为慢罕而已，执貌弥躬。退谓人曰："文人自来相轻，小不逊于口则有之，顾其心宁有谁何耶？"人以是称其雅度。晚年病痿，足不良行，遂鲜出游。存书数万卷，家亦稍稍盛于昔。乃始移居兴化原籍。盖自侨寓盐城，两世罔养，或废或兴，已七十年矣。民国二十年某月某日，告终里第，春秋七十有三。少日自字百药生，亦号愧生，晚更称辥叟。

著有《选学拾沈》一卷，《愧生丛录》二卷，《学制斋骈文》二卷，《游杭诗录》一卷，《丙辰怀人诗》及《游杭绝句》各一卷，《杜诗证选》、《韩诗证选》各若干卷。其为人校定撰录者：于丰润端忠敏，有《匋斋藏石记释文》；于贵池刘氏，有《李集校记》、《杜集校记》、《南朝寺考》；于海丰吴氏，有《姑溪集》校本释文；于仁和朱氏，有《刘宾客文集》、《司空表圣文集》校本；于镇洋缪氏，有《玉峰志》、《太仓志》校本；于江阴缪氏，有《安禄山事迹校记》。先生自壮及老，虽在疾疢困缠中，未尝废书，目所濡染，手即识之，有日记八十余册，藏于家。

夫人赵氏、刘氏、周氏，皆慈明淑惠。子男五人：长壬祐，出嗣从父，次鸿祐，次武祐，次景祐，次承祐。女一人：婉娟。孙男八人，女四人。先生既殉之某月，将葬，其嗣承祐承其先命，书来谒文。

鸣呼！天丧斯文，不慭孑遗，拓落人寰，灵光尽矣。泣而书之，用谇当世，悠悠行路，又畴述焉。

友人慈溪陈训正表。

据中山大学《文学杂志》第六期

李刚己墓志铭

赵 衡

刚己，南宫李氏，生负异禀，髫龄秀发。弱冠业就，为文章肘尺指寸，屈信由心，动以序合，而精耀光焕，顾炫失视，来挟山流，往回海立，一气旋荡，殖落万有，反侧下上，托焉不觉。年若干，举光绪甲午进士，用知县分发山西，补大同，历署代州、灵邱、繁峙、五台、静乐诸县。风其刚柔，亦母亦父，治与地易。辛亥变起，大同令某，匿不敢出，疆吏数檄人往换，无应者，则饬刚己驰赴本任。至大同，兼署知府，戢彼鸱张，蚩蚩有豸。既数月，乱平，刚己遽移病归，次盂县，倾囊出白金五十两，资被戕抚臣陆钟琦妻子归葬。陆钟琦莅任数日戕死，刚己初不与识，其囊有亦称贷藉归者也。刚己生不言利，归无与存。清史馆馆长赵尔巽以协修聘之，不就。会其乡人长保定优级师范，有员程专课国文，刚己以人心波荡于异说，吾国古昔圣贤之微言大谊，将于是扫地也，慨然思为千钧一线之延。履事自春徂冬，未尽岁一月日短至前后日，卒保定旅舍。

刚己始年十几，以童子升应州试。时桐城吴先生为州，先后招延通县范肯堂先生客署中，武强贺松坡先生都讲信都书院，三先生同在试院，得刚己文，愕起环诵，大奇之，曰："此天才，吾辈所畏也。"拔置第一。既补弟子员，因从三先生更学。三先生皆绝重刚己，撰语尉藉，方拟古贤，侪夷瞠后。刚己卒后，诗文多散失。十二月二十六日，其子归葬其乡东北某阡。曾祖盛山，祖怀芳，父永敬，邑诸生。前妣氏梁，母氏王，室氏朱。一子葆光，吉林地方审判厅推事。书征刚己往时知友福录出所箧藏，都付剞劂，名今示后。刚己生平固未尝轻为文，观班史所载司马相如与枚皋优绌，文唯其善，不贵多也。昔柳子厚悲独孤申叔之死，未信于天下，藉志所信诸友。今刚己既得三先生师之，又经其论定一习褒无异辞，后世胥于此焉取信。渠不唯今天下生附名彰，设施无已。铭曰：

刚己名，以字行。卒甲寅，壬申生。卌三步，寿不至。留文章，照后世。畴与铭，友赵衡。勒此石，利永贞。

奚然而生，奚然而名。其文夙成，其年不赢，寿以兹铭。

据《李刚己先生遗集》附录

长洲吴先生行状

卢　前

中华民国二十八年十月，教育部长吴兴陈立夫，请褒扬故儒吴梅于国民政府，命其弟子卢前具状。前案：

先生讳梅，字瞿安，亦曰灵鳷，晚自号霜厓，江苏吴县人。少失怙恃，鞠育于大父，读书目十行下，为文能千百言立就，以是名噪于时。应大梁聘，归，睹清政日窳，慨然有光复大汉之志。戊戌变作，六君子者死。先生作《血花飞传奇》，指斥虏廷，辞激烈。大父惧贾祸，焚其稿，而文章传播天下久矣。吴江柳弃疾结南社，要入盟。每一篇出，侪辈敛服。复作《风洞山传奇》，鼓吹民族思想，文苑向所未有者也。先生初精举业，既弃去，不欲以诗古文辞与老辈角逐，而倚声之学至王鹏运、朱孝臧、况周仪涂径尽辟，惟金、元乐曲窔奥未明，先生乃旁搜博采，藏曲为海内第一。所印《奢摩他室曲丛》至二集不足藏曲十之一也。按拍传歌，藉以辨订谱书，遂得洞其声律，析其条例，贯串旧说，为《顾曲麈谈》如干卷，流布至数十万册，近世乐曲之学，实自先生启之。

始先生主讲东吴大学，入民国后任北京大学教授，五年南归，在东南大学五年，中山大学一年，中央大学十年。二十余年间，任大学教授如一日也。中数与审订党国歌，而以二十年之心力成《南北词简谱》十卷。曲之有谱，始于明宁王《正音谱》，兼收词体不醇。李玄玉《北词广正谱》、沈璟《南曲谱》稍可观，庄亲王《大成谱》与《钦定曲谱》，根据李、沈，无有发明。先生书最晚出，旧有疑滞，悉为扫除，其功远迈于万树之《词律》，驾诸八百年间词人之上，知音者无异言也。倭之治汉学者，若铃木虎雄、长泽规矩也、青木正儿辈，慕先生之名，时时称引著说，屡请见，辄拒之。芦沟桥事起，移家至汉口，而湘潭，而桂林，而昆明，以民国二十八年三月十七日殁于云南大姚县李旗屯，年五十六岁。殁前三月，总其著述为《霜厓文钞》二卷、《诗钞》四卷、《词钞》一卷、《霜厓三剧》不分卷、《曲录》二卷、《南北词简谱》十卷，以书抵其弟子卢前重庆曰：“身后之托，如是而已。”呜呼！前侍先生且二十年，顾顽钝何足以尽先生学行耶。

据抄件

吴芝瑛传

陈　谧

吴芝瑛，字紫英，安徽桐城人。叔父汝纶，《清史》有传，学者曰挚父先生。芝瑛女子，课读比诸昆，通文史。年十九，归无锡廉泉。泉故有名，与湘潭王廷钧友，廷钧妻秋瑾，与芝瑛善。戊戌变法，士民得奏封事，礼部主事王照，上书论新政，擢四品卿，许专折言事。祸作，新党多诛戮，照避地东瀛，潜返津。而沈荩以党案被捕，为廷尉杖毙，照惧不免，赴刑部自首，事不测。芝瑛闻之，密劝泉营救，令得脱。方狱急，瑾将东渡，困资未行，以芝瑛高义，亦分金济照，达狱中，勿告名姓而去，照不审金所从来，逮赦，询芝瑛，始知之。会稽陶大均，官总理衙门，与秋氏有旧，大均次妻荻子，东产也，亦与瑾善。瑾赴日，荻子饯集陶然亭，芝瑛即席作擘窠书以赠，瑾谱《临江仙》词纪之。明年，瑾归国，道出申浦，访芝瑛于小万柳堂，出新得倭刀示曰："吾以弱女子，只身走万里，往返者数，搭三等舱，与苦力杂处，长途触暑，一病几殆，赖以自卫者，惟此刀耳。"芝瑛曰："关吏得毋疑妹为女革命党乎？"瑾笑曰："固知吾非革命党与？"酒酣耳热，拔刀起舞，唱日本歌。芝瑛命女以风琴和之，知瑾有光复志，虑事泄贾祸，屡示珍重，瑾颔别。

丁未，绍兴大通学堂狱起，瑾被逮，就义轩亭，芝瑛一恸几绝。时当路罗党案，谨厚者多畏祸，独芝瑛大书为瑾作传，又纪其遗事，清吏侧目。浙抚张曾扬、杭守贵福，方鸣破获党人自异，芝瑛文既布，曾扬、贵福无以自容，并迁怒焉。初瑾有友石门女子徐自华者，与共事浔溪女学，雅相怜爱，曾订埋骨西泠之约。自瑾受诛，自华不忘死友，践宿诺，芝瑛实相其成，自华风雪渡江，移榇钱塘，葬于西泠桥堍。芝瑛有西泠吊秋诗，为时传诵，诗云："今日西泠拚一恸，不堪重唱宝刀歌。"盖纪实也。自华撰《鉴湖女侠墓表》，芝瑛书之。亲题墓碣曰："呜呼！山阴女子秋瑾之墓。"寻易其辞曰："呜呼！鉴湖女侠秋瑾之墓。"芝瑛夙擅八法，论者谓其事其文其书，足称三绝云。泉家故封，上海曹家渡及杭西湖别墅，皆以小万柳堂名。芝瑛既建悲秋阁念瑾，又欲筑屋墓傍，所愿未偿，祸机伏矣。是秋，贵福凭旗籍，夤缘简安徽宁国知府，款段出都。皖商学界，不愿有此太守，贻民害，历数其在绍兴罪状，拒到任。贵福知为清议所斥，衔瑾、自华及芝瑛益甚，日谋倾陷。亡何，满御史常徽，果奏请平墓事，词连芝瑛，廷议交浙抚增韫察看。群情大愤，苏人上书江督端方、苏抚陈启泰诉之，芝瑛方病沪，语所亲曰："吾不欲更居洋场，人疑我托庇异族也。"

先是，庚子拳乱，北京协和女书院院长麦美德女士，为美公理会教徒，怵殃及，赖芝瑛得免。洎联军入京，芝瑛以麦美德故，亦安。麦美德闻平墓作，且自任能免芝瑛于厄者。芝瑛以念瑾，尝发愿写《楞严经》全部，为求冥福，甫第三卷，而事发，方见写经爱之，芝瑛贻焉。手札论秋案颠末甚悉，方感其意，任斡旋，因得解。芝瑛卒自写成，将择西湖北高峰之巅，建浮屠贮之。民国四年，巴拿马万国博览会，麦美德贻书，请陈列，仿埃及金字塔，辟室为藏经之所，芝瑛不可。庚子赔款，倡募女子国民捐，集巨金，继以所书小万柳堂字帖，悉充之。皖淮告灾，又振饥，全活无算。于乡创小学，名父字曰鞠隐。杭州女子赵麟，父死，庐墓不嫁，惸惸无依，芝瑛与出资，葺其先墓，贸田资衣食。袁世凯柄政，以陆建章为京畿军政执法总长，诛锄异己，有山阴女子傅文郁者，寓天津法租界，为警察厅长杨以德指为秘密铁血会女党魁，照会法领事缉捕之，以无证，禁四日释。以德争不得，于是，广布侦网逻之。文郁已剃发，蒙白布，移居友所，传以德谋暗杀，惧自拔，而芝瑛毅然贻书建章心腹某，请援，丐建章发护照南下，与文郁见，初未相识也。

泉尝游日本，娶日女为簉，携归，生一子，芝瑛视己出。家日落，久之，益不继，日女去，芝瑛竟食贫，不改其乐云。二十二年卒。年五十□。秋社奉栗主祔鉴湖女侠祠，祀之。语曰："夫之言扶，妇之言服。"芝瑛义侠，有朱家、郭解之风，其行谊至足多者，尤以营葬秋瑾一事，为世所称，稿砧重名，遂为所掩。天地灵气，独钟女子，自华、文郁，亦非常人。于戏！时为之也。悲夫！秋瑾自有传。

据《国史馆馆刊》创刊号

缶庐先生小传

诸宗元

先生吴氏，名俊卿，字仓硕，浙江安吉县人。岁壬子寿七十后以字行。尝自署曰缶庐，曰苦铁，故海内外识先生者，亦以缶庐与苦铁称先生也。曾祖讳芳南，隐居不仕。祖讳渊，父讳辛甲，世父讳开甲，皆举于乡。先生遂以文学世其家。然少遭丧乱，初不措意仕进。中岁以一官居吴中，积资劳至直隶州知州，曾任安东县，一月即谢去，则先生无意于仕宦可知矣。

初，先生以篆刻名于世，晚复肆力于书画，盖于文艺有笃嗜焉。书则篆法猎碣，而略参己意，虽隶真狂草，率以篆籀之法出之。画则以松梅、以兰石、以竹菊及杂卉为最著，间或作山水，摹佛象，写人物，大都自辟町畦，独立门户，其所宗述，则归墟于八大山人、大涤子，若金冬心、黄小松、高且园、李复堂、吴让之、赵悲庵辈，犹骖靳耳。于篆刻研习为尤深，所用刀圜干而钝刃，异于常人用以治印者，分朱布白，结字构体，一本于秦、汉印鉨。宗元尝谓先生治印，当代诚无其匹，即王元章始创花乳石印以还，镌削之妙，能齐于先生者，不数觏也，是以得者争藏弆之。先生复耽志于诗歌，奇气坌溢，时以真朴排奡胜。宗元尝以拟杜于皇、吴野人，论者许为知言。文不苟作，然其考核金石，或自为书画题记，下笔缅缅数千言，虽工于文者，见辄叹服。盖先生始居于乡，既客海上，官吴下，所与为师友者，如杨藐翁岘、任伯年颐、吴瘦绿山、施旭臣浴升、均甫补华、谭仲修献、吴退楼云、恪斋大澄、潘郑斋祖荫、胡公寿公寿之伦，皆为东南一时之雄彦，相与讨论评骘，故所得为独多也。其平昔所服膺者，惟藐翁与伯年，以书画师承在二君耳。先生躯短，颐颊丰晰，细目而疏髯，今年逾七十，鬓发无白者，望之若四十岁许人。自晦以聋，然词令谐妙，见可喜之客，倾谈忘倦。宗元曾戏诘先生："聋以自晦，其有托耶？"先生亦笑而颔之。

初，聘妻章氏，咸丰十年安吉被兵，与先生母万夫人、先生之弟妹同及于难。先生每值忌日，感悼不置。后娶施夫人，生丈夫子三：育，早殇；涵、迈，皆儒雅尚学。涵刻印，迈画山水，亦均有先生风。女子子一，工隶书。婿乌程邱培涵，学农于美利坚，行毕业矣。有孙三人。先生所著《缶庐诗》四卷已刊，其未刊者有若干卷，题画诗洎杂文铭跋之属，则编为别集，又《缶庐印存》若干卷。

诸宗元曰：吾于岁己酉，在吴下，始见先生于癖斯堂，明日以赠诗来，继此数数相见，即相别，无逾三月者。先生嗜吾诗，吾所得于先生者刻印及书画，搜聚可充箧。然其言行醇穆，忘年相友，其有厚于吾者，非常人所可几也。先生自言三十始学诗，五十始学画，积数十年之日力，所成如此，亦云勤矣。我国人通文艺者固无不知先生，然海外慕先生书画，辇金以求者踵相接。近东人且欲乞先生小传以传之，吾用举所知以著于篇。其它行谊之荦荦大者，吾它日更当为文以贻先生也。

据铅印原件

清故通议大夫三品衔
浙江补用知府况君墓志铭

冯 幵

君讳周仪，以避国讳，更仪为颐，字夔笙，临桂况氏，明苏州知府钟之裔孙也。钟籍江西靖安，数传徙湖南宝庆，明末有一儿者，复由宝庆迁广西，是为君之七世祖。曾祖世荣。祖祥麟，嘉庆五年举人。并封通议大夫。父洵，道光二年进士，官河南按察使，授通议大夫。母许淑人，生母李淑人。君受天雅性，髫龀媢学，神解超朗，目所染著，胸即储之，心所披豁，手即随之。十一岁，成诸生，文采琦玮，辟易曹耦，学使者榜书矜异，目为瑰宝。年十八，充优贡生。二十一，中式光绪五年乡试，遵例官内阁中书。遭回京曹，靡所抒渫，寻以会典馆纂修叙劳，用知府分发浙江，并加三品衔，不概于怀，浮湛而已。南皮张文襄公之洞督湖广，沈阳托活洛忠敏公端方督两江，钦君才望，先后礼聘，署之宾职，文移牋奏，率与参怀。君从容赞画，动中伦脊。尝为忠敏斠订金石零文队简，多所諟正，旁籀博稽，莫不赡举。夙昔尤精声律，官京曹日与同里王给事鹏运以词学相摩揿，托音间写，互有述造，闳约要眇，悉协分刌，伶伦播其芳逸，文流以为职志，清尚高致，靡得而睎已。

辛亥而后，栖迟海滨，忧生念乱，但有喟息。性故豪旷，酒歌合沓，放于所好，遘会钠张，浸敛恒度，察言避色，恐恐若浼。盛会稠坐，乐笑喧豗，往往仰屋卷舌，不羼一词。执谦自诡，益巽益激，内铄于孤愤，而夷坦以穷年，兹可谓忧心悄悄，危行言孙者也。春秋六十有八，以丙寅七月十八日病殁上海寓次。配赵淑人，继配周淑人、卜淑人。子二：维琦、维璟。女二：长适平湖陈㒟，次字慈谿冯贞用，皆卜出。君生母李，前葬湖州道场山。君殁一年所，维琦、维璟用遗命，奉君柩与周、卜二淑人祔葬焉。侧室施，归数月而君殁。施衔哀矢志，克葆端操，贞疾侵寻，驯至奄忽，距君殁未一稘，随瘗茔左，从其志也，法宜附书。其铭曰：

有玮者况，菀于桂林。曾曾缨绂，滂泽下覃。诞育夫子，玉质金心。弱年发藻，卓荦北南。京华孤宦，委佗微省。随牒南图，躨躨靡骋。质奰文肆，天假之鸣。珠玉脱吭，珑玲其声。匪曰昌辞，究极坟典。意林说苑，蔚其述撰。晞发海滨，高峨自显。惜诵致愍，反其畹晚。道场郁郁，永闷天才。谷音于邑，万古造哀。

据拓片

美术家吴县沈女士灵表

张 謇

女士氏沈，初名云芝，后名寿，字雪君，著望吴兴，本贯吴县，阊门海宏坊，其故居也。仍世清门，大年宿德。祖廷荣，服儒不达，遘乱丧家，橐笔于扬，垂二十年，乱平旋复，获终子舍。父椿，寇烬之余，强习书史，研核盐法，宾浙鹾吏，用便于宁家，先后亦二十余年。母宋，同难共劬，安贞协趣，生三男二女，伯季并殇，存者仲女叔男，女士其第五也。生而慧嫕，尤钟爱怜，自髫至髻，啼不疾噭，遗不狼藉，不绞以求得，市糕过门，闻声能辨，眬瞳学行，迂避禽矜，斯其笃婉芳洁，天赋然也。父启母沃，行坐中轨，不苟嘻笑，耻伍邻娃。七岁弄针，为姊度线。八岁学绣，姱而悱愤，脱手鹦鹉，豁露文明。十一二窥涉文字，悦喜谣吟，时成一绣，惊动俦辈。十四五绣名渐踔，与姊同功，恒逾夜午，市利其隽，颇埤家计。

十六字山阴余兆熊。山阴故俗，奴妇而主女。兆熊少年任智而给辩。其始议婚也，父故回徨，载却载求，母怵媒言，久乃纳贽。二十而嫁。于时馆甥贰室，为妇三岁，母恤其服劳，父嘉其执礼，卒离怙冒，言归于余。室一女奴，仅足奔走，遂乃箕帚惟习，酒食是议，躬少君之行汲，尸季女之有斋，懔惠姬谦卑和妹之诫，体齐姜谨慎从姑之言，冥嘿守雌，机神蕴照，半跽代立而恧不告疲，三月堕胎而漠若无恙，姑恩旋格，妇好频闻，虽七章踌踌驳于曹丰，百行踟蹰于许允，而崇兰结佩，孤芳自愔，太瑟更弦，奇响弥逸。于时女士之绣，出入露香而轶之，士夫钦迟，竞致藏弆，其押印题识，则天香阁也。此一时也。

逊清辛丑，西狩回銮，慈宁训政，饬新嫔职，复逢大庆祝厘，兆熊奉绣以进，自天有命，为龙为光，福寿颁翰，兆熊分一，女士因易名寿，用纪异数。退惧盈盛，弥约而冲，嗟叹及于缨绥，倾竦遍之翂砺矣。司空考工，规广绣缋，设科禁近，俾长而师。女士思扬国华，量赅宙合，陈奉部牒，远涉东邻。于是谛玩竭叩，掬精究微，契独会通，神若予窾。归国受事，职总教习，兆熊左左右右，酬唔宾寮，靡专靡否，职曰总办，夫婿居上头矣。当职之俸，月银二百，阅岁六七，可万五千强。兆熊在公沿私，兼支而两，女士有需，转从取给，什裁一二，若倪之天，君子惟宜可以为寿矣。明、清两朝，女官阒绝，南洋劝业，大会权舆，审查国绣，独膺官檄，诚旷世而一见，亦舍之而其准也。若乃意大利都朗之会、美利坚金山之会，并以所绣得卓绝大奖，珍钻瑰表，藻鉴昱晔于宫中，美声軿阗于海外，镜史名媛，莫得比伦。于时所制署余沈寿。此又一时也。

国体肇更，都下不靖，避地析津，僦屋教授，金革之惊，羁旅之困，恶仆之盗，家人之叫，生绌而趣索焉。张謇闻之，迎宾于南通。授绣八年，勤诲无倦，毕业者百五十余人，高秀异等九人。廪俸殊薄，辞加不受。女士以为生计易策，酬知实难，又内郁于女子体柔蹈顺之隐痛，外权于哲士损过就中之至言，循涯揣分，矢图自立，乃黾勉料量，夙夜在公，非力自出，不杖以为助，造诣所会，无微而弗甄，述其绪余，资成绣谱，序审而择精，理密而恉博，冀诏来祀，以永终誉。而幽忧孔痗，积而疾作，五年之中，剧藎者三，养疴所居，室以字牓，疾有时而夺绣，成乃署以雪宧。比又一时也。

胡天高远，累命不融，至三之病，终凶不起，时则民国十年六月八日，夏历五月三日也。年四十有八。捐馆顾命，留葬所卒。昔湘灵不从于苍梧之野，黄嬴别垅于洛阳之原，延陵所谓魂气无不之，檀弓有言合葬非古制，亶其然欤！百日卒哭，三月其逾，卜夏历九月十日，葬我黄泥山东南麓。女士尝从学诗，挹范诹言，盖非朝夕。永维炎汉熹平费凤之碑，立诸戚好；有唐下邳林氏之志，特详母家。炳炳先例，称举非一。矧坚卓自立，固女士志也。爰采美石，镌著斯表，光阐休懿，申之铭以摅情，词曰：

子先子之惜遣兮，曰凤之仪。喑呜而晦采兮，靡耀于他。不可得喑而晦兮，艺逴越而声嵬峨。金之玉之兮沙斯磨，云之天之兮风在下。知有命而命自立兮，天人其如子何。龙驾兮象车，带蕙兮衣荷。相丘隅兮止善，调玉鸾兮安歌。何寿夭兮在我，求长命兮执唯而婴。蜕世兮反宅，山阻幽兮水横波。旆旆兮旎旎，荫松桂兮帱女萝。委子兮林薄，送子兮涕沱，思窈窕而不我得见兮，空谷之石坡坡而陀陀。鱼鸟兮宾宾而友友，雨风兮祁祁而和和，将艺梅而滋茝兮，慰子嫮于山之阿。子毋恐兮我在，不日月兮经过。宁我言之匪石兮，炯照夜之星峨。

据《张季子九录·文录》卷十五《碑传类》

杨云史先生家传

陈赣一

江南山水清嘉，世多恢奇朗隽之士，而望族子弟能渊雅自好者，吾于杨云史先生见之矣。顷以殁于海港闻，讣至，一时知交大恸，佥谓烽火已遍于瀛寰，人群方渴望太平，先生之逝，宜无憾矣。其孤宏祚叩首呜咽，乞为传曰：“丈与先君交弥笃，先君在日，尝称道所为文字不去口，是知先君者，莫丈若也。”谨按：

先生讳圻，字云史，初名朝庆，易名鉴莹，复改今名，江苏常熟人。祖汝孙，岁贡生，候选训导，与兄沂孙、泗孙并有声于时。沂孙，道光间举人，官凤阳府知府，以篆书名动海内。泗孙于咸丰壬子，以一甲第二人及第，授编修，官至太常寺少卿。考崇伊，光绪庚辰进士，入翰林，官御史，出守陕西汉中府，权陕安兵备道。先生幼而颖悟，年十五，毕群经，后以诸生应庚辛并科顺天乡试，名列第二，俗所谓南元者也。上春官不第，纳粟为郎中，隶邮传部，外任新加坡总领事。既之官，喜南溟风景之胜，思营一业于是间。其时群岛争植树胶，先生意动，亟反国，斥产得如干金，不足，更集得巨资，租地一万二千亩，组种橡公司。山野深旷，从古人迹罕经，森林蔽天，荆棘满地。先生尝只身入山，督役为工，见虎狼蛇蝮而不惧。年余，植橡树约三千亩，得十九万株。盖历经险阻艰难而成，将弃宦为商，冀获盈终老。而欧西战争以起，橡价益落，所业三年不治，鞠为茂草，无资缴纳地税，公家例收之。

先生怏怏而归，隐于乡。赣督陈光远震其名，招之往豫章。居半载，先生与论政不合，求去。光远方遣兵攻张宗昌，战于袁州。黠者举先生感秋诗“白骨如山诸将贵，黄金满地五丁愁”之句，视光远，谓是乃讥其黩武好货者。光远瞠目不解，面诘先生，其意云何。先生知恉，托辞东还。

同年友潘毓桂，为言于吴大将军佩孚。佩孚曰：“此江东才士也。”礼延入幕，极宾主之欢，先生尝致妇书云：“三年择妇而得君，十年择主而得吴。”先后以机要处处长、秘书长，运筹帷幄，知无不言，言无不尽。当佩孚之再起也，军次武汉间，幕客张其锽有决江之谋，先生力阻而罢。先是，全军退守武昌，武昌武泰闸者，清末张文襄督两湖时，耗资百万筑成之，于是咸宁七邑得免水患。丙寅秋，水高于岸者二尺余，行人没踝。某师据洪山，瞰击城中。佩孚率队渡江，至夏口，夕与先生并坐议事。其锽牵帘入，欲有言而止，索纸书数行视佩孚。佩孚曰：“此何等事，容吾熟审之。”先生率然问曰：“决江灌敌耶？”佩孚曰：“然。君何由知尔？”先生曰：“子武曾谋诸吾，窃期期以为不可。”至是，其锽顾先生曰：“幸秘之，毋为它人语。”子武，其锽字也。锽退，先生正色对佩孚曰：“此闸傥决，咸宁七县皆淹没。七县之民，近千万，敌卒只四千，以四千之敌，而断送七县之人命，毋乃太忍乎？且敌高踞洪山，平线在武昌城上二三十丈，决水则仅与江平，诚恐敌不一毙，而百姓悉遭巨劫矣。两方树帜举兵，皆称救民，我不救民，而翻戕民，则天下之人将无恕之者也。”佩孚动容曰：“予固知其不可为，亦不敢为。君即不言，而已察子武之计之失耳。”

丙、丁之交，海城张学良统兵三十万，佐父建政府，雄视一时，而年少不免于好大喜功。一日顾余曰：偶诵杨云史《榆关纪痛诗》，未尝不敬其人之忠于事主，能为我罗致入幕否？”余对曰：“姑以笺询之。”已而先生至，学良方居㐀字廊，购得宋本《贞观政要》，举以语先生曰：“夙慕唐太宗为人，贞观之治，使四海讴歌其德泽，乞于此书逐日讲解，使了然于一代明君施政治军之所在。”先生曰：“诺。”遂日临其书斋以俟，久之，终未得一见。先生喟曰：“前言讵戏老夫耶？孺子真不可教也。”因以病辞。继复被召出关，仍无所事事，卒拂袖而去。自是即居于燕市，穷老赋诗，诗宗唐、宋人，要与遗山近。盖当衰乱之世，其声之哀楚激越，不期而然也。著《江山万里楼诗词集》。戊寅秋，挈眷南下，晚境益困，婴疾殁于港寓，年六十有七。遗命以常服殓，讣告无书官。呜呼！可以觇先生之志矣。配李夫人，前文华殿大学士、直隶总督兼北洋大臣李鸿章之孙女，外务部左侍郎经方之长女。继配徐夫人，前护理漕运总督、广东按察使徐文达之女。子宏祚、炎祚，女全荫、重荫、怡荫、满荫，俱李夫人出。子丰祚、贞祚，俱徐夫人出。孙一人，孙女四人。就余所知者，举其大略也。

陈赣一曰：岁庚戌，见先生于歇浦江上。先生方对座客，朗诵其诗词，意兴甚豪。既别去，壬子复遇诸京师，则已更名鉴莹，将赴新加坡之任，自是卅余年间，数数相聚晤，无不尽之谭。睹余所撰《云史小记》，则大喜，喟然曰："近世之论古文辞者，靡不重桐城与新城。今新城之能文章者，非子而谁？它日铭吾墓，舍子莫属矣。"余闻而愧悚。顾先生之绳量人物，断断少许可，一时浮薄之士，罕当其意者，乃独爱重余，以是常怀知己之感也。夫以先生之学识闳通，议论风发。所为诗歌，辄刺朝贵军阀无忌惮。不知者，皆以为狂，然实狷者也。平生以儒术遨游公卿诸侯间，忍辱求饱，垂老愈抑塞，含泪渡海，鬻文苟活，其遭遇视元遗山尤酷，孰料其竟至坎坷以终耶？嗟呼！士之怀才藻而不得志于时者，岂独先生为然哉。然而先生之诗词已襮于人目，争相传诵，志行当更为世所欣慕，斯亦幸也。悲夫！

据《甘簃文集剩稿》卷下

爱国艺人张善子

胥端甫

张善子，名泽，籍四川内江。兄弟十四人：第三经商；第四业农，兼行医，安徽郎溪办有农场；善子则排行居二。今蜚声世界艺坛之张大千，其八弟也。先世居广东番禺，曾祖宦蜀，遂家焉。祖父任南溪教谕。父怀忠，儒生，乐施好善，为乡中长者。母曾太夫人益精研六法，故善子兄弟皆得其薪传，以书画名家，而善子写生养虎，有虎痴之目，故尤以画虎著称于世。

清末，善子加入同盟会，参与革命。宣统年间，曾任四川谘议局议员。民国成立，又转入军事，任四川陆军第一师第二旅少将旅长。旋改任盐官，先后六年，在盐务方面颇多兴革。张敬舆组阁，复入京任国务院参议，吴子玉在直鲁豫巡阅使时代，曾聘作顾问。以爱塞上风物也，尝至察哈尔，于丰镇、兴和、凉城、商部各县，历任县官。十四年倦游南归，移家上海，侍亲之暇，从事丹青，在苏、沪两地，创设黄社、大风堂书画研究院，以教育青年后进，门下因其启导而得有成就者多矣。

善子既渊源家学，长就外傅，又从清道人李梅庵、曾农髯熙游，既研治诗文书画，复精鉴赏，尤富收藏，所罗致者皆石涛、八大山人之精品也。与八弟大千，不惟娴于艺事，且学亦极精核，沉潜研摩，不以书画自囿，故其画书卷气极浓，达神韵超妙之境。以性好山水，凡足迹所至，遍于五岳，尝两登华山，三游黄山，摄取自然之灵景，陶养高逸之清芬，故尺幅之上所表现者，皆入化工矣。五十岁时，家庭分住嘉善、苏州两地，后以吴门山水清淑，风景秀丽，遂移家苏州网师园长住。曾作自寿诗两首，一云："五十飞腾过，艰难憩海滨。青山如可卖，白屋未妨贫。老去神犹王，诗成句渐醇。魏塘鱼茨足，卜筑奉慈亲。"二云："匹马怜余壮，纵横关塞间。拂衣猺可学，入画虎能闲。东渡留残藁，西行忆故山。虚名愧相误，浪墨几时删。"其人生观可以想见。又自刊一颗"一钱不值，万钱不卖"之图章，钤于画稿，更足见其志趣也。

"七七"抗战军兴，善子由匡庐返南京，慷慨悲愤，义形于色。本匹夫救亡之志，以正义号召国人，共赴国难。"八一三"后，至安徽之郎溪，从事四维八德之绘事，"文文山《正气歌》图象"即创始于是时，意欲揭示民族正气，激发人心，发挥艺术上之抗建使命。且寄书其宗弟张目寒曰："大丈夫值此时会，应亡身家而赴国难。此次我来郎溪，生平收藏存苏州网师园者皆弃之如土，以今日第一事为救国家于危亡，万一国家不保，即蓄百城古今精品，又将何用？且适足以蒙羞辱。恨我非猛士，不能执干戈于疆场。我将以我之画笔，写我忠愤，鼓荡志士，为海内艺苑同人导其先声。弟居首都，万勿消沉，当蹈厉奋发，济此难耳。"即以此短简言，其忠于国家民族之爱与友情之笃为如何耶？"以我之画笔，写我忠愤"即人境庐"我手我口"之意耳！然则今之号称作家者，又有几人能以我手笔，写我忠愤，为民喉舌，导时代之新机欤？

比张目寒回皖中故乡，而善子已先由郎溪赴汉皋矣。未几，目寒至汉皋，乱离相见，悲喜交集，因语目寒曰："《正气歌》图像，曾一度展览，朝野人士，颇以为我之工作能与抗战相配合。总裁且取之悬诸中央政校，鼓励诸生，吾心滋慰。"于是日日画虎于篁，谓将以分赠前方将领，勉其许国之精神也。自南京失陷以后，寇益西进，目寒复由皖返汉，遂嘱携眷往宜昌旧宅，与其夫人浣青暂居。时汉上正筹备"八一三"周年纪念，善子预作巨幅宣传画，取两大素帛并为之，写雄狮怒目狂吼于日本富士山，此即世所艳称"中国怒吼了"之名作也。作此画时，奋髯挥笔，义愤见于颜色间，与挥戈杀敌于疆场之上，又何以异哉？

二十七年八月六日，善子携同浣青、子比德，与目寒夫妇，发自宜昌，乘民生实业公司之民权轮，西行入蜀，同轮有刘禺生、曾洪父等，私心窃喜此行为不孤寂矣。八弟大千在京、沪时原绘有《巫峡清秋图》，以张僧繇之没骨法，设色青绿，层岚叠嶂，苍松白云，掩映于嵯峨紫翠之间，落笔雄奇，出人意表。刘、曾等人，前睹是图，更配以郦道元《水经注》写三峡之文而想像求之，未免有海市蜃楼，空中亭阁之感。至是由宜西入峡数里，即见奇峰秀出，江水潆洄，回头东望大江，烟波万里；比过沈家坪以后，小石深黄，排列巅际，状如屏风，一变上下江水之奇。刘禺生惊叹曰："今日始知张氏兄弟描写山川之可贵矣。吴越名家，无此眼福，故无此真奇。"众皆叹服。以轮装货稽延，七日午后申刻起碇，时经三日抵渝，已山城灯火矣。

三峡途中，善子绘画不辍，张目寒《蜀中纪游记》云："民权轮经理郑君素倾仰兄，招待极周至，兄于大餐间犹摊纸作画不辍。船至三峡，舟主特命机师稍弛马力，缓缓而进，俾兄得对由灵写照，兄为之大喜，下笔落纸，如风雨纵横，须臾即成数幅，山灵有知，其欣幸又如何耶?"善子略写《巫峡扬帆图》以壮其雄险，目寒则作《川东纪游》以描摹其山川人物古迹名胜之美典。尤以三峡一段，写峡也，则有西陵、崆舲巫峡，与兵书宝剑、牛肝马肺之嵚奇；写城郭也，则有秭归、巴东，与白帝城等沿革历史古迹；写人物也，则有香溪之王昭君，佳丽绝代，润色史乘；巴东跳石之雷万春，中矢不动，光辉唐室。其他述少陵，述寇莱公，述诸葛武侯之八阵图，是功业文章，天香国色，皆炳然千古，今则一以文传，一以画显，真可收相得益彰之效。山灵更何幸如之!

既至陪都，目寒即为之筹备画展于大梁子青年会图书馆，十三日沪战周年纪念日正式开幕，是日参观者有万人空巷之盛。盖其"《正气歌》图像"等画于笔墨间所流露之民族精神与正气，正足以激励人心，鼓舞士气，故陪都人士，大为称赏，其艺术之高迈，犹余事也。月余后，应于野声主教之邀，同往欧、美，为艺术宣传，亦即为国民外交而努力。未离国门前，已遵母遗命，在渝受洗礼，信奉天主教，圣名安琪。廿八年一月抵法，开画展于公钩惹得保莫，法总统赖勃伦曾亲临观赏，誉为近代东方艺术代表。四月抵纽约，与于氏分赴各大学演讲，阐明东方艺术，发挥我国抗战旨意，听者动容。同时举行画展募捐，以赈济难民，倾动彼都人士。美总统罗斯福宣布废止美日商约，特画虎赠之，藉促进中美睦谊。总统夫人曾招待于白宫，美洲各报亦一致赞扬其艺术。纽约佛恩大学并以荣誉法律博士赠之，纽约美术专门学校更请任名誉教授。奔走岁余，声名洋溢。不幸于二十九年秋，比旋国门，遂遽然溘逝。夫人浣青，子比德，亦工绘事，虎痴可无憾矣！

善子为目寒写《三峡扬帆图》，实兴到笔随之作，十二烟鬟，俱罗眼底，水态云容，帆渺无际，见之者无不叹为精绝，目寒更珍视之，以为云山苍古，尤具悲凉之意。于右任先生等且为之题咏，华阳乔大壮亦欣然喜题词其上，因放置久，不幸失之。题咏者除于院长外，计有汪东、冯飞、沈尹默、钱智修、谢稚柳、刘成禺、张庚由等七人。于先生云："少陵诗意不须写，自驶西南万里风，偶尔挥毫变今古，巫山巫峡气沉雄。"沈尹默云："三峡长如许，江流涌不开。平生万里意，尽入卷中来。"钱智修一云："两岸猿声助客哀，此行不为看山来。多君兄弟工排遣，却向船头觅画材。"二云："马远残山未足奇，郑虔祁岳是吾师。他年职贡图重续，还仗君家笔一枝。"皆善子在世时题，其余则即世后之作也。是年九月杪，载誉归来，旅次香港，叶遐庵曾作诗送之，一云："越海横担道义归，欧风美雨墨痕围。山君貌出形如许，神笔宁劳上将挥。"二云："顾影休惭画不成，高谈犹许气纵横。负隅出柙却休问，同祝人间老复丁。"与上述各诗，皆足与爱国艺人之绘事相辉映矣。其著述有《大风堂画絜》、《曾胡治兵评论》等书行世，颇多创发云。

据《畅流》半月刊

张大千先生事略

失　名

张爰，字季爰，大千居士者，其别号也，四川内江人。生于民国前十三年夏历四月一日。父讳怀忠，母讳友贞，昆弟十人，居士行八。以画虎名世者，居士之二兄，名泽，字善子。母氏擅丹青，居士九岁从母学画。十二岁，即能画山水人物花卉，有神童之目。十六岁，就读中学。十九岁，二兄携赴日本京都习染织艺术。二十一岁，返国至沪上，师事曾农髯熙先生。旋为僧于松江禅定寺，法号大千。以英迈不羁之才，栖心空寂，非所能堪。然举世所称大千居士者，初不知其为僧时之法号也。旋奉母命，回里与曾夫人结褵。婚后返沪，复师清道人李瑞清先生。曾、李两先生书画鉴赏，负当世重名，交游皆海内胜流，艺林巨子。大千居士日侍两先生左右，又时接席于诸老之前，于是学问日进，艺事亦骎骎与古人争衡。曾、李两先生与诸老并期以远大，而居士亦以艺苑起衰振弊为己任。

民国十七年，任第一届全国美展干事会员。二十年，赴日为唐宋元明中国画展代表。二十五年，任中央大学教授。二十六年夏，度假北平，值七七事变，日军据故都，以居士有中外大名，软禁之。明年，脱险入蜀，寄居青城山上清宫。时国难方殷，居士以不能奋身疆场为憾，因思近代我国敦煌艺术，久已震惊世界，而国人尚无实地访察者。若能有所研究，此亦身为画家报国之一途。于是携门人子侄，担簦蹑履而至敦煌。初意观摩三月为期，不足，继之以半载，又不足，终达三年之久。盖一入宝山，不能空手而归也。石窟皆在莫高山上，密若蜂房，俗名千佛洞。居士循祁连山下水道方向，由上而下，由南而北，再由北折向南，如是者四层，井然有序，得三百零九窟，皆亲笔标明号数。每窟另有调查，量其窟之大小，考其壁画之时代与风俗，编撰成书曰《莫高山石窟记》。先是法人伯希和曾就其摄影者选择编号，凌乱无次，为数亦少。石窟壁画，乃六朝三唐之遗，西方因伯希和之摄影，惊为东方瑰宝，而国人犹茫然不知。居士发愿临摹，将以昭示国人。于是日坐卧石窟中，目营手追，门人子侄及番僧匠史，各执其事以从。为时不及三载，得画两百余帧。其后展览国门外，始知有此庄严伟丽之巨制，埋没于荒漠者近千年。

抗战胜利后，应邀参加联合国文教组织于巴黎现代美术博物院之现代画展。一九四九年，与家人暂居香港。明年赴印度，此行为研究印度壁画与敦煌壁画之关系，居印度大吉岭，观阿詹塔壁画者三月，参验中印画法，以为并不同源。一九五二年，举家迁南美阿根廷。明年，游巴西，于圣保罗郊外发现一大平原，有似故国成都，因斥卖平生所藏，开山凿湖，营建八德园，极具中国园林之风貌。一九五六年，游罗马、巴黎，应邀展览敦煌画于赛鲁斯基博物院。访毕加索于尼斯港之别墅，相谈甚欢，并赠以所画牧羊神。此一会，西报称为“中西艺术上值得纪念之年代”，又曰“艺术界之高峰会”。

一九七〇年，巴西政府拟收回八德园土地，遂携眷赴美，卜居西岸，始寓曰可以居，继寓曰环荜庵。庵位于旧金山附近之佳美城，风景优异，为士女游憩胜地。居士于其宅之前后，罗中国奇花异石，并植梅百株。游人过之，无不备致崇敬。然居士忧生念乱，眷怀故国，每流露于诗词中。因而决意返台，择地于台北市郊之外双溪，筑摩耶精舍，一九七八年工成迁入。莳花运石，凿池养鱼，弄笔得闲，顾而乐之。一九八二年四月，蒋“总统”经国先生以居士为艺苑龙象，丹青华国，赠以中正勋章。居士谓获此勋章者，皆国之元老，今竟膺此殊荣，惟有感激淬励以报。

居士体素康强，精力过人。七十后，以患糖尿症，失一目。然作画仍如壮年时，禀赋之厚，实非常人所能及。晚年虽渐露衰象，然接宾客，预欢宴，高谈不倦，时杂以嘲戏，豪情胜概，听者往往忭悦慑服。今（一九八三)年三月八日,感心脏不适,就医荣民总医院。十二日晚九时,渐入沉迷。迨四月二日八时十五分,竟至不起。呜呼,天不憖遗,灵光忽殒,亦中外艺苑所同悲也。

居士画学,上薄唐宋,下赅元明清,世推为五百年来一人者。以其融会前贤精微,又不为之所拘,自开破墨一宗,骎骎与世界艺术交流。盖人类虽有族类之异,而智慧感情无不同,凡能达最高境界者,无俟言语,自能心领神会,此大千居士之所以不世出也。说者谓居士游屐遍世界,其破墨法或袭自西方。殊不知此破墨法,原为我先贤所向往者。清王麓台曰:“发端混仑,逐渐破碎,收拾破碎,复归混仑,流灏气,粉虚空。”石涛亦云:“笔与墨会,是谓絪缊。絪缊不分,是谓混沌。”“得笔墨之会,解絪缊之分,作辟混沌手,传诸古今,自成一家,是皆智得之也。”麓台、石涛并画史巨子,然知之而不能至。必待三百年后,居士运其大智慧,手辟洪濛,无象之象,超乎笔墨之外,诙诡瑰异,变化无方,直与造物者游,是居士继往开来之功也。

居士继配徐夫人雯波,温恭娴静,厚重贤淑,从居士旅游家居,饮食作息,奉事殷勤周至。子心亮,早亡。次子心智,媳鲁仲慧敏,继配阮仲淑。三子心一,媳李协珂。四子心玉,媳王颖婷。五子心珏。六子心澄,媳麦心淑。七子心夷。八子心健,早亡。九子心印。长女心瑞,婿萧建初。次女心庆,婿施氏。三女心裕,婿戴祥云。四女心娴,婿伍俊伟。五女心沛,婿李先觉。六女心碧,早亡。七女心声,婿席伯伦。长孙承先,孙媳杨爱华。次绪先、进先、洪宁、为先、汶先、晓鹰、仁先、吉先、龙先。外孙萧自明、伍元恺、伍仲骧,外孙女萧岱文、柔嘉、莲莲、小咪、李绪莹。

居士天性笃厚,孝于亲,友于兄弟,视兄之子女若己出,爱护无不至。晚年尚有兄嫂,每言及辄为涕泪。居士于友朋交,亦若于其昆仲,投分推诚,以是交游遍天下。至其忠于国家,心迹昭然,则世所共知也。

据《国史馆现藏民国人物传记史料汇编》第一辑

陆廉夫先生暨德配陈夫人墓志铭

何实睿

有清光绪之中叶，吴愙斋尚书里居，以精鉴名海内。见先生画，咤曰："三百年来无此作矣。"先生自是从尚书，泛洞庭，揽衡岳胜境，北上医巫闾山左右顾江海之浩瀚，胸罗林壑，手写烟云，而艺事乃精绝。时余固未识先生也。久之，先生子翔来问学，乃得时过先生谈。既而客京师，岁省亲，必一归，归又数数过先生庐。先生则淋漓泼墨，或手一编，吟讽不辍，有时摩娑汉拓，见余至，大乐，纵论图史诗古文字，往往不觉日落。先生貌清奇，须眉皓然，望之如图画中人，萧洒脱落，不问家人生产事。盖其襟怀澹定，举人间世可惊可畏可歆艳之利禄势位，微独不足累其心，并不知有其事焉者，此岂无所得于中而能然耶。故入先生门，恍若去尘浊之场，别开境界，使人之意也消，然则先生所得，固别有在艺事之外，而世乃未之知也。顾即论艺事，必传于后，无疑也。

先生姓陆氏，讳恢，号廉夫。祖讳乾元，号若霞，无子，得婿于顾，赘为子，先生父也，讳孝德，号春霞，有干才，早世。配陈夫人，事其姑委曲将意，畜儿女，俭以慈。先生好名山水，意兴所到，连日夜忘归，家事一任夫人。而夫人条理秩然，纤悉办治，先五年卒。子二：长翔，邑庠生，即问学于余，兼通法兰西文，以行状邮京师求铭者也；次永瑞。孙昌寿、昌武、昌潮、昌瀚。女一，适梅镛。孙女二。先生吴江人，家同里，徙居会垣。方徙会垣时，质衣为行资。舟解维矣，忽闻友吴某暴卒，贫无以殓，先生立斥质钱之半赙之。此虽小节，其行谊可概见矣。民国九年庚申九月十三日卒，年七十。明年辛酉四月十四日，与夫人合葬于吴江县同里镇之移来圩。嗟乎，先生之声欬如闻，而今已不获再见矣，伤哉！铭曰：

艺之至者，通乎道矣。当世所珍，艺焉而已。尤有可嗤，道乃近市。物外萧然，一泯人己。苟为未知道也，胡品诣若此。旷焉无俦，淹没于一技。遐哉先生，高莫可企。吾为此铭，以诒其孙子。

据拓片

民国人物碑传集

卷　十

陈石遗先生墓志铭

唐文治

陈先生石遗，侯官诗文学大名家，与余乡试同年，长余九岁，尊之曰先生。光绪中叶，相识于嘉兴沈子培先师座中。其气刚以直，其言辨以晰，其品高峻，不可方物，余心折之，然踪迹犹疏。迨辛未岁，门人叶长青介先生来无锡，佐余主国学专修学校讲席，欢然道故，聚首七年。丁丑四月，去之闽，无离别可怜色。乃七月得耗，先生死矣，惊怛欲哭而无泪。逾月，其孙光度来稽首请铭。呜呼！余虽不忍铭先生，然后死之责，不容不铭。

先生家世潜德，祖讳起龙，考讳用宾，俱赠如例。兄弟四人，曰书、曰豫、曰迁，用宾公年五十生先生，故名曰衍，石遗其字。姿禀特异，五岁已能背诵《四子书》、《毛诗》、《春秋左氏传》。少长，读书数行下，长老名宿，皆叹奇之。光绪壬午，举于乡，主试宝竹坡学士，于是文名藉甚。再试春官，不中第，遂无意进取。作诗古文辞，下笔迅捷，日盈者寸。年三十一，出宾台抚刘公铭传幕。越四年，湖南学使闽同乡张文厚公燮钧函聘总校，得人为盛。当是时，南皮张文襄公之洞督两湖，以经术文学号召天下，其幕府极一时之选，闻先生名，安车以征，先生年四十三矣。宾主相得极欢，每当长夜张灯，集诸名士赋诗饮酒，论古证今，先生一言出，率屈其座人，文襄敬礼之。值四方多故，外患迭乘，国家锐意变政，文襄高掌远蹠，开铁路，兴工厂，遣留学，储通材，苦费无所出，用先生言，仿造外国暗字银纸，创铸当十铜元，行用南北十数省，余利至千百万，有裨国用至巨。先生又请以中国自有金，铸造金币，以百十万建织呢厂，可支三十年国用，文襄迟回未克行。厥后有以铜元流弊訾建议者，先生曰："吾知裕国便民而已，知我罪我，非所计也。"

光绪壬寅，开经济特科，招绩学异能之士，文襄以先生荐，及终试，文襄索先生卷不得，则已为他人所抑矣。先生笑曰："吾岂以此为重耶?"学部创立，征先生为主事，兼礼部礼学馆。凡有关学术邪正，盛衰兴亡，必奏记长官，侃侃而谈。旋应北京大学教职，先后讲授南北各大学，垂四十年，口讲指画，胥归实用，士林争附矣。尝纂《福建通志》，竭晚年精力，是非褒贬，壹秉大公，别立《儒行传》，敦崇庸德庸言，盖前史志所未有云。

自古元黄交战之会，必有刚毅英杰之才，扶持乾坤之正气，以贞下而起元。我国自政体改革以来，纪纲废弛，缀学之徒，叫嚣隳突，醉心欧化，侮慢圣贤，甚至倡废孔之议。先生人格严峻，凛然不可犯，其言曰："孔子圣之时，赞《易》则言革命，《礼运》则表大同，惛不知者，乃于孔教有违言，可谓失之毫厘，谬以千里。"呜呼！斯言也，非能体天地之心，而开贞下起元之运者耶？洎先生殁后，风云骤变，飞鸟以凶，民生之惨罹其毒者，至于口不忍言，笔不忍述，而先生不及见，庸非福乎！惟余与先生，皓首订交，欣合无间。回忆壬申之春，时局不靖，先生避居余寓，一角危楼，患难与共，谭论经史，往往莫逆于心，相视而笑，此景宛然目前，一旦长别，感念人琴，怆怀身世，情何以堪！

先生为文，凡四五千篇，体曲而直，辞矫以健，他人或出于作为，先生则纯任自然，平淡苍老，于子厚、介甫为近。其所为诗，风骨高骞，时时发明哲理，天怀高旷，自言得于山水游为多。其他所著书，凡数十种，都百余万言，余尝总序其目。其平生事实，具详年谱，特举其荦荦大者著于篇，用备史官采择。先生生于清咸丰丙辰四月八日，民国二十六年七月八日卒，享寿八十有二。配萧夫人，讳道管，常随先生游历诸名胜，卓然女学儒宗，著有《烈女传集解》等书数种，载清史馆列传。簉室李氏。子七：声暨、声渐、声被、声讫，萧夫人出，皆前卒；桐吉、亮吉、雍吉，李氏出。女二：兰卿，适林；师葛，适吴，亦萧出。孙六：光威、光度、光衡、光量、光权、光准。明德之后，必有昌者。以时事孔棘，即于殁后一月，渴葬于西门外文笔山之原。铭曰：

闽学权舆，龟山浡兴。罗李绍述，紫阳丕承。气节挺秀，松柏菁菁。先生体兹，正直劲清。蔚为文章，纬史经经。扩为诗话，艺苑式型。天纵大雅，俶傥不群。活国大计，胸罗无垠。中年佐幕，广雅心倾。经济鸿博，浩气纵横。都讲大学，竹箭南金。大成小造，天下门生。足迹所历，西华北岳。昔年罗浮，今春巴蜀。炳炳烺烺，书篇盈橐。子长追踪，名山巨作。七六来锡，题我新屋。一灯荧然，论文角逐。四月言别，后期宿诺。天胡不淑，灵光隳落。学人莘莘，群失矩矱。烽烟满地，望风遥哭。有子觥觥，有孙擢擢。我铭以贞，千秋高躅。

据《茹经堂文集四编》卷八《碑铭类》

陈墨香家传

傅岳棻

君讳铬，字敬舆，号墨香，湖北安陆县人也。父学棻，清工部尚书，谥文恪，母毛太夫人，有丈夫子二，君其长也。幼而沈静，寡言笑，读书颖异，顾不熹为科举之学。庚子拳乱，两宫西狩，文恪公赴行在，以疾薨于潼关旅次。君时方十余龄，哀礼逾于成人，扶榇回里，营葬毕，辛丑回銮，复来京师，服阕引见，以员外郎分户部。君生长华朊，外家亦鼎盛，又为昆中堂冈义子，不时往来其家，珍爱逾恒。而性情淡泊，于人世之所谓富贵功名，与夫一切纷华逸欲之事，皆土苴视之，一无所外慕。

光、宣之际，政局更张，京朝官奔竞成风，有如外吏。君块然独处，不事交接，亦日不趋曹，有怂恿之者，唯唯而已。独喜观剧，谭供奉鑫培每演剧于中和园，必偕弟慎仪往观。夏日遇雨，褫袜履，赤脚踯躅行衢市中，不车不盖，人不知其为贵介而郎官也。娴于歌曲，分刌纤悉，靡不通晓，虽老伶亦敬惮之。时复傅脂粉，著利屣，演武旦剧，以为笑乐。文恪公宦橐无余，辛亥国变后，君隐居不出，家境益窘。族子宧，官参谋次长，方得权势，是文恪公夙所扶植之者。建德周学熙，长财政，乃文恪公门下士。君初未尝通一刺，柬一书。食粝茹荼，萧然自得，键户著《梨园外史》，矻矻不休。比书出，万口传诵，一时几为之纸贵，而都人士乃无不知有陈墨香者。其记闻赅洽，笔墨简当，虽写伶工之兴替，而时世之变迁亦寓焉。当时所谓文人学士者，使执笔为之，亦恐有所不及也。居与荀伶慧生邻，为编新剧数十出，每出出场，观者如堵，以之得缠头无算。而王供奉瑶卿尤尊礼之，缓急无不可恃，日相往还，风雪无间。每至则众工毕集，请益问难，俨若善才。君固自以为别有一虫天也，岂非有所托而逃者耶？

君配万夫人，德化文敏公青藜女孙也。才而贤德，不以丰约易操。长君一龄。癸酉岁五十初度，君踵门丐余为文以介，于君之行谊，亦详及焉，君深感之，每过其家，情意亲切，尝与谈旧事，娓娓不倦。乃者未闻君疾，讣告忽至，为之凄然感念，不知涕之何从也。既为两联挽之，虑君之潜德畸行，不可以湮没无传也，乃述其崖略如此。君无子，以犹子宽骅嗣，孝谨和厚，能世其家业。君以壬午三月十七日卒，年五十有九。所著《梨园外史》已行世，《墨香笔记》若干卷，藏于家。

赞曰：君自言前世为僧，故处污浊之世，而离垢超尘，一无所染。性淡泊，寡私欲，口不谈儒修，而一生行事无纤毫遗憾。虽所编剧本，多言儿女之情，不免稍堕绮障，然没之时，神志莹澈，一无患苦，合掌坐化，如臞昙，则其本来固未失也。君之来也，殆佛家所谓历劫者哉。

据作者手稿

陈三立传略

吴宗慈

先生讳三立，字伯严，一字散原，江西义宁州（今修水县）人。少博学，才识通敏，倜傥有大志，于清光绪八年壬午举于乡，十二年丙戌成进士，授吏部主事。时先生尊人右铭中丞，扬历中外，有政声，先生恒随侍左右，多所赞画，藉与当世贤士大夫交游，讲学论文，慨然思维新变法，以改革天下，未尝一日居官也。

二十一年乙未秋，右铭中丞授巡抚湖南命。值甲午新败，马关订约之后，有志之士，咸怵于国势阽危，思有以振衰起弊。右铭中丞既莅任，于是饬吏治，辟利源，开民智，敕军政公官权，一切新政，裒然并举。一时贤哲如朱昌琳、黄遵宪、张祖同、杨锐、刘光第辈，或试之以事，或荐之于朝。又延谭嗣同、熊希龄、梁启超等，创立时务学堂、算学堂、湘报馆、南学会之属，风气所激厉，有志意者，莫不慨慷奋发，迭起相应和，于是湖南士习为之丕变，当时谈新政者，辄以湘为首倡，治称天下最。凡此为政求贤，皆先生所赞勷而罗致之者也。先生自撰《先府君行状》云："府君盖以国势不振极矣，非扫弊政，兴人才，与天下更始，无以图存，阴念湖南据东南上游，号天下胜兵处，其士人率果敢负气可用，又土地奥衍，煤铁五金之产毕具，营一隅为天下倡，立富强根基，足备非常之变，亦使国家他日有所凭恃。"又谓"府君独知时变所当为而已，不复较孰为新旧，尤无所谓新党旧党之见"。观于先生自述其先府君之政见及设施若此，斯先生之志亦较然可睹矣。二十四年戊戌八月，康梁难作，清西太后再训政，于是有诛四章京之事，四章京曰刘光第、杨锐、谭嗣同、林旭。刘、杨二人乃右铭中丞所荐，罪及举主，先生父子遂同被议革职永不叙用，先生一生政治抱负遂尽于此。

先生既罢官，侍父归南昌，筑室西山下以居，益切忧时爱国之心，往往深夜孤灯，父子相对欷歔，不能自已。越一年，先生移家江宁，右铭中丞暂留西山崝庐，旋以微疾逝，先生于此家国之痛益深矣。西山者，《水经注》作散原山，先生晚年自号散原，所以识隐痛也。其后僦居金陵，凡数载。庚子后，虽开复原官，终韬晦不复出，但以文章自娱，以气节自砥砺，其幽忧郁愤，与激昂磊落慷慨之情，无所发泄，则悉寄之于诗，世或仅以诗称先生，岂为深知先生者耶！欧阳渐论先生曰："其澈始澈终纯洁之质，古之性情肝胆中人，发于政不得以政治称，寓于诗而亦不可以诗人概也。"斯言允矣。三十三年丁未，与省绅李有棻等，创办南浔铁路，嗣先生继李主路事，未久，格人事，废罢，自恨无献替，则施其薪于金陵刻经处，其任事负责有若此者。

民国肇兴，先生卜居宁、沪、杭各地，时与数故老话沧桑兴废，虽不少灵均香草之忧思，然洞察一姓难再兴之理，且以民主共和之政体，为中国数千年历史之创局，与历代君主易姓有殊，故与当世英杰有为之士，亦常相往还，从无崖岸拒人之言行，其甘隐沦作遗民以终老，祇自尽其为子为臣之本分而已。民十一年壬戌，与梁启超晤叙金陵，二十年前之湘事同志也，低徊往事，不胜感怆。语次及蔡锷，锷，梁氏之受业弟子也。先生谓梁曰："松坡昔考时务学堂，年十四，文不通。已斥，余因其稚特录之，后从子学乃大成，今其人往矣，不可复得。"盖深许其反对袁氏帝制，而又惜其功业之不竟也。

二十年辛未夏，先生由沪避暑北平，中途感不适，改赴庐山，居牯岭数载，乃经新京，稍勾留，就养于北平。二十六年丁丑七月，日寇发难于卢沟桥，平、津寻沦陷，先生忧愤，疾发拒不服药，十一月弃世，年八十五岁。寝疾时，辄以战讯为问，有谓中国终非日本敌，必被征服者，先生愤然斥之曰："中国人岂狗彘不若，将终帖然任人屠割耶？"背不与语。呜呼！如先生者，使其得时与位，必将改革以致太平，不幸不得志，而牢愁抑郁，既一寓之于诗，乃至于发愤，以丧其生，可胜恸哉！忆民国二十一年壬申，日寇侵占上海闸北，沪战遂作，先生居牯岭，日夕不宁，于邮局定阅航空沪报，每日望报至，至则读，读竟则愀然若有深忧，一夕忽梦中狂呼杀日本人，全家惊醒，于是宿疾大作，其爱国热情类如此，此固传者所亲见闻者也。

先生一生为学，综贯百家，著述弘富，既竺于旧，亦谙於新。其为文章，沈博闳丽，出入范书，如骖与靳。文之绪余，演而为诗，融以至性，绎以至情，故能钵刿心目，掐擢胃肾，而自成一家言。并世评先生之文与诗者，不一其词，兹不具论，仅述先生论为文诗之法。其论为文曰："应割爱。由篇审段，由段审句，由句审字，必使词不泛设，字无虚砌。"其论为诗曰："应存己。吾摹乎唐，则为唐囿；吾仿夫宋，则为宋域。必使既入唐宋之堂奥，更能超乎唐宋之藩篱，而不失其己。"故所为文诗，一句一字，皆经千锤百炼而出，斯能精魂相接，冥与神会焉。晚年文诗弥自珍重，不轻下笔，其碑铭传志之作，设非其人，虽致润笔数倍于常，终不可得只字。至题赠之什，纵友朋之情难谢，于不可其人者，宁自誓永不作诗，以坚拒之，此又传者所亲见闻者也。《诗》云："高山仰止，景行行止。"《论语》曰："君子人欤？君子人也！"愿为先生三复诵之。昔年印度泰戈尔来游吾国，尝与先生合摄影留念，华、印两诗人，各为其本国之泰斗，比肩一帧，接迹重洋，诚近代中印文化沟通之佳话，尤国际诗人罕有事实也。先生有子五人：长师曾，先卒，文诗书画均擅名当时；次隆恪、寅恪、方恪、登恪，皆能谨饬廉隅，以世其家声者。

吴宗慈曰：当清光绪己亥庚子间，余游学长沙，湘人士于先生赞其尊人治湘新政，啧啧乐道之不衰，余辄为神往，恨年辈晚，无缘得亲炙。民初元始修谒沪寓，因人事舛午，即别去。后得与其诸子昆季往还，略悉先生立身为学之概，民十九年，余寄寓牯岭。翌岁，先生亦以避暑至，遂得昕夕过从，亘三载，讲学论世，亲聆謦欬，大遂平生之愿，时先生近八旬，余亦垂垂老矣。先生创议重修《庐山志》，命余主其事。商志例，先生主应注重科学。论撰志文体，先生以风会不同，文体亦异，应旧从其旧，新从其新。志成，先生为点定，顾余曰："斯作亦可空前矣。"二十二年秋，相偕由山抵新京，先生即就养北平。余旋奉国民政府命，检校《清史稿》，先生寓书，嘱勿存成见，毋作曲笔，方期长得请益，乃抗战兴，音问绝，不数月，先生逝世之噩耗遽传，诚可痛矣。先生诗稿，曾由商务印书馆印行，曰《散原精舍诗集》，凡若干卷。文稿现存北平。昔山居时尝请先生整理付剞劂，先生曰："姑俟之。"今物在人亡，故京沦陷，追忆前尘，何堪回首！但冀战事敉平，寿诸梨枣，俾英光宝气，焜耀人间，先生九泉之灵，实呵护之矣。民国三十二年一月，撰于遂川省通志馆。

按此传系由其世兄彦和请为撰次，因当时有李中襄等，拟请中央政府予先生以褒扬之典，此非先生之本心，然既欲据此传文以请褒，则措词不能不有曲折以达其意者，若于通志之再〔正〕传，必须另撰，以无负先生之志。

据《国史馆馆刊》创刊号

垂虹亭长传

陈去病

垂虹亭长者，吴松陵笠泽间人也。年少好事，任侠慷慨，有策马中原，上嵩高，登泰岱，观日出入，浮于黄河，探源积石之志。或更逾塞，出卢龙，度大漠，寻匈奴龙庭，蹑豚狼居胥山，骧首以问北溟而后快。顾志弗获遂，栖栖吴越间，年未四十，发星星白，且病疡，废一足焉。乃归隐吴门，居古金昌亭下，要离梁鸿墓傍，以为与节侠邻，死无憾矣。生平交满天下，俱无少当意，而独与敌人子柳弃疾善。每邮签往还，以论所学，间一晤对，辄昕宵难寐，或歌或泣，人莫测其所耿耿也。尝谓吾生已矣，曾乌足惜。斯文未丧，俾吾得十数智慧儿女，环侍绛帐，左尊罍，右笔札，俟吾偃蹇其间，吟哦酣适，而后更起迭进，互请所学。吾乃欠伸顾盼，诏席使前，徐徐与之上九天，下九渊，横目哆口，盱盱睢睢，务竭幽隐，以适其意而去，而吾且墨渖淋漓，酒痕狼藉，陶陶然玉山颓矣。此余心所甚慰也，然而乌可得哉。又谓家贫亲老，有冯刘之憾，不克临眺湖山，嘲弄风月，浅斟低唱，如石帚道人故事，以为平生大戚。而酒残镫灺，悲愤中来，听壁上弓砰然，与刀鞘击响，辄瞿然徘徊起舞，泪簌簌下，承睫掩襟袖，若雨霰焉。呜呼！可以观其人矣。

异史氏曰：予闻之，亭长好读书，度通其指而止。旋易以他，亦略如是，不屑屑窥深奥焉。然是非得失，类能道之。尤嗜文章，于诗歌叙记，迄碑铭论著，咸有述作，而未暇工也。故其名不显艺苑间，而江湖诛荡诧傺无聊之伦，顾独时时想慕称道其为人。噫吁！亭长殆古邱民之穷而在下者欤，抑古有所谓伤心人者，亭长其庶几一遇之欤。然而亭长无述焉，悲夫！

据《南社丛选·文选》卷八《巢南文选》

蕲水陈公墓志铭

陈祖壬

公陈氏，讳曾寿，字仁先，耐寂、复志、焦庵，皆其所自署也。家故蓄元吴镇画松曰《苍虬图》，因以名阁，所为诗号《苍虬阁集》。海内言诗者，类能举其辞，故“苍虬”之称尤著。先生居湖北黄州府之蕲水县。嘉庆二十四年，以廷试第一人入翰林讳沆者，公曾祖也。祖讳廷经，内阁侍读学士。父讳恩浦，中书科中书。三世皆以公贵，赠如其官。曾祖妣杜，祖妣张，妣周，皆夫人。年十八，补县学生。光绪二十三年，以选拔贡於朝。二十八年，与母弟曾则、曾矩，同中式乡举。明年，成进士，用主事观政刑部。是年，召试经济特科，入高等，寻调学部，累迁员外郎、郎中，最后官至学部右侍郎。以己丑岁闰七月九日卒上海，年七十有二。配江夏洪氏，封夫人，前卒。子二人：邦荣、邦直。女二人，皆适黄陂周伟。孙三人：文钵、文桂、文乔。女孙六人：长适仪征花以椿，次适丹徒姚齐，余皆幼。公卒逾月，祖壬自夏口来吊，则已前葬上海漕河泾永年公墓矣。乃追为之铭曰：

陈惟楚望，文儒踵起。觥觥简学，实冠多士。公殿厥后，晚出趾美。遘时艰屯，慨然揽辔。既通朝籍，郎署回旋。大科异等，乃抑不迁。危亡之际，始除言官。宗社既屋，引归不复。饮水茹蔬，自诡佞佛。殷顽所萃，淞滨夷廛。讴吟往复，公最少年。骨刚貌柔，深怨不怒。于时陈郑，诗盟狎主。敛手避公，曰我伧父。沤尹论词，于公心降。境以幽胜，并世孰双。奉新收京，公跻贰卿。兴元一诏，陆贽再生。厦倾绳维，人定天胜。削迹南湖，啸歌自圣。

余事写松，干直弥劲。帝爱厥妃，罔有师保。万里起公，麻鞋北道。狡焉强邻，讼言兴灭。挟持冲人，绝海犯雪。公匿中宫，穷边羁绁。卒削大号，视以附庸。公义不辱，悄然潜踪。宣室追还，曰朕知汝。付汝寝园，为捍牧圉。誓以死争，长陵抔土。见此凤麟，天骄相语。中怀郁伊，末疾乘之。谒医故都，粥画疗饥。搂伐争霸，两大交恶。遂淹穆骏，望穷毳幕。忍泪南辕，上冢黄州。萑苻载途，折而东游。春非我春，孔不为邱。坐损天年，用殉幽忧。迹公遭逢，於古未有。将谓无位，股肱左右。将谓得君，靡所措手。上诉真宰，畴执其咎。我狂世憎，惟公是依。诏我定文，壹听不疑。贤者虚受，匪我能奇。中春避地，祖道赋诗。孰云生还，铭幽摛辞。敢有矫诬，重负心期。式千万祀，允矣人师。

据作者手稿

陈师曾墓志铭

袁思亮

陈君衡恪，字师曾，江西义宁州人。曾祖累赠光禄大夫，讳伟琳。祖光禄大夫、兵部侍郎、湖南巡抚，讳宝箴。父进士、吏部考工司主事三立，世所称散原先生者也。生五岁，母罗淑人卒，鞠于祖母。侍郎公亲授以训诂，天禀慧绝，十岁能为擘窠书，涂抹赭墨，作云水烟峦状，间或弄笔为诗文，短章断句，多可诵者。侍郎公辄出以诧其宾客，宾客皆大惊，以为世乃有此童子也。既冠，学师范日本，卒业于高等校，归为南通州、长沙校师。教育部欲官之，不可，礼罗焉，乃往主图书编辑。自祖父两世，政事文学，并有重名，君踵起，刻苦自树立，尝徒步张盖，穿风雪，趋部舍治事。遗外声利，不与权要人通，赁屋都城西，庭中有老槐，屃护霿郁，连荣交颐。君辟一室，命之曰槐堂，读书其中。时集诸文士剧饮，赓诗歌以为乐，尤擅画山水花鸟人物，工篆刻章印，出奇造意，矫柔为刚，视若怪丑，神理自媚，并世治艺事者，敛手推服。远近辇缣素金石求索，踵趾交错，虽海东西诸国，亦争相贸致，声价隆起，重一时矣。至性悾悾，笃于内行，研索道术，淹贯中外，其所挟持，固不可一世也。呜呼！孰使君而仅仅以其艺鸣耶？岁癸亥，继母俞淑人寝疾，冒溽暑驰归，侍汤药。俞淑人竟不起。逾一月，君亦以哀悴发疾死，得年四十有八。

始娶南通州范氏，继娶吴县汪氏、长沙黄氏。子六人：封可、封怀，范出；封雄、封举、封邦、封猷，黄出，封邦殇。所著诗词文稿若干卷，待刊。思亮从散原先生游久矣，与君才一再见，而遽陨落，可伤也。越三岁，乙丑十月十八日，葬杭州牌坊山之原，祔俞淑人墓左。先生自撰状，授思亮铭，乃序而铭之，以塞先生之悲。铭曰：

觥觥侍郎挺名世，考功雄文孰趾美，笃生哲英作门子，包孕流略穴经史。旁缀艺事摩圣垒，万灵呼吸吐在纸。雕镌六书泣神鬼，光气岳岳韬不晦，重译梯航走珠琲，名高志隐夺以毁。魂魄依母永息此，老父眼枯窆犹视，造辞述哀质幽址。

据《蕿庵文集》卷三

冷红生传

林　纾

冷红生居闽之琼水，自言系出金陵某氏，顾不详其族望。家贫而貌寝，且木强多怒。少时见妇人辄踧踖隅匿，尝力拒奔女，严关自捍，嗣相见，奔者恒恨之。迨长，以文章名于时，读书苍霞洲上，洲左右皆妓寮，有庄氏者，色技绝一时，夤缘求见，生卒不许。邻妓谢氏笑之，侦生他出，潜投珍饵，馆僮聚食之尽，生漠然不闻知。一日群饮江楼，座客皆谢旧昵，谢亦自以为生既受饵矣，或当有情，逼而见之，生逡巡遁去。客咸骇笑，以为诡僻不可近。生闻而叹曰："吾非反情为仇也，顾吾偏狭善妒，一有所狎，至死不易志。人又未必能谅之，故宁早自脱也。"所居多枫树，因取"枫落吴江冷"诗意，自号曰冷红生，亦用志其癖也。生好著书，所译《巴黎茶花女遗事》，尤凄惋有情致。尝自读而笑曰："吾能状物态至此，宁谓木强之人，果与情为仇也耶？"

据《畏庐文集》

易实甫传

奭 良

实甫易君，讳顺鼎，湖南龙阳人。父佩绅，字笏山，壬子优贡生，历官山西、四川布政使，移江苏，未任，乞归。始从军，以知兵名，特诏防守陕南，时官知县，陕吏轻之，奏罢其军，会贼至，军不战，失其长子，即君也。贼置君军中，北窜山东，为僧军所败，军人得君，锦衣花帽，以为贼王子也，献于僧邸，抱置膝上而问之，言苦不达，君请纸笔，自书某人某省某县，父某人。问其年，五岁矣。邸大惊，以为神童，属其邑令湘人李君善视之，必以归其家。李君驰告方伯，遣人取归。归之日，空城往观，神童之名满天下。

未冠，举乙亥乡试。累试礼部不第，试官河南，檄办沁工，工竣乞假，上台留之不得，笑曰："诗人固不耐官也。"君闻之曰："吾以一官博诗名足矣。"归省笏山公于庐山，遍游佳山水，得诗盈寸。侍养事毕，会有荐于朝者，授广西右江道。总督岑春煊，公之夙交，而卑视之，至是君以公事电争，岑竟劾罢君。君入京，都察院白其枉，授广东惠潮嘉道，改肇阳道。国事变，弃官避沪上，久之，入都，当道縻以一职，公依违视之，日以看花赋诗为事，诗境愈奇，词藻益丽，大抵看山、赏花、怀人、赋物，各辟一境，必工必切必典必雅，间涉俳易，一归工整，为文千数百言立就，清绝滔滔，意尽而止。

余与君游十年，月恒数见，君甚笃诚，意之所之，即行无回顾，而口呐呐然，人或狂实甫，余曰："非狂也，痴也。"君亦曰："我诚痴也。"辛酉，得微疾，或以为风，余往视之，于椅中徜徉，不似有疾者，问何苦，君曰：

“非病也，才尽耳！无才，不如死。”余闻之瞿然。九月，竟殁。病中检出旧稿丛残，手为编次，即付聚珍印局，字有讹脱，必为订改，覥于神明，果非风也。

论曰：梅伶名未盛时，君赋《万古愁诗》张之，名遂鹊起，梅深感之。病中馈珍药，既殁致重赙，哭奠极哀，以是为君之晚遇可矣。

据《野棠轩文集》卷二

周树人自传

鲁　迅

我于一八八一年生于浙江省绍兴府城里的一家姓周的家里。父亲是读书的，母亲姓鲁，乡下人，她以自修得到能够看书的学力。听人说，在我幼小时候，家里还有四五十亩水田，并不很愁生计。但到我十三岁时，我家忽而遭了一场很大的变故，几乎什么也没有了；我寄住在一个亲戚家里，有时还被称为乞食者。我于是决心回家，而我的父亲又生了重病，约有三年多，死去了。我渐至于连极少的学费也无法可想，我的母亲便给我筹办了一点旅费，教我去寻无需学费的学校去，因为我总不肯学做幕友或商人——这是我乡衰落了的读书人家子弟所常走的两条路。

其时我是十八岁，便旅行到南京，考入水师学堂了，分在机关科。大约过了半年，我又走出，改进矿路学堂去学开矿，毕业之后，即被派往日本去留学。但待到在东京的豫备学校毕业，我已经决意要学医了。原因之一是因为我确知道了新的医学对于日本维新有很大的助力。我于是进了仙台(Sendai)医学专门学校，学了两年。这时正值俄日战争，我偶然在电影上看见一个中国人因做侦探而将被斩，因此又觉得在中国医好几个人也无用，还应该有较为广大的运动……先提倡新文艺。我便弃了学籍，再到东京，和几个朋友立了些小计划，但都陆续失败了。我又想往德国去，也失败了。终于，因为我的母亲和几个别的人很希望我有经济上的帮助，我便回到中国来，这时我是二十九岁。

我一回国，就在浙江杭州的两级师范学堂做化学和生理学教员。

第二年就走出，到绍兴中学堂去做教务长。第三年又走出，没有地方可去，想在一个书店去做编译员，到底被拒绝了。但革命也就发生，绍兴光复后，我做了师范学校的校长。革命政府在南京成立，教育部长招我去做部员，移入北京，后来又兼做北京大学、师范大学、女子师范大学的国文系讲师。到一九二六年，有几个学者到段祺瑞政府去告密，说我不好，要捕拿我，我便因了朋友林语堂的帮助，逃到厦门，去做厦门大学教授，十二月走出，到广东，做了中山大学教授，四月辞职，九月出广东，一直住在上海。

我在留学时候，只在杂志上登过几篇不好的文章。初做小说是一九一八年，因为一个朋友钱玄同的劝告，做来登在《新青年》上的。这时才用“鲁迅”的笔名(Pen-name)；也常用别的名字做一点短论。现在汇印成书的有两本短篇小说集：《呐喊》、《彷徨》。一本论文，一本回忆记，一本散文诗，四本短评。别的除翻译不计外，印成的又有一本《中国小说史略》，和一本编定的《唐宋传奇集》。一九三〇年五月十六日。

据《鲁迅全集》附录

伯兄贞献先生行状

金元宪

曾祖儒林郎、布政使理问加二级、同知衔讳宗韩。

祖朝议大夫、历署奉贤、金坛县学训导、廪贡生讳凤标。

父候选光禄寺署正讳光照。母顾氏例封孺人。

伯兄贞献先生，讳天翮，初名懋基，后改曰天羽，字松岑，中岁自署天放楼主人，号鹤望。生吴江金氏，系出宋给事中忠肃公安节后，明宣德间自歙迁吴，再移居同里镇。至先生凡九世，累有文行，世次在先府君行实，不序具。先生六世祖惕斋府君讳廷炳，于元宪同宗，族始蕃大。三传至王考紫庭府君讳凤标，尤惇德肫行，治一乡，乡人纪之。先生幼秀嶷，力学继起，逮事王考时，已饫闻先德言行，动容周旋，不离典训，对客吐语，惊其老成。长更从名师友游，益厌弃科举帖括，大肆力经史，旁窥名家述作舆地兵谋之学，慨然志慕古人，而与为徒。年十八，补县学官弟子员高等，府试获隽。善化瞿侍郎鸿机按试江南，得先生所为《长江赋》及《西北舆地图表》，遽大称赏，檄调南菁书院肄业，选充学长。当是时，大江南北材贤知名士，皆集南菁，相与谈析道艺，高会文酒，疑义竞起，互矜人艰僻以取胜所不知。先生顾年少，一旦拔置都讲列，居恒自谨敕，日闭户诵习，不与同舍颉颃，默识潜悟，学以大殖。光绪戊戌，荐试经济特科，以祖老辞，归养不赴。于是朝庭议变法，州里间人士稍闻风起，规兴建学校，以应功令。大氐因家塾法式，涂改科目，教条草创，补苴一切，为苟便计。先生归里之明年，而王考府君卒，服阕，始承先志，就同川书院立讲舍，曰自治学社。继又创设理化音乐传习所，与里中后进少年日考治格致形数之术，要在切世务，明人伦，而达体用。远近景附，聚徒至百十人，声名隐动吴会间。后四年，庠序制立，踵广学社为同川两等小学，而以余力斥资办明华女学。吾邑有学校，自先生始云。

然先生性迈往，高步雄视，不屑意里俗务，好恢张王霸略，常思跌宕风尘，与天下瑰奇非常人遇，籍手就功业。居乡里久之，意局促不自舒，饮酣气傲兀，睥睨侪类，殊少可者，人目为狂。观世事方变，间出海上，而与章炳麟太炎、邹容威丹、吴敬恒稚晖、蔡元培孑民四人者交密，后昵吴下李思慎敏斋，益抵掌论革命，用文字相鼓腾。清廷惎之，下吏按捕党人急，而太炎、威丹并逮狱，先生因屏迹归，仍主学校事。暇为乡人督治团练，著短劲装，缚绔佩刀，以什伍法部勒子弟，涉寒暑逾奋，绳莠民又绝严，不稍纵贷，而乡老宿或苦操切，颇相訾难。先府君时为县学曹椽，比贻书规，谓"吾子行锐气刚凌人上，俗议不堪，世乱方滔，稍宜宽假，为保众和同计"。先生笑谢曰："窃将以有为也，姑托吾志耳。"居有顷，江南大浸，乡农啸呼，劫米于市，莠民乘之，因毁其家。先生去之吴，既罢乡政，闲居发箧读古人书，所业益进。吴之士问学称弟子者，踵于门。其讲学，喜胪史事成败，傅会经义，不娭为章句音诂，必推本器识，极于开物成务之能，而寓诸庸。文者也，身之章，道也者，治之体，治无文不具，身非道不立。言经国戡乱以武，制治以文，礼乐刑政，制治之用。君相有时废绝，而天下不可一日无制治之具。儒者修习六艺，将守先待后，备天下大用。有王者起，必来取法。而自汉高密郑氏，唐河汾王氏，宋胡安定、范文正、濂、洛、关、闽五子，明王文成，清顾宁人、黄梨洲、王船山、颜习斋、陆桴亭五大儒，及近世曾湘乡、胡益阳诸名臣，尤所服膺，晨夕为诸弟子开说不去口，其自负卓特如此。先生长躯，瘦削立，疏髭眉，貌清臞而晰，目短视而阅书如电扫。博通多识，为文章闳逸，摇笔波涌，当世能诗文数十辈，虑莫出先生右，声称藉甚。

一旦挟策干诸权势间，所在礼舍，适鲁，主济宁潘复馨航。而是时河决山东，江、浙比岁霪潦，中朝议复河慎选大僚，以复副全国水利局，益进讲治全国河渠沟洫，务博问通彦，皆主先治运漕渠，画疆置局。鲁以上，复与熊希龄主之。江淮间，张謇、韩国钧主之。江南跨苏、浙两省地，士民意龉龁不相制，无素望者为之主，难与办治。先生既明习水利，前与复计事而合，更相引重。灌云武同举、常熟庞树典，时共先生游，颇奋笔著论，桴鼓响应，皆据古征今，宜顺地形壤制，疏泄支脉，不与水争势，卓然精识，为天下倡。值东海徐公当国大位，先生遂去浙会垣，历游谈其地贤豪士夫，以期日倡合江南二十五县，先成立太湖水利委员会，举先生及宜兴储南强为代表，赍书当路，规大兴治江南水利，以太湖吴越诸渠薮，治诸渠宜先湖，请命官督办。于是阁辅钱能训新罢，中外意颇属望，朝使累起之，而能训谢疾，卒不应，举崇明王清穆自代。清穆之行，先生以长僚佐机宜，顾库帑绌，告取供办费不过百金。先生奋然曰："是亦为政，吾任其劳可也。"先是，先生草具方略，谓围田壅湖水利，应毁。而淞水太湖尾间，今入浦口，淤改故道入江，工费巨不赀，宜拓宽浦上游泖南北支，下与浚浦局工程会。便议方行，而无锡胡雨人先作书相驳难，嘉兴金蓉镜、松江沈维贤等群噪和之。湖州人士且唱先浚溇，以攻治泖说，议论益歧杂。又吴巨室某公，以托所私昵不遂，怒与京朝官合辞讽清穆去位，而别鸠赀谋围垦庞山湖田，且摈先生。清穆气折，殊左右难为计。先生大言曰："庞山湖围田成，吴江以东水利尽壅废，同里镇当下游，首被其灾。吾不能坐视，誓必毁之。"议遂格，然自是诸议悉罢，清穆伺与诸异己者交欢，稍稍疏先生，工讫不成。十六年春，国民军定江南，裁局并委员会，中枢或荐起先生以为江南水利局长。先生长议论，而拙于治干，所言农田水利，当时或见迂阔，而后无不验。峭直刻方为干戾时俗态，以是蹇困无所合，期岁以代去。先生去，而庞山湖围田议卒报可，持障水者且浸用事。

腾冲李阁揆根源方谢事隐吴中，重先生名，因介见论交。吴东南名胜地，当世巨卿魁儒，诗流墨客，税驾踵至，先有归安朱祖谋、临桂况周仪、长沙叶德辉。后数岁，闽侯陈衍石遗以诗词教授无锡国学专修馆，因移家至。太炎先讲学上海、燕都，意不合，去而来吴。数子并友先生，而石遗、太炎尤素习敦气类。先生老既废退，无意当世务，颇欲修明经术，用存绝学正人心，屡言二子，意相洽。言于腾冲，腾冲韪之。以二十一年壬申夏，成立国学会，推张一麐为会长，腾冲、石遗副之。石遗、腾冲门生遍天下，一鼓召而著籍为会员者，且千人，周十八行省，风气蔚然。而先生与太炎迭主讲论学，尤相推许。太炎盛称先生诗文，而先生亦命高第弟子王謇等，诣太炎北面执贽受经，多锓布述作，传诵中外。顾锓书工资巨，会员常年有内费，既猥众不以时内，岁会出入不相偿，以责腾冲。腾冲窘，卒无以应。太炎闻而笑曰："吾来此，乐与诸君子问字载酒游，松岑无端作打门催科吏，恼乃公兴。"初亦无忤意，积久而谗毁至，交构其间，二人隙乃成。腾冲、石遗常弥缝之，太炎卒注退会员籍，聚徒讲学，称章氏国学讲习会，以自异。而先生与腾冲、石遗始终主办国学会。

顷之，太炎卒。又二年，石遗亦卒。其夏，倭陷东南，腾冲远走滇西。先生避寇菱湖，归遂屏谢交游，常键户坐一小楼，居贫啖菜粝，不废讽咏。伪大吏再使馈金帛，动以禄仕，用系民望。先生却币，诡称疾，而潜去上海，托光华大学为文学教授。及日美战事起，租界中立势破，倭入租界，诸学校皆解体，先生因返吴。三十四年夏，大军收复京师。于是江左伪钱楮滥恶充斥市里，多至巨亿万计，部议以国通钞交兑收毁，率令二百当一。贾驵规射利，则相与踊贵物售直，圜法乱坏，不可骤治，而义兵将士人人自以为有匡复功，所在蜂起，据府库，抄攻村舍，大为民疾苦。先生慷慨抵几起曰："国家中兴方始，治乱之机，决在今日。吾今不言，谁复道者。"立手疏治便宜数条，上书行都，因故人吴稚晖，以达元首奉化蒋公。奉化方飨客，阅未半，瞿然愕视，问曰："金某何如人？言顾激切乃尔！"稚晖对曰："此子东南老名士，忧国心恳恻，宜礼待之。"奉化沈思有顷，乃曰："吾亦熟思此久矣，方兵事殷未暇，今当亟治。"遂分命大吏，乘传持符行宣慰东南诸州邑，其议自先生发之。时党争议起，兵凶蔓结南北，先生愤疾，屡献规当道，皆寝不报，益索居抑郁无聊，而与亲故言当世事，每相对欷歔。

会残冬，诸友倡为消寒宴饮于东吴大学。先生新丧子，强排闷拄杖来会，顾谓元宪曰："吾往与印泉、韦斋、正闇诸贤，岁数作文酒会，分韵斗吟，自诧一世豪。忽忽廿年事，便成隔世，人生如隙间驹耳，不意今日复有此乐。"饮罢欢甚。归中风寒，加气逆上，疾作，旬日而卒，时民国三十六年一月十日，实太阴历丙戌岁十二月十九日巳刻。距生清同治十三年癸酉五月二十一日酉时，年七十四。先生之丧，门人交友远近四至，会吊者百数十人。弟子秀水王大隆等，述先生学行，议谥曰“贞献”，时论称允，谓当兹而无愧色焉。

配严氏卒，继配殷氏。子二：树声，严出；芳雄，殷出。芳雄前先生二旬殁。孙四：同翰、宝键、宝鼎、宝驹。同翰殇。孙女四：韵霄，适吴县袁宗蔚；宝意殇，余幼。曾孙某，宝键出。

先生于学，早岁杂纵横术，好击剑驰马，高谈兵略，通习音律绘事，才气踔厉，务振拔斯世间。后稍涉猎史籍掌故，考验图志，用河渠水利干显要，退而治经，称弟子于吴曹复礼先生之门，专受《易》、《三礼》学，兼究佛、老氏书，主修身治国，赅内圣外王之用，凡三变而愈醇。要其得意，为诗古文词。古文根柢子史，陶冶汉、魏、唐、宋，不拘囿一代家法，议论近《庄子》、《吕氏春秋》，叙事法班、范，碑铭杂作，出入韩、柳、欧、苏。先生自言渊源所自，乃胡稚威、龚定庵，至其绝诣，稚威、定庵未敢窥庭藩，而先生为之气力有余，几乎登堂入奥。诗歌行蹊径在高、岑、王、孟间，而浸淫于宋苏、黄、欧、王四家。自清顾宁人、屈翁山以下无北面。中年好为壮游，天下名山水十经涉八九，而肆其意为诗，境幽奇而语愈工，跨视余子，骎夺散原、海藏坛坫，继起主中原词盟。既负重望海内，赍书币求为文词者愈至。皖、滇省大府且聘主修方志，成名人列传若干篇，皆雅赡有义法。为人简放，不为城府阻，貌如其心。遇礼俗士，翘足摇膝，对之作他语趋去，独喜与卓诡不偶士游。有人伦鉴，见一善则称道不啻己有，其有所品量，成达识通材以去，往往而有。所著述《天放楼正续文言》及诗集、皖志列传选存，已梓行世，各若干卷，自删存后作诗文，及《三大儒学粹》、《元史纪事本末补》、《学商政论》各若干卷，待梓藏于家。

始先府君方冠年，时先生以族子尝从问业，习为诗文词。元宪束发受书，先生方去乡里，僦舍于吴，未及修谒贽礼，稍诵好其文。岁壬申秋，始从游论学，居诸弟子列，间进所作请益，先生则大喜，亟为延誉，每属文，命操觚牍代，亦多所諟正。尝燕居从容谓元宪曰：“我家世儒素，祖父辈行擅雕龙才艺十数人，桥梓之美，英绝州里。苟斯文不亡，后必有踵起者。昔桐城姚惜抱承世父范绪业，再传之范孙莹，成一家学，吾自忖才不堪惜抱，而勉子为东溟。”持手摘古人文词语二小册子，曰：“以遗子，文字奥秘，读此尽窥矣。”然元宪质实钝，濩落半生，懒不自修立，读父书未及十一，而于先生所云继述踵起者，又终非其人也，岂其期许深而责之厚，无乃适为人笑乎。悲夫！乃退序次先生学行大略为状，其未亲见闻者，博征乡老亲故，务翔洽稽异同并书，不敢诬于所不知，盖阙如也，备异日史官治儒林文苑传者采择。弟元宪谨状。

据《天放楼诗季集》卷首

从兄永顺君事略

金兆蕃

君讳蓉镜，初名鼎元，字甸丞，一字阁伯，晚别署香严，秀水人。考讳振声，山西垣曲知县。母张淑人，咸丰十年四月寇将至，张淑人先期自经殉，城破从曾祖琦园府君以耆年蹈大难，君曾祖考也。君祖考星衢府君早世，垣曲君奉母徐淑人避寇，时君方五岁，徐淑人亲教育之。及寇平，垣曲君游幕山右，徐淑人寻卒，君依叔祖莲生府君居十余年。

君少即贞直砥砺有志节。入县学，应乡试屡绌，出从先学士治河，叙劳当得官，君坚欲以科目进，谢不就。光绪十三年，同县陶勤肃公为直隶按察使，先学士荐君入幕，勤肃深器之。明年，迁陕西布政使，君别以国子监生应顺天乡试，试毕赴陕西，中途闻捷。又明年，遂成进士，以主事分工部。君故习为公家文字，诣曹治事，条理秩如，日辰入酉出，方夏纱袍当坐处尽穿，不易也。久之，除铅子库主事，监督窑厂，并考取军机处章京，儤直番上，懃懃靡稍懈，声实益起。会义和团作乱，请急出都西狩，赴行在。旋奉垣曲公讳还里。丧终起补都水司主事。君睹时事日非，不能久为京曹官，循例截取，以直隶州知州待阙江苏，旋改发湖南，知郴州，再知靖州，巡抚西林岑尧阶中丞荐人材，引见，迁知府，寻除永顺府。君莅三政，严明廉惠，以民事为重，不徇世俗州县吏习尚。及守永顺，巡抚蒙自杨公有所设施，君弗谓善也，揭部科不见省，遂投劾乞归，以三年五月至家。

汤蛰仙、刘澄如两君治浙江铁路，皆君同岁生，雅相善，招君为佐。不数月，武昌兵起，有以旧事惎君者，君避仇海上。未几事解。浙江修通志，嘉兴沈乙庵先生为总纂，亦招君为佐，君居吴山志局数年，网罗掇拾，成志稿盈尺，书未成。吴兴周君梦坡夙重君，招君考订金石，商榷文字。又数年，己巳十二月，以微疾卒于家，年七十有四。妻陈淑人，归君数十年，以志行相勖，君以为贤助，先君十八年卒，君悼之不能忘。子问诗，六岁而殇；问曦，庶出，四岁又殇。君积哀为痗，乃抚异姓子，遗言谓不以莒人立鄫为嫌。君卒，兆蕃谘族人，以君庶弟桂诜之子问礼为君后。逾年，所抚异姓子亦殇。问礼今已能自立娶妇矣。

方君自湖南还也，贫无余资，既乃节缩月糈，置宅滮湖之滨。夙能诗善画，从乙庵先生游，受诗法，所造益深，暇辄作书画，亦益工，间鬻以自赡，意怡然自得。则遂谋建宗祠，赡族人，事虽未行，然所志终不渝。又于湖上得别业，广盛宜山瓣香阁之例，为高士祠，祀嘉兴诸县宋以来隐居独行之士，既乃益扩之，以乙庵及劳山先生祔焉。君卒，乡人遂祀君于诸先生之列。

君居恒惓惓故国，值大昏，出所藏《绵津山人诗集》初校本三卷，为渔洋、竹垞、青门三先生所审定，鬻得数百金，佐嘉礼。君以浙西赋偏重，屡为文字，议减赋，议均赋，锲而不舍，卒走京师，合钱塘道士大夫吁当道，申此议，于是嘉兴、嘉善、平湖、崇德、吴兴、德清六县粮额逾一斗及将一斗者，皆得量减，凡减米十万五千六百石有奇。当道又以浙东桐庐屯田科米逾一斗五升，亦减为一斗。其后附加迭增过所减，君以为附加视正额，正额减，附加亦从之减，将复诤之，未得竟其志也。君謇谔侃侃，意所不慊，辄言之，达官长德及素所友好，皆不为稍避。晚以苏、浙合议浚太湖，崇明王君丹揆主其事，议疏白茆港，于浏河建闸，君以为当浚泖，往覆数千言，断断不能已。

君所著有《郴游录》、《靖州风土记》、《潜书》、《痰气集》、《潜庐文钞、诗钞》、《滮湖遗老集、续集》。君出所蕴蓄，发为文章，务力申所见，往往有独到，而诗尤特工，苍坚深秀，能自名其家。兆蕃与君为四从昆弟，夙敬爱之，以中间踪迹违旷，不能悉知君志事，述君概略，皆质言，惧失君意也。

据《安乐乡人文》卷六

清故通议大夫大理院推事金君墓志铭

陈宝琛

君金氏，讳绍城，字巩伯，一字拱北，号北楼，又号藕湖，浙江归安人。祖讳桐，乡里称孝义。父中书科中书讳焘。怵于世变，七子五女，尽遣游学欧、美。君其冢嗣，自幼奇慧，嗜绘事。光绪季年，毕业英国大学，归，苏松太道辟为会审公廨襄谳员。有宦妇挈五女数婢过沪，西捕疑为略卖，止之，官不察，置诸狱。君力争不得，而哄观者不平，为罢市，卒得直，且谢过焉。沈尚书家本贤之，聘为编订法制馆协修，奏补大理院刑科推事，监造法庭工程处会办，充民政部谘议。

时王公贵人倾尚新学，竞为延揽，君风宇儁爽，又善书画篆刻，所至倒屣，而君介然，自远于荣利，因得尽览各邸第所藏，画学益进。宣统二年，法部派充美洲万国监狱改良会代表，并赴欧洲考察监狱，年余始归，则国体已变。当事既辇致盛京内库及热河行宫所藏金石书画于京师，君为议员，倡议就武英殿陈列，餍众观览。中多名迹，为世所希见。君日携笔研，坐卧其侧，累年月，临摹殆遍，画益大进，尝进画禁中，御书"模山范水"扁额以赐，盖异数也。每病当代风行西画，古法浸湮，创立画学会，聚徒讲授，所成就綦众。日本画家闻声就访，购其画以归，遂有中日绘画联合展览会之设，间岁一举。适日本值年，君与同人连袂东渡，应求甚盛，乞画踵接，日不给。归至沪，疾作，遽卒，丙寅年七月三十日也。春秋四十有九。

予曩与中书君相遇沪上，君兄弟新归，恂恂侍侧，而出莅事，则又强毅无所诎，窃心重之。比京居，益稔习，意其开敏迈往，以应世用有余裕，顾夷然不屑，举所身历心得，不一见之于施，而仅以画传也，无亦故托之以自晦耶？卒后，其门弟子结湖社，搜集遗迹，刊《藕湖诗草》、《北楼论画》，以永其传。而日本画家至都，辄造其居，涕出不能已。又以知君之感人者深矣。配邱夫人，淑慎能相君。子开藩、开华。卜期己巳年八月三十日，葬君于孝思港先茔之次，来请铭。予夙铭中书君，一星甫终，而又铭君，悲夫！铭曰：

君生儒门，行事近侠。习知四国，隐于六法。遘时既屯，懵兹朝溘。吾文匪谀，临窆欷唈。

据拓片

大鹤山人传

金天羽

山人讳文焯，字叔问，小坡其号也。世籍高密，为康成裔，至明、清交，以从龙入关，编正黄旗汉军籍，而山人之父瑛棨，巡抚河南，山人以光绪乙亥，中式举人，应春官试，始请冠本姓曰郑。少而从宦南北，精习艺事；长而服官中书，凡当世鸿生巨年，通才佳侠，倾盖接席，咸惊叹以为国士。先尝梦游石芝崦，见素鹤栖于云窟，迹之而见向在西湖梦中所得之句，悬诸石室，因自署大鹤山人，志夙果焉。山人荫席勋阶，膏沐图史，姿致轶俗，行能卓伍，该涉而能精，通方而多才，年登弱冠，声誉流闻。

既遘巡抚公之丧，江苏抚军吴元炳以聘币邀入幕府，遂乃卜居吴会，入掌书翰。出则挐舟理屐于支硎、邓尉之间，觞咏歌啸，辨音析律。盖山人夙擅乐府，又得浦城琴师祝凤喈弟子李廷璧之传，思心杳渺契灵乐祖弦数管色，独具神悟，而小试其识断于宋张炎《词源》，为之斠律，自为叙曰："周礼教乐，先之以六诗弦诵者，古学子之颛业也。其后诗亡而乐亦亡，雅乐传至汉左延年时，惟《鹿鸣》一篇，《小雅》首《鹿鸣》，燕礼工者歌于堂上，燕乐之称，所由昉也。至晋而《鹿鸣》无传，梁武帝作十二雅，郊祀与燕飨合奏，人鬼杂施，而乐纪大坠。隋用龟兹胡伎，郑译以意别为雅、俗二部。唐以先王之乐为雅乐，合胡部者为燕乐，而名用稍分。自宋而元，迄不知燕乐之原于雅矣。顾汉世燕群臣，用黄门鼓吹，知当时虽缘饰雅乐，已不能被之管弦，而刘歆、京房辈，益执管寸之数，以求无声之乐，末由见诸施行，郑樵所谓乐失于汉者，其此乎！世儒不察，动欲假治历候气之说，累黍吹葭，冥索律本，至以近世管制参差其孔，穷推声数，不知今笛尚不能应燕乐七宫，而谓古乐可复，亦傎矣哉！夫器数变古人声在今乐府之遗，风雅攸托，汉、魏之歌谣，隋、唐之长短句，南、北宋之词，皆能兴于微言，以相风动，可诵可弦，其始盖出入变风小雅之间，而流滥于燕乐。自元曲盛行，而燕乐一变，声音之道浸衰。故燕乐亡而议者率求诸虚数虚器，太常有设而不作者矣。国朝凌次仲著《燕乐考原》，论列二十八调，博据精解，自谓颇取证于《词源》，视近今历算家之言，有裨实用。但凌氏以燕乐出于苏祇婆琵琶，谓四弦适当宫、商、角、羽四均，而丝度不能尽合，且于乐色亦略焉。余惟诸史乐志著者，多非其人，又失载图谱，语虽详而择不精。今《词源》所录，于燕乐条理，多所考见，足与史志相发明。间尝稽撰，以申凌氏之说，剃其繁复，而演赞其未备，能者从之审声知音，将由燕乐而进于雅，歌词而达于声诗，咸于是编导其源。庶后之览者，无敢等诸方伎，而自外于弦诵之士也。”

夫山人于乐律之外，兼长许氏书，及金石书画医方经籍版本古器，要其尤精至者，厥为倚声，同时与山人并为词者王佑遐、朱孝臧，皆含宫咀徵，矜高地望，顾于山人，类颠倒折节，以为庶几白石、玉田之嗣音焉。而汉寿易中实叙山人词，以为追撢两宋，精辨七始，抉微睎奥，梳节披奏，听于无声，眇忽成律。使乐官比响，不异于咏歌；文士摘华，靡淆于弦笛。审律如此，其力足以破造物之所靳，其才足以兴举世之所废矣。山人居吴下垂四十年，抚吴使者十九人，咸礼聘为上客。朝市既改，郁伊悲愤，壹寓于词。先生却清史馆、京师大学堂之聘，忍饥弦诵，声满大泽，行医作画，赡生无觳。洎其殁，而平生金石文字之友南海康有为来吊，乃捆载其精校之书籍及骨董数事以去，为文表墓，微致嘲讽。越十年，康氏殂，诸所豪攫，等于财贿，流入厂肆，触手以尽。山人生咸丰六年丙辰七月，卒民国七年戊午夏正二月，春秋六十有三。葬邓尉梅花林。配张宜人，有才德。女茂韶。子复培。孙汝铭、汝鉴。山人所著书，详年谱，不备录。

赞曰：辛亥之秋，余以江乡大水，赁庑于苏，去山人之居，半里而弱，每过吴小城之旁通德之里，未尝一投刺焉。知山人方抱宗社之痛，虑论及当世事，触发其胸怀，而滋之戚也。而今山人之婿戴亮吉，始以手编之年谱视余，余亦时时见山人所跋之金石及丹青书札，匪徒叹艺事之精，而峻节高致，隐隐出于豪楮之间。诗曰“自古在昔，先民有作”，盖不胜低徊诵叹之情矣。

据《天放楼文言遗集》卷三

先严觐文府君行述节略

郑玉荪等

府君姓郑氏，讳觐文，江苏江阴县人。生于清同治十一年壬申四月二十六日申时，痛于中华民国二十四年二月二十四日丑时，寿终沪寓，享年六十有四岁。府君自幼好听音乐，年十二，能解普通丝竹。十七岁，入邑庠。是年赴江南乡试，得明琴一张，归乃学琴于县学教谕唐公敬洵。此为研究古乐之始。嗣研究有关乐典之经史多年，未能得到古乐之究竟。因思徒恃书本，不求实习，不足以言学问，乃秉礼失求诸野之义，凡昆皮杂剧，南北小曲，大套琵琶，方外音乐，莫不悉心探讨，以求澈底解决。前清光绪二十八年，龙湛霖督学江苏，特聘浏阳邱之稑先生，至江阴教授庙乐。县学中选府君任助教。旧有金石八音，一概重制，所制新器，多未协律。府君殊不满意，以为历代帝皇，目光浅短，窃礼乐以自重，诚属私心误国。凡格民化俗之韶武大乐，严禁民间应用，致使古代礼乐之教，非特不能普及于边陲，反而失传于中土。故私天下者，实为民族之罪人。于是府君每思自制乐器，藉作发扬东方文化之工具，终以经费无着，久未如愿。嗣后清廷变法，废科举而设学校，府君在籍，执教鞭有年，常自编歌曲，教授学生，冀其增进知识。

民国元年，府君加入国民党，协助地方选举，并注意地方自治，希望民治政体之实现。府君身体素弱，而对于研究学术，及足以发扬民族精神之事业，莫不从实地做起。虽家无隔宿之粮，而弦歌自乐。或劝其稍事生产，则对曰："吾一门和乐，内心已慰，若再求财，恐无福消受。"其气之勇，志之高，实非平常人所可及。四年，受上海哈同花园明智大学之聘，担任国乐教授。凡韶乐武乐，历代古舞，以及乡饮乡射，均得在校内次第试演，所用乐器，均亲手制造。府君得此试验机会，深感哈同主人之知遇，而益以整理国乐为己任。九年，约同琵琶专家汪昱庭先生、昆曲专家杨子永先生，暨申报馆史量才总经理等，组织大同乐会，以预备整理国乐为主要工作，先从研究整理方法，及造就人才着手。十七年，出版《中国音乐史》，颇多发明，为国内最有系统之音乐著作。是书之成，颇得周湘舲、刘澄如、刘翰怡诸先生之助力。十八年，成立大乐队，大同乐会开始对外宣传。十九年，得蔡孑民先生、李石曾先生，暨海上诸名流之同情，组织委员会，集款造成全套中国乐器一副，蒙、回乐器，一并收罗，共得一百六十余种，分金、石、丝、竹、匏、土、革、木、虺、茄、鬃、贝、韦十三大类，俱能协律，且可与世界乐器合奏，可称标准乐器，于是整理国乐预备工作粗告完成。以后遂用力于音乐事业之发展，并拟定计画大纲。于民国二十一年，经蔡孑民先生、陈立夫先生，提出整理国乐案于中央政治会议，内、教两部，奉令会拟办法，磋商结果，决定组织乐典编订委员会，及乐典审查委员会，主管整理国乐事务。已于二十三年四月呈核，候令进行。

府君近年来精力大亏，右臂麻木，然对于整理国乐工作，刻刻在念，无或稍懈。每遇西方游历团体，或学者名流，观光过沪，则必召集大乐队，参加招待之席。盖西人常有中国无乐之观念，故不得不从事于国际宣传也。二十三年冬，府君拟编辑《国乐季刊》，撰述文稿，用心过度，益形衰弱。不孝玉荪在导淮委员会清江差次，请假回沪省视，亟请中西医士诊治，俱云无病，只须静养，服药亦无变化。本年二月十三日，湖南省政府为恢复礼制音乐，推进新生活运动，选派学员十人，来会研究古乐。府君时在病榻上，拟定乐曲、乐理、乐制、乐器四项课程，以乐曲一项，交卫君仲乐担任，其余三项，嘱不孝代编讲义，按时寄稿，授以国乐之基础，并促不孝速赴清江销假。其时府君饮食如常，除软弱外，毫无其他痛苦，不孝遂遵命就道。不料销假之次日，电悉府君病势剧变，不孝闻讯，星夜奔驰。及归，见府君气息渐促，嘱换清洁内衣，呼之颔首而已。不孝同荪亦奉电由原籍来沪，相对无策，乃延西医打葡萄糖针，再用强心剂，仍不言语，延至二十四日晨一时五分钟，弃不孝等而长逝矣。呜呼！不孝等为衣食所驱，四方分散，素失侍奉，又不好学，无以继承先业，诚万死不足以赎罪。痛思府君，志在光大中华民族精神，尽力整理国乐事业，已有相当成绩。当此中央提倡旧道德，推行新生活之际，正拟为国效力，而天不假年，未及目睹成功，天乎痛哉。谨就平日庭训，历年遗迹，略述大概，伏求当世君子，锡以像赞，或铭诔，子孙世世感且不朽。棘人郑玉荪、郑同荪泣血稽颡谨述。

据铅印原件

庞檗子传

萧　蜕

君讳树柏，字檗子，号芑庵，常熟人。生而颖异，九岁能作韵语，十四岁毕十三经。父继之先生文行著乡里，以争漕赋触奸吏，反坐成狱，愤疾卒。母钱孺人殉焉。君时年十五，哀毁柴立，引为终身大戚。弱冠，肄业江苏师范学校，受知于监督罗叔言先生。君诗文秀丽，填词尤工，哀感顽艳，年未壮，骎骎迈古矣。后数岁，历膺江宁思益、上海澄衷、木渎两等、常熟两等各学堂教席。尝与吴江陈去病巢南、柳弃疾亚子，组织南社，提倡风雅，导扬民族主义。又任《国粹学报》编辑。

武汉军兴，君时主讲梵王渡约翰大学，与桃源宋渔父、丹徒徐天复等，参海上机关部擘画。九月十八日常熟响应，君实首谋。当是时，邑中好事者谋挟枭众为乱。君方劝知县翁有成宣告光复，弭纷扰。翁选懦，不知所措，阖境汹汹，而吴淞光复军适至，集官绅议于于公祠。统带龚先耀谋夺印；翁难之，龚拔刀起，欲手刃翁。君恐乱，急言曰："知县不靳印也，取印往返须十五分时，十五分不来，请断庞某头。"龚语塞，还坐，印亦至，事遂定。然邑之阘茸士绅大猾吏，平时倚官为奸利，率府怨君，乘间欲杀君。翁亦阴左右之。一日坐茗肆，县役数百人，手炷香焰熊熊，佯请命，蜂拥炙君头额焦烂。有挟君越牖逃者，幸得脱。

君返沪，仍主讲席，间任沪军都督文牍。壬子，赣事起，邑中忌君者犹不已，为蜚语中君，君实不知也。自是益晦养，绝意世事，启迪后进为乐，兼任爱国、竞雄诸女校教科，暇则文酒博塞自遣。然恒抑郁侘傺，或颓然作厌世想。丙辰秋，遘疾而殁，年三十三年耳。

君足迹未逾郡邑，而交游遍海内。方闻畸行雄才丽藻之伦，靡不倾怀畴酢，篇翰炳朖。性简略，无城府，义所不可，不肯随人进止，或意气坌涌，奋袂裂眦胜而后已。其遭世忌，亦以此。余与君同里，久共事，趋舍学术不相合，而君谬推挹，谓可语文事，余亦恒就正君。先是，君忽有所惑，意气荡然。余痛规之，不应曰："吾以求死也。"而竟死，悲夫！君所为词曰《玉琤琡馆》者，朱古薇前辈为删定，王君莼农、柳君亚子将为刊行，而以《龙禅室诗》附焉，曰《灵岩樵唱》，曰《龙禅室摭谈》，及遗文数十篇，藏于家。常熟萧蜕。

据《庞檗子遗集》卷首

胡诗庐传

蒋维乔

胡梓方，名朝梁，江西铅山县人。善属文，尤工于诗，尝自署所居曰诗庐。丹徒马相伯、闽侯林畏庐、桐城姚叔节各为之记，闽侯严幼陵又为之说，因自号诗庐，而人亦以诗庐称之，从所好也。少居江南，习水师，江督张文襄公，遣游日本，考察海军。既归国，为南琛、镜清等兵舰从官，有劳绩；以体弱不适海居，弃之。就江宁提学使临川李梅庵，为两江师范学堂及上江公学教习，兼任提学使署阅卷官。尝以治事之暇，从义宁陈散原游。又以严幼陵少习海军，以诗文雄海内，乐慕其为人。治诗文益力，所学因以大进。散原、幼陵，亦亟称之。

民国元年，余与诗庐同官教育部，见其视当世之务，虽若弗甚措意，然皆了了于心，偶有议论，或为人治牍，皆曲中事理，条理缜密；盖能素位而行，不欲徒托空言者。余敬而友之。既又见其持躬慎约，恒昕夕孳孳，冀有所树立，以遗其子孙。其为诗文，往往以一字之谨严，终日苦吟，至于忘废寝食。则稍稍诤之，谓："子孙承吾身后，弗足逆吾虑，诗文以怡性情达事理而已，奚以自苦为？"诗庐曰："不然！诗文虽艺事，吾一下笔，辄作千秋想；不若是，曷由垂世而行远？若子已长大，吾子且在襁褓，吾乌能恝然哉！"然诗庐实多病，颜色憔悴，又不肯自暇逸，日益羸弱。自余再至京师，见其状，劝之学佛，冀其稍稍解脱。诗庐则欣然乐从，皈心净土，并自定日课，精勤修习，不复多为诗文。后虽任西北筹边使署秘书，军书旁午，役役甚劳，而力行终弗稍怠，甚可佩也！皖直事起，诗庐睹国事日非，疾乃益甚，遂以辛酉四月，殁于京师。

余悲其有诗文之好，而遗孤皆幼；其所著《诗庐文钞》、《诗庐诗钞》若干卷，久或散佚，因辑而刻之。书将成，余甥夏震龙，忽抵余书，谓“诗庐平时事无巨细，必反复斟酌，蕲于至当；及至临殁，曾未关属一事，语及一人；即其夙所深惜之诗文稿，散置案头，亦殊不言念及之”。物视其所一，而不见其所丧，昔贤以为难能；而诗庐竟于死生之际，行所无事，可谓异矣！余于是知诗庐之学佛，固已有得，而文字之不足以为障也。然余终不忍弃其畴昔所言，止而不刻也。刻资凡若干金，皆其夫人所输。夫人氏陈，贤而得大体，盖能成诗庐之志者。有子三：金麟，金华，金荣。中华民国十有二年癸亥一月既望，蒋维乔撰于因是斋。

据作者手稿

赵石农传

张　鸿

余尝旷观天下名山大川之区，灵氛郁屯，是生俊杰，以旋斡天地，光明俊伟，成建功业。至于幽光冷馥，积久而触发，则有卓绝不羁之人，奇僻独立，翛然自赏，超越于古今耳目之表。当其生时，世人多怪而轻之，然彼亦土苴世人之逐逐名利，若蜣螂之转丸，蚯蚓之食壤，不复知人生之别有高逸之境者。瞠目相视，各一是非。至千百年后，庸耳俗目亦转怪而为敬。吁，可叹也！吾持此论，以求于今之世，得一人焉，曰赵石农。

君姓赵，名石，字石农，邑人也。家贫，肄业于药肆，自力于学，从沈石友、翁松禅游，益以有成。其书以颜鲁公为基，泽之以苏玉局、米南宫，筋骨遒健，得松禅老人之髓。老人暮年以所用之印赠之，曰："惟子可以继我矣。"其治印也，涉猎商、周之龟甲，沈浸秦、汉之碑鼎，撮其精英，施于方寸玉石之中。抗丁、陈，藐文、何，安吉吴仓石见之曰："当让此子出一头地。"然君不自喜，曰："我以糊口耳。"生平不治产，衣食所资，惟在十指。非义之财，一介不取。与人敦厚，负者不校。惟疾俗如仇，广座纵言，诙谐刺隐，闻者面赪，或有强辨，白眼继之。友朋婉规，则曰："我无求于彼，我何畏彼哉。"癸酉春，得疾，自书遗命，不立后，不受唁，敛以布服，葬以桐棺。恨恨之音，萧然待尽，可谓达士矣。余与君交垂三十年，志趣所向，冥合无间。及君未没，作文传之，俾君自知立身本末，与身后之品评有如此者。

张鸿曰：虞山以秀伟甲吴会，是生闻人。求其高逸旷世志趣迈众者，于元有黄子久，于明有吴渔山。黄先生尝独坐西湖桥上，持酒痛饮，看虞山终日不厌，酒尽则投瓶于湖中而去。是非厌恶世人，不欲与周旋，而风流自赏者欤？吴先生信基督教，弃家出游，浮沈海天，至死不归，葬于海上徐家汇。是非有不得已之故，郁结轮囷于心胸中，而后出此者欤？然则二先生之在当日，固多怪而轻之者。吾不知今日之尊而重之者，即为昔日怪而轻之之人欤？吾又乌知昔日怪而轻之之人，无异于今日怪而轻人之人欤？吾又乌知今日怪而轻人之人，不将为他日尊而重之之人欤？石农之操行立志，确然可随二先生之后，其传于后无疑也。后之来者，亦将有感于余言。老友张鸿撰。

据《泥道人诗草》卷末

清故福州海防华洋同知赵君行状

张原炜

曾祖在镐，诰赠资政大夫

祖冲九，县学生，诰赠资政大夫

考佑宸，大理寺卿，晋赠资政大夫

浙江省鄞县赵时棡年七十三状

君字献忱，号叔孺，宋宗室后，仍世蝉嫣，称四明旧家，至大理乃益通显。君之生，大理公以江宁府知府署镇江府，府旧名润州，故命君小名曰润祥。晚年自署二弩老人，以君藏有汉景耀、魏延熹二弩机也。生而超颖，若有天授。童时伏案，能遍刻金石文字，尤耆画马，得其生趣。大理公以君少子，有清才，爱之加甚。居官之日，每有游宴，辄挈之以俱。一日值会饮，某公语大理："闻君家儿工画马，能当筵一试乎？"君立起，索纸笔作画，顷刻稿成，阖座传观，诧为神童，得未曾有。会侯官林颖叔方伯寿图亦在座，即抚君项，以爱女妻之，赵林缔昏自此始。时君年才八岁，都下人士藉藉称赵三公子矣。年十七，补县学生员。先后丁大理公及徐太恭人丧，服阕入都，输粟授同知，历署福州平潭同知，兴化府粮捕通判，福州、泉州二府海防华洋同知，以功赏花翎，加运同衔。大吏廉君才，骎骎大用，会遭国变，乃谢绝一切以归。雅性恬退，不乐干谒。方君之归，犹在壮年，而大理公门生故吏隶民国后多跻巍显，或风君，春秋鼎盛，傥有志用世耶？君一一笑谢之。

先是，君为林氏馆甥，方伯公藏弆多精品，三代吉金文字及鼎盂铜器之属，罔不备具，君馆其家久，耳濡目染，闻见滋广，夙昔殚心艺事，及是所造益精进。斋居清暇，日挥洒书若画，尤致意摹刻秦鉨汉竟，精心结撰，卓然成家。清代自乾、嘉后，江南北称印学大师者，于浙则丁氏，皖则邓氏，二氏者一主谨严，一主流逸，各有其独到之诣。承学之士，守一先生言，得其粗，遗其精，皮傅而儿〔貌〕袭，伐异而党同，往往为通人诟病。君于治印，不规规于法，而分刌曲折，自合矩矱，生平自称瓣香悲庵，顾亦不以是自局囿。其于书画也亦然。自来海上，用粥艺自澹给。赍金求索者，户限为满，而画马尤有声于时，一纸既出，值千万。所交海内硕彦，若如皋冒鹤亭广森、武进汤定之涤、余杭褚礼堂德彝、杭叶叶舟某、陈叔通敬第、高鱼占时丰，往还谘榷，日月而会。弟子著籍者，无虑数百人，朝夕问益，称一时盛，实至名归，由来久矣。

君动止端详，待人不大声以色，雅好宾客。居廛之日，客至无虚日，君则危坐斋头，御西国雪茄烟，与相款语，往往移晷乃罢。所居室陈列魏、晋人造象及盘盂尊罍之属几遍，来者辄留连不忍去，谓同、光风流，去人不远。予尝品弟，君印为第一，书画次之。世人震于君冲龄见知醇邸，争辇重金丐君马，甚者至以郎世宁氏比附君，要之非能知君者也。以三十四年月日疾终廛寓，春秋七十有三。丧至之日，远近人士希虚太息，皆曰："哀哀哲人，斯文队矣。"配氏林，副室邵，皆先卒。五十后纳吴氏。子二：安光，安寮；女二：适罗，适刘，皆林出。所著已印者有《二弩精舍印存》。又有《汉印分均补》六卷、《古印文字均林》六卷，未刊行，稿藏于家。同县张原炜状。

按是状初稿本，经某君一再删易，故与原稿稍有出入，兹仍改正。自记。

据《葑里剩稿》卷二

元和顾隐君墓碣铭

冒广生

生诗书仕宦之家，际承平之世，池馆之美，收藏之富，甲于一时，而其人复敦气节，多才艺，善结纳贤豪长者，贤豪长者归之，沛然若水之就壑，此岂非人生可贺之遭哉。至于岁寒日暮，穷阴闭塞，寂寥寡欢，忍与终古，抑又悲矣。微前之遭，不足以见天之厚。微后之悲，则天虽厚亦不足见其人之完。呜呼，如顾隐君者，其可风已。

君讳麟士，字鹤逸，世为江苏元和人。曾祖大澜，封荣禄大夫，妣氏张，封一品夫人。祖文彬，道光二十一年进士，浙江宁绍台道，封荣禄大夫，妣氏浦，封一品夫人。父承，翰林院待诏，封通奉大夫，妣氏孙，继妣氏朱，并封夫人。初，观察公自宁波归，构怡园于郡城，花木泉石，与拙政园、留园埒，而怡园地适中，士夫裙屐恒萃于怡园。君尝于怡园举画社，吴清卿、顾若波、王胜之、费屺怀、金心兰、吴昌硕诸人，咸隶社籍。君所作出入麓台、石谷，常冠其侪。及吾奉吾外祖周季况先生居吴门，吴、顾已前殁，胜之官京朝，犹时时与君及屺怀、心兰、昌硕、曹君直、云间上人游是园中。今自君殁，惟胜之与吾在矣。日月急景，山河举目，中年以往，哀乐无端。当其盛时，一杯酒，一言笑，曾不自觉。由今思之，其可哀者，又岂独杯酒言笑之细也。君既少无宦情，遭世多故，乃隐于画以自终。近时画家，放笔恣肆，一往而不可遏，自谓青藤、石涛、石溪、八大，以惊世而骇俗，博取多金。其异趣者，又或高谈宋、元，薄四王、吴、恽为不足法。风气所向，虽一艺之微，不破坏灭裂之而不肯已，宜君之抱道自重。晚年至欲焚其砚，谢绝人事，而常歆然其退藏于密也。然则君之画与君之品，倜乎远矣。

君生同治乙丑六月十七日，卒今年庚午四月十九日，享年六十有六。遗命以僧服殓，将以明年辛未二月十二日，葬长洲县一都二十一图皇圩西津桥月盘之昭位。配谢夫人，继配潘夫人。子五人：则明、则久、则扬、则坚、则奂。则明、则坚先君卒。女二人：一适李文锦，一适陆钦宝。孙九人：笃瑾、笃琳、笃琨、笃瑜、笃瓊、笃瑛、笃璋、笃球、笃璜。孙女十人。所著有《续过云楼书画记》、《画识》、《画趣》各若干卷。则久等来请铭，不敢辞。铭曰：

吴越具区，山水明媚。洎乎剥复，辄生高士。画品人品，孝章俟斋。辟如太华，三峰孰侪。有美顾君，人言无间。早流誉闻，晚更忧患。铁瓶之巷，君之先庐。非不获已，君其舍诸。因榴尘封，鹤庐位委。曾谓衰残，铭君父子。桥则有畔，津则有涯。君之贞介，吾无愧辞。

据拓片

俞瘦石先生传

失　名

先生俞氏，名云，瘦石其字，晚号即佛，浙江山阴陶里村人，侨寓西子湖畔，世系不详。事母以孝闻，性耿介好洁。幼即擅丹青，后益深造，直入倪、黄之室。尺幅寸缣，为世珍宝。工篆隶，精治印，能歌善饮，复善鼓琴，名满江之南北，浙之东西。中年居母忧，又连丧其妻妾弱息，傫然一身，遂弃家漫游齐鲁燕赵间。所至，人争倒屣，为客数十年，如闲云野鹤，随遇而安，而其画乃益进。居旧都最久，初寓稷园水榭之旁舍，继主同邑张氏之补萝庵。旧都艺林，交相推重，视为云林、青藤再世，群尊之曰老画师。

以民国二十六年五月六日卯时，疾终于补萝庵，距生于清同治三年十月初一日巳时，年七十有四。其友朋为之营葬于北平香山万安公墓，侍姬墨缘祔焉。遗女二：长可绮，适镇海樊希伯；次招弟，适杭县赵福林，皆元配王夫人出。先生殁后旬余，赵福林来平会葬，以先生父渭泉及其祖茔，皆在杭之濬家山，岁时由渠家致祭，请以幼子国强嗣先生为孙，随可绮、招弟之后，共同署名粟主，奉归祭祀，以继蒸尝。碑称山阴老画师者，遵遗言也。门弟子中，以邓君诒烈、金君镛、工夫人蓉珊、殷夫人蕙君为最。蕙君且出其所学，创立女子国画传习所于旧京，从学者甚众。适原籍续修邑乘，当将本传函送修志委员会，采入艺文，以期不朽云。

据拓片

俞君语霜家传

徐宗浩

君姓俞氏，讳原，字宜长，号语霜，又号女床山民，浙之归安人。幼颖异，工书画，好游山水，北至居庸，西寻河源，南抵昆明，历皖、赣、湘、鄂、川、桂、闽、粤诸省，举宇内名山大川，经其足迹盖十八九焉。辛亥后，伏处沪滨，谢绝人事，专力于画。师雪个、石涛，苍浑雄厚，造境独奇，其得力在能用墨。间作花卉，以韵胜，绝似陈玉几。能诗，尝见其题画云："白云遮断遗民宅，长闭柴门画石涛。"可想见其志趣矣。君于金石古器，鉴别尤精。砚田所收，多耗于此，饔飧不继，处之宴然。僦居逼窄，而坐客常满，典衣贳酒，尽欢始罢，诚近世之奇士。一日大醉，痛时多难，悲愤而卒，时癸亥四月廿五日也。距生于光绪乙亥九月十五日，年四十有九。子三人，俱幼，族子明，字涤烦，性孤傲，能世其学。

论曰：乙丑春，涤烦寓书，乞为其族父语霜先生作传，以遗画见贻。不文如余，何足以传先生？然殷殷之意不可却，为疏其略如右。呜呼！天生美材固难，而善用其材则尤难。以先生清奇磊落之才，使天假之年，必成伟器，当不仅以画人传也。惜其怀壮志不得展，而郁郁以死，悲夫！

据作者手稿

俞君涤烦家传

朱运新

君讳明，字镜人，号涤烦，又号晋人，吴兴俞氏。曾祖讳屺瞻，本生曾祖讳岵瞻。祖讳涛，精形家言，尝择地于乔木山麓而卜葬焉，地甚狭小，山抱水环，谓子孙当有挺秀者。父讳允兹，字奎如，酷好绘事。君常侍侧，于发干写叶阴阳向背之法，自幼得诸庭训。母氏蔡，埭溪补罗公长女，夙习诗书。君于塾师授读外加以母教，未成童而通群经大义。未几，遭父丧，所遗画具，君悉藏之，暇辄研究，初学草虫，信笔涂抹，神形生动。从叔语霜见而奇之，授以钩勒赋色诸法。更画人物，宗改玉壶。同邑金君城睹君画，大惊异。会京师有古物陈列所之设，为之推毂延誉，君得从事所中，获观内府所藏唐、宋以来名画。知玉壶宗阎立本，旦夕揣摩，深悟古法。其用笔简净，布置精密，施色古艳，直逼古人。间作写意，落笔生姿，极似华秋岳。东海大总统命金城长中国画学研究会，于是聘君为评议会员，得君指授，俱成名家，画风亦为一变。求君画者踵相接，得意之作，武进徐君宗浩恒乐题识，并重于世。

南归后，客枫泾，益自矜重。平生交游，徐君宗浩、会稽任君堇为最契。余晚而日与君亲昵，见君亢爽豪侠，喜急人之难，遇事必辨别是非，而不惑于世俗利害之说。于今之权贵，尤不稍假借，以故造诣虽深，而画卒不大显于世。余时或广众骂坐，君辄为余危之，退必私告吾儿广慈，以为非无道言孙之义，虑遭不测。嗟乎，余以肮脏余生，际兹浊世，久置祸福生死于度外，而君犹爱我若此，至今追忆遗言，犹为感涕。徐君尝称君孤介绝俗，而画则唐、仇再世。任君称君之画有夙悟而泽于古，又谓君坚能不磷，刚亦易折。知言哉，知言哉！

君生于光绪十年甲申正月初七日，年五十有二，以共和二十有四年乙亥十月二十三日卒。配叶氏，无子，以弟之子有成嗣。女一，缶，适江苏华亭钱宝华。

据作者手稿

民国人物碑传集

卷十一

姚仲实行述

姚塘

先王考府君讳永朴，号仲实，晚自号蜕私老人，桐城姚氏。曾祖骙，清赠通议大夫。祖莹，进士，官至广西按察使。考浚昌，清咸丰间佐曾文正公戎幕，保知县，终湖北竹山县知县。府君幼秉庭训，才高而行笃，于俗尚外慕，一不屑意，刻苦自励于学。十三岁，通十三经。十六，补学官弟子，旋食廪饩。甲午，中式顺天乡试。初，曾王考自江右罢官归，买屋挂车山，以奉亲教子，府君兄弟三人随侍，祖姑夫马抱润先生，亦时来山中，相与谈艺论学者七八年。嗣客天津，客旅顺，得游同里吴挚甫先生之门。再随曾王考官安福，适祖姑夫南通范伯子先生来就婚，日相切劘，学益宏邃。三十后，重游天津，随客凤阳、扬州。己亥，曾王考终于竹山官舍，府君偕叔祖慎宜公，扶榇归葬，遂绝意进取，殚心教育。历就广东起凤书院山长，山东、安徽等省高等学堂教授，口讲手编，刻无停晷，诸生之经承讲授者，于所业无不豁然贯通，心悦诚服，造就成材者，无虑数千百人。清学部大臣闻府君名，奏荐学部谘议官，适先考偕季父自日本留学毕业归，就京职，府君遂来北平，任北京大学校暨公私立各大学国文经史教授。

民国三年，先考、季父相继病卒京邸，不孝孙塘，生方二龄，随母氏奉王母归里，府君独留京师。教育总长张公一麐，有硕学通儒之举，府君致书固辞，文载《蜕私轩集》内。惟清史馆长赵公次珊，具礼聘清史纂修，诺之，成《清史稿》四十余卷。八年，秋浦周氏创设宏毅学舍，专肄国学，聘府君长教务，为之规画，自远方负笈至者，数率逾常额。十四年，皖当道举为安徽大学校长，府君力辞不获，乃就大学教授，以答其意。迨民国二十四年，府君年七十四矣，谢病归里舍，当道议月致金币为颐养之资，嘱万县李范之先生致意，府君谢曰："吾平生馆谷无苟得者，今老矣，乃反以口腹累人耶！"卒辞不受。战事暴发，府君日盼捷音，形之歌咏。迨徐州失陷，烽火达皖境，府君恐以名重罗敌网，挈家避宿松。未几，由赣入湘，止于桂林，顾瞻时局，加以长途劳惫，益衰不能胜。民国二十八年七月十六日，病终桂林寓舍，权葬于桂林城外施家花园，呜呼！痛哉。

府君内养醇粹，貌庄而温，目短视，自少至老，手一编未尝或辍。始治古文辞，后乃专志读经，于注疏及宋、元、明、清诸儒经说，无不淹贯，丹黄并下，博稽而约取，旁及诸子史，暨小学音韵，编摩撰述。于经有《尚书谊略》、《蜕私轩诗说》、《周易提纲》、《易说》、《论语述义》、《论语直解》、《大学章义》、《十三经举要》、《群经考略》，于史有《史事举要》、《史学研究法》，于诸子百家有《诸子考略》、《文学研究法》、《小学广》、《我师录》、《素园丛稿》、《蜕私轩杂着》、《伦理学》、《迩言》、《群儒考略》、《惜抱轩诗集训纂》、《历代圣哲粹语》，自着之书曰《蜕私轩集》、《蜕私轩续集》，都凡数十百卷，先后印行海内。维府君虽博极群书，而制行一以宋儒为准。曾王父没，两叔祖及陈氏祖姑俱幼，教养婚嫁，不遗余力，今皆供职他方。伯祖石孙公早逝，两从伯父，才十余龄，与叔祖慎宜公互为提挈，培植厥成，俾成仕宦。其宗族子弟之在外者，每赖府君以谋升斗，故府君之卒也，莫不流涕如失所恃焉。

配先王母马恭人，同里马起升女，先府君二十年卒。生二子：焕，清学部主事；昂，审计院核算官，俱先府君二十六年卒。一女，适同邑方彦忱，亦早卒。孙一人：墉，毕业武汉大学，任职贵州公路。孙女二：长适昆山徐渭功，次适临海周白圭。曾孙二，曾孙女四，俱幼。不孝孙墉自幼孤露，于府君之懋学懿行，百不详一二，从长老询悉梗概，述之如此。当求海内贤哲，先代知交，俯赐矜鉴，锡以鸿文，用光泉壤，世世子孙，感且不朽。承重孙姚墉泣血谨述。（为蜕私老人兄子东彦代撰）

据《国史馆馆刊》第一卷第三号

叔弟(姚永概)行略

姚永朴

吾弟永概，字叔节，号幸孙，桐城姚氏。吾族迁自浙江之余姚，世有明德。曾祖讳骙，赠通议大夫。祖讳莹，嘉庆戊辰科进士，官终湖南按察使，世称石甫先生。考讳浚昌，以佐曾文正戎幕，保知县，终湖北竹山县知县。生我兄弟五人：伯兄讳永楷，绩学早世，次永朴，次即弟，皆先妣光恭人出；次永棠，次永樛，庶母张孺人出。弟少英慧，年十八，补诸生。二十有三，应光绪戊子科乡试，同考官南丰曾公道唯，得卷大惊，荐之主试李公文田、王公仁堪，相与激赏，置榜首，谓必耆宿，撤弥封，乃知其年，又悉先世，益喜。王公还都，辄矜于巨公前，且曰："昔石甫先生官吾闽，有遗惠，今乃得其孙。"然弟屡赴春官，竟不第，洎如也。初，先考自江西安福引疾归，买宅挂车山。吾兄弟皆少，先考尝使为诗，独奇弟。先考还故任，旋丁大母萧太恭人忧，家居贫甚，吾兄弟衣食于奔走。弟所主如长沙王公先谦、婺源江公人镜，皆当世名人，而依同里吴挚甫先生最久，得力亦最深。吴先生尝称其诗文才气俊逸，足使辞皆腾踔纸上，虽百钧万斛而运之甚轻也。其后先考改官湖北，卒于竹山。永朴偕弟扶榇返，时先妣已前卒，附葬萧太恭人墓右矣，弟周历冈阜，更得穴以葬。两弟及陈氏妹皆幼，教养婚嫁，吾与弟分任之。伯兄遗两孤，亦相与提携，今各入仕籍矣。惟稚弟资笔墨为生，弟病中深念，言之流涕。其于安徽或本邑事有关于利害者，苟力能陈之当事必尽言无隐。族戚有诿托，不以劬瘁辞，有争则为调释，人咸倚赖焉。

自先考没，绝意进取，尝以大挑二等，选授太平县教谕，又举博学鸿儒，皆不就。入民国，总理段公祺瑞以高等顾问官聘，总统徐公世昌招入晚晴簃选诗，弟笑谢曰："吾如处女，少不字，老乃字耶？"顾殚心教育。光绪末，诏各省兴学校，安徽大吏延充高等学堂教务长，旋改师范学堂监督。弟详定规则，广购书籍仪器，择知名当世者为之师，于中西无所偏徇，人才蔚兴。后一应北京大学之聘，及萧县徐君树铮筑正志学校，延为教务长。未几，易名成达，势异畴昔，保护尤艰。又兼充清史馆协修，分任诸名臣传，每脱稿，同馆叹服。弟少秉先训，长博览群书，遍交海内贤士大夫，其论学不分门户，而制行一以宋贤为归。初掇巍科入都，先考犹在官，弟年少气盛，顾恂恂自饬，无纤毫矜夸习。吾家旧风，令节若诞辰，弟于兄必四拜，兄揖之而已。及弟年老，相对须发皆白，吾数止之，弟仍遵礼勿肯违。人第服其议论雄办〔辩〕，为文章浩博无涯涘，岂知检身之密，乃如是邪。晚年耽心内典，得趣颇深，所著有《慎宜轩诗文集》，及读书笔记各若干卷。其为诸生编辑者，曰《孟子讲义》，曰《左传选读》，曰《历朝经世文钞》，曰《初学古文读本》。其疾也患生辅颊，绵延两年，竟以癸亥年六月十九日卒，年五十有八。

娶徐氏，侧室顾氏。子二：安国、充国。女三：长适马根蟠，次字马其爵，次生甫一岁。明年夏六月二十二日，安国等奉母命，权厝其柩于邑西毛家河，将择吉壤以葬。方弟未终，顾予曰："吾死，兄为撰行略。柯凤孙、马通伯铭幽，陈伯严表墓，王晋卿作传。"兹循其意，特述平生学行梗概如此。倘诸君子念曩时相与之厚，锡以鸿文，以存其实，以诏其子孙，感且不朽。仲兄永朴泣述。

据《蜕私轩续集》卷三

姚光哀启

姚昆群　姚昆田　姚昆衍

哀启者：先严体本清癯，然精力过人，自少而壮而艾，夙兴宴息，读书治事，皆有定程。比年避地沪滨，周旋亲故，日不暇给。苟有所托，事无大小，勤勤恳恳，急人之急，徒步径行，从不推诿。造次笔札，多作正楷，力透纸背，首尾如一。手写日记，自光绪甲辰，讫病作前一日，绵历四十余年，未尝间断。凡此皆系寿征，而见者咸谓先严近年骤觉苍老，盖平日自奉最薄，无甘旨之养。八年流寓，万感撄心，精气内耗，而不孝等日侍左右，顾懵然不知也。及病已亟，乃始仓皇求医，又昧于慎疾之义，刀圭与针药杂施，抢攘旬日，遽至不起。呜呼，天乎，命耶？不孝等之罪，其可逭耶。

先是，先严尝患腹痛，岁必数发，服消导通利之剂，得解辄愈，习以为常。五月八日下午，又微觉腹痛，殊不为意。是夜吐泻交作，状似积食，服山查炭不效。翌日痛稍甚，进蓖麻油匙许，下午又进胡氏辟瘟丹，两度各半锭，仍不效。复用盐水灌肠，得解颇畅，但腹部更觉不舒，入夜痛更剧，转侧达旦。又翌日，始延国医何公度表叔诊治，犹以为寻常胃肠病也。十一日晨，乃延西医吴忆初表叔诊治，诧曰："此盲肠炎也，未可轻视。"嘱更邀汤铭新医师会诊。汤视腹部已颇肿胀，按之满腹皆痛，但右甚于左，断言盲肠已溃，当急施刀圭。不孝等闻而大惊，乃复急延曾耀仲、谢家树、沈树宝诸医先后诊察，曾、谢语同汤君，沈则谓溃在胃疡，脓毒且已侵入腹膜，非针药所能为功，意亦主立施手术。不孝等更惶然失措，最后由吴源泰表兄介徐宝彝医师同诊，徐盖吴之师也，谓曰：

"胃肠肝胆皆有溃决可能,今各部皆痛,无从别矣,总之宜施手术。"其时高姑丈、姑母及他亲长集者十余人,群叩以即施手术,度元气能任乎?答曰:"大手术未可必,但有一法,试以刃从肛门刺直肠,使脓毒下泄,则腹肿可减,即不施大手术,症或可治。"且曰"此小手术,视抉痔尤易且速,可保安全"。于是众意乃决,请于先严,亦深信不疑,遂以下午四时遄赴大华医院。六时半入手术室,例毋许家人侍侧,门随阖。至七时余,门启,则见先严神色甚恶。惊问医师,答曰:"此蒙药未退,不足虑也。"迄午夜一时许,先严忽推枕欲起,如痉瘀状。医曰:"此反应也,法当再注麻醉针。"乃复颓然昏睡。至翌日八时许始苏,自觉并不舒适,而医固言经过良好。又明日,腹痛复作,气逆汗出,病势陡变。嗣是心脏大败,脉象日非,复迭邀黄钟、余霖、余濆及徐、汤、曾、谢、二吴诸君,商定针药,百方施救,徐、吴二君更日夜候视,极西医之能事,皆告束手。延至十七日上午十时三十分,遂弃不孝等而长逝矣,享年仅五十有五。呜呼痛哉,岂人事有未尽合者耶。

溯先严一生,席履虽似丰裕,而遭际实极艰屯。自曾祖妣何太淑人年七十四考终时,先祖考介山公已患精神衰弱之症,故先严弱冠即佐先祖妣高太淑人理家政,出应宾客,入侍汤药,读书养志,十余年如一日。辛酉仲秋。先祖考弃养,时先兄昭明殁已逾年,而不孝昆群犹未生,于是先严伏地长号,引为大罪。岂知翌年壬戌,不孝昆群生甫八日,而先祖妣又弃养。时则先妣王夫人以夙尝产难,儿每不举,或举矣,旋复失之,故特赴沪就医。先严侍疾在家,初闻得男之讯,急奔告于先祖妣,相视輾然。然先祖妣病终不起,先严愈益痛心,几至灭性。丁卯,不孝昆田生。又六年,癸酉,先妣年四十五矣,忽有娠。先严颇以为忧,而先妣念姚氏子姓之微,与先祖望孙之切,终不忍堕。及期,竟以产难卒于医院。先严本笃于伉俪,至是更神伤气沮,嗒然鳏居者数岁,而诸姑母咸责以蘋蘩之职,不可久虚,乃以丁丑九月娶母氏徐夫人为继配。时□氛正恶,既在沪成礼,道梗遂不得归。十月,故乡陷,或告以家中长物荡然。先严曰:"国难至此,此何足道耶。"或又讹言藏书尽散,先严曰:"此关于乡邦文献,颇可惋惜。"最后闻先墓宰木被毁,则引为大戚。岁时祭祀,感念松楸,辄潸然泪下。庚辰,不孝昆衍生。至是,先严已得三子五女，稍觉自慰，然劬劳亦至矣。又三年，癸未，祖母舅乡谥孝靖高公遘疾捐馆，先严惧大厦之将倾，痛哲人之遽萎，撰祭文及私谥记各一篇，追述学行至详至慎。殁已再期，犹时时过其寓庐，肃然推户，忾焉如在，瞻对遗容，低徊久之，斯所谓心丧三年者也。

初光绪乙巳，孝靖公创实枚学校于里中，并亲为讲授，先严从游最早。时新学初兴，仍以经史为重，故先严以为一生学问根柢，皆孝靖公植之。其后，又从吹万祖母舅治诗古文词，尽得古人义法，亦不囿于桐城。两祖母舅者，先祖妣之同怀兄弟也。渭阳之思，重以师道之重，先严盖终身敬慕不衰。先严同怀三妹，长季皆适中表高氏，仲适松江周氏。乡居时，间旬日辄使人问遗，或遣舟相迎。比来沪上，殆无三日不见，闲话家常，动移晷刻。即有疾痛，若在己体。晨夕走视，几忘寝膳。友爱之隆，虽古左思、李勣不能过也。先严平居论议，每以孝弟为本，学术为辅。又曰："凡百事业，皆基于家庭。家之不齐。国于何有。"其教不孝等，必先毕《四子书》，然后入学校，仍延师于家，补读诸经。先严辄从旁谛听，时或命题，考问得失。

先严之于家庭也，致力之勤，既如上述。乃推而及于社会国家。初，我县壤地褊小，而南北殊为辽远，各乡人士颇怀畛域，县政因多不举。先严每值集会，鲜或缺席，语必由衷，思不出位，以是各方无不推诚相与，间有争持，得先严一言立解。他若河工、学校、保婴、消防、平粜、施医，以及图书馆、款产处、同善堂等，或仍旧贯，或属创举，先严盖无役不与，即无事不办。先严束发受经，即深信先圣礼意之精，端在家族制度。及读《春秋》，见尊攘之文，始恍然于国亦有族，不可以不辨。念清亦夷也，因介同邑陈丈陶遗、高表伯天梅，著籍同盟会。而吴江陈丈佩忍、柳丈亚子及天梅表伯三人者，别创南社，用文字鼓吹革命，海内从流向风。不数年，卒踣清社，盖以学术而兼政治团体，人才之盛，声气之广，自东林、几、复以来，未尝有也。时先严年才十八，已大为社中所指目。癸、甲以后，内哄间作，社事亦颇参商，柳丈既因细故谢主任之职，于是湘、桂、粤峤诸贤咸请先严继任。柳丈亦移书敦勉，先严固辞勿获，乃手编第二十一期社集行世，其为群伦所推服如此。

南都既建，举国喁喁，有更新之望。向者同社，或入赞中枢，或出膺疆寄，盖衮衮十数公。先严顾恬然家居，读书著述如故，但亦不为矫激之行，书素往返如平常。遇地方大利害，且不恤奔走请谒，然绝不以私相干。事变以来，八表同昏，膻腥满地。先严既因家累，坐困愁城，居恒抑塞，每西望夔、巫，抚膺长叹，而今竟不及待矣。悲夫，痛哉！先严尝言："我终鲜兄弟，以朋友为性命。"又曰："交友之道，务崇宽恕。宽则得众，恕则远怨。"故先严缟纻之欢，遍于天下。即有疏密，未闻恶声。每从容谈宴，往往有臧而鲜否。于亲族乡党，尤多所假借，虽甚不肖，蹙额微喟而已。缓急相请，量情而与，无弗应者。

先严生平刻苦耐劳，身体力行，盖有北方颜李之风。而为学则于浙东为近。自黎洲黄氏、四明万氏，乃至谢山、实斋，服膺綦挚，故最留心乙部之书，尤习于明季史实，及方志体裁。自弱冠即草创为《金山卫佚史》，列传数十，皆明季忠义之士，行世已三十年，仍时有增订。又撰《姚氏遗书志》，以见南渡以来一家之学。又撰《金山艺文志》，著录之富，几五六倍于旧志。顾意犹未足，旁搜博访，稿凡数易，迟迟尚未付梓，盖视为毕生之业也。先严既笃志著述，因涉目录之学，乃益好聚书。遇乡邦文献，虽片楮只字，珍逾球璧，保残守缺，视为天职。尝见先严校读《鲒埼亭正续集》及《章氏遗书》达数年之久，然发函如新，绝无污损爪伤之处。故海内藏家，皆乐于秘假。先严即有所得，亦从不自秘，邮筒往还，殆无虚日。早岁与松江闵瑞之太夫子及高氏两祖母舅，校印陈卧子《安雅堂稿》，其后又重刻先代遗集数种。至于先贤撰述未经流布者，每设法传录，或集资校刊，兹亦不能悉记。不孝等生晚愚蒙，于先严学问行谊无以仰窥万一，仅就平昔所知，及得于高君定姑丈者，略述一二。伏乞当代立言君子，锡之宏词，以囷家乘，而慰九原，则不孝等世世子孙，感且不朽，伏维矜鉴。棘人姚昆群、昆田、昆衍泣血稽颡谨述。

据铅印原件

江阴夏闰庵先生墓志铭

傅增湘（傅岳棻代）

史官外简，又丁婵蜕之变，而终能殚心纂述，以成名山不朽之业，则江阴夏闰庵先生其人也。先生为翰林前辈，以缪艺风馆丈之介，契谊独深。晚年商讨箸述，过从尤密，乃殷殷以铭窆之文相属。世变淹迟，今卜葬有日矣，孤纬寿以状来请铭，是何敢辞。案状：

先生讳孙桐，字闰枝，一字悔生，晚号闰庵，其先自浙之会稽徙也。家世以文儒显，曾祖讳翼谋，道光乙酉举人，太常寺博士。祖讳子龄，道光丙申会元，礼部仪制精膳司主事，改外，历任汲县、深泽、饶阳、宛平知县，易州直隶州知州，在任候补知府，循绩卓著，所去民思，崇祀饶阳、易州名宦祠，《清史》循吏有传。考讳诒钰，淯川、永年知县，治有能名。三世皆以先生贵，诰赠资政大夫。曾祖妣张，祖妣陈，妣姚，诰赠夫人。先生生于饶阳县署，性颖异好学。七岁，塾师以“雪花大如掌”属对，应声曰“日光明似心”。易州公喜，尝召诸孙，问所欲得，独愿购书，由时益钟爱焉，特为绘《槐荫课孙图》。顾两世皆历宰烦剧，簿书鞅掌，督课有所未遑。姚太夫人桐城名家，娴文史，工绘事，夙以贤孝著称，自胜衣以成人，皆躬亲教授，经史词章外，举凡立身涉世之方，无不详尽。久随外任，深悉州县文法之烦苛，而清白吏之不易为，每诫他日慎勿作牧令，临终犹以此为遗言。先生终身懔之。弱冠能文，壬午举江南乡试，连遘闵凶，哀礼备至。服阕，纳赀为刑部主事，遵慈训也。曹司清简，日事读书。壬辰，成进士，选翰林院庶吉士。甲午，授编修。先生学问淹洽，文词雅赡，朝章国故，尤所研习，故承明著作，无役不从。历充会典馆协修、帮总纂、总纂，国史馆协修、纂修，本衙门撰文处行走，编书处总纂、提调，叠膺奏奖，优渥有加，兼文渊阁校理，大学堂教习。戊戌、癸卯，两分会闱。庚子，典四川乡试，以拳乱停罢折回。辛丑，典广东乡试，得人称盛。掌院大学士孙家鼐、副都御史张仁黼，保经济特科，未与试。先生回翔翰苑，近二十年。徐坚之七入书府，刘知几之三为史官，无以过也。

丙午，京察一等，记名以道府用。丁未，简授浙江湖州府知府，到省先摄宁波府，兼护宁绍台道。未逾年，履湖州府本任，庚戌，调署杭州府。下车伊始，办结外商越界设洋药肆，及抚署书吏与幕府哄争案。因应咸宜，遇事持正，不为俗吏之婞阿。宣勤十阅月，未予真除，仍饬回本任。其时筹备立宪新政繁兴，条例纷然，而地方兴革要端，转多膜置。先生尽心民事，所至必讲求利病，不遗余力。以湖属漕重，实征官亏民累，耗蠹丛生，请奏定改征折色，尽征尽解，以豁积弊。在杭任时，复为当道力陈，卒拘牵成例，议格不得行，改革后，竟悉如所议。其它所建白，大率类是。辛亥夏秋间，浙省大水，湖灾尤重亟方筹工赈。时议裁附郭乌程、归安两县，由知府兼领。家传治谱，力所优为，然以有遗言，心所不安，既争不得请，遂毅然引疾去。才一月，而武昌变起，未及于乱，人以为急流勇退，见机而作，不知先生固别有隐衷也。

三绾郡符，囊橐萧然，无以为归计，乃挈眷回京，拟鬻文字自给。清史馆开，馆长赵尔巽殷勤礼聘，任协修、纂修、总纂。馆中初无体例，各门又无统绪，人自为政，意见纷歧，专任嘉、道、咸、同四朝列传，循吏、艺术两汇传，手订画一书法凡列九则，又拟具循吏传编辑大意，忠义传编辑办法，艺文志讨论办法三则，具载《观所尚斋文存》中。先生在馆，以老宿负重望，隐然如万季野之主修《明史》，其核实考信之法，亦略本万氏，而遇非其人，会非其时，所志未得尽行。尝与余叹息言之。然一手成书百卷，事核文密，无可訾议，则可谓独为其难者矣。

东海秉国，设晚晴簃府中，选《清诗汇》，先生搜采为多，小传尤矜慎，是诗史也。复总修《清儒学案》，略仿黄、金两家体例，而意主广大，不存门户之见，足补《史稿·儒林传》所未备。夙精于医，在史馆时，搜葺近世专著颇多，嗣修《续四库提要》，汇成《医家书录》若干卷，亦为绝著。早年客吴门，与郑叔问、刘光珊辈结鸥隐词社。中岁则王半塘、朱彊村、张瞻园时相唱和。晚主聊园吟社，推为祭酒，有《悔龛词》一卷，彊村刊入《沧海遗音》中，续稿一卷，未梓行。此在他人，皆足名家，而先生则余事焉耳。年逾大耋，神明不衰，日惟作字吟诗自娱。辛巳，重宴鹿鸣，自赋长句二律遍遗海内故亲，故一时属和者达数十人。生平笃于内行，岁时供祭，皆有常品，必诚必敬。澹于荣利，不殖生产，仕宦既成，而江阴故里曾无一椽半亩之增。耄学不倦，凡所揽观，丹黄皆满，尝谓徒过目而不涉笔，往往囫囵读过，不复澈解其所以然，此学者通患也，足为后生师法。下笔谨严，未敢稍涉空文。冬十二月下旬，以感寒病肺，遂致不起，年八十有五。遗令不讣告，不受吊，子孙仕宦于外者不奔丧，先生盖有所隐痛于中也。

元配何夫人，继配张夫人、周夫人，皆早世。后继刘夫人，勤俭温肃，持家有法，三十年一无内顾忧，亦先四年卒。妾李孺人。男子子六：纬璋、慰官，张出；纬寿、纬明、纬杭，刘出；纬森，李出。女子子六：纬瑾，适周宝辰，纬琦，适姚佐廷，纬璘，适朱方饴，何出。纬瑜，适刘祖望，纬璇，适陈经，纬玫，适王季绪，张出。孙十一人，孙女四人。铭曰：

渊哉若人，雍容儒雅。高文典册，玉堂金马。江海一麾，干略弗施。兼领下邑，惧背母慈。方遂初服，俄惊鼎革。连耻房愤，敢曰先识。史局既开，勉竭吾才。成书百卷，焕往辉来。光芒万丈，会吐长蚩。贞民不涅，永奠幽宫。

事实有与行状异者，皆是据《文存》改正，亦有据以增入者。其简略不详者，以有时讳。故文凡一千六百余字，稿凡五易，自问无可再简矣。岳棻注。

据作者手稿

徐仲可墓志铭

夏敬观

余初与徐君游，闻君有端操，能文章，既从容得覘君出处大节，读所为诗歌，益信而不苟。余卜筑沪西康家桥，君因来为邻。君素贫，无立椎地，尝名其意所构曰天苏阁，至是果有，则日夕坐其下，握笔倨几，历祁寒盛暑不辍。居三年，每见，辄出所撰著，就商榷。或数日阻，必朝夕遣童持短札来。两家相距中隔牛窌，余楼北牖，自窌顶望君南轩，日下舂，人影彳亍楼槛间，君与妇妾方凭眺也。而君妇与余妇相从亦频数。君门前左右小径，邻辄壅蔽，使不得通车辙，余方为君责谕，而君止勿较。凡沪居，水源自江来，始洁可酌。余与君皆就贸水者通铁筧入厨灶间，涓涓而清。君之邻乃日乞饮君所，君弗拒也。

君平生鬻所著书，换米盐自给，常不能有余，然必节缩以旁赡戚族。与人书，尝取寄书囊背糊而再用之，成累叠置案旁，以记所闻，而铭于座右曰：一举两得，废物利用。六通四辟，好学深思。与人谈谶，虽一事之微，一物之细，有可录者，归必书之，故晚岁所成笔记尤多。少尝从项城袁世凯练兵小站，为将校讲经史大义，与天津徐世昌、奉新张勋为故人，张且与君结盟为昆仲，诸公贵显，君独弃去。或讽之曰："君有贵交，往投之，富贵可立致，何勤勤作苦自给为？"君笑曰："果取富贵，于吾何有耶？"亡何，君所教诲将校亦多贵，将廪给之，君谢不受。君有子，学成游于英吉利，入伯明罕大学，得理学士，又入维多利亚大学，得商学士，仕为财部秘书，不乐，去隐于商，能月进所得养亲，君约减其数取之，曰："无以是使吾子伤廉也。"以故终身食贫。

君讳珂，字仲可，浙江杭县人。举于乡，数试礼部不第，试为内阁中书，改同知，然未尝一日为也。曾祖应夔，中书科中书。祖孝酉，布政司理问。父恩绶，余姚县教谕，同治初左文襄公克复浙江，佐公善后有功。母陆氏。配朱氏，继配何氏，妾李氏。子一，新六。女一，未字而卒，皆何出。孙大椿，孙女二人。君所著，凡文诗词集若干卷、《大受堂札记》五卷、《可言》十四卷、《五刑考略》一卷、《清稗汇钞》四十八卷，其他校辑者凡百数十卷。君卒前二旬，饮余家。明日，会海盐张菊生所，遂得疾。疾二十日，亟谕其子，以铭墓请于余。余往视之，已不能言矣。年六十，以戊辰二月十一日卒。呜呼！君于余交可谓笃矣。生而日以文抵余订可否，殁而以铭属余，余忍不铭耶？将以某岁某月某日，葬君于某山之阳，遂为铭曰：

遗彼荣，修厥名。劳其精，文则莹。殁而扃，坚吾铭。

据作者手稿

徐志摩小传

蒋复璁

余与志摩，生同里闬，长复同游，其没也距今已三十余年，迄无一言以为之记。闲居独处，常戚戚于怀。近以胡适之先生逝世，追思旧游，怆怀往事，于是新月社文酒之欢，与志摩之音容笑貌，旧梦如昨，宛在目前。余不文，不足以传志摩，然大惧其孤标特操，将愈久而愈湮也，乃略述其志行，以谂世之不能深知志摩者。

志摩讳章垿，字又申，志摩其号也。清光绪二十二年（一八九六）月日生于浙江海宁之硖石镇。硖石处上海与杭州之间，浙西之巨镇也。皖米销浙，以此为交易之所；江宁织绸，以此为采购之地。故商业繁盛，人民富庶，志摩之尊人申如先生善贸迁，执一乡之牛耳，著称于江南。志摩为先生独子，席丰履厚，不以娇贵多财而损其志。未弱冠，肄业于硖石之开智小学，每试辄冠其曹，有神童之目，其尊人常出示其文而引以为乐也。

清末升学杭州府中学堂，时余肄业于钱塘小学，同居杭城，始与相识。民国三年，考入北京大学预科，不一载，即南归与宝山张幼仪女士结婚，并以张氏之介，乃及新会梁任公先生之门。四年，转入上海沪江大学。五年，转入天津北洋大学，时先仲兄悬壶津门，余亦就学于天津之德华中学，与志摩常相过从。乃知其读书不异常人，而成绩优异，斐然杰出者，盖天赋智慧有非他人所可企及也。民国六年，余考入北京大学文预科，志摩亦重入北大，进法科政治学门，虽属同学，然以所习各异，又人多散处，故相见尚有不如在津时之频焉。

民国七年秋志摩赴美留学，进克拉克大学，习经济，一年即得学士。八年，改入哥伦比亚大学，习社会学，亦一年而得硕士。九年，由美赴英，进剑桥大学，乃开始其文学之研究。时其夫人张女士亦出国赴欧，会于巴黎，同栖于剑桥。志摩生长于膏粱文绣之中，当纨绮之盛年，擅屈宋之才华，神仙眷属，琴瑟静好，识与不识，莫不艳羡，而事乃有大不然者，岂超然者别有怀抱耶？方志摩之舍经济、社会而事文学，既违堂上之意，讵于民国十一年，又冒不韪而向其夫人提出离婚之要求，更出其尊人意度之外，家庭龃龉，肇于此矣。是年冬志摩回国，由京返乡，寓硖山之三不朽祠。硖有东西两山，为邑名胜，值余与先叔百里先生皆回家度岁，时相与作两山之游。东山之阴有名万石窝者，风景尤美，明末查伊璜先生读书处也。志摩每游，辄流连不忍去，余于志摩没后，告其家人，葬志摩于此，从其好也。

民国十二年，余因先叔之命服务于北平松坡图书馆，志摩亦往同寓，日夕相聚，达三年之久。志摩因适之先生之邀，任北大英文学系教授，又以陈博生先生之邀，任农报副刊编辑，作育人才，提携后进，不遗余力，沈从文氏即其一也。志摩之作品，亦以此期为最富，余皆得目睹之。其问世之第一书曰《志摩的诗》，即浼余代编者也。志摩之语体诗文，自为一代宗匠，而于旧文学造诣亦深，于文好龙门与蒙庄，尤工骈文，为新会先生所赞许，而推于康南海也。于诗则好青莲与玉溪，故其自作皆以浩气与真情胜，随意写来，皆成佳什，人或病其堆砌，然不能易之也。志摩于西洋文学之研究，余无能道其深，惟知其重情感与理想，若哥德、拜仑与哈岱，皆其平日所乐道者也。印度诗哲太戈尔于民国十三年来华讲演，志摩为任翻译，或谓其文学与思想，受影响颇大。良以志摩之诗，于清新中有其神秘，流利中有其苍凉，内蕴宗教之意识，为志摩所独得者也。

志摩之为人也，略无城府，人无贤愚，一视同仁，若不知人间有险恶与可憎可惧者。既有泛爱之德，故所有知交亦无一不爱志摩者，隐然为一时交游中心，于是始为酒食谈宴之集会，继乃有新月社之创设。新月社者，当时北平文人之俱乐部也。时余亦厕其列，偶为志摩助理杂务，盖此非其所长，亦非其所乐为也。志摩重情感，往往不问是非，不计利害，惟以一念真诚，追求神圣之理想世界，因是遂以偶然之误会，致演王陆之婚变，又因其秉性忠厚，抱伯仁由我之歉情，乃于民国十五年与陆小曼女士结婚于北平，失双亲之欢，却师友之劝，其一意孤行，有若其离婚时也。呜呼！志摩之直情径行无稍顾藉者，惟适之先生知之最深，亦论之最平，故余尝谓适之先生为志摩唯一知己者以此也。当志摩与张女士仳离时，新会先生曾致函相劝，其覆函有云："实求良心之安顿，求人格之确立，求灵魂之救度。"更曰："夫岂得已而然哉。"余于志摩之再婚，意亦云然，盖欲求理想之实现，亦非得已也。

志摩既视再婚为庄严盛典，故特请新会先生证婚。婚后，由余陪同往谢，并自矢此后当努力著述，小曼亦愿裙布荆钗，以尽妇职。新会先生容甚庄，颔首答之而已。未几，志摩夫妇离平返里，意将承欢膝下，以绍箕裘，而其尊人先期出游，避之北平，不得已乃挈小曼抵上海，教授于光华、复旦及中国公学诸校，自此遂急于家计，而独立生活矣。十八年冬，闻新会先生病亟，奔赴北平探视，与余谈及家事，凄然曰："小曼实有志上进，而吾家不之许，卒成现在之局。"余亦为之怃然也。由此言之，志摩之用情一往不复者，其志可原，而其遇尤足悲也。

志摩遇余特厚，民国十三年，余就清华教席，志摩为之介也。十九年余将赴德留学，以经费不裕而迟迟其行，志摩曾为筹画而不果，乃力促余行，曰："出国者多矣，岂必腰缠皆富，然从无流落海外而不归者，何惧为。"其后余得浙江省府之津助，乃克成行，虽不出志摩，然心感之也。志摩为余谋固如此其至也，其为他人谋亦无不忠也，与朋友交亦无不信也，凡识志摩者类能言之。余既赴德，函志摩索其著述全部，转赠柏林普鲁士邦立图书馆。旋为寄去，并附长函，告余以生活煎迫，故又至北平，任教于北大，藉教书与译述以给家计。余复函谓："君固神仙中人，乃不作神仙而作凡人，汲汲于生活，吃苦固应尔也。然君虽困窘，而文章愈见洒脱，知胸中并无半点俗尘以相干扰，生活虽迫，其如君何。"大意如此，其详也已不复记忆矣。

民国二十年（一九三一）三月，志摩自北平乘便机南归，为探小曼女士之病也，又乘便机北上，为听友人之讲演也。讵知竟遭不幸，以机撞山顶而罹难。哀哉！享年三十六岁，子二：一早殇，一子在美，能世其家。余在柏林，越一月，始闻其噩耗，天外轰雷，悼痛累日，追念良友，邑邑难忘。今老矣，可不为之传耶？

据《传记文学》第一卷第一期

钱基博自传

钱基博

钱基博，字子泉，又字哑泉，别号潜庐，江苏无锡县人，生于民国纪元前二十五年。以废历二月二日生，与孟子同生日，兄弟五人，而次居四，与弟基厚孪生。五岁从长兄子兰先生受书；九岁毕《四书》、《易经》、《尚书》、《毛诗》、《周礼》、《礼记》、《春秋左氏传》、《古文翼》，皆能背诵；十岁，伯父仲眉公教为策论，课以熟读《史记》、诸氏唐宋八家文选。而性喜读史，自十三岁读司马光《资治通鉴》、毕沅《续通鉴》，圈点七过；而于历代地名，必按图以索，积久生悟，固以精贯顾祖禹《读史方舆纪要》一书，下笔缅缅，议论证据今古。十六岁，草《中国舆地大势论》，得四万言，刊布梁启超主编之《新民丛报》。又以己意阐发文章利钝，仿陆士衡《文赋》，撰《说文》一篇，刊布刘光汉主编之《国粹学报》，意气甚盛。而父祖耆公以家世儒者，约敕子弟，只以朴学敦行为家范，不许接宾客，通声气。又以科举废而学校兴，百度草创，未有纲纪，徒长嚣薄，无裨学问。而诫基博杜门读书，毋许入学校，毋得以文字标高揭己，沽声名也。顾江西提法使陶大均睹其文章，骇为龚定庵复生。招之入幕，从容讽议，而不责以治事。大均早年受业遵义黎庶昌，于湘乡曾文正公为再传弟子，好诗古文词，独许基博文，以为得曾文正所谓阳刚之美；月薪白银百两，尤为优赡。而基博悉以奉父，衣冠敝旧，不改于初。或问何自苦乃尔，或亦誉为少年老成。而基博则应之曰：“余年少，又自知嗜欲过人，稍一纵恣，惧回头不得；今手中不留一文钱，欲束身自救以不入于慆淫耳!”同幕作客，咸有所欢。或逢宴会，挟以娱嬉，合尊促坐，男女同席。而基博捧杯微饮，神志湛然。一日夜半，睡酣，大均使召入见，以为有所咨也，亟披衣起。至则幕僚纷侍，大均指一粲者，语曰："此花榜状头，驰誉旧矣！昼招则人言可畏，故不卜昼而卜夜。君不可不一盼睐！"基博默然，徐曰："公以风宪官而长夜召妓，岂所以仪刑百僚？"遂趋以出。同座哗笑以为迂儒。大均止曰："毋然！此君子！"明日诣谒，长揖谢曰："君少年如此，乃命我辈愧死！然微君不能诤我！亦为我不能容君！"自是不复召妓。休休有容，于大均见之焉。时为民国纪元之前二年也。

追辛亥革命军兴，同县顾忠琛方以苏浙联军总参谋，攻克南京，延治军书。历任援淮军司令部，陆军第十六师副官参谋，授职陆军中校，调江苏都督府。戎马仓皇，未尝废文史。《吴禄贞传》，席地为草；文出，一时传诵，咸以为传神阿堵，如见生平也。时革命新成功，同事者罔不恣意声伎以歌舞升平；追日之夕，军部寂无人焉。基博独留宁，挟册吟讽，中宵琅琅；卫兵值守门外，未尝不窥而怪焉，或指语以为笑乐。既而民国二年，第二次革命失败，直隶都督赵秉钧、江苏都督冯国璋知其素长者无与，又有诤议，皆以秘书为招。基博自以奉职南方军府，丈夫立身，岂容反复；议论异同，只以救世难而非以图身利。又目睹世乱方兴，飞书走檄，不过以文字为藩府作口舌；文章不以经国，而莠言乱政匪所思存，谢不往也。会无锡县立第一小学国文教员缺。校长顾祖瑛欲以延之，而月薪二十元，每周任课二十四小时。祖瑛以基博文章有高名，而自二十岁奔走江南北，月薪常在二百金以外；又知其有赵氏、冯氏之招；若以为不足辱也，辞颇嗫嚅。基博笑曰："君何浅之乎测我也！吾家三世传经为童子师，何所不足于我乎！"既莅事，祖瑛又虑其才高意广，或不屑意于此也。而其博熟讲勤改，诸生翕服；在职二年，未尝一日旷课。祖瑛则大喜过望，而基博亦怡然有以自得也。每语人曰："吾从前月薪二百，往往萧然块处，时有遐思；而今则哓口瘏音，自朝至于日中昃不遑，乃益以此收放心焉。呜乎！吾知免矣！"自此委身教学，二十二年以来，历任无锡县立第一小学国文、史、地教员，吴江丽则女子中学国文教员，江苏省立第三师范学校国文经学教员及教务长，圣约翰大学国文教授，国立清华大学国文教授，第四中山大学中国语文学系主任，私立无锡国学专门学校校务主任，光华大学中国文学系主任及文学院院长。其为教也，必诚必信；以为卷怀不可以宏道，乃开诚以示物；显言不可以避患，故托古以明义；务正学以言，无曲学以阿世。徒以二十年来，学潮激荡，长傲纵欲，大师或相诡随以与为亡町畦。而基博所至，则常思树立师范以矫一世之枉，每太息曰："昔人媚道以干时君，人知其佞矣！而今之大人先生，乃不屑枉己以容悦不学之后生，我其谓之何哉！"独严气正性，不与诸生为翕翕然。每莅讲室，危言激论，大声发于座上，时亦杂以诙嘲，呻其占毕，多其讯，从学者初惮其严，久则相说以解；虽持论侃侃，而历小学以至大学，未尝有扞格之学生焉。

基博论学，务为浩博无涯涘，诂经谭史，旁涉百家，抉摘利病，发其阃奥。自谓集部之学，海内罕对。子部钩稽，亦多匡发。而为文初年学《战国策》，喜纵横不拘绳墨。既而读曾文正书，乃泽之扬马，字矜句炼；又久而以为典重少姿致，叙事学陈寿，议论学苏轼，务为抑扬爽朗。所作论说、序跋、碑传、书牍，颇为世所诵称；碑传杂记，于三十年来民情国故，颇多征见，足备异日监戒。论说书牍，明融事理，而益以典雅古遒之辞出之，跌宕昭彰。序跋则以生平读书无一字滑过，故于学术文章得失利病，多抉心发奥之论。湘乡曾广钧读其文而诧叹焉，既则贻以书曰："吾子上说下教，虽强聒而不舍，然而仆睹子之学必不大。何者？熔史铸子，裁以昌黎，从前推孙渊如有此萌芽，钱竹汀略创轮椎。吾子运以豪气，扛以健笔，四十岁后，篇题日富，必能开一文派；特惜言皆有物，较空言格律及虚神摇曳者有难易之分，造诣虽宏，徒侣必不能广耳！"南通张謇以文章经济，为江南北士流所归重，及读基博文而叹曰："大江以北，未见其伦！"吴江费树蔚曰："岂惟江北，即江南宁复有第二手！"而謇尤广为延誉。闻者或疑阿私所好，而不知基博未瞻一面，未通一书。兴化李详论文不囿风气，好称子部杂家之学；顾于并世文人，少所许可，尤力诋林纾，以谓："观其所译小说，重在言情，纤浓巧丽，浮思古意。三十年来，胥天下后生，尽驱入猥薄无行，终以亡国。昔人言王、何之罪，浮于桀、纣。畏庐之罪，应科何律！畏庐既以此得名，可以已矣；而又高论文章，因择举世所宗，又为时贵意旨倾响，复起桐城之焰，鼓之以炉鞴，势令海内学子从风而靡，一与其小说等，而其富厚之愿始毕。此仆所为不平!”而独甚推基博,贻书谓:“所重足下者,能多读书而下笔辄古。畏庐偾于豚上,不畏耳!若足下之虎,且相率而辟易。弟自此不敢轻量足下矣!”基博则复之曰:“博生平论文,不立宗派。在曩时桐城之学满天下,博固不欲附桐城以自张;而在今日又雅弗愿捶桐城已死之虎,取悦时贤;拙著《古文辞类纂解题》,固尝微申厥指。桐城之文,尚澹雅而薄雕镂,而畏庐则刻削伤气,纤秾匪淡,于桐城岂为当行!而气局褊浅,十五六年前,徒以博偶有掎摭,见之不胜愤愤,无端大施倾轧,文章化为戈矛,儒林沦于市道,属商务不印拙稿,而不知博本勿赖市文为生。有友人介绍博任北师大国文讲座,其时畏庐在北京文坛,气焰炙手可热,亦作臧仓,致成罢论,知者多为不平。然博以为真读书人,正当化矜释躁,征其学养。何意畏庐六十老翁,不能宏奖后进,而党同妒道若是!胜我不武,不胜见笑。博苟卓然有以自立,畏庐尸居余气,文章真赏,来者难诬,身后千秋,尚赖博为论定。而畏庐乃必欲穷之于所往,博岂遂为所穷,徒见其不自量耳!当日固以如是,岂在今日,博转欲拾其唾余,藉以自重。及畏庐身价既倒,博撰次现代中国文学史,平情而论,胸中既未尝有不平之气,更何必加以寻斧,效恶声之必反!故博前日于畏庐不肯降心以相从,而在时移势异之今日,亦不敢动长者,张目作寻声之骂,呵禁不祥。”而于是详服其有度也!侯官陈衍以文章娱其老寿,年八十岁,称一代宿学,而谓基博曰:“四部之学,以能文为要归,而文章独以昌明博大为上。题事繁多,而措之裕如者,画家之层峦叠嶂也。后贤可畏,独吾子尔!其徒以简洁幽峭称者,皆力之有未逮,抑或其题之只以止此也。”基博谢曰:“虽不能至,不敢不勉!”基博既以文章教学后生,而著述之刊布人间世者,曰《周易解题及其读法》,曰《四书解题及其读法》,曰《读庄子天下篇疏记》,曰《韩愈志》,曰《韩愈文读》,曰《明代文学》,曰《国学文选类纂》,曰《模范文选》,曰《版本通义》(以上九种商务印书馆出版),曰《国学必读》,曰《经学通志》(以上两种中华书局出版),曰《后东塾读书记》,曰《现代中国文学史长编》(以上两种世界书局出版),曰《文史通义解题及其读法》,曰《古文辞类纂解题及其读法》(以上两种中山书局出版),曰《老子解题及其读法》,曰《骈文通义》(以上两种大华书局出版)。其它散篇,杂见《新民丛报》、《国粹学报》、《小说月刊》、《东方杂志》、《教育杂志》、《新教育》、《清华学报》、《甲寅周刊》、《青鹤杂志》。自署其著书之室曰后东塾，盖读陈澧《东塾读书记》之作，而以明窃比之意。题楹联云："书非三代两汉不读，未为大雅。文在桐城阳湖之外，别辟一涂。"则固有以自信矣。盖商务印书馆出版宜兴张振镛所著《中国文学史分论》论次之如此。顾基博独自谓所著文章，取诂于《许书》，缉采教《萧选》，植骨以扬、马，驶篇似迁、愈，雄厚有余，宁静不足，密于综核，短于疏证。文之佳恶，吾自得之，后世谁相知定吾文者耶！

生平无营求，淡嗜欲而勤于所职。暇则读书，虽寝食不辍，怠以枕，餐以饴，讲评孜孜，以摩诸生，穷年累月，不肯自暇逸。而性畏与人接，寡交游，不赴集会，不与宴饮。有知名造访者，亦不答谢，曰："我无暇也。"文章只以自娱，而匪以徇声气。学道蕲于自得，而不欲腾口说。不为名士，不赶热客，则中狭肠，孤行己意，而不喜与人为争议，人亦以此容之。饱更世患，又欲以宁静泯圣知之祸。长沙章士钊善持政论，有天下大名。而基博则规以书曰："昔人连称名德。名者，公所自有，德则愿以交勉！独念民国肇造，谈士峰起。尚集权，则兆洪宪之帝政，言联帮，又启强藩之割据，民亦劳止，汔欲小休。而文士之笔悍，乃与武人之枪枝，同恶相济，祸国殃民，然后知诸葛公澹泊明志，宁静致远之为高识。老子曰：'天下神器，不可为也。'往者已矣，来者可追。倘少主张，即少纷纭。公热心人，愿献此一服清凉散！"盖素所蓄积者然也。与物无竞，而律己则严。年二十六岁，入进德会，会之成立，其大旨以革命必先革心，人有不为而后可以有为，相约以不为自律；最高者八不，降杀以次至三不者为末级。而基博则卑之，不敢高论，只以"不吸烟"、"不赌博"、"不狎妓"、"不纳妾"四事自约敕。其署名之发起人，曰吴敬恒、蔡元培，其徽章为白银心，悬当胸。银以征其纯洁，心以警其良知，蕲于精白乃心而已。当日以大力者登高之呼，而纷纷籍籍者，胥以入会为荣，迄今二十四年，而澹与相忘于无何有之乡。诸公衮衮，纳妾者不可以更仆数；其它细德出入，更无论矣。独基博龌龊小儒，乃不敢犯戒耳。每谓"君子之道，闇然而日章，小人之道，的然而日亡。而今之所谓名流者，亦既流宕忘返，骛名而不课实；言满天下，而有遗行；适见其为小人之的然而已！吾畏之远之而不欲接之"！瞻顾朋侪，独多君子。自以为节性之和，不如太仓唐文治。制行之谨，不如同县顾倬、高文海。治事之勤，不如上海王宝仑、嘉定廖世承。识度之渊，不如同县徐彦宽。学问之密，不如慈溪裘毓麟。而文事则差有一得之长。人固不易知，自知亦未易也。弟基厚，少相狎，长相爱，同居数十年，砥行论学，往往面争至发赤，而未尝言财产。顾基博性急不耐事，基厚常以知计宽之。基厚治事精整，服劳地方，内苦其心，而不求谅于人。而基博则肆志为文章以有闻四方。行事不同，而兄弟相戒，勿取非分之财，勿好不虞之誉。世极其变，我线无常，世肆其乱，我养吾和，抱朴守醇，毋汩其性，不忮不求，何用不臧云。

《江苏教育》叠函来以索基博自传。自念行年四十九岁，庸言之信，庸行之谨，无所补于世，渐不敢应也！顾周佛海厅长则以属稿于武进刘耿侪先生。先生以告，伏念声闻过情，君子所耻。良友厚我，誉我匪实。遂撰次生平如右，不敢以饰也。时在中华人民造国二十四年四月十日，钱基博自述。

据《光华大学半月刊》第三卷第八期

卖字先生唐驼墓表

蒋维乔

唐驼，江苏武进县人。考讳恂之，身多疾病，又遭洪杨之乱，家徒壁立，年四十一岁而殁，遗孤三人：长紫瑛，年十一岁，次驼，年五岁，幼女仅三岁耳。妣姓邹氏，守节抚孤，藉十指度日，勤苦异常。驼于六岁入私塾，日识字五十方，聪颖逾恒儿，惟以家贫，时读时辍，不得竟其学。年十七，即致力于楷书。黎明即起，寒暑无间，三年而学成，深得王欧笔意。弱冠后，以贫故，即游幕于外，或锡或杭。年二十九，以习字过勤，曲偻发背，日夜痛不成眠，逾年始愈，则右背隆然高起，遂弃其名，自号曰驼，字曰曲人。

厥后一就天津盐运使幕。适值拳匪之乱，间道步行南归，历尽艰辛，始抵里门。母子相见，惊喜交集，自此居家奉母，未敢远出。及母殁，乃至上海，为澄衷学堂写《字课图说》。既出版，而驼之书名噪一时。文明书局、商务印书馆，先后聘驼写教科书。驼之卖字生涯，于是始矣。然驼有天才，在书局数年，于印刷术独有心得。其时中国图书公司营业失败，岌岌不可支。经理林康侯知驼之能，请为副理。驼为之整顿内部，推行外销，公司得以复兴。至辛亥革命，方归并于商务印书馆，驼遂入中华书局，主持印刷所，以终其身。

驼既以书法得名，因以卖字为副业。为人写市招联额，其初不过遣兴，其后乃日益发展。最盛之时，一岁所获，几及万金。人皆以驼为卖字致富矣，实则驼之为人，金钱随手辄尽，负债如故也。驼生平事母至孝，有慨于晚近孝道日衰，欲挽回之。因念及其从祖名安邦者，早丧父，事母孝，李兆洛曾为之传，载之邑乘，遂发愿建立唐孝子祠。每岁提出卖字收入若干成，以为基金。自知其用财无节也，嘱其友为之监督保管，积久遂成巨数，乃建祠于武进西郊之锁桥湾，祠旁别建安邦小学校。会江苏省政府表彰各县乡贤，以明时唐荆川有御寇之功，拨款修理其墓及荆川读书处。墓在武进南郊，久已鞠为茂草，省政府知驼之建孝子祠，费省工坚，又为荆川之后裔，遂以斯事委之。驼悉心规画，未逾年而观成。墓前享堂巍然，周围种树，读书处有亭榭泉石花木，春秋佳日，邑中士女视为游观之胜地焉。驼体素健，冬日恒御夹衣，善饮啖，食量兼人。晚年乃得胃溃疡症，病发，辄呕血数碗，因此体渐衰，闲居养病，不轻出门。然其先后经营孝子祠及读书处，辄扶病往来沪常间，绝不肯懈。有时寝食俱废，亦所不顾。夫建孝子祠，所以教孝也。规复读书处，所以教忠也。驼以一手一足之烈，懔懔于忠孝大节，而竭力辅翼之，其可谓贤矣。

驼少年即喜艺兰，其他花木，一经手植，莫不欣欣向荣。后居沪上，湫隘嚣尘，室庐狭小，然驼能于庭前或屋后露台，辟一二区，遍艺兰花，所选皆名种。每逢春暮，访驼于寓，满室皆兰，如入香国。驼与仁和吴恩元，搜集累年所得新旧名种，用铜板精印，并详述种植灌溉之法，汇为三卷，名曰《兰蕙小史》。

驼以中华民国二十七年八月九日，旧疾复作，殁于沪。享寿六十八岁。元配郑氏，妾钱氏、周氏。长女纯，子六三，郑氏出。次女小尾、八一，次男念慈，钱氏出。三十年十二月，归葬于武进公墓。既葬，其女纯踵门而请曰："吾父遗命，墓前立石，曰'卖字先生唐驼之墓'。吾父生平之知己，惟先生。敬请为文，揭其行义，以示来者。"因为叙其大略，表诸墓道，为乡邦矜式焉。

据作者手稿

高柳两君子传

陈去病

陈去病曰：十年以来，天下士之负奇气，怀大志，历山海，逾邦国，以趣东南游吴会者，孰不知吾吴有两君子哉，孰不读其文章，愿为之下，相与衡盱时局，狂歌痛哭，拔剑起舞，而欲有所为哉。然两君子虽有所为，而事成以后，始终不居其功，掉头啸傲以去。呜呼！两君子不诚贤士哉。两君子为谁？曰高旭、柳弃疾。

高字慧云，号天梅，别号钝剑，金山人。柳字安如，号亚卢，别号人权，吴江人。而天下多称之为高剑公、柳亚子，或曰高柳云。高以诗词鸣，柳则以文。高年稍长，柳较少。高意气傲岸，自负弘远，喜饮酒，长于雄辩，醉辄侵其座人，或嬲为联句，不则自捉笔为诗歌，缠绵数十百言立就。柳貌恂恂，如十八九好女儿，而口甚吃，性复卞急，语辄轇纠不可吐，人多意解之。顾极诚恳，凡欲有所为，必尽其愿乃止，不则狂号痛哭，谓且陵侮已。高居黄歇浦南，泰山之麓，视九峰三泖，如屏几物，风涛云树，有动于中，往往慨怀其乡之先烈陈黄门夏考功诸公，以激发其攘夷之念。柳居松陵分湖长白荡间，固昔时东南义旅所结垒树帜，与虏族横刀血战地也。叶天寥吴长兴之高风壮烈，仿佛缭绕魂梦之中，而亲其诏语也。故两君子者，咸以民族革命为第一义。虽刀锯鼎镬，夷然无所恐怖焉，而高柳之名亦浸淫扬溢乎海内外。高年二十余来上海，与余合。柳父念曾，为余同门，又共创雪耻学会；师俞焕章，亦余旧友，皆素亲善。故柳在髫龄，余早识之，闻其能毕韩杜集，辄心异。未几，君即掉鞅文坛，不可一世，余亦为之却步矣。会余游日本，与四方贤豪，结义勇队,设军国民教育会。柳亦诣爱国学社,为中国教育会会员,日与章、邹、吴、蔡诸君子游,学益孟晋。及余主《江苏杂志》、《警钟日报》,高柳均时时为文章鼓吹革命。于是两君子之声气通,而踪迹亦日并。

当是时,高方与孙中山创同盟会于江户,回国号召。柳与之遇,遂共设机关部于海上新八仙桥,诡其名曰“夏寓”。又设健行公学于西门宁康里,以培植年少。又为《醒狮》、《复报》,以指斥当世,虏吏端方闻之,心弗善也,乃发侦骑,将按名逮捕,而两君子挥金亦垂罄,乃散其众归于家,然其梦想共和求光复固如故。至丁未冬,复与余结南社于海上,而天下豪俊咸欣然心喜,以为可藉文酒,联盟好,图再举矣。粤东倡义,吾社之士,即联袂趋赴,期得一当。及武汉克而东南未定,黄兴、宋教仁、陈其美等奔走规画,日夜不休,卒以其力恢复上海,并下苏杭,皆社中厨顾也。南都既奠,社之豪杰,若马君武、吕志伊、景耀月、汪兆铭、陈家鼎、居正、陈道一辈,复从容推戴中山,建立中华民国。俾吾皇汉四百兆同胞,一旦获睹汉室之重光,识胡虏之衰替,说者谓事虽天定,然非两君子于平时多所联洽,亦未易至是,岂不然欤。

顾两君子不自矜伐,翛然一无所于其躬。高先任金山司法长,未几去之,至今岁始以被举为众议院议员来京师。柳则一为南京总统府秘书,即托病归,至于今不出。乌呼!两君子不诚贤士哉。然余为之兴感焉。今日冠盖纷纷出入于通都大邑间者,当三数年前,其人类皆畏葸缩瑟,如寒蝉仗马,俯首屈伏于奴虏之下,不以为可耻。期值兴复,乃更轩眉攘臂,以号于众,谓天下事非我莫属矣。甚且易其媚虏之心,以媚国狗,日夕造作诡谋,戕害勋故。呜呼!若而人者,其视高柳,不深愧耶。然而世且尊崇之,慕效之,至澌灭其良心而未已也,宁不悲哉。

据《南社丛选·文选》卷八《巢南文选》

高阆仙先生传

尚秉和

君讳步瀛，字阆仙，霸县高氏。曾祖讳鹏，诰授奉直大夫。祖讳庭蕙，户部主事，诰授奉政大夫。父讳德沛，诰授中宪大夫。母新安张氏，诰封宜人。高氏故富饶，百余年来为一邑冠。后经捻匪之乱，楼台池榭，鞠为茂草，而中宪公忽弃养，家遂中落。时君方九岁，家残破不可以居，张太宜人遂挈君移居新安外家。太宜人性耿介，不欲累姻戚，则鬻珍玩衣物，以督君学。君赋性聪颖，读书过目不忘，年弱冠，应童子试，辄冠其曹。长老见其文，靡不惊异。既补博士弟子员，又数年，值光绪甲午科，遂举于乡，文誉隆起，寻主讲定兴书院，二十八年任保定畿辅大学堂教习、高等师范教员。次年，赴日本留学，归任直隶查学员。三十年，调学部补主事。入民国，改教育部佥事，升社会司司长。

君恨不亲受业于桐城吴挚父先生，乃即其遗书而私淑之，尽得其传。而记向赅洽，尤长于笺注。民国十七年，辞教育部司长，任北京师范大学教授，兼女师范大学教授。既而充奉天萃升书院讲师。二十年，九一八变起，逃归，仍主讲师范大学。二十六年，兼充保定莲池学院讲师。芦沟桥变作，北平陷，君杜门不出，谢绝宾客，资用匮乏，意豁如也。二十七年，任私立辅仁大学教授，兼中国大学名誉教授。君之笺注，穷讨极搜，骈文千字者，注释或至数万言。其故实之杂见于各书者，必征引无余，而校其字句之异同，纪述之详略，故如李善之注《文选》，王逸之注《楚辞》，为学人所尊重。君则谓王、李之注，应视若经子单注，更宜引伸，详为疏解，以成大观，乃即《文选》李注作义疏，淹博赅洽，较原注多至十倍或数十倍，虽未能卒业，然其宏博已为学界所惊，翕然信仰。

君内行纯笃，太宜人年九十余，意之所欲，无不力具。有姊妹数人，岁时必赒恤，其贫者则迎其全家养之，以承欢太夫人。于故交，则自布衣以至显达，相辅相助，数十年如一日，老而气谊弥笃。而博闻强记，凡历代诙谐之诗文，及以八比咏世间之俗事俗物，工巧解颐者，虽年老能背诵不遗一字。每友朋宴集，寂默寡欢，及君入来谐谈引，喧豗四座。君富于责任心，凡学校功课，虽甚风雨，从无旷隔。其兼任保定莲池学课时，每两周必到，不辞往返之劳。及将卒之前一日，仍赴校讲授，其勤劬如此。二十八年十月，忽得噩梦，及寤，泣为诗，以志其事，并申训次女，有若遗嘱。至十一月十一日，果感微疾，至夜竟卒，享年六十七。

配任邱边氏，无子，有女子三：长淑芳，师范大学毕业，适姚；次立芳，留学法国，艺术学校毕业；次芷芳，姬王氏出。所著有《孟子文法读本笺注》、《国文教范笺注》、《古今体诗约选笺注》、《唐宋诗文举要》、《汉魏六朝文选》、《明清文选》、《古今辞类要注》、《文选李注义疏》。至在萃州及莲池所为《三礼举要》、《骈文举要》、《史记举要》、《文章源流》各讲义，皆为时势所限，未能终篇。其零星短著，如《庄子研究》、《杜诗研究》、《古礼制研究》、《明堂研究》及《史记正义斠笺》、《太史公自序笺证》、《平议段懋堂与顾千里论学制》，皆存之文集，藏稿于家。

据抄件

黄人传

金天羽

黄振元，字慕庵，中岁自名曰黄人，而字摩西，常熟人也。慕庵母孕十五月而生，观书如电扫，少习道家言，日饵丹砂，又习剑法及诸异术，常尽月不寐，数日不食，独游山中，夜趺坐岩树下，其秉赋固已异于人矣。光绪庚子，美教士孙乐文创东吴大学于苏之天赐庄，礼聘太炎、慕庵为文学教授。太炎著《訄书》，讼客帝，客帝恶之，卒亡走海上。慕庵独留教终其身。慕庵才思博艳，好为荒忽幼眇之辞。传奇倚声，与吴梅伯仲，二子友好无间。慕庵于律度不能沈细，若丰文逸态往往驾吴梅而上。如饥鹰怒骥，绁勒所加，惟奔放是惧。慕庵蹇于舌，不能为雅音。然其倚席而讲，高才文学者，举帖帖就弟子座惟谨。

慕庵以为修辞立其诚，而文学或不免于诞。仓颉造字，天雨粟，鬼夜哭，河出图，而洛出书，皆是例也。宣尼为群言宗，六经皆真理，然而教外别传，尚流毖纬。若周、秦诸子，或托皇古之神明，或张域外之灵异，两京困雅，古今选辞者以为宗，而五行禨祥，符命封禅，奉为大道，动作高文。至若鲁壁丝竹，汲冢光芒，凌虚传河上之书，持禁出枕中之记，仲舒大儒而侈五龙之术，中垒硕学而信万毕之方。故秦坑之儒，即是方士，汉学之授，不出家人。延及摽季，益多夸饰。遮须兜率，愿才子之生天，奎宿长庚，祝文人之应运。甚至工部诗编，夜辉星月，庐陵阡表，水护蛟龙，斯又一例也。夫诞者谀也，谀非人之所乐为，然或屈于威力，又不甘苟以取容，则别出一途焉以相讽。或挟最高之天权，或挟最尊之师权，或挟最信仰之鬼神权，上与君主分席，而下以自作其气。此神奇之说所以日多也。而君主之黠者，亦转利其说以为粉饰具。是故帝有感生，而圣必天纵，斯又一例也。抑非特中土然也，创世之纪，默示之录，天方夜谭，希腊神话，齐谐志怪，遐哉渺矣。虽然，彼之贤乎我者，华与实不相掩，真与赝不相杂。上帝以外无赞美，诗歌小说以外无灵异，其民皆以诚为善，交邻治内，斠若画一，以固其国础，文学未始无功焉。慕庵习于西教士之论议，往往隆侈欧、美而贬损华胄。庸讵知西土之诞谲，乃远胜于吾华者耶！

慕庵又以文学诸体，备于姬氏之朝，周礼六官所掌诸典章学术，即为文学类别之权舆。故周公实肇文王之大业(孔子所谓文王，实玄名，而非著名，故周、孔皆可谓之文王。或又以得位者为文王，不得位者为素王。如孔子，其志则文王，其遇则素王尔。质言之，能统一文学权而兼行政权者，文王也。仅有文学权而不能假行政权者，素王也)。其辨章文学，直与体国经野同功。兰台志艺文九流百氏，一一推本于王官者，其必有所征矣。孔子虽阳奉周公，实阴用老氏之道(老氏世为史官，掌一切典籍，盖文王之留守留后焉。孔子入周，其志不尽在文学权，而因老子悉窥秘藏，后为时势所困，不能达其第一目的，乃以统一文学权为其第二目的)，而革周公文学权之命者也。以故六籍六艺多与六官相龃龉，孔子之所以雄于周公者，周公手握行政文学二权，力以兼营而分，孔氏周流不遇，始以文学自王，当时既坐致门徒三千之盛，后世遂与政治相抗行，订经之效等于移鼎，岂非文学界之祖龙哉。祖龙帝位一再传而遽绝，孔氏之泽长矣。然而曾、思、孟、荀已不免乎偏安分割，亦犹周室东迁，虚拥尊号，其力比于一小诸侯。若儒之分为八，抑下侪于汉阳诸姬，而听强邻之荐食，彼杨、墨、老、庄、韩、白、仪、秦、邹、淳诸家，争雄迭长于坛坫之上，俨然文学界之五霸七雄也。道、墨、名、法之名，从此大定，其事直与称国纪元无异。至屈、宋崛起，则隐然窃帝号以自娱。文学之争愈烈，文学之类别抑愈繁。于是秦始以消极之方使之一统，汉武又以积极之方使之一统，而文学之权，从此又为政治所兼并。盖尝论之周公负文学专制之名，孔氏抑收文学专制之实。文学之得自由，惟周、秦之交为然尔。秦、汉两雄主出，文学遂入于囚拘之境，历劫不能自拔。夫专制之才莫大周公，其法亦莫良于周公，以亲贤乐利定贵族平民之界，而使之各尽其能，盖专制而含有君宪之义者也（周公知专制不可深恃，故立谥法以限制君权，而班爵之制，亦寓平等于不平等之中。且《民约论》为卢骚理想，独周时能实行，试观《左氏传》子产拒韩宣子索郑商人玉环事，可揣想当时君民皆预结约契）。议礼制度考文虽禀于一尊，而吐握谘访，能网罗天下之才，后世稽古重儒之风，由是而升焉。虽萧墙多故，版宇未广（周虽号一统，然淮徐荆舒等实未臣服），金革叠兴（周公之用兵，如伐奄灭五十国，膺戎狄，惩荆舒，与平小腆等，必非一时之事），偃武修文之志未遂，官礼订而未为成书，学校兴而不有髦彦（周史中以高才博学名者，未闻出于学校），然终藉其天生才美，定右文之至治，开群哲之先河（臧文仲、武仲、柳下惠、孔子出于一国，皆以圣称），文明之气如日中天，功亦伟矣。惟世卿贵族之制，隆而未杀，文学不被于齐民，《春秋》二百四十年，其传诵者皆政府之典章，国际之词令，而私家著述无闻焉，号称博雅能文者，必名公钜卿而编户之氓不与焉。政治上能矫其失者惟秦（秦穆始霸，其所用蹇叔、百里奚、由余、公孙枝诸人，皆借才异地，无一右族），故秦卒以西戎代周。文学上能矫其失者惟楚，故南北学派分峙，而使春秋以上阀阅之文学，一变而为战国处士之文学；博物数典自然之文学，一变而为穷理尽性爱智之文学；樽俎坛坫折冲之文学，一变而为名山大川传人之文学。冲决周、孔以来专别之藩他，人人鼓舞其独立自由之神，削管掉舌，以与异己者为攻守。文学之壁垒一新，盖俨然一合从连衡之局。其中要以名、法两家，专重适时而深恶道古。嬴氏卒以其术取天下，成三代以来未有之大业，而诸家昧于时势，犹称先则古，聒而与统一君主抗。夫以祖龙之雄骜，力能取儒先所称述隆拜之帝王神圣猕剃无遗，此琐琐空言陈说，又奚足恤者。故焚坑之祸，挟书偶语之禁，随之以起。儒家称古最力，受祸亦独深。其实秦所厌恶诸书，大抵经诸家涂泽附会，而非其本朔。使不焚不禁不坑，则弥近理而大乱真，害于政教之流行。祖龙此举，隐有别择之功焉，其用情厚于汉武远矣。如以吏为师及设博士弟子员，实欲使人习一王之律令，无受古人愚。盖一统专制，不患民不知有国，与夫国所制定之学，而特患其不知法。法之范型即国也，其理意即学也。法为通今，学为师古，通今则智，师古必愚。秦之智其民者，重今而舍古，而世乃谓之愚黔首，岂不冤哉。慕庵论文学，其思想崛奇而先于人者如是。

慕庵中岁，足不良于行，时来访余，口滔滔演其独至之辩，听者不得搀一语。余稍苦之，阴使门者报曰某先生来谒，则仓卒起曰："日旰矣，我乃忘归。"惟绥成亦然，绥成见吾绳其艺，则时时挟所撰文强余读，余不能堪，以书戒之曰："吾子之为辞工矣。虽然，沥古泽于瓯，臾徐以敷其革，是故缛而不苍。"绥成怒，以书还诟曰："子欲观于莽苍苍乎？刑人之场，鏖战暴骨之野，皆是也。子谓乃公愿之乎？"自是不复以其文相质，然绥成根极谟训，微以矫揉为累。慕庵之于经术芜矣。慕庵蓄书，必钩其纲要，书之简首，虽稗官野乘，亦必考校为某代某文人之撰著，虽穿凿，亦多可喜。其所为倚声，常熟张鸿序之曰："其奥焉如子，其怨焉如骚，其空寂焉如禅，其幽渺焉如鬼，其骀宕焉如素女。写不能写之言，达不能达之意，寄无可寄之情，究极情状，牢笼物态，读其所为词，如见黄子毵毵短发，披拂项背，负手微笑吟于残灯曲屏间。"盖慕庵思想荒幻，入非非境，有足副其言者。一日，慕庵忽发狂易疾，歌泣无常，至盛暑袒背不履，骑蹇驴，走坊巷殆遍，遇一弟子，索小银币购馎饦乃送之归学校。慕庵卒以狂易死，年五十有八，为甲寅之秋。书籍著作，并散逸于外。其弟子王謇，先录其诗词若干卷，而庞树柏等别印《摩西词》一卷，今传于世。《文学史》二十九帙，则存东吴文库焉。

据《天放楼续文言》卷四《苏州五奇人传》

黄晦闻先生事略

失　名

先生讳节，字晦闻，广东顺德县人。弱冠受业于简竹居先生之门，笃实精研，为读书草堂从游所心折。学既有得，乃独居花埭云林寺，下帷攻读者又十年，造诣渊远。其时国势日蹙，先生深念忧愤，遂走沪上。以光绪三十年冬，与章炳麟、刘光汉、邓秋枚、陈去病、诸宗元、马叙伦等，创办国学保存会，捐藏书累数千册，刊行《国粹学报》，博征群籍，以种族革命之大义昌告国人。而文章尔雅，援说瑰博，一时承学之士，闻风瞿然。既洞晓于古今地域氏姓文物典章之源流，与黄炎裔胄所以陵夷之繇，益知革命为不容缓。二十余年以来，追数牖启问学倡导改制之功，以文字鼓吹者，《国粹学报》袖然居其一。后有惇史，当毕彰之。先生既旅江南，复与刘三、高天梅、苏曼殊、柳亚子、叶楚伧等结南社。南社之名与志，世所昭知也。

无何回粤，与何剑吾等创南武公学会，又立南武中学，主讲两广优级师范学堂。民国元年，任广东高等学堂监督，所陶成之材士甚众。粤言教育者，景慕先生自兹始。民国三年，袁世凯窃国，命刘光汉等组织筹安会，先生奋然反对。及章炳麟被锢，先生驰函李经羲，力为营救，其语伉直切激，具存文稿致李仲轩、刘申叔两书中。民国五年，蔡孑民长北京大学，聘充文史教授。民国十五年，奉军入关，北大改组，先生引辞，居北平贫甚，尽散所藏书画以自给。十七年，统一告成，粤中士林群以先生硕学重望，亟请长教育以化乡枌，敦促至再，遂出任广东省政府委员兼教育厅长、广东通志馆馆长。在职勤密过人，多所兴建，整敕学校，督励学子，尤不遗余力，由是吾粤学风，遂一变从前之嚣哗，而归于敦肃。顾所擘画犹有扞格不得行者，十八年秋乃辞职去，仍回平任北大、师大教授，兼清华研究院导师。二十三年，国民政府行政院聘先生兼任故宫博物院理事。先生既专以所学授诸门弟子，又欲说诗明志以寤今人。晚为北大说顾亭林诗，殷忧内积。二十四年一月二十四日，以疾终北平寓次，享寿六十二岁。

先生于学，弘窥而约守，著述鸿富。于诗学尤纯湛深造，其自序《阮步兵咏怀诗注》有云："世变既亟，人心益坏。道德礼法，尽为奸人所假窃，黠者乃藉词图毁灭之。唯诗之为教，最入人深。独于此时，学者求诗，则若饥渴。余职在说诗，欲使学者繇诗以明志，而理其性情，于人之为人，庶有裨也。"又曰："余于三百篇既纂其词旨，以文章之美，曲导学者，蕲其进窥大义，不如是不足以存诗也。"其志愿恢远有如是，故所为诗，高抗芳恻，铸合群经，旁及子史，属辞比事，罔不深切，而往复韵致，融会绵邈。义宁陈三立跋其诗曰："冥辟群界，自成孤诣。"又曰："必欲比类，后山为近，然有过之，无不及。"当世叹为知言。所著《黄史》、《国粹丛编》，皆分期刊入《国粹学报》中。《中国文学史》、《周秦诸子学》、《中国通史》，各若干卷。《诗旨》一卷、《变雅》一卷、《诗学》一卷、《诗律》一卷、《汉魏乐府风笺》十二卷、《魏武帝诗注》一卷、《魏文帝诗注》一卷、《魏明帝诗注》一卷、《曹子建诗注》二卷、《阮步兵咏怀诗注》一卷、《谢康乐诗注》、《谢宣城诗注》、《鲍参军诗注》，皆已刊。《顾亭林诗注》，则未完稿。其《蒹葭楼诗》二卷，剞劂甫就。文稿及《蒹葭楼遗著》，在整理中。先生家故中人，以创学报及国学保存会，罄其赀。易箦之日，环堵萧然。有子二，名大星、大辰。大星毕业广东省立第一中学，大辰肄业北平中法大学高中。女三：韶笙，毕业广东统计学校；韶石、韶佳，毕业广东省立第一女子师范。行以遗言归葬先生于粤白云山之故阡。

据《黄晦闻先生追悼会纪念册》

黄宾虹自叙

黄宾虹

宾虹学人，原名质，字朴存，江南歙县籍，祖居潭渡村，有滨虹亭最胜，在黄山之丰乐溪上。国变后改今名。幼年六七岁，随先君寓浙东，因避洪杨之乱至金华山。家塾延蒙师，课读之暇，见有图画，必细意观览。先君喜古今书籍书画，侍侧常听之，记之心目，辄为仿效涂抹。遇能书画者，必访问穷究其理法。时有萧山倪丈炳烈善书，其从子涂，七岁即能画人物花鸟。其父倪翁，忘其名，常携至余家。观其所作画，心喜之而勿善也。意作画不应如是之易，以其粗率，不假思索耳。其父年近六旬，每论画理，言作画，必先悬纸于壁上而熟视之，明日往观，坐必移时，如是三日，而后落笔。余从旁窃笑，以为此翁道气太过，好欺人。请益于先君，诏之曰："儿知王勃腹稿乎？"因知古人文章书画，皆贵胸有成竹，未可枝枝节节为之也。

翌日，倪翁至，叩以画法，不答，坚请，乃曰："当如作字法，笔笔宜分明，方不致为画匠也。"余谨受教而退。再叩以作书之法，故难之，强而后可。闻其议论，明昧参半。遵守其所指示，行之年余，不敢懈怠。倪翁年老不常至，余惟检家中所藏古书画，时时观玩之。家有白石翁画册，所作山水，笔笔分明，学之数年不间断。余年十三，应试返歙。时当难后，故家旧族，古物犹有存者，因得见古人真迹，为多佳品。有董玄宰、查二瞻画，尤爱之。习之又数年。家遭坎坷中落，肄业金陵、扬州，得友时贤文艺之士，见闻渐广，学之愈勤。游皖公山，访郑雪湖丈珊，年八十余。闻其于族中有旧，余持自作画，请指授其法。郑丈云："唯有六字诀，曰实处易，虚处难，子谨志之。此吾曩受法于王蓬心太守者也。”余初不为意，以虚实指章法而言，遍求唐宋画章法临摹之，几十年。继北行学干禄以养亲。时庚子之祸方酝酿，郁郁归。退耕江南山乡水村间，垦荒近十年，成熟田数千亩。频年收获之利，计所得金，尽以购古今金石书画，悉心研究，考其优绌，无一日之间断。寒暑皆住楼，不与世俗往来。家常盐米之事，一切委之先室洪孺人；而歙中置宇增产，井井有条，皆由内助也。

逊清之季，士夫谈新政，办报兴学。余游南京、芜湖，友招襄理安徽公学，又任各校教员。时议废弃中国文字，尝与力争之。由是而专意保存文艺之志愈笃。乃至沪，晤粤友邓君秋枚、黄君晦闻；于《国学丛书》、《国粹学报》、《神州国光集》，供搜辑之役。历任《神州》、《时报》各社编辑及美术主任、文艺学院院长、留美预备学校教员。当南北议和之先，广东高剑父、奇峰二君办《真相画报》，约余为撰文及插画，有署名大千、予向、滨虹，皆别号也；此外尚多，不必赘，而惟宾虹之号识者尤多，以上海地名有洋浜桥，虹口也。

近十年，来燕京。尝遇张季爰、溥心畬诸君于稷园，继而寿石工君亦至，素喜诙谐，因向众云：“今日我当为文艺界办一公案。”众皆竦立而听。乃云：“张大千名满南北，诸君亦知其假借于黄宾虹，至今尚未归还乎？请诸君决议。”即以《真相画报》为证，众乃大笑。

余署别号有用予向者，因观明季恽向字香山之画，华滋浑厚，得董巨之正传，最合大方家数。虽华亭、娄东、虞山诸贤，皆所不逮，心向往之，学之最多。又喜游山，师古人以师造化，慕古向禽之为人，取为别号。而近人撰“再续碑传录”一书，搜集称繁富，燕京出版，中采予向《新安四巧工传》文，乃谓予向为失名。最近《中和》、《雅言》二杂志，皆录予向所作文，人知之复渐多。而余杭褚理堂君德彝撰“再续金石录”，载鄙人原籍，误歙县为黟县，是殆因黟有黄牧甫而误，亦应自为言明者也。

近伏居燕市将十年，谢绝酬应，惟于故纸堆中与蠹鱼争生活，书籍金石字画，竟日不释手。有索观拙画者，出平日所作纪游画稿以视之，多至万余页，悉草草钩勒于粗麻纸上，不加皴染；见者莫不骇余之勤劳，而嗤其迂陋，略一缮览即弃去。亦有人来索画经年不一应。知其收藏有名迹者，得一寓目乃赠之；于远道函索者，择其人而与，不惜也。

据《古今》第四十一期

傅钝安墓志铭

李澄宇

钝安讳熊湘，始名萮，字文渠，亦字君剑，湖南醴陵人。祖慎吾，父润荄，咸事儒术。钝安少敏决，既入泮，游上海。会清失政，媚外虐内，与宁调元创《洞庭波》杂志，复与柳弃疾等结南社。凡所论议，务覆满兴汉。辛亥冬，至苏州，辑《大汉报》。未几，返湘，主办《长沙报》，著论讨袁，辞甚厉越。癸丑，汤芗铭督湘，捕钝安。钝安匿某所数日，间道入里。里人知为文渠，不知即汤督所捕之君剑，故终克易名转徙。既三载，袁败汤遁。程潜总师徒莅湘，辟钝安秘书监，不就。仍主办《长沙报》，以揭吴某事，报社火，死三人，钝安适在里，免于难。嗣张敬尧督湘。醴陵受祸烈，钝安与文启蠡等乞振上海，撰《湖南月报》，敬尧罪恶襮无隐，敬尧因被逐。钝安尝为省署秘书、省议会议员、沅江县长，非所乐，而尽瘁教授，历校十数，士女喜乐。

当是时，蔡元培倡废经，胡适议尽燔圣哲图籍，陈独秀更非孝誉淫，而钝安教人重识字穷理，虽未敢显树一帜，而潜诱后进坦道，俾不妄新，不苟旧，用心至苦，非流俗所易喻。钝安又尝为省图书馆长，综理丛残，蔚录成卷，微言尚经，众籍咸秩，欲藉距邪说抑暴行，犹前志也。庚午夏，长沙陷，钝安避汉口，旋养疾庐山，更走安庆。钝安妻潘君觉以夫仅一子，虑猝遭不测，命仆貌乞者送倚钝安。钝安方病甚，任民政厅秘书兼棉税局长，虽暂乞休，作字赋诗课子读不辍，自谓必不死。盖非惧死，实早置死生度外也。尝纵览朔南好山水，于西湖有“异日来花阁作水仙王”语，悟劳佚，一生死，岂庄周流亚耶。世固有竞权利，不肯毫发让，甚者必上至无上，且永永无上，残国害种，至死不一寤。十余年来，国事类如此。闻钝安之风，亦可以少愧矣。

钝安以民国十九年十二月十五日卒安庆寓馆，年四十有八，归葬醴陵西山之原。子一，业葵，始九岁。女五，绍庄、绍芊、绍华、绍云、绍芝。钝安著述颇散失，今存者《国学概略》、《国学研究法》、《宋七律诗选》、《醴陵乡土志》、《醴陵兵燹纪略》、《段注说文部首》、《离骚章义》、《国文法》、《省图书馆目录》、《钝安脞录》、《钝安诗文词》，都若干卷。其同社友吴恭亨为作墓碑，李澄宇则志其内石，且铭曰：

始愤邦危，嫉清类非。易朔多故，政悖众期。政由学误，夷岂夏宜。独教以正，力殚效微。无教无政，刬殃乱离。九原孔安，已而晦悲。

据《钝安遗集》卷首

蒋观云先生传

章乃羹

先生姓蒋氏，讳国亮，慕信陵君之为人，因号信侪，浙江诸暨人。举光绪二十三年岁丁酉顺天乡荐。居东后，更名智由，号观云。性至孝，遇亲忌日必哭，为营二亲兆穴，历深山邃谷，裂肤蹶趾，不以为苦，最后改葬武康上柏，春秋令节，必诣墓致祭。尤笃于朋友，尝慨然曰："吾亲之逝也，万念俱灰，所拳拳者，独二三知己耳。"故于友朋，有一善则欢欣赞叹，其否者匡救辅翼，使人翻然省悟。说者以为有魏叔子以朋友为性命之概云。少擅制艺，每试必冠其曹。山阴汤蛰先太史尝语先生："君志大言大，虽厄于时命，而文章一缕晴丝，蟠天际地，自为吾浙传人。"

感于世变，知非改弦更张，不足资挽救。辛丑、壬寅间，与乡人赵夷初创办《选报》，先生主持撰述，文出风动一时，自是名浸盛，从游日众。丙辰岁，东游扶桑，与新会梁启超任公订交。时任公创政闻社，属先生主撰政论，先生亦以政党自任。日人大偎重信、板垣退助辈，见其论述，深为推重。而任公所主办《新民丛报》，亦多先生名著。辛亥革命后，返国，旅居沪上。时袁世凯方任总统，先生斥曰："祸民国者，必此人也。"比宋教仁被刺案起，先生密谋覆之。其时长君尊簋寓居北京，与蔡将军松坡辈策画国是，先生屡促南归举义。及袁氏愧恨身死，方幸政治有清明之望，而军阀毒敷四海，国事益不可问，遂杜门不与人往还，寓书宗人宰棠孝廉曰："屏居不与时接，方将从吕尚而钓东海，学孔子而居九夷。上海者，古之东海，而洋场者，九夷也久矣。夫当世之无余，而余之逃于人外也，余与天为徒耳。"盖先生虽困惫绝意进取。清末山东巡抚孙宝琦以知县保荐，不应，入民国，徐世昌任大总统，欲用为教育总长，亦不起。其狷介不贰之操，确乎其不可拔。食苦安贫，卒老死海上，此有心人深为国家人才惜也。

先生之居东焉，以事被陷，几遭不测。避地相豆山中，虎嗥猿啼，怵然非人境。而眷怀故国，辄潸然泪下，自是益肆力诗古文。尝自言："吾于诗，先学少陵，继学太白，后乃学昌黎；于文，先学八家，后学周、秦诸子；于书，先学襄阳，继学鲁公，最后学汉隶；于竺乘，则学法相之因明宗。"日本文中井木菟麻吕，跋先生诗集曰："蒋观云先生去故国，居我邦，其诗有《离骚》怨恨之意，《小雅》悱恻之音。风格精深，方之古人，其杜甫、弥尔敦之俦乎？"乡人陈蓉曙太史，见所撰《上虞石塘碑》曰："近百年无此作矣。"先生诗文，为中外推重如此。先生文散见报章，尚未辑录。诗则有《居东集》、《海上观云集》等。卒于民国十八年，春秋六十有几。子尊簋、尊第。

章乃羹曰：昔王元章隐居九里山，著书见志，以为持此遇明主，伊、吕事业不难致。先生则曰："我不入党，非革命家，不为清代官吏，非遗老。轩冕非吾意，耕钓岂余师。用之则行，舍之则藏耳。"其抱负不可一世，欲以其道易天下，与元章先后同揆，盖皆禀天地刚劲之气而致然也。余闻先生乡人有吴亮公者，其人负奇，好言天下事，清季鼓励乡邦子弟从军，至今诸暨人掌军旅者辈出。群谓非亮公提挈，不及此。先生则命长君讲武日本，卒树辛亥革命之基。语曰："楚虽三户，亡秦必楚。"诸暨地处浙东，民性近楚人用得其道，未始不可以有为。传先生遗事，因附著之，备国人考览云。

据《观山文稿》

籀斋先生哀辞

张　鸿

余弱冠与孟朴游，君先人君表先生，方筑虚霩园，疏水叠石，峙楼迤廊，余常与君随而观之。一夕，与君泛舟池中，余堕水，君惊而出之。握手狂笑，赋诗而散。余与君入都，与黄谦斋、徐少逵诸友游江亭，各题小诗于壁，托名女郎，后流传为江亭女儿诗，颇多和者。君于春闱，屡以回避不与试。丁酉，余与君从张德彝世增读英、法文，旋以事归，又延日人金井秋苹读日文。余无恒，无所成，而君习法文不少间，卒通之。嗣创设《小说林》，风行海上，多君译述之作。君与徐念慈、殷潜溪及余，创立中西学社于塔前别峰庵，即今日之塔前小学也。社中无经费，是时米业有所谓“塔志”捐者，每岁入七八千元，为修志修塔之费。君与余年少气锐，以邑志非急需，塔尤虚诬，请于长吏，拨入学校。邑中巨绅，以为向无敢干涉者，执不可。省中派员查询，君与余面折委员及各绅，均无辞而阴阻之。迨长沙张文达师督学务，闻之，饬督抚批准，乃定。常熟建学之有经费自此始。戊戌政变，踪迹少疏，然君在南与经元善电谏废立，沈北山在北疏劾三凶，书牍往来，精神契合，我二人未尝不默相慰也。

改朔后，君为省议员，持论岳岳，大江南北，贤豪从之者如归。嗣任江南沙田官产总局、财政厅长，数年中不过一二面，而我友黄谦斋，常在君左右。谦斋告余曰：君在沙田局，有友辇金数十万，属君处分某处沙田。君严拒之不为动。其任财政厅，有戚闻君欲在上海觅屋，即代赁巨舍，几榻帘箪，精丽瑰奇。促君视之，君以为侈。告以己所献，不需一钱，则大惊，立毁屋约，命仆舁还其器具。其人嗫嗫不敢出一语。廉洁如此。而尤有益于地方者，则于齐卢战后，某师长拥众数万无所归，欲属于江南。君告于当局曰："留之易，遣之难。姑不问利害，常年馈饷，江南民力竭矣！"乃止。又有欲办亩捐者，君曰："浙之杭、嘉、湖，苏之苏、松、太，承宋贾似道官田之害毒深矣！民将不堪。"后张宗昌来，卒行之。斂臣之言，至今为梗。君于学无所不窥，少时著《后汉艺文志》、《昙花梦曲》，而尤以小说《孽海花》驰名。精研法文，后喜译嚣俄之作。余笑语之曰："今世群以新文学重君，然余以为君之得力处，仍基础于旧学，故发此新采耳！"君笑而颔之。去年，君因病回里，余访君虚霩，以余年稍长于君，语君曰："我死，君为我传。"君亦笑应之。不意君先我而逝，反使我执笔以诔君也。君文学政事，荦荦大者，载在人口，不复述。述我二人自幼至老之踪迹，以纾余哀。辞曰：

吁嗟我友兮！胡至于斯？吾闻君殁兮，日已西驰！含泪升堂兮，寂寞灵帷！搴幕谛视兮，无改丰姿！卧灵床而犹视兮，俨苍苍之须眉！怆悲呼而不膺兮，急痛泪之双垂！念少日之相聚兮，常携手而徘徊。时上下其论议兮，喜心印之同规。迨役形而分驰兮，若劳燕之差池！幸书问之往来兮，辄神合而形离。感日月之易迈兮，循鬓发而同衰。君息影于家巷兮，常携筇而相随。骋雄辩于文史兮，慰十载之相思！傍畦圃以徜徉兮，纷花木之离披！君戴笠而荷锄兮，或芟草而结篱。指紫白以相示兮，若哲理之分治。君云花之一世兮，历四序而终及。人以三十年为一世兮，子与余已六十。较花已为二世兮，如宿根之复植。余笑言以相答兮，人花同归于枯槁。彼时日之舒促兮，惟人心之自造。一弹指之与亿劫兮，何长短之足道！君微笑而语予兮，予犹未忘夫惟识。抑暮年之逃禅兮，皆文字之徽缠。脱羁绁以自证兮，实言思之道绝！忆斯语之未几兮，倏溘然而长息！缅遗音而深念兮，何哀思之无极！羡君乘化而归尽兮，殆逍遥于乐国。

据《曾公孟朴纪念文集》

清故兵部主事曾君墓志铭

陈三立

君讳熙，字子缉，初字嗣元，晚号农髯，姓曾氏，世为衡阳人。父卒，生甫逾岁，君母刘太夫人艰苦抚君至成立。幼聪强，弱冠补诸生，博览娴艺文，复以工书称侪辈，学使者张君亨嘉负雅望，拔君肄业校经堂，学益进。光绪辛卯举乡试，上礼部不第，纳资为郎，隶兵部。癸卯成进士，仍留兵部。补武选司主事。寻得记名提学使、弼德院顾问。先是甲午岁刘忠诚公督师山海关，御倭寇，君一赴军幕，退而联公车上书，慷慨陈时政，意气甚壮。及妖民乱作，苍黄奉母出都门，即被劫，君觅竹舆坐母，偕一仆肩曳行四十里许，得附舟。当是时，母对君泣，君反笑，示无苦，以慰荐母。既南返衡阳故居，长吏聘主讲石鼓书院，兼汉寿龙池书院。君本治《戴氏礼》、《公羊》、《左氏春秋》，溢而为文辞诗歌，雅懿弃凡近，生徒经君指授从风为改观。复选充监督师范、法政学堂、教育会、谘议局、自治局，物望翕然。

国变后，母以天年终，君哀毁几以身殉。久之，其友李文絜公瑞清号清道人者，方鬻书沪上，资糊口自活，为书招君曰："家居碌碌，盍来与我共一旦之命乎?"于是遂走依清道人。君于书，与清道人同渊源，皆务复古，习秦汉篆隶，而后专摹六朝碑体，尽其态。清道人殁，君踵起，名益振，四方赍重直求索不绝，岁所赢，辄推济族戚交朋穷乏者。君事母极孝，终其身，语及襁抱中母遘侵陵，御侮保孤状，未尝不流涕。于清道人，为卜葬金陵牛首山，筑祠置祀田，世尤高其风谊焉。在沪居僻巷，而宾友或门弟子常满坐，古貌白须，呴呴披肝膈絮语，故亲附者众。晚岁喜购古先名辈遗迹，余兴效作画，崛奇出天授。一日，余过君，有自写泼墨山水，装池悬斋壁，杂清湘、雪个诸幅间，余误而并赞之，君掀髯狂笑曰："老夫区区戏墨，亦可乱真耶?"余即自承为误，又摇手曰："不得言误也!"其风趣诙诡类如此。君年跻七十，庚午七月四日病卒。所著有《左氏问难》十卷、《春秋大事表》两卷、《历代帝王年表》两卷、《和陶诗》两卷，书画录、文集、诗集各若干卷。

曾王考讳某，王考讳纪领，考讳广垕。妣氏刘，旌表节孝，国史馆立传。配汤恭人，所出子曰挚，曰述，曰卓，女二：适谭，适夏。继配万恭人，所出子宪珂。孙男五人，孙女四人，曾孙一人。是年九月，归葬君于衡阳界牌岘塘冲。其孤挚，走匡庐山居，乞铭。余于君号生平最狎习者也，掇次事状所未备，系以辞曰：

乱驱一老投海裔，巧救饥肠厕鬻艺。初接黄冠聘联辔，丧朋文采独照世。飘髯蜃楼阅年岁，万灵踊跃役运臂。立身本末根孝义，墨痕隐涴思亲泪。道存亡命缅高致，流风荡靡后谁嗣。魂合岳气片石瘗，馋补声诗导肆志。

据《散原精舍文集》卷十六

曾广钧哀启

曾昭杭等

哀启者:先府君讳广钧,字重伯,号觙庵,以同治丙寅八月十日诞于武昌。府君为文正公之长孙,中宪公之长子。四岁,即就外傅,日诵三百言,好小学,文正命先伯祖惠敏公,书《说文》部首课之。时文正公督师江南,幕中多士,每设宴谈艺,辄抱府君坐其旁。府君闻噱谈至胜处,屡置果饵不啖。夕返内庭,述所闻于先王母郭太夫人,咸了了。既而文正公薨,府君随侍返湘,又由湘浮海赴京。虽舟车移徙,诵读未断。年十二,遂毕五经,《周礼》《文选》皆能讽诵。尤好音韵,与群弟创反切语,深合音韵原理。十三,读《通鉴》,病其繁简不当,一思有所删补,遂为大例发凡。会先王父捐馆京邑,先王母又久病,府君以龆龄侍母,率诸弟妹扶榇返湘,治丧安葬如礼。留湘,始过从于湘绮之门,遂思治经,因纵读高邮王氏父子书,及《皇清经解》。治《毛诗》,旁及三家,穷研极思,多获新义。时就正于吴挚甫先生,先生每叹赏。时府君仅十五也。次岁,遂与善化布衣谢敬吾先生编《诗经比例》,以考其字之讹者。

年十七,始与在湘诸中兴名宿往来,有经世志。时先叔曾祖忠襄公镇江南,召府君赞襄幕府。府君案牍之余,更致力艺文。至己丑,会试成进士。次岁,以一等授翰林院编修,时年二十五矣。病国事日非,极思建树,而以新进不见听,遂告假返湘,尽读文正所藏书,更研求书法,日取《龙颜》、《猛龙》、《龙藏》三帖临仿,以融会南北,遂瑰异成一家,然亦坐是,试差数不利。时上海译刊西书,府君读其路矿诸作,大悦之。先是,府君素持强国须先富国之议。方忠襄公置海防,府君即谓制械当与购械并进，而强国之械，尤不如富民之械。忠襄公及左文襄公虽韪其说，而以法氛日逼，无暇为远计。至是，府君既读泰西致富诸书，遂有营实业之志。然以名臣之裔，未便隐退，勉周旋朝士间。会中日战发，府君以将种起用，仓猝之间，武器窳败，军心惶惑，遂不敌。府君慨然解兵，思从政治维新以救国，始与康南海、谭浏阳、梁新会诸君子友善。丙申返湘，更与南学会诸子研求新学，又偏游湘西、湘南觅矿，寻得水口山采锑砂二十九吨，交周舣生炼之于湘潭，实开湘人矿业之端。次岁，南游粤，客中读新旧《唐书》、新旧《五代》及辽、金、元史。思古人利民之法，莫大于水利，思为汽力起水机，以均旱潦。又思为飞机，单叶推进，暗合泰西新制。然自病无算学，未能精密设计，遂读《数理精蕴》诸书，自创新法乘方开方，俄倾可得。更精研河图洛书，晚著《河洛罪〔罫〕级数》行世。又思变汽机往复之力，为循环之力，名之曰圆进发动机，即涡轮之制。府君未习机械学，而所思每暗合西哲之发明，盖专诚殚虑，不中不止也。既而离粤，沿西江北归。在湘见厉行新政，以弦促柱危，警当事者，果至沪而六君子之难作。府君既悲挚友之沦亡，又痛新政之铲灭，乃匿迹苏、杭，避不见人。友朋招致，均谢不往，其悲怆之怀，概可知矣。

己亥，府君年三十四，复入都，乞外用，分发广西知府，遂入桂，奉委为体用学堂委办。庚子，联军入京，府君佐张光宇率师北上勤王。和议成，府君复入都。时兵燹之余，灾黎载道，铜驼之叹，只能托之诗歌而已。至是，府君灰心国事，乃返湘读书。据《诗纬》，补《国风天宿图》，据《翼奉传》，补《齐诗六情图》。丙午，至鄂为先王母称觞。张南皮时拟脩粤汉铁路，每有疑难，辄以询。府君本其富民素旨，为之尽力策画，然辞不受职，仍返湘。时端午桥抚湘，屡欲以事相委，府君均婉谢之。盖自庚子后，即无心从政矣，惟日沉溺典籍，岁数至衡岳，以涤荡心胸。

辛亥改革，府君乃奉母返湘乡。教乡人种肥田草，及冬令烧畲法。然终以风鹤频惊，遂避地往沪，与哭厂、樊山、梅厂各前辈诗酒无虚日。后因湘绮招，至京襄史事。无几，奔先王母之丧，返湘，治丧毕，遂留湘。先是，府君从事四方，家事咸由先王母主持。至此，府君始视家政。曾氏素清寒，撙节所余，一毁于庚子，再丧于辛亥。迨民九、民十，子侄众多，教养费繁，府君虽素不治家人生产，因此始集股筑湖田。初筑增嘉垸，堤溃，丧失甚巨。次年，加工再筑，遂成一垸，辟田二万余亩，因之得业者几万人。至十四年，有脩嘉禾垸者，已九年，不成，其股东相率乞府君领脩。时府君年六十一，不复能自督工程，惟重违其意，允为主修，一切事宜，咸委主任，府君画诺而已。今两垸毕成，岁增湘谷数万石，咸府君之赐也。

府君既家居，每与众子侄相聚，辄谈学，间述清末故实，历历时地均不爽。至于子女教育，惟重启迪，不假督责，求各本其性，从所好而已。至前年祸起，府君仓猝出走，展转抵沪。惊定之余，仍纵情诗酒，与谭畏公、瓶斋、陈散原、朱彊村、程十发诸丈时过从。虽旷达之怀不改，而神情萧索，垂垂老矣。今秋，因先二叔病革，返湘，然终不及一见，府君感怀哀怆，忽忽不乐。孟冬之三日，以家事将往湘阴，时棘人宝荪出席太平洋会议，昭杭以病在家，昭桦供职天津海关，昭柯、宝苗均幼稚，未能随侍，府君仅偕族兄昭绶及仆从先行。七日，患头痛，府君平生未曾头痛，猝得此，遂偃卧。八日，稍愈，略进粥，是夕安眠。次晨，乃昏睡不醒。族兄即召中西医诊治。中医云痰厥，西医云血充脑。时棘人昭杭得电，星夜扶病驰往，至湘阴已十一日。是日申刻，府君遂弃棘人等而长逝矣。从兄昭权又偕西医杨君克念同往诊治，亦云血充脑。盖平日用脑太过故也。

府君早岁得高科，中年仕进欲救天下，晚岁创业利民，虽终身无闲日，而治学临池，未尝一日断。所著有《环天室诗集》刊行，其余文集、经学、纬学及音韵诸书均待刊。棘人等趋庭日鲜，未能备述其言行之详，谨以所知，综述厓略，伏望海内君子，锡以志铭诔传，以彰不朽，是所感戴。苫次之余，语无伦次，祈矜鉴焉。棘人昭杭、宝荪、昭桦、昭柯、宝苗泣述。

据石印原件

虞君述

冯开

君讳辉祖，字含章，姓虞氏。先世自余姚转徙至定海金塘，复自金塘迁灵岩乡。清康熙中，割定海为镇海，遂为镇海灵岩乡人。曾祖某，祖瑞云。父定源，诸生。母王孺人，生君而卒。君幼禀至性，事后母胡，不异所生，推爱弟妹，将护无不至。父性畏雷，每雷声作，君必趋侍父侧，夜或夹父以寝。虽童年，乡鄙已称其孝矣。神解超隽，读书能条贯大义，迨成诸生，益好为深湛之思，通方适变，务丰其蓄，以应世需。光绪季年，与同县钟观光等创立科学仪器馆于上海，壹切规蒦设施，悉倚办君。先是风气阻塞，习仪器者大率取给域外，自馆之立，饬材具物，讲习制作，骎骎与殊国竞功苦广储博输，无假他求，财不外溢，而匈用汔于通国，君之劳也。

君既负先时物望，巨人长德多愿折节与交，君夷然不以屑意。中年已往，旁皇求索，唯欲托文字以自存。属文颛尚简澹，曲尽言外微致，不为丰缛繁杀之词，深情远思，冥搜孤造，每一文成，钩稽往复，率首尾六七易稿，其不苟如此。初与族人景璜齐名。景璜殁，君嘿嘿无所向，久之始交陈训正、冯开。训正、开心折君文，微用声响色泽相绳，君乐从其说，益涵揉演迤为浑噩无端涯。寻北游燕代间，出居庸，度辽渖，入云中，经行万里，凡大山巨川，名都壮隘，诗人所歌咏，豪桀名将之所用武，升降临睨，徘回感慨，靡不于文发之。最后居京师，用编辑自资赡假，日益治其文，文日益有名。是时新城王树楠、桐城马其昶，方分领国史、清史馆事，号称文学老师，而桐城姚永朴、永概兄弟、吴闿生，并以能文著闻都下，见君文咸帖然意下，以为欧、曾者俦也。生平澹退，不悦纷华，在京师日闭门写书，胜流文游而外，罕与人事接构。终岁蔬食，不近肉味。晚就山东省长署秘书，既而不乐罢去。明年，被辟为公府谘议官。会镇海人士以纂修方志事见属，即便引归。归不一月，遽卒，春秋五十有七，民国十年辛酉四月一日也。病革，语诸子曰："吾死，都无所恨。独念毕生微尚，姱在文字，天蹙之年，不克极其所诣，此可惋叹耳。"君自定《寒庄文集》二卷，王树楠序之，刊印甫竟，而君殁。未刊者尚数十首，临殁戒其子付幵删次为外集云。配沙氏、贺氏。男子子三：和育、和介、和光。女子子二，适某某。孙二：先泽、先承。冯幵述。

据抄件

廉南湖丈诔并序

钱海岳

公讳泉，姓廉氏，字惠卿，江苏无锡人也。以卜居杭州西湖之南湖，故别号南湖，洎隐京西潭柘岫云，又号岫云，而南湖之名独著。父仲皋，从刘壮肃公军平粤乱，被金夷，积功至山东知县。公神悟隽朗，少自藻厉，敦风尚，贯统文史，挥毫落纸，不方稠人广坐。光绪壬辰，补博士弟子员。甲午，举于乡。戊戌，德夷犯即墨，震惊圣庙。朝廷依违不讨，言路噤若寒蝉，公适会试京师，因合计偕士诣御史台，以报雠雪耻责长台者白其事。虽经沮格，而士气之昌由此起。时尚书怀塔布雅好士，特厚饩罗公，旋以訾为户部主事，荐晋郎中。海东西夷窟京师，鸱张钞略一切，大人皆委甲第去。公为护门户，尝以大义冒难屈其酋，约束遵不犯。及行成归，怀公亦甍，而甲第卒无恙。当是时，义声动公卿间，人人争愿一面。然公潇散无宦情，坐曹从容啸咏，不耐冠带。光宣之际，朝政褫落，乃投板嘉遁，筑别墅帆影楼于淞西万柳堂。于南湖提鹇絜鹭，自放水沦风漪之乡。夫人桐城吴芝瑛，郓城知县康之子，冀州知州汝纶犹子，工诗书，好侠，有女士行。后游日本，更纳侍姬春野，共偕隐相得。

家收藏古鼎彝书画精富。至是，遂设文明书局海上，以海西法幻药摄景册页，兼延士迻述鞮译象寄书行世。公于学多所该通，自交祭酒盛昱等，始壹力于诗。所作流风迴雪，娴澹清深，在陶彭泽下，韦苏州上，与柳柳州为近。一篇夺手，远近传写，求诗者踵门，东国名胜，尤乐就之。相与读画评书，文燕酬唱无虚日。公风鉴澄爽，而简易盅和，不为崖岸斩绝。五十后好竺乾道，效方外装处潭柘，有云霞想，然亦会意便住，兴尽即去，不常厥居。于是名益重，内而公府，外而连帅，莫不降礼拥篲。公亦脱略势位，幅巾相见，谈赏而已，而终不敢招以旌弓。故数丁丧乱，独挺节无所染世，叹为真名士。官户部，日与军谘使良忠靖、巡抚吴禄贞为风义交。辛亥，吴、良死难，醵訾〔赀〕为起祠，征文表忠。良家落，又赡其妻子，嫁其女，如所生，不以存殁穷达为寒热。南宇建征管江左教学官钱，有司敦迫，不得已命驾。甫至，叹曰：假隐谲禄仕，吾讵以终南嵩少为名高邪。便取急去。

公履行纯素，濩落不开产业，久游累负，别墅既先后易主，鼎彝书画亦易米散尽。然犹为先哲故友编刻遗书。公卿钦其行谊，争自斥訾〔赀〕返其墅，而卒不保。自去江左，积奉累万金，举鬬营官寺，而自乞贷以生。公由是亦多病卧，偃蹇堙厄怫郁，一寓于诗，读之酸楚呜咽，如听霜猿，令人肠断。为尺牍往复善自道，字瘦如游丝大圭黍世咸宝爱。所作诗刊行者甚多，后合纂为《南湖梦还》诸集。既而，故宫召勘图书，以居傍良祠，可司香火，又以得窥西清旧物，遂欣然应之，犹阮籍之为步兵就所乐也。方与时贤汲古考献，然藜题目，禀命不康，奄然殂殒，春秋六十又四。先时固疾，比危皆安，仓卒病风竟以不起。于乎！公与先征君为游旧，岁癸亥，余拜公京师，投以诗章，嗟风赏接。后不自量，妄志乡先辈人物及公，不以为唐突，而深才之。诱掖盛心，怀此无忘。方期顽愚，赖公贬订，如何不吊，风流云逝，惧湮遗懿，敢诔素旗。其词曰：

于乎我公，清迥无群。高标霜洁，馨德兰薰。旁皇文史，章彩炳麟。帙汗九牛，颖秃千毸。少举秀孝，骤阅班品。相如为郎，方朔麇廪。献书乌台，直惭钳噤。捍盗朱门，气走獯猃。嗟口公卿，风义震撼。衣笠荷槲，蝉蜕冠裳。园林花木，小筑江乡。淞波帆影，圣水柳堂。法书名缋，卷轴缥缃。长斋读画，餐咽山光。神仙眷属，赵管翱翔。大雅不作，风骚绝响。众作蝉躁，公诗遒上。榑桑东指，敬待几杖。海外东坡，大师肸蠁。名士多介，公兼其通。不夷不惠，可否之中。阔略琐碎，直披心胸。潇洒荡佚，明月清风。拈花入山，居士延清。几人不返，逃世何能。一星天上，流水晚晴。刻烛摅藻，公什先成。蠢尔驴马，居与带巾。不屑豺虎，那秽高文。公独皭然，终保其真。纵宽礼数，亦由诗名。岂仅诗名，风轨足纪。

赴急搴裳，忧人若己。然诺相要，不间生死。云梦匆吉，交朋终始。
没司俎豆，存恤妻子。东汉独行，庶几在此。鼎迁江介，八府句留。
未甘作诺，掉首沧洲。名重身塞，诗好财仇。山庄易姓，书卷浮沤。
野史亭畔，枯树兴愁。捐奉大万，寺舍人庥。米盐自乞，朝不夕谋。
平原帖驰，茂陵病卧。药裹花枝，吟诗遣课。哀怨湘累，秋士心破。
援翰抒诚，亦自酝藉。细字密行，针神入化。宣和旧物，含元故宫。
召公编简，一笑相从。庶规中秘，兼奉祠供。博古方图，丽正未穷。
麟台下辟，长庚遘凶。嗟嗟我公，曾不上寿。亦缘无田，叵误客久。
此生梦还，竟谶公口。公与征君，旧侣黄垆。我谒京辇，癸亥冬初。
投以下里，裁答琼琚。许其升堂，宠以溢誉。征君即世，诗唁倚庐。
雕龙崔氏，勖读父书。先友有公，刑典圭臬。驲赴翩然，庭已撤瑟。
言笑长乖，延望悲咽。孔跖同尽，今古并澌。风轮转烛，人世原寄。
王维辋川，云林清闷。不见主人，惟存名字。诗魂在天，诗魄入地。
旧隐依然，云车游戏。更有一编，灵均之替。久久芬芳，千驷不贵。
我作壮语，公洞真谛。九京有知，应为破涕。谁诔张华，机文瑰丽。

据《海岳文编》

溥心畬先生事略

罗家伦

先生名儒，字心畬，号西山逸士。系出清宣宗皇帝，祖恭忠亲王，宣宗第六子，咸丰、同治、光绪三朝之重臣也。先生幼而岐嶷，英华外发，所为诗文，每惊耆宿。初毕业于清河大学，既而游学德意志，毕业于柏林大学。返国省亲，成婚礼，再赴德读研究院，获天文学博士归，时年廿七矣。太夫人教之曰："汝以为今日读书已有成耶，须知此初步耳，更须积学博闻，多下利物济人功夫，或立言以垂诸世。"先生于是奉亲隐居于宛平西山界台，绝交游，谢征辟，泛滥百家，穷研今古，并一一会通之。又以天潢贵胄，家藏书画多宋元名迹，心领目受，弄墨临摹，皆能得其神理。如是者十年，然后出就北京师范大学及艺术专门学校教授。平居水墨挥洒，丹青点染，虽尺素寸缣，人争宝之，风流儒雅动一时，世比之为赵王孙。

七七事变起，日寇踞旧京，建伪府，欲致先生。先生坚卧不起。日酋径造先生居，奉巨金求画，先生拒之，酋强留金以去，先生终斥还之。伪满建国，先生慨然曰："岂有当乾道潜渊之时，徇小人徼倖之请，孔怀得国，罔念正名者。"先生平生志节多如此。日寇降，膺遴选为满族国民大会代表。三十八年，播迁来台湾，居陋巷，萧然若寒素，以鬻文与书画自给，勤著述，虽炎州酷热，未尝稍辍。著有《四书经义集证》、《尔雅释言经证》、《寒玉堂千文》、《经籍择言》、《寒玉堂论画》，以及诗文集，总若干卷。至如《陶文考略》、《慈训纂证》，则昔年隐居大鞍山时所作也。

先生之为学也，先品德而后艺文，始以宋明理学培其德行，故生平行事，动不逾闲，是真能视名教为乐地者。先生为诗，古体宗汉魏，近体擅盛唐，以身经丧乱，苍凉勃郁，往往如杜少陵蜀中诸作。文则出入汉魏六朝，谨严闳肆，铁丽典则，自是当代一大手笔。先生之于绘事，精研六法，师诸造化，北宋风格衰废者殆数百年，先生独起而振之。以是举世宗仰，而先生学术文章，几为之掩。顾天既以宏博绝逸之才资先生，又使之流离江海，故多奇而不遇于时。然先生艺事文章，后生景慕，且将垂楷模于无穷矣。先生生于光绪二十二年七月二十五日，卒于一九六三年十一月十八日，享寿六十有八。

据《国史馆现藏民国人物传记史料汇编》第一辑

毓子坤传

溥 忻

画非小道也。所谓成教化、助人伦者，尚矣。而烟云供养，涵泳天机，技而进于道者，亦在于是。昔人云："人品不高，落墨无法。"则又足以观人，足以论世。国朝画道，号为极盛，而吾宗才艺，尤无忝昔贤。紫琼、瑶华以来，代不乏人。然皆趋跄盛世，润色太平，故得名显当时，芳流后世。可痛惜者，子坤理事，抱卓绝之资，丁叔季之世，少无宦情，性耽山水，其为学，辛勤攻苦，不减寒素，而遘疾蚤世，遗墨无多。每念其不获表襮，未尝不慨然而叹也。

君讳毓厚，字子坤，亦作紫昆，号筠谷，亦作云谷，系出和恭亲王，玉岑尚书溥良之子，嗣为伯父小峰侍郎之后。性笃孝友，自幼受学于胞兄绍岑学士毓隆，于六法若有夙慧。赫舍里菱舫廉访惠年，画宗戴文节公，辑刊《习苦斋画絮》，于绍岑为丈人行。子坤习染之，又自拓充，于石谷、衡山，多所取则。点染大幅，常历岁月。虽经营惨淡，而元气淋漓，弥见浑沦之致。间写花卉，亦生动有韵。得意之作，绍岑率有题咏，得者珍逾古名家真迹。顾非其人，点墨不可得，以故传世者愈稀，而知之者愈少也。以余粗解挥毫，日相探讨，固不啻良师，不啻畏友也。襟怀豪宕，不乐仕进，一官宗人府经历司理事官，鞅掌簿书，非所好也。丙辰春，遘时疫溘逝，年三十五。

遗作中，若《九松图》，若墨笔袖卷，若《千岩万壑图》横幅，皆精严无一懈笔。横幅作于癸丑，绍岑题云："胸中垒块不能浇，化作烟云手自描。解向此中求避世，笔花墨蕊早相招。昔年文、沈擅风流，逸兴遄飞四百秋。句下定应无活偈，要翻筋斗上竿头。”当时传诵，以为佳话。尝作小立轴，意殊自珍，以余赏之，遽以相赠，曰：“使此画得所归。”绍岑即席题云：“独坐萧斋阅画图，可怜满地尽江湖。乔柯修竹嶕峣石，且喜人踪万古无。”至今藏于箧笥焉。其幼子恒润，字德甫，亦工画，擅花鸟，宗新罗，来谒乞为家传，曰：“当今画坛，公为北斗。知先君者，亦莫公若。敢请鸿文，以信千古。”因书所知，以告世之传画人者，固非吾一家之私言也。

据作者手稿

谭大武传

夏敬观

君姓谭氏，讳泽闿，字祖同，湖南茶陵县人。清两广总督谥文勤子，民国行政院长延闿弟。光绪己丑，生于陕甘总督署，以兄弟次居五，乳名小五，闻人呼，辄不应，曰："吾生年肖牛，当曰大武，何小之有?"因又字大武。幼即工书。与兄延闿皆自颜平原《麻姑仙坛记》入手。《仙坛记》有大、小字二种，延闿率大书，君则临小书尤精。评者谓兄才胜弟，而弟学过兄。延闿勤劳国事，于书未专，君则一生不出，惟致力于书也。自幼受学，即不屑治举业。值科举废，虽尝投名学校，亦鄙夷视之曰："此不过科举之嬗代而已。"

宣统辛亥，以荫生纳赀为道员，指分直隶。方引见，遽遇国变，遂弃去。自是绝意仕进，鬻书海上，凡数十年。海内求书碑志必属君，沪商招榜多其所书。每数日聚墨巨池，旦起挥洒，客座间纵横系绳索，若晾衣然。或以为值俭而劳，辄不顾，且曰："我非恃此以资生，人以缣素供我习书，而必厚责以偿，非平恕之道也。"君精鉴别古人书迹真赝，尤喜苏轼、米芾书。闻藏家有之，每亟往求观，顾不自购藏。惟搜集清刘墉、钱沣、何绍基、翁同龢四家书，至逾千幅。盖袭先产薄，不足与厚藏者竞也。君既爱翁书，因颜其斋曰观瓶居，更字瓶斋，以寄私淑意。为学早慧，辞草出手惊长老。尝从王湘绮问学，为诗宗灵运，湘绮深许之，诫曰："以是求精，毋他骛。"是时诗家多宗宋，君终不为风气所移。民国三十六年卒，年五十有九。

据作者手稿

缪嘉蕙传

方树梅

缪嘉蕙，字素筠，昆明县人也。其先籍江南，明初有讳彦德者，徙居之，人才辈出，称望族，至嘉蕙父讳某，十六传矣。嘉蕙聪颖瑞淑，自幼喜书画，小楷秀健有逸趣，翎毛花卉尤擅场，无闺阁媚弱气。年及笄，适同邑陈瑞，名诸生。结缡后数年病卒。嘉蕙守节，事翁姑孝。翁姑殁，恒倚兄嘉玉。嘉玉，光绪丙子科举人，家计清贫。嘉蕙卖画自给，名噪遐迩。光绪中，慈禧皇太后悦绘事，诏访海内闺秀之精于书画者，令有司资送入京，供奉福昌殿。嘉蕙首应征车，颇蒙优眷，赏五品服色，旋升三品，顾月俸三十金，即有恩赏，亦弗足用。嘉蕙以余力作画，都人士兼金争购，且有赝作致丰者。嘉玉时官内阁中书，相与营宅十刹海，宅中御赐团扇摺箑，花卉春条，鹤、虎、福、寿等字，璀璨四壁，玉如意、翠凤冠、瑙珠、玉带、簪耳、帔裙、克什银锞，宠锡无比焉。

嘉蕙之供奉内廷也，慈禧位诸左右，昕夕不离，并免其拜跪，令宫人以先生呼之。慈禧六旬寿庆，以凤冠霞帔陪宾，朝中命妇，莫不艳羡。故事，宫中每日上食，慈禧独据一席，虽帝、后不获与共，惟嘉蕙特蒙共食一次，时人以为殊荣。并于宫内择幽爽所，俾居之，不令与诸宫眷伍。一日，方作画，闻慈禧驾至，欲停笔跪迎，慈禧遣宫人抑其肩，勿令起，并命如平昔作画，曰："吾欲观汝用笔也。"然天威咫尺，竟不免矜持，不克如平昔之笔挥墨洒也。慈禧知之，乃命宫人侦报其作画时，潜趋其背观之，勿使觉。若是者数次，尽得其意匠经营之妙，然究不如嘉蕙之自然超隽也。慈禧雅好名，遍大臣家，皆有所赐花卉扇轴，半皆嘉蕙手笔。

嘉蕙有供奉画稿，绝精，武进屠太史寄为作叙，极推崇之。卒民国戊午年某月某日，生道光壬寅年某月某日，寿七十有七。葬故都赵忠愍祠后。高年奇遇，国人咸称缪姑太云。

方树梅曰：嘉蕙名门女，为名门妇，夫死守节，自字曰素筠以见志，其所重岂仅内廷优宠也哉！

据《滇南碑传集》附录

樊樊山方伯事状

钱海岳

公姓樊氏，讳增祥，字云门，一字樊山，晚又号天琴。世居楚北恩施。自公以上，皆以跃马鸣稍尚勇健，用武功显者七世矣。父燮，湖南副将，因事为左文襄劾罢，家落。尝诏公曰：若当克自奋厉，读书由儒进，毋以鹖冠为也。公生而岐嶷，弱不好弄，未授读，已辩四声。十一岁，能诗。十三岁，通经义，孰数坟籍，如泻瓶水，称奇童。自为博士弟子，即代人司笺记。南皮张文襄典试宜昌，见文大奇，目以国士，招致宾座。历主潜江、江陵讲席。同治丁卯，举乡试。光绪丁丑，成进士，入翰林为庶吉士。年少俶傥，才思横溢，善博辨，精藻鉴，并时宗室盛昱、宝廷负文名者，争与订交，誉日鹊峙。会文襄自蜀还京，与见，叹曰：子其终为文人邪？事有其大者远者，而日以风雅自命，孤吾望矣。公皇然屏词章学，非有用之书不观，遂讲求经世策。

己卯散馆，时鄂罗不率，言路蜂起。公有所论列，当轴弗喜，抑置二等，竟外放。无何，宅外忧归，终服，遂遁不出。旋奉母徐夫人命，谒选得陕西宜川令。为邑七月，调居首邑。不三岁，重以礼去官。贵筑黄彭年与文襄交征辟。己丑，径吴如粤，复从文襄还楚。文襄高掌远跖，方以西政润饰文治，号有为。初为公弗娴西海事，清谈而已。久之与谋议，乃叹伏曰：真幕府才。服阕，由定兴鹿文端荐除渭南令，谙练世故。治狱精绝人。堂皇听讼，千人聚观，虚中察词气，不为缴刻，故曼衍其词，若出若没，而得情伪。朴讷者代白其意，如所欲言。桀黠者经钩抉洞症结，皆骇汗伏。于是从容遣决，使人人愉意而去。其所为判词，海内传诵焉。一时大吏亦推诚相与，故益得发舒，治剧拨烦，事咄嗟办。枹鼓不惊，邑称神明。六年秩满，膺上考。己亥，召对，以道府参武卫军荣文忠幕府。

庚子，至秦随便阳端忠愍迎驾，命备兵皖北，诏留行在。孝钦太后谕文忠曰：机要文字，可与樊增祥撰。是时行在于军机内阁外，特置政务处，如唐政事堂，总内外诏奏，管枢密大计，而以提调命公。帝在西安，夷兵窟京师，正议款，万目瞢瞢，鲑吸鳀潜之性，诪张恫喝，朝异而夕不同，操从缓急可不之数，变且赜。羽檄如山，手批口校，十老吏张灯通曙，犹不给。公独裕如，霆摧的破，当机立断，斡旋补苴，枢臣以为左右手。而罪己一诏，剀切委宛，读者泣下，感激忠义，维系人心，世推如陆敬舆兴元诏书云。公本以外吏，遽与喉舌参几务，人嗟异数。盖以文名结主知，而上亦骎骎乡用公矣。辛丑六月，授陕西按察使。八月，行布政使事。癸卯，调浙江按察使，还移陕西。甲辰，真陕西布政使，以事为长白升允弹挂吏议。越年，天子察其枉，终右之，起家拜江宁布政使。时端忠愍督两江，忠愍内移畿近，公行总督事。宣统辛亥，楚兵发难，挂冠走海上。既而邸京师，黎元洪、袁世凯娄存问，聘参朝政，卒坚卧不复起矣。公由县令陟方面，出入十余年，所至尽心冤狱，宣布恩意，治不尚赫赫名，謇直有大臣节，而为词章所掩，故天下或仅以词人称公。

然即公词章，亦足见学之有本。盖同光时，张文襄为风雅主持，公于己巳岁前，虽读书该洽，见文襄，学始大殖。文襄见公敏惠，尽以所学授之，故存稿断自庚午，犹宋人以见黄名集。丁卯，文襄移督浙学，公馆文襄久，故与浙士亲。见会稽李慈铭，深相慕结，遂师慈铭。二公皆瑰奇博达士也。公学有师承，日肆力于古，涵而揉之，去故遗迹，咀含寖淫，渗漉衍溢，乃奋于词，而惟其自出，故骈文清新俊逸，上追初唐王杨卢骆四子，诗开爽如信阳北地，其七律近唐东川义山，称心而言，如人人意中所欲言，实人人所不能言。词合南唐二主及清真、白石之长，力矫粗犷填砌，亦取屈曲尽意而止。文襄谓公诗第一，文次之，词又次之。又曰洞庭南北二诗人，王壬秋歌行，樊云门今体。慈铭曰：云门文笔，海内无双。时湘潭王闿运、龙阳易顺鼎皆奇士，负才气，傲睨一世，少可而多怪，顾独称公为人。公廉洯己，宠泊寡营，盅粹蕴藉，内行敦竺，事亲以孝闻。丧偶十七年，始娶，侍无姬媵，人以为难。

辛壬以降，方镇鸱突，长安如弈棋。公则跌宕人海，和而不诡，笑谭文燕，结社吟诗，月再三集。春秋佳日，大会名士，江亭二闸，翠微、崇效、法源诸寺，连镳结驷，云合朋簪，就间房泠刹青林丹嶂间，斗僻搜奇，以迭韵唱和相确。诸公或筋摇脉张，啬舌气索，思竭不能续。公愈兴发，顷刻盈数纸，即席成诗，雅赡而速，古之击钵刻烛，殆无以过尔。公以大耋之年，聪明不衰，标萧澹远，观者犹见乾嘉时承平大臣风态。所著书，以一官为一集，作屏翰，日与顺德梁文忠端忠愍，以电传声，数千里外相与诗章酬答，世称嘉话。晚岁，海内之负鳌蟠螭铭宫揭阡交走币者填门，咸赖公文以休万祀。题序得其片纸，珍若拱璧。其乐府辄为梨园歌舞，被之管弦檀板，故上自绂冕簪笏，下至闺秀村童教坊女闾，皆知樊山先生。所作不翼不胫飞走，亦几户有其章，骚坛推为主盟，声誉出文襄、慈铭上矣。

公生于道光丙午，考终于后一甲子辛未，春秋八十有六。夫人某氏，继京兆祝氏，皆先公卒。子孙曾如干人。公少为名士，中为强干吏，晚殆跻封圻。其才足以有用，学足以匡时，而遭离时变，不克制大同，调泰运，经纬宙合，为社稷重臣。顾穷年尽性，乙乙抽思，以词章名，是当亦公之所为悼叹者与。二十年来，老成殂谢，世方仰公如景星麟凤，先朝遗佚，前辈风流，盖存者此矣。公又亡，天下风雅尽矣。海岳先大夫座师潍县曹鸿勋、府主榆林胡鼎彝，故与公友连，乡侍谒于辇下，曾聆清言，退读公集，瓣香已久。谨敢次公之历官行义，载扬清芬，粗纪一二，以俟后之秉史笔者财择焉。谨状。

据《海岳文编》

民国人物碑传集

卷十二

马相伯先生事略

方　豪

先生原名志德，字斯臧，又名钦善，亦名建常，改名良，字相伯，亦作湘伯、芗伯，别署求在我者，晚号华封老人。清道光二十年（一八四〇）阴三月初六日生（先生旧藏《马氏宗谱》原作二月，改三月，三月初六日当阳历四月七日），江苏丹阳人，寄籍丹徒，端临公二十世孙也。马氏久奉天主教，先生受洗，取圣名若瑟，故亦名若石。父松岩公，精医，以善士称于乡里，光绪十一年卒，享寿七十有五。母沈氏，贤明识大义，庭训甚严，自奉俭约，而戚属有急，必济之，后夫十年卒，享寿九十一岁。长兄明学，早卒。姐适朱。二兄建勋，字少良，以御太平军有功，任湘军粮台，光绪八年（一八八二）卒。弟建忠，字眉叔，早岁以外国文学名噪海外，归国后协助李鸿章办理新政，平朝鲜政变，执大院君归，总理招商局，光绪二十六年（一九〇〇）卒，年五十有五，著《马氏文通》及《适可斋记言记行》等。

先生幼岐嶷，儿时即指日曰："我识汝，汝不识我，汝不我若也。"又尝持竿逐月，喜问父老："月活耶？死耶？月生何处？"月将晦，必问何往。长者或呵斥，或谎言虎食，乃大不满，自是遂蓄志研究天文。十二岁，入上海徐汇公学肄业，父母不知也。校长晁德莅（Zottoli）甚器重之，国学与科学皆大进，尤嗜度数。旋赴南京应试，比出榜，则城中已因洪、杨事大乱。上海既陷，先生仍与弟留校中，且助教国文。十五岁，读拉丁文及法文。十九岁，法领事欲聘为秘书，辞之，谓："我习法文，为祖国用也。"二十岁，习希腊文，攻哲学暨神学者几十载。尝在苏州、太仓等处赈灾，染疾，几濒于危。愈后，所读书皆忘，益勤于学，每睡，必见帐顶隐现数目字，而梦境亦无非测算公式。尝至宣城、徐州等地，著《度数大全》一百二十余卷，呈教会付梓，未果。任徐汇公学校长，后又至南京，从事译述。

光绪二年（一八七六）入山东藩司余紫垣幕，始登仕途，时年三十七岁。旋任职滦口机器局，并调查矿务。阅五年，任驻日使馆参赞，改任神户领事。未几返国，入李鸿章幕，赴朝鲜襄助改革政事，编练新军，整理外交，王师事焉。先生上条陈，于省刑罚、定刑典，及求才、废奴、经济、卫生、教育、工业、测地等，悉剀切言之。及自朝鲜归，遂绝意仕进，致力译著。十年（一八八四）复奉命稽查招商局帐目，草改革计划，列举其弊。十二年（一八八六）至台湾，应总督刘铭传招也。力主借款开发，未见采纳。复建议李鸿章辟九龙为商埠，亦未果。乃请设国家银行，发纸币，以其资开矿，造铁路，制军械。鸿章遂派先生赴美借款。得五万万美金。朝议大哗，事败垂成，先生惜之。乃出席斐拉代尔之华盛顿纪念会，复游英国，考察商务，经法国而返。十八年（一八九二）任长崎领事，旋改使馆参赞。

二十四年（一八九八），先生年五十九，退隐青浦佘山。会德宗锐意变法，筹设译学馆，梁启超商先生主其事，先生请设馆上海，并邀教士襄助，议成而政变突发，遂告中止。是年冬，先生与弟积二十年而成之《马氏文通》前六卷，初版行世。先生爱弟才华，令独署其名。翌年冬，后四卷亦付梓。乃以全力译《新史合编直讲》。二十八年（一九〇二）梁启超首从先生习拉丁文。蔡元培、胡敦复等继之。明年创办震旦学院，设徐家汇天文台内。刊行《拉丁文通》，复著《致知浅说》，成《原言篇》，又著《法文关键》及《尺算征用》。震旦重自治，施军训，声誉日高。马君武、张轶欧、邵力子等相率负笈，于右任以诋时政触清廷怒，先生亦招之来，遂以刘学裕名登学籍。三十一年（一九〇五）震旦外籍教士议改校政，先生乃另与严复、袁希涛等立复旦公学。两江总督周馥拨吴淞营地为校址，以万金为开办费。先生自为校长，并授法文。次年至南京，讲演君主民主之得失及宪法之精神，又赴东京处理留学生风潮。宣统二年（一九〇九）严复、夏敬观、高凤谦等先后辞复旦校长职，先生遂复任。二年（一九一〇）任江苏谘议局议员，仍领复旦事。及校舍为光复军司令部所占，乃率学生走无锡，后迁徐家汇李公祠。

民国元年(一九一二)，先生起任南京府尹。时诸将争功，先生斥之，众咸帖服。嗣任都督府外交司长，并代理都督。是年八月北上，任总统府高等顾问。十月，代理北京大学校长。先生鉴于教会文风凌替，乃与英敛之先生上书罗马教宗，请创设大学。明年，与章炳麟、梁启超、严复等，议仿法国阿伽代米，设函夏考文苑，网罗全国积学之士，校刊古籍，编纂词典，奖励著述，表彰硕德。其宗旨与规模，颇类今之中央研究院，卒未成。

至是，先生目睹世风日下，袁世凯复僭自称帝，乃益倡导宗教，屡为公开演说，痛切陈词。并搜求明末教会名著《七克》、《名理探》、《利玛窦行迹》等，一一校阅。英先生创辅仁社于香山，为讲学之所，先生亦赞助之。会其时有倡国教之议，乃以孔道为修身之大本者，先生力言信仰自由之要，辞而辟之。又素主民治，鉴于国民未能了解宪法真谛，译艾士萌(Esmein)《宪法大全》，又发为议论，主南北分治，召开国民大会等。七年(一九一八)草《民国》、《民照》、《心境》三大篇，都二万言，凡民国与民国民之权利义务，言之弥详。时陈援庵先生治基督教史，校勘教会古籍颇夥，先生一一序而行之。教廷派员视察中国教务，则陈述应兴应革诸端，不稍顾忌。教宗本笃十五世颁兴教之谕，先生亲为簃译。九年冬南归，息影上海徐家汇之土山湾，时年已八十一矣。

先生虽高龄，仍手不停披，笔不辍书，所言皆斥军阀，反内讧，培养民德，促进民治，并主张行联帮制，又改译《福音》。"九一八"事起，乃日以人民自救告国人，委代表出席国难会议，仍以实施民治，促进宪法为言，发起民治促成会、不忍人会等。二十五年冬入都，明年三月任国民政府委员。七月七日御侮军兴，西迁桂林，寓风洞山，即明末教会先贤瞿忠宣公殉难处也。二十七年冬，各方门生劝先生入滇、蜀，道经谅山，以病不得进，遂留居。明年，先生寿晋期颐，全国相继行遥祝礼。四月六日，政府颁令褒嘉。十月二十九日湘北大捷，先生兴奋异常，唯身体衰弱已极，十一月四日溘然长逝，举国哀悼。政府再颁令褒扬，并给治丧费，生平事迹宣付国史馆立传。豪不敏，早岁私淑先生，国家西狩，复随侍桂林。岁丁亥，既编次先生文集，乃略叙其生平，以使读者稽考焉。

据《马相伯先生文集》

谛闲大师碑铭

蒋维乔

大师讳古虚，字谛闲，号卓三。浙江黄岩朱氏第三子。父度润，母王氏。师九岁入塾，聪慧异常。未几，父病殁。家贫，奉母命，随舅氏习药业。舅氏精歧黄，一日，有壮者就诊，师素稔其康健，忽以微疾不起，因知人命无常。问舅氏曰："药能医命乎？"舅氏曰："药只治病，安能医命。"师大悟，遂有出世之志。年十八，随俗授室，有儿女。自设药肆于黄岩北门，兼理方脉。营业多未如愿，妻子相继病亡，慈母亦见背。时师年二十，乃遁入临海县之白云山，就成道师剃度。不数月，兄踵至，逼令还家。逾二岁，兄亦殁，仍复入山。

二十四岁受具于天台国清寺。得戒后，在寺参究念佛是惟，精勤不息。会冬日打七，某午，方坐定，止静三板，刚越耳际，忽觉身心脱落，一刹那，即闻开静之声，私问邻单曰："今日不坐香耶？"邻曰："顷一枝大板香才毕，云何不坐。"乃自知在定境中，固应尔尔。年二十六，至平湖福臻寺敏曦老法师座下，听讲《法华经》，敏公命充侍者。初听讲，茫然不知所谓，维那授虚法师，以《法华会义》示之，开卷了然，如睹故物。遂竟夕不寐，潜心研究，旬余，玄解顿开。每以所悟，就正于虚师，虚师为之惊叹。时大座宣讲《法华》，仅及半卷，至"五千退席暨诸佛唯以一大事因缘故出现于世"一段，为全经之纲领。虚师请于敏公，以师复讲小座，敏公不许；坚请再四，始勉允之。师就座，一启口，即滔滔不绝，敏公方退座归寮，登楼甫半，驻足听之，至小座竟，亟招师入寮，询以所得，师亦不自知其故。年二十八，遂升大座于杭州六通寺，开讲《法华》。某日，讲至舍利弗授记品，寂然入定，默不一言，逾时出定，则舌灿莲花，辩才无碍。一世说法利生，其端实肇于此。师自审年齿未尊，不愿多升大座，受众礼拜。讲毕，即回清寺掩关。翌年，迹端融祖，为上海龙华寺方丈，命师出关相助，任库房事。师至寺，一方供职，一方听瑞芳法师讲《禅林宝训》，大海法师讲《弥陀疏钞》，旋由融祖授记付法，传持天台教观第四十三世。年三十一，辞库房职，留寺阅藏。越岁在龙华开讲《法华》，听众至二千余人。期满，即往金山江天寺参禅。留二年，至慈谿芦山圣果寺掩关。而金山同参数十人，追踪叩关，启请指示。乃在关中讲《法华》。逾年，出关。至龙华寺讲《楞严经》。旋复掩关于永嘉头陀寺，三年出关，年四十六，即为头陀寺住持。越岁，朝五台，入都请《龙藏》。三年退席，专力宏教。年五十三，又住持绍兴戒珠寺，兼上海龙华寺主席。

民国纪元，最后住持于宁波观宗寺。寺为宋延庆寺观堂旧址。元丰中，四明五世孙介然法师按照《观无量寿佛经》，建十六观堂，以修观行，故名观宗。自宋迄清，兴废靡常，自师任住持，遵四明遗法，以三观为宗，说法为用，改称观宗讲寺。募建大殿、天王殿，及念佛堂、禅堂、藏经阁，规模焕然，蔚为东南名刹。民国四年，孙毓筠承政府之命，于北平设讲经会，延师讲《楞严经》。士大夫及都城四众赴会听讲者，虽列广座，为之不容。师自二十八岁初升大座以后，江、浙各丛林之礼聘讲经者，岁无虚席。至是，年已五十有八，始为士大夫宣讲，其教化乃普及南北焉。时国内有毁庙兴学之议，地方庙产，多生纠葛。内务总长朱启钤，拟订《寺庙管理条例》，咨询于师而著为令。总统袁世凯，题额赠师曰“宏阐南宗”。都中筹安会，正筹备帝制，授意各界劝进，且及方外。师语人曰：“僧人惟知奉持佛法，不知民主君主。”讲经期满，即振锡南归。

民国六年冬，北平复设讲经会，请师开讲《圆觉经》。七年春，都人士公推徐文霨南下，迎师航海北上。既抵北平，日则手编讲义，夜则升座宣说。维乔得亲近吾师，实在此时。师称性而谈，于讲义外，多所发挥。遂约江妙煦、黄显琛二子，每夕各为笔记，归妙煦整理。翌日，呈师印正。师讶然曰：“余昨夕尚有尔许言说，实不自知也。”其始咸以为吾师奖进学人，故作斯语。厥后历次呈稿，都如是云云。因切问曰："师自身说法，果不自知欤？"师曰："然。"维乔等皆以为异，师乃举昔时讲《法华》至舍利弗授记品忽焉入定故事，详确见告。乃恍然于师之讲经，深得言语三昧，与专特记诵者不同。笔记编定，师特锡名《亲闻记》。先是，师以振兴佛法，首在造就人才，故于民元前二年，就南京僧师范学堂监督，招青年僧徒，分班讲授，解行并进。会光复军兴，相机中止。遂就观宗寺设研究社，以竟其志。至是，讲毕将归，为叶恭绰、蒯寿枢二居士言及之，二君慨任巨资，专备培养讲师之用。师归而筹备，于民国八年，成立观宗学舍，自任主讲，罗致学僧，授以天台宗大小诸部。由是人材蔚起，至今法徒分座四方者，不下数十人。十七年，改并为宏法研究社，承传弗替。

民国十年，浙省当局，目击时艰，人心日下，延师讲《仁王护国经》于海潮寺。军民长官，地方绅耆，皆列席肃听，其盛况亦前所未有也。东省哈尔宾，地居边远，伊古以来，罕见沙门踪迹；比年，关外善信，创建极乐寺，师门倓虚，实为住持。民国十八年，就寺传戒，请师为得戒和尚，维时吾师寿已七旬有二，间关跋涉，不惮烦劳，及期，授比丘戒，赓续百余坛，自下午四时升座，至翌日上午十时圆满，诸执事暨两阿阇黎，虽更番休憩，无或逾时，吾师指引攸宜，始终罔懈，祝延趺坐，纯任自然，历十八小时有余，略无倦意。见者咸肃然称奇，而不知师之常在定中也。夫大教兴替，会有其时，然得人则兴，古今一辙。师生于末法时代，一人精修，化及天下，微特天台一宗，赖以中兴，于全体佛教，亦有扶衰起敝之功，因缘时节，夫岂偶然。且弘扬自宗，排斥他宗，历代大师，间亦蹈此积习，而我师虽宗天台，对于他宗，绝无门户之见，有非古人所能及者。至若师之密行，尤非浅学所知，就其可见者言之，则日诵《普贤行愿品》、《金刚经》、《圆觉经》、《观无量寿佛经》，念佛万遍，以为常课。朔望加诵《梵网经》、《菩萨大戒》，终身无少间。自行化他，老而弥笃。民国二十年，犹应上海玉佛寺之请，开讲《楞严》。高年矍铄，自春徂夏，凡四阅月，绝未请人代座。已而复应无锡居士之请，为讲《省庵祖师劝发菩提心文》，然后返甬。

壬申年夏五月，自知尘缘垂尽，往生不远，电促弟子宝静回寺，付以法，命为观宗住持，兼宏法研究社主讲。七月初二日上午，忽向空合掌，良久，云佛来接引，老僧将从此辞。唤侍者香汤沐浴，更衣，索楮笔，写偈云："我经念佛，净土现前，真实受用，愿各勉旃。"写毕，命全寺僧众念佛，趺坐莲龛，含笑而逝。

师生于戊午年正月初六日丑时，圆寂于壬申年七月初二日未时，世寿七十有五，僧腊五十有五。于是年冬，塔于慈谿五磊山之旁。举龛之日，远近来会者，数千人。遗著有《大佛顶首楞严经序》、《指味疏》一卷、《圆觉经讲义》两卷、《金刚经新疏》一卷、《普贤行愿品辑要疏》一卷、《观经疏钞演义》一卷、《始终心要解》一卷、《观世音普门品讲义》一卷、《二玄略本》一卷、《念佛三昧宝王论义疏》一卷、《水忏申义疏》一卷、《八识规矩颂讲义》一卷，皆已刊行于世。铭曰：

宋明以来，禅净盛行，余宗衰敝，惟是天台，一脉相传，至今弗替。前有慈云，后有灵峰，我师继起，如象如龙。说法利生，四十八年，示寂伊迩，犹讲楞严。自南自北，结集法会，百数十所；若经若论，尘说刹说，二十余部。振兴大教，首重育才，弘法社启，义学朋来。法乳流衍，光光相望。分主讲席，遍于十方。教宗法华，行在弥陀。应化事毕，离此娑婆。岁次玄黓，鹑尾之辰，安详坐逝，高谢天人。五磊之山，蜜藏之居，色身如幻，果证无余。皈依四众，十余万人，无边悲仰，泐此贞珉。

据作者手稿

中兴净宗印光大师行业记

真达　了然　妙真　德森等

师讳圣量，字印光，别号常惭愧僧，陕西郃阳赵氏子。幼随兄读儒书，颇以圣学自任，和韩、欧辟佛之议。后病困数载，始悟前非，顿革先心，出世缘熟，年二十一，即投终南山南五台莲华洞寺出家，礼道纯和尚剃染，时清光绪七年辛巳岁也。明年，于陕西兴安县双溪寺，印海定律师座下受具。师生六月即病目，几丧明，后虽愈，而目力已损，稍发红，即不能视物。受具时，以师善书，凡戒期中所有写法事宜，悉令代作。写字过多，目发红如血灌，幸师先于湖北莲华寺充照客时，于晒经次，得读残本龙舒净土文，而知念佛往生净土法门，乃即生了脱生死之要道。因此目病，乃悟身为苦本，即于闲时，专念佛号，夜众睡后，复起坐念佛，即写字时，亦心不离佛。故虽力疾书写，仍能免强支持，及写字竟，而目亦全愈。由是深解念佛功德不可思议，而自行化他，一以净土为归，即造端于斯也。

师修净土，久而弥笃，闻红螺山资福寺，为专修净土道场，遂于二十六岁(光绪十二年丙戌)辞师前往。是年十月入堂念佛，沐彻祖之遗泽，而净业大进。翌年正月，告暂假朝五台，毕，仍回资福。历任上客堂香灯寮元等职。三载之中，念佛正行而外，研读大乘经典，由是深入经藏，妙契佛心，径路修行，理事无碍矣。年三十(十六年庚寅)至北京龙泉寺为行堂。三十一(十七年辛卯)往圆广寺。越二年(十九年癸巳)普陀山法雨寺化闻和尚，入都请藏，检阅料理，相助乏人。众以师作事精慎，进之。化老见师道行超卓，及南归，即请伴行，安单寺之藏经楼，寺众见师励志精修，咸深钦佩，而师欿然不自足也。二十三年丁酉夏，寺众一再坚请讲经，辞不获已，乃为讲《弥陀便蒙抄》一座。毕，即于珠宝殿侧闭关，两期六载，而学行倍进。出关后，由了余和尚与真达等，特创慧莲篷供养，与谛闲法师，先后居之。未几，仍迎归法雨。年四十四（三十年甲辰），因谛老为温州头陀寺请藏，又请入都，助理一切。事毕南旋，仍住法雨经楼。师出家三十余年，终清之世，始终韬晦，不喜与人往来，亦不愿人知其名字，以期昼夜弥陀，早证念佛三昧。

然鼓钟于宫，声闻于外，德厚流光，终不可掩。民国纪元，师年五十有二，高鹤年居士，取师文数篇，刊入上海《佛学丛报》，署名常惭。人虽不知为谁，而文字般若，已足引发读者善根。逮民六年（五十七岁）徐蔚如居士，得师与其友三书，印行，题曰《印光法师信稿》。七年（五十八岁）搜得师文二十余篇，印于北京，题曰《印光法师文钞》。八年（五十九岁）复搜得师文，再印续编，继合初、续为一。九、十两年，复有增益，乃先后铅铸于商务印书馆，木刻于扬州藏经院。十一至十五年间，迭次增广，复于中华书局印行，题曰《增广印光法师文钞》。夫文以载道，师之文钞流通，而师之道化遂滂浃于海内。如《净土决疑论》、《宗教不宜混滥论》，及《与大兴善寺体安和尚书》等，皆言言见谛，字字归宗，上符佛旨，下契生心，发挥禅净奥妙，抉择其间难易，实有发前人未发处。徐氏跋云："大法陵夷，于今为极，不图当世尚有具正知正见如师者。续佛慧命，于是乎在。"又云："师之文，盖无一语无来历，深入显出，妙契时机，诚末法中应病良药。"可谓善识法要，竭忱倾仰者矣。当初徐居士持书奉母，躬诣普陀，竭诚礼觐，恳求摄受，皈依座下。师犹坚持不许，指徐母子往宁波观宗寺皈依谛公。民八年，周孟由兄弟，奉庶祖母登山，再四恳求，必请收为弟子。师观察时机，理难再却，故为各赐法名。此为师许人皈依之始，而文抄亦实为之缘起也。师之为文，不独佛理精邃，即格致诚正、修齐治平、五伦八德等儒门经世之道，不背于净业三福者，亦必发挥尽致，文义典雅。所以纸贵洛阳，人争请读。由是而慕师道德，渴望列于门墙之善男信女，日益众多。或航海梯山，而请求摄受，或鸿来雁往，而乞赐法名。此二十余年来，皈依师座之人，实不可以数计。即依教奉行，吃素念佛，精修净业，得遂生西之士女，亦难枚举。然则师之以文字摄化众生，利益世间，有不可思议者矣。

师之耳提面命，开导学人，本诸经论，流自肺腑。不离因果，不涉虚文。应折伏者，禅宿儒魁，或遭呵斥，即达官显宦，绝无假借。应摄受者，后生末学，未尝拒却，纵农夫仆妇，亦与优容。一种平怀，三根普利，情无适莫，唯理是依。但念时当叔季，世风日下，非提倡因果报应，不足以挽颓风而正人心，人根陋劣，非实行信愿念佛，决不能了生死而出轮回。故不拘贵贱贤愚，男女老幼，凡有请益，必以诸恶莫作，众善奉行，因果报应，生死轮回之实事实理，谆谆启迪，令人深生憬悟，以立为人处世之根基。进以真为生死，发菩提心，信愿念佛，求生西方之坦途要道，教人切实奉行，以作超凡入圣之捷径。虽深通宗教，从不谈玄说妙，必使人人皆知而能行，闻者悉皆当下受益。此即莲池大师论辩融老人之言曰："此老可敬处，正在此耳。"因师平实无奇，言行合一，所以真修实践之士，咸乐亲近，致使叩关问道者，亦多难胜数。且师以法为重，以道为尊，名闻利养，不介于怀。民十一年（六十二岁）定海县知事陶在东、会稽道道尹黄涵之，汇师道行，呈请大总统徐，题赐"悟彻圆明"匾额一方，赍送普陀，香花供养，极盛一时，缁素欣羡，师则若罔闻知。有叩之者，答以"虚空楼阁，自无实德，惭愧不已，荣从何来"等语。当今竞尚浮夸之秋，而澹泊如师，实足挽既倒之狂澜，作中流之砥柱，若道若俗，获益良多。

师俭以自奉，厚以待人。凡善信男女，供养香敬，悉皆代人广种福田，用于流通经籍，与救济饥贫。但权衡轻重，先其所急，而为措施。如民十五年（六十六岁）长安被困，解围后，即以印文钞之款，急拨三千圆，托人速汇振济。凡闻何方被灾告急，必尽力提倡捐助，以期救援。二十四年（七十五岁）陕省大旱，得王幼农居士函告，即取存摺，令人速汇一千元助急振。汇后，令德森查帐，摺中所存，仅百余圆。而报国寺一切需用，全赖维持，亦不介意。二十五年（七十六岁）应上海护国息灾法会说法时，闻绥远灾情严重，即对众发表，以当时一千余人皈依求戒等香敬，计洋二千九百余圆，尽数捐去，再自发原存印书之款一千圆为倡。及回苏，众在车站迎接，请师上灵岩一观近年景象，犹急往报国，取摺饬汇讫，而后伴众登山。师之导众救灾，己饥己溺之深心，类皆如是。魏梅荪、王幼农等居士，在南京三汊河，发起创办法云寺放生念佛道场，请师参加，并订定寺规。继由任心白居士，商请上海冯梦华、王一亭、姚文敷、关䌹之、黄涵之等诸居士，开办佛教慈幼院于其间，一一皆仗师之德望，启人信仰，而得成就。且对慈幼院之教养赤贫子弟，师益极力助成。其中经费，由师劝募，及自捐者，为数颇巨。即上海市佛教会所办慈幼院，师亦为赞勷。至其法施，则自印送《安士全书》以来，及创办弘化社，二十余年，所印各书，不下四五百万部，佛像亦在百万余帧，法化之弘，亦复滂溥中外。综观师之一言一行，无非代佛宣化，以期挽救世道人心，俾贤才辈出，福国利民。而其自奉，食唯充饥，不求适口，衣取御寒，厌弃美丽。有供养珍美衣食，非却而不受，即转锡他人。若普通物品，辄令持交库房，俾大众共享，决不自用。此虽细行，亦足为末世佛子矜式者也。

师之维护法门，功难思议。其最重要者，若前次欧战时，政府有移德侨驻普陀之议。师恐有碍大众清修，特函嘱陈锡周居士，转托要人疏通，其事遂寝。民十一年(六十二岁)江苏义务教育期成会会长等，呈准省府借寺庙作校舍，定海知事陶在东，函师挽救。师即函请王幼农、魏梅荪二居士设法，并令妙莲和尚奔走，遂蒙当局明令保护。十六年(六十七岁)政局初更，寺产毫无保障，几伏灭教之祸，而普陀首当其冲。由师舍命力争，始得苟延残喘。及某君长内政，数提庙产兴学之议，竟致举国缁素，惊惶无措。幸师与谛老在申，得集热心护法诸居士计议，先疏通某君，次派代表请愿，而议未实行。逮某君将退，又颁驱僧夺产条例，期次第剥夺，以达灭教目的。幸条例公布，某即交卸，得赵次陇部长接篆，师特函呈设法，遂无形取销。继嘱焦易堂居士等斡旋，始将条例修正，僧侣得以苟安。二十二、三年(七十三、四岁)安徽阜阳古刹资福寺，唐尉迟敬德造供三佛存焉，全寺为学校占据。山西五台碧山寺广济茅蓬，横遭厄运。两皆涉讼官厅，当道偏听一面之辞，二寺几将废灭。各得师一函，忽转视听。广济因此立定真正十方，永远安心办道之基础，资福亦从兹保全，渐次中兴。二十四年(七十五岁)全国教育会议，某教厅长，提议全国寺产作教育基金，全国寺庙改为学校。议决，呈请内政部、大学院备案。报端揭载，群为震惊。时由佛教会理事长圆瑛法师，及常务理事大悲、明道诸师，关、黄、屈等诸居士，同至报国，叩关指示。师以卫教相勉，及示办法。返沪开会，公举代表，入都请愿，仗师光照，教难解除。江西庙产，自二十二至二十五(七十六岁)四年之内，发生三次大风波，几有灭尽无遗之势。虽由德森历年呼吁，力竭声嘶。中国佛教会，亦多次设法。终得师之慈光加被，感动诸大护法，群起营救，一一达到美满结果，仍保安全。此其荦荦大者。其他小节，于一函或数言之下，消除劫难，解释祸胎，则随时随处，所在有之，不胜枚举。非师之道德，足以上感龙天，下孚群情，乌能至此?

师之无缘慈悲，化及囹圄，及与异类。民十一、二年，应定海县陶知事请，物色讲师，至监狱宣讲，乃推智德法师应聘。师令宣讲《安士全书》等关于因果报应、净土法门各要旨，狱囚多受感化。及沪上王一亭、沈惺叔等居士，发起江苏监狱感化会，聘师为名誉会长。讲师邓朴君、戚则周(即明道师在俗姓名)、乔恂如等居士，皆师之皈依弟子。由师示以心佛众生三无差别，及注重因果、提倡净土，为讲演之要目，而狱官监犯，因之改过迁善，归心大法，吃素念佛者，亦大有其人。其于异类也，十九年(七十岁)二月，师由申太平，赴苏报国，铺盖衣箱，附来臭虱极多。孳生之蕃，致关房会客窗口与窗外之几上，夏秋间均常见臭虱往来。有弟子念师年老，不堪其扰，屡请入内代为收拾，师皆峻拒不许。且云:“此只怪自己无道德。古高僧不耐臭虱之扰，乃告之曰:‘畜生，你来打差，当迁你单。’虱即相率而去。吾今修持不力，无此感应，夫复何言。”泰然处之，终不介意。至二十二年(七十三岁)臭虱忽然绝迹，师亦不对人言。时近端午，德森念及问师，答云:“没有了。”森以为师年老眼花，一再坚请入内检查，确已净尽，了无踪迹，殆亦为师迁单去矣。师在关净课外，常持大悲咒加持水米，以赐诸医束手之危病者，辄见奇效。一日报国藏经楼，发现无数白蚁，师在山闻之，赐大悲水令洒之，白蚁从此绝迹。此为二十七年夏事也。师之法力神应，类多如此。

师固不喜眷属，故无出家剃徒。然渴仰亲近，迭承训诲，深沾法益，在家二众，不可胜数。其出家缁侣，除与谛老法师为最相契之莲友外，而久承摄受，饱餐法乳，仍承以莲友相待者，过去则有了余和尚，现在尚有了清和尚，及真达二人。确居学人之列者，已故则有圆光、康泽、慧近、明道诸师，现在尚有妙莲、心净二和尚及莲因、明西二师，与妙真、了然、德森等，暨现在灵岩、报国二寺诸师。此乃指常久亲近，屡蒙教导提携，沐恩戴德，有逾剃度师者。若随缘请益，通函问道，及读师之文钞、流通各书，而沐法泽者，盖亦不可胜举。然则师虽不收徒弟，而中外真正佛子，实多数赖以为师。师又宿誓不作寺庙主，自客居法雨，二十余年，晦迹精修，绝少他往。自民国七年，印《安士全书》以来，迭因事至沪，苦乏安居之所。真达于民十一年翻造太平寺时，为师特辟净室一间，从此来沪，卓锡太平。而力护法门诸君子，如南京魏梅荪、西安王幼农、维扬王慧常、江西许止净、嘉兴范古农、沪上冯梦华、施省之、王一亭、闻兰亭、朱子桥、屈文六、黄涵之、关䌹之等诸居士，或因私人问道，或因社会慈善，有所咨询，亦时莅太平，向师请益。至各方投函者，更仆难数。则太平兰若，名传遐迩，亦自师显。至民十七年(六十八岁)师因厌交通太便，信札太多，人事太繁，急欲觅地归隐。真达乃与关䌹之、沈惺叔、赵云韶诸居士商。三居士遂将苏州报国寺，举以供养，即由弘伞、明道二人，前往接管，真达以数千圆修葺。故十八年师离山在沪，校印各书，急欲结束归隐时，有广东弟子黄筱伟居士等数人，建筑精舍，决欲迎师赴香港，师已允往。真达乃以江、浙佛地，信众尤多，一再坚留。终以法缘所在，遂于十九年(七十岁)二月往苏，即就报国掩关。先是木渎灵岩，真达请于师，立为十方专修净业道场，一切规约章程，悉秉师志而定。三四年来，以旧堂狭隘，不能容众，正在设法改建堂寮，从事刷新。适师至苏，与灵岩咫尺，内外施设，请益多缘，而仰承指导，日就振兴。灵岩迄今推为我国净土宗第二道场者，岂偶然哉。师在关中，佛课余暇，圆成普陀、清凉、峨嵋、九华各志之修辑，及函复弟子学人问法。今四山志，已早出版流通，函答诸文，亦已有文钞续编印行，为师至苏以后之所赐者，可谓恒顺众生，无有疲厌者矣。逮二十六年(七十七岁)冬，为时局所迫，苏垣势不可住，不得已，顺妙真等请，移锡灵岩。安居才满三载，孰料智积菩萨显圣之刹，竟为我师示寂归真之地耶。

师之示寂也，预知时至。二十九年春，复章缘净居士书有云："今已八十，朝不保夕。"又云："光将死之人，岂可留此规矩。"逮冬十月二十七日，略示微疾。至二十八日午后一时，即命召集在山全体职事及居士等，至关房会谈，告众曰："灵岩住持，未可久悬。"即命妙真任之，众表赞同，乃詹十一月初九日为升座之期，师云"太迟"。改选初四，亦云"迟了"。后择初一，即点首曰"可矣"。旋对众开示本寺沿革，达两小时余。后虽精神渐弱，仍与真达等，时商各事，恬适如常，无诸病态。初三晚，仍进稀粥碗许。食毕，语真达等云："净土法门，别无奇特，但要恳切至诚，无不蒙佛接引，带业往生。"此后精神逐渐疲惫，体温降低。初四早一时半，由床起坐云："念佛见佛，决定生西。"言讫，即大声念佛。二时十五分，索水洗手毕，起立云："蒙阿弥陀佛接引，我要去了。大家要念佛，要发愿，要生西方。"说竟，即移坐椅上，面西端身正坐。三时许，妙真至，承嘱咐云："汝要维持道场，弘扬净土，不要学大派头。"后不复语，只唇动念佛。延近五时，在大众念佛声中，安详西逝。按数日之间，一切安排，如急促妙真实任住持等，虽不明言所以，确是预知时至之作略。身无一切病苦厄难，心无一切贪恋迷惑，诸根悦豫，正念分明，舍报安详，如入禅定。观师之一生自行化他，及临终瑞相，往生莲品，当然不在中下。师生于清咸丰十一年辛酉十二月十二日辰时，寂于民国二十九年庚辰十一月初四日卯时。世寿八十，僧腊六十。灵岩赖师以中兴，而得师示现生西模范，时节因缘，有不可得而思议者矣。兹谨卜明年辛巳二月十五佛涅槃日，适师西逝百日之期，举火荼毗，奉灵骨塔于本山。

师之落叶归根，悟证如何，吾人博地凡夫，皆无他心道眼，不敢妄评。唯读师迭次出版之文钞，与本年新印之续编，及凡经手流通各书，其提倡念佛，发挥道妙，自行化他，笃实修持之实行，有功净土，足征为乘愿再来之人无疑也。凡信愿念佛，洞明净宗确旨之士，当首肯斯言。真达等随侍最久，知之颇详，爰将师之一生行业，略述梗概，而为之记。中华民国二十九年岁次庚辰腊月初八日，真达、妙真、了然、德森等顶礼敬述。

据《印光大师永思集·大师传记》

江味农居士传

蒋维乔

居士姓江氏，名忠业，字味农，法名妙煦。晚年改名杜，号定翁，于其所著书中，或署幻住，或署胜观。随时取意，初无一定。先世本居江苏江宁南乡凌阁村，因王父乐峰公，筮仕鄂省，遂家焉。居士幼时，即随乐峰公，持诵《金刚经》，终身未尝少辍。父讱吾公，为前清循吏，有政声。居士以光绪壬寅举于乡，旋得陕西补用道。然养志承欢，不乐仕进。讱吾公宦游数十年，历赣至蜀，居士皆随侍赞襄，事无巨细，必躬亲之。居士中年丧偶，悟人世之无常，即潜心学佛。虽以父母之命，续娶继室，然在家出家，其志已早决矣。

辛亥之秋，讱吾公以年老致仕。居士奉父母，自蜀返鄂。值革命军兴，家产荡然。避地东下，初居武林，后至上海。虽流离琐尾，艰苦备尝，而养亲乐道，处之泰然。讱吾公忠贞亮节，严命居士，不许再入仕途。居士谨受教，不敢忘。丁巳，讱吾公卒。居士于哀毁中，乘机劝母郭太夫人长斋念佛。

戊午春，礼禅宗大德微军和尚为师，受菩萨戒。尽力参究，颇得消息。时北五省旱灾惨重，居士受简照南之托，携款北上，参加佛教筹赈会，放款十万，全活甚众。余以辛、壬之间，始与居士相识于沪上。至是，又与相见于北京。是年夏，道友徐文霨、梅光羲等，延请观宗寺谛闲法师北上，开讲《圆觉经》。自编讲义，分给听众。然法师称性而谈，于讲义之外，多所发挥。余因请居士及黄士恒，各述所闻，每日笔记，由居士总其成。成后，以呈谛师，谛师印可，为取名《圆觉亲闻记》。

时京师图书馆搜藏敦煌石室写经八千余卷，中多秘笈，需专家校理。余乃献议于教育部，请居士任校理之职。自戊午迄己未，先后二年，居士于残乱卷帙中，辑成《大乘稻芊经随听疏》一卷、《净名经集解关中疏》二卷。居士跋《大乘稻芊经随听疏》有云："曩闻敦煌经卷中有《稻芊经疏》十余卷，为《大藏》所佚，及来图书馆，亟取而阅之，芜乱讹脱，几不可读。为之爬梳剔决，排比联缀，并取重复之卷，互勘异同。亦有援据他书，以校补者。其不可考者，则存疑焉。积八月之力，录成一卷，仍阙首尾，会傅增湘购得一残卷，所缺疏文，悉在其中。于是千年秘著，遂成完书。"是可知其搜辑之艰辛，而时节因缘之不可思议也。其叙《净名经集解关中疏》有云："此疏向丛残万卷中，重事搜辑，载更寒暑，竟得勘订成书，首尾完具。止中间阙一小段，不碍大体也。夫《关中净名经疏》，今犹有闻者，仅一《肇注》。然校以此书，往往此犹加详，始知其已非原本。况复什门诸作，此书备载。而又为之科解，提挈分疏，及其所未及，言其所未言。譬如无上妙味，萃聚而调节之，取精用宏，饫之弥旨。此亦如是。一编之中，妙义兼罗，苟其息机静对，即异以会通，观心而契体，尚何经旨之不明，神智之弗启也。"可见是疏之珍秘矣。

庚申，回沪，母郭太夫人示疾，居士为诵《大慈咒》加持之，并令家人虔诵佛号为助。太夫人临终起坐，向西合掌，念佛而逝。居士从此信念愈坚。尝憾多生习气，思藉密教神咒之力，以消除之。复至北京，适遇日本觉随和尚，专修供养大圣欢喜天法。居士乃约同志数人，请其设坛传授。及圆满之日，居士顿觉现高大身，上穷无际。觉随谓之曰："此番修法，惟子得福最大。"既而觉随率居士赴日本高野山，研究东密。卒以他事障碍，未克潜修。

不久返国，与简照南、玉阶昆仲，筹办功德林佛经流通处于海上。搜集南北刻经处及名山各版经籍，流通全国，以弘法利生。居士尝谓南岳思大师之《大乘止观》，为东土选述中稀有瑰宝。智者大师之《摩诃止观》，即从此出。学者不先通南岳之义，即习《摩诃止观》，难得要领。然南岳心法，久湮海外。宋时虽传入中国，措意者稀，深为惋惜。会辛酉之夏，海上南园居士，发起讲经会。居士即献议，启请谛闲法师，讲《大乘止观》。居士每日笔记，并于幽深微妙之处，曲折譬喻，以说明之。就正谛师，再三往复，至癸亥始脱稿，名之曰《述记》。谛师自谦，谓此书十之七八，系居士所述，不肯居著作之名。居士则谓谛师发其端，必以著作之名归之，彼此谦让。又以书中专名典句，虑有难明，复屡经修改。荏苒八年，始成书二十卷，刊板印行。谛师亦鉴居士之诚，允为居名。然其致居士之函则云："记文不惟词意通畅，其吃紧要关，旨趣渊微之处，透彻了明，此皆全是老维摩，以精妙见地所发挥也。"

乙丑夏，白普仁尊者南来，主持金光明法金。海上同人，公推居士襄助尊者宣扬。于是由沪而杭而湘而鄂而浔而宁，辗转数千里。躬亲会务，条理井然。藉此机缘，得以研究藏密。已巳秋，应闽中善信之请，赴福州，宣说佛法，三月始归。庚午秋，在沪开讲《大乘止观述记》，逾年方毕。省心莲社成立，被推为社长。从此常在社中，开讲大乘经典。并领导社员，念佛礼忏。

余知居士于《金刚经》，独有心得，于甲戌之夏，请居士为余讲述大意。既而省心莲社同人，要求公开，乃正式开讲。余每次笔记，记毕，即呈居士修改。后居士乃每次自写讲义，畀余抄录。及法会圆满，积稿至四厚册。居士以为尚须润色，并将初分所缺者补足，方可成书。同人以居士在家，问道者多，不能专心撰述，因谋另辟静室，供养居士谢绝一切，期以一年，将《金刚经讲义》撰补完成。然居士每岁遇黄梅时节必病，病辄数月，又以悯念南北死难众生，启建大悲忏，虔心超度。因此迁延，讲义卒未脱稿，然已得全书十之六七矣。其解释《金刚经》，多有古德所未发者：如佛说他经时，恒放大光明，六种震动，现种种瑞相，独说金刚般若甚深经典，仅云世尊食时，著衣持钵，入舍卫大城乞食等语。居士为之释曰："是经最大旨趣，是发挥不应住相之理，故开首记世尊举动，与寻常比丘相同，是即成佛而不住佛相。弟子亦视为寻常。惟须菩提窥知其意，所以叹为希有，否者，持钵乞食，何足令人惊叹耶！"通行之《金刚经》，两周问答，皆作"云何应住"。居士乃依据古注及敦煌写经，勘定前周作"应云何住"，后周作"云何应住"。两问意义，绝不相同。而为之说曰："前周'应云何住'，是问菩提心应云何安往，俾无驰散，为初发大心修行者说也。后周'云何应住'，是问既应离一切相发心，则菩提心云何独应住耶！若不住此法，又何谓之发心；若不应住而应降伏者，岂非不发心耶！然则云何降伏其心耶？是为已发大心修行者说也。”其于金刚妙义，发挥精透类如此，此特略举其一二端耳。

戊寅首夏，天气阴湿，居士依旧示疾，胃纳不舒。余每隔二三日，必往省视。见其卧床不能起，较往岁为重，甚为忧虑。居士则云：“一过黄梅，病当霍然。”而其弟子等，则在隔室佛堂，为之念佛，终日佛号不断。居士亦安卧默念，神志极清。至旧历五月中旬，疾渐增，而神志愈清。道友朱光琪，用朱书大字，劝其一心往生，勿恋尘世。居士审视数过，合掌谢朱，口称欢喜赞叹。朱既去，则谓左右曰：“吾勤修一生，岂于此一关，尚不了了，朱君殆过虑矣。”及十八之夕，自云：“金光遍照，佛来接引。”邀集诸道友，而蔡济平因事，至十二时方至。居士犹诏之曰：“修持以普贤行愿为最要。”遂合掌不复语，于诸道友及家族佛号声中，安然而逝。寿六十有七。

余与居士交二十余年，初仅知其泛滥各宗，归宿净土。近年交谊益密，研讨益深，方知居士一生得力于般若，从事参究，早得消息，豁然大悟，一心常在定中。晚间无梦，至今已五年余矣。故恒自言：“教宗般若，行在弥陀。”其说法也，称性而谈，旁通曲达，自在无碍。余于经典及修持功夫，偶有怀疑，以质居士，其解答总高人一着；而其戒行之严，进修之密，足为一世模范，居士诚佛门龙象哉。

据作者手稿

江易园居士传

蒋维乔

居士讳谦，字易园，号阳复，江氏，安徽婺源人。幼颖悟，五岁即能读书。父晴舟先生，邑中名士也。就溪山胜处，构成松竹山房，居士随侍，读书其中，父善说先贤故事，居士习闻之，毕生有志于圣贤，实植基于此。后读曾文正公家训，知治学门径，从事许氏形声之学。十七，应童子试，六场皆冠其首，补博士弟子员。后读书于郡中紫阳书院二年，以父命往南通，受业于张公啬庵门下，学遂大进。嗣考入南洋公学师范班，未几，以病辞归。

壬寅，啬庵创办南通师范学校，居士实佐助之；先后在校十四年，本身作则，以阳明"知行合一"之学，熏陶后进。复辑《两汉学风》一文，传示全校，以"能读能耕"之四字训，矫正袖手空谈之旧习。因之师范生，有就农场实习穑事者。又以读书须先识字，由英文切音，发现古代阴阳声母通转轨则，教诸生从形声义理之学，进求明德亲民之教。南通师范，校誉日著。晋、甘诸远省，皆以公费派员来学。丁未，安徽优级师范，聘居士为教务长，居士感啬公知遇，虽服务本省，亦辞勿就。己酉，京师开资政院，居士被推为本省议员，颇有建议。其创设音标一案，实为后来注音字母之权舆。辛亥，国体变更，被选为国会议员，目睹议场之凌乱无纪，逾年，即请假南归。

甲寅，江苏民政长韩公紫石委居士为教育司长，固辞勿获，乃就职，于是轻装简从，亲赴苏、常、镇、锡、松、沪，视察各校，随到随视，事毕即行，酬应送迎，一律谢绝。会省官制变更，裁撤教育司，改为第三科，遂辞去，就任以来，仅三阅月耳。乙卯，南京高等师范成立，居士被聘为校长，先开办国文专修科，以次办教育、历史、地理、农、工、商各科。居士一本平素知行合一之精神，讲读四书，列为专课，并以阳明《传习录》、李二曲《四书反身录》、曾文正公《家书》授诸生。令看读作日记。并讲授王菉友《说文句读》，以上窥许学。高师学风，文质彬彬，与南通媲美。居士在职三年，以积劳得神经衰弱症，乃退休养病。

是时，余就职北京教育部，与居士契阔已久，忽接居士长函，具言病状，且欲问静坐却病之法，余已皈依佛教，且以京沪遥隔，书函往返，缓不济急，适江味农大德在沪，其宅与居士比邻，乃介绍居士往谒，味农以净土法门引导之；居士晚年，弘扬净土，乃于此发轫。先后皈依谛闲、印光两大师座下，精进不懈，沈痾亦渐愈。居士认为由净土圆融各家，以净土为归宿，至稳至当。又以为出世间法，宜采用佛教；世间法宜采用儒教，遂创儒佛合一之论。归里养病，创办佛学社，并发行《佛光社刊》，遐迩闻风，皈心者众。遇亲友冠婚丧祭，率皆以茹素念佛为倡导，随宜说法，以移风化，十年之内，入社者益多。乃起建道场，弘扬大法，俨然皖南佛教之中心。甲戌，赴杭州，居士年近六十矣。精神饱满，宿疾已瘳，见者闻者，知佛教匪特能治四大之病，且能益人慧命，群向居士勤求开示。居士因与李锦堂设佛光社于杭州，乡邦诸友，踊跃参加，皖南佛光又晖映六桥三竺之间。

会吴寄尘至杭邀居士重游南通，与旧时师友，广结佛缘，居士欣然允之。在通三载，遍赴城乡及海门各地讲净土教义，通、海人民，无论智愚，皆为居士至诚所感格。居士自创佛光社以来，阅经余暇，手撰讲录诗文偈语，恒由姑苏弘化社、上海佛学书局，为之印行。丁丑，淞沪变作，苏省先沦陷，通地亦不宁，匪徒从而肆扰，居士在通州海滨，念佛讲教，绝不少间。匪至，辄端坐念佛不动，有时亦与匪徒讲因果，匪亦不之犯。逾年，亲友敦迫，乃寓居沪上。每遇集会，辄方便为众说法，亲友因居士六十以后之著述，积稿甚多，促将诸稿整理，为印全集，方拟付刊，而居士乃于民国三十一年四月十日午刻，端坐念佛含笑西逝矣！居士生于逊清光绪二年六月初十日，享寿六十有七。

综居士生平，初为独行之儒者，中年后学佛，为净土之信徒，长斋十余年，日课圣号，老而弥笃。于世法最服膺叔重、阳明、二林之学，于出世法则究心莲池、灵峰之著述，及近代谛闲、印光二大师之宗风，故其一言一动皆可为世法。为子尽孝，为父止慈，处世以恭，接人以和。至于济贫、助学、赈灾、放生、印经、造像、建庙、修桥、筑路种种功德，皆尽力为之，而自己毫不为意，不住相布施，此之谓也。其临终预知时至，一念不乱，安详生西，非平日修之有素，乌能有此瑞象哉！居士有丈夫子曰有朋，能世其业。女有贞，适游氏念乾。孙弘通、弘达、弘严、弘经。孙女弘慈、弘珠、弘意。著有《说音》，已由中华书局印行，关于佛学之著述，已印未印，计有二十种，正由知友为之编集公世云。

论曰：当逊清乾嘉年间，长洲有彭二林绍升者，少治儒书，以明先王之道为己任，既而学佛，专心净土，竭力和会儒释，自成一派。江居士之学行，与之绝类，甚殆二林之流亚欤！然二林晚年，屏居僧舍，日有课程，笃志潜修，虽病不辍。居士则不舍大悲，随处说法利生，自利之外，重在利他，方之二林，规模又弘远矣！末法时代，降生大德，众生缘薄，不能久住，人天悲仰，宁有既哉！

据作者手稿

栖霞寺印楞禅师塔铭

章炳麟

印楞禅师者，余所与游于方外者也，而甚达方内事。语默之际，人莫得而窥矣。当清光绪末，海宇多故，士皆瞋目扼腕，道执政无状，虽宴游未尝衰，而上海舟舆之会为尤剧。是时禅师自上江来，以绘事识诸名士，论议往往及时政，皆中症结。诸名士尽愕眙不知其所从来，良久乃知为金山江天寺僧也。

余时粗涉释典，且好事，以是得与禅师游，顷之，余以《驳康有为书》贬绝清室，与邹容同下狱。禅师百方为营解，卒不得。又八岁，武昌倡议，余自日本归，舍吴淞都督李燮和所。禅师来，知其尝为燮和馈饷，顾时方重刻日本宏教书院佛藏，又综时事，兼关道俗，未尝得休舍。民国兴，佛藏就，诸与游者皆骤贵显，则禅师廓然归矣。方义军攻江宁时，金山当兵冲，材官武骑络绎止舍，寺僧恩宾甚，禅师力与诸将帅言，请禁樵牧，事得已。民国三年，复充江天寺首座。明年，闭关遍览十二部经，凡三岁。出则登匡庐，陟黄山，还至摄山栖霞寺止焉。自禅师返金山，与诸闻人阔绝，尤厌新起执政柄者。顾尝一二过余舍，啜菽饮荈，终日言未尝及方内事，其肌体亦日肥，盖自是于世洒如云。栖霞寺者，建于齐、梁间，即明僧绍隐处也。清咸丰时，与太平军战，殿堂精舍，一时然除。禅师喟然欲修复之，寺主法意乃推禅师主持其地，度材商功，模略始定，而禅师灭矣。时民国十年七月也。

昔韩退之于澄观，尹师鲁、欧阳永叔于秘演，皆叹其才足周用，当世不能任以事，以穷老终。如禅师者，盖尝小试之矣，而又不足以尽其器。

凡学佛者,自以其法为根本。卉然出与人事接,虽为国师元耆儒林之宗,则其尘垢秕糠者也,禅师何曹焉。禅师姓黄氏,常熟人也。年二十,于清凉寺出家,受具于江天寺显谛法师,字曰宗仰,自署乌目山僧。灭时年五十七,僧腊三十八矣。既灭八年,其弟子惟德缮完殿堂,卒就师志,且以塔铭请。乃为之铭曰:

彼世如蝇,菌蕈腐蒸,公逃于僧。朱张不恒,见龙在塍,戎狄之膺。汉道既升,归而担簦,凄然如冰。乌呼禅师,斯所以为如来乘欤?

据《太炎文录续编》卷五下

苏曼殊传略

柳亚子

广东中山县恭常都沥溪乡人，一八八四年旧历八月十日生于日本横滨，一九一八年阳历五月二日（旧历三月二十二日）殁于上海金神父路广慈医院，年三十五岁（照中国旧习惯算法）。原名苏戬，字子谷，后来改名玄瑛。父亲苏杰生，是横滨万隆茶行的买办，有一妻三妾。第一个妾是日本人，名叫河合仙。杰生在横滨时，雇了一个下女，姓名没有人知道了，家里的人都称她做“贺哈喙”。有人说“贺哈喙”就是“若子样”（オ若——オクカ）的略称，她的名字应该是“若子”两字。她到杰生家里时，只有十九岁，胸前有一个红痣，杰生说照中国的相法书上讲，她是“当生贵子”的。后来，果然和她生了曼殊。但产后不到三个月，她就跑还她的老家去了，以后是不知下落。杰生把曼殊交给河合仙，要她抚养起来。所以，曼殊便认河合仙是他生身之母。照我的理想推测起来，河合仙后来一定没有把真相告诉曼殊，所以曼殊也就根本不会知道“贺哈喙”这一件事情的。

从前，我们写《苏玄瑛新传》和《苏曼殊年谱》时，上了《潮音跋》和《断鸿零雁记》的当，以曼殊为日本人宗郎的血胤，这是完全弄错的。但我想，曼殊也不是有意造谣，他知道河合仙嫁给杰生以前，是嫁过一个日本人的，而且生育过（这就是《画跋》中的“吾姊榎本荣子”）。所以他对于自己的血统问题，是十分怀疑的。由怀疑而假设，便产生了《潮音跋》和《断鸿零雁记》。结果《潮音跋》没有登载到《潮音集》上面去，他自己也不能承认这假设是确当。至于《断鸿零雁记》，那是小说，自然便无所顾忌地发表了。这就是他所谓“身世有难言之恫”的原因。现在,由我和曼殊从弟苏维禄的通信,他问过了目击当时情形的杰生第二妾大陈氏,知道曼殊并不是河合仙的亲生儿子,更自然谈不到油瓶问题了,这一件血统的公案,到此可以完全解决。

曼殊是在六岁那一年(一八八九年)跟杰生正室黄氏还到沥溪的。七岁入乡塾读书。到九岁时,杰生因营业失败,和第二妾大陈氏从横滨还归沥溪,住了三年,又同到上海。但杰生并不把曼殊带去。直到一八九六年,曼殊始跟姑母到上海,和杰生及大陈氏同住,开始学习英文。

一八九七年,杰生因父病还沥溪,后来父亲死了,大陈氏也离开上海,曼殊只好寄住在姑母家中。一八九八年,始跟表兄林紫垣(曼殊祖母的侄孙)到横滨,入华侨所办的大同学校。一九〇二年毕业,转入东京早稻田大学高等预科。一九〇三年改入成城学校,参加拒俄义勇军及军国民教育会,此时曼殊的革命思想已渐渐成熟了。但林紫垣反对他参加革命,断绝他的学费,逼他还广东去。谁知曼殊一到上海,便留住下来,假造了一封遗书,写给紫垣,说是投海自杀。紫垣自然无奈他何。曼殊去过苏州,做了吴中公学社的教授;又还到上海来,在《国民日日报》社当翻译。后来报社关门,便和陈独秀、章行严、何梅士租屋同住。住了几天,觉得不开心,趁独秀、行严都不在家,把梅士骗到了戏馆,自己却还去拿了行严三十块钱,偷偷的走了。一溜烟到香港,住在《中国日报》社,依旧是不开心,便动了出家的念头,到惠州一个破寺内,投师落发,从此做了和尚。但又吃不惯苦,一天趁师傅出外募化,把已故师兄的度牒偷了便走。这师兄是南雄州始兴县姓赵的,在新会县慧龙寺披剃,法名博经,道号超凡。曼殊得了这张度牒,便居然以慧龙寺僧人博经自命了。

一九〇四年旧历正月,还到香港,被同乡人简世镅看见,还去报告杰生。此时杰生已病重,托简世镅再上香港,唤曼殊还去送终。曼殊和杰生的感情本来浅薄,又因为杰生听了大陈氏的话,和河合仙绝缘,对杰生更不满意。便对简世镅说:“我是一个钱都没有的穷光棍,要我还去做什么呢?”简世镅只好废然而返。隔不到几天,杰生便去世了。于是曼殊便与苏家完全断绝关系,来过他的流浪生涯,这一年曼殊是二十一岁。（但据程演生说，曼殊后来游历暹罗、锡兰的旅费，是由杰生正室黄氏的弟弟供给的，此事确否待证。）

曼殊从香港再到上海，决定了南游的计划，周历暹罗、锡兰等处，开始学习梵文。不久归国，从事于教读生活。到长沙两次，任实业学堂、明德学堂教员，南京任陆军小学教员，芜湖任皖江中学教员。

一九〇七年到日本，和章太炎、刘申叔同办《民报》及《天义报》。《民报》是中国同盟会提倡民族革命的机关报，《天义报》却在鼓吹无政府主义了。一九〇八年再到南京，帮杨仁山办祇垣精舍。

一九〇九年作第二度的南游，先到星加坡，后到爪哇的啱喱，在中华会馆住下教书。这时候曼殊天天嚷着要去印度，结果却没有去成功。一九一一年暑假还日本，秋后再往嗹喱。那一年旧历八月十九日，武昌革命军便起事了，曼殊是很兴奋的。因为没有钱买船票，所以依旧在嗹喱度岁。

一九一二年旧历二月，还到上海，看看中国的局面还是毫无办法，除了在《太平洋报》上发表《断鸿零雁记》以外，只好躲在窑子内天天吃花酒。

一九一二年冬天，曼殊开始去安庆高等学校教书，到一九一三年暑假前，又不去了。苏州、杭州流浪了几个月，上海南京路第一行台住了一时，结果还是还到日本老家去。曼殊对河合仙亲子的感情是很浓厚的，所以常常到日本，总是找河合仙去。一九一四年到一九一五年，便整整的住了两年。这时候国民党失败，一般要人大都在日本。曼殊和孙中山先生及萧纫秋、杨沧白、居觉生、邵元冲、邓孟硕、田梓琴、戴季陶等都有来往，在他们的机关报《民国杂志》上发表小说和随笔。章行严办《甲寅》，陈独秀办《新青年》，都有曼殊的稿子发表。

一九一六年还中国，一九一七年旧历闰二月，再去日本一次，匆匆还来。此时曼殊肠胃病已很重，时时发作，以后便不能再到日本了。这一年的秋天，和蒋中正、陈果夫同住上海白尔路新民里十一号，冬季进海宁医院，疗治不甚得法。一九一八年春天，移居广慈医院，终于一病不起。这一代的天才，就此脱离五浊世界而长逝。

曼殊的思想，是没有统系，不很健全的。在文学和艺术上，却都有相当的天才，不可磨灭。现在一部分的青年很狂热地崇拜他，而一般批评家不满意于他的却也很多。不过，在中国文学史上，我想总不好把曼殊的名字抹去吧，要是一部完善底著作的话。

曼殊的作品，据他自已说，有《梵文典》八卷、《梵书摩多体文》、《沙昆多逻》、《法显佛国记》、《惠生使西域记》、《地名分释》及《旅程图》、《泰西群芳名义集》、《泰西群芳谱》、《埃及古教考》、《粤英辞典》、《无题诗三百首》、《人鬼记》、《英译燕子笺》，现在都不知下落了。除《梵文典》八卷以外，究竟成书与否，也不得而知。《女子发髻百图》在伍仲之那里的失去了，据说是定本；在孙伯纯那里的，一部分是铅笔所画，下注日文，简直看不清楚，也无从翻印。刘成禺家里有他的《汉英》、《英汉》两种辞典，现在移交给我，也是残缺不全。

柳无忌收入《苏曼殊全集》中的，是诗集一卷、译诗集一卷、文集一卷、书札集一卷、杂著集二卷（包括《岭海幽光录》、《燕子龛随笔》）、译小说集二卷（包括《惨世界》、《娑逻海滨遁迹记》）、小说集六卷（包括《断鸿零雁记》、《天涯红泪记》、《绛纱记》、《焚剑记》、《碎簪记》、《青梦记》），共十四种。这十四种中间，曾经单行的，除诗集外，只有《惨世界》、《断鸿零雁记》和《绛纱》、《焚剑》的合刻本（即章行严辑《名家小说》之一）。《断鸿零雁记》，有梁社乾的英译本、黄嘉谟的剧本，而严梦所做《曼殊的春梦》也是以此记作为蓝本的。此外，还有《文学因缘》、《潮音集》、《拜轮诗选》、《汉英三昧集》四种，都有单行本行世。

曼殊的作品经他人搜辑成书的，除柳无忌的《苏曼殊全集》、《苏曼殊诗集》、《曼殊逸著》两种（包括《岭海幽光录》、《娑逻海滨遁迹记》）以外，有何震女士辑《曼殊画谱》，蔡哲夫辑《曼殊上人妙墨册子》，柳亚子辑《曼殊遗迹》，王德钟辑《曼殊上人燕子龛遗诗》，冯秋雪辑《燕子龛诗》，沈尹默辑《曼殊上人诗稿》，周瘦鹃辑《燕子龛残稿》及《曼殊遗集》，段旋庵辑《燕子山僧集》，卢冀野辑《曼殊说集》，光华书局辑《曼殊诗集》、《曼殊小说集》，时希圣辑《曼殊小丛书》，罗芳洲辑《苏曼殊遗著》，金织云女士辑《曼殊代表作》，谢冰莹女士辑《曼殊作品选集》，共有十余种之多。我还想编一本《曼殊余集》，补全集的不全，可是至今还没有定稿。关于讨论曼殊各种问题的，有柳无忌的《苏曼殊年谱及其他》，很多全集以外的资料。

曼殊在沥溪的家庭，是一个大家庭。当曼殊六岁还沥溪时，还有七十二岁的祖父瑞文，六十五岁的祖母林氏，现在自然都不在了。嫡母黄氏，就是把曼殊带还沥溪的，她和河合仙的长子煦亭很接近。杰生死后，她便住在神户煦亭的家中，直到一九二三年阳历九月十一日，才殁于日本，年七十六岁。河合仙是杰生的第一个妾，她在横宾生产了煦亭后，曾经和小孩子一同到过沥溪，可是住不上三年，就把煦亭抛弃在杰生家中，而自己还日本去了。这和《断鸿零雁记》中三郎母子的情形相近似，也有人说煦亭并非杰生亲生，是油瓶之类，但煦亭自己是誓不承认的。河合仙从沥溪还日本后，才受杰生之托，把曼殊抚养起来，但最后还是和杰生闹翻，所以杰生还国的时候，便把她丢下了。她和煦亭的关系似乎也是很淡漠的，这简直有点莫明其妙。（有人说煦亭是河合仙的妹妹所生，而不是她自己亲生的儿子，这当然不能证明它确与不确。）她独居横滨，一九二三年阳历九月一日大地震，就做了牺牲品，年七十五岁。杰生还有第二、第三两个妾，都姓陈，所以我把她们叫做大陈氏和小陈氏。小陈氏很可怜，一八九一年十九岁嫁给杰生，一八九七年二十五岁就死去了，这是杰生家族中和曼殊最没有关系的一个人。大陈氏据说很能干，河合仙几乎是被她撵走的，所以直到现在煦亭讲到她还是很愤恨不平。煦亭油瓶的传说，是从她那里讲出来的（河合仙妹妹所生的传说，也是同一来源）。煦亭却说她有意毁谤，想把煦亭逐出苏氏血统以外，来报复河合仙时代的旧怨。谁是谁非，我们当然不得而知了。（煦亭是连杰生私通"贺哈嚓"而生曼殊的话也反对的，他坚执曼殊和他同是河合仙所出，而指大陈氏为造谣。这一点，我是相信大陈氏的，因为她无造谣的必要。难道她说曼殊不是河合仙所生，也是报复河合仙的旧怨吗？大概煦亭为人，封建意识很深，他对于家族方面不名誉的事情，是一律否认的。还有，曼殊出世时，他年纪还小，河合仙后来一定不会告诉他，他当然弄不清楚了。）曼殊幼年住上海时，据说大陈氏对他很不好，颇有虐待的嫌疑。不过，她却寿长得很，一九二九年我和曼殊从弟苏维翯通信时，她还健在，做了曼殊血统有力的证明人。这时候她已经是六十二岁的老人了，现在不知道还存在与否。

杰生共有三个儿子，第一个苏焯，字子煊，别号煦亭，河合仙所出，一八七五年生，现在神户经营商业。第二个苏焜，是黄氏所出，一八七八年生，到一八八三年就死去了。第三个苏戬，便是曼殊。杰生还有五〔六〕个女儿，第一个苏燕是黄氏出，一八七二年生，据说幼时对曼殊不大好，后适南屏乡容某。第二个苏祝龄，一八八六年生，适北山乡杨耀垣。第三个苏祝年，一八八八年生，适果福缘村杨善初。第四个苏惠芬，一八九〇年生，适梅溪乡陈介卿。第五个苏名齐，一八九五年生，不久死去。第六个苏惠珊，一九〇二年生，适芳湾秀李晋庠。自第二个到第六个，都是大陈氏出。煦亭生子绍贤，也在神户做生意，杰生血统的男性后继者现在要算是他了。绍贤妹妹绍琼，神户同文学校学生，喜欢文学，尤嗜读曼殊的作品，传染了感伤主义的色彩，一九二八年阳历三月十日，突然厌世自杀，大家认为是很可惜的。

曼殊有从兄维春、维翰，从弟维瑔，都是杰生老弟德生的儿子。维春号静波，一八七七年生，一九一二年曾从青岛到上海访曼殊于《太平洋报》社。维翰号墨斋，一八八三年生，一八九八年和曼殊同在横滨大同学校读书，一九〇三年同至东京，一九一二年又从沥溪到香港，送五百块钱给曼殊，并同拍了一张照片，他是杰生家里对曼殊最好的一个人，可惜他和维春都早死了。现在留下的只有维瑔，号怀彦，一八九五年生，他并没有看见过曼殊，不过他和大陈氏很接近，关于曼殊的血统问题和幼年事迹，都是他问了大陈氏而写出来寄给我的。在沥溪苏氏，现在怕维瑔是唯一的读书人了。

据《苏曼殊全集》

吴雷川记

马叙伦

吴雷川先生震春，余舅父邹子苌先生之内弟，清德宗光绪廿四年翰林，然绝无得色。建国元年，入教育部为签〔佥〕事，靖共厥位，余长教部，擢为参事。国民革命军既定南京，蒋梦麟长教部，请为常任次长。不久，辞去，为燕京大学校长，盖先生自少遇艰屯，中岁归依基督，大为同教中人信仰故也。然先生实以儒理文之，比见先生在北平所为利与命讲稿，其释命为环境，与余昔见相契，余昔在北京大学，为诸生讲庄子，颇发挥此义，庄子所谓命与孔子、孟子同。墨子所以非命，正以其主张天志明鬼不相容故也。特先生未悟环境之命字当作令，命乃假借字耳。比又闻先生研究墨子与耶稣，谓耶稣之本旨，不在创立宗教，实欲改建社会，趣于共产主义，故揭平等博爱之旨。先生年七十矣，老而笃学如此。

其行谊尤有足传者，平生谨予取，一介不苟。十年前，以窘乏而又病心藏〔脏〕重症，不能事事。余为书告其门人邵元冲、赵述庭等，元冲等乃共醵资奉之。先生初不肯受，后乃曰："存之，待吾必不得已而后用。"而其佣文子者，一家依先生食，先生先急文子而后己，尝与余言："人皆相需，吾与文子正相需也。"陈伏庐丈，先生之从姑婿也。久居北平，一岁南行。请先生为守其平寓，先生即与丈之佣者共饮食，盖实信理而能率履者也。

据《石屋余渖》

空山人墓志铭

张瑞玑

民国六年秋，瑞玑自京师南旋，过太原，意空道人走书相告曰："空山人于旧历五月二十一日已归道山矣，请铭其墓。"因忆往岁山人偕道人访瑞玑于谁园，将别，山人愀然曰："人事不可知，吾两人谁先死者，铭墓之文，后死之责也。"瑞玑曰："唯。"言已，相对欷歔，初不知其言之不祥也。呜呼！山人竟先吾死矣。

山人世居乡宁，家贫甚，坚苦自立，少负才名，师事同邑杨秋湄。秋湄为王菉友及门弟子，受王氏学，精篆籀汉隶，山人尽得其传。少年作钟鼎文字，皆纵横奇肆而自有法度。四十后小篆甚精，颇自矜贵。其为文雄健排奥，意之所至，笔拗折旋转以赴之，不为桐城阳湖所拘。不多为诗，然偶有所作，亦隽逸可喜，盖其所蓄者深也。光绪癸卯进士同年官秦者，吾晋三人：瑞玑与山人及怀仁马康侯。山人甫至省，即声誉隆然。樊云门方伯见其文，奇赏不置，大吏争敬礼之，延之幕府。有大议，多取决焉，奏牍皆出其手。出宰临潼四年，慈惠有威，吏役敛手，不敢为不法。时新政繁兴，有司苦之，山人不事罗掘，而厘然各当，临之人至今思之。宣统末，知天下将乱，告终养，奉母武太夫人还里。逾年，而清社墟矣。时道人宰韩城，弃官易野服，渡河访山人于乡宁，遂偕隐焉。两人皆簪发作道装，匿姓名，不以示人，山人、道人之称，自是始也。自是以后，山人之文一变其雄伟瑰丽之致，转而为幽怨悲怆恻之音，如秋虫哀弦，凄然动人，盖身世沧桑之感深矣。每岁重阳，必与道人荐菊酒于鄂山之阴，以祭二杨。二杨者，华阳杨宜瀚，官华州牧；贵筑杨调元，官渭南令，皆辛亥殉难者也。山人哭之以文，道人以诗，皆哀声也。

山人寡言笑，傲岸绝俗，然慷慨负奇，遇朋友患难缓急，一诺千金，无德色。平生好自立崖岸，不屑与流俗同。瑞玑于屋后隙地筑墙莳树，名曰谁园，为文记之。山人因名其园曰吾园，亦为之记，盖戏辟吾文也。两文并传一时，其标致如此。呜呼！二十年前，山人自命甚高，每谈经世大务，雄视傲睨，不可一世，同辈亦望而辟易，其意态犹在吾心目间也。至变乱以后，闻时事即掩耳欲遁，抑郁颓丧，竟枯死于邱壑寂寞之乡，其年仅四十有七，殆所谓古之伤心人乎。山人姓吴，讳庚，字少兰。曾祖时雍，祖浩然，父镇东，本生父镇南。妻高氏，妾阎氏、南氏。女三，阎应征、阎彬、赵骧，其婿也。无子，以族人之子宜仲为子。意空道人者，贵筑赵圻年也。山人殁后，道人只轮孤翼，零落山邱，亦无复生人之趣矣。铭曰：

是空山人之墓也。樵牧无伤其树也，清风明月其来护也。

赵城张瑞玑撰。

据《空山人遗稿》卷首

亲教师欧阳先生事略

吕澂

师讳渐，字竟无，江西宜黄人。清同治十年十月初八日生。父仲孙公，官农部，历念余年，不得志。师六岁，仲孙公即世。师幼而攻苦，精制艺。年二十，入泮，薄举业不为，从叔宋卿公读。由曾、胡、程、朱诸家言，博涉经史，兼工天算，为经训书院高材生，时称得风气之先。中东之战既作，国事日非，师慨杂学无济，专治陆、王，欲以补救时弊。友人桂伯华自宁归，劝师向佛，始知有究竟学。年三十四，以优贡赴廷试，南旋谒杨仁山老居士于宁，得开示，信念益坚。归兴正志学堂，斟酌科目，体用兼备，自编读本课之。年三十六，生母汪太夫人病逝，师在广昌县教谕任，遄返仅得一诀。师本庶出，复幼孤，一嫂三姊皆寡而贫来相依，霾阴之气时充于庭。母病躯周旋，茹苦以卒。师哀恸逾恒，即于母逝日断肉食，绝色欲，杜仕进，归心佛法，以求究竟解脱焉。期年，赴宁从杨老居士游，又渡东瀛数月，访遗籍。返谋久学之资，任两广优级师范讲席，病湿罢。与友李证刚谋住九峰山营农业，又大病濒死，乃决舍身为法，不复治家计，时年已四十矣。

岁庚戌，再赴宁，依杨老居士。越年，老居士示寂，以刻经处编校相属。值革命军攻宁急，师居危城中，守经坊四十日，经版赖以保全。翌春，与李证刚等发起佛教会，撰缘起及说明书，并警告佛子文，勖僧徒自救，沈痛动人，以主张政教分离不果解散。自是长住刻经处，专志圣言，不复问外事。溯师四十年来，笃学力行，皆激于身心而出，无丝毫假借，尝曰：“悲愤而后有学。”盖切验之谈也。师既主编校，病刻经处规模未充，又乏资广刊要典，乃设研究部，只身走陇右，就同门蒯若木商刻费。比返，爱女兰已病卒刻经处，哀伤悱愤，治《瑜伽》常达旦不休。积久乃晓然法相与唯识两宗，本末各殊，未容淆乱。叙刻《法相》诸论，反复阐明，闻者骇怪，独沈乙庵先生深赞之，每叙成，必赴沪谒沈，畅究其义而返。

至民国七年，遵老居士遗嘱，刻成《瑜伽》后五十卷，复为长叙，发"一本十支"之奥蕴。慈宗正义，日丽中天，自奘师以来所未有也。会友人符九铭来苏省掌教育，因筹设支那内学院，以广弘至教，刊布缘起章程。迁延数载未就，南游滇，应唐蓂赓请，讲《维摩》《摄论》，北赴燕为蒯若木讲《唯识》，稍稍得资助。民国十一年，内学院始成立，创讲《唯识决择谈》，学人毕集。梁任公亦受业兼旬，病辍，报师书曰："自怅缘浅，不克久侍，然两旬所受之熏，自信当一生受用不尽。"于以见师教入人之深矣。由是广刻唐人章疏，瑜伽、唯识旧义皆出，又就内学院开研究部试学班，及法相大学特科，大畅厥宗。立院训曰：师悲教戒。揭在家众堪以住持正法之说，教证凿然，居士道场乃坚确不可动。及民国十六年，特科以兵事废，同怀姊淑又病亡，师悲慨发愿，循龙树、无著旧轨，治《般若》《涅槃》诸经，穷究竟义，次第叙成。其间更辑印藏要经论二十余种，各系绪言，莫不直抉本源，得其纶贯，而尤致意拣除伪似，以真是真非所寄自信，一时浮说游谈为之屏迹。

自九一八事变以来，国难日亟，师忠义奋发，数为文章，呼号救亡如不及。"一·二八"抗日军兴，师筮之吉，作释词写寄将士，以资激励，继刊《四书读》、《心史》，编《词品甲》，写《正气歌》，撰《夏声说》，所以振作民气者又无不至。于是发挥孔学精微，上承思、孟，辨义利，绝乡愿，返之性天，以为寂智相应，学之源泉。孔、佛有究竟，必不能外是也。

民国二十六年夏，集门人讲晚年定论，提无余涅槃三德相应之义，融瑜伽、中观于一境，且以摄《学》《庸》，格物诚明，佛学究竟洞然，而孔家真面目亦毕见矣。讲毕，日寇入侵，师率院众，并运所刻经版徙蜀，息影江津，建蜀院，仍旧贯讲学以刻经，先后著《中庸传》、《方便般若读》（即《般若经序》卷三）、《五分般若读》、《院训释教》。以顿境渐行之论，五科次第，立院学大纲。自谓由文字历史求节节近真，不史不实，不真不至，文字般若千余年所不通者，至是乃毕通之。

民国二十九年，遘家难，矢志观行，于《心经》默识幻真一味之旨，夙夜参研，期以彻悟。三载始著《心经读》，存其微言，盖师最后精至之作也。师受杨老居士付嘱，三十年间刻成内典二千卷，校勘周详，传播甚广。及国难作，文献散亡，国殇含痛，师又发愿精刻《大藏》，以慰忠魂，选籍五千余卷，芟夷疑伪，严别部居，欲一洗宋、元陋习，以昭苏藏教。筹画尽瘁，本年二月六日感冒示疾，转肺炎，体衰不能复，然犹系念般若不已。至二月二十三日晨七时，转侧右卧，安详而逝，享寿七十有三。德配熊夫人，子格、东，女兰，皆先卒。孙应一、应象，孙女筏苏、勃苏，俱就学国外。由门人治其丧，权厝于蜀院院园。

师平生著作多以播迁散佚，晚年手订所存者，为《竟无内外学》，其目曰：《内院院训释》、《大般若经叙》、《瑜伽师地论叙》、《大涅槃经叙》、《俱舍论叙》、《藏要经叙》、《藏要论叙》、《法相诸论叙》、《五分般若读》、《心经读》、《唯识决择谈》、《唯识研究次第》、《内学杂著》、《中庸传》、《孔学杂著》、《诗文》、《小品》、《楞伽疏决》、《解节经真谛义》、《在家必读内典》、《经论断章读》、《四书读》、《论孟课》、《毛诗课》、《词品甲》、《词品乙》，凡二十六种，三十余卷，悉由蜀院刊行之。师之佛学，由杨老居士出。《楞严》、《起信》伪说流毒千年，老居士料简未纯，至师始毅然屏绝，荑稗务去，真实乃存，诚所以竟老居士之志也。初，师受刻经累嘱，以如何守成问，老居士曰："毋然，尔法事千百倍于我，胡拘拘于是。"故师宏法数十年，唯光大是务，最后作老居士传，乃盛赞其始愿之宏，垂模之远焉。呜呼！师亦可谓善于继述者矣。弟子吕澂谨述。

澂侍师讲席久，侧闻绪论较多，师迁化后，辄思略叙列之，以志追仰，而悲怀难已，终不能就。然不可以无述，爰据师自订年历，稍加编次，有未审处，则就教于李证刚先生，及幼济世叔，并得同门陈证如、王化中二君纠正数条，仅乃成篇，触处挂漏，固未能尽吾师行事之百一也。澂附记。

据《欧阳大师纪念刊》

九江桂伯华行述

欧阳渐

四肢之于安佚也，性也，有命焉，君子不谓性也。圣人之于天道也，命也，有性焉，君子不谓命也。无一廛之居，一瓶之粟，父母兄弟亲戚所资以事蓄者，不下十余人，乃不以夺其志，废其学，意之所至，无富贵贫贱威武患难夷狄，名倾海内外，欿然不自足，晚近中有是人乎，其诸九江桂念祖伯华是欤！九江名士蔡泽宾说之，妻以女，有绝句云："好古能文稚齿才，规行矩步亦奇哉。半生潦倒吾甘受，博得东床快婿才。"未婚而女死，伯华感知遇，终身不娶，盖其节操，在弱冠时已然矣。伯华身世经涉，及其所学，凡三变。初父丹岩先生病盲，使伯华教学乡里，博升斗粟，伯华恶其僻陋在野，将以堕其志也，虽父命而不可，全眷移南昌，藉书院膏火存活。初以豫章甄得二名，卖一名买米。继则经训屡列前茅，而晨昏菽水乃不匮，然以艺不工不止，或尝过时违限，文不得达阅者所，困亦甚矣。昼粗粝，夜攻苦达旦，无烛，苦蚊，以蚊香映读，苦亦极矣。而其学以是时丕变。

学宗顾亭林，解经主今文家言，诗崇杜、苏，凡注疏诗集无不全部录读。生平不草一字，造次执笔皆工整。教人有法度，以点书入门，而一驭以开合法。篇开而章，章开而句，句开而字，必使开无可开而止。然后合字为句，合句为章，合章为篇，而筋髓毕露。金溪知县杜磷光聘为书院山长，诸生未通文法者，数月斐然能文。弟桂元度、妹桂圆成皆能文，元度举于乡，伯华亦丁酉副举。以甲午受刺激甚也，戊戌从康、梁变政，主笔沪《萃报》馆，梁任公离湘，时务学堂举以代，未行而难作，六君子死，缉康党急，伯华匿于乡，岁暮病疟，中夜孤灯依床褥，得《金刚经》一册，晨夕读，恍然于人生虚幻。疾愈，趣金陵，依杨仁山大师学佛，盖其学至是又一大变。

伯华为人口吃，顾雄于谈，语语从肺腑出，娓娓动人。教人则孜孜不倦，知无不言，言无不尽，惟恐人不知，设多方便。科举时谈佛大忌也，而伯华昌言之，先辈同辈交相斥为怪物，不稍动。予时屈以王阳明义，不争辩，但纳予《起信》《楞严》，曰："姑置床头，作引睡书读何如？"予不觉为之牵转也。昔以求学全眷移南昌，今则以学佛全眷住金陵。昔以文学遍导弟妹，今则以佛学遍化家人。父母兄弟姊妹无不素食持名，大阅经论。圆成适李正刚氏，如迦叶金色女故事，夫妇而宾客也。正刚之父母不悦，乃为之纳妾，迎圆成以归。赤贫之士安得金钱干此，乃乘乡试隙为人捉刀，赚资以集事。此固不可常，事蓄之日长，乃兄若弟留学日本，藉官费以存活，则又举其全眷住东洋。与《民报》诸革命家友善，相感以佛化，迎月霞法师东渡说《楞伽》。听讲有章太炎、苏曼殊、孙少侯、刘申叔夫妇、蒯若木夫妇若而人，伯华乃喟然叹曰："自来辜负讲经人，今日则辜负听经人矣。若再开讲，须自登座。"盖伯华分疏经论，淹通条贯，诚不餍寻常讲经法师所谈，将安心著述，尽贡所学以饷世。元度不能为兄所为，走归故国，冰炭填膺，郁邑侘傺，发狂死。伯华哀之。以为方便不足疗治其疾于生前，神通不能了澈其趣于死后，日夜疏剔文字奚益，乃尽弃所学，从事真言，日夜持咒观想，盖至是而伯华之学三变矣。

久之，母死，临终，垂念桂氏后，伯华哀之，将谋所谓娶妻生子者，以俯蓄艰难不果。伯华留东十余年，住楼下三铺席，饮食居处读书会客胥于是在。久之病湿，偏枯溃澜，以丧其命，时民国四年三月五日也。死之日，予命陈铭枢东渡视疾，夜至，伯华喜为一饭，娓娓而谈，垂达旦。次日，邻家火起，铭枢背负伯华行，安置别旅馆，甫定，视故所居，一切灰烬，著述无复存，伯华无所动，强起易新衣，安然以殁。先自挽句云："无限惭惶，试回思曩日壮心，祇余一恸；有何建白，惟收拾此番残局，准备重来。"圆成以其丧及母丧归国，葬九江，为立桂氏后。圆成以是侘傺二十年，至今不愈。民国二十四年一月述。

据《竟无诗文》

徐母倪太夫人传

蒋维乔

自古贤哲之士，能成大业享大名者，往往多得诸母教。孟母欧阳，历史最著。然能以出世间法，自利利他，感化一家，如徐母倪太夫人者，则稽诸史乘，实不多见也。余中年学佛，苦不得要领，及北上燕京，谒徐居士文霨，一见相契。时时请质，乃得门而入。侧闻文霨之学，得诸贤母，初未悉其详。及文霨殁，为之作传，访求事实于其介弟文弼。文弼为言倪太夫人一生奉佛之因缘，且出事状，丐余作传。余于文霨，既视之如师友，则于倪太夫人，亦居私淑之列，曷敢以不文辞。按状：

太夫人为钱塘倪公友桐之季女，自幼敏慧，闻诸兄隔室读书，入耳即了了能背诵。迨长，工书画，擅吟咏，皆天才流露，未尝有所师承。年二十六，归海盐徐公仙梅。淑慎贤敏，深得翁姑欢。连举五子，每娠，翁姑辄祝其生女，谓生女必能肖母，可壮门楣，然卒未尝有女。戊子，随仙梅公宦粤东。公奉差在外，太夫人主持家政，勤俭操作，与在家无少异。既而仙梅公补小靖场盐大使，挈眷莅任。场署久圮，寄居陆丰县考棚中，内室三楹，仅蔽风雨。太夫人处之怡然，暇以诗画遣兴，或鼓琴，以寄倡随之乐。时文霨已能读书，初学词赋，太夫人以汉、魏、六朝名作授之，植其根柢。甲午，仙梅公丁内艰，挈眷回籍奔丧。服阕，即得不寐症。太夫人夙夜扶持，衣不解带者经年。己亥四月，仙梅公卒。太夫人哭之恸，绝粒五日，欲以身殉。嗣以翁命，孙男年未成立，不可无母，始勉强进食，然每食辄悲哽不能下咽，卒酿胃病。自此茹素学佛，留心释典，举向所为文字，悉屏弃之。

辛丑四月，三子文璃殁，年仅二十一。文璃特禀夙慧，幼有哮喘症，依依膝下，最得母心。殁之前，自起沐浴竟，合掌趺座，顾语太夫人曰："尽力修持，勿复为念。"遂称阿弥佛名号，泊然坐逝。丙午，长子文霨供职京曹，四子文潞服官苏省，五子文弼肄业法政学校，皆先后成名。然世途得失，太夫人从不过问，即禀白之，亦夷然不屑。惟谆谆以学佛修行为勖耳。戊申，翁向五公卒。秋日酷热，人御单袷，太夫人年已五十七，因病御重棉，昼夜侍疾，尽礼尽哀，不以衰病之身，稍自宽假。向五公曾购《蘖山藏》于日本，施诸邑之天宁寺。太夫人遂遍读之，旁及中土古德撰述之未入藏者，靡不寻阅。阅竟，辄以施人。或举教典疑义为问，辄答此详某经某论，检阅百不失一。文霨初随太夫人研究经典，以安慰慈怀，喜阅禅宗语录，偶弄机锋。太夫人辄严戒之，导以经论之次第，示以修持之指归。太夫人阅藏内外经论十余载，备悉各宗纲要，而以净土为归。仙梅公既卒之次年，发愿为之礼塔，悬阿育王所造释迦牟尼佛舍利塔图于净室，日礼数次，每次始十余拜，后递增至数十拜，遂以礼拜持名为定课，昕夕行持，恒至中夜，历数十年如一日。

常谓弘法利生，莫如流通经典，首将家中藏板《金刚经解义》《阿弥陀经疏钞撷》移交义庄，以时印行。又将《径中径又径征义》重为刻板印施。又谓出世三学，戒为第一。《佛遗教经》为我佛最后之教诲，手书大字本，遍施诸方，累年所书，殆逾千本。又谓在家五戒，第一戒杀，行菩萨道，大悲为首，而修净业者，尤以戒杀放生为先务，方与弥陀悲愿相合。乃刻明莲池大师《戒杀放生文》，广布于世。又以吾人念念相续，未曾离念，随念返观，可以自省，遂刻宋慈云大师《观心十法界图说》，与《戒杀放生文》并行。明初楚石禅师有《西斋净土诗》一卷，发人深省，灵峰《净土十要》中，所选殆不及半，惟海盐天宁寺藏有原板，世鲜知者。太夫人就寺印施，展转流布，为石埭杨仁山居士所见，方幸是书之未佚也。而太夫人闻杨居士创设金陵刻经处，亦心向往之。辛亥九月，至沪，闻杨居士示寂，手书致金陵刻经处，询闻近状。校经女士朗宛卿，遂携杨居士所订《大藏辑要目录》来沪。太夫人见之，欢喜赞叹，即出资付刻经处，重刻《西斋净土诗》，又为集资刊行《释摩诃衍论释》《净土寻疑论》《迦才净土论》等书。凡辛、壬之间，刻经处所刊经论，大抵皆太夫人主持之，其书名不备举。

壬子之秋，刻经处陈樨庵居士，以经房刻事寥落，加以两遭兵燹，势将断炊，《大藏辑要》，竣工无期，乃来沪谋结束之法。太夫人闻之，意颇不然。谓当募资专刻《大藏辑要》中未刻之书，分为四十八愿，每愿五百元。命文霨就商于欧阳石芝、狄楚青两居士，遂用此意，草拟募捐启。太夫人首认三愿，以为之倡。七八年中，金陵刻经处赓续刊成经编三千余卷，《大藏辑要》观成有日，固赖十方善信，合力拥护，而当一线绝续之交，实太夫人继其绪，而文霨终身从事刻经，亦太夫人之志也。唐贤首国师《华严探玄记》，中土久佚，流传日本。杨居士得之，欲为刊行，以卷帙繁，需费巨，迟迟未果。太夫人谓文霨曰："必待款集而后刻，将永无成功之日，盍先为厘订。"即认刻首四卷，以为之倡。既而刻款果集，校刊犹未竟也。

太夫人晚年，别号自警主人，施资刻经，皆不自署名。僧寺尼庵，尤不轻诣，谓善护讥嫌，经有明训；诸佛菩萨是法界身，遍一切处，随地可以顶礼，礼文殊者，何必五台，礼普贤者，何必峨嵋。常以此义，劝戒女众。故于僧人非耆年有德者，虽登门造请，亦不接见。年近六旬，始挈文霨诣宁波观宗讲寺，谒谛闲法师，浮海达普陀，谒印光法师，复至阿育王山，瞻礼舍利塔，亲见塔中舍利，为现白玉色佛像。太夫人自奉至俭，而于刊印经典，及其他善举，凡可以利人者，必尽力为之。自归仙梅公二十余年，未尝置一衣饰，仙梅公殁后，即罄其所有，变价施舍，身所服御，无一不补缀者。体气素弱，中年感受胃病，舌苔焦涩，食不知味，久而不愈。然以仙梅公既殁，誓不近医药。每谓文霨等曰："汝曹倘能勤求佛理，出一语惬我心，我闻之，胜服药多矣。"乙未之夏，病日甚，不能进食，偶啜稀粥数匙，胃不能受，辄作呕吐。历秋及冬，每日眠起如常，亦无寒热。至十月十三日，口称阿弥陀佛名号，微笑而逝，逝后容光焕发，次日，顶门犹温，此决定生西之瑞。文弼侍侧亲见之，而为余详言之者也。太夫人生于清咸丰二年壬子，享寿六十有八岁。生子五人：长文霨，次殇，三文璠，早殁，四文潞，五文弼，今惟文弼存。

蒋维乔曰：吾读《往生传》，见历代女居士之精修净土，临终往生者，班班可考。然求如倪太夫人之精通释典，律身严，修持密，从容以去者，乃不可概见。清末佛教重兴，实赖于单行本经典之流通，士大夫得以随意研究，而杨仁山居士实启其机，太夫人续其坠绪，文霨更终身从之，以成其志，是则太夫人之德泽，惠及未来者，宁可量哉。

据作者手稿

徐蔚如居士传

蒋维乔

居士姓徐氏，名文霨，字蔚如，号藏一，浙江海盐人。生而岐嶷，读书十行下。年十三，即毕九经，所为文，有奇气。然未尝出外就傅，皆由贤母倪太夫人亲自授读，故不为当时八股习俗所囿，独肆力于诗古文词。自来能文之人，辄畏治算术，而居士独嗜之，研思至忘寝食，戚友咸诧为奇。年十八，应童子试，以第一名入邑庠，所为诗赋，传诵一时。年二十一，遭父丧，母倪太夫人绝粒五日，几以身殉，戚中有劝其学佛者，于是阅读大藏经典，居士随侍研习，藉慰慈怀，而其深入经藏，毕生以弘扬佛法为己任，乃造端于此。居士应秋试不第，而诸舅咸宦京师，促之北上，纳粟为部郎。既抵京，循例到部，兼任旅京浙学堂算学教习，旋奉派为京师地方审判厅推事，及资政院政府特派员。时新政推行，度支部筹办统计，以居士擅长算学，一切规画，实主持之，及统计告成，论功，补度支部通阜司郎中。

辛亥光复，居士挈眷南归，寄寓沪上。会各省组织省议会，被选为第一届省议员，甚为浙江朱都督介人所器重，委办《之江日报》。居士好直言，于地方利弊兴革，多所献替，而朱督不能采用，乃叹曰："此古人所谓见贤而不能用，恶恶而不能去者乎！"适值党禁严厉，省议会无形停顿，遂归，益潜心于佛典。侍奉慈舆，访谛闲法师于观宗讲寺，礼舍利塔于阿育王山，南朝普陀，谒印光法师，携其文稿归，为之精选刊行。复函南京，询杨仁山居士刻经未完功德，逾年，仁山法眷朗宛卿女士，携杨氏手订《大藏辑要目录》来沪，居士乃与欧阳石芝、狄楚青诸人计议，谋竣其业，草拟募捐册，分为四十八愿，每愿五百元，倪太夫人首认三愿，以为之倡。

甲寅，复入京，授财政部会计司长，旋调参事上行走，兼统率办事处部派专员。余于丁巳，再度入京，久耳居士之名，掬诚造谒，居士为述净土要义，且云“佛典名相之多，学者苦难索解，最好先治相宗，辨别名相，则于其他经典，庶易了解”。余问“谁通相宗”，则云“有蜀人张克诚先生专研此宗”。余遂托居士为介，即日前往听讲。既而蔡元培及各大学教授，多来加入。蔡遂于北京大学哲学系，特设唯识一科，聘张先生为讲师，我国大学之讲佛典，于兹开始，而其端，乃居士一言发之也。

戊午之夏，居士与在京同志，礼聘谛闲法师北上，讲《圆觉经》。余参讲席，与居士朝夕相亲，法会圆满，且同就谛法师受三皈戒焉。居士从政之暇，惟以校刊经典为职志，吾乡庄思缄，既亲近谛法师，乃发愿刻经，募集巨款，邀余及梅撷芸、江味农等，创立北京刻经处，佥以校刊之责，非居士莫属，居士亦慨然任之。既而居士解职赴天津，入启新洋灰公司，任秘书等职，复与周志辅昆仲，创立天津刻经处。编刊经论，流通法宝，终身从之，未尝须臾离也。十余年中，所刊大部经典，据其《香光庄严室校刻经目》，已近二千卷，而每刊一经毕，必撷其菁英，附跋卷末，有益后学，其功不浅。或谓居士：“盍勿将生平所作诗文，集为一稿？”居士夷然曰：“应酬文字曷足贵，惟所校经论之附跋，可以问世耳！”

壬戌，余离京赴宁，与居士不相见者七八年，而书函往返，商量邃密，初未尝间。丁卯，余归上海，与味农时常聚首，而居士或因事南来，则必先至余处，偕访味农，畅谈佛理，及各人用功境界，互相质证，引为至乐。居士于庚午丧偶，乙亥丧子，处境拂逆，意绪颓唐。丁丑暑假前，复南来，余三人晤谈，一如往昔；临别，居士乃云：“今后有缘再会。”味农私谓余曰：“蔚如之言不类，殆似谶语。”及“八一三”战事起，南北消息不通，忽见报端新闻，居士于七月逝世，为之惊异，急驰函许君季上问故，久而得覆，知居士果于七月初十日逝世矣！余欲得居士生平事迹，为之作传。今年夏，季上始以其家所写事略寄来，始知居士于天津战事正烈时，眼见妇孺流离道路，恻然心痛，乃与津门诸居士，筹办妇孺临时救济院，酷暑中终日奔走，致患腹泻，病五日即不起。临命终前，神志清明，犹诏家人曰："凡人福慧兼修，始得往生净土，偏一则非。"病中起坐谈笑如常，平时修持功课，亦未间断。寂然而去，脱离浊世，其本迹殆非寻常可比也。

居士之世间学问，得诸母教，而潜修佛典，亦基于母教。生平私淑杨仁山先生，志其志，行其行，虽泛滥各宗，而一以净土为归。尝见仁山所刊《华严疏钞》，依据清代《龙藏》原本，讹舛脱误至多，欲依《丽藏》校正编汇，重付剞劂，与余商榷之函件，论列颇详，顾以券帙繁多，积年为之，尚未竣事。及殁后，余亟函季上，查询此稿，则因战乱中，其家屡屡迁居，而已荡然无存矣，惜哉！居士生于戊寅，殁于丁丑，享寿六十。夫人王氏，前卒。生丈夫子二人：长肇曾，年三十九岁殁；次肇钦。女子子二人：长肇瓔，未字；次肇琼，适粤东张氏。

蒋维乔曰：余中年后喜研佛学，每读经论，辄苦难解，则强读之，又不解，则再读三读，如是徘徊门外者数年，及至北京晤居士后，方得其门而入。斯时京中同志甚多，如张克诚、梅撷芸、郑叔进、雷道衡、江味农、许季上、邓高镜等，皆每逢星期，集会于广济寺，研讨经论，互证修持。及今思之，如此胜缘，何可再也。而余与居士及味农三人，相契尤深。余视居士及味农为师友，每有所疑，必质之，而居士亦推重味农，每有所见，必就而决之。吾三人交谊之深，视昔之彭尺木、汪大绅、罗台山，有类似焉。今居士先去，而余为居士作传时，味农亦复示寂矣。生本无生，殁又何憾。然余离群索居之感，为何如哉！

据作者手稿

太虚大师行略

海潮音社

大师讳唯心，字太虚，浙江崇德人，俗姓吕，生于逊清光绪十五年十二月十八日。幼孤露，体弱多病，抚养于外祖母家。外祖母奉佛唯勤，朝夕课梵，大师辄循声朗诵，若夙习然。九岁随外祖母礼九华，遍历江南诸大刹；十三岁又随朝普陀，自是厌俗怀出世想。曾一度习商，叹非大丈夫事，潜心高举。

年十六（光绪三十年），决志去普陀出家，误乘船至苏州平望，顿忆夙所经处，乃趋小九华，求士达宽公披剃焉。宽公旋携之四明，礼谒师祖奘年老人，一见知非常儿，多方摄护之。是年冬，依天童敬安寄禅和尚受具，同戒者数百众，大师年最幼，问答律仪已最第一，寄公即以唐玄奘资质许之。初从水月岐昌法师习法华教观宗旨及世谛文字，尝听道阶、谛闲诸名宿讲《法华》、《楞严》、《天台》、《四教》诸部，间从寄公参究向上事，讲筵禅席中，已使时流失色。

十八岁阅藏经于慈溪西方寺。一日阅《大般若经》次，顿失身心世界，于泯然空寂中灵光湛湛，尘刹炳现，如凌虚影像，朗照无遗，坐经数小时，犹弹指顷，历许多日，身心仍在轻清安悦中。自是阅读诸大乘经，恍然如自心中流出；所蕴禅录上疑团，亦顿然冰释，凡所触及之台、贤、法相与世谛文字，悉能自在活用。大师自谓“自此悟力倍深，而忆力稍减，双眼亦成近视”云。

时当清末，西方新文化输入，革命思潮，如火如荼，经楼同寮中有华山法师者，敬爱大师青年俊拔，器识恢弘，尝告以当时之国是及世界之潮流，与夫有清以来佛教之流弊，应从振兴僧学以求革新之道。时大师栖神玄虑，独步天真，耽玩理境，不为所动。然华山法师鼓其灿莲之舌，倾其携笈所藏若康有为、梁启迢〔超〕、章炳麟、谭嗣同之新著，严复之迻译，强使披阅，大师读及谭嗣同之《仁学》，爱不释手，陡然激发佛学入世救世之弘愿，遂趋回真向俗、入廛垂手之化途。故大师之生平，不甘逸放于山林，而以佛化救国救天下为己任，树起人生佛教之旗帜者，实肇基于此。

宣统元年（二十一岁）冬，随寄禅和尚参加江苏僧教育会，是为从事佛教运动之始。翌年，闻杨仁山居士创祇精洹〔洹精〕舍，欣然从游者半年。秋，出任普陀山化雨小学教师。二十三岁，应请赴广州宣扬佛法，被推为白云山双溪寺住持，就寺讲《维摩经》。时与革命党人过往甚密，经黄花岗之役，清庭防范党人益严，大师以吊黄花岗诗招忌，索捕甚急，乃潜返沪甬。经此一度锻炼，大师自谓："不仅能入佛，且敢以入魔，敢以入险。"

民国肇建（二十四岁），与仁山法师等创设中国佛教协进会于南京，但以仁山法师操之过急，激成金山之变，时寄禅和尚领导组织中华佛教总会，协进会即合并于总会。未几，寄禅和尚殉教于北京，沪上开追悼会，大师已洞悉名刹住持于佛教本身，唯求消极保护寺产，绝无积极进取之精神。故于追悼会中，提出"佛教教理革命，教制革命，教产革命"之狮吼声，以抒悲愤。嗣即漫游绍兴，识刘大白、陈诵洛、扬〔杨〕一放等。

民国二年，中华佛教总会，以寄禅和尚之死，乃得北京政府之批准，正式于上海成立，然以主持总会者类多昏庸，虽有熊希龄居士等之护持，亦无能为力。时大师被聘为《佛教月报》总编辑，发表《无神论》、《致私篇》、《宇宙真相》等论。后以经费拮绌，出至第四期停刊。

民国三年，大理再探禹域之古墟，兰亭之幽胜，与文人墨士以诗相唱和，终觉文士习染，戏论绮语，有污道真，非经彻底透脱一番，寻行数墨，是佛冤家，故于是年秋，转作活计，掩关于普陀之锡麟禅院。时印光、昱山诸尊宿，叩关谈论，每清言竟日。大师在关中晨夕禅观之余，遍探台、贤、性、相、禅、律、净、密诸部，于唯识三论致力尤深；旁及古今东西之学，一一融摄于佛乘，于《周易》、荀、墨学说，都有专评；于西洋哲学，亦有所阐述；于严复所译书，曾写成《订天演宗》等论文，总题曰《严译小辨》。余若《楞严摄论》、《整理僧伽制度论》、《续弘明集》、《新弘明集》、《味诗庵录》、《成大乘论》、《法界论》、《三明论》、《论理学》、《心理学》等，或以先后刊行，或肇端绪，未克终篇，或全散佚，片楮无存。

大师在关中，一夕静定次，闻前寺晚钟声，忽焉坐断三际，寂然无住；迨觉心初起，则音光洞朗，旷绝中边，次第回复心身座舍，则前寺晨钟发矣。大师自谓："每觉困倦或身体失调时，辄舒纸染翰，构思缀文，以代汤药而驱小病。"

民国六年春，大师出关。漫游台湾、日本，考察维新以来之佛教，深受彼邦学者欢迎。就观察所及，益信所著《僧伽制度论》，不唯暗合于日本佛教分宗制度之长，且有中枢以总其成，更基律仪以其袪〔祛其〕弊。撷律藏之精华，一教理之真量，革旧制之腐习，适新潮之化导，建设中国之佛教，深觉舍此莫由。兴阑归来，编集在日之讲演、诗文、游记等，题曰《东瀛采真录》，交由台湾月眉山灵泉寺寺主善慧出版。

民国七年，受了余和尚请，一度出任普陀前寺知众，终以维持旧状，非心所许而引退。《道学论衡》、《楞严摄论》先后付中华书局出版。

是年应陈元白居士请，到汉口讲大乘《起信论》，听者多为居士。李隐尘(开侁)亦预听席，读《道学论衡》、《楞严摄论》，叹曰："纵遇六祖未必能度我辈，非得如是文字三昧不能令我辈降伏。"于是生大信心。

是年与蒋雨岩(作宾)、黄葆苍(元恺，后出家名大慈)、陈元白(裕时)、章炳麟(太炎)、张季直(謇)、王一亭诸居士于沪上，成立觉社，主编《觉社丛书》，假尚贤堂轮流作公开佛学讲演。

《觉社丛书》即《海潮音月刊》之前身。大师秉坚韧一贯之精神，三十年如一日。是刊也，内铸佛学真义，外融新学思潮，唱导整理僧制，轨正谬说邪论，护持大教，鼓吹僧学，本佛陀之宿怀，期建立人间佛教，以觉导群伦。呜呼！大师之宏深智悲，自有中国佛史以来所未有，其释迦之使者欤！其弥勒之权现欤！尔后席不暇暖，化不停轸，如杲日当空，光被四表，大云注雨，泽及万类。

民国八年，应张季直、江易园、费范九等约，讲《普门品》于南通狼山观音院；复应北京已未讲经会约，讲《维摩经》，法会极盛；更由李隐尘、吴壁华、夏寿康、熊希龄等发起，讲《起信论》，听众有增无减。林宰平、梁漱冥、黎锦熙、胡适之等时来商讨佛学各种问题，王虚亭、杨莘哉、马冀平、陶冶公、胡子笏等皆从此生信。名宿新学，翕然从风。是时五四运动发生，文化新旧之争正剧，佛教中缁素间有囚于先入之言，扶旧拒新者，由此隐然起佛教新派旧派之分。

是年冬返沪，改《觉社丛书》为《海潮音月刊》，移锡杭州净梵院。民国九年正月，第一期《海潮音》问世。武昌李隐尘、陈元白、李馥庭领衔率百余人发起讲《起信论》，听者拥挤。夏，应广州庚申讲经会邀，为讲《佛乘宗要论》。九月，重莅武汉，讲《楞严经》，各界知名之士闻法起信者极多，学佛风气之盛，空前未有。又应湖南省长赵炎午约，讲学长沙，并成立长沙佛教正信会。冬回杭州，于车轼舟舷上，写成《新的唯识论》。

民国十年春，大师住持净慈寺，旋有恶僧与省会军警机关，以乡情相勾结，故示刁难，大师【出版】不愿以宝贵精神与之周旋，次年春即交退。

是年秋，北京诸君士，发起辛酉讲经会于广济寺，应邀讲《法华经》；同时，别为大勇、王虚亭等讲《金刚经》、《法华讲演录》及《金刚义线》，即于是年刊行。段芝泉之信佛，亦起于是年一座谈论之中。

民国十一年（三十四岁），武汉李隐尘、汤住心诸居士，以大师住持净慈，叠生故障，乃谋离开故旧丛林，别创辟一教育住持佛教基本僧伽之新道场。武昌佛学院即发起筹备于是时。春夏之交，讲《圆觉经》于汉阳归元寺。汉口佛教正信会成立，数度传授三皈，正信弟子愈众。是夏，应中华大学暑期讲学会约，讲因明学，即后刊行之《因明大纲》是。时梁任公、高一涵、傅侗亦分任讲学，且与梁、傅二君，于大学大礼堂作佛学公开之讲演。校长陈叔澄，即于是时皈依执弟子礼。是秋，佛学院行开学礼，盛况空前，称之为新佛教纪元可也，年来佛教中之僧材，十九造就于此。是年冬，受沩山请任住持，经长沙，游宜昌、沙市、荆州，所至多宣化。

民国十二年，主任佛学院与讲学外，对欧阳竟无居士为主流之内学院，关于佛学上种种问题，发生异论，如《起信论》真伪问题，相分同种别种问题，佛诞纪元问题；因欧阳居士之《唯识抉择谈》，大师出《佛法总抉择谈》以应之，博得有识者之弥深赞许。宋、元以降，纯佛学上研讨之风，未有如此时之盛者。是年初夏，应黄陂县知事谢铸陈之邀，数万民众夹道瞻仰，宣讲佛学数日。复兴庐山大林寺，邀约李隐尘、张仲如、黄季刚、汤用彤等就大林寺开暑期讲演。使沉寂数百年之庐山佛教复活。

民国十三年，兼于武昌涵三宫讲《金刚经》，录成《金刚经述记》。是年对学院内学僧提示《志行自述》，以"志在整理僧伽制度，行在瑜伽菩萨戒本"，为大师律己训学之刚格。写《释新僧》，发表于《海潮音》，嗣后学僧中之新僧运动，即根据于是。是夏召开世界佛教联合会于庐山大林寺，日本佛教学者到者独多，集东西佛子于一堂，以谋国际佛教徒之合作。应常惺法师之邀去泰州讲《维摩经》，法会之盛，至今犹为彼地人士所乐道。是年秋，佛学院续招第二期新生，且附设研究班，佛学女众院亦于是秋开学。秋杪病胃，请善因法师代理院长，过沪抵甬，隐居岩洞，唯一役人种菜烧饭。住近五十日，写成《人生观的科学》，胃纳渐佳，但身体已不复如往时。邀奘老人畅游雪窦、保国寺。于保国寺写成《大乘与人间两般文化》及《起信督信论唯识释》。残腊，归武院。

民国十四年，于武昌中华大学大礼堂开讲《仁王护国经》五日，荐善因法师代讲，为先已诺北京诸居士讲《仁王经》，即北上于中央公园社稷坛开讲，刊行《仁王护国经讲录》。朝五台山，过太原，受阎锡山邀留少住，讲演佛学。是年，遣大勇、大纲、法尊等入藏求密。夏初，于天童讲《楞伽经》，录成《楞伽义记》。秋杪，又讲《仁王经》于苏州。冬初，率中国佛教代表团出席日本召开之东亚佛教大会，抵东京时，学者名宿率青年学生列队欢迎者万余人。大会毕，历游全国名胜古寺，月余返国。

民国十五年元旦，著《居家士女学佛程序》。设佛化教育社于上海，出《心灯旬刊》，专作佛化教育宣传。是夏在北京讲《佛学概论》暨《四十二章经》。应星州讲经之约，遍游南洋群岛。回国时经厦门，为常惺等强邀上岸，讲演于厦门大学及闽南佛学院。时国民革命军北伐，已席卷湘鄂，全国佛教，悉处在惊人之狂涛中，大师据当时之情势，写成《僧制今论》，期作更进一步之新佛教运动。

民国十六年，受转逢、常惺、会泉等请，住持厦门南普陀寺，兼长闽南佛学院，是时革命军已入福州，全闽佛教寺产危甚。大师先经福州晤方声涛。于是全省僧寺，遂获稍安。闽南佛学院后经芝峰、大醒、亦幻等同心协力，一时成为全国佛学院之冠。

中秋前应蒋介石先生邀，徜徉于剡溪雪窦水色山光中，谈论颇得，为讲《心经》大意。是年受德国朗福特大学中国学院聘任院董。著《自由史观》且转译成英文刊行。

民国十七年春，蒋介石先生过访于杭州灵隐寺，应请入京讲《佛陀学纲》。大师为健全佛教之组织，一方谋推进佛教文化之运动，得蔡孑民、戴季陶等赞助，以李子宽、黄纤华、谢铸陈等为中坚，先创设中国佛学会于南京；同时发动筹组中国佛教会，以期僧制行政之完善。秋，放洋讲学欧、美，备受英、法、德、荷、比、美诸国学者欢迎，有《寰游记》纪其事。应法国学者建议，发起筹组世界佛学苑于巴黎，法国政府且慨施基地热望其成，是实为中国高僧弘法欧、美之第一人。

民国十八年，回国，出任中国佛教会常务委员。十九年，讲学于北平、厦门等处，任北平柏林教理院院长，先后讲《大乘宗地图释》于闽南、柏林两学院。二十年，入川弘法，时国本初奠，边陲未固，乃与刘湘等创办汉藏教理院于重庆之北碚，用以沟通汉藏文化，融洽民族感情。二十一年，应蒋主席请，住持雪窦寺。时以筹组世界佛学苑基金鸠集不易，乃先定世苑地址于南京，而以武昌、闽南、柏林、汉藏诸学院及大林、雪窦，沩山三寺属之，分系而并进焉。二十二年至二十五年，循回讲学于江、浙、赣、鄂、陕、郑、粤等省，飞锡所至，化雨遍润。刊行《辨中边论释》、《大乘宗地图释》、《大乘唯识章讲录》、《药师经讲录》、《讲演集》等。

民国二十六年秋，自庐山赴渝，处理汉藏教理院事。时抗战军兴，大师悲心无已，数次函电告日本佛徒书，劝励其本佛陀大悲兼利之精神，联合全国佛教徒向彼政府抗议，请息其残暴之侵略。

民国二十七年，历游渝、蓉、黔、滇讲学，教示佛徒以自救救国之道，参加抗建事业，指导筹组训练僧众救护队，分发各战区服务。所有护国言论，为时人所遵依。

二十八年，受聘为国民精神总动员会设计委员。秋，组中国佛教访问团，由滇入缅，访问印度，历南洋群岛，随处阐扬中枢抗建国策，备受海外千万人之欢迎。先是日人于南方国际路线诸佛教国家，极力宣传诬诋中国政府，摧残佛教，逐僧毁寺，欲以挑拨宗教情绪，遂其离间之阴谋。于是中枢领袖，商请大师出山，率中国佛教访问团，以事实反证中国政府，尊重人民信仰自由，尊重佛教，粉粹〔碎〕敌人之诡计，促进南方佛教国之同情，其诩〔翊〕赞国策，厥功至伟。是年，《法相唯识学》、《潮音草舍诗存》出版。

二十九年，自印度回国，受六十余机关法团代表欢迎于陪都，报章杂志争载访问经过之报告。讲《真现实论》于汉藏教理院。大师尝总括其学行，著《我怎么样判摄一切佛法》及《我的佛教改进运动略史》二文以示学人。识者皆以为自知甚明，婆心殊切焉。得教育部资助，遣法舫等至锡兰、印度传布大乘佛教，研究巴利文、梵文，以重谋中印文化进一步之合作。是冬，《真现实论·宗依编》出版。

自民国三十年起，每逢夏季，在汉院讲《法性空慧学概论》、《中国佛学》。春冬，则去重庆，筹商改组中国佛教会事，兼受各种文化团体延聘讲学。三十二年，邀于斌、冯玉祥、白崇禧诸先生，组织中国宗教徒联谊会。秋间，创办大雄中学于北碚。本无畏精神，轻冒险地，弘法湘、桂。

三十三年，著《联合国战胜后之和平世界》及《中国今后之文化》二文，先后发表于《新中华》与《时代精神》。秋，患轻度中风，体力骤衰。四众弟子多怀隐忧，而大师唯国难教难为念，未尝一日为己谋。胜利后，大【已】师权衡时势与各方之要求，出而组中国佛教会整理委员会。《人生佛教》〈出版〉。

民国三十五年元旦，受国府宗教领袖胜利勋章。为推动全国佛教事业，遄回首都办理会务。各方函电纷呈，仰为宗导，咸期佛教之复兴将自此始。大师往返京沪，于历次缁素徙〔徒〕众之欢迎席上，发挥傥〔谠〕论，大声疾呼，喝出：社会道德之重建，贪污渎法亟须铲除，人人应本佛陀牺牲自我之精神，为大众为国家为世界共谋永久之和平。是夏，于镇江焦山，创办中国佛教整委会会务人员训练班。并推动中国佛学会京、沪、杭之次第复员。腊底，应甬上缁素要求，出席指导各县支会会务，返雪窦小住，度岁鄮峰。

民国三十六年二月二日至五日，讲《菩萨学处》于延庆寺，命弟子象贤记录成帙，是实大师最后之说法，皈依者达三百余人。是月六日至慈溪，受各界及佛徒四众之欢迎，讲《杨慈湖与佛学》，惜未经笔人记录。十八日抵上海，拟待全国佛教整理工作次第完成，定佛诞日召开中国佛教徒代表大会于南京。不意三月十二日，于玉佛寺旧疾复发（中风），弟子大醒、亦幻、尘空、李子宽、沈仲钧、谢健、苏慧纯、张孝行、冯明政、杨树梅、胡圣轮、过圣严等闻讯四集，亲侍汤药，请中西医悉心诊治。特请余永珍、周载铭两护士，轮流日夜看护。延至三月十七日（旧历二月二十五日）下午一时又十五分，施救罔效，安详而逝，享年五十晋九，戒腊四十三。不世出之人天导师，示寂阎净，归真兜率，呜呼悲哉！

时重庆法尊、河南净严、杭州会觉、巨赞、陕西超一诸弟子等亦先后集沪。十九日中午十二时封龛。封龛前，面色转红润，端坐龛中，慈祥如生，任千万人瞻礼，由此起信者不知若干人。四月八日荼毗，沿途扶龛行列，长达二里，争睹荼毗典礼，预集海潮寺四围者，不知若干万人。越日检骨，得大小圆净舍利三百余粒，大者如拇指，透明如水晶。心脏不坏，呈紫红色，熠熠有光，外布细末舍利，如镶珠宝。海上新闻摄影记者，叹未曾有，竞摄入镜头。十四日，由诸弟子护送灵骨入雪窦山，舍利将分布各处道场供养。

大师居甬延庆寺时，以菩萨学处开示诸弟子，重重嘱累以菩萨学处一日未能实行，即其志一日未达，而佛教前途亦难有望。慈切之诲，闻者肃然。益知大师毕生精神所寄。其示现人间也，扶释迦之遗教，为万众师；其上生兜率也，垂瑜伽之真诠，为慈氏辅。

大师往矣，必能乘愿再来，此后图建佛法之新猷，救人群于火宅，非力弘大师之道，将谁与归？爰敬述大师行略如上。

据《太虚大师纪念集》

李瑞清传

吴宗慈

李瑞清，字仲麟，一字梅庵，临川人。明崇祯时，有名国桢者，以举人知湖南耒阳县，扞盗有功，祀湖南名宦，其九世祖也。祖庚，广西兴安县尉，清道光末，洪秀全起广西，犯兴安，令遁，庚有守城复城功。父必昌，起家军功，中法越南之役，以知府从大军，败法人谅山，官至云南临安开广关道，尝任长沙府同知，因寄籍长沙。瑞清，其仲子也。貌魁伟，广颡丰颐，大腰腹，神志内湛而乐易近人，儿时，父必昌偶语文天祥、史可法于宋、明易代时忠烈事迹，瑞清蹙然问曰："今何时，又将易代耶"？父愕，问："何出此不祥语？"则对曰："儿亦欲为文、史二公耳！"光绪辛卯，举湖南乡试副榜第一人，以不合例注销。癸巳，归举本省乡试，联捷成进士。明年殿试，授庶吉士。寻丁内外艰，服阕，改官道员，分江苏，总办两江师范学堂及宁属高等学堂，三署江宁提学使，极得士心。

宣统辛亥八月，武昌革命起，江宁新军亦变，动荡不宁者月余，官绅汹惧，多他徙。时学堂日籍教习请瑞清暂避日领事馆，不可，召诸生，量道途远近，资遣之，诸生以瑞清不肯行，则相向哭，愿与同殉。十月辛亥，总督张人骏安圃、江防军统领张勋少轩会议北极阁，闻钟铿然，询之，则瑞清方督诸生上课也。是日，布政使樊增祥遁，人骏即电奏清廷，以瑞清署布政使，并遣人促瑞清至，执手劳之曰："事迫矣，今以此累公，其毋辞！"勋亦曰："好男儿，有肝胆，吾逮见尊公躬冒炮石，与法人挎拜谅山也。绍先烈，报国家，此其时矣！"寻奉命真除。瑞清既拜命，立购米四万石，又运下关屯盐入城，期与总督为死守计。时军事倚张勋主办，第兵少，又外援绝，美国领事居间，与革命讲解，勋与人骏均渡江北走，惟瑞清独留。革命军将领林述庆至，问："库藏几何？速相授。"瑞清厉色曰："江南库藏，督还之江南百姓。"述庆不敢逼。程德全时被民军推任江苏都督，以瑞清民望，且旧交，使人迎至谓："君何厚于安帅而薄我？"瑞清曰："安帅守臣节，我安可负，公今日所事，我又何能从耶？"德全拂衣入，左右咸怒刃相慑，瑞清愤，目几裂，或掖瑞清下，曰："公言太激，不如辞以疾。"徐绍桢复入，解于德全，乃已。

德全寻奉书币强留，备顾问。瑞清返币，投以书曰："瑞清顽暗，少窃科第，本图宦达，但秉性迂拙，动与时迕，湛身学校，六年于兹，乐其简易，差胜乞食，幸免冻馁，无意荣进。前月十七，宁垣之警，省城官吏，闻风先遁。总督张公，谬令承乏藩司，是时危城孤悬，四无援师。外顾隍陂，可战之兵，不满五千；内顾府库，可支之饷，不足三月。明知危巢之下，决无完卵，故受事之日，已无幸生之心，用以力小任重，卒遭倾覆。本月十二，江宁城陷，自谓当时即伏显诛，引领端坐，待膏斧钺，不意执事念畴昔之旧恩，垂异常之眷顾，待同国士，屡辱慰留，既加宽赦，更被采录，是以悾悾而自陈诉，未蒙省许。清本亡国贱俘，难与图存，学术虚浅，不闲职政。赞扬盛化，宣布和风，非清才力，所能供给。又以危城之中，兼旬不寝，气力日微，近复咯血，常中夜惊悸，呻吟达旦，左体手足，痹麻酸楚，一身之中，寒暖异度，久病淹滞，遇冷增剧。倘缘宽假，使清黄冠归卧故里，俾孱弱之躯，得遂首邱之志，冥目至愿，土灰极荣。如必相迫胁，义不苟活，虽沸鼎在前，曲戟加颈，所不惧也，执事其图之。"德全再命蒋奂琎婉劝，瑞清与奂琎书，略谓："屡辱劝慰，人非木石，讵能无感，但瑞清禀性迂拙，不达时变，有乐死之心，无苟活之念。程都督纵恕前者愚戆之词，不以为侮，何苦迫胁此亡国罪俘，出而任事，殊无谓也。夫人情所乐者利禄，所畏者死，皆不足动我，我之计决，程都督之计亦穷。且城破以来，中旦不寝，愧无松柏岁寒后凋之姿，有同蒲柳未秋先陨之态，已别上书程都督，幸左右之。"德全知不可夺，乃听其去。

去之日，召江宁咨议局士，举簿书管钥畀之，孑身走沪上。自是为道士装，匿姓名，自署曰清道人，鬻书画自给。民国六年六月，张勋拥溥仪复辟于北京，授瑞清学部右侍郎，或曰："勋无远谋，事必无成，不宜往。”瑞清曰:“吾与少轩谋者宿矣,忍以成败计耶?”卒以海陆道阻,不得进,而勋亦竟败。

瑞清学主公羊家言,文诗宗汉、魏,下涉陶、谢,书备各体,传世者以北魏碑体,为时所称,尤好作篆,胎息于三代彝器,尝谓“作篆必目无二李,神游三代乃佳”。画初学梅道人、黄鹤山樵,晚师龚半千、八大山人、大涤子,尝以钟鼎文笔法,写佛像或花卉松石,多奇趣,异邦人高其节,亦争购之。九年十月(旧历庚申八月)卒,年五十有四。清逊帝予谥文洁,予谥虽在法无据,瑞清当之自无愧云。初瑞清旅沪,无一日粮,皆门人醵金供给之。及卒,葬于江宁牛首山,亦门人意也。衡阳曾熙为建玉梅华庵墓侧以祀之。

按近人李绎之撰瑞清传,载梁溪旅稿中,多与事实不符,惟所载尝习画于武进恽彦彬,则稼溪文存所未及,特附载。

据《国史馆馆刊》第一卷第四号

中华佛教总会会长
天童寺方丈寄禅和尚行述

冯毓孳

师讳敬安，字寄禅。本湖南湘潭黄氏子，父曰宣杏，母胡太君，奉观音大士甚虔，梦兰而生师，时前清咸丰元年十二月三日也。方髫龄时，即屏腥味，随母拜月，喜闻人谈仙佛事。七岁丧母，十二岁丧父，师方就塾师受《论语》，未卒业。家贫，与弟子成俱废读，为田家牧牛，然常携书自课。同治七年春，驱牛出郊，见篱间白桃花为风雨摧落，感而大哭，遂投湘阴法华寺从东林师。祝发时，师年十八。

未几，徙南岳祝圣寺，从贤楷律师受具足戒。闻岐山恒志和尚倡教外别传之旨，冒雪往参。志公命司行堂，兼执饲犬役，是为苦行始。如是数年无所得，一日饲犬，食未尽去，志公适至，师恐见谴，乃取其余食之。俄见犬自厕出，因思向食犬余，必杂遗其中，心中作恶，呕吐不止。既念一切世间物，本无垢净，四大假合之身，于外六尘，亦无好恶取舍，皆由业识妄生分别，乃决计与之交战。窃如厕下参干矢橛，一动念间，便膈臆欲裂，愈信经论所云皆实，遂悟入心地法门。师以释迦牟尼有“千疮求半偈”之说，然顶四十有八，自项至腹百有八，两臂殆无完肤。寻至宁波阿育王寺，供洒扫，于佛舍利前剜臂肉如钱者数四，注于油中以代灯，又然去左手两指，因自号八指头陀。

师尝发誓，修法华般舟行，朝夕忏悔。每追溯过去，辄泪涔涔下。尽十八日，遍身寒作，如在冰雪中，舌根麻木不得转，惟默诵经文，万言立尽，心大骇，疑为着魔。静坐数日，始复常态，世智由是顿开。师以其事语南岳默公，默公云：“此台宗所谓寒触也。舌根已转，可证法华三昧矣。”厥后益加精进，乃至空慧俱铨。

师之在岐山也，维那精一禅课之余，如作诗自炫，师诃之，以为不究本分学世谛文字。精一曰：“汝灰头土面，合参枯木禅。焉知慧业文人别有怀抱耶?”无何，省舅氏于巴陵，登岳阳楼，下视水天一碧，得“洞庭波送一僧来”句，归述于郭菊荪先生，谓有神助，授以通行《唐诗三百首》，师遂以诗名于世。然生死心切，时以禅定为业。常山行，坐盘石上，参父母未生前语，冥然入定。自是遍访烟水，江浙名宿，皆往请益。

师既奉贤楷律师为本师，又以笠云圃学行超妙，亦事以师礼。师之东游，住宁波最久。光绪十年，师年三十有四，始还湘中，历主衡阳罗汉、衡山上封、大善、宁乡沩山、长沙神鼎、上林各寺。上封据南岳祝融峰下，为衡州大刹。山后有田数千亩，皆供众之产，宗风衰绝，被夺于农人者半。师讼于当道，经年不能决，卒赖巡抚吴清卿中丞力，次第规复之。沩山开山于唐灵佑禅师，沩仰宗初祖也。寺宇千余间，僧众千余人。前清之季，法门坠败，师驻锡三年，鼓螺为之一振。二十八年，天童阙席，首座幻人以为四明净域，非得高僧主持其间不足以宣鬯正业，力破积习，率两序清众，请师守护法度。师以旧游胜地，遂辞上林，来主天童。如是十一年，百废具举，夏讲冬禅，靡有虚岁。

先是清庭罢科举，兴学校，南省大吏以资无所出，有提取寺产之议。浙江三十五寺请日本本愿寺僧伊藤贤道借传教保护，窃师名为首，报纸喧腾，外部电询浙抚聂仲芳中丞。师闻之，愤甚，以为辱国辱教，即飞函当事者，陈空名之妄，力请严拒。聂公电复外部，于是各府皆得自办僧学，由学部颁行僧教育会章程，僧人之倡立学校自此始。师长宁波分会凡三年，多所保存。

宣统三年八月，武昌义师起。大江下游，后先响应。新募军人，大率驻札寺观。其乡里无赖子弟，则又假光复名，军服结队，令僧人出资，或迫胁为兵。师虑各地僧人因惊恐而流徙，因流徙而废置，正愁杀无策，而政治革命之说起。师喜曰：“政教必相辅，以平等国，行平等教。我佛弘恉，最适共和。”乃至上海联合十七布政司旧辖地僧侣，倡中华佛教总会。赴南政府亲谒孙大总统，总统许之。民国元年太阳历四月，是会成立于上海留云寺，诸山长老推师为长，乃以静安寺为总机关部，改原布政司辖地僧教育会为支部，府设分部。电告北政府内务部，请着为令。

有顷，湖南宝庆有攘夺僧产，销毁佛像之举，宝庆僧侣联名状内部求回复，民政司长抗不行。师以湘僧之请，定计北上，拟以湘事再求内部恳切下令。十月中首途，十一月一日抵京师，寓法源寺。法源旧署悯忠，师嗣法弟子道阶方主斯寺。越九日，始偕道阶见内务部礼俗司长某君。是时，湘中之事方迫，而某又下令调查僧产，分别官、公、私诸目。师见某据《约法》相诘难，又以令中有"布施为公，募化为私"语，师谓"在檀那为布施，在僧侣则为募化"，界说不明，断断与某争辩。某语塞，无以对，词色转厉，意在恫师，师遂愤而出。道阶为通袁大总统、赵总理，戒期往谒，冀收回司令，并以湘事为请，又劝师赴文宴以自解。是日夜半回寓，甫下车，即胸膈作痛，亟就榻，侍者各归寝。明日昧爽往视，已作吉祥卧示寂，实旧历玄黓困敦之岁十月二日。师寿六十有二，僧腊四十有五。

师初至京师，凡政官、军长、寓公、道侣，识与不识，皆以一见为快。师以礼接待，日不暇给，欢喜赞叹，倾动都下，方谋开会欢迎，而师遽撒手尘世。于是各界七十三人，创议为追悼，届期到者达千人。

初师年六十，在天童青龙冈营塔院，环植梅花，颜曰"冷香"，自为序铭。及示寂京师，道阶为治丧事，偕侍杖宗圆龛南归。二年一月，嗣席净心启塔藏真，并谋募香火田供养。以师语录墨迹及交游尺牍、书画藏诸衣钵寮内，以验来者。

师诗名满海内。当代耆宿通人，如郭伯琛、彭雪琴、王壬秋、王益吾、樊樊山、陈伯严、郑苏龛、易哭庵、李梅庵、俞恪士、喻艮麓，皆与交最挚，唱和独多。其在宁波，则陆镇亭、张简硕、陈天婴、洪佛矢及余族弟君木，每出山必过访，每访必以诗相酬答。师所著《八指头陀诗集》十卷、《白梅诗》一卷，已刊行，未刻者八卷：《语录》四卷、《文集》二卷、《续集》二卷。先后经郭、王诸老选定。师诗逼近初唐，壬秋尝嘲师"能为岛瘦，不能郊寒"，故近今所作，多效东野云。师赴京，携文及未刻诗稿以行，杨皙子从道阶取以去，将为校刻。师体伟口吃，书法奇拙，而无俗气。尝与天婴说偈，又自称吃衲。性忼爽，胸无城府。晚年专菩萨行，以利生为务。徒眷后学，虽被切责，而愈亲近之。自宁波有佛会之设，余与师同事且四年，日以文字相榷，而独无赠答之作，是亦事之不可解者。当戒途时，七塔寺方丈水月和尚设斋祖饯，余亦在座。别未经月，涅槃赴至。以师始励苦行，终成慧业。法云长逝，斯文道消。乌呼！岂第桑门之厄运哉！

师到京才九日，世法极盛，详载道阶所编《寄公旅京九日记》及《八指头陀追悼记》。其他遗文佚事，机缘灵异，脍炙于人口者尚多。兹据师所自述及其弟子信而有征之言，著其大者，诠而叙之，用备纂方外传者采择焉。

据《海潮音》第十三卷第十二号

释演音传

姜丹书

弘一上人，俗姓李，初名广侯，继名岸，字息霜，号叔同，丧母后改名哀，字哀公，既又易名息，字息翁，试验断食后改名欣，字俶同，旋又易名婴，释名演音，号弘一，别署甚多，将欲与法数一百八十尊罗汉同其目云。故浙江平湖人，以祖业盐，迁天津。其父筱楼公为名进士，官部曹，晚年耽禅悦。清光绪六年岁次庚辰，生上人于簉室，时父年已六十有八，而母年才二十余。生四岁而失怙。上人生时有异征，雀衔松枝降其庭。上人自言此松枝至今犹宝存云。上人幼时，天资颖悟，性情外倜傥而内恬醇。家颇富有，嫡长兄好散财，父故后家情渐异，至难相安。上人年近弱冠，奉母氏王太夫人南下，寓沪滨，入南洋公学肄业，固已文采斐然，时在光绪二十六、七年间。沪上初兴学堂，有许幻园者，居上海城南，颜所居曰“城南草堂”，亦富厚而为人甚慷慨，俨然一新学界领袖也。设学社曰沪学会，常悬奖征文，上人投稿，辄名冠其曹者连三次。许君认为奇才，遂相见恨晚，特辟城南草堂之一部，并奉其母而居之。从此相交至笃，情同管、鲍。居无何，母故。上人脱无挂碍，乃得独行其志，东渡留学，曾填《金缕曲》一阕，留别祖国，并呈同学诸子，此光绪三十一年事也。其词曰：

披发佯狂走，莽中原、暮鸦啼彻，几株衰柳。破碎河山谁收拾，零落西风依旧。便惹得离人消瘦。行矣临流重太息，说相思刻骨双红豆。愁黯黯，浓于酒。　漾情不断淞波溜，恨年年、絮飘萍泊，遮难回首。二十文章惊海内，毕竟空谈何有？听匣底苍龙狂吼。长夜凄风眠不得，度群生、那惜心肝剖。是祖国，忍孤负。

读其词，见其志，其抱负固不凡矣。既东渡，肄业于东京国立美术专门学校，习绘画，同时从诸专家习音乐，学理与技巧并进，造诣皆甚深。其时我国游学东西洋者甚少，而学新艺术者，尤如凤毛麟角。上人盖第一人也。先是，上人年少翩翩，浪迹燕市，喜抱屈、宋之才华，恨生叔季之时会，一腔牢骚忧愤，尽寄托于风情潇洒间。亦曾走马章台，厮磨金粉，与坤伶杨翠喜、歌郎金娃娃、名妓谢秋云辈，以艺事相往还。抑莲为君子之花，皭然泥而不滓，盖高山流水，志在赏音而已。兹录其赠词一首如左：

《金缕曲》赠歌郎金娃娃

秋老江南矣，忒匆匆、喜余梦影，樽前眉底。陶写中年丝竹耳，走马胭脂队里。怎到眼都成余子？片玉昆山神朗朗，紫樱桃、慢把红情系。愁万斛，来收起。　泥他粉墨登场地，领略那、英雄器宇，秋娘情味。雏凤声清清几许，销尽填胸荡气。笑我亦布衣而已。奔走天涯无一事，问何如声色将情寄。休怒骂，且游戏。

此光绪三十年作也。上人留学后，既精描写，复擅歌咏，更感于异国情调，遂联合留东同学曾延年、李道衡、吴我尊辈，创组春柳剧社于东京，而自为领班，饰旦角，表演《茶花女》、《黑奴吁天录》等新剧，名噪一时。盖上人为天生艺人，美丰姿，善表情，其献身剧场，正不啻风流自赏，且愿以美术淑世也。有清末叶，学成归国，社亦移沪，主持易人。我国新剧先河，亦当溯源于此。上人归国后，始执教鞭于天津工业专门学校。辛亥鼎革以后，入上海《太平洋报》社为主笔焉。以上可谓才子时代。

《太平洋报》在当时为报界后起之秀，以上人主持笔政，故形式崭新，尤重文艺。而上人书法之妙，亦藉是报赫然昭示于天下。余与上人初为文字交，先即以报章文艺相往还，继为南社同文，至民国纪元，始同事于杭州之浙江两级师范学校，以至改组为浙江省立第一师范学校。五六年间，志同道合，声应气求，相交益契。方清之季，国内艺术师资甚希，多延日本学者任教。余先民国一年受聘入是校，而省内外各校缺乏艺师也如故，于是校长经亨颐氏因事制宜，特开高师图画手工专修科，延聘上人主授是科图画及全校音乐。上人言教之余，益以身教，莘莘学子翕然从风。同时亦曾一度兼任南京高等师范学校导师。是以艺林狂狷，裁成众多，典型长垂，铎音未替，流风余韵，山高水长，凡我同道，多能道之者。盖此时之上人，已为恂恂儒雅之布衣君子，非复为风流倜傥之浊世佳公子矣。此所谓绚烂之极，归于平淡者非耶。

上人自为人师以后，刻意于本身之修养。闻断食可使身心更新，乃于民国五年，乘寒假余闲，往住西湖虎跑大慈寺，身亲验之，兼旬而回。尝为余言："第一周间，渐减食量，并渐薄其质，由两碗而一碗，而半碗，而断粒，由饭而粥，而汤，而水。第二周间，全饮泉水。第三周间，一反第一周之序而行之，以至复原。"经过良好，余视之面目黧瘦，而精神则颇舒泰。余问："当第二周间，完全绝食时，有何异感？"答曰："心地非常清，感觉非常灵，能听人所不能听，悟人所不能悟。云定能生慧，理固然也。"上人以一名士而为斯奇举，寺僧自必异而近之。况居住日久，环境移人，载具宿根，乃染佛化。返校之后，室内供佛，朝夕膜拜，卒至皈依。乃于七年夏，实行剃度于大慈寺矣。时年三十九岁，自是由艺术教育家，一变而为沙弥矣。上人雅擅书法，世所共知。然历年以来，面目屡变，丐者愈众，作之愈勤，所作汉、魏、六朝分隶真书居多。金石书画赏鉴之精，亦异寻常。及入山时，将艺术书物举赠北京国立美术专门学校，印章举赠杭州西泠印社（收藏入石壁内，镌题其穴曰印冢），笔砚碑帖举赠杭州书家周承德，其余零缣残素，分归友好夏丏尊、堵申甫，及贤弟子吴梦非、金咨甫、李鸿梁、丰子恺、刘质平、李增庸等为纪念品。而余先母强太夫人墓志铭，则为其在家绝笔，书成之翌朝，即悄然入山，故已预署其款曰大慈演音矣。上人故有妻，居天津，有二子，闻曾欲求一面而不得。留日归国时，携日姬居沪，出家时托友赀遣，初固绝未使之闻也。日姬欲求一面，亦不得，恸哭而东返。

上人之将为僧也，余曾问之何所为，曰："无所为。"曰："君固多情者，忍抛骨肉耶？"则答曰："譬患虎疫死焉，将如何。"余因知其非厌世，更非欺世，盖由于参透人生，飘然出世，世所谓返朴归真者是也。其于佛门宗派，则为净土兼律宗，于修练则为苦行，于期望则仍在救世。上人尝慨僧界之所以往往为世诟病者，咸以不守戒律故。故其入山后，精研律学，除在闽曾设律学讲座外，已成最重要之著作曰《四分律比丘戒相表记》，此书厘订原有戒律，制为表解，化赜为晰，条理分明，所加按语，无不精邃，俾读者易于领会。据说上人于鱼磬之余，专工六七年始成。稿为亲笔精书，当由穆藕初氏慨助七百金，委中华书局缩本影印千部，分赠丛林，以淑僧界。原稿即付穆氏庋藏，并附预立遗嘱，大旨谓"本衲身后，无庸建塔及设其他功德，只乞募资重印此书，以广流布，于愿已得"云。其次曰《清凉歌集》，拟撰三集，已成第一集。歌为上人作，皆唤醒迷欲之词，谱为刘质平及再传弟子唐学咏、徐希一配制，待印行（后已印行）。又其次曰《华严集联三百》，专就《华严经》文句选集而成，四言、五言、七言、八言具备，皆感悟语，已由开明书店照手迹印行，稿藏质平处。又其次曰《格言略选》，自四言起，至十言止，共百二十条。上人喜多题别号，每条嵌一别号字义，稿藏质平处，待印行。此外墨迹甚丰，或流传人间，或秘藏名山，不具述。

上人入山后，律己甚严，治学至勤，操行至苦。云游四方，恒跣足芒鞋，孑然一担。民十四年间，曾过甬市，挂褡七塔寺，杂游方僧群中。其挚友夏丏尊请至上虞白马湖暂住，初固辞，强而后可。时丏尊任教于春晖中学，傍湖而居，见其启担一敝席，草已稀疏零落，欲为易之，不可。一敝巾本白，而已变缁，欲为易之，亦不可。且曰："其色虽不白，而无害于洁也，尚可用几许年月焉。"说罢，便至湖边洗冷水面，夏君心焉恤之，而无如何也。供张素食，略用香菰，却之，用豆腐，亦且却之。依其意，只许白水煮青菜，用盐不用油耳。夏君心欲厚之，而无如何也。作客犹然，其平日之茹苦，可想而知矣。住数日，飘然去，此事夏君尝为文以纪之。余读其文，不知涕之何从焉。夏君及经亨颐等，又曾发起就旧友醵资为筑常住之所，才通启，识与不识不期而集者数千金，遂兴土木于白马湖畔。颜曰"晚晴山房"。顾上人亦谓无需乎此，居未久，仍他去。厥后余遇上人于沪市，谓将北上，为乃兄寿七秩唪经者。然以兵阻道未果，诸友为张素筵，于北京路寿圣庵以饯之，方知其已过午不食矣。

民十六年春，杭州初经国民革命，政局大变。青年用事，锐气甚盛，骤倡灭佛之议，欲毁偶像，收庙宇，勒令僧尼相配。是时上人适卓锡于吴山常寂光寺，请居士堵申甫转邀青年主政之激烈者若干人，往寺会谈，谈言微中，默化潜移。先备劝戒妙墨若干纸，人赠一纸，来人未足预约之数，而纸数适符，若有前知者。此数子中，固有旧日门生。其最激烈之宣钟华（改名中华，后遇害）出寺门而叹曰："今方重袭御寒，何来浃背之汗耶？"因此灭佛之议遂寝，其人格感化力，伟大如此。兹录其致当局函于左：

旧师孑民（蔡）、旧友子渊（经）、夷初（马）、少卿（朱）诸居士同鉴：昨有友人来，谓仁等已至杭州，建设一切，至为欢慰。又闻孑师等在青年会演说，对于出家僧众，有未能满意之处。但仁等于出家人中之情形，恐有隔膜，将来整顿之时，或未能一一允当。鄙拟请仁等，另请僧众二人为委员，专任整顿僧众之事。凡一切计划，皆与仁等商酌而行，似较妥善。此委员二人，据鄙意，愿推荐太虚法师及弘伞法师任之。此二人皆英年有为，胆识过人。前年曾往日本考察一切，富于新思想，久负改革僧制之弘愿，故任彼二人为委员，最为适当也。至将来如何办法，统乞仁等与彼协商。对于服务社会之一派，应如何尽力提倡（此是新派）？对于山林办道之一派，应如何尽力保护（此是旧派，但此派必不可废）？对于既不能服务社会，又不能办道山林之一流僧众，应如何处置？对于应赴一派，即专作经忏者，应如何处置？对于受戒之时，应如何严加限制？如是等种种问题，皆乞仁等仔细斟酌，妥为办理。俾佛门兴盛，佛法昌明，则幸甚矣。此事先由浙江一省办起，然后遍及全国。谨陈拙见，诸乞垂察，不具。弘一，三月十七日。

尝闻丰子恺言：民十七、八年间，上人暂居其沪寓。偶话旧，忽欲寻访城南草堂，子恺随行。至则故居犹存，而主人已易，屋宇改为精舍。入则大动今昔之悲，顿向佛座五体投地，叩头如捣蒜，肃穆之容，万籁为寂，凄凉之气，四壁寖寒。我佛有灵，当亦同下伤心之泪矣。既知屋已易人，乃求故主何在，心诚求之，其人斯得。嗟乎苍天！畴昔慷慨好义之文坛盟主许幼园者，头已白，耳已聋，憔悴之状不忍目，而犹伏处陋室，为人佣书，藉易升斗，以维生活。相接之下，又复大怆，久之，始破涕为笑。追叙前尘，恍如痴人说梦。此情此景，陪坐之子恺亦不禁涕之沾襟也。

十八年，岁次己巳，上人五十诞辰。绍兴徐仲荪氏曾为放生于白马湖，洋洋焉鱼虾得所，上人亦轻舟漾波，与物同乐，观者兴感。既而至甬上，有某僧以筹济陕灾，请至长安。上人不欲拂其意，许随行。已上轮舶，且将解缆矣，弟子质平恐上人不胜西北长途，突入舱，负之返岸。众视错愕，上人亦笑任之。师弟之情，恬适之怀，各尽其道，一时传为美谈。

今上人年已五十有七，而入山愈深，韬居闽厦窎谷一草庵，不欲再出云。于戏！白云深处，藏幽人之孤踪；明月前身，喻艺禅之风度。渺渺予怀，薰沐纪述。瞻彼南山，曷其有极。载挹清操，未尽万一。若云高僧续传，则当俟君子于他日。民国二十五年，岁次丙子仲春月谷旦，谨撰于杭州凤起桥边之丹枫红叶画室，俗友姜丹书敬庐甫再拜。

续传

民国廿六年，岁次丁丑，虾夷跳，狼燧急，七月七日芦沟桥，八月十三日吴淞口，先后发难。及冬，上人适滞青岛，船虽可通，但以囊空裹足。待得夏居士丏尊由沪汇赀，始克行。匆匆过沪，信宿而赴闽。在闽屡易卓锡所，到处宏法。最后居泉州大开元寺，仍勤于律学，著作不倦。三十一年，岁次壬午十月十三日，即农历九月初四日午后八时，圆寂于泉州温陵养老院。距生于光绪六年九月二十日，享寿六十又三岁，僧腊廿四年。身后诸事，预嘱妙莲法师依恉料理，遗著遗物亦悉付妙莲保存。而遗物中，有其与生俱来之松枝在焉。十一月初，上海夏居士接其永诀函曰：

丏尊居士文席：朽人已于九月初四日迁化，曾赋二偈，附录于后：'君子之交，其淡如水。执象而求，咫尺千里。''问余何适，廓尔亡言。华枝春满，天心月圆。'谨达不宣，音启。

前所记月日，系依农历，又白（夏居士谓：月日上之数字，系示寂后他僧代填）。

上人荼毗后，得舍利子千数百颗，超绝寻常。上海僧界暨诸居士，为设纪念会于玉佛寺，汇编《弘一大师永怀录》，付上海开明书店刊行于世。余为此传，特详上人入闽以前事，闽僧睿亦为一传，特详上人入闽以后事。又有署名啸月者为一传，具详其生平言行。三传俱载《永怀

录》,余故语焉弗详。赞曰:

天生异人,必有自来。代天行化,一木枝颓。少为才子,艺文双魁。长为良师,桃李广栽。乃皈三宝,妙法宏恢。以如此始,以如此终。其花绚烂,其果圆通。万象为幻,四大皆空。哀彼贪者,触物眼红。哀彼嗔者,若鸡争虫。哀彼痴者,毕生梦梦。不有正觉,孰振瞆聋?呜呼休矣!蜕然西归。西方添设,莲座巍巍。华枝春满,香庄严兮。天心月圆,光庄严兮。如此境界,极乐奚疑。卅五年春,续写于上海屋笼人鸟居。

据作者手稿

民国人物碑传集

卷十三

王耜云方伯传

王燮功

辛亥九月，太原之变，藩署中独余与方伯二人在。初闻枪声，阍人以兵变告。藩司无兵柄，无如何也。顷之，抚署武弁来告抚宪被戕。问何以戕？曰“抚宪自寝室出，乱徒已入宅门，抵内堂，逢人发枪，死四人：一抚宪，一夫人，一子，一仆也。抚宪方晨兴，故犹未御长衣”云。时枪声已息，兵队经藩署东去，臧获辈咸欣喜，谓其不我击也。余决其必复来，促方伯夫人持印信他去。方伯语余：“大吏被戕，乱且大至，宜急电致内阁，乞代奏发兵，救此危城。”余因出署，行及电报局，则兵队满布局门，不得入，折而趋臬署，谒李廉访不值，改趋太原府署，谒周太守又不值，废然返。途遇署役，坌息告余，藩署已被占矣。问藩台如何？曰：“被拥出署，入谘议局矣。”亟讯其状，曰：“藩台方谋自缢，正结带梁间，耸身案上，为两卒挟之下，遂拥以行耳。”方伯既抵谘议局，议长梁君善济迎就座，曰此间正开会商善后。时督练公所参谋姚兰生观察亦在座，忽起言革命事大，今日之举殊躁率，言未竟，阶下大哗，有举枪欲发者，议长止之，乃挟方伯与姚登楼，分处一室，室以外置守卒焉。方伯绝食二昼夜，以议长劝，家人亦以议长力，得入见进食物。经月余，家人又环请於议长，议长因语方伯：“公居是欠适，惟衙署被毁，盍僦民舍居？”方伯执不可。议长以下楼散步请，从之，既下阶，家人备车以俟。遂下榻两江会馆。时政府遣吴禄贞统兵来援，抵石家庄，吴被刺，改遣张锡銮。会政府与革命党人议和沪上，张兵至娘子关，不复进省垣，散兵土匪，日夕劫掠，当局一筹莫展。一日晨喧，传官军至。都督阎锡山闻讯辄走，方伯於是集僚属安抚地面，遣散溃卒，省垣复安。十二月初，奉召入京，觐见后，杜门不复问世事。赵尚书尔巽领清史馆事，将属方伯任纂修，未允。会邑志续修，沪人士请总阅全稿，遂返故里。邑志成，任分纂《江苏通志》，未脱稿，以庚申九月初一日殁。

方伯氏王，讳庆平，字耜云，本浙之诸暨人。幼失怙恃，遭乱来沪，遂占籍，为名诸生。中同治庚午举人，记名内阁中书。光绪庚寅成进士，改庶吉士，散馆，授礼部主事，直军机处，补礼部仪制司员外郎、精缮司郎中。拳匪之乱，两宫西狩，仓皇随驾，颠踣者再。饥就民间市食，渴掬涧水以饮，既抵西安，入直行在，赏赉优渥。尝慨然叹曰："遘难至今，方一年有余，两宫忧勤，未尝稍释，内外臣工，一似遭际承平，如康、乾朝巡狩盛举者，虽诏书屡敕崇俭，供应仍极纷华。各省闻风，竞效贡献，近习无厌，愈肆诛求，慈圣仁厚，赏赉频繁，大小臣工，咸欣欣然有喜色。夫朝廷震动，恪恭之气，恃左右大僚为之仰承而绵衍之，大臣振作而奉法，百僚奔走而承流，整齐严肃气象，天人感应，徐以举措天下事，守成法可也，更新政可也。今则积耻未尝少雪，习为粉饰铺张献谀贡媚，务在求释两宫之忧懑，殊不知惕厉少弛，渐就因循，上下恬嬉，将复故习。天以殷忧启圣，常潜移于容悦之臣，民以积耻思奋，徒怵心于洩沓之习。现在新丧重臣，外人环伺，不特未定之东省，岌岌可虑，各国已经议成之约，亦在不可知之数。计日銮舆将返，左右承弼之大臣，尚思作苞桑水计哉?"积资充领班章京，枢府前辈语以居斯地位，以暗澹声华为第一要义，终其位服膺是言。出为两浙盐运使，处脂不润，去官之日，商人以明镜澄水磁缸赠行，坚却之，卒留置杭州盐务公所。宣统二年，擢山西按察使，驯改提法使。三年，擢布政使。未逾月，奉命护理巡抚。时筹备立宪定有期限，帑藏告竭，民生大困，因疏言新政利弊，摺上，得旨交部议奏。秋八月，回藩司任，甫十六日，而难作。方伯早岁，才思奋发，文词典赡。通籍后，弥自损抑，雅不欲以文字自著，惟历官清秘，熟谙掌故，凡所著述，不同凡响，手写日记，整饬如其人，遭乱散佚。偶有撰述，即载日记中，故文词传世绝鲜云。

王爕功曰：太原之变，死国难者，论者谓止陆文烈一人而已。道路相传，甚谓衣冠坐堂皇骂贼不屈以死。不知其非也。独方伯存必死之心，而卒不得其死。观夫结带梁间，耷身案上，何其壮也。以视文烈之甫逾寝室，一言未发，饮弹毕命，又何让焉？乃身被羁囚，绝食累日，失土复得，亦可以慰吏民而报故主已。清社既屋，四海无家，穷愁抑郁，终老牖下，固知名之成不成，此其中盖有天焉。独惜以文学侍从之臣，又学养宏富，而不屑从事著作，致生不能为名臣，殁不入文苑儒林之传，遭逢颠沛，饮恨九原，斯诚大可哀已。

据作者手稿

崇明王丹揆先生传

唐文治

清初苏省设太仓直隶州，其属四县，曰：镇洋、嘉定、宝山、崇明。而崇明地处海滨，乾坤清淑之气旁薄，扶舆郁积二百余年，笃生巨儒长德，曰王先生丹揆。先生之生也，人仰望之，以为苍生霖雨之寄，乃不幸未竟厥施。其殁也，乡邦震悼，涕泣相告，群请余为传文，曰："寥寥天壤，知先生者惟君，请毋固辞。"余曰："先生之传，非一家一乡之传也，宜列诸国史，垂诸天下后世。惟余与先生辱在知交，允宜阐发幽光，用俟来者。"

先生讳清穆，丹揆其字，晚年别字农隐。其先世当乾隆中叶，有都阃公者，为苏松镇右营都司。高祖汉明公，随官至崇，遂占崇籍。传五世，至先生考讳诚，字葆卿，妣张太夫人。咸丰十年九月生先生。幼有异秉，端重聪明，长老咸器重之。及长，益庄严。其侍葆卿先生也，正容听恭静默，不轻发一言。其交友也，温而文，恭而有礼，人或有失，辄箴规之。其读书也，默识心通，精探义理，体用兼备。弱冠，补博士弟子。戊子，登贤书。己丑，应春明试，下第，遂留京师。庚寅，成进士，殿试二甲，以主事签分户部。乃益精研经世有用之学，馆北京旗籍崧氏。其主人本为崧读三先生，讳申，曾任丙戌科会试总裁。殁后家世浸微，乃兄崇厚者，与俄国订《伊黎条约》，受绐失地，经御史弹劾者也。欺犹子孤弱，欲侵蚀其家产。先生愤，约丙戌诸同榜冯君梦华等，往见崇厚。崇曰："此吾家事，诸世兄无庸干涉。"先生曰："不然，若世丈家事能自理，当然不敢与闻。今不能自理，吾辈分属世交，不得不出而干涉。"冯君助之辞，极严峻。崇不得已，立约析产，壹听公论。洎先生归馆，则崇子某已将书室捣毁，弃圣像于地。先生大怒曰："若敢再来，吾即缚送之官。"崇子惧，遂绝迹。嘉定徐季和先生闻之，击节叹赏曰："王君捍卫孤子，义而兼侠，是吾乡杰出才也。"于是公卿要人闻之，争欲识先生矣。

当是时，朝廷虽晏然无事，而外侮凭陵，已成积弱不振之势。甲午之役，割地偿款，先生忧愤填膺，遂益精研外交学。丙申，考取总理各国事务衙门，充会典馆协修。戊戌，传补章京。其秋，钦差大臣溥良赴山东查办事件，檄先生随往。逾年返都，直声益著。迨《会典》全书告成，奏保加五品衔。是年冬，拳匪蔓延畿辅。庚子夏，遂杀教士，薄京师。先生与余窃议曰："事急矣，宜速避地，不可以惊堂上。"先生奉亲避之宝坻，余奉亲避之平义分村。旋各返京供职，而各国联军已陷天津，举朝震扰。时先生与余俱充户部云南司正主稿，主管漕粮，奉檄尽发通州仓储。既蒇事，旋派宿内廷，译密电。军书旁午，警报日夜纷传，先生与余窃议曰："国事沦胥，吾辈亲在，可无死，当守以待变。"是年七月初，匪势益张，亲贵争相附和，矫旨杀大臣许景澄、袁昶。越旬日，联军迫通州，李秉衡出战，死之。是月望日，余省亲返京，则见拳匪纷弃红巾北窜，曰："洋兵至矣，两宫西去矣。"余不得已折回。夜望京师，火光熊熊，益思先生不置。天方厌乱，载造元黄，朝命庆亲王奕劻留京议和。逾月，消息传乡间，余乃只身入都，寓东城绍氏家。越数日，先生至，述冒险赴宝坻状，譬诸再世相见，悲喜交集。时各署破坏，户部尤狼藉，别设公所清厘案牍。辛丑秋，余随使东瀛。壬寅四月，余又随使英伦。先生以一人主户部云南司，仍兼译署事。厥后译署改外务部，别设专官，先生改任外部榷算司主稿。

两宫回銮后，锐意维新。二十九年癸卯春夏间，开经济特科，以招天下异能之士。同乡总宪陆伯葵先生奏荐先生应选，余亦滥竽其列，同往应试，同不中第。是年秋，创设商部，简固山贝子载育周振为尚书。先是，总理衙门改外务部，设尚书一，侍郎二，左右丞暨参议各一。商部仿其制。时余承乏右丞，载尚书问谁可任参议者，余以先生对。尚书一见先生，大喜，遂自外务部员外郎超擢右参议，盖异数也。吾国数千年来，盛衰兴废以儒行四维为纲，而西国则以商业盛衰为纽。先生曰："欲联商情，保商利，开商智，创商业道德，非设商会不为功。矧剔除内弊，考察外情，胥维商会是赖。”载尚书韪其说，遂委先生驻上海，先立商会，次推及各省，次推及外埠。商民大悦，有海外侨商某谒见先生，忽大哭。先生惊问之，则含泪言曰：“吾前谒大官贵人，一次不得见，二次不得见，三四次得见后，倨傲不得达下情。今一次得见公，而谦恭和蔼，故不觉感极而涕零也。”先生亟韪之，其至诚感人如此。

丙午，先生入都报绩，荐升商部右丞。会商部奏设路务议员，稽察各省铁路利弊。北洋某权贵患之，谋削商部权，或献议曰：“先去王某，则彼部栋桡本实拨矣。”遂保荐先生为直隶按察使，盖左迁也。时先生适病，余诣榻前，彼此执手欷歔。先生语余曰：“吾行乞休矣。”已而乞养南归。其冬，丁太夫人忧，余亦奉母讳离京矣。麻衣同志，恸哭相逢，棘人栾栾，劳心菀结，遭际之同可哀也。已服阕，当事者稔先生廉正，起用浙江监理财政。先生至，告诸僚属曰：“《大学》絜矩之道，以义为利。不以利为利。利者，人之所同欲。然利为害之萌，一或不慎，害且及己。监理之责，必先洁一己之操守，推之以洁人人之操守。廉正之士多，贪黩之风戢，天下自然太平矣。愿以浙江为倡。”由是群僚感其言，风清弊绝。初，吾国兴筑铁路，俱借外债举办，折扣侵渔，路权利权两俱丧失。加以路归国有之说臆决倡声，牢不可破，先生慨然曰：“世界各国铁路，有属于民有者，有属于国有者，界限不相侵越。大抵货物运输利于商业，宜属民有。军队往来，关于国防，宜属国有。实则国家有事，需用民路，公司悉听指挥，民有无殊国有也。商部成立，提倡筑路，保护綦殷，不与民争利。自改归邮传部后，以为大利所在，觊觎攫取。对于商办诸路，阳示优容，阴实嫉忌。潮汕、新宁两路告成，邮部不许展筑。粤汉、川汉两路始基未立，众喙争鸣，邮部不为调解，以致枝节横生，怨讟交作。宣统之季，枋路政者创‘抗违国有，格杀勿论’之议。而武昌之变起矣。呜呼！路归国有，商办股本，或还或不还，或还而未清，人民损失尚小，路归国有，辄借外债兴筑，不仅利权剥丧，路债期限延长，子孙负担加重，人民损失愈大。”痛哉言乎！

盖先生尝偕汤蛰仙京卿，兴筑沪杭甬铁路，工坚料实，政府以其商办，亦夺而有之。惟时川民参与川汉铁路股权者，群奉德宗木主大临以哭。余读先生《铁路痛史》，追念清社之所以危亡，未尝不流涕长太息也。

东南夙称泽国，吾苏享水之利，有时亦受水之害。辛亥国变后，先生养晦不出。会苏浙士绅议设太湖水利局，推举先生督办，请于政府报可。先生曰："此民生利病关系之大者。"乃出任职。博考古今水利诸书，并周历江海各口，详加研讨，握要以图。乃其时，有疑先生计划迂远劳而无功者，先生慨然曰："天下事最误于因循，而亦忌速成。治水，大事也，岂能限时日而奏功乎？夫地方之有水道，犹人身之有血管也。必使大小血管周行无滞，而后身体乃能健全。故有各乡应办之水利，有县邑应办之水利，有省会应办之水利，节节灵通，斯有成效。宋范文正尝谓：修围浚河置闸，三者如鼎足不可缺一，而置闸为尤要。今宜从常镇运河本身，及沿扬子江南岸自京口起，迤东南至刘河止，各设双闸，大小凡三十八座，视水之旱潦，以时启闭，则吾苏水患减除，而浙省亦受其益。"嗟乎！以先生之德与才，纯粹缜密，傥能竟其设施，则民生憔悴，皆有来苏之庆，岂仅水利一端而已。然即以水利论，视吾乡郏司农父子，与陆桴亭、陈确庵诸先生，前贤当畏后生矣。辛未夏秋之交，河淮汎滥，运河因之堤决。当事者聘奉化庄崧甫先生主导淮事，庄先生邀先生同赴白门，任导淮委员，共策会中事。爰同至清江浦等处考察，时大浸稽天，先生等几溺于水，劳勚亦云瘁矣。

丁丑厄运俶造，蚩雾障天。庚辰，覃及崇乡，土客交哄，各镇死于烽火戈铤者，不可胜数。其断臂折胫，啼饥号寒者，交走死无吊。先生急联合红卐字会，募款前往施赈，道梗不得达，则辗转以输将之，活数万人。呜呼！斯德也，崇人固不能忘，斯志也，崇人当继而续之者也。先生忧国忧民忧乡之念，郁结于中不得发，至是而病作矣。始外证发于面部，旋蔓延各处，内病亦作，遽于辛巳岁五月二十三日卒。余于四五月间，两梦先生检理行装，若将远去，心窃恶之。洎闻先生病，急驰往，则已疾革，但拱手向余称谢。越日，而讣至。伤哉痛哉！先生享寿八十有二。

配苏夫人，继配吴夫人、金夫人，俱贤而有德。子：毓斌，先卒；毓侨。女孟贤，适施仲贤，未嫁卒。孙男炳章、达章、荣章、琰章。孙女钟淑。曾孙男蘧身。一门鼎盛，其能缵戎祖考，克昌厥后，可先知也。先生卒后，同人议私谥，余曰："先生德行政事，非一二字可罄。故《礼》有之'文理密察'，'中正斋庄'，《书〔诗〕》有之'温恭朝夕执事有恪'，请谥'文恪'可乎？"众皆曰："允矣哉。"呜呼！余尝读《礼》，《儒行》篇近文章砥砺廉隅，往复于特立独行之诣，而《忧思》章则曰："适勿逢世，上弗援，下弗推。""身可危，而志不可夺。""犹不忘百姓之病。"先生其古特立之君子欤？其忧思之深者欤？自古以性情相契合，缔交毕世者众矣，而如先生与余，同谱，同寮，同进，同退，同韬晦以遁世，始终不渝，殆戛戛乎不能多觏。今先生往矣，而余尚孑然虚生于世，览滔滔之宇宙，篮渺渺之忠良，俯仰身世，不觉霑襟之浪浪也。呜呼欷矣！抑余更有为其子孙勖者：辛巳正月六日，先生为其高祖妣沈太孺人荐祭，作二百龄纪念，因叙世德记视余，谓"曾祖荫岩公培植后进，自道光之季，至科举废止，六十余年中，孙曾辈游庠者，凡十二。其中岁贡一，食饩者二，增贡试用训导一，迄小子幸掇科名，忝高位，殆非偶然"云云。然后叹积善余庆，理有固然，孟子言孳孳为善者，舜之徒。世惟积善之家，可以长久。深愿王氏子孙，乐善不倦，勿替引之，其永守先生之遗训哉。谱弟太仓唐文治拜撰。

先生传，应载入国史及苏省通志，故原文不题家传，又事实较繁，略参用行状体，通人谅之。

据铅印原件

奉贤朱遁庸先生行状

沈其光

先生朱氏，讳家驹，字昂若，遁庸其晚号也。原出徽国公后，先世有由皖迁浙者，数传至明贤公，复由湖州乌程，迁奉贤县之泰日桥，先生七世祖也，遂为吴人。高祖翼周公，曾祖晚香赠公，皆入孝弟祠。祖黼山，父史枚，二赠公皆诸生，有文行。先生资禀绝人，苕发颖竖。年十七，以县府试第一人，补学官弟子员。时松江旧府属之负文望者，华亭耿伯齐道冲、娄朱似石运新、上海葛子濂士清、秦砚畦锡田、王有常全纲、杨耀珊德铼、南汇奚雁宾世来、秦亮臣始基、顾旬侯忠宣、叶贞柏寿祺辈，莫不敛手与交。中光绪己卯乡魁，五试礼闱，壬辰戊戌堂备额满见遗。先生为学宗宋儒，一主静敬，尤邃于《易》。尝主本县肇文、文游两书院讲席。辛卯乡试，应内监试刘公式通之聘，校阅各房荐卷，衡鉴平允。

清末科举废，先生以自治会会长，兼学务公所总董，则首议改两院为学堂。费不足，捐廉助之，并倡设开泰等各乡镇小学四十余所，实开奉邑风气之先。寻学务公所改劝学所，仍任所长。在任舟车视察乡村学校成绩，冒劳任怨勿辞。尝有人以某事龂龂前争辩者，先生痛斥之，其人喑曰：一何气之盛也。所中人某解之曰：无欲则刚耳。先生引为知己。时清廷筹备宪政，先生以公举，两任江苏谘议局议员。入民国，任第一届省议会议员。每开会，全省提交议案堆如山阜。上海姚文楠、川沙黄炎培，辄引先生精心考核，务臻于美善而后印行，议长南通张謇亟称善。

先生天怀淡定，世间荣利，视若浮云。清例，应会试三科以上，得吏部注册，纳资指省，谓之拣选。先生耻为资郎，仕不由正途，不赴。戊戌，德宗亲政，康梁议变法，团集公车诸举子，连署上万言书。未几，慈禧复垂帘，诛戮谭嗣同等六人，留京候风色者，咸惴惴。先生既下第，已早脱繻南归矣，未睹其祸，又目击时事日非，春明之游心灰梦冷。

民国初建，众咸推使长县事，坚却之。其出处审慎，皆此类也。己未、庚申间，任本省通志局分纂。奉邑两次议修志，有司以书敦聘，先生手订志例如干条，卒以费绌而寝。

先生既优游里弄，日惟以吟咏自娱，暇辄浏览报纸，盱衡世局，时抒伟论。诗似香山、放翁，不假镂琢。六十后，入武进苔岑社、上海鸣社、常熟虞社，与四方名流闺秀唱和，邮筒往反无虚日。由是艺林无不知江南有遁叟其人者。然所为诗，多悲悯亢激之言，不沾沾于嘲弄风月也。时金山高吹万燮，方倡国学商兑社，江乡百里，杖履过从，而遗老如金坛冯蒿叟、贵阳陈庸庵两先生，慕其高节，咸投缟纻。庸叟有和其《重宴鹿鸣诗》，蒿叟手书"曾偕月汐新吟侣，为署烟波旧钓徒"联语赠之。顾其神交中所服膺者二人，一寓北平常熟孙师郑太史雄，一广东蔡竹铭处士卓勋也。二人没，赙赠甚厚，又助刊其遗文，曰我岂欲居慷慨名者，是盖重其人，重其学耳。其敦气类如此。

书摹颜、欧，参以苏、米，尝谓书之本领，全在筋骨，尤在疾涩二法，以为疾而不涩则滑，涩而不疾则滞。善书者，必兼之。年八十余，犹日作悬腕书，或写楷字数百，弗辍也。论者谓其书，舒和顿挫，筋遒血莹，乞书者踵至，几不暇应接。先生事亲谨，色养烝烝。庚辰初，赴春官，亲犹具庆，依依为孺子慕，若不能为千里别者。亲没，岁时僾想，恒兴霜露之悲。然不幸遇儿息童稚之丧，亦未尝不太息沾襟也。兄弟五人，先生最幼，三兄皆先卒，四家骅，字云逵，举孝廉方正，世所称粥叟先生者。因筑两廉亭，相与啸咏其中，极白首埙篪之乐。粥叟寿至七十三卒，先生哭之痛，为删订其《天香簃遗诗》刊之，其孝慈友爱，盖天性也。尝以朱氏迁奉逾二百年，而祠宇缺如，乃力为经营规画，祠成，春秋禴，尝辄躬亲行礼，为子弟先，并撰《紫阳宗祠记》，叙其颠末。勇为公益事，浚渠造梁，往往倡议，资助其成。居善摄生，晓起登层楼，观云日吐故纳新，又习为五禽之戏，因自为联云："气吞八九梦而不足，日行三千步以为常。”庭阶园圃间，花木禽鱼，资以适性。喜啖粥，能饮酒，不过三蕉，终其身一日也。初，学使者以先生主讲书院，有劳绩，奏准奖内阁中书，三世赠五品封，覃恩加级。鼎革后，地方官以先生胜国黎献，齿德兼尊，下车辄造庐乞言。甲戌，国府褒赠“行式乡闾”扁额。倭难作，移家居沪。壬午冬，考终寓次。生咸丰七年丁巳，享寿八十有六，乡谥端毅先生。

元配方宜人，相夫刑家，具著礼法，前卒。子四：声夏，字芑孙，县农会会长；声凤，字友清，江南高等学堂毕业，本县劝学所所长，皆庠生；声树，字积诚，龙门两江两师范毕业，上海三林学校校长；声涛，字杏南，同济大学机械科、德国特莱斯登大学工科皆毕业，考取德工程师学位，上海兵工厂炮厂主任。声凤、声涛先卒。女三人，适某。孙男女八人。遗著《闻妙香斋诗文稿》若干卷，《遁庐日记》若干卷，词一卷，杂著一卷。《悼亡胜录》，皆藏于家。《稀龄唱和集》、《重泮赓酬集》、《遁庐近墨》，则手迹也，皆印行。《重宴鹿鸣唱和集》未编定。其光于先生，论辈行不啻小友。忆丙辰春咏红梅，先生与粥叟皆有和诗，此为以文字神交之始。时先生年六十，其光年二十九也。忽忽三十余年，兵戈俶扰，耆宿凋零，恒用凄哽。顷其嗣君积诚，猥以余为知诗，而先生诗自乙酉讫壬午，皆散见于日记，遂抱以来，委为搜剔，于是尽得其生平大节，与夫言笑语默之微。既卒业，不辞弇陋，别为最举其梗概，诠次之，以俟夫后之为史氏者要删焉。

据《瓶翁文钞》

江北杨文光墓志铭

王树楠

吾尝私谓：班孟坚氏以公孙弘、卜式、兒宽合书一传，三子者，所行殊不类，然皆出于微贱，能自致富贵，显声于时。卜式于田牧起其家，输财济边，名动朝廷，跻身通显，与稽古读书之儒，争光比荣，所谓异实而同名者也。太史公传货殖，历举猗顿、郭纵、刁间、曹邴诸人，率以鱼盐铜铁竹木垦牧之业，操赢握奇，累富至巨万。而蜀之寡妇清，用财自卫，为秦皇贵客。卓氏处临邛，鼓铸铁山，倾滇蜀之民，富至僮千人，田池射猎之乐，拟于人君。昔人谓巴蜀沃野饶卮四塞，栈道千里，无所不通，故程郑为山东迁虏居于临邛，亦事冶铸，富埒卓氏。之数子者，在巴蜀之间，其声名之炫赫耳目，实与当时文学之徒，若司马相如、王子渊、扬子云等，皆为人所艳称而乐道者，盖一时之雄也。唐宋以来，儒者好语王道，耻言富强，鄙管、商之术为不屑道，呰窳苟且，终以贫弱亡国，不克自救拔。而富商大贾若卓氏程郑氏者，虽间世踵出，人皆视为贱业，不齿于衣冠之列，故自汉以后，其名姓没灭不彰于世者，比比皆是也。海国大通，而后有志之士始知列国之强弱，皆出于商战，于是幡然改图，急倡言实业，而江北杨君遂以货殖特闻。

君讳焕斗，字文光，先世自江西南城迁居蜀之巴县，再迁江北，遂占籍焉。父某，诸生，食贫力学，生君之前一夕，梦瓜藤结实大如斗，既诞，因命名曰斗，小字瓜兆。体干俊伟，目炯炯有光，弥岁自起立，不受人扶掖。其父喜曰：是子将来必独立起吾家，吾无忧矣。君家故奇窭，祖母年高善病，时戚戚无欢容，其父辄抱持君，指以为慰。君既长，事父母至孝。日读书从塾归，负薪市米，下至洒扫洗涤粪除诸役，皆以躬亲。虽严冬酷暑，头无笠，足无履，枵腹终日，不敢以告劳也。君耆学聪颖，十余龄下笔辄数百言。未几，家毁于火，母以贫故命辍学从里人刘质堂习商业。试之，大小皆效，主人爱之若家人父子，一是皆听倚君。久之，独为贾，居货逐时，论其有余不足以权贵贱，开潼绵宜沪十余许，致富亿万。戊戌龙水镇之乱，诸商皆选耎畏祸，相戒不敢为贾。君独坦然，贸易如恒时，货物杂沓殷若山积，及乱平，物价骤翔贵，赢利至十倍于昔。其乐观时变往往类此。

君既白手起富，年且老，乃命长子培德继修其业。培德殁，复责其三子培英主治之，而时时受意恉裁剖于君。辛亥国变，海内鼎沸。君日手《周易》一编，处之泰然。癸丑，川黔军哄于渝，君始一避地沪上，遍视工场、学校及诸慈善事，而于孤儿院惠儿院，考其章条设施尤为详尽。归即出万金创建贫儿院，更设依仁校，以补教育之不及者。重庆屡遭变，当兵冲，君屡出家财饷军，而趋公若鹜，临事详审，凡所规画，要之必成。尝谓中国之强，在力兴实业，其事不患于难创，而患于难成。因其可成而扶之翼之，则所施者小而所就者大。人以为名言。

平生以孝友勤俭勖其子孙。家居十三年，未尝一日废书不观。守宋明诸儒先格言，贯之以诚，而行之以健。其自述得力，则以《论语》“敬事而信”、《周易》“自强不息”二语，为执事持身之要。此岂倚市门争目前寻常者所可同日语哉。乌呼！近于道矣。

君生于咸丰四年甲寅十一月二十五日，殁于己未九月二十三日，享年六十有五。卒之前一日，捐施依仁校万金，贫儿院二万金，曰此吾志也。初娶张恭人，生三子，曰培德、培贤、培英，三女子，皆适士人，先君二十八年卒。继娶恭人从妹，生二子，曰培善、培荣，一女子曰琼贞，尚幼。孙几人，曰锡嘏某某。君以儒术行商道，子孙习其教，皆能继父志，人比之陶朱父子。培贤学于美，归商业遂益大云。某年月日将葬君于某县某原，培贤等介门人白坚来请铭。铭曰：

> 司马氏之称陶朱公也，曰善治生者，能任时而择人。三致千金，分疏与贫，后年衰老，听之子孙。子孙修业而息之，至比于一都之君。乌呼，若君者，非即其人耶！君子之富，好行其德。以财发

身，子孙之则。富家如此，富国亦然。魏之白圭，越之计研，皆操是术，以强国权。惜哉，君无尺寸之柄，以与东西列国并驱争先也。君才之丰，仅及身止。刻辞埋幽，以告万祀。

据《陶庐文集》卷九

陈子丹墓志铭

温　肃

甲戌秋，余南归，抵香港，闻吾友陈公子丹病笃，趋视之。不数日，而讣至。逾年，其家择期将葬，持增城赖荔垞编修所为行状，来请铭。

公讳步墀，粤之饶平人。子丹，其号也。幼工举业，为诸生试辄高等，食廪饩，有名于时。宣统初元，以恩贡太学，方慨然有用世志，遭国变，隐于商。主所营香港乾泰隆肆事廿余年，以终其身。自辛亥后，朝官遗老避乱寓港者众。东莞陈提学子砺、番禺张提法汉三、丁侍讲潜客、吴编修澹庵、闽县陈劝业省三，皆重公行通缟纻，而赖荔垞为尤稔。余之交公，因赖而深。三人者，遇必置酒纵谈，盱衡世事，杂以嘲詈。然一有他客，公即沈默，亦不作软媚态向人，其和而有执如此。余曩以从亡在外，资用常不给，公时济其困。初第感其用情之厚，及观其他事，凡关于伦纪风谊拯灾振乏之事，知无不为，其轻重多寡，一准以义。义所当为，虽倾囊不吝。尝报效实录馆、宗人府及修陵诸费颇巨。屡承传旨嘉奖，赏头品顶戴，赐御书“寒木春华”扁额，御书“福”方，宠赍特厚。充其志，苟有裨于君国，虽竭其有，不惜也。

生平敦孝友，事其兄步銮尤尽敬礼。其他行事，详余所为寿文及《周伍西阡记》中，不得复赘。周伍西阡者，公葬其母与妻之所，即于其左营生圹，今所葬地是也。公有题阡诗，极沈挚。公诗诸体皆备，唯此种尤动人。箸有《寒木春华斋诗》若干卷。生于同治庚午八月初七日，终于甲戌七月廿七日，享年六十五。曾祖有执，祖庆瑞，父焕荣。配李夫人，早卒。继配，其女弟也，亦先公卒。子五：兴邦、孝邦、泽邦，原配出。孝邦，早殁。定邦，侧室杨出。选邦，侧室卢出。孙四：由龄、庸斋、由勤、由笙。曾孙四：中孚、用中、时中、振中。女二：长适王，次适许。以某年月日窆。铭曰：

草莽而效，无位之忠。阛阓而高，处士之风。不昌其身，而诗是工。呜呼子丹，离尔恒干，即此幽宫。浩气已还太虚，不朽者与石而垂无穷。

据《温文节公集》

三等嘉禾章邱君墓碣

章炳麟

闽人之去国也绝，粤人之去国也还。还其乡者，示不背本也。而子姓田宅分在海内外，更数岁则杭行往复视之，随所终而敛形焉尔矣。梅县邱君讳宏寰，自署爕亭，县之雁洋堡大石乡人也。父曰达堂，母朱氏。有二姊一兄一弟。六岁父殁，家贫甚。母子力作，至伐薪为炭以自给。未几，二姊适人。幼弟殇，益不自聊。母子或相抱饮泣，以为常。稍长，佣于惠州。年二十，应其姑婿杨招，南渡海，至爪哇。

爪哇隶荷兰三百年矣，而为闽、粤羁旅所萃。地莽平，宜种植，又暑不待御袍襦。往游者虽庸贩或暴富至累巨万，君所处则其属邑巴达维亚也。以自治勤慎渐起其家，出任甲必丹。甲必丹者，外人以中国侨民繁猥，分争辨讼，眊不可理，置甲必丹为调人。其任与汉时三老有秩相类，黠者得之，因为挢虔，而善人亦得以行其志。君既受任，则建中华会馆、中华学校以悬群众。初倡议时，侨人负高赀者皆谓君狂。君忍辱处之，稍久，和者渐多，所规画竟就。南洲之有学校、会馆自此始。

君虽在寄寓，然未尝忘中国事，故临时大总统孙公、陆军总长黄兴微时，尝以谋革命南行。无所藉，君倾产助之。其后黄君率义从攻广州，赖君资藉为多。民国四年，大总统袁世凯谋称制，志士多遁海外，为荷兰官吏所疾。君阴为调护，得无恙，卒归国倾帝制者，亦赖君之力云。君既以远客得意，时时归梅县，斥金置永捷族学、三堡公学，又佐县立东山师范学校。遇少年贫废书者，必馈赆焉，使究其业。凡所成就卒业于东西诸大学者三十有余人。又于梅县植森林，置织布场，北行至江苏句容，畋荒芜，兴蚕桑。始至时，句容岁产茧三十斤，末年至二万斤。十七年，因会孙公葬，北行登泰山，西抵匡庐。是时，河南荐饥，流民遍江淮间，君令长男心荣以资遣归乡里，其举念不忘故国如此。

十九年六月，卒于巴达维亚，年七十一。配李氏，妾徐氏、廖氏。有丈夫子五：心荣卒业日本早稻田大学，向荣卒业法兰西国立大学，孟荣卒业美利坚挨阿华大学，陶荣卒业岭南大学，佐荣卒业暨南学校。女子子四，孙十。初，侨人在荷兰属地者，受其职役，不自知位望崇庳，或妄自僭拟，自比中国巡抚部院，行入丛祠，谓鬼神当避之。君素恭谨，民国初，受湖南都督谭延闿聘允顾问。其后四给等〔给四等〕嘉禾章，晋给三等嘉禾章，于国有禄位，而子姓又章章识中外事，故自处与诸妄庸异矣。以殁于海外，故心荣等葬之巴达维亚之丹容山。盖骨肉归复于土者命也，若魂气则无不之也。

据《太炎文录续编》卷五中

汪先生家传

萧仲祁

先生姓汪氏，讳诒书，字颂年，晚号闲止，原籍安徽徽州歙县。系出春秋鲁成公子封于汪，以国为氏，唐初有名华者，从太宗有功，封越国公，吴越之汪，多其苗裔。明末有锦公迁湘之善化，入民国后，善化并入长沙，遂为长沙人。代有潜德，名行显闻。考鄂庐，妣氏冯，兄弟四人，先生其季也。鄂庐公游官鄂省，同治癸亥疾终宜昌幕次。冯太夫人挈诸兄扶榇回里，先生方在襁褓。叔父佛生公次室饶恭人爱如己出，保育婚读，悉力任之，数十年如一日，先生实母事之。光绪戊子，湖南乡试举人。己丑，考取内阁中书。壬辰，成进士，殿试由常熟翁文恭同龢、高阳李文正鸿藻主试，赏其对策渊雅，已定元选，逮呈御览，慈禧后见策中“稍纾民力”之“纾”作“抒”，以为笔误，改二甲第四名。不知“纾”“抒”通假，《左传》“难必抒矣”可证。榜发，座师暨同人均为憾惜，先生夷然也。入词馆，充翰林院编修、国史馆协修。戊戌，德宗变法图强，诏先生回湘赞理新政，与熊希龄、陈三立、黄遵宪、谭嗣同、梁启超诸君，设南学会及时务学堂，湘学之开明，英彦之培育，基于学会。余之承教先生，亦始于斯会讲学时。庚子拳乱，扈驾西征，见盈庭昏极，愤然南返。回銮入觐，供原职。壬寅，奉命提督广西学政。在职六载，启导新知，厘革旧习，设置学馆，拔取寒畯翘秀之材，躬督课之。六篑士风丕变，迄今文化为西南冠，识者诵慕不衰。

甲辰，清廷废科举，兴学校，改各省学政为提学使，位提法使上，主教育行政。命先生任江西提学使，并赴日本考察学制。阅半载回国，赴江西任。中途闻饶恭人弃养,先生请解官持服。是时两兄二元道山前卒,无嗣,兄味云复卒于鱼台县任,遗子女各一。冯太夫人以本宗衰薄,思先生归宗,因并请朝旨,礼部议:律例,庶妾不得抚子承祧,诏先生归宗,而为饶恭人持期服,称养母。先生以朝命不可不遵,心伤滋甚,乃解任,持服期年,心丧三载。其《陈情表》哀感行路,金坛冯学士煦见之涕下,称为天地间有数文字。

己酉,服阕入都,派充宪政编查馆提调,于宪政多所建白,赏二品顶戴,加孔雀翎,特旨授山西提学使,署山西布政使。适藩库有羡余银数十万两,中丞某满人也,由藩司擢抚院,欲取以为公费,先生不允,单衔奏归部库,充国用,廷旨嘉奖。中丞衔之,欲以他事中伤,因冯太夫人逝于任所,奉讳回籍,囊无余赀,几不能庀丧具。自通籍后,以廉正自矢,居官屏斥夤缘,严绝馈遗,用人惟材,不私戚族,常诫饬子侄云:"世德清美,服官从政,务守朴诚,毋以贪墨堕家声。"又谓:"贫以不谄为高,富以能施为上。"故虽居恒处约,遇姻旧知友大故或窘急者,不靳倾囊相助。其诚身砺世之度,非百年以前老辈不如是也。

辛亥建国后,与朱恩绂、王铭忠诸君营办矿业,稍获利润,始有一椽之覆,数垄之田以居,莳花灌溉,不履城市。与谭畏公为金兰契,其再任湘督、长行政院,驰书诹访疑难,先生以民生疾苦告之,不涉其他。国家未统一时,徐东海娄欲以湘、皖、苏省政相属,先生婉辞,诰家人曰:"天下滔滔,祸乱未已。苟且濡足,庸有济乎?"屏居长沙东乡寺坳,有终焉之志。海上知友如畏公伯仲、余倦知、夏建丞招邀至沪,诗酒唱酬,饮啖酣健,庄谐间作。吟咏所寄,体在坡谷之间,书法出入欧苏,晚而目眚,随笔挥洒,仿佛南宫,求者踵接。故两京及沪汉津湘流传至广。后进款接,不为崖岸斩绝之态。游踪所至,追随者众。尔时余与唐支厦、罗上霓昕夕还往,忆酒寮纵谈,谓《诗·卷耳》篇"陟崔嵬"、"酌金罍",就行役者言之,若怀人者若是,则流于放泆。《考槃》篇"硕人之薖"即"窝"字。初闻以为诙诡,后阅诸家经说,乃知先生言无所苟,吐词为经。一日夜分,小车归寓,于慕尔鸣路巷内遇盗,搜索衣襦,仅银币半圆,盗笑曰:"今夜倒运,撞着穷秀才。"舍而他去。先生之清素,可概见已。

东寇侵我,怒焉深虑,山居病目,辄令人诵沪、湘各报。时呼子侄,较其见闻，日盼胜利在旦夕间。寇进不已，至新墙河，迫近山庄。先生痛民生之荼毒，国事之阽危，几欲投水以殉，家人力沮之，忧不能释。旋病痰饮，口喑目眊，动履须人。二十九年庚辰，飞机轰炸扰及宅近，舆避防空洞中，哀愤惨然，病以加剧。二月，孙儿绍彭生，神思清爽，整冠祀祖，设饼娱客，少复常态。以寇深震悚，减食昏迷，延至八月之杪，逝于里居，遐迩怆悼。余时避险岩谷，远隔数百里，久方得耗。追维南学从讲，东瀛晤言，官辽沈时，佐吴侍御改良狱政，先生与畏公同访模范监狱，赞誉有加。癸丑湘中抗袁，身罹党祸，先生函慰勤挚，绸缪古谊，钦钦在抱。劫后再至省门，蠹然访问，稍悉逝时情状。生平诗文书牍笔记多帙，播迁散佚。戊寅长沙大火，并藏书善本法帖字画，悉付一炬，仅余《风雨庐诗存》二百余首待梓。伤哉！哲嗣孝聪，自黔省铁路局邮寄先生事略，属为家传，其同产兄甸侯加函促之。白首蹉跎，耆贤零落，哀时怀旧，未可以不文辞也。自先生逝世，湘中词馆老宿，无复几人。以忧国赍恨九泉，士林之哀，海内同之。间与陈长簇、邓振声、柳敏泉诸君商及，援古人私谥，以"文靖"二字为先生易名表德，佥以为宜。谨述梗概，答孝聪孺慕之诚焉。

赞曰：先生旧宅城南碧湘街，其从弟都良太守侨居同巷，魁然长者，以循廉称。十余年前，相见颇勤，语及先生云："饶恭人洵为贤母，九爷孝友肫肫，今之古人。独其官禄星不照命宫，官与禄若两相忘者。陶渊明思三径之资，乃宰彭泽，不无禄之见存。九爷希风渊明，托字闲止，其治生且不逮渊明焉。斯人尚已，今何时耶？"九爷，先生行次也。辄述之传后，令人知都良太守有味乎其言之也。民国三十七年戊子重阳前五日，前任湖南内务司司长、清光绪癸卯科举人愚晚湘乡萧仲祁顿首拜撰，时年七十有六。

据《湖南文献汇编》第二辑

汪晨笙先生墓碑

蒋维乔

吾读范史至东汉王烈，行谊高世，而隐于商贾，一乡之中，诸有争讼曲直，将质于烈，或至涂而反，或望庐而还；其以德感人若此，高山仰止，景行行止，以为旷百世而不可得遇也！今观于汪先生之言行，抑何与烈相类似耶？

先生讳金熹，字晨笙，浙之永嘉县人。幼而颖悟，长而敦敏，于家庭则著其孝友，于乡党则恂恂焉，斌斌焉，渊乎其似有所不能也。家贫，奉父命，舍诗书，习钱业，于货殖独具天才，犹不自满；恒取近代经济诸书，日夕搜讨，得其精要，故见解高人一等。创设厚康钱庄，其初资本仅二千二百余金，经营三十余年，赢利乃数十万，遂被推为金融界领袖。然先生抝谦自牧，接之温然，布衣粗粝，处之澹然；至于亲朋急难，则周恤之，地方公益，则疾赴之。今不悉举，举其荦荦大者。

民国初元，偕邑中善信创设永嘉协济善堂，先后任总董，垂十余稔，基金达五万元，施舍棺木衣米药物等，共约十余万金。八年，创办因利局。施粥厂，贫民受惠，若生死人而肉白骨也。十一年，瓯江上流山洪暴发为灾，复创办慈善急赈会。十八年，温郡迭遭旱灾，则以善堂名义，召集各邑善团，合办急赈，名曰永嘉慈善团体协赈会，被推为常务委员，亲赴各地散放赈款，共达八万余金。十九年，组织中国济生会永嘉分会，被推为正会长。其他如广济院、普安施医药局，先生罔勿尽力也。而尤著者，永嘉乐清交界之邓公桥，跨瓯江下游，于两邑之交通，行旅之安全，关系至大；百余年来，官绅屡议修筑，卒以工艰费巨，迁延中止。

先生乃毅然躬任其事，自捐千金为倡，奔走劝募，得道多助。于二十年兴工，至二十二年春得以落成。此外一切公善，先生罔勿与，且必首捐以为倡。计其一身所斥之资，殆及数万金。邑中识与不识，妇人孺子，咸知有汪善人矣。

尝以“勤俭成家，为善最乐”八字，垂为家训。岁壬午，遭母金太夫人之丧，先生哀毁骨立，杖而能行，事父纶如公，视于无形，听于无声。纶如公古稀以后，先生以老年非人不暖，每逢冬夜，必卧其侧，数十年如一日也。晚年，潜心释典，兼修净业，与高僧居士往来，于谛闲法师交尤密，赢粮朝四大名山，五台、九华、普陀，皆有先生之足迹焉。体素强，鲜疾病，虽年高，犹健步如恒。不幸于二十二年春出门，偶蹉跌，伤腿骨，治疗久不愈，及秋遘痢疾，竟以八月三十一日病殁，享寿七十有一。

夫洪范五福，先生一身备之，身殁名存，亦复何憾；独惜一邑生民，失此梁栋，宜乎父老子弟之咨嗟太息，而不知涕泗之何从也！先生配胡夫人，生丈夫子三，长承梁，次承弼，次承震；女子子五人，适陈，适刘，适林，适张，适吴。孙男五人，瑞椿、瑞棣、瑞梅、瑞和、瑞颖。孙女五人，萏君、如瀚、瑞琴、文漪、文修。弼字悜时，毕业上海神州大学，任瓯海实业银行经理，兼温州交通银行经理。曩余游马迹山，邂逅悜时，一见如故，相与把臂入山，觉其为文质彬彬君子，获益庭训至深。我愧李白，而悜时则今之汪伦也。甲戌之夏，悜时驰书，将以某月某日，葬先生于永嘉会昌镇漈上山之原，恪遵遗训，与奢宁俭，惟乞为文，以表墓道。余曰：“发潜德之幽光，式人范于后世，固外史氏之责也！”遂为述录，系之以铭。铭曰：

南岭发脉，盘纡括苍，华盖岳岳，瓯水荡荡。山川灵秀，笃降先生。孝于父母，友于弟兄。严父有命，弃儒而商，营谋卅年，业乃大昌。待人则宽，自奉则确，周恤亲朋，惠及孤独。温郡各邑，水旱迭起，救灾恤邻，不分彼此。邓公之桥，两邑交通，百年大计，公竟厥工。邑人曰嗟！公其仁乎！负者戴德，行者歌呼。立功虽伟，公不自言。立德之远，垂裕后昆。彼甘棠之蔽芾兮，长遗爱于南国；昭其德于贞珉兮，亘千秋万祀而无极。

据作者手稿

清诰授荣禄大夫一品封典户部郎中李公墓志铭

柯劭忞

公李氏，讳士铭，字子香，直隶天津人。曾祖考槐，贡生，妣氏刘、氏沈、氏毛。祖考文照，候选同知，妣氏赵。考春城，孝廉方正，刑部四川司员外郎，妣氏吴。三世俱封荣禄大夫，妣俱封一品夫人。

公幼而敦朴自奋，于学读书恒夜分不辍，刑部府君教以群经大义，辄领会贯通，故公之学，得于庭训者为多。弱冠，与弟嗣香学士，从县人严仁波先生游。由李二曲之学，以上溯阳明，参互订证，所诣益深。又博考天下郡国之利弊，与其因革之所宜，综核前闻，推之实用，故公之学正而不迂，坐言者皆可以起行焉。同治九年，公补博士弟子，旋举优贡生。光绪丙子，与嗣香学士同举于乡，援例为户部候补郎中云南司行走。公会计精密，为上官所倚重。李氏津门甲族，席累世之丰厚，生计日繁。公劬于部务，又内勤家政，至于咯血，乃谢病里居不复措意仕进。

然于一乡之公益，未尝恝置于怀。县令设乡甲局，为清讼弭盗之张本，公与学士订其规条，仿先儒吕新吾乡甲法，分设乡约十有六处，未及期年，县大治。宣统改元，廷议筹备立宪，公与乡人创宪政协议会，讨论地方行政。凡不便于民者，悉请于官汰减之，其裁免市贩之六行，尤为实惠及民。公资望清重，再为议事会会长，又为顺直谘议局议员，于新政之利害得失，辩析详尽，不为苛娆。先是西人出赀筑津浦铁路，损国权实甚，已订草约矣。南北四省之京曹官合疏力争，始改为贷款自修，其事实由公兄弟主持之。芦商负外债者，以引地归于官，其富商亦多岌岌不能自存,公建议设保商公司,贷钱以纾其急,而他商之引地,始获以自全,业鹾者赖之。辛亥之变,公与严范孙、李渭占诸君子设保卫局,募巡兵千余人,防不逞者之暴动,且出巨赀先之,故四方俶扰,独津门安堵如平时。

初刑部府君设寄生所,赡贫民之无业者,公承先志,扩而充之,收养益众。虑其温饱无事,易为匪僻,每除夕辄亲莅所中,劝以勿斗狠,勿饮博,勿杀生,以饕口腹,于是人人感发,改行者多。津之士大夫兴于慈善,旧设备济社施贫民米,延生社施糇粮,施医局施诊,权济局贷钱贸易,保贞社赒嫠妇,放生社购放鱼鸟,蒙养义塾教贫民子弟,公皆赞襄其事,不惮劳费,而于各直省之义赈尤孜孜从事焉。戊寅河南大祲,己丑庚寅山东水,癸巳晋北七厅旱,丁巳直隶水,庚申旱,壬戌直隶兵灾,甲子直隶水,公绸缪赈务,日不暇给,核之详而施之溥,鸠赀逾数十百万,赈济逾数月或经季之久。至庚子拳匪之乱,外兵入天津,暴骼纵横,公施槥施义田以瘗之。甲申饥,及庚寅丁巳大水,公三设育牛所,以善价购耕牛,届东作俾牛家赎之。于是农不愆期,穷黎以济。此二事,乡人至今颂之。公乐善出于天性,至属纩之时,犹以治命施银万圆,储为公益之用。呜呼,可谓恺悌君子者矣。

公内行肫笃,侍父疾兼旬,衣不解带,刲臂以进,不令左右言之。与诸弟同居,怡怡如也。自奉俭薄,读书之外,澹然无所嗜好。日置一编,以记终日之言行,证其操存疏密。临终神明清湛,尚执笔为细字焉。公由户部云南司郎中,加三品衔阶通议大夫,覃恩一品封典,晋阶荣禄大夫,赏戴花翎,叙义赈劳,传旨嘉奖,赐御书扁额福寿字瓷盘瓷花瓶,皆异数也。生于道光己酉年十月二十四日,卒于民国乙丑年十一月十六日,享年七十有七。配徐夫人,同县人,封一品夫人,有贤德,能佐公之内治,先公十七年卒。侧室何宜人。子五,宝诚,镶蓝旗满洲副都统,宝诜,荐任职分省任用,皆徐夫人出。宝欣,佾生前卒,宝询,荐任职任用,宝諒未冠殇,皆何宜人出。孙七:家祁、家禧、家禔、家礼、家祓、家祊、家祚。宝诚以窀穸有期,来请铭,铭曰:

粤有耆献,罬罬于善。既善其身,以昌其子孙。津海之壖,考卜新阡。撰德勒铭,永奠佳城。

据拓印原件

江苏补用道李君墓表

马其昶

君李氏，讳厚礽，字少梅，薇庄其自号也，父讳嘉，江苏同知，余尝为之传，所谓镇海李府君也。自府君之考知府君航海远贾，累赀巨万。府君儒也。出其绪余，营业益饶羡。君更达之于政。李氏商三世，各以其长，声名驰域外矣。君少有伟志，不屑事举子业。年二十九，援例以知府发江苏。当是时，两宫西狩，既回銮，惩前事，颇欲革新庶政。江苏按察使朱之榛有干才，目盲而久任剧职，察吏严，独器异君。之榛主警巡，檄君提调局事。未几，移上海征收物税。黠商售丝糖，倚外人为奸漏，君据约力争三年弊始绝。会日俄构战，上海声言中立，交涉繁，张弛缓急，一惟君是赖。嗣调管裕苏官钱局。始君任警务，即驰赴日本，参验彼己，考订新章。至是，再往日本，研求银行币制之学。返国，兼任浦江缉私统领，晋秩道员。上海私盐充斥，设法变租界为引地，岁增税额数十万。君所居能效其职，不避嫌忌，疆吏争欲得君自助。俄为宵人所中。挂吏议，羁苏州府署，待勘者三月，事卒得白。辛亥祸起，众推任上海闸北民政长，积劳卒，年四十一。

君为人伉爽，喜施济。临卒，取所贷券焚弃之，曰："人不足，始贷于我，奈何留此，伤长者意乎！"君他所营建，若宁绍航业，若银市，若保险公司，若红十字会，及租界义勇队，类皆前所未有。世每咎吾国贱商，谓四千年无商学。是不然，古圣王之治天下也，民为重。民有四，商其一焉。唐虞之世，懋迁有无化居至于万邦作乂未尝贱商也。太史公传货殖，以为善者因之，其次利道之，其次教诲之，其次整齐之，最下者与之争。今时所谓商学，虽至精，岂能外此数言乎。故范蠡曰："计然之策，越用其五而得意，既已施于国，吾欲用之家。"由是观之，商之术通于政，安在其无学而可贱也。秦、汉后，始有无学之商，于是世主乃务摧抑之。今环海立国者，无虑皆以商争。君生其时，用之家，既得意矣，惜乎其施国者之止于斯也。

君娶方氏。子七人：祖韩、祖夔、祖模、祖桐、祖元、祖敏、祖莱。女四人。孙三人，长女婿吴兴章宗元，与余善。其卒也，以癸丑冬十二月。后八年，祖夔来请文，因书之，俾告窆刻石，以表其阡云。

据抄件

亡妹（林仲炜）行状

林　森

亡妹仲炜，字彤炜，少于余七岁。当余横经之日，妹亦就傅，相对咿唔，故友爱弥笃。妹性颖悟，具丈夫气概。时值女学萌芽，请于母，易笄而弁，历明州、爱国诸女校，为高材生，兼擅绘画，精草木虫鱼，一时有写生圣手之称。一帧甫毕，即篡夺以去，绝少留遗者。学竟，为之论婚，辄表示不就。余聒之甚，乃绘萱蝶图以示意，系之诗曰："剧怜身入南华梦，不逐芳菲绕地飞。护得北堂萱影好，翩跹屡舞试莱衣。"盖妹习见人世之所谓伉俪，修短不测，苦乐弥定，或赋仳离，或伤摧折，求足当君子偕老者，百不获一。故宁终身事母，守不字之贞也。余以志已决，不复强。旋遭家难，余遂为东西南北之人。一切家事，委之于妹，皆有条不紊。吾母乐之泄泄融融。三十年来，使余无后顾之忧，得稍有建树者，妹之力也。妹和易近人，侄辈无长幼男女，咸爱戴之。所至处，座为之满，笑声达户外，至昏夜不倦。又善居积，货簪珥，权子母，月有所益，而自奉俭约，虽医药之需，亦不肯浪费。厥后致病之原，半由于此。余屡思纠正之，谓人欲长养子孙，汝果何所遗，而顾鄙吝若是。辄喟然曰："妹席祖父之余荫，目击由盛而衰，妹安敢蹈其覆辙。且妹非能生利者，亦不自甘贫困，计惟事事撙节，以免匮乏。至谓身后谁属，幸而有余，以之办慈善事业，不其可耶。"素体强健，四年前始病，厥状为呕。会余遘疾，妹来沪上视余。余疾良已，而妹呕不止，乃强之进红十字会医院，行洗胃术，稍稍见效。以岁阑，且惜费，急于求去。嗟夫！此为其生死存亡之枢纽，设余不听去者，庶几可瘳。乃计不出此，因循坐误，可哀也已。上年九月，呕甚，进宁波中心医院，投以蓖麻子油，大吐，始困顿床席，逾月不治。医者以为癌，谓希望且等于零也。妹微有所闻，乃自定遗嘱，除准情分赠外，所余产业盈万，悉捐助林氏义学。是义学也，吾祖创之，吾父成之，有田百亩，以恤族之穷而无告者。岁己酉，不克保其先业，并是亦化为乌有，此余所引为大戚。妹乃悉予恢复，弥其缺憾，在义学为功臣，在吾宗为孝子矣。处分已，移往瓔珞河头之定香庵，以待尽。医生谓旦暮间人，忽有奇遇，昏瞀中有人持饮以药，且见佛光照耀。盖妹奉佛素虔，谓是仗佛力也。病亦小间，能强起曝庭除。有时缘小山而上，一觇风物之美。书来，将以清明前一日省母。综余一生之喜，无逾于此时者矣。无何，染风寒，遽病肺炎，速延医往已不及，以今年三月三十一日逝世。余复格于事，不能行，不获瞻其遗容。悲夫！妹临终前，延比丘僧宣佛号，自按其脉，知大命垂尽，即目注壁悬三圣像不少瞬，口称弘名，渐微渐寂，犹见唇吻翕张，曾无留恋畏缩之状。所谓临终正念者，非耶？遗言嘱余急流勇退，谓人命无常，修持宜早，又谓事母最乐，噫嘻，此妹临命之言，余安敢不奉为圭臬。独是妹与吾母形影相依，所以矢志不嫁者，正由于孝思不匮，而竟先母以去，悠悠苍天，谓之何哉？谓之何哉？胞兄森挥泪谨状。

据铅印原件

清故江苏候补知县金君墓志铭

章炳麟

剡水东注而为上虞江，汉时就其上游置剡县，今嵊县是也。其县平土宜蚕，高土宜茶，物产足以转输。独下田常苦潦，潦则谷踊贵至一二倍，桀者走为盗，其治亦于吴越间为剧。有乡之长者富而不自有其财，以之调盈虚，补乏无，使良奥得自安，贫无聊者亦不挺而为寇，则金君其人也。

君讳昌运，字禄甫，其先居山阴鲍渎，清乾隆中有国能者始迁嵊之崇仁。王考讳坤元，考讳炳汉，皆不仕。君少徇敏，能读书，直太平军蹂浙东，退以贾养其亲，时虽贫，甘脆必无乏；与两弟析产，推肥食硗。乡人既拟以古君子矣。久之，以茶茧起其家，连轺转毂，输致海表。岁率数十万，财货孳殖，其县亦以是称盛。初，嵊人遇水潦，旄倪失养，老人操瓢行乞者相蹑也。君始依范文正法置金氏义庄，以振其族人之匮者，既而曰："及吾宗矣，未及吾乡党也。"斥田八百亩，置养老堂于县城，粮药襦裤必备，死为棺椟，斥山十余亩为墦茔；生有所养，殁有所归焉。

民国九年，嵊大水。十一年秋，浙东西皆大风，嵊尤甚。剡溪水如墙而立，民死者以万计，丁壮起为盗，延及浙西，暨于海上，君再斥银币万版振之，全活数千人。其处事笮核名实，不好为荣观，故所施未尝不得其效，诸豪举者皆自愧弗如。性恭俭，遇人无贵贱长稚皆礼下之。虽接仆竖，未尝用颜色。然尤好施舍，自澹灾恤老以外，先后置士明学校于县西桃源乡，承志学校于崇仁，及修县志，殡旅榇，所斥银币无虑二十万版。及分财诸子，裁令足衣食，曰："能自立不待覆荫，不能者，多金适以资淫靡耳。"自清末，尝以助振得江苏候补知县，加同知衔，予花翎，授二品散阶，然未尝仕。平生苦心为其乡邑，岂所谓素位而行者耶？

民国十二年五月，以疾卒于上海，年七十。其年十月，归葬县之福泉山。夫人裘氏，亦好施与。子男五，长显闻，前卒；次元瑞，清拔贡生；次显道、显德、显瑞。女子子一，适裘氏。孙八，荣澄、荣铸、荣汀、荣润、荣鼎、荣泽、荣源、荣渠。曾孙衍庆。自民国九年以降，苏浙间劫质者如猬毛，时卢永祥督浙江，遣陆军一旅屯嵊、新昌间，弗能禁。后数年，劫质虽转甚，指以嵊人者转希。余甚惑之。今元瑞以君事来求铭，读其状，乃知君之盛德，消祸于蘖牙者，其功远矣，而不可见也。乃为之铭曰：

邑有大宗，是谓长者。何以废居？维丝伊槚。原泉逢涌，盈科而写。鞠哉嬛独，庇其庑庌。隐民伏慝，如冰斯冶。故教不肃而成，奸不诘而寡。我闻清芬，铭之甃瓦。匪惟铭之，将以配社。

据《太炎文录续编》卷五下

淮阴胡驭卿先生赈绩碑

唐宗郭

庚申、辛酉之际，余奉命总查京兆、直隶、河南、山东、山西、陕西赈务，道出郑州，经惠人祠，下马肃拜，东里大夫之高风惠政，如亲见之。邑人缅怀遗爱，久且不忘，固其宜也。其后十年，以孝惠学社赈关中，余又过郑州。其时，党治已极盛，如日之方中，若他省崇德报功之建筑，已多改厥旧观，而郑州惠人祠岿然独存。余语胡先生："惠人祠存废，于东里大夫无所损益，而烝民崇报之意，将使后之大夫勤于其职，而不忍或懈也。"相与欷歔久之。明年，胡先生竟以治赈积劳，卒于郑州。呜呼！不幸而余言中，而世之天灾人祸，犹未有已。天不慭遗一老，以出斯民于水火，尤足悲也。

胡先生讳士选，一字雨青，其先世皖人，仕于苏，遂为淮阴人。丁巳之春，余赈涟水，始与胡先生共赈事。其后北极燕、冀，南浮沅、湘，西暨豫、秦，东至于海，靡赈不共。黔中僻远艰险，胡先生独携重资，出入于寇盗之间，几濒于危，而卒活黔人，可谓仁勇兼备也已。胡先生之行赈也，壹秉先府君孝惠先生之遗教。行赈一省，必等次各县之灾；行赈一县，必等次各村之灾。而先其最重，以及其次重，所赈之村，必躬亲查户口。灾区广，不能遍，必以身作则，使共事者知所取法。初至村，则详询村之首事，具举其村之贫乏者，有遗则罪首事，滥弗为罪也，按户履查剔其滥，室厨厩溷瓶盎臼釜无不察，肥泽浮肿瘦挺枯瘠无不辨，乃计口以定给赈之多寡。于是得赈者皆极贫，冒混者无所施其技，旁观叹为神明。既察且辨，立署赈票亲授之，不假首事之手，期日凭票放钱粟，而延地方官吏法团领袖监焉。日汇所放之票，由监放者封存县府。赈毕，则由县官综核所放之数，具牍归报输财者以征信。故十余年来，所赈以百万计，而无若今日有因赈灾兴讼狱者。盖胡先生所赈，人人得而视察之，时时得而稽核之，其取信于天下，良有以也。

胡先生主义赈，当海内困穷之秋，呼吁劝募，所获类强弩之末，力醵不足以遍赈，故视赈帑如民命，虽置之缧绁之中，胁之刀锯之酷，而赈帑不可丝毫夺也。治事之勤，虽至疲惫，不一息自休。暴客所盘踞之区，尽人所惮，不欲往者，胡先生身先之，暴客往往感动，为退避邻封以俟其赈。围城对垒之间，胡先生辄冒弹雨，婉商于主兵事者，出妇孺于涂炭者无算。辛未秋，朱子桥先生主任国民政府救济水灾委员会灾区工作组，辟胡先生襄组事。会河南专员缺人，朱先生使胡先生往。胡先生愿任其劳，而不居其名，卒以杨子功先生为河南专员，而胡先生始终辅之。卒之日，犹披览文电与工程师论施工利害，其尽瘁赈务如此，而今而后，安得更起胡先生于九京，以澹水深火热之沈灾。呜呼痛哉！胡先生之卒，余方在蔷沭工次。闻耗，哭之恸。余既庆郑州之多贤大夫，而又惧胡先生之赈绩久且湮灭，后之人无从取法也。爰商之杨先生及豫之士君子，立石于郑州，而书其事于石，以示来者。

据铅印原件

胡退庐墓表

陈毅

江西当光、宣间有谏臣二：曰潜楼刘氏，曰退庐胡氏。宣统辛亥十一月，潜楼移疾免，余旋亦解职。其年三月，退庐前以言责去官，余于其行也，以女字其子骏台。越三年，骏台殇，然书问往复无间也。中间一相见青岛，一道遇于兖州之车亭。自是余流徙不常，退庐亦岁出游无定止。一日潜楼书来告，则退庐死矣，时壬戌四月甲午也，年五十三耳。呜乎，悲夫！昊天不吊，胡夺斯人之速邪？

初，余自荫生为刑部郎中，始识退庐。退庐方以主事官吏部也。既余贡礼部，出潜楼房，因与退庐交日密。当是时，士大夫以学问经济言论风采相高以为名，退庐于书无不窥，独暗然潜修，操乡音呐呐然，若一无所能者。徐即而扣之，当代政治因革成败之故，学术邪正是非之别，旁至边徼形胜山川隘塞，兵所宜出没，飞挽樵汲所宜道，莫不深明洞澈，如指诸掌。余于是乃大惊，京朝中安得有此笃行之君子邪？何遽能不以其学自名，一至于此也？暨其官御史，章数十上，多痛陈新政弊害，凡世所颂，其言之速贫速乱速亡者，皆言人所不敢言，而指斥邪佞破裂纲常之罪，至抉擿其诡谲，尤隐然以卫道自任，勇过孟氏矣。盖其所积也茂，故其所发也光，其所向也诚，故其所陈也挚。至今日，余自乱离中追诵其疏草，辄涕洟沾襟袖，未尝能一卒读。窃怪当日执政，何漠不动念，并忍于摈而弃之，抑何绝不一为朝廷惜也？其先有江御史春霖者，以言事黜，一时宾朋祖饯，车骑塞道，而退庐之去，携一仆耳。诣别者不过知好三数人而已，其能不以所言自为名也，又如此。自废居，建乡先贤祠，或蒦刊其遗编，乃益发读宋五子之书，以进窥孔、孟为心。尝有书规余著述愿过奢，因自言其见道憾晚，汲汲有“朝闻夕死”之惧。然其呼号奔走，固未尝一日废，而卒鲜知之者，则又以其不假是自名耳。《礼》曰：居其位，无其言，君子耻之。有其言，无其行，君子耻之。退庐盖古之知耻者欤？呜呼！居今之世，立身若是，圣贤之徒也。世徒以名御史目退庐，失退庐矣。其既卒，有欲为递遗疏者，余曰此非退庐心也。因举昔所诵疏草，丐其乡人今师傅定园朱氏上之朝，亦倖冀退庐之言，不见信于几先，或能借鉴于事后，即退庐所以言之之志，虽屈于当日，或亦能稍申于没世也。呜呼，悲夫！

退庐讳思敬，字瘦篁，新昌胡氏，退庐其晚号。以光绪癸巳举人，连捷成进士，选庶吉士，改主事，补吏部考功司，擢御史，自劾免。丁巳起为左副都御史，未至而事败。自曾祖父母，皆以其官封赠三品。娶刘氏，继娶郭氏，皆淑人。妾氏徐、丁。子骏台，郭出，早殇，以弟子友蒙为后。遗腹生友范，丁出也。女二：其次为潜楼子妇。是年九月庚午，葬其县之小陌山。潜楼既为志状矣，复走书征余文。所著书若世次及他行谊，详志状，不更书。书其所亲闻知者，以见士大夫之名世，不惟其言，惟其学也，亦不惟其学，惟其行也。用揭之墓，昭示来者，后有师退庐者，幸毋以声名文字求之。九月辛酉朔，湘乡陈毅表。

《退庐疏稿》四卷，经定园进呈后，是年某月某某日，蒙颁赏御书“古之遗直”扁额一方。十月十二日，毅从定园领出恭赍转寄胡氏矣。郇庐记。

据《郇庐遗文》

清辽沈道监察御史
贵州铜仁府知府饶君墓志铭

陈　衍

光绪之季年，朝政日窳，直言极谏之士，相率伏阙无虚日。余时居京师，多游好者，独未交南城饶君。饶君与新昌胡君瘦唐最契合，凡有论列，不谋辄同，世所称“西江二御史”者也。无何，瘦唐谢病归，君亦弃外，守铜仁，未之官而遭国变，明年遂郁郁死。又五年，其门人黄君履思司李吾东越，撰行状来乞铭，曰：“方吾师为县学生，陈弢庵师傅督学江西，得师试卷，至激赏，拔萃贡成均，旋举于乡。己丑，考内阁中书。甲午，成进士，入词林，遂以言官显。先生与陈师傅至交，又善瘦唐先生，倘感气类，而为之铭乎。”余无以辞。按状：

君讳芝祥，字符九，一字占斋。曾祖讳一夔，积学励行，年登大耋。祖讳学波，率乡勇御粤寇，殉于邑东鄙。父讳士瀛，早卒。家綦贫，恃曾祖父授徒，以养以教。屋小，几席距鸡埘、豚苙仅一扉，然奋学，昧旦起，书声琅琅。邑宿儒张某某先生伟君神采，试以文，立就，以女女之。既改官编修，拳匪乱作，奔赴西安行在所，事定叙劳，记名御史。癸卯，典湖北乡试，途中与副考官某，谋所以求实学通才之法。行至确山，以承重丁祖母某恭人忧归，继丁母忧。戊申，服阕，补辽沈道监察御史。当是时，景皇帝、孝钦太后相继崩殂。当宁设摄政王，海内望治，君入台，即劾内监李莲英罪状，疏上，枢臣张文襄公惊叹，请交议，摄政王惮不敢发。复奏陈新政数大端。尝与瘦唐并劾某巡抚，事后出稿互观，所言如出一手。自筹备宪政之诏颁，内外臣工藉立名目肆搜括。江右称瘠区，有兴作辄取给于附加捐税。币制复紊乱，纸币充斥，银价腾涌，征收者往复折扣为奸。君审知其症结，疏请谨饬州县丁漕。辛亥铁路国有议起，川民首发难，总督赵尔丰胁以兵，毙数百人，民益愤，闻朝命端方督师入川，主压制，慨然曰："是速乱也，不可以不言。"疏请撤赵督，慰川民，切中时忌。不数日，而遣守铜仁之命下。甫出都，武昌事起。未几，清廷逊位。君笃守旧理，惟求一瞑不视。南归道病，卒于南昌旅次，年五十有几。

君端居俨然，手一编竟日不倦。忧服时主本郡中学校讲席二年，奖崇朴学。生徒有跅弛若大言者，必痛加裁抑。为诗文抗希古人，下笔有法度，会心处引杯独酌，雅不欲与流俗通款曲。里中独交葆生先生，数十年不衰，履思父也。履思幼即从游，常见君事母蔡太恭人，承欢如孺子，迥非平日威重举止。有妹早寡，赀给终其身，复为置产立后。喜勤俭，每遇邑中力田善贾之子，必与语《大学》生财、西儒《原富》诸要义，闻者鼓舞。尝合同志创立厚生种植公司，至今城郭内外，桑麻蓊然弥望。元配封恭人，妾张氏，君卒，仰药以殉。子孝谦，邑庠生，毕业法政学校。女一，适周氏子，早卒，以节著。孙兆拯，婿于履思。著述散佚，仅辑《存古斋诗文稿》各一卷。铭曰：

忠言屏弃国必陨，童呆颠覆吁可悯，生丁末祈适速殒，匡山巘巘江泯泯，麻源藏壑邃且弅。

据《石遗室文三集》

清故长洲县教谕唐君墓碑铭

徐世昌

始余至东三省，求寮寀中贤者，得四人焉。其一曰唐宗愈，嘉其行谊有法，问之，则壹秉尊人教谕君之教也。

君讳锡晋，字桐卿，无锡人。生而诚挚任侠，经籍皆成诵。庚申之难，县城陷，父文源公、母张太夫人、大母廉太夫人及弟锡福，阖门以殉，独遣君出走，以存宗祀。乱后复还，则故宅燋烂，从眢井中得遗骸，刺血敛骨殡焉。荼毒之余，弥自刻励，兢兢不敢坠佚。乙丑入学，为诸生，设帐授经二十余年，每至于孝弟忠爱之节，未尝不流涕，反覆为弟子切言之也。学者皆为之感动，乃建宗祠以祀列祖，修谱牒以收宗族，遍涉苏、常诸郡宗党宅第，披图考籍，瞻谒木主，求其世系年月，为谱若干卷。故邱先陇窀穸所寄，分析测绘，为图百有三幅，附列谱后。立规约以戒饬宗人，过则相规，善则相励，急难御侮，敬老慈幼，绸缪恺悌，悉有条法，于是一姓大治。

乙亥，晋豫旱荒，君闻之曰：救难恤民，吾责也。立起纠合乡人，募款以应。戊子，选为安东教谕，本身作则，士林归向，屡荐卓异于朝。淮徐海水灾，饥民就食南下，安东适当其冲，死亡相藉。君罄所积俸钱以振，又牒大府，告亲友，集捐于苏沪常镇间，得数万金，躬挈诸生，履勘灾区，持票分散，夜分须发半白。山东沿海有蜚君，集款自苏购棉衣数万袭，装沙船涉海往救，北风方劲，破浪行二十余日，帆樯倾折，绝粒不兴，莒沂、兰山、蒙阴、日照诸邑，皆蒙其惠。庚子之变，京师骚动，乘舆西狩，关中赤地千里，道殣相望。君与同人集资四十万，由浦分輂，冒雪入秦，历邠、乾二州，永寿、淳化、三水、长武、兴平、武功、扶风、岐山八县，攀崖陟峤，家到户视，既绝人迹，往往得残骸遗发豺犬窟中，因大悲痛，勇进益勤。逾年款竭，孤行千余里，诣行在所，谒仁和王文勤公，得银二十万以济，事讫还官，以劾邑令贪残，坐落职。旋以士民吁诉，复官改选长洲。湘中水灾，大吏议请君往。淮水复溢，移湘振余款，购米运淮。时浦上流民啸聚数十万，官府谕解散不听。流民籍安东者八万余，多怀君惠，因遣君往谕。君周巡浦厂八十余所，恺恻宣导，皆涕泣散去，其至诚感人如此。甘肃苦旱，君锐意行。家人以道远劝止，乃倡捐千金以助。

武昌起义，南北扰攘，君方主持江皖振务，以战氛方亟，移局上海，目睹流离，无缘救遏，悲伤哀惋，抑不自聊。壬子十月三十日，遂寝疾以卒，年六十六。夫人孙氏先卒。子宗愈、宗郭。女七人。孙振绪、振业。孙女二人。是时青田水患方剧，君已病，则命宗愈措款，购面粉棉衣而往，犹指陈方略，谆谆不倦也。乌乎！可谓笃行也已。世治乱不一轨，要之民为国本。谋国者，未有不以民为亟也。鼎革以来，群喜为敻高壮骇之谈，务取蓦绝难副之行，震耳目为快，而艰苦治事之风稍衰歇矣。振灾之举，易穷而难遍。论者每以非根本之治少之，然方水深火热之时，非有至诚恻怛之君子，拔之于涂炭之中，是民之靡已久矣，尚得从容忍死，以待治化之成哉？如君者，真斯民之所托命也。君以癸丑十一月二十八日，葬无锡孔山之阳。宗愈状行乞铭，余既伟视君，又以宗愈之请，乃不辞而为铭曰：

夜瞑未艾，忽喟而兴。民今方殆，我寐其宁。握发于槃，拔剑在手。一夫不获，若中风走。崇山峨峨，江海汤汤。苍茫天意，役我何方。星言夙驾，载驱载驰。春风所翜，万骼生胔。有祠杰然，谥曰生佛。奄逝何伤，义风不没。

据《哀感录》

科布多参赞大臣瑞洵传

杨钟羲

瑞洵，字信夫，号景苏，晚自号天乞居士，博尔济吉特氏元裔，巴图孟克大衍汗之后。天命二年，二世祖恩格德尔额附尚和硕公主。七年，与公主来朝，求居东京，遂擢入满洲，隶正黄旗，赐铁券，谥端顺。雍正朝，追封三等公。祖琦善，世袭一等奉义侯，累官文渊阁大学士，谥文勤。父恭镗，杭州将军。瑞洵年十七，举光绪元年乡试，户部笔帖式。十二年，成进士，朝考一等第一名，改翰林院庶吉士。十五年，散馆授职编修，迁国子监司业。性伉直，饶干略，敢言事。二十年三月，奏陈外省滥保积弊，请旨严禁，以杜倖进。六月，请清查民人冒入旗籍，以别流品。二十一年二月，奏各省请建专祠，迹涉宽滥。三月，奏各项保举人员请申明定例。二十二年二月，奏各衙门保送满御史，请照汉御史一体考试。中日之役，具疏痛劾枢要，直声震朝右。历詹事府中允庶子、翰林院侍讲学士、侍读学士、日讲起居注官。奏大员子弟失教妄为，请饬严加约束。二十四年七月，奏遍设报馆实力劝办。奏南漕改折，有益无损，请饬妥议施行，每年豫提折价，于津、通一带购米，以实仓庾，并卫弁屯田裁并，改由地方官征租。二十五年九月，奏奉天地方积弊太深，亟宜整顿，胪举饬吏、安民、练兵、清讼、治盗、开矿、培才、筹防八条，及团练办法。历充功臣馆满总纂纂修，国史馆协修，会典馆汉文总校详校，丁酉科顺天乡试同考官，各省驻防缮译乡试阅卷，大学堂文案处总办，致祭科尔沁、杜尔柏特、土尔扈特，与宗室盛昱、他塔拉志锐先后登朝，均以林牙著忠谠，屡奏封章，颇遭忌。

华盖者，甘肃洮州人，智略过人，原名挖噶札拉参嗣，入藏名嘉穆巴图多普。同治间，与俄战于阿尔泰山，有功，锡胡图克图名号。西域人称华盖为察罕格根。丙戌，留京师，且二年。英人窥两藏，识者谓华盖可以制之，瑞洵与之知契，其为人有肝胆，留意人材，类如此。由侍讲学士出为科布多参赞大臣，召见时，有“向来敢言，办事公正，才学都好”之褒。名虽超擢，实疏之外也。受事伊始，即值二十六年妖民肇乱。廷寄诏旨率皆绝洋人，练拳民，心知其非，不奉行，用安抚政策，壹以约束蒙古，慰谕外人，联络邻境，巩固边防为主。迄和议告成，北路无赔偿之案，游牧晏然，绥疆土，遏祸萌，有合于“阃以外将军主之”之义。在军历蒙年终颁赏“福”字、黄辫大荷包、小荷包、银锞银钱食物。三十年，奉命往古城招致哈萨克，索还阿勒台山。经营年余，收回逃众万余人，借地亦归还，声绩甚著。以经手事竣，请解任，得旨俞允。三十一年，因案中伤，革职遣戍。旋被锡恒两次奏参，交刑部严讯，奉旨仍发往军台效力赎罪。宣统二年，由察哈尔戍所赐环。

甫年余，遭辛亥国变，家产亦荡尽。穷饿拂逆，励清修不懈。时恭亲王溥伟、肃亲王善耆，相率出京。袁世凯患之，欲招致使还，遣人说令往缓颊，诱以多金，正辞峻拒。世凯称帝，立筹安会，主者请为会员，不可，为袁所深衔，不顾也。寄居净业湖僧舍，旦晚修白业，有常课。自谓生平以言招尤，为《讼过日记》，手自楷书，秘不示人。饮酒微醉，间为诗歌自遣。义宁陈三立称其清超绝俗，情款节概可一二推而得之。苦志竺行，被濯风雅，为方密之、杜于皇一辈人。门人铃木吉武为刻《犬羊集》一卷，续一卷，所著奏议，一官一集，都二十五卷，大题曰《散木居奏稿》。甲戌，铃木尝为像赞云：“岳降神，星应宿。清世臣，元天族。入匡刘，出颇牧。久行边，终诏狱。劳不偿，祸乃速。荷戈还。棋局覆。松菊荒，宗社屋。束儒书，不复读。归三宝，心西竺。首阳薇，北平镞。穷益坚，但忍辱。迄今岁，七十六。梵网经，传镫录。戒行高，绝贪欲。是菩薛，佛付属。贞所志，老弥笃。中湛湛，外碌碌。噫吁嚱，天使独。”乙亥乡举重逢，开复原官，赏给“士林雅望”扁额。丙子三月卒，年七十有八。

据《散木居奏稿》卷首

光禄大夫学部右丞黎君行状

温　肃

君讳湛枝，字赞兴，号露苑，又号潞庵，广州南海人。先世讳应龙者，为宋大理寺评事，咸淳九年，由南雄迁县之金紫堡黎边乡家焉，十九传至君。曾祖茂发，妣李氏。祖荣登，妣麦氏。考士渭，妣冯氏。本生考士波，妣徐氏。皆以君贵，赠如其官。君生而敏颖，读书十行并下。十三岁，《孝经》、《四子书》、《易》、《书》、《诗》、《礼记》、《春秋传》、《周礼》皆读遍，下笔为文，清朗可诵。塾师沈子实尝命作写怀绝句，援笔立就，曰："风云会合果何时，十载青灯味自知。有日丹梯如得路，清班同列凤凰池。"师极赏之。二十一岁，县试第一，学政樊恭煦取进邑庠，后每试辄列高等。光绪二十七年岁试，以一等第一名食廪饩，是年举于乡。二十九年，成进士，殿试二甲第一名，改翰林院庶吉士，肄业进士馆。三十年，丁本生考艰，旋派赴日本法政大学肄业。三十四年毕业，试最优等，授职编修，记名遇缺题奏，充武英殿协修、国史馆协修。宣统元年，以纂修《政艺通考》书成，奖加侍讲衔，随法部尚书戴公鸿慈报聘俄国，充参赞。是冬，恭纂《德宗景皇帝实录》，充纂修官。二年，充会考举贡襄校官，奉派本衙门撰文，调学部图书局副局长，兼充钦选资政院议员。三年，调兼弼德院秘书。四年，《实录》稿本成，蒙孝定景皇后赏御笔"福"字，兼拜文绮白金之赐。五年，以恭辑《德宗景皇帝圣训》，赏加二品顶戴。九年，擢学部右丞。十三年，《实录》全书告成，赏加头品顶戴。十余年来，痛心国故，虽恩赐稠叠，终以文字酬知为末。每岁元旦，暨万寿日，必随班朝谒，未尝间断。耿耿孤忠，辄思得一当以报，而事与愿违，卒赍志以没。此则同志之士所为同声一哭也。遗疏入，上悼惜甚，赏银币三百圆治丧，御书“操洁冰雪”扁额旌之。侯官郭宗伯曾炘因事入谒，语及君，天颜惋叹不置。故郭挽君谓“天语微闻伤一鉴”也。

君器局安详，和而有执，遇事明决，条理井井。至其平生受知当路，纯以文学取先侪辈。游学毕业暨归国会考，名皆列第一。时蒙古文恪公荣庆长学部，因调君图书局、弼德院，并保放提学使，以为好学者劝，而掌院学士则元和陆文端公，殿试时首拔君者也，故馆差多属君。同邑戴文诚公素耳君文名，奏随节掌奏记，及归自俄，为戴公草疏，陈东三省边事，深中窍要。戴公薨，君挽之，有“筹边一疏愧传衣”句，指此事也。宣统三年，番禺梁文忠公奉旨以三品京堂规复广东，与肃筹储夹袋人才，独以老辣许君。时梁公与君，仅一面耳。后益相器重，则相契在文学之外也。辛亥十月，有以十九条文要监国，宣誓为文，告太庙者，君当撰文，谓馆吏曰：“黎某官可去，此文不能撰也。”会资政院选内阁总理，众多推袁世凯，君独否。袁入阁后，撤汉阳前敌兵退广水，众始疑之。袁亲携地图至院，故作机密状，解说退兵之故。君出院顿足，叹曰：“大事去矣。”遂不复赴议。逾年，朝局一变，念《实录》未成书，白总裁陆文端，移馆城西，偕同馆十余人赓成之。暨恭纂《德宗本纪》、《宣统政纪》，亦偕众终始其事。惟恭辑《景皇帝圣训》，则与肃分任之。总其成者，今太傅陈公也。自是伏处天津，课徒自给，未尝有一介非义之取。津固关河绾毂，因获交当世贤豪。浔阳刘幼云、宁海章一山过津，尝主君家，肃不才，往来十数，亦以君为东道主。抽秘探微，有疑必谘，凡艰危事，君未尝不与。呜呼！而今已矣。

君天性纯挚，待诸侄及孤甥，饮食教诲如己子，于师门风谊尤重。幼学时，封翁以家贫，拟命君改操商业，师彭肇人亟止之，谓：“郎君异日必成大器，幸勿出此策。”君感师言，佩之终身，为人道之，常涕下也。生平所为诗文稿甚富，顾未检校。书法初习馆阁体，后探源汉隶，折衷于唐初诸家。岁丁巳，张忠武公举事之前一夕，章奏待缮者填委，君一人了之，不错半字，其临变镇静如此，又岂徒于笔墨较工拙哉。体强貌丰，不亲医药，年来始闻其有咳嗽咯血疾。客岁殇二孙一女，貌日瘦，然仍强自振厉。今春题戊辰岁朝图，及元旦蒙赏御笔春条纪恩诗，犹无恙也。迨上元后，疾发，气喘，淹缠至三月初十日竟逝，距生于同治九年庚午九月十六日，得年五十九。病中上数遣员存问，君欲强起入谢，不果。纪以诗云："一体相关礼数优，周详天语出行幬。强支病骨拖绅立，顿觉孱躯挟纩稠。蓄艾未忘深远计，采薪敢累圣明忧。仰惟父子家人意，顶踵捐糜讵足酬。"其志亦可伤矣。男六人：廷诰、廷询、廷谘，配麦夫人出；廷谋，侧室梁氏出；廷諏、廷谟，魏氏出。魏氏先君二年卒。女三，长适同邑范志彬。孙二：信德，信龙。廷询，肃女婿也。生信龙。信龙生数日，而君卒，女产后猝遭大故，竟得疾，后君数月亦殁。肃交君三十年，重以身后之托，自揣衰残，其何以副君九京之望哉。考古者行状上之太常考功，后世则为国史与墓碑之所依据。今史氏既缺，君榇权厝津之闽粤山庄，又不足以安体魄，将归葬而树神道之碑焉，爰次其功绪，先为之状。俾来者有所依据，是则后死者之责也。谨状。顺德温肃撰。

据《温文节公集》

后　记

几十年来，我搜访聚集近现代名人碑（含墓碑、墓表、墓志等）传（含哀启、行状、家传、事略等）的经过，章开沅教授为《辛亥人物碑传集》所撰写的“序言”中述之已详，兹不复赘。这几年，我与唐文权教授合作，将我所收藏的两箱碑传，进行筛选，并作了必要的补充，编辑成书。

1991 年出版的《辛亥人物碑传集》和现在奉献给读者的《民国人物碑传集》原是一部书。因纪念辛亥革命八十周年，团结出版社先取政界、军界一部分人物的碑传 60 万字付印，其余的政界、军界人物以及经济、文教、学术、科技、文艺、宗教等界人物的碑传 60 万字，团结出版社列入 1994 年出版计划。前者名《辛亥人物碑传集》，后者名《民国人物碑传集》。

由于社会风气的变迁，传统形式的碑传，民国以后，日渐消亡，即有作者，流行不广。比较而言，搜访在朝者的碑传，比觅求在野者的碑传，要容易一些；这就是说，觅求经济、文教、学术、科技、文艺、宗教等界人物的碑传，比搜访政界、军界人物的碑传，要困难得多。所以从史料价值看，《民国碑传集》重于《辛亥碑传集》。《民国碑传集》中所载，经济界人物如：商务印书馆创办人夏瑞芳“事略”、浙江兴业银行董事长叶景葵“行状”、南通大生财团张察（张謇之兄）“墓表”等，皆属罕见；学术、文艺界人物如：王闿运“传”系钱基博先生手稿，沈曾植“学案小识”、孙德谦“行状”系王蘧常先生手稿，弥足珍贵。余不多举。下面说一说本书编辑过程中的一些构想：

（一）《民国碑传集》的重点是经济、文教、学术、科技、文艺、宗教等卷。政治卷、军事卷则为《辛亥碑传集》作必要补充。例如：《辛亥碑传集》已载袁克文(袁世凯子)所撰之《先公纪》,《民国碑传集》特选录闵尔昌(袁世凯机要秘书)之《自述》,闵氏所述辛亥、洪宪内情,有重要史料价值,请读者与袁克文所记,合并阅览。

(二) 本书以人物的表现,兼顾及人物的身份分卷。如柳亚子、经颐渊、余绍宋、刘大白皆入政治卷,不入学术、文艺卷。又如释演音、苏玄瑛皆入宗教卷,不入文艺卷。

(三) 民国是新旧交替的时代,本书兼收新派(如周树人、刘复、许地山、闻家骅、朱自清等)、旧派(如王闿运、王先谦、叶德辉、樊增祥、易顺鼎等)代表性人物,以求真实地反映民国学术界、文艺界的本来面貌。

(四) 对于齐名合称的人物,如"南社"三发起人(柳亚子、高旭、陈去病),方尔谦、尔咸兄弟("大小方"),廉泉、吴芝瑛夫妇,骈文家之"北王(式通)南李(详)",画家之"南吴(俊卿)北齐(璜)"、"南张(爰)北溥(儒)"等,搜罗力求完备,以便读者对照研究。

(五) 碑传主一概称名。民国后改名者(如黄宾虹)、以字行者(如许地山等)、统一名号者(如经颐渊),皆尊重其志愿。笔名虽甚流行,而未废弃姓名者,仍称其姓名(如周树人不称鲁迅)。

(六) 碑传之标题、纪年及作者署名,保存发表时的原貌,不作改动。例如:冒广生字鹤亭,他所撰之碑传,有署名"广生"者,也有署名"鹤亭"者,皆遵照不改。

(七) 因字数限制,以一人一传为原则。一人多传者,酌选其一。以刘大白为例,1933 年 2 月 13 日上海《时事新报》及南京《中央日报》均有"刘大白先生周年祭专号",1934 年 4 月《文艺茶话》第 2 卷第 9 期又有"纪念刘大白先生特刊",其他许多报刊杂志中也发表过纪念文章,本书从其体裁、内容,进行了认真比较之后,选录《刘大白先生小传》。

再以李登辉为例,在《李登辉先生哀思录》中,夏敬观所撰《李腾飞先生传略》,文字优于《李登辉先生行状》,但《行状》详于事实;其他人所撰悼念文章,虽各有特点,但都不如《行状》之叙述全面。从史料价值来取舍,本书选录《行状》。

(八) 闵尔昌《碑传集补·郑文焯》载康有为所撰"墓表"、孙雄所撰"别传"。汪兆镛《碑传集三编·郑文焯》亦载孙雄所撰"别传"。本书对闵、汪二书已载之文，不再选录，独取金天羽所撰《大鹤山人传》。因金氏揭发“洎其殁，而平生金石文字之友南海康有为来吊，乃捆载其精校之书籍及骨董数事以去，为文表墓，微致嘲讽”。有比较才能鉴别，读了金氏所撰“传”，可以不受康氏所撰“墓表”的局限。

《碑传集三编·朱祖谋》载陈三立所撰“墓志铭”，本书补以夏孙桐所撰《清故光禄大夫前礼部右侍郎归安朱公行状》。“墓志铭”一千余字，而“行状”五千三百余字，陈文在后而夏文在前，陈文简而夏文详。

举这两个例子，说明本书有与闵、汪二书之碑传主相同而所选录之碑传不同，用意在于补闵、汪之不足。

（九）不以人废言。廖仲恺“传略”系汪兆铭撰，刘复“墓志”系周作人撰，仍予采录。汪、周投敌是后来的事。

（十）传统形式的碑传，日渐消亡，而自传、自述、自叙之作，方兴未艾，《民国碑传集》中选载自传十篇以上，于此可觇时代风尚之演变。昔吴宗慈重修《庐山志》，向陈三立请示文体，“先生以风会不同，文体亦异，应旧从其旧，新从其新”。我赞成此说。本书所载碑传，既有传统形式，也有一些新形式，兼收并蓄。章开沅教授称《辛亥碑传集》为“碑传结集的余韵绝响”，《民国碑传集》更反映出传统的和新兴的两种传记形式之兴衰趋势。

原件为繁体字，吾妻段子宜女士、文权夫人洪宝珠女士以及南京大学、华中师范大学几位研究生用简化字抄写。我和文权对碑传进行了分段、标点工作；原件已分段，有标点者，按照本书体例，作了适当的调整。谁知在编辑过程中，文权教授患癌症，医治无效于 1993 年 11 月 24 日去世。《民国碑传集》由我一人完成，仍共同署名，以纪念亡友。

承饶宗颐先生题签，汤志钧先生撰序，团结出版社全体同仁支持出版，一并在此表示衷心的感谢。

一九九四年春节，卞孝萱于南京大学

《辛亥人物碑传集》《民国人物碑传集》所收人物人名索引

【说　明】

(1) 本索引包括《辛亥人物碑传集》、《民国人物碑传集》两书所收人物。因两书所收人物同处一个时期,有较多联系,故将两书合并为一个索引。

(2) 在本索引中,《辛亥人物碑传集》简称"辛",《民国人物碑传集》简称"民"。例:"胡汉民　辛 010",表示胡汉民的碑传收录在《辛亥人物碑传集》第 10 页。

(3) 本索引在所收人物的姓名之后括注其字号、别称等,以方便读者查阅。例:"孙文(中山、逸仙)",表示中山、逸仙为孙文的字号。

(4) 本索引按汉语拼音音序编排。相同姓氏的人名,以在同一书中的先后排序。

D

E

F

Z

《辛亥人物碑传集》《民国人物碑传集》作者人名索引

【说　明】

(1) 本索引包括《辛亥人物碑传集》、《民国人物碑传集》两书所收碑传的作者。因两书所收人物同处一个时期，有较多联系，故将两书合并为一个索引。

(2) 在本索引中，《辛亥人物碑传集》简称"辛"，《民国人物碑传集》简称"民"。例："蔡元培　辛 003"，表示蔡元培撰写的碑传收录在《辛亥人物碑传集》第 3 页。

(3) 本索引在作者姓名之后括注其字号、别称等，以方便读者查阅。例："蔡元培(鹤卿、孑民、仲申、民友、阿培、周子余)"，表示鹤卿、孑民、仲申、民友、阿培、周子余为蔡元培的字号或别称。

(4) 本索引按汉语拼音音序编排。相同姓氏的人名，以在同一书中的先后排序。

姓名(字号、别称)　书名/页码

B

C